Diese Geschichte der deutschen Literatur bietet im ersten Band einen Überblick über die deutsche Literatur vom Mittelalter bis zur Romantik, im zweiten Band vom 19. Jahrhundert bis zur Gegenwart. Geistesgeschichtliche Strömungen und übergeordnete Zusammenhänge stehen am Anfang der Kapitel, gefolgt von Darstellungen der literarischen Gattungen mit konkreten Textbeispielen. Jedes Kapitel schließt mit Porträts von Schriftstellern, die für die jeweilige Epoche besonders wichtig sind. Das Zusammenspiel von Epochen, Gattungen und Autoren bestimmt den Aufbau des Werkes.

Steffen Arndal, Henning Goldbæk, Helge Nielsen (†), *Annelise Ballegaard Petersen, Reinhold Schröder* und *Bengt Algot Sørensen* (†) lehrten bzw. lehren Geschichte der deutschen Literatur an der Universität Odense (Dänemark).

Geschichte der deutschen Literatur

Band II
Vom 19. Jahrhundert bis zur Gegenwart

Von Steffen Arndal, Helge Nielsen,
Annelise Ballegaard Petersen,
Reinhold Schröder, Bengt Algot Sørensen
Unter Mitarbeit von Henning Goldbæk

Herausgegeben von
Bengt Algot Sørensen

Verlag C.H.Beck

1. Auflage. 1997
2., aktualisierte Auflage. 2002
3., aktualisierte Auflage. 2010

Originalausgabe

4., aktualisierte Auflage in C.H.Beck Paperback. 2016
© Verlag C.H.Beck oHG, München 1997
Satz, Druck u. Bindung: Druckerei C.H.Beck, Nördlingen
Umschlagabbildungen: Thomas Mann (akg-images),
Ingeborg Bachmann (ullstein bild, Buhs/Remmler),
Herta Müller und W. G. Sebald (Isolde Ohlbaum)
(Archiv für Kunst und Geschichte, Berlin)
Umschlagentwurf: Uwe Göbel, München
Printed in Germany
ISBN 978 3 406 69733 3

www.chbeck.de

Inhalt

Die Restaurationszeit: Biedermeier und Vormärz

von Helge Nielsen

Der Bürgerliche Realismus

von Helge Nielsen

Naturalismus

von Bengt Algot Sørensen

Fin de siècle

von Bengt Algot Sørensen

Die deutsche Literatur 1910–1945: Strömungen der ersten Jahrhunderthälfte

von Annelise Ballegaard Petersen

Der Expressionismus

Die Literatur der 20er Jahre

Die Literatur der 30er Jahre

Die deutsche Literatur 1945–2009

von Helge Nielsen, Annelise Ballegaard Petersen und Henning Goldbæk

KAPITEL I: 1945–1965

KAPITEL II: 1965–1975

Die Restaurationszeit:
Biedermeier und Vormärz

I. Grundzüge der Epoche (1815–1848)

Die Schwierigkeiten, für die Zeit zwischen dem Wiener Kongress 1814/1815 und dem Jahr der Märzrevolution 1848 einen Epochenbegriff zu finden, sind in der Widersprüchlichkeit dieser Jahrzehnte begründet. Nicht ohne Grund empfanden viele Dichter und Schriftsteller die Zeit als eine Übergangsperiode, in der starke kulturelle Traditionen der Vergangenheit mit zukunftweisenden Ideen zusammenprallten. Die Unvereinbarkeit dieser Tendenzen fiel noch dazu in eine Zeit, in der drucktechnische Neuerungen und die Ausdehnung des Buchhandels den Literaturbetrieb modernisierten und eine rasch steigende Buchproduktion ermöglichten.

Das Hauptmerkmal der Zeit ist die Gleichzeitigkeit von Restauration und oppositionellen Gruppen, die sich mit dem Schlagwort «Bewegung» charakterisierten. Dem Wunsch der Fürsten nach Wiederherstellung des christlich-absolutistischen Europa der Zeit vor 1789 stand die durch die Französische Revolution in die europäischen Länder gebrachte Hoffnung auf gesellschaftliche Veränderungen gegenüber. Die Restauration verbindet sich mit einer Tendenz zum Rückzug in die Sphäre der im Christentum verwurzelten Familie, zum Widerstand gegen Neuerungen und zur Beharrung auf den überlieferten Literaturtraditionen. Diese nach rückwärts und nach innen gewandte Tendenz versucht man mit dem Begriff «Biedermeier» zu erfassen. Das Biedermeier basiert auf der Überzeugung, in der von Staat und Politik abgesonderten, idyllischen «kleinen Welt» der Familie und der Heimat die Lebenserfüllung finden zu können, und stellte eine die Zeit prägende Strömung dar.

Den Gegenpol zum «Stillstand» des Biedermeier bildeten jene von der Restauration bekämpften oppositionellen Gruppen, die für eine politisch-zeitkritische Literatur eintraten und sich unter dem Begriff «Vormärz» zusammenfassen lassen: Das Junge Deutschland in den 1830er Jahren, die politisch radikaleren Vormärzdichter nach 1840 und die revolutionären Junghegelianer, deren Einfluss im Laufe der 1840er Jahre besonders stark wurde. So charakterisierte ein Wechsel von restaurativen und liberal-revolutionären Schüben die Epoche, wobei die Schärfe der Auseinandersetzungen, wie im Folgenden gezeigt wird, im Laufe der Epoche erheblich zunahm.

Auf dem Wiener Kongress stifteten Russland, Österreich und Preußen 1815 die Heilige Allianz, der alle europäischen Monarchen beitraten. Die Wiederherstellung des vorrevolutionären Europa war nur möglich, wenn die Entwicklung in Richtung einer Liberalisierung in den einzelnen Staaten rückgängig gemacht wurde. Daher blieb die «gesamte Staatsgewalt in dem Oberhaupt des Staats vereinigt», wie es in der Wiener Schlussakte (1820), dem Grundgesetz des aus 41 bzw. später 38 Staaten bestehenden Deutschen Bundes, formuliert wurde. An der Spitze des Bundes standen die Führungsmächte Österreich und Preußen, die «die Ruhe und das Gleichgewicht Europas» gewährleisten sollten. Der einflussreichste Vertreter und *die* Symbolfigur der Restauration war von 1815 bis 1848 der österreichische Fürst Metternich, der den Vorsitz im Bundestag in Frankfurt a.M. hatte.

Die Wünsche der bürgerlich-liberalen Opposition nach territorialer Einheit und verfassungsmäßiger Freiheit brachte das von den nationalliberalen Burschenschaften veranstaltete Wartburgfest 1817 zum Ausdruck. Als der Theologiestudent Karl Ludwig Sand 1819 den Dramatiker August von Kotzebue als vermeintlichen Agenten des russischen Zaren und Fürstenknecht in Mannheim erstach, war dieses Attentat für Österreich und Preußen ein willkommener Anlass für eine Verschärfung der Zensur in den im selben Jahr von der Bundesversammlung einstimmig angenommenen sog. Karlsbader Beschlüssen. Die Beschlüsse führten neben der üblichen Nachzensur, der alles Gedruckte unterworfen war, eine Vorzensur für Werke unter 20 Druckbogen (320 Seiten) ein und ermöglichten unter dem Begriff Demagogen-Verfolgung eine verstärkte Kontrolle der Universitäten. Die Karlsbader Beschlüsse trugen zum Restaurationsklima der 1820er Jahre wesentlich bei.

Durch die Julirevolution von 1830 in Frankreich gewannen die Bewegungskräfte neues Selbstvertrauen, das im Hambacher Fest 1832 seinen sichtbaren Ausdruck fand. Die Antwort auf das Hambacher Fest waren die «Zehn Artikel» vom 5. Juli 1832, die «alle Vereine, welche politische

Zwecke haben», verboten. 1834 folgten weitere Maßnahmen, und 1835 wurden die Schriften des Jungen Deutschland verboten, «eine literarische Schule deren Bemühungen dahin gehen, in belletristischen, für alle Classen von Lesern zugänglichen Schriften die christliche Religion auf die frechste Weise anzugreifen, die bestehenden socialen Verhältnisse herabzuwürdigen und alle Zucht und Sittlichkeit zu zerstören» (Bundesbeschluss vom 10. Dezember 1835).

Die folgenden fünf Jahre waren vorwiegend durch die Dominanz der restaurativen Kräfte geprägt. Erst 1840 weckte der preußische König Friedrich Wilhelm IV. bei seinem Regierungsantritt neue Hoffnungen. Er vereinigte romantisch-patriarchalische und liberale Ansichten, aber die in Aussicht gestellten liberalen Reformen blieben großenteils aus, und 1843 schlug er einen völlig reaktionären Kurs ein, der Verbote von Zeitschriften und Verfolgung der oppositionellen Schriftsteller mit sich brachte. Anders als die Jungdeutschen setzten die Vormärzdichter und die Junghegelianer den Maßnahmen der Machthaber einen bedeutend schärferen Widerstand entgegen. Viele gingen – oft gezwungen – ins Exil. Zwischen 1830 und 1848 stieg die Zahl der deutschen Emigranten in Frankreich von 30 000 auf 170 000, in der Schweiz von 20 000 auf 40 000 und in Belgien von 5 000 auf 13 000. Von Paris, London, Brüssel und Zürich sandten die Vormärzler ihre Schriften nach Deutschland und spielten als Vorbereiter der – zuletzt gescheiterten – 48er-Revolution eine zentrale Rolle.

Die Epoche kann als das Zeitalter der «gebremsten Bewegung» auf den Ebenen von Politik, Ökonomie und Gesellschaft bezeichnet werden. Obgleich das Gesamtbild durch den Partikularismus Unterschiede zeigt, blieb Deutschland bis in die 1840er Jahre eine Agrargesellschaft. Das Zeitalter gilt als «die Durststrecke der langsam anlaufenden Frühindustrialisierung» (Koselleck), und da gleichzeitig eine «Bevölkerungsrevolution» (Borchardt) stattfand (1816: 25 Millionen / 1855: 36 Millionen), wurde die vorindustrielle Armut durch den Pauperismus auf eine verhängnisvolle Weise verstärkt. Die soziale Frage wurde deshalb in den 1830er und ganz besonders in den 1840er Jahren immer vordringlicher und bildete die Grundlage für politische Theorien vom «wahren Sozialismus» (Karl Grün, Moses Heß) über den Handwerkerkommunismus (Wilhelm Weiting) bis hin zur Klassenkampftheorie und zum dialektischen Materialismus (Karl Marx, Friedrich Engels).

Während einerseits die Anzahl der Berufsschriftsteller, die von ihrer literarischen Produktion leben konnten, im Laufe der

Restaurationszeit zunahm, wirkte andererseits noch die Tradition der fürstlichen, adeligen und großbürgerlichen Schichten, die Kunst und die Künstler auf verschiedene Art zu fördern. Nur langsam verlagerten sich die literarischen Zentren von den Residenzstädten wie Weimar, Heidelberg, Darmstadt, Braunschweig in größere Städte wie Köln, Berlin, Hamburg, Frankfurt a. M., Leipzig, Stuttgart, wo sich die großen Buchverlage und Zeitungsredaktionen niederließen. Diese Mannigfaltigkeit galt auch für die Auffassung vom Dichter. Die jungdeutsche Auffassung vom Schriftsteller als aktiv eingreifendem Tagesschriftsteller existierte neben biedermeierlichen Vorstellungen von dem in sich gekehrten Künstler, der zugunsten der Poesie allem Tagesgeschehen den Rücken kehrte, bis hin zu schwärmerischen Genieauffassungen, die oftmals extreme Formen annahmen. Aufsehen erregte im Jahre 1834 der Selbstmord der Charlotte Stieglitz, die sich angeblich tötete, um ihrem gesundheitlich und dichterisch schwächlichen Dichtergatten durch das erschütternde Erlebnis des Todes zu neuer Produktion zu verhelfen. Dass ihr Hausfreund der Jungdeutsche Theodor Mundt war, zeugt von dem möglichen Ineinander grundsätzlich unterschiedlicher Dichterauffassungen.

Weltschmerz

Die epochale Grundstimmung, auf die sowohl Biedermeier- als Vormärzdichter reagieren mussten, war eine resignierende Orientierungslosigkeit, ein «Weltschmerz», dessen Symptome von Schwermut, Passivität und Unruhe über Zerrissenheit, nihilistische Skepsis und Langeweile bis zu Depression, Verzweiflung und Selbstmord reichten. Immer wieder erschienen in der Literatur die Gestalten Hamlet, Ahasver, Faust, Don Juan und Kain. Karl Immermann (1796–1840) lässt eine Person in dem Roman *Die Epigonen* (1836) das «Schwanken und Wanken» der Zeitgenossen mit dem erdrückenden Übermaß an Traditionen erklären: «Wir sind, um in *einem* Worte das ganze Elend auszusprechen, Epigonen und tragen an der Last, die jeder Erb- und Nachgeborenschaft anzukleben pflegt».

Das 1819 erschienene Hauptwerk des Philosophen Arthur Schopenhauer *Die Welt als Wille und Vorstellung* enthält eine zeittypische Weltschmerz-Lehre. Seine aus der Lehre gezogenen nicht-christlichen Konsequenzen verhinderten jedoch eine positive Rezeption, und die Breitenwirkung Schopenhauers setzte erst nach 1848 ein (s. S. 68–69). Ins Positive gewendet lautet die weltschmerzliche Poesieauffassung: «Poesie ist tiefes Schmerzen/ Und es kommt das echte Lied/ Einzig aus dem Menschenherzen,/ Das ein tiefes Leid durchglüht» (Justinus Kerner).

Heinrich Heine erklärte das weltschmerzliche Lebensgefühl mit der angeblich objektiven Tatsache eines Weltrisses:

Ach, teuerer Leser, wenn du über jene Zerrissenheit klagen willst, so beklage lieber, dass die Welt selbst mitten entzweigerissen ist. Denn da das Herz des Dichters der Mittelpunkt der Welt ist, so musste es wohl in jetziger Zeit jämmerlich zerrissen werden.

Die Zerrissenheit, in extremen Spielarten wie dem Byronismus ein Aufbegehren gegen die restaurativen Tendenzen der Zeit, war nur die eine Seite einer im Rahmen der europäischen Romantik feststellbaren Tendenz zum Weltschmerz. Die andere Seite war ein gedämpfter, die Schwermut bejahender und genießender Weltschmerz, der an die Empfindsamkeitstradition anknüpft und eher ins Biedermeier gehört.

Beide Formen, der verzweifelt-aggressive und der melancholisch-resignative Weltschmerz, finden sich bei vielen Dichtern der Zeit, u. a. bei dem «Klassiker des Weltschmerzes», dem aus Ungarn stammenden Österreicher Nikolaus Lenau (1802–1850), dessen große Beliebtheit als Lyriker und Epiker von der Aktualität des Weltschmerzes zeugt. Ebenso zeitgemäß war die in sehr vielen Auflagen verkaufte Schrift *Zur Diätetik der Seele* (1838), in dem der Verfasser, der österreichische Arzt Ernst von Feuchtersleben, die Überwindung der nervösen Hypochondrie lehrt, welche «die Amme der modernen Literatur» sei, und den Leser zur Balance zwischen Schmerz und Lust, zur Selbstbeherrschung und zur inneren und äußeren Ruhe erziehen will.

Biedermeier

Das Biedermeier, dem die Mehrzahl der literarischen Produktionen der Zeit zuzuordnen ist, definierte die ältere Forschung der 1930er Jahre als «die bürgerlich gewordene deutsche Bewegung» (Paul Kluckhohn) (s. Bd. I, S. 207), deren Heiterkeit oft auf einem dunklen Urgrund der Schwermut erwuchs. Den Mittelpunkt im Biedermeier bildet die als Idylle erlebte patriarchalische Familie, deren bürgerliche Variante der ältere Karl Gutzkow so beschrieb:

Daheim.
In der traulichen Geselligkeit eines gebildeten Hauses liegt ein unendlicher Reiz. Kein Patschouli (Parfum) ist dafür nötig, kein strahlender Lüster. Duft und Glanz liegt schon allein in der ganzen Weise eines solchen Hauses selbst. Die Ordnung und die Pflege verbreiten eine Behaglichkeit, die ebenso das Gemüt wie die äußeren Sinne ergreift. Die kleinen Arbeitstische der Frauen am Fenster, die Nähkörbchen mit den Zwirnrollen, mit den blauen englischen Nadelpapieren, mit den buntlackierten Sternchen zum Aufwickeln der Seide, die Fingerhüte, die Scheren, das aufgeschlagene Nähkissen des Tischchens, nebenan das Piano mit den Noten, Hyazinthen in Treibgläsern am Fenster, der gelbe Vogel in schönem Messingbauer, ein Teppich im Zimmer, der jedes Auftreten mildert, an den Wänden Kupferstiche, das Verweisen alles nur vorübergehend Notwendigen auf entfernte Räume, die Begegnungen der Familie unter sich voll Maß und Ehrerbietung, kein Schreien, kein Rennen und Laufen, die Besuche mit Sammlung empfangen, abends der runde, von der Lampe erhellte Tisch, das siedende Teewasser, die Ordnung des Gebens und Nehmens, das Bedürfnis der geistigen Mitteilung – in dem Zusammenklang aller dieser Akkorde liegt eine Harmonie, ein Etwas, das jeden Menschen sittlich ergreift, bildet und veredelt.

Lob des Hauses und der es umgebenden Natur, Glorifizierung der Mutter als der emotionalen Mitte der Familie, Verehrung des Kindes als Bild der Unschuld und der Großeltern als pädagogische Leitbilder gehören ebenso zum Biedermeier wie die Betonung der sanften Heiterkeit, der reinen, leidenschaftslosen Liebe, der Gelassenheit, des sittlichen Gesetzes und des inneren Friedens in der christlichen Religion. Die kleinen geselligen Freuden der Familie und der Freundeskreise werden durch die Dichtung, die Malerei, die bildende Kunst und vor allem durch die Musik verschönt. Die oft verwendeten Schlüsselwörter wie «das Glück im Winkel», die «Andacht zum Kleinen» (Stifter), «die Andacht zum Unbedeutenden» (Jacob Grimm), «das Sammeln und Hegen» unterstreichen den biedermeierlichen Wunsch, in der Welt der Familie und der Heimat die vollkommene Harmonie zu finden. Dass es sich um ein Ideal handelt, deutet die erste Zeile (Wenn …) in der biedermeierlichen Lebenslehre des Malers Carl Spitzweg an:

> Lebensregel!
>
> Wenn dir's vergönnt je, dann richt' es so ein,
> Dass dir ein Spaziergang das Leben soll sein!
> Stets schaue und sammle, knapp nippe vom Wein,
> Mach' unterwegs auch Bekanntschaften fein,
> Des Abends kehr' selig bei dir wieder ein
> Und schlaf in den Himmel, den offnen, hinein!

Im Gegensatz zur älteren Biedermeierforschung wird heute betont, dass das Biedermeier eine Standeskultur war, sodass man streng genommen zwischen einem bürgerlichen, adeligen, höfischen und geistlichen Biedermeier unterscheiden müsste (Fr. Sengle). Zwei Grundvorstellungen liegen dieser Kultur zugrunde: das soziale Harmonieprinzip und der Ordnungsgedanke. Das Harmonieprinzip drückt den Glauben an die prinzipielle Gleichberechtigung der Stände aus. Wie der Bürger den – restaurierten! – Adel achtet und ehrt, so strebt der Adel, der dem Volk in seinen Nöten beisteht, einen Ausgleich mit dem Bürgertum an. Die vermittelnde Funktion hatte besonders der humanistisch gebildete zweite Stand (Pfarrer, Lehrer), und nicht von ungefähr kam dem Pfarrhaus in der Biedermeierzeit eine besondere Bedeutung zu. Der Ordnungsgedanke vereinigt das Harmonieprinzip mit dem traditionellen Glauben an eine feste Hierarchie: Wie die Familie den Hausvater als natürliches Oberhaupt betrachtet, so bildet das Volk eine einzige Familie unter der Obhut des Landesvaters und des himmlischen Vaters.

Die biedermeierliche Neigung zum Kleinen, Nahen und Konkreten förderte den Empirismus, den Detailrealismus und die exakte Beschreibung der umgebenden Landschaft, die literarisch zum ersten Mal in ihrer individuellen und regionalen Ausprägung dargestellt wurde. Die Landschaftsgebundenheit ist charakteristisch für das Biedermeier: die sogenannte Schwäbische Romantik, die mehr biedermeierliche Züge aufweist als romantische, ist von unverkennbarer Eigenart (Mörike, s. S. 32–35). Die Droste ist in Westfalen verwurzelt (s. S. 35–38), und wie Grillparzer und Stifter ohne das einer starken Barocktradition verpflichtete österreichische Biedermeier nicht angemessen verstanden werden können (s. S. 55–61), so bildet die politisch freiere Atmosphäre der Schweiz den Hintergrund für den Schweizer Gotthelf (s. S. 52–55).

Das Biedermeier hat im Gegensatz zur Romantik und zum Bürgerlichen Realismus keine eigentlichen Programmschriften veröffentlicht und ist eher Ausdruck einer Bestätigung der restaurativen Zeittendenzen. Für viele Biedermeierdichter wurde die Improvisation zum Prinzip der Dichtung, zumal sie die Gefühlswärme und die unmittelbare Wirkung im geselligen Kreis der Familie gewährleistete.

Ältere, restaurierte Literaturtraditionen und -formen wurden unkritisch übernommen und im Sinne des Biedermeiers idyllisch überformt und umgeformt. Besonders starken Einfluss hatten bis in die 1830er Jahre die Empfindsamkeitstradition und die Romantiker, vor allem Ludwig Tieck und E. T. A. Hoffmann. Aber auch Aufklärungstraditionen und, besonders in Österreich und Süddeutschland, Barocktraditionen wurden restauriert. Der Klassizismus der Aufklärung, zu dem das Biedermeier die Weimarer Klassik rechnete, bildete eine ungebrochene, durch strenge Gattungsforderungen gekennzeichnete Tradition, die in Hegel (*Ästhetik*, 1835) den wichtigsten, auf die Zeit nach 1848 vorausweisenden Theoretiker hatte und speziell gegen Ende des Zeitalters an Einfluss gewann.

Die Bekämpfung der apolitischen Haltung des Biedermeier und des restaurativen Gesellschaftssystems war der gemeinsame Nenner der oppositionellen Gruppen und Schriftsteller, die sich in Fortsetzung jakobinischer Autoren (der Mainzer Republik, u.a. Georg Forster, 1754–1794) auf verschiedene Weise für das Modell einer eingreifenden Literatur einsetzten und die hier wie erwähnt mit dem Sammelbegriff *Vormärz* bezeichnet werden.

Der Begriff *Vormärz* lässt sich auch in zwei anderen Bedeutungen gebrauchen: teils für die Zeit nach der Julirevolution 1830–1848 und teils für die Zeit 1840–1848, die unmittelbare Vorbereitung der Märzrevolution.

Das Junge Deutschland wurde durch das Verbot 1835 als Gruppe bekannt. Ihm gehörten, dem Bundesbeschluss zufolge, Heinrich Heine (s. S. 46–52), Karl Gutzkow (1811–1878), Heinrich Laube (1806–1884), Ludolf Wienbarg (1802–1872) und Theodor Mundt (1808–1861) an. Die Bezeichnung tauchte 1833 in der französischen Form «La jeune Allemagne», 1834 in deutscher Form auf. Vorläufer der Gruppe war der 1786 geborene Ludwig Börne, der als der Typ des neuen Zeitschriftstellers vor allem durch seine *Briefe aus Paris* (1832–34) bekannt wurde. Börne zufolge sollte der Schriftsteller nicht mehr «Geschichtsschreiber, sondern Geschichtreiber» sein.

Das liberalistische Plädoyer für die individuellen Rechte des Individuums (die Emanzipation des Individuums, der Frau und allgemein «des Fleisches») lässt das Junge Deutschland im Kampf gegen die politische Restauration geeint erscheinen, während eine gemeinsame Literaturtheorie kaum auszumachen ist. Gemeinsam war den Jungdeutschen eine Abneigung gegen jeden «Aristokratismus» in der Literatur, die zu einer Propagierung der Prosa und der ein größeres Publikum ansprechenden Prosaformen des Reiseberichts, der fiktiven Briefsammlung und des Feuilletons führte. Eine besondere Vorliebe für den Zeit- und Gesellschaftsroman (Heinrich Laube: *Das Junge Europa*, 1833/37) ergab sich aus dem Interesse für eine in der «Zeit» stehende Dichtkunst.

Die Jungdeutschen waren jedoch keine Volksschriftsteller, sie blieben Salonschriftsteller, die wie H. Heine die Provinz und den Provinzialismus verachteten und eine besondere Sympathie für große Städte wie Paris hatten. Dementsprechend ist ihr bevorzugter Stil ein Mischstil voller Witz und Ironie. Ludolf Wienbarg verteidigt die alte Witzkultur des Rokoko und nennt Jean Paul als Vorbild:

> Die deutschen Gelehrten mieden die witzigen Leute, als wären sie Aussätzige, und wirklich nannte der Schweizer Bodmer den Witz eine Krätze des Geistes (...) Allmählich aber sind den Deutschen die Augen über viele Dinge, so auch über den Witz aufgegangen. Die Notwendigkeit deutscher witziger Kultur verteidigt Jean Paul.

Der subjektivistische Stil war geeignet, die Zensur zu umgehen, führte aber andererseits dazu, dass sich die beabsichtigte «Botschaft» verflüchtigte.

Der Vormärz im engsten Sinne bezieht sich auf die radikalliberalen, radikalnationalen und radikaldemokratischen Richtungen um und nach 1840, die die 48er Revolution vorbereiteten, und umfasst in erster Linie die Vormärzlyriker und die Junghegelianer. Politisch gesehen handelte es sich um eine Vielfalt von Gruppen, die im Exil zu immer radikaleren Positionen vorstießen und wie in vielen späteren revolutionären Bewegungen heftige Auseinandersetzungen hatten.

Die wichtigsten Vertreter der politischen Tendenzlyrik nach 1840, der sogenannten Vormärzlyrik, waren Georg Herwegh (1817–1875), Ferdinand Freiligrath (1810–1876) und Heinrich Hoffmann von Fallersleben (1798–1874; schrieb 1841 auf Helgoland das Deutschlandlied «Deutschland, Deutschland über alles»). Sie standen in der Tradition der Lyrik der Befreiungskriege vor 1815, und die enorme Breitenwirkung, vor allem der Lyrik Georg Herweghs (s. S. 38–42), beruhte auf der pathetischen Rhetorik, den einfachen und sangbaren Formen und dem abstrakten Programm, das die «Bewegung» in allgemeinen Formulierungen zum Hauptziel machte. Die Intention und die literarische Problematik dieser «Agitpropgedichte», die nicht nur revolutionär, sondern auch radikalpatriotisch sein konnten wie Nikolaus Becker: «Der deutsche Rhein» (Sie sollen ihn

nicht haben,/ Den freien deutschen Rhein,/ Ob sie wie gier' ge
Raben/ Sich heiser danach schrein) und Max Schneckenburger:
«Die Wacht am Rhein», kommentiert Heine treffend in dem
ironischen Gedicht «Die Tendenz» (1844):

> Girre nicht mehr wie ein Werther,
> Welcher nur für Lotten glüht –
> Was die Glocke hat geschlagen,
> Sollst du deinem Volke sagen,
> Rede Dolche, rede Schwerter!
>
> Sei nicht mehr die weiche Flöte,
> Das idyllische Gemüt –
> Sei des Vaterlands Posaune,
> Sei Kanone, sei Kartaune,
> Blase, schmettre, donnre, töte!
>
> Blase, schmettre, donnre täglich,
> Bis der letzte Dränger flieht –
> Singe nur in dieser Richtung,
> Aber halte deine Dichtung
> Nur so allgemein als möglich.

Der 1831 verstorbene Philosoph *Georg Wilhelm Friedrich
Hegel* hat auf die Literaturtheorien und die Literaturwissenschaft des 19. und 20. Jahrhunderts einen nicht zu überschät-
zenden Einfluss ausgeübt. Er beschrieb in seiner geschichtsphi-
losophischen Dialektik den geschichtlichen Prozess in einem
Schema von Gegensätzen (These – Antithese), die sich in Synthesen und erneuten Gegensätzen und Synthesen steigern. In
der stufenweisen Steigerung von niedrigeren zu höheren Be-
wusstseinsformen verwirklicht sich der «göttliche Weltgeist»
als er selbst. Die Weltgeschichte wird als eine gesetzmäßige,
sich anscheinend über die Einzelindividuen hinwegsetzende,
aufwärtsgehende Entwicklung des Geistes gedeutet, an deren
Ende der Sieg der absoluten Freiheit steht. Hegels abstraktes
System, das auf philosophischen Gedanken des deutschen
Idealismus beruhte und auf verschiedene Weise ausgelegt werden konnte, fand deshalb so großen Anklang, weil es den
Zeitgenossen eine klare Zukunftsperspektive gab und der ja-
nusköpfigen Übergangsperiode ein Ende zu setzen schien.
Hegels Schüler zogen aus dem dialektischen System entge-

gengesetzte Schlüsse: Die auf der Entwicklung des Geistes beharrenden Rechtshegelianer sahen – wie Hegel – in dem Staat als der Erscheinungsform des Geistes ein Organ, dem sich der Einzelne unterordnen müsse, und zementierten dadurch die Restauration. Die aktiveren Links- oder Junghegelianer, die der vormärzlichen Tendenz zugehörten, lösten durch Begriffs- und Religionskritik den Begriff des Geistes auf und setzten an dessen Stelle die materiellen, sinnlichen Bedürfnisse. Mit besonderer Radikalität stellten die Linkshegelianer Karl Marx (1818–1883) und Friedrich Engels (1820–1895) die Philosophie Hegels «vom Kopf auf die Füße», d.h. sie ersetzten die Dialektik der Ideen durch eine materialistische Dialektik der Klassenkämpfe. Ihren ersten prägnanten programmatischen Ausdruck gaben sie der Klassenkampftheorie in dem im Revolutionsjahr 1848 erschienenen *Manifest der Kommunistischen Partei*.

Die Hegelianer verschiedener Observanz verwarfen in ihrer puritanischen Haltung der Dichtung gegenüber, die, nach Hegel, von der Philosophie als der höheren Form des Geistes abgelöst werden sollte, pauschal den Weltschmerz, die poetologische Sorglosigkeit des Biedermeier und den Subjektivismus und die Witzkultur der Jungdeutschen. Ihren Idealvorstellungen entsprach eine klassizistische Ästhetik im Sinne der strengen Gattungspoetik Hegels, in der das Drama die Synthese von Lyrik und Epik bildet, und ihre Vorbilder waren vor allem Lessing und Schiller und – mit Vorbehalten – Goethe. Die Hegelianer wurden theoretisch die Vorläufer sowohl des Programmatischen Realismus (s. S. 65) als des Sozialistischen Realismus (s. S. 301). Die Abrechnung mit der literarischen Vielfalt der Restaurationsepoche war schon vor 1848 in vollem Gange.

Die Märzrevolution 1848 in Deutschland begann erfolgreich, und die Ereignisse zwangen an vielen Orten die Könige und die Fürsten zu Zugeständnissen in Form von demokratischen Verfassungen. Aber seit dem Sommer 1848, als das Bürgertum die Allianz mit dem Arbeiterstand als immer bedrohlicher empfand, wurde die Konterrevolution spürbar. Mit der Billigung des Bürgertums und mit der Hilfe des Militärs griff der Adel schonungslos ein. Nach der Eroberung Wiens im

Oktober, der Auflösung der Preußischen Nationalversammlung und der Niederschlagung der Kämpfe in Baden, Köln, Dresden und Breslau war die Revolution endgültig gescheitert. Die seit der Aufklärung und der Französischen Revolution ständig wachsende, sich differenzierende «Bewegungs»-Tradition brach in Deutschland für mehr als ein Jahrzehnt ab.

II. Gattungen

Die Gattungsvielfalt ist der erste Haupteindruck, wenn man versucht, sich einen Überblick über die literarische Landschaft der «Biedermeierzeit» (Fr. Sengle) von 1815 bis 1848 zu verschaffen. Im Gegensatz zur Klassik und zum Bürgerlichen Realismus ist eine auffällige Mischung der Gattungen feststellbar, und im Gegensatz zu den Romantikern, die in ihrem Unendlichkeitsstreben die Gattungen bewusst verschmelzen wollten, ist diese Mischung eher Ausdruck von Sorglosigkeit oder Unsicherheit in Bezug auf ihren Gebrauch.

Die Poetiken belegen sowohl die Gattungsvielfalt als auch das Schwanken zwischen restaurierten Traditionen und Neuerungen. Die Zeit bis 1850 hat die verschiedensten Einteilungsarten der Literatur hervorgebracht, wobei die Vierteilung, bei der didaktische Formen eine eigene Hauptgattung bilden, am weitesten verbreitet war. Die Poetik von Philipp Mayer (s. S. 26), die auf der zukunftsreichen Dreiteilung Lyrik, Epik und Dramatik fußt und dabei die gängigen Formen in das strenge System zu pressen versucht, kann als ein repräsentatives Beispiel für die Position zwischen Erneuerung und Restauration gelten. Aus den Poetiken geht ebenfalls die Tendenz zur Restituierung einer seit dem jungen Goethe entschwundenen Rhetorik hervor, der zufolge jeder Stil einem Zweck entsprechen und je nach wechselnden Zwecken selbst wechseln, also nicht primär Ausdruck des Einzelindividuums sein soll. Die Lehre von den drei *genera dicendi* war weit verbreitet und wurde erst gegen Ende der Epoche zugunsten des mittleren Stils modifiziert.

LYRISCHE DICHTUNGEN

I. Elegische Poesie
A. Die Elegie
B. Didaktische Dichtungen
(Das Epigramm/die didaktische Epistel/die Satire/das
Lehrgedicht)
II. Rein lyrische Poesie
1. Formen der Ode
(einschließlich der Hymne
und der Dithyrambe)
2. Das Lied
3. Andere lyrische Formen:
die Kantate
das Sonett
das Triolett
das Madrigal

Anhang zu den lyrischen Dich-
tungsarten:
das Rätsel (die Charade/
der Logogryph/Homonyme/
das Worträtsel)

EPISCHE DICHTUNGEN

1. Die Allegorie als eine für sich
bestehende Dichtungsart
2. Die Fabel
3. Die Parabel
4. Die Legende
5. Die Romanze und die Ballade
6. Die Idylle
7. Die Novelle
8. Das Märchen
9. Das Heldengedicht (antikes
und romantisches Heldengedicht) = Verserzählung
10. Der Roman (einschließlich
eines Abschnitts «Ehrenret-
tung des Romans»)
Anhang: Von der poetischen
Schilderung = der poetischen
Malerei
(Beschreibung der menschlichen Gestalt/poetische Land-
schaftsmalerei/Beschreibung
einer Schlacht)

DRAMATISCHE DICHTUNGEN
Schauspiel als Oberbegriff

A. Tragische Dramen
I. Antike Tragödie
II. Romantische Tragödie

B. Komische Dramen
I. Alte Komödie
II. Neuere Komödie
1. Die Posse
2. Das reine Lustspiel

Gemischte Dramen
1. Schauspiele in der gewöhnlichen Bedeutung:
Das Ritterschauspiel/das Familiengemälde/das Empfindsame
Drama/das bürgerliche Trauerspiel.
2. Die Oper
3. Das Melodram

(Philipp Mayer: *Theorie und Literatur der deutschen Dichtungs-
arten*. Wien 1824.)

Ein übergeordnetes Thema der Zeit war die Diskussion «Vers contra Prosa». Die Gleichung: Vers = Aristokratie, Prosa = Demokratie drückte eine allgemein anerkannte Ansicht aus. Die konservativen Schriftsteller und Dichter hatten daher Vorbehalte gegenüber den in der Praxis florierenden Prosagattungen, wogegen sich die progressiveren, wie der Jungdeutsche Theodor Mundt in *Die Kunst der deutschen Prosa* (1837), für die Prosa einsetzten. Publizistische Prosaformen wurden von den «Bewegungs»-Schriftstellern bevorzugt, und wie Heine feststellte: «Es ist die Zeit des Ideenkampfes, und Journale sind unsere Festungen», so war auch der Hauptgegner, Fürst Metternich, der Ansicht, dass die Pressefragen die allerwichtigsten wären und es nicht umsonst sei, dass die Revolutionäre die Presse über alles stellten.

Als eine Art biedermeierliche Übergattungen fungierten die Musenalmanache und vor allem die Taschenbücher. Während die Musenalmanache ihren Höhepunkt um 1800 erlebt hatten und in der Zeit nach 1815 als eine anspruchsvolle Gattung mit einem kleinen Leserkreis seltener wurde, erlebte das Taschenbuch, das sich vor allem an Damen wendete (vgl. die Titel *Hertha*, *Psyche*, *Hilda*), eine Blüte. «Alles nahm eine Taschenbuchnatur an», schrieb der Literaturhistoriker Hermann Marggraf 1839 und charakterisierte damit treffend die Durchschlagskraft dieser biedermeierlichen Publikationsform, die sich durch eine offene und variable Struktur, den Gesprächscharakter und eine Fülle von Kleingattungen auszeichnete. Die biedermeierliche Liebe zur Kleinform wurde durch den bunten Inhalt und den reichen Schmuck des Taschenbuchs bestätigt und gefördert.

Wegen der hohen Bewertung der pädagogisch-didaktischen Zweckformen war eine Unterscheidung zwischen Publizistik und Dichtung, zwischen Fiktion und Nicht-Fiktion nicht üblich. Zweckformen wie Lehrgedichte, Fabeln, Parabeln, Satire, Erlebnisliteratur in Briefen, Reisebeschreibungen, politische Lyrik und Soziallyrik zeichneten sich durch einen bestimmten außerliterarischen Zweck oder eine Tendenz aus, wobei das in dieser Epoche zum Erstenmal auftauchende Wort «Tendenz» anfangs als ein wertneutraler oder positiver Begriff galt. Es stand nicht zur Diskussion, ob ein Text Tendenzdichtung war, sondern welche Tendenz der Text hatte. Erst im Laufe der 1840er Jahre bekämpften die Anhänger der «klassizistischen» Ästhetik erfolgreich die Tendenzdichtung zugunsten der Zwecklosigkeit von Dichtung. Der Abbau der nach 1848 verpönten «Tendenz» ging mit der bis ins 20. Jahrhundert wirkenden Abwertung aller rhetorischen Elemente einher.

Lyrik

Theoretisch wurde die Lyrik von den klassizistischen Ästhetikern geringgeschätzt. In der Praxis war sie, als typische Kleinform, die Hauptgattung, zumindest der Biedermeierdichter. Die Verteidiger beriefen sich immer wieder auf Herder als den wichtigsten Theoretiker und brachten sowohl nationale als zeitgemäße Argumente zugunsten der Lyrik vor. Sie wurde, da sie sich bald von ausländischen Vorbildern frei gemacht hatte, als eine spezifisch deutsche Gattung hervorgehoben, und ihre zentrale Funktion in der Geselligkeitskultur der Zeit machte sie zu *der* modernen Gattung. Die größte Formenvielfalt ist in der lyrischen Dichtungsart, deren Grenzen zur epischen fließend sind (s. S. 26), festzustellen. Dem rhetorischen Prinzip der variatio entsprechend enthält jede Gedichtsammlung der Zeit eine außerordentlich große Fülle von Formen. Als besonders zeittypisches Beispiel gilt der biedermeierliche poetische Hausvater und Vielschreiber Friedrich Rückert (1788–1866), der als unermüdlicher Gedichteschreiber und Übersetzer ausländischer, vor allem orientalischer Lyrik das «alte Wahre» aller Zeiten und Völker zu ewiger Gegenwart führen wollte.

Die gesellschaftliche Funktion der Lyrik wird unterstrichen durch den Umstand, dass die bekanntesten Dichterkreise der Zeit in der Lyrik ihren Schwerpunkt hatten. So gab es nach dem Vorbild des Göttinger Hains u.a. den «Dresdner Liederkreis», den rheinischen «Maikäferbund», den westfälischen Dichterkreis, die «Schwäbische Schule» und den Berliner «Tunnel über der Spree». Auch die österreichischen Lyriker wie A. Grün, Franz Stelzhamer u.a. waren damals sehr bekannt. Das Gros der Gedichte war gesellschaftlich orientierte Gebrauchslyrik, während die individuell geprägte Einsamkeitslyrik die Ausnahme bildete.

Eine Sonderstellung nahm August Graf von Platen (eig. von Platen-Hallermünde; 1796–1835) als Lyriker ein. Bei ihm verband sich der Weltschmerz mit einer übersteigerten Verehrung der Schönheit, in der er immer mehr den einzigen Sinn der Welt sah. Die berühmten Zeilen aus dem Monolog *Tristan* aus einer nie geschriebenen Tragödie «Tristan und Isolde» drücken diesen absoluten Glauben an die Kunst aus:

> Wer die Schönheit angeschaut mit Augen,
> Ist dem Tode schon anheimgegeben,
> Wird für keinen Dienst auf Erden taugen,
> Und doch wird er vor dem Tode beben,
> Wer die Schönheit angeschaut mit Augen!

Platen, der stark unter seiner homoerotischen Veranlagung litt, ging 1826 für immer nach Italien. Den Höhepunkt seiner Lyrik, die strenge antike, romanische und orientalische Versmaße (Ode, Sonett, Ghasel) und einen kargen, spröden Stilton bevorzugte, bildet der kunstvoll aufgebaute Gedichtzyklus *Sonette aus Venedig* (1825), die wie ein großer Teil seiner Dichtung als Bildungslyrik verstanden werden muss. Platen wurde nach seinem Tod der Prototyp des Formkünstlers, der den Dichter als Seher und Priester der Kunst auffasst. Eine Renaissance erlebte seine ästhetisierende Lyrik zurzeit des Fin de siècle als Vorläufer für die Kunst des L'art pour l'art und des Jugendstils.

Epik

Die epischen Gattungen waren wegen der schon erwähnten Unterscheidung zwischen Vers = Aristokratie und Prosa = Demokratie zu einem großen Teil Versgattungen (s. S. 26). Besonderer Beliebtheit erfreuten sich außer den Verserzählungen die Idyllen, in denen die biedermeierliche Genremalerei, die auch in andere Gattungen eindrang, ihre künstlerischen Höhepunkte erreichte.

Die Erzählprosa, die als gattungsmäßig schwer unterscheidbare Novellen oder Romane in der Gunst des Publikums einen immer größeren Platz einnahm, hatte in der Restaurationszeit noch ihren Ort zwischen Zweckliteratur und Dichtung (s. Droste S. 36–37). Charakteristisch ist die «Behaglichkeit» des Erzählens; ein stetiger Fluss des Erzählens ist selten, weil sich der auktoriale Erzähler zur Zerstreuung und Unterhaltung des «werten» Lesers nicht bestrebt, an einem einzigen Erzählstrang festzuhalten. Die Haupthandlung wird immer wieder durch «sekundäre Erzählelemente» (E. Lämmert) unterbrochen: durch seitenlange detailrealistische Beschreibungen, die Selbstzweck haben, durch längere, den Leser oft einbeziehende Reflexionen über das Erzählte, durch Gespräche und Szenen, die wie die lyrischen Einlagen oft Eigenwert besitzen und mit der Haupthandlung nur lose verbunden sind. Moderne Ausgaben der damaligen Romane werden daher oft durch Auslassungen modernisiert und vereinheitlicht.

Die partikularistische Erzählstruktur, das Prinzip der Kleinteiligkeit, hängt auch mit dem rhetorischen Wechsel der Stilebenen zusammen. Der Erzähler wählt für einen Abschnitt einen Stilton (etwa den komischen) und wechselt im Folgenden zu einem anderen über (etwa zum schaurigen Ton). Das Verfahren, ein bestimmtes «Gefühls»-Register zu ziehen, um den Leser in eine entsprechende Stimmung zu versetzen, wird vor allem von den mittelmäßigen Schriftstellern verwendet, aber kein Dichter der Epoche entzieht sich dem Einfluss der Lehre von den Stiltönen. Die beliebten extremen Stiltöne (der pathetische Ton, der fantastische Ton, der grelle Ton, der schaurige Ton) weisen auf die Vorliebe für Extreminhalte und Extremfiguren hin. In einer Zeit, in der der Mensch immer noch zwischen Himmel und Hölle gesehen wurde, konnten übernatürliche, teuflische oder himmlische Kräfte jederzeit in das tägliche Dasein eingreifen. So glaubten die meisten Menschen an Teufel in Menschengestalt. Ein besonders häufiger Typus in der Erzählprosa ist der Geheimnisvolle, von dem man nicht weiß, ob er als deus oder diabolus ex machina eingreifen wird.

Drama

An der Spitze der Gattungshierarchie standen die dramatischen Gattungen. Das Theater, der Mittelpunkt des öffentlichen Lebens, wurde an vielen Orten von Handwerkern wie Adeligen besucht, und das Drama fungierte als der eigentliche «Maßstab der Kulturhöhe» (Fr. Sengle). Die Vorstellung, in einer Epigonenzeit zu leben, entstand um 1830 nicht zuletzt wegen der Diskrepanz zwischen der Theorie und der mittelmäßigen Praxis, die dominiert wurde durch Schicksalstragödien (Zacharias Werner: *Der vierundzwanzigste Februar*, 1815) oder schwache Produkte, so etwa von August von Platen: *Der romantische Ödipus*, 1829 und Karl Immermann, dem Leiter des Düsseldorfer Theaters: *Andreas Hofer, der Sandwirt von Passeyer*, 1833.

Eine sehr breite Theaterkultur kennzeichnete trotz des Mangels an «großen» Dramatikern die Zeit zwischen 1815 und 1848. Außer dem Schultheater gab es gesellige Liebhabertheater in allen Ständen. Das idealistisch-bürgerliche Bildungstheater trat in den Hintergrund zugunsten eines Vergnügungstheaters, in dem die Musik und das Ballett ihren Einzug hielten und in dem der Tragödie ein «Nachspiel», durch das man sich von einer zu schweren Kost erholen konnte, angehängt wurde. Der Abbau des Bildungstheaters lag im Interesse des Adels, der ganz besonders auf dem Gebiet des Theaters zur kulturellen Führungsspitze vorzudringen versuchte. Die Hoftheater lösten zunehmend die Nationaltheater des 18. Jahrhunderts ab (s. Bd. I, S. 170), und in den aus der Zivilliste des Monarchen finanzierten Hoftheatern trug ein Adeliger stets die eigentliche Verantwortung, was manchmal zu Auseinandersetzungen führte.

Die Zurückdrängung des bürgerlichen Elements führte zu einem großen Bedarf an Salonlustspielen oder Konversationsstücken, die das Alltagsleben der höheren Gesellschaft thematisierten, und zu einer Polarisierung zwischen Hoftheater und Volkstheater. In der Theaterhauptstadt Wien erlaubte das Burgtheater ausdrücklich den Vorstadttheatern, das Hoftheater nach der «derbkomischen» Seite hin zu ergänzen. Damit wurde ein Siegeszug des Lustspiels und der Posse eingeleitet, und die österreichischen Stücke beeinflussten die Theater an vielen Orten in Deutschland, vor allem in Berlin. In den Stücken der bekanntesten Autoren der Wiener Volkstheatertradition, Ferdinand Raimund (1790–1836): *Der Alpenkönig und der Menschenfeind* (1828) und Johann Nestroy (1801–1862): *Der Zerrissene* (1844), *Freiheit im Krähwinkel* (1848), findet sich in besonders prägnanter Form die zeittypische biedermeierliche Mischung von elementarer Lust an dem theatralischen Spiel und einem Gefühl der Entsagung und des Leidens am Widerspruch zwischen Ideal und Wirklichkeit.

III. Autoren

Eduard Mörike (1804–1875)

Geb. 1804 in Ludwigsburg, Sohn eines Kreismedizinalrats. Studium der Theologie im Tübinger Stift. 1826–34 Vikarstellen, 1834–43 Pfarrer in Cleversulzbach; lebte mit Schwester und Mutter. 1844–51 pensioniert. 1851–66 Lehrer für Literatur in Stuttgart, zuletzt nur eine wöchentliche Unterrichtsstunde. Seit 1851 unglückliche Ehe – 1873 Trennung. Keine längeren Reisen; Freundschaft mit Theodor Storm, Paul Heyse, Moritz von Schwind. Gest. 1875 in Stuttgart.

Biedermeierliche Geselligkeit kennzeichnete die sogenannte Schwäbische Romantik oder den Schwäbischen Dichterkreis, der romantische Anregungen (Naturlyrik, Volkslieder, Interesse für das Mittelalter) mit praktischer Nüchternheit und dem Stolz auf die württembergische Heimat verband.

Der führende Kopf der Schwäbischen Romantik, Ludwig Uhland (1787–1862. *Gedichte* 1815), als Balladendichter und Lyriker das Vorbild unzähliger Dichter im 19. Jahrhundert, entfernte sich immer mehr von der romantischen Jugendphase und widmete sich zunehmend historischen Mittelalterstudien und als liberaler Abgeordneter im württembergischen

Landtag aktuellen politischen Fragen. Romantiker blieb lediglich der sich für Okkultismus interessierende Arzt Justinus Kerner (1786–1862), dessen schwäbischer Humor und Familiensinn jedoch alle verstiegenen Spekulationen relativierten. Sein «Kernerhaus» in Weinsberg wurde für Dichter und Künstler ein geselliger Mittelpunkt, der weit über die Grenzen des Landes bekannt war.

Der Geselligkeit im «Kernerhaus» hielt sich der evangelische Pfarrer und Dichter Eduard Mörike im benachbarten Cleversulzbach meist fern. Erst spät begann sein Ruhm, u. a. dank der Idylle *Der alte Turmhahn* (1840–1852, in einer der Fassungen: «Stillleben»). Hier beschreibt der nun auf dem Ofen stehende Turmhahn in bewusst holprigen Knittelversen den eigenen Lebensweg. Der Wechsel von der weiten Kirchturmperspektive zur engen Ofenperspektive bedeutet den Weg in die Geborgenheit der Familie: statt Hybrisgedanken Bescheidenheit, statt Wind, Sturm und Gewitter Gelassenheit und Frieden in Gott. Der wirkliche Turmhahn wurde so berühmt, dass Mörike ihn mit sich herumtrug und fotografieren ließ, und als der russische Dichter Turgenjew Mörike besuchte, konnte er die 10 Seiten lange Idylle auswendig.

«Der Kindlichste, Verträumteste, Verspielteste unter den Großen der deutschen Dichtungsgeschichte» (Herbert Meyer) war nur äußerlich ein Steine sammelnder, schrulliger Biedermeiertyp; der leicht erregbare Mörike war innerlich zerrissen zwischen der Sehnsucht nach der stillen Heiterkeit des alten Turmhahns und dem vergeblichen Versuch, die «Nachtseiten» seines Wesens, wie etwa die Faszination durch erotische Sinnlichkeit und ein freies, unbürgerliches Künstlerleben, zu unterdrücken. Im Mittelpunkt des durch Goethes «Wilhelm Meister» und die Schauerromantik beeinflussten Jugendromans *Maler Nolten* (1832) steht die Schicksalsverfallenheit und die Todessehnsucht des zwischen zwei Frauen unschlüssig schwankenden Malers Theobald Nolten, der am Ende des Romans einem Nervenschock erliegt. Mörike empfand später das Schreiben des Romans als eine therapeutische Kur, durch die er «das Romantische» und «das Subjektive» seines Wesens von sich abtat.

Den Gegenpol zum «Romantischen» bilden Mörikes Übersetzungen antiker Lyrik (*Classische Blütenlese* 1840, spätere Übertragungen Theokrits, Anakreons und der Anakreontiker), die durch die strenge und hohe Form, die schöne Geschlossenheit und das Zurücktreten des Subjektiven eine apollinische Harmonie hervorrufen. In seiner Lyrik lässt sich eine Entwicklungslinie von anfänglicher Bevorzugung reiner Stimmungslyrik und volksliedhafter Gedichte zum objektiven «Dinggedicht» (*Auf eine Lampe*) und zu immer stärkerer Anlehnung an die Dichtung der Antike feststellen.

Die Gedichte (1838) und seine spätere Lyrik sind zeittypisch durch die Vielfalt der Formen, die Vorliebe für Rollengedichte und die Tendenz zum Gedichtzyklus. Mörike, der sich in der Tat aller Formen bediente, welche die Lyrik bisher ausgebildet hatte, unterschied sich jedoch von der Mehrheit seiner Zeitgenossen durch einen an Goethe erinnernden Sinn für den organischen Zusammenhang zwischen Form und Inhalt. Seine Naturlyrik belegt eine sich in Nuancierungen und den zartesten Zwischentönen äußernde Sensibilität für Eindrücke der Außenwelt und für die ins Zeitlose führende Natur:

> O flaumenleichte Zeit der dunkeln Frühe!
> Welch neue Welt bewegest du in mir?
> Was ist's, dass ich auf einmal nun in dir
> Von sanfter Wollust meines Daseins glühe?
> Einem Kristall gleicht meine Seele nun,
> Den noch kein falscher Strahl des Lichts getroffen;
> Zu fluten scheint mein Geist, er scheint zu ruhn,
> Dem Eindruck naher Wunderkräfte offen,
> Die aus dem klaren Gürtel blauer Luft
> Zuletzt ein Zauberwort vor meine Sinne ruft.
>
> (Aus: «An einem Wintermorgen, vor Sonnenaufgang»)

Mörike erlebte die Natur als elementare Gewalten, die eine aus Anziehung und Furcht gemischte Wirkung auf ihn ausübten. Glückliches pantheistisches Einssein mit der Natur verband sich mit der Angst, sein Ich zu verlieren. Die Elemente ließen den Märchenerfinder Mörike Mythen schaffen wie in der Ballade «Der Feuerreiter», aber je mehr er sich dem Elementaren hingab, desto stärker empfand er die größer werdende Entfernung von Gott.

Als elementare Gewalten erlebte Mörike ebenfalls die sinnliche Liebe und vor allem die Musik. Mozarts Musik, die für ihn der Inbegriff der Musik schlechthin war, flößte ihm eine Mischung aus magnetischer Faszination und panischem Schrecken ein. In der hauptsächlich aus Gesprächen bestehenden Novelle *Mozart auf der Reise nach Prag* (1855) stellte Mörike, von einer unscheinbaren Episode ausgehend, Mozart in einer anmutigen, rokokohaft heiteren und alles Dunkle und Schwere überwindenden Atmosphäre dar. Dass es sich aber nur um eine momentane Bändigung des dunklen Untergrunds handelt, geht aus dem Schluss hervor, in dem Mozart als das sich in seiner eigenen Glut verzehrende Genie aufgefasst wird (vgl. das Todesmotiv im Schlussgedicht «Ein Tännlein grünet wo, wer weiß im Walde»).

Annette von Droste-Hülshoff (1797–1848)

Geboren 1797 auf der Wasserburg Hülshoff bei Münster, aus altem katholischen Adelsgeschlecht Westfalens. Umfassende Bildung dank Teilnahme am Privatunterricht ihrer Brüder; von dem einstigen Hainbündler Professor Anton Matthias Sprickmann in die Dichtung eingeführt. 1815 schwere (möglicherweise Schilddrüsen-) Erkrankung. 1826 Tod des Vaters, Übersiedlung mit der Mutter auf den Witwensitz Rüschhaus bei Münster. 1841–1844 aus Gesundheitsgründen meist am Bodensee, auf dem von ihrem Schwager, dem Germanisten J. von Laßberg, erworbenen Schloss Meersburg. Hier Liebe zu dem 17 Jahre jüngeren Schriftsteller Levin Schücking, nach Verlobung des Freundes 1843 schmerzliche Entfremdung. Tod 1848 durch Herzschlag.

«Deutschlands größte Dichterin», wie Annette Freiin von Droste-Hülsoff in vielen literaturgeschichtlichen Darstellungen genannt wird, lebte ein nach außen hin ereignisloses, biedermeierliches Leben. Die Bindung des kränklich zarten, sehr kurzsichtigen Adelsfräuleins an die konservativen Normen des Adels- und Verwandtschafts-«Clans», den Katholizismus und die Heimat Westfalen wurde dadurch verstärkt, dass sie sich von der Mutter bevormunden ließ und als unverheiratet gebliebene Tante zu gesellschaftlicher Zurückgezogenheit verpflichtet war. Mit einer starken Sensibilität reagierte sie auf äußere Eindrücke. Eine relativ belanglose Affäre, in der sie zwischen zwei jugendlichen Verehrern schwankte und am Ende beide verlor, bezeichnete sie als ihre «Jugendkatastrophe» und erlebte sie als eine unermessliche, lebenslange Verschuldung, die in einem Ringen zwischen der Erfahrung des Bösen und dem Glauben an Gott zu einer vertieften Religiosität führte. So ist ein großer Teil der 72 religiösen Lieder auf die Sonn- und Feiertage des katholischen Kirchenjahres in dem Zyklus *Das Geistliche Jahr* (1819 ff. entstanden, Erstausgabe 1851) ein Versuch, eine Antwort auf die existenziellen Lebensfragen zu finden.

Nach lyrischen, dramatischen und epischen Versuchen wandte sich die Droste immer mehr den der biedermeierlichen Geselligkeit entgegenkommenden Gattungen der Verserzählung, der Ballade und der Lyrik zu. Ihr thematisches Hauptinteresse galt der Frage nach dem Verhältnis von Schuldverstrickung und Vergeltung oder Sühne und nach der Möglichkeit menschlichen Richtens in einer letzten Endes unergründlichen Wirklichkeit, in der die bösen Mächte immer wieder die göttliche Schöpfung überfremden und das Ich an sich selber und seiner Urteilskraft zweifeln lassen. In den Verserzählungen (z. B. *Des Arztes Vermächtnis*, verf. um 1830) und den Balladen (z. B. «Der Tod des Erzbischofs Engelbert von Köln») verbinden sich die Fragen nach Identität und Lebenszusammenhang mit Themen aus dem Bereich der «Nachtseite der Natur» und des westfälischen Volksglaubens (Zweites Gesicht, Wiedergänger und Gespenster).

Die Novelle *Die Judenbuche. Ein Sittengemälde aus dem gebirgichten Westfalen* (1842), die heute als ihr Hauptwerk betrachtet wird, wurde als Teil eines Plans zu einem umfangreichen Westfalen-Buch geschrieben, und gerade die Mischung von volkskundlicher Zweckliteratur und Fiktion macht den besonderen Reiz dieser Erzählung aus. Ihre Gestaltungsintentionen waren sowohl eine realistische Paderborner Milieustudie zu schreiben, als auch die Milieudeterminanten eines

Kriminellenschicksals zu analysieren und diese Kriminalge-
schichte mit einer religiösen Sinnbildsprache so zu verbinden,
dass der spannende Kriminalfall als ein didaktisches theologi-
sches exemplum gelesen werden kann.

Friedrich Mergel, der Sohn eines in Trunkenheit gestorbenen Wilderers,
wird von seinem zwielichtigen Oheim erzogen. Friedrichs maßlose Eitelkeit, auf der religiösen Ebene die Ursünde *superbia*, ist der Grund, weshalb
er, so muss der Leser vermuten, den Juden Aaron ermordet. Nach dem
Verbrechen flieht er mit dem ihm ähnelnden, als eine Art besseres Selbst
fungierenden Vetter Johannes Niemand. Die Judenschaft der Gegend
bringt an der Buche, unter der Aaron getötet wurde, eine hebräische Inschrift an. 28 Jahre später kehrt Friedrich als Johannes Niemand zurück
und wird nach einiger Zeit an der Buche erhängt aufgefunden. Erst jetzt
erfährt der Leser die Bedeutung der Inschrift: «Wenn du dich diesem Orte
nahest, so wird es dir ergehen, wie du mir gethan hast.» Aufgrund der lakonischen, aussparenden und sachlichen Erzählweise bleibt es dem Leser
überlassen zu entscheiden, ob Friedrich wirklich der Mörder war, ob er
sich selbst erhängt hat und wie der tiefere Zusammenhang hergestellt werden kann.

Das undurchdringliche Ineinander des Wirklichen und des
Überwirklichen, die Hell-Dunkel-Struktur ihrer dichterischen
Welt kommt besonders effektvoll in den *Heidebildern* zum
Ausdruck, in denen das Motiv des Moores und der Heide zum
Erstenmal in der deutschen Lyrik auftritt. Das Schaurig-Wilde,
das in Gedichten wie «Der Knabe im Moor», «Das Hirten-
feuer» und «Der Heidemann» das Böse assoziiert, kontrastiert
dem Idyllischen, das in anderen Gedichten wie «Der Weiher»
mit dem göttlichen Frieden verbunden wird:

> Das Hirtenfeuer
>
> Dunkel, Dunkel im Moor,
> Über der Heide Nacht,
> Nur das rieselnde Rohr
> Neben der Mühle wacht,
> Und an des Rades Speichen
> Schwellende Tropfen schleichen.
>
> Unke kauert im Sumpf,
> Igel im Grase duckt,
> In dem modernden Stumpf
> Schlafend die Kröte zuckt,

Und am sandigen Hange
Rollt sich fester die Schlange.
(Auszug. Str. 1 und 2)

Der Weiher
Er liegt so still im Morgenlicht,
So friedlich, wie ein fromm Gewissen;
Wenn Weste seinen Spiegel küssen,
Des Ufers Blume fühlt es nicht;
Libellen zittern über ihn,
Blaugoldne Stäbchen und Karmin,
und auf des Sonnenbildes Glanz
Die Wasserspinne führt den Tanz;
Schwertlilienkranz am Ufer steht
Und horcht des Schilfes Schlummerliede;
Ein lindes Säuseln kommt und geht,
Als flüstre's: Friede! Friede! Friede! –

Das zeittypische Gepräge der Droste entsteht nicht zuletzt
durch die Vielfalt der von ihr gewählten Formen: Sie schrieb
Allegorien und Fabeln sowie Symbolgedichte, Idyllen, Gen-
rebilder, Balladen, humoristische Gedichte über «Scherz und
Ernst», Gelegenheitsgedichte, Verse an Personen, Denkblätter
und zeitkritische Gedichte mit didaktischen Partien. Die Sprache ist oft herb und streng, spröde und geballt bis zur Dunkelheit, und charakteristisch ist ihr Stilwille, das präzis erfasste
Detail realistisch oder impressionistisch zu beschreiben und
doch zugleich auf emblematische, allegorische oder symbolische Weise für Überwirkliches oder Gedankliches transparent
werden zu lassen. Der Hang zum Meditativen und Reflexiven,
der die besondere Eigenart ihrer nur ausnahmsweise liedhaften
Naturlyrik ausmacht, verbindet ihre Gedichte mit denen von
Lyrikern des 20. Jahrhunderts wie Sarah Kirsch (s. S. 368–369),
die oft als «der Droste jüngere Schwester» apostrophiert wird.

Georg Herwegh (1817–1875)

Geb. 1817 in Stuttgart. Sohn eines Gastwirts. Studium der Theologie im
Tübinger Stift. Ausweisung wegen Insubordination, freier Schriftsteller.
Mitarbeit an August Lewalds liberaler Zeitschrift *Europa.* 1839 Flucht vor
dem Militärdienst in die Schweiz. 1841 große Popularität durch die Veröf-

fentlichung der *Gedichte eines Lebendigen*. In der Schweiz Kontakt zu den Handwerkervereinen. Heiratete 1843 Emma Siegmund, Tochter eines reichen jüdischen Bankiers aus Berlin, seit 1843 in Paris, Bekanntschaft mit Marx, Victor Hugo, Heine und Béranger. 1848 Präsident des Republikanischen Komitees der Deutschen in Paris. Marschierte in der Revolution von 1848/49 mit der Deutschen Demokratischen Legion in Baden ein, nach der Niederlage des dilettantisch vorbereiteten Unternehmens Aufenthalt in der Schweiz. Enge Beziehung zu Ferdinand Lassalle, schrieb das «Bundeslied für den Allgemeinen Deutschen Arbeiterverein». 1866 nach politischer Amnestie Rückkehr nach Deutschland. Kampf gegen das Preußentum, Mitarbeiter an der sozialdemokratischen Zeitung *Volksstaat*. Gest. 1875 in Lichtenthal bei Baden-Baden.

Anders als in den vorhergehenden und nachfolgenden Epochen erlebte die politische Lyrik 1815–1848 einen Höhepunkt, der mit der großen Bedeutung der literarischen Gebrauchsformen zusammengesehen werden muss. Auch die «großen» Dichter der Zeit, Grillparzer, Droste-Hülshoff, Friedrich Hebbel und die späteren Realisten Fontane und Gottfried Keller schrieben vor 1848 politische Gedichte. Die Mehrheit dieser Gedichte thematisierte die Freiheitskämpfe wie in den 1820er Jahren die Griechenlyrik (Wilhelm Müller: *Lieder der Griechen*, I–IV 1821–24) und um 1830 die Polenlyrik (August Graf von Platen: *Polenlieder*), oder sie kritisierten die reaktionären Zustände in Deutschland und Österreich, insbesondere nach der Julirevolution 1830 (Anastasius Grün (eig. Anton Alexander Graf Auersberg): *Spaziergänge eines Wiener Poeten*, 1831). Nach einem Abflauen in den 1830er Jahren vollzog sich mit dem Beginn des eigentlichen Vormärz 1840 eine Popularisierung der politischen Lyrik, die mit dem Namen Georg Herwegh eng verbunden ist.

Für Herwegh wie für die anderen revolutionären Dichter der Zeit gelten zwei Merkmale: der wechselvolle Lebenslauf einschließlich kurzer oder längerer Aufenthalte im Exil und die widersprüchliche Rezeption ihres Werks. Während die einen Herwegh als einen dichtenden Revolutionär bewerten, der den Anspruch seiner Publizistik und seiner Gedichte in hohem Grade einlöste, betrachten ihn die anderen als «den wildgewordenen Stiftler» (Fr. Sengle), den abtrünnigen Theologen, der nur ein Angeber gewesen sei.

Die erstaunlich große Wirkung des meistverkauften Lyrik-
bandes der Zeit, Herweghs *Gedichte eines Lebendigen* (1. Teil
1841, 2. Teil 1843), belegt die um und nach 1840 verbreiteten Wünsche nach «Bewegung» und Ausbruch aus dem biedermeierlichen «Stillstand». Herwegh predigte den «heiligen
Kampf» gegen Tyrannen und Philister und forderte in Texten,
die nicht christlich gemeint waren, aber mit etwas Wohlwol-
len auch christlich ausgelegt werden konnten, zum Handeln
auf:

> Reißt die Kreuze aus der Erden!
> Alle sollen Schwerter werden,
> Gott im Himmel wird's verzeihn!
> Laßt, o laßt das Verseschweißen!
> Auf den Amboss legt das Eisen!
> Heiland soll das Eisen sein.

Um die Leser zu emotionalisieren, übersteigerte Herwegh effektvoll die in der politischen Lyrik gängigen rhetorischen
Mittel, ohne sein politisches Programm zu präzisieren:

> Wohlauf, wohlauf, über Berg und Fluss
> Dem Morgenrot entgegen,
> Dem treuen Weib den letzten Kuss,
> Und dann zum treuen Degen!
> Bis unsre Hand in Asche stiebt,
> Soll sie vom Schwert nicht lassen;
> Wir haben lang genug geliebt
> Und wollen endlich hassen!
>
> Die Liebe kann uns helfen nicht,
> Die Liebe nicht erretten;
> Halt du, o Hass, dein Jüngst Gericht,
> Brich du, o Hass, die Ketten!
> Und wo es noch Tyrannen gibt,
> Die laßt uns keck erfassen;
> Wir haben lang genug geliebt
> Und wollen endlich hassen!
> («Das Lied vom Hasse», 1841. Str. 1 u.2).

Kontraststrukturen, Häufung, Wiederholung, Apostrophe, im-
peratives Sprechen, Anaphorik, einhämmerndes einfaches Me-

trum, schwungvolle Rhythmik, pathetische Metaphern und wenige Schlüsselwörter wie Freiheit, Tyrannen und Vaterland sind die wichtigsten Aufbausteine einer Dichtung, deren Formulierungen sich den Zeitgenossen tief eingeprägt haben und in Form von geflügelten Worten und Parolen zur gesellschaftskritischen Einstellung insbesondere des gebildeten Bürgertums entscheidend beigetragen haben. Herweghs berühmte Deutschlandreise 1842 begann als ein Triumphzug; man sah in ihm den modernen Dichter und feierte ihn mit Festessen, in Reden und Trinksprüchen und brachte ihm Ständchen. Sogar der preußische König Friedrich Wilhelm IV. gewährte ihm eine Audienz, die jedoch von den radikaler gesinnten Oppositionellen als Ausdruck der Servilität ausgelegt wurde, und Herwegh wurde, nachdem ein kritischer Brief von ihm veröffentlicht worden war, auf Befehl des Königs unter Polizeibewachung gestellt und des Landes verwiesen.

Herweghs Wirkung bestand vor allem darin, dass er in einer Zeit, wo es noch keine politischen Parteien im heutigen Sinne gab, einer Politisierung das Wort redete. In dem Gedicht «Die Partei» (1841) wendete er sich in aller Schärfe gegen Ferdinand Freiligraths Maxime: «Der Dichter steht auf einer höheren Warte/ Als auf den Zinnen der Partei» und setzte sich für die Notwendigkeit der Parteilichkeit im Sinne einer eindeutigen Stellungnahme für oder gegen staatliche und gesellschaftliche Entwicklungstendenzen ein. Seine Forderung ist zeitgemäß: um 1840 löste in der literarischen Landschaft eine Tendenz zur Parteilichkeit im weitesten Sinne und zu einer auf dem Prinzip der Agitation beruhenden Literatur die jungdeutschen Ausdrucksformen der subjektiven Impressionen, des Reiseberichts und des plaudernden Feuilletons ab.

Die politische Entwicklung Herweghs bewegte sich von der im ersten Band der *Gedichte eines Lebendigen* vorherrschenden Philosophie der Tat in Richtung einer zielgerichteten Kritik, wobei er sich nach einer anfänglichen Annäherung an die marxistische Gesellschaftslehre später von dieser distanzierte und sich nach 1848, als die meisten in Deutschland lebenden politischen Lyriker eine konservative Wende vollzogen und bestenfalls affirmative politische Lyrik schrieben, immer mehr der entstehenden sozialdemokratischen Partei näherte.

Georg Büchner (1813–1837)

Geb. 1813 in Goddelau bei Darmstadt, Arztsohn. Studium der Medizin und Naturwissenschaften im französischen Straßburg 1831 und in Gießen 1833. In Straßburg lernte er den revolutionär-utopischen Kommunismus, der auf Babeuf zurückging, und den Saint-Simonismus kennen. 1832 Verlobung mit Wilhelmine Jaeglé. Wegen steckbrieflicher Verfolgung 1835 Flucht nach Straßburg. 1836 Abschluss der französisch verfassten Dissertation *Über das Nervensystem der Barbe*, im selben Jahr Dozent der vergleichenden Anatomie in Zürich. Nach kurzer Krankheit (Typhus) gest. 1837 in Zürich.

Georg Büchner und Christian Dietrich Grabbe (1801–1836) nehmen durch ihre jugendliche Radikalität und angriffslustige Kompromisslosigkeit eine Sonderstellung in der Literatur der Zeit ein. Ihr Erlebnis einer sinnentleerten, schaurig-komischen Welt führte sie jedoch in zwei gegensätzliche Richtungen: Grabbes Zerrissenheit (*Don Juan und Faust*, 1829) führte den Dramatiker zur Bewunderung und Verherrlichung des großen Helden (*Napoleon oder Die hundert Tage*, 1831) und zum Nationalismus, der wie die große Persönlichkeit den schwankenden Volksmassen eine Lebensperspektive geben kann (*Die Hermannsschlacht*, 1838). Der «Riss» bei Georg Büchner entsprang metaphysisch dem Erlebnis eines ohnmächtigen Gottes, der die leidenden Menschen im Stich gelassen habe, und gesellschaftlich-sozial dem Widerspruch zwischen Arm und Reich. Das Mitleiden mit dem leidenden Individuum wurde eine zentrale Triebkraft in seinem Schaffen.

Im französischen Straßburg, wo Büchner nach dem großherzoglich-hessischen Reglement höchstens 4 Semester studieren durfte, trat der Medizinstudent mit der radikal-demokratisch ausgerichteten «Gesellschaft der Menschenrechte» (*Société des Droits de l'Homme et du Citoyen*) in Kontakt. Während des in seinem «Vaterland» an der Landesuniversität Gießen fortgesetzten Studiums gab er zusammen mit dem Theologen Friedrich Ludwig Weidig die zu Revolution auffordernde Flug-

schrift *Der hessische Landbote* (1834) heraus. Statistisches
Material über die Ausbeutung des Volkes, Bibelzitate, die
Gottes Segen zu der revolutionären Tat geben, und der einfache, bildkräftige Stil («Der Fürst ist der Kopf des Blutigels, der
über euch hinkriecht, die Minister seine Zähne und die Beamten sein Schwanz») geben der Schrift eine im Vergleich zu anderen Flugschriften enorme Wirkungskraft. Wie aussichtslos
jedoch ein revolutionäres Vorhaben im reaktionären Großher-
zogtum Hessen war, erhellt daraus, dass viele der Untertanen
des Großherzogs die Flugschrift, die den steckbrieflich gesuch-
ten Mediziner zur Flucht nach Straßburg gezwungen hatte,
gesetzestreu den Behörden übergaben.

In den Studien über die Französische Revolution beschäftigte
sich Büchner mit der Frage ihres Scheiterns und vor allem mit
einer Problematik, die mit der Kernfrage nach der Reichweite
der menschlichen Freiheit zusammenhängt: Wie kann der *han-
delnde* Mensch in Anbetracht des fatalistisch erfahrenen Gangs
der Geschichte ihren Verlauf beeinflussen? Sein Erstlingswerk,
das «offene» Drama *Dantons Tod* (Erstausgabe 1835, uraufgeführt 1902) thematisiert mit einer Fülle von Gestalten und in
locker zusammengefügten Szenen die Revolution in einer natu-
ralistisch-expressiven, vor der Verletzung von Tabus nicht zu-
rückschreckenden Sprache, die durch eine Mischung von ko-
misch-satirischen und tragischen Elementen charakterisiert ist.
Im Zentrum des Dramas steht der über Lebens- und Revo-
lutionsüberdruss reflektierende Epikuräer Danton dem tugend-
haft-konsequent handelnden Robespierre gegenüber, dem es
gelingt, den abtrünnigen Danton und seine Anhänger aufs Scha-
fott zu schicken. Aber ist Robespierre, der das Heil der Gleichheit durch die Ermordung Hunderter mit Gewalt durchsetzen
will, nicht letzten Endes auch – wie Danton, wie das Volk auf der
Straße – nur eine Puppe, «von unbekannten Gewalten am Draht
gezogen»? Um diese Frage und das ungelöste Geheimnis des
«ehernen Gesetzes» der Geschichte kreist das Drama.

Das in der Tradition des romantischen Lustspiels stehende Märchenlust-
spiel *Leonce und Lena* thematisiert hinter der geistreichen, witzigen Fassade ebenfalls die Determiniertheit des Menschen. Aus Langeweile entfliehen

43

die von den Eltern füreinander bestimmten zwei Königskinder ihren jeweiligen Höfen, begegnen sich, ohne sich zu kennen, und verlieben sich ineinander. Dass sich Leonce im Augenblick des höchsten Glücks in den Fluss stürzen und sterben will, deutet den Weltekel an, der auch in den marionettenhaft gezeichneten Repräsentanten des Hofes im Duodezfürstentum zum Ausdruck kommt.

Auch Grabbes massive Literatursatire *Scherz, Satire, Ironie und tiefere Bedeutung* (1827) steht in der Tradition der romantischen Tieckschen Komödie. Zielscheibe der Satire ist der Dichter Rattengift, dessen Positivität immer wieder entlarvt wird. Die Welt ist «weiter nichts als ein mittelmäßiges Lustspiel, welches ein unbärtiger, gelbschnabeliger Engel während seiner Schulferien zusammengeschmiert hat» und in dem der Teufel zur lächerlichen Person werden muss. Am Ende, als Grabbe in Person auftritt, sieht sich der Zuschauer als Mitspieler in einer Groteske, in der sich Gelächter und Entsetzen die Waage halten.

In Straßburg entstanden außer dem Lustspiel *Leonce und Lena* die Novelle *Lenz* und die ersten Entwürfe des Fragment gebliebenen *Woyzeck* (gedr. 1879). Die Novelle hat den kurzen Aufenthalt des im Wahnsinn endenden, sozialkritischen Sturm und Drang-Dichters Lenz (s. Bd. I, S. 235) im Steintal in den Vogesen zum Thema. Die lakonische Beschreibung des Krankheitsverlaufs ist durch medizinische Genauigkeit und zugleich mitfühlende Nähe zum schizophrenen Dichter gekennzeichnet. Lenz, der am Anfang als Träger eines optimistischen Glaubens an die Menschlichkeit und als Befürworter einer antiidealistischen, realitätsnahen Kunstauffassung dargestellt wird, verstrickt sich anscheinend ohne Schuld immer mehr in den Wahnsinn, der – Grund oder Folge? – in der Abwendung von Gott gipfelt.

In dem Dramenfragment *Woyzeck* (uraufgeführt 1913) realisierte Büchner das in *Lenz* formulierte künstlerische Ziel, das einfache, ganze «Leben», wie es vor allem vom Volke gelebt wird, in einer mundartlich und alltagssprachlich gefärbten, stark expressiven Sprache darzustellen. *Woyzeck* gilt vielfach als das Erste und durch die konsequente Parteinahme für die Unterdrückten und Entrechteten zugleich radikalste Sozialdrama in der deutschen Literatur.

Die historische Person Woyzeck, in dem konkreten Kriminalfall ein Leipziger Barbier, der seine Geliebte erstochen hatte und 1824 hingerichtet worden war, wird von Büchner als abergläubischer, geistig beschränkter, durch ein Übermaß an Arbeit psychisch belasteter, «gehetzter» Barbier und Soldat dargestellt, der, von den Vorgesetzten geschulmeistert, von dem Arzt zu Experimenten missbraucht, von den Kameraden nicht verstanden, in dem von sozialer Not eingeengten Dasein lediglich in der Liebe zu Marie und zu ihrer beider Kind einen letzten Halt findet. Als sich Marie von dem sexuell und sozial überlegenen, Woyzeck demütigenden Tambourmajor verführen lässt, steigert sich sein Gehetztsein in eine seelische Verstörung, aus der er keinen anderen Ausweg sieht, als die Geliebte umzubringen. Da die Reihenfolge der Kurzszenen – durch eine Reihe unterschiedlicher Handschriften – nicht feststeht, lässt sich nicht eindeutig feststellen, ob Woyzeck am Ende bei der Suche nach dem Mordmesser in einem Teich ertrinkt oder ob Büchner dem historischen Ablauf zu folgen plante.

Die Ermordung der Geliebten ist sowohl psychologisch als gesellschaftlich motiviert: Nicht als Racheakt oder als einfache Affekthandlung, sondern als nicht willentlicher, destruktiver Ausbruch aus einer anderweitig nicht zu bewältigenden Zwangslage, wobei die sozialen Verhältnisse zu zentralen Symptomen menschlicher Determiniertheit werden. Woyzeck und Marie sind Opfer einer Sozialstruktur, die auch die karikiert dargestellten Vertreter der militärischen Hierarchie und des Bildungsbürgertums zu Gefangenen ihrer Rolle macht. Die traurig-komische Grundstimmung des Dramas, zu der auch die religiöse Dimension gehört, kommt in dem Märchen der Großmutter eindrucksvoll und komprimiert zum Ausdruck:

«Es war einmal ein arm Kind und hat kein Vater und keine Mutter, war alles tot und war niemand mehr auf der Welt. Alles tot, und es ist hingegangen und hat gesucht Tag und Nacht. Und weil auf der Erde niemand mehr war, wollt's in Himmel gehn, und der Mond guckt es so freundlich an; und wie es endlich zum Mond kam, war's ein Stück faul Holz. Und da ist es zur Sonn gangen, und wie es zur Sonn kam, war's ein verwelkt Sonneblum. Und wie's zu den Sternen kam, waren's kleine goldne Mücken, die waren angesteckt, wie der Neuntöter sie auf die Schlehen steckt. Und wie's wieder auf die Erde wollt, war die Erde ein umgestürzter Hafen. Und es war ganz allein, und da hat sich's hingesetzt und geweint, und da sitzt es noch und ist ganz allein.»

Büchners Werk gewinnt durch seine entschiedene Abwendung vom ästhetischen Idealismus, durch das politisch, sozial und

weltanschaulich Unabgeklärte, das Offene und Unabge-
schlossene einen breiten Auslegungsspielraum, der die oft widersprüchliche Rezeption erklärt. Mit besonderem Recht haben Naturalisten und vor allem die Expressionisten Georg
Büchner als Vorläufer gefeiert. In die umfangreiche Rezeptionsgeschichte Georg Büchners gehören u. a. Alban Bergs
Oper *Wozzeck* (uraufgeführt 1925 in Berlin) und Peter Schneiders Erzählung *Lenz* (1973, s. S. 358–359). Georg Büchner und
Christian Dietrich Grabbe gelten im 20. Jahrhundert als wichtige Vorläufer sowohl des modernen politischen als des absurden Theaters.

Heinrich Heine (1797–1856)

Geb. 1797 in Düsseldorf, Sohn eines jüdischen Kaufmanns. Kaufmannsleh-
re in Frankfurt a. M. und Hamburg 1816–19. Studium der Rechtswissenschaften in Bonn (Vorlesungen bei A. W. Schlegel), Göttingen und Berlin
(Vorlesungen bei Hegel). 1827–30 Reisen nach England, Italien, Berlin und
Helgoland. 1831 Übersiedlung nach Paris, Verkehr mit Victor Hugo,
Alexandre Dumas père, Béranger, George Sand, Balzac, Beziehungen zu
den Saint-Simonisten. 1835 Verbot der Schriften des Jungen Deutschlands,
als dessen Oberhaupt Heine aufgefasst wird. 1843 Freundschaft mit Karl
Marx. Von 1848 bis zu seinem Tod 1856 ans Krankenbett gefesselt.

Wie kaum ein anderer Dichter der Zeit erlebte der einer jüdischen Familie entstammende, seit 1831 in Paris lebende Heinrich Heine den Übergangscharakter der Epoche. Der schüch-
terne und nervöse junge Heine lebte sich in die Rolle des
«deutschen Byron» ein und bekannte nach Byrons Tod (1824):
«Er war der einzige Mensch, mit dem ich mich verwandt fühlte». Den «Bürgerkrieg» in der Brust, wo «alle Gefühle sich
empören – für mich, wider mich, wider die ganze Welt», fasste
er als das Signum einer modernen, antibiedermeierlichen Haltung auf: «Wer von seinem Herzen rühmt, es sei ganz geblieben, der gesteht nur, daß er ein prosaisches, weitabgelege-
nes Winkelherz hat.» Weltschmerz und Zerrissenheit wurden
für ihn eine Maske, die ihm die Möglichkeit gab, sich ironisch
und satirisch gegen die restaurativen und reaktionären Tendenzen der Zeit zu wenden:

Und wenn das Herz im Leibe ist zerrissen,
Zerrissen und zerschnitten und zerstochen –
Dann bleibt uns noch das schöne gelle Lachen.

Kurz vor seinem Tod zitierte Heine zustimmend das Urteil des Franzosen Nerval, er sei ein «romantique défroqué», ein entlaufener Romantiker. Trotz seiner Überzeugung vom «Ende der Kunstperiode», die durch die autonome Kunst charakterisiert gewesen sei, und vom Anbruch einer neuen Zeit «mit einem neuen Principe», nach dem Dichtung mit Gesellschaft und Politik verflochten sein müsse, blieb der im Geiste der Aufklärung erzogene, in seiner Jugend von der klassisch-romantischen Literatur stark beeinflusste Dichter innerlich der Kunstperiode verhaftet, wie es indirekt aus einem seiner späteren Aphorismen hervorgeht:

«Die höchste Blüte des deutschen Geistes: Philosophie und Lied – Die Zeit ist vorbei, es gehörte dazu die idyllische Ruhe, Deutschland ist fortgerissen in die Bewegung – der Gedanke ist nicht mehr uneigennützig, in seine abstrakte Welt stürzt die rohe Tatsache – der Dampfwagen der Eisenbahn gibt uns eine zittrige Gemütserschütterung, wobei kein Lied aufgehen kann, der Kohlendampf verscheucht die Sangesvögel und der Gasbeleuchtungsgestank verdirbt die duftige Mondnacht.»

Seinen ersten Ruhm begründeten die *Reisebilder* (1826ff.), die an die empfindsame, subjektiv-humoristische Erzähltradition (Laurence Sterne: *Sentimental Journey*, Jean Paul) anknüpften. Die ihm gemäße epische Form fand Heine in einer extremen Subjektivierung dieser Gattung, in der die reale Reise nur als Mittel der Darbietung primärer subjektiver Reflexionen ist. Blitzschneller Wechsel der thematischen und stilistischen Ebenen, Umschlag vom Einzelnen ins Allgemeine, Anspielungen und satirische Demaskierungen kennzeichnen Heines sprunghaften Witzstil, den viele Leser als die «moderne Schreibweise» (H. Laube) betrachteten.

1827 erschien der lyrische Zyklus *Buch der Lieder*, der Heine als den Dichter der Liebe, der Zerrissenheit und des Meeres europaweit bekannt machte und später die Basis für seinen Weltruhm bildete. Die Gedichtsammlung steht in der Tradition des Petrarkismus, der das Thema «unerfüllte Liebe» in vorgeprägten typisierenden Sprachformeln behandelt (s. Bd. I, S. 115), der Volkslieder und der Lyrik Goethes und der Romantik und enthält eine Vielfalt von Themen und Formen. Im Mittelpunkt stehen jedoch die Liebeslieder, deren ernster Inhalt durch die Zusammenstellung der Gedichte, durch Ironie, Übertreibung, Stimmungsbrüche oder Konfrontation mit dem prosaischen Alltag immer wieder modifiziert, relativiert oder als eine Illusion entlarvt wird:

> Die Jahre kommen und gehen,
> Geschlechter steigen ins Grab,
> Doch nimmer vergeht die Liebe,
> Die ich im Herzen hab.
>
> Nur einmal noch möcht ich dich sehen,
> Und sinken vor dir aufs Knie,
> Und sterbend zu dir sprechen:
> Madame, ich liebe Sie.

Der zwischen echtem Gefühl und Ironie schillernde Heine-Ton in der volksliedhaften «Heine-Strophe» wurde im Laufe der 30er Jahre sehr beliebt, und wenn das *Buch der Lieder* das lyrische Hausbuch des deutschen Bürgertums bis ins 20. Jahrhundert blieb, dann in erster Linie, weil das Publikum die Gedichte als echte Erlebnislyrik auffasste, aber zugleich weil Heines Strategie, alte Denk- und Empfindungsklischees von innen aufzubrechen, die Unvereinbarkeit des Idealischen und Poetischen mit der Realität aufzeigte und die innere Überzeugung manches Lesers bestätigte.

Kurz vor dem juristischen Doktorexamen 1825 konvertierte Heine zum Protestantismus, um, wie er es formulierte, das «Entréebillet zur europäischen Kultur» zu erhalten, aber die Versuche des berühmt-berüchtigten Heine, in Deutschland eine feste Anstellung zu finden, schlugen fehl. 1831, ein Jahr nach der von ihm begrüßten Julirevolution, zog er nach Paris, wo er auf Grund der seiner Ansicht nach wesentlichen Unterschiede zwischen dem politisch reaktionären Deutschland und dem progressiveren Frankreich Aufsätze und Essays über das jeweils andere Land dem deutschen und dem französischen Markt anbot. Als utopisches Ziel schwebte ihm eine Synthese aus deutschem Geist und französischer Politik vor. So gibt etwa die ursprünglich für französische Leser bestimmte Schrift *Zur Geschichte der Religion und Philosophie in Deutschland* (1834) einen Überblick über die Entwicklung von Luther bis Hegel. In dem Essay, der durch die klare Gedankenführung und den elegant-witzigen Stil der französischen Esprit-Tradition nahesteht, sieht der Hegel-Schüler Heine dialektisch die deutsche Philosophie nach Kant als ein Pendant zur Französischen Revolution.

Als Heines Schriften in Deutschland zusammen mit dem Jungen Deutschland 1835 verboten wurden, sah Metternich nicht zu Unrecht in dem bekannten Heine das Oberhaupt der «Schule». Klarer und schärfer als die übrigen Jungdeutschen formulierte Heine den Wunsch nach der Emanzipation des Individuums. Den stärksten Einfluss auf seine sozialen, politischen und religiösen Anschauungen hatten die Saint-Simonisten. Wie sie stellte er typologisch den durch christliche Entsagung und Sinnenfeindschaft gekennzeichneten Spiritualismus (oder Nazarenertum) dem sinnenfreudigen Sensualismus (oder Hellenismus) gegenüber. In der Gedichtsammlung *Neue Gedichte* (1844) setzte er sich für die freie sinnliche Liebe und einen pantheistischen Sensualismus ein:

> Der heil' ge Gott, der ist im Licht
> Wie in den Finsternissen;
> Und Gott ist alles, was da ist;
> Er ist in unseren Küssen.

Heines zentrales Anliegen war die soziale Frage, die Erfüllung der materiellen Bedürfnisse der Menschen in einer Gesellschaft, in der «wir nicht nötig haben, die größere und ärmere Klasse an den Himmel zu verweisen.» Ebenfalls unter dem Einfluss des Saint-Simonismus standen seine Idealvorstellungen von einer Meritokratie, in der ein demokratisch legitimierter, genialer Alleinherrscher, der von einer Elite beraten wird, von oben für das Wohl des Volkes sorgt. Für den genialen

Künstler, der zu dieser Elite gehört, besteht die Aufgabe darin, einen hohen künstlerischen Anspruch, eine im Grunde autonome Kunst, mit einem auf lange Sicht wirkenden politischen Einfluss zu kombinieren im Gegensatz zu dem Volksredner, der im konkreten Alltag das Volk für die neuen Gedanken begeistern soll. Dass dem dichterischen Wort praxisverändernde Kraft zuwächst, dass die Tat auf den Gedanken folgt, wie der Donner auf den Blitz, ist eine – letztlich idealistische – von ihm oft wiederholte Grundthese.

Das zugleich revolutionäre und elitäre Denken Heines brachte ihn in Konflikt mit den radikaldemokratischen Republikanern wie dem auch in Paris lebenden Ludwig Börne und erklärt auch seine Vorbehalte dem sich entwickelnden Kommunismus gegenüber. Beiden Gruppen warf er eine zu asketische Haltung und nivellierende, genuss- und kunstfeindliche Tendenzen vor, und seine Skepsis gegenüber einer Revolution, in der die Masse siegen sollte, nahm im Laufe der Jahre immer mehr zu. Auch die Verspottung der in seiner Sicht unkünstlerischen Tendenzlyrik der Vormärzdichter im Versepos *Atta Troll. Ein Sommernachtstraum* (1843) gehört in diesen Kontext, der zu Angriffen von rechts und links führte.

Den Höhepunkt seines Kampfes gegen die Misere der deutschen Verhältnisse bilden die Jahre nach 1840, und zu der größeren Aggressivität hat u. a. der mit ihm befreundete junge Karl Marx beigetragen. Eine besondere Wirkung hatte das Gedicht *Die schlesischen Weber*, das anlässlich des Aufstands der schlesischen Weber 1844 geschrieben wurde. In fünf Strophen steigert sich das Weben der verarmten Weber, die das Leichentuch für Gott, König und Vaterland (vgl. den Schlachtruf der Preußen 1813: «Mit Gott für König und Vaterland») fertigen, in einen Fluch, der durch eine die monotone, unerbittliche Bewegung des Webstuhlschiffchens nachahmende Form, einen immer bedrohlicher werdenden Stilton und das Refrain «Wir weben, wir weben!» effektvoll unterstrichen wird.

Die «versifizierten Reisebilder» im Gedichtzyklus *Deutschland. Ein Wintermärchen* (1844), denen Heines Reise nach Hamburg 1843 zugrunde liegt, greifen vor allem die Nationalismus-Welle in Verbindung mit der Rheinkrise 1840, das Bündnis von Fürstenherrschaft und Kirche, die nationalistischen Mythen und Preußens Militarismus und Untertanengesinnung an. Wie in Gedichten zur gleichen Zeit kommt auch hier sein ambivalentes Verhältnis zu Deutschland zum Ausdruck: Heine kennt *zweierlei* Deutschland: neben dem verhassten, absterbenden feudalen das geliebte Deutschland der Sagen und Legenden, der Reformatoren Hutten und Luther, der Philosophen Kant, Fichte und Hegel sowie der «lieben Westfalen», der «niedersächsischen Nachtigalln» und «stillen Buchenhaine». Der lockeren Form (Vagantenstrophen mit oft kühnen und witzigen Reimen), den vielen Digressionen aller Art und dem freien und spielerischen Umgang mit den Reiseimpressionen stehen integrative Faktoren wie die zahlreichen motivlichen Korrespondenzen und der übergeordnete Gegensatz zwischen Gegenwartspessimismus und Zukunftsoptimismus gegenüber. In keinem anderen Werk ist es Heine in dem Maße gelungen, sein Ideal einer spannungserfüllten Synthese von Dichtertum und politischem Engagement zu verwirklichen.

Nach 1848 blieb Heine, der an einer fortschreitenden Gliederlähmung litt, acht Jahre an sein Bett, an die «Matratzengruft», gefesselt. Sein Interesse für die weitere politische Entwicklung in Deutschland nahm ab. Dass die von ihm behauptete Rückkehr zu dem alttestamentlichen, persönlichen Gott seiner Kindheit und Jugend wegen seiner ambivalenten Formulierungen immer wieder angezweifelt worden ist, bestätigt das Bild von Heine als dem Rollen spielenden Lebensironiker, der über seine eigenen existenziellen Probleme nicht ohne Augenzwinkern und stilistische Brechungen berichten konnte.

In den letzten Gedichtbänden *Romanzero* (1851) und *Gedichte. 1853 und 1854* (1854) findet sich eine Poesie, die sich im Gegensatz zur Heine-Strophe und zum Heine-Ton des *Buch der Lieder* nicht nachahmen lässt. Die in historischer Verkleidung oder in direkter bekenntnishafter Form formulierten persönlichen Erfahrungen des langsam sterbenden Dichters führen «zu ersten unmittelbaren Krankheits- und Sterbegedichten in der deutschen Literatur» (Manfred Windfuhr). Heine beobachtet genau sowohl die Veränderungen des körperlichen Befundes wie die Bewusstseinsveränderungen in seinem «Sarg mit Fenster» und verbindet diese Selbstbeobachtungen mit dem zentralen Motiv der Gedichte, der pessimistischen Feststellung, dass der Schlechte siegt und das Ich einschließlich der Sehnsüchte und Erinnerungen dem Verfall und dem Tode ausgeliefert ist.

Wenige Dichter in der deutschen Literatur sind so gegensätzlich beurteilt worden wie Heine, der in einigen Ländern bekannter ist und mehr gelesen wird als Goethe. Friedrich Nietzsche, den die «göttliche Bosheit» Heines faszinierte, nannte ihn den größten Artisten der deutschen Sprache. Karl Kraus betrachtete Heine als den großen Sprachverderber, der den feuilletonistischen Stil nach Deutschland importiert habe. Die Nationalsozialisten wollten in Anknüpfung an einen sehr breiten Rezeptionsstrang seinen Namen ganz aus dem Gedächtnis der Nation streichen und schrieben unter Heines Gedicht «Lorelei» «Verfasser unbekannt». Die DDR-Literaturgeschichtsschreibung vereinnahmte ihn als Frühkommunisten. Die Ausgangspunkte für die so unterschiedlichen Bewertungen illustrieren, wie vielschichtig Heine ist: der Jude, der Protestant, der Sprachkünstler, der Lyriker, der Epiker, der Journalist, der Denker, der Politiker, der Spötter und Satiriker, der Ironiker und der Vermittler zwischen Deutschland und Frankreich.

Jeremias Gotthelf (1797–1854)

Eigentlich Albert Bitzius, geb. 1797 in Murten (Kanton Fribourg). Aus Berner Patrizierfamilie, Vater Pfarrer. 1814–20 Studium der Theologie sowie der Mathematik, Physik, Geschichte und Philosophie in Bern. 1821/22 zwei Semester Geschichte und Ästhetik in Göttingen, Wanderungen und Reise nach Norddeutschland. Verschiedene Vikarstellen, 1831 in Lützelflüh, 1832–1854 Pfarrer in Lützelflüh. 1835–45 Schulkommissär und Gründer einer Armenschule. Gest. 1854.

Als Albert Bitzius am 1. Januar 1831 zu Ross in Lützelflüh bei Bern eintraf, wo er für den Rest seines Lebens als Pfarrer wirkte, war der politisch engagierte junge Theologe als ein gefährlicher und aggressiver Hitzkopf aus der Metropole Bern abgeschoben worden. Ein halbes Jahr später schrieb er im Hinblick auf die Einwohner seiner Gemeinde, er möchte, dass einer nach dem anderen erfahre, «ich sei kein Türlistock, nur da, damit jeder Hund an denselben piss». Der kämpferische Draufgänger blieb ein unbequemer Zeitgenosse, der nach der Aufspaltung der fortschrittlichen liberalen Partei in eine gemäßigte und eine radikale Richtung in der Letzteren einen antireligiösen, primitiv materialistischen Zug witterte, den er im Laufe der Jahre immer unerbittlicher bekämpfte. Er bekannte sich zu der pädagogischen Tradition von Pestalozzi, und in seinem ersten Roman *Der Bauern-Spiegel* (1837) drückt der Name der Erzählerfigur Jeremias Gotthelf, den er als Pseudonym in allen späteren Schriften beibehielt, die Einheit von Schriftsteller und Verkünder, Mahner und Seelsorger aus.

Den Ausgangspunkt seiner Werke bildet oft ein Beitrag zu einer aktuellen sozialkritischen Diskussion, der dann überlagert wird von einer urwüchsigen Schaffens- und Erzählfreude, die unaufhörlich neue Personen und Episoden entstehen lässt. So verdankt der Roman *Wie Anne Bäbi Jowäger haushaltet und wie es ihm mit dem Doktern geht* (1843/44) seinen Ursprung einem Auftrag der bernischen Sanitätskommission, eine Schrift gegen die Kurpfuscherei zu verfassen. Ähnlich auch in den Uli-Romanen, die Gotthelf über die Schweizer Grenzen hinaus bekannt machten: *Wie Uli der Knecht glücklich wird. Eine Gabe für Dienstboten und Meisterleute* (1841), *Uli der Pächter. Ein Volksbuch* (1849). Es handelt sich dabei um Entwicklungsgeschichten, in denen der jugendlich verwilderte Uli in die rechte Bahn geleitet wird, sodass am Ende die calvinistische Lehre Frucht trägt: «Der Herr war mit ihm, und alles geriet ihm wohl, seine Familie und seine Saat.»

Zu den Meisterleistungen Gotthelfs gehören die Erzählungen *Elsi, die seltsame Magd* (1843) mit dem Romeo und Julia-Motiv, das Gottfried Keller beeinflusst hat, und *Die schwarze Spinne* (1842). Die Novelle *Die schwarze Spinne* (1842) enthält viele Züge, die für Gotthelfs Gesamtwerk repräsentativ sind: die Mischung von Berner Dialekt und Hochsprache (bes. Bibelsprache), detailrealistische, plastische Beschreibungen, der Wechsel von volkstümlich-schwankhaftem und predigthaft-rhetorischem Ton, die Neigung zu theatralisch-dynamischer Situations- und Handlungsführung und zu einem Gut-Böse-Muster, das keinen moralischen Mittelgrund kennt.

Die Rahmenhandlung, die Beschreibung einer Taufe im frommen Bauernhaus, umschließt die von einem alten Bauer erzählte Erklärung der im Fensterpfosten eingesperrten Spinne. In uralten Zeiten hatten sich die Bewohner des Emmentals unter der Bürde einer unmenschlichen Fronarbeit mit dem Teufel in Gestalt des «grünen Jägers» eingelassen. Da sie dem Teufel das verlangte Opfer, ein ungetauftes Kind, verweigern, wird die Gegend von einer Menschen und Vieh tötenden großen Spinne bzw. von Tausenden von Spinnen heimgesucht, bis es einem frommen, sich opfernden Menschen gelingt, die Spinne im Fensterpfosten einzusperren. Das Massensterben und die Opferung eines Lebens wiederholt sich zwei Jahrhunderte später, und heute, zum Erzählzeitpunkt, dient die eingesperrte Spinne als Trost und als Warnung. Zu den Interpretationsproblemen gehört die Frage, wie die Spinne auszulegen ist: als menschliche Hoffahrt (*superbia*), als das «Böse» in irgendeiner Form, als materialistischer «Zeitgeist» oder als politischer Radikalismus?

Einiges spricht dafür, Gotthelfs literarhistorischen Ort in der Welt der Restauration oder des Biedermeier zu sehen: die christlich-konservative Weltordnung, die Heimatverbundenheit, das Volkstümliche, aber von dem in Deutschland und Österreich verbreiteten Biedermeier trennen ihn sein politisches Engagement und sein aktives Eingreifen in das soziale Leben, wie z. B. seine Angriffe gegen den Pauperismus und Alkoholismus. Zwar ändert sich seine anfänglich liberale politische Einstellung, sodass sein Roman *Zeitgeist und Berner Geist* (1851–52) als rein konservative Tendenzdichtung erscheint, in der er die von Gott gesetzte Ordnung durch Kommunismus und den antireligiös-materialistischen Radikalismus gefährdet sieht, aber in seiner Funktion als «Volksschriftsteller» blieb er stets dem liberal-aufklärerischen Geiste verbunden.

Die Auswirkungen der Französischen Revolution in der Schweiz waren seit der Einführung des helvetischen Einheitsstaates (1798) viel stärker als in Deutschland und Österreich. An der Romantik hatte die Schweiz fast keinen Anteil, und wie Gottfried Keller behauptet hat, war das restaurative Element in der Schweiz wie ein «Papierblumenfrühling», der spätestens um die Zeit der Julirevolution 1830 von liberal-radikalen Strömungen weggewischt wurde. Diese Entwicklung wurde von Gotthelf lebhaft begrüßt und nach Kräften gefördert. Nach 1830 ließen die politischen Auseinandersetzungen und das Ringen um eine neue liberale Staatsform, das 1848 zur Entstehung des neuen schweizerischen Bundesstaates führte, eine biedermeierliche Stimmung nur in sehr eingeschränkter Form zur Wirkung kommen.

Franz Grillparzer (1791–1872) und Adalbert Stifter (1805–1868)

Franz Grillparzer: geb. 1791 in Wien, Sohn eines Advokaten. 1808–11 Studium der Rechtswissenschaften, Hauslehrer, Hofmeister, Bibliothekar. Seit 1814 Beamter an der Finanzhofkammer. 1818–23 Hoftheaterautor, seit 1838 Verzicht auf Veröffentlichung seiner literarischen Produktion. Reisen nach Italien (1819), Deutschland (1826, Besuch bei Goethe in Weimar), Frankreich, England (1836) und Griechenland (1843). Seit 1821 Bekanntschaft mit Katharina Fröhlich, die er trotz gegenseitiger Zuneigung nie heiratet. 1856 als Hofrat pensioniert. 1861 Mitglied des Herrenhauses. Gest. 1872 in Wien.

Adalbert Stifter: geb. 1805 in Oberplan (Böhmen), Sohn eines Leinwebers und Flachshändlers, der 1817 starb. 1818-26 Gymnasialzeit im Benediktinerstift Kremsmünster. 1826 Studium der Rechts- und der Naturwissenschaften in Wien ohne akademischen Abschluss. Hauslehrer u. a. bei Metternich. 1848 Revolution in Wien, Wahlmann, Umzug nach Linz. 1850–65 k. k. Schulrat für Oberösterreich. 1865 wegen Kränklichkeit (Leber- und Augenleiden) pensioniert. Gest. 1872 in Linz nach einem versuchten Selbstmord.

In Österreich, besonders in Wien, war die Zensur strenger und umfassender als in den übrigen Mitgliedstaaten des Deutschen Bundes. Schon 1795, vor der Ära Metternich, hatte Kaiser Franz II. die gegen den Josephinismus, die österreichische Aufklärung, gerichtete Restauration der staatskirchlichen Verhältnisse eingeleitet und mit Hilfe besonders strenger Zensurvorschriften 2500 Bücher verbieten lassen. Die totale Kontrolle, die Graf Sedlnitzky, sein Polizeiapparat und Spitzeldienst von 1817 bis 1848 ausübten, trug zu einem großen Teil zu der unpolitischen und biedermeierlichen Atmosphäre in Wien bei. Bei den zwei großen, im josephinistischen Geist erzogenen österreichischen Autoren der Epoche, dem Dramatiker Franz Grillparzer und dem Epiker Adalbert Stifter, spiegelt sich der äußere Druck in einer lebenslangen und oft verzweifelten Suche nach innerer Harmonie.

Franz Grillparzer, der zerrissene Zwei-Seelen-Mensch, der in sich zwei völlig voneinander abgesonderte Wesen fühlte: den «Dichter von der übergreifendsten, ja sich überstürzenden Phantasie» und einen «Verstandesmensch der kältesten und zähesten Art», gestaltete in der Rahmennovelle *Der arme Spielmann* (1848) eine Allegorie des eigenen Zwiespalts, die zugleich die charakteristische Künstlerproblematik im 19. Jahrhundert vorwegnimmt.

Die Novelle arbeitet mit dem Kontrast zwischen dem ironisch-distanzierten Erzähler, der sich in der Wiener Volksmenge «die Biographien der unberühmten Menschen» zusammenliest, und dem beschriebenen eigenbrötlerischen Bettelmusikanten, dessen unbeholfenes Geigenspiel den Zuhörern wie eine groteske Stümperei vorkommt, der aber innerlich ein reiner, gütiger Mensch ist, der sich mit Hilfe der Fantasie ein Reich der absoluten, gottunmittelbaren Musik erbaut. Äußerlich gehört er zu den Sonderlingen, innerlich aber in die lange Reihe von Personen bei Grillparzer, die das Heil im Innern suchen und finden. Am Schluss der Novelle, als er bei einer Überschwemmung mehrere Menschen rettet, wächst der Spielmann zu einer tragischen Heldenfigur auf.

Als Dramatiker war Grillparzer, wie er in seiner *Selbstbiographie* (1853) schreibt, «nun einmal eingefleischter Österreicher» und hatte bei jedem seiner Stücke die Aufführung in Wien im Auge. Nach anfänglichen Erfolgen – von acht Stücken wurden zwischen 1816 und 1838 sieben im Burgtheater aufgeführt – bewirkte der völlige Misserfolg des Lustspiels *Weh' dem, der lügt* (1838), dass der hypochondrisch-selbstkritische Grillparzer verbittert alle weiteren Dramen in der Schublade behielt.

Eine Räubermoritat gab den Anstoß zu seinem ersten bühnenwirksamen Drama *Die Ahnfrau* (1817):

Die Ahnfrau vereinigt zwei Handlungen, einmal die Geschichte des mit Fluch beladenen Räubers Jaromir, der seine eigene Schwester liebt und seinen Vater tötet, zum anderen ein Schicksalsdrama im Sinne Werners, wo die ehebrecherische Ahnin immer neue Verbrechen in der Familie fordert, bis der ganze Stamm ausgerottet ist. Die eigentliche Tragödie liegt aber im Inneren Jaromirs, der trotz Verlangen nach Liebe, Reinheit und Erlösung das Böse tut und am Ende auch will. Am Schluss steht der Mensch allein in einer Schneewüste: «Und der Himmel, sternenlos/ starrt aus leeren Augenhöhlen/ in das ungeheure Grab/ schwarz hinab».

Der junge Grillparzer stellte Listen zusammen, in denen fast alle später von ihm behandelten Themen enthalten sind. Ein Hauptthema in den folgenden Dramen ist das Verhältnis der jeweiligen Hauptpersonen zu der allgemeinen «Ordnung», die das nihilistische Weltbild der *Ahnfrau* überwölbt. Wer sich von dieser Ordnung entfernt und seiner eigenen Neigung folgt, irrt und wird bestraft; dies ist die Lehre in dem Trauerspiel *König Ottokars Glück und Ende* (1825), in dem der an Napoleon erinnernde, egoistische Machtmensch Ottokar zugrunde geht und der bescheidene, die objektive Idee von Recht und Gerechtigkeit verkörpernde Graf Rudolf von Habsburg zum Kaiser gewählt wird.

Die Heiligsprechung der Ordnung und des Gesetzes ist jedoch eine nur in wenigen Fällen realisierbare Möglichkeit, meist wird die Unvereinbarkeit des inneren Gesetzes mit den Gesetzen des gemeinen Daseins betont wie schon in der in klassischen Blankversen geschriebenen, thematisch an Goethes *Tasso* erinnernden Künstlertragödie *Sappho* (1818), die Grillparzer als Reaktion auf die Bewertung der *Ahnfrau* als ein romantisches Schicksalsdrama schrieb.

Trotz der mannigfaltigen Einflüsse, die dank der ungeheuren Belesenheit Grillparzers feststellbar sind (neben Goethe und Schiller u.a. Calderón und Lope de Vega, Seneca und Gozzi, Shakespeare und Voltaire), hat sein dramatisches Werk ein einheitliches, spezifisches Gepräge, das auf die Barocktradition in Österreich und die Tradition der Gattungen des Wiener

Volkstheaters wie Zauberopern, Besserungsstücke und Komödien und Possen zurückzuführen ist. Der Einfluss des Volkstheaters, das im Grunde Grillparzer zuwider war, äußert sich vorwiegend in der sinnlichen Anschaulichkeit des Theaters, in den komischen Elementen und in der Sprache. Bei Grillparzer wird der hohe pathetische Stilton immer wieder von Austriazismen und sprichwörtlichen Wendungen gebrochen, die komischen Elemente finden sich auch in den ernsten Dramen, und zur sinnlichen Anschaulichkeit gehören u. a. das Mimische und Bildliche, die szenische Buntheit, die Bedeutung des Requisits und seine vieldeutige Symbolkraft.

Den dramatischen Kern bestimmen öfters die in die Barocktradition gehörenden Antinomien wie zwischen Schein und Sein, Vergänglichkeit und Dauer, Denken und Handeln, und wie Grillparzer selbst betont hat, ging er oft von einer einfachen, an eine mittelalterliche Moralität erinnernden sprichwörtlichen Wahrheit aus («eine Fiakeridee»). Das Schein-Sein-Thema bildet den Mittelpunkt in dem den Wiener Volksstücken besonders nahe stehenden Märchendrama *Der Traum ein Leben* (1834), dessen Titel eine bewusste Parallele zu Calderóns *Das Leben ein Traum* (1636) andeutet. In dem Stück warnt ein Traum den sich in die große Welt der kriegerischen Abenteuer hinaussehnenden Rustan, der am Ende zu Hause bleibt und den biedermeierlichen Rückzug aus der Welt des Handelns predigt:

> Eines nur ist Glück hienieden,
> Eins: des Innern stiller Frieden
> Und die schuldbefreite Brust!
> Und die Größe ist gefährlich
> Und der Ruhm ein leeres Spiel;
> Was er gibt, sind nicht´ge Schatten,
> Was er nimmt, es ist so viel.

Auch in den drei 1872 posthum erschienenen Dramen *Libussa*, *Die Jüdin von Toledo* und *Ein Bruderzwist in Habsburg* drückt sich die Überzeugung Grillparzers aus, dass der wahre Held/ die wahre Heldin sich nicht durch die Tat, sondern – wie ein/e Heilige/r – durch die demütige Erkenntnis seiner/ihrer

Schwäche bewährt. Die erstrebte Humanität lässt sich nur im Inneren verwirklichen. Auf diesem Hintergrund ist Grillparzers pessimistisches Epigramm zu verstehen: «Der Weg der neueren Bildung/ geht von Humanität/ Durch Nationalität/ Zur Bestialität.» Als sein dramatisches Testament und als eine der bedeutendsten historischen Tragödien der deutschsprachigen Literatur gilt das Habsburgerdrama *Ein Bruderzwist in Habsburg* (1872). Der im «weisen Zögern» und «reinen Trachten» verharrende, psychologisch sehr differenziert gezeichnete Kaiser Rudolf II., der sich von seinem ehrgeizigen Bruder Matthias vom Throne drängen lässt und in tragischer Passivität zugrunde geht, bildet dennoch als der Träger der Utopie von einer Friedensordnung auf Erden das Zentrum des Dramas.

Adalbert Stifters Leben steht in einem bemerkenswerten Gegensatz zu seiner Dichtung. Einsamkeit, Angst, Zweifel, innere Anarchie charakterisierten sein Leben. Aus Examensangst hat er seine Studien an der Universität Wien nicht abgeschlossen, aus einer Unentschiedenheit heraus, die an Kierkegaard und Kafka denken lässt, hat er die Verlobung mit Fanny Greipl jahrelang hinausgeschoben und am Ende die Putzmacherin Amalie Mohaupt geheiratet und eine freudlose Ehe mit ihr geführt. Nach 1863 zeigten sich Symptome einer von zu großem Alkoholkonsum herrührenden Leberzirrhose, und 1868 brachte er sich mit einem Rasiermesser einen Schnitt in den Hals bei und verstarb 2 Tage später. Diesem Leben und Tod gegenüber steht eine pädagogische Dichtung, die in zunehmendem Maße einer stilisierten, reinen Dichtung, einer utopischen Gegenwelt zustrebt, in der existenzielle Probleme unbekannt bzw. überwunden sind.

Die Titel der ersten Erzählbände, *Studien* (1844–50, mit 13 Erzählungen, u.a. *Der Hochwald* und *Brigitta*) und *Bunte Steine* (1853, mit 6 Erzählungen für Jugendliche, u.a. *Bergkristall*) deuten an, dass es sich um Vorarbeiten und Versuche handelt, und zwar auf einem Erkenntnisweg zu einem neuen Natur- und Menschenbild und zu einer neuen einfachen Schreibweise, die sich von den vielen Vorbildern des jungen

Stifter, vor allem von Jean Paul, befreit. Der Sinn seines Schreibens ist es, in einem chaotischen, von Katastrophen heimgesuchten Dasein einen menschlichen Bereich zu finden und zu bewahren und zur Einsicht in das «sanfte Gesetz» zu kommen, «welches das menschliche Geschlecht leitet»:

So ist das Hauptthema in den 6 Erzählungen in *Bunte Steine* die Rettung von Kindern aus gefährdeten Situationen wie Feuersbrunst, Wassersnot und Gewitter. In *Bergkristall* werden zwei im Gletschereis verirrte Kinder in der Weihnachtsnacht auf wunderbare Weise gerettet, wobei sich das gewaltige Hochgebirge als drohend und bergend zugleich erweist. Die außerordentliche Stimmungsstärke entsteht durch die einfache, mit den Kontrasten hell-dunkel arbeitende Sprache, in der leitmotivische Stilisierung einen konstitutiven Stilzug bildet.

Die präzise Bedeutung des in der Vorrede zu den *Bunten Steinen* dargestellten «sanften Gesetzes» ist umstritten, aber grundsätzlich handelt es sich um die Überzeugung, dass das Große im stillen Wachsen und langsamen Werden liege und dass auch im Kleinsten und Unauffälligsten, Alltäglichsten eine Gesetzlichkeit des harmonischen Lebensganzen beobachtbar sei. Dieser Glauben an ein Gesetz, das für die menschliche Natur und die äußere Natur gleichermaßen gilt, führt zu einer Einstellung, die man idealisiertes oder utopisches Biedermeier nennen könnte.

Ein konsequentes Resultat dieser Überlegungen findet sich in dem Bildungsroman *Der Nachsommer. Eine Erzählung* (1857), der in Form einer Verschmelzung von Idealismus und Biedermeier eine Utopie des glücklichen Lebens in einer stilisierten, zu Manierismen neigenden Sprache darstellt.

Der bürgerliche Heinrich Drendorf kommt auf einer geologischen Studienreise zum Asperhof im Alpenvorland und schließt Freundschaft mit dem Besitzer, dem Freiherrn von Risach. Im Laufe vieler Jahre eignet sich Heinrich stufenweise eine Bildung an, die ihn außer Kenntnis aller Wissensbereiche und Künste zur Einsicht in die Ordnung und Gesetzlichkeit führt, sodass er am Ende die Totalität wissenschaftlicher und humaner Möglichkeiten verkörpert. Erst nach diesem Reifeprozess, der ihn auch von jeder primitiv-sinnlichen Leidenschaft befreit, kann er Nathalie heiraten. Das klassische Shaftesbury-Winckelmann'sche Ideal der Kalokagathia beherrscht den Roman; dabei durchläuft Heinrich im Gegensatz zu Goethes *Wilhelm Meister* einen merkwürdig kontinuierlichen, von keiner Krise aufgehaltenen Bildungsprozess, in dem die für den Bildungsroman konstitutive Spannung zwischen Individuum und Gesellschaft, zwischen Selbstbestimmung und Fremdbestimmung aufgehoben ist.

Die minutiöse Beschreibung der kleinen Dinge, die Handlungsarmut und die Entwicklung auf eine abstrahierende Stilisierung hin führten zu der Kritik Friedrich Hebbels, der die Krone Polens demjenigen versprach, der beweisen könne, er habe die drei Bände des *Nachsommer* ausgelesen, «ohne als Kunstrichter dazu verpflichtet zu sein». Weil *Der Nachsommer* den paradoxen Versuch darstellt, das alte Epos, in dem sich Ich und Welt in völliger Übereinstimmung befinden, wiedererstehen zu lassen, wird er der Gegenentwurf zu einer vorhandenen Wirklichkeit. «Ich habe eine große einfache sittliche Kraft der elenden Verkommenheit gegenüber stellen wollen», schrieb Stifter 1858.

Noch stilisierter und noch handlungsarmer ist der folgende historische Roman *Witiko. Eine Erzählung* (1865–67), von dem Hermann Hesse ironisch meinte, er schildere, wie sich drei Männer auf drei Stühle setzen. Die Intention Stifters ist hier explizit das «Epos in ungebundener Rede». Ohne jeden Bezug auf die reale Auflösung des Habsburger Reiches in der zweiten Hälfte des 19. Jahrhunderts beschrieb er die Gründung des hierarchisch gegliederten mittelalterlichen Feudalstaates Böhmen um 1200 und die Entstehung einer internationalen Völkergemeinschaft auf christlicher Grundlage als eine überzeitliche Utopie, die an vielen Stellen durch eine fast liturgiehaft wirkende, vereinfachte Sprache charakterisiert ist.

Erst Friedrich Nietzsche, Hugo von Hofmannsthal und Thomas Mann leiteten die positive Wertung der stilisierten Sprache in den Alterswerken Stifters ein, wobei sie die Frage stellten, welche Motivation zu einer solchen Ausdrucksweise führe. Im 20. Jahrhundert sieht die Forschung in der zunehmenden Reduktion der Sprache bis auf ihr Skelett in den letzten Erzählungen Stifters (*Der Kuss von Sentze*, 1866. *Der fromme Spruch*, 1869) den Vorschein der sprachexperimentellen Moderne und macht ihn vielfach zum «Zeitgenossen» Arno Schmidts, Peter Handkes und Thomas Bernhards.

Der Bürgerliche Realismus

I. Grundzüge der Epoche (1848–1871)

Aus dem Spektrum vielfältiger Reaktionen auf die gescheiterte Revolution 1848 treten in den 1850er Jahren zwei gegensätzliche Tendenzen hervor: einerseits ein auf der bürgerlichen Ideologie basierender Optimismus, der im literarischen Bereich in den Programmschriften der «Realisten» zum Ausdruck kommt, und andererseits ein um sich greifender Pessimismus, der sich in der Wirkung der Philosophie Schopenhauers manifestiert. Beide Strömungen wurzeln in der Restaurationszeit, aber erst die sich wandelnden Gesellschaftsstrukturen schufen den Nährboden und die Voraussetzungen für die starke Wirkung dieser Tendenzen, die sich im Laufe der Zeit, insbesondere im Spätrealismus nach 1871, auf verschiedene Weise mischten und Symbiosen eingingen.

Die verspätet einsetzende Industrialisierung, durch die Deutschland in der folgenden Jahrhunderthälfte die wirtschaftliche Rückständigkeit im Vergleich zu England und Frankreich einholen sollte, ist das zentrale Merkmal der Zeit nach 1850. Beschleunigt durch das Aufkommen des Positivismus und den Glauben an den Fortschritt, an die Entwicklungsmöglichkeiten von Technik, Wirtschaft und Naturwissenschaften, führte die Industrialisierung wie in anderen Ländern zur Landflucht, zur Gründung städtischer Industriezentren und zur Entstehung von zwei neuen sozialen Gruppen: der Bourgeoisie und dem Proletariat. Dabei ließ das schnelle Wachstum an einigen Orten die provinzielle Rückständigkeit der Randgebiete, aus denen die Mehrheit der realistischen Dichter kam, noch deutlicher ins Licht treten.

Der Hauptträger der Industrialisierung war das liberale Bürgertum, in dessen Ideenwelt sich die Verherrlichung des unabhängigen, aktiven Individuums und des «freien» Spiels der Marktkräfte mit der Vorstellung einer organischen Gliederung des Volkes verband. Politisch passte sich das Bürgertum der «Realpolitik» Bismarcks an, wobei der Begriff «Freiheit» in dem vormärzlichen politischen Programm «Durch Freiheit zur Einheit» in der Wirklichkeit durch den «Staat» ersetzt wurde. Wie das Bürgertum sich anpasste und 1871 den Sieg über Frankreich als Sieg der nationalen Einheit und ein erneutes 1813 feiern konnte, so verschwand nach 1850 die Opposition der Restaurationszeit oder aber sie schwenkte auf den national-liberalen Kurs des Bürgertums ein. Zwischen 1848/49 und dem Anfang der 1860er Jahre lag für die Arbeiterwelt, wie sich August Bebel 1903 erinnerte, eine Kluft, «als läge ein Jahrhundert dazwischen». Eine radikal kritische Einstellung den materialistischen, «ungeistigen» Entwicklungstendenzen gegenüber ist vor allem für die Zeit nach 1871 charakteristisch, als Friedrich Nietzsche (s. S. 169–173) auf die mögliche «Niederlage, ja Exstirpation des deutschen Geistes zugunsten des deutschen Reiches» aufmerksam machte.

Die um 1850 in Europa aktuellen Realismus-Diskussionen reflektierten die durch Industrialisierung und Kapitalisierung geänderte Einstellung zur «Wirklichkeit». Generell verbindet sich mit Realismus ein in der Aufklärungstradition stehender Verzicht auf metaphysische Bindungen und eine Zuwendung zu den Werten des diesseitigen Lebens, weshalb der Hauptfeind aller Realismus-Konzeptionen eine spekulative, metaphysische Romantik ist. In Deutschland hatte der Philosoph Ludwig Feuerbach (1804–1872) im *Wesen des Christentums* (1841) Gott als eine Projektion der menschlichen Einbildungskraft erklärt und die Religion in eine psychologische Anthropologie aufgelöst, nach der das Göttliche dem autonomen Menschen immanent ist. Im Gegensatz zum Materialismus, der sich im Laufe der Periode verbreitete und als streng rationale und naturwissenschaftliche Methode verstand (Ludwig Büchner: *Kraft und Stoff*, 1855, Charles Darwins Hauptwerk über die Abstammung des Menschen *On the Origin of Species by Means of Natural Selection*, 1859, deutsch 1860), vertrat

Feuerbach eine rational-irrationalistische Auffassung, die romantische und pantheistische Elemente enthielt. Der Verlust der Transzendenz führe zu einem gesteigerten Wirklichkeitsgefühl und zu einer Erhöhung des Menschen, dessen Pflicht es sei, in diesem konkret sinnlichen Leben sich selbst und das Humane zu verwirklichen. Der Glaube verwandelte sich nicht wie bei den Materialisten in einen konsequenten Atheismus, eher in ein religiös gestimmtes, ethisches Kultur- und Bildungsideal, das den Gedankengängen des Bürgertums entgegenkam. Seine Heidelberger Studenten forderte Feuerbach dazu auf, «aus Gottesfreunden zu Menschenfreunden, aus Betern zu Arbeitern, aus Kandidaten des Jenseits zu Studenten des Diesseits» zu werden.

Durch den Verzicht auf eine metaphysische Allgemeinverbindlichkeit der Werte und die Betonung des innerweltlichen Autonomiebewusstseins entstanden jedoch menschliche und künstlerische Probleme, welche die Realismusdebatten bis heute bestimmen: Wie umfassend ist die «Realität»? Wie verhält sich die äußere (von unserem Bewusstsein unabhängige?) Wirklichkeit zu der inneren, und wo entstehen die für den Menschen verbindlichen Werte? Wie löst sich die Spannung zwischen objektiver Spiegelung und subjektiver Deutung der Wirklichkeit in der Fiktion der Literatur? Ist sie lösbar, und kann eine zunehmend differenzierte und spezialisierte Wirklichkeit überhaupt in den herkömmlichen Gattungen und mit den traditionellen sprachlichen und stilistischen Mitteln erfasst werden?

Die Antworten auf die Frage nach der Realität sind im deutschen Realismus zwar verschieden, aber in einem Hauptpunkt identisch: Auf einen harmonischen Ausgleich zwischen dem objektiven Pol der Wirklichkeit und dem subjektiven Pol des menschlichen Bewusstseins kommt es an. In diesem Ausgleichsstreben stimmen der Programmatische Realismus, der Poetische Realismus und andere zeitgenössische Realismus-Konzeptionen überein.

Von einem starken Kampfgeist war das realistische Programm beseelt, das Julian Schmidt und Gustav Freytag (1816–

1895) in der von ihnen in Leipzig, dem Zentrum des deutschen Buchhandels, herausgegebenen Zeitschrift *Die Grenzboten* (1848 ff.) formulierten. Es handelte sich dabei um eine scharfe Abrechnung mit der Biedermeier- und Vormärzgeneration, in manchen Fällen auch mit den Philosophen und Dichtern, denen der Realismus viel verdankt.

Der Programmatische Realismus wendet sich gegen die vor 1848 übliche, hohe Bewertung des Dichters als des Ausnahmemenschen, des gefeierten Stars, und fordert, dass der Schriftsteller ein Bürger sein soll und sich wie ein Kaufmann oder Handwerker auf eine – nützliche – Tätigkeit (i.e. das Schreiben) spezialisiert. Er soll das ganze «Volk» ansprechen, wobei vorausgesetzt wird, dass die bürgerliche Mitte das Volk in allen Klassen repräsentiert. Zentral ist folglich der Abbau der rhetorischen Traditionen, die im Vormärz noch eine große Rolle spielten und eine hierarchisch aufgeteilte, statische Gesellschaft widerspiegelten, und eine Hauptforderung ist die sprachliche und stilistische Mittellage, die sich von zu gehobenen und zu niedrigen Stilebenen fernhält. Der jungdeutsche Subjektivismus wird ebenso verurteilt wie der Objektivismus der Klassizisten und der Junghegelianer. Wie extreme sprachliche Formulierungen, sind auch alle inhaltlichen Extreme verpönt, Extremtypen (der Dekadente, der Zerrissene, der Weltschmerzler) und Extremhandlungen (Wahnsinn, Perversitäten). In Bezug auf Gattungen empfehlen die realistischen Programmatiker eine Beschränkung auf das «harmonische» Dreierschema: Lyrik – Epik – Dramatik. In den Prosadichtungen, in denen sich der neue, wirklichkeitsfreudige Geist besonders frei entfalten konnte, werden alle Abschweifungen, Digressionen, Reflexionen und Beschreibungen, die keinen direkten Bezug zum Ganzen haben, als überflüssige «Kleinteiligkeit» verworfen. Gefordert wird eine strenge Einheit, eine epische Integration, durch die alle Details zu einem organischen Gebilde abgerundet werden, das im politischen Bereich der liberalen Vorstellung vom organischen Volksganzen entspricht.

Es braucht nicht besonders betont zu werden, dass ein Programm selten mit der Wirklichkeit übereinstimmt, aber der

Programmatische Realismus deutet die dynamische Stoßkraft an, die trotz nachwirkender Traditionen der Restaurationszeit die literarische Landschaft in einer bestimmten Richtung änderte. Als die Erfüllung des realistischen Programms betrachtete Julian Schmidt den 1855 erschienenen Roman von Gustav Freytag *Soll und Haben*, von dem im 19. Jahrhundert über 100000 Exemplare verkauft wurden. Der Entwicklungsroman beschreibt die exemplarische Laufbahn Anton Wohlfahrts (!) von seiner Kindheit in einem schlesischen Städtchen bis zu dem Augenblick, wo er als zukünftiger Gatte der Schwester seines Chefs und Teilhaber des Handelshauses einen idealen und realen Höhepunkt des Lebens erreicht hat. Dem Roman vorangestellt ist das bekannte Motto von Julian Schmidt:

«Der Roman soll das deutsche Volk da suchen, wo es in seiner Tüchtigkeit zu finden ist, nämlich bei seiner Arbeit.»

Und das Pflicht- und Arbeitsethos des emporstrebenden Helden korrespondiert mit einem moralischen Grundsatz im Roman:

«der Mensch soll sich hüten, dass Gedanken und Wünsche, welche durch die Phantasie in ihm aufgeregt wurden, nicht allzu große Herrschaft über sein Leben erhalten.»

Anton Wohlfahrts eigentlicher Gegenspieler ist der aus dem Proletariat aufsteigende Jude Veitel Itzig, dessen dunkle Spekulationsgeschäfte am Schluss aufgedeckt werden. Ambivalent ist dagegen Antons Verhältnis zum Adel. Einerseits verachtet er den in Muße und Luxus lebenden Adel, andererseits hilft er der Adelsfamilie aus der wirtschaftlichen Misere, verhilft ihr zu einem Neuanfang in Polen und befürwortet somit den bürgerlichen Klassenkompromiss mit dem Adel.

Der – trotz Versuchungen und Irrwegen – geradlinige Weg des Helden wird durch den straffen, vom Drama übernommenen Aufbau, die Einteilung in 6 Bücher, unterstrichen. Die präzisen Milieubeschreibungen und die anekdotischen Episoden sind meist dem Romanganzen integriert, aber der auktoriale Erzähler, der öfters mahnend und kommentierend seine

Stimme erhebt, weist auf den jungdeutschen Subjektivismus zurück. Das Gesellschaftsbild des Romans gehört der Vergangenheit an. Das Handelshaus T.O. Schröter ist von der beginnenden Industriegesellschaft zeitlich weit entfernt, aber gerade diese zeitliche Verschiebung gibt dem Autor die Möglichkeit, die heile Welt des vorindustriellen Zeitalters mit den intakten bürgerlichen Tugenden, Tüchtigkeit, Fleiß und Strebsamkeit, verklärend darzustellen und ein vorkapitalistisches Loblied auf den entstehenden Kapitalismus zu singen:

«Das Geld wird wieder rollen aus einer Hand in die andere, es wird dienen den Guten und Bösen und wird dahinfließen in dem mächtigen Strom der Kapitalien, dessen Bewegung das Menschenleben erhält und verschönert, das Volk und den Staat groß macht und den einzelnen stark oder elend, je nach seinem Tun.»

Ein Schlüsselwort der Realisten ist der Begriff «Verklärung», der im Zentrum der Überlegungen Otto Ludwigs (1813–1865) steht. Von ihm stammt die Definition des Poetischen Realismus, der als Begriff zum Erstenmal in Schellings Identitätsphilosophie auftaucht. Der Poetische Realismus unterstreicht den Wunsch der deutschen Realisten, weder eine exakte, naturalistische Wirklichkeitskopie noch eine idealisierende Überhöhung, sondern die ästhetische Mitte zwischen den Extremen zu gestalten:

«Poesie der Wirklichkeit, die nackten Stellen des Lebens überblumend, die an sich poetischen nicht über die Wahrscheinlichkeit hinausgehoben. Ersteres besonders durch Ausmalung der Stimmungen und Beleuchtung des Gewöhnlichsten im Leben mit dem Lichte der Idee, die aber nie ein Parteistandpunkt, sondern stets über den Parteien schwebend sein muss.»

Im Gegensatz zum Programmatischen Realismus, der noch den engen Zusammenhang zwischen der kämpferischen liberalen Ideologie und dem literarischen Programm erkennen ließ, spiegelt Otto Ludwig die zunehmende Entpolitisierung wider. Zugleich bezeugt seine psychologische Erzählung *Zwischen Himmel und Erde* (1856) von den verfeindeten Brüdern, den Schieferdeckern Fritz und Apollonius, wie problematisch der

Ausgleich zwischen außen und innen schon am Anfang der realistischen Periode war. Der tragische Höhepunkt, als der sympathische, gewissenhafte Apollonius den verbrecherischen, gewissenlosen Fritz vom Turmdach stürzt, ist nicht nur auf Liebe und Leidenschaft zurückzuführen, sondern in noch höherem Grade auf Zufallsmotive wie die Verkennung und die Blindheit der Menschen. Der sich schuldig fühlende Apollonius lebt am Ende entsagend neben der Witwe seines Bruders, die er liebt. Die Unmöglichkeit des Menschen, die Wirklichkeit zu erkennen, endet in Resignation und Entsagung in der Privatsphäre. Gerade dieses gebrochene Vertrauen in die Wirklichkeit und die vielen Versuche, Subjektivität und Objektivität in Einklang zu bringen, sind die eigentlichen Grundprobleme der großen realistischen Erzähler.

Das den europäischen Realismus begleitende Zeitgefühl der Skepsis, Enttäuschung und Trauer lässt sich als eine verständliche Reaktion auf die gesellschaftlichen Umwälzungen und den Zerfall tradierter Normen und Werte verstehen. In Deutschland fand der Zweifel an der Fortschrittsideologie in der Philosophie Arthur Schopenhauers (1788–1860) einen extrem radikalen Ausdruck. Sein Hauptwerk *Die Welt als Wille und Vorstellung,* das bereits 1819 erschienen war, hatte in der Restaurationszeit wenig Beachtung gefunden. Erst nach 1848 – und bis um die Jahrhundertwende – wurde sein metaphysisch begründeter Pessimismus für viele Menschen zu einer Art Offenbarung der absoluten Wahrheit. Das Grundprinzip jedes – in seiner Struktur unveränderlichen – Lebens ist der Wille, der dumpfe Instinkt zu leben und sich durchzusetzen, letzten Endes zwecks der Erhaltung des Geschlechts. Alles physische Leben bringt nur Streit, Not, Kampf, Leid und Leiden mit sich. Das Physische ist aber nur das «untere Stockwerk» (F. Th. Vischer), der «Schleier der Maja», der die wahre Wirklichkeit verbirgt. Durch die Entsagung des Asketen und die Kontemplation des Künstlers und des Philosophen ist es möglich, sich in das «obere Stockwerk» zu retten, in dem das Wollen immer mehr zurücktritt. Durch einen Wandlungsprozess, dessen erste Stufe das Mitleid mit den anderen «aufs Rad geflochtenen» Menschen ist, kann es dem Ich gelingen, sich einem Glückszustand zu nähern, in dem es von der Willensfessel befreit ist. Nur in dem vollkommenen Glückszustand, wo das Ich in das Nirwana eingeht, ist reines Erkennen möglich.

Der idealistische Aspekt der Schopenhauer'schen Philosophie ist die in der Musik gipfelnde Erlösungskraft der Kunst, in der die ursprüngliche Einheit zwischen dem Kosmos und dem Ich bewahrt ist und erlebt werden kann. Die Koppelung von Kunst/Kultur und einer Absage an die gesellschaftliche Wirklichkeit deutet eine Künstlerproblematik an, die nach 1848 immer aktueller wurde: die wachsende Distanz des Künstlers zur Gesellschaft. Aber Schopenhauers Pessimismus förderte darüber hinaus eine kulturhistorische, in Deutschland besonders starke Tradition, die u.a auf das Nachwirken des philosophischen Idealismus um 1800 zurückzuführen ist. Die Koppelung einer – oft religiös gefärbten oder religiösen – Kunstverehrung mit einer abgrundtiefen Verachtung der äußeren Welt entstand aus einem Protest gegen die alles Große verflachenden und nivellierenden Tendenzen der «neuen Zeit» in der Form eines Weiterreflektierens des Idealismus unter gewandelten Gesellschaftsstrukturen. So verstand man Schopenhauer als den Vollender Kants, und der Philosoph Paul Deussen glaubte noch um 1900 an das durch Schopenhauers Philosophie entstehende «neue Weltalter».

Eine Position, nach der die wahre Kultur und das wirkliche Leben unvereinbare Gegenpole darstellen, scheint geeignet als Ausgangspunkt nicht nur für radikale Auseinandersetzungen und scharfsinnige Analysen der äußeren Wirklichkeit, sondern auch für die Schaffung neuer Mythen. (Vgl. als das Bindeglied zwischen Schopenhauer und Fr. Nietzsche: Richard Wagner. S. 126).

Die übliche Periodenbezeichnung «Bürgerlicher Realismus» ist erst im 20. Jahrhundert entstanden (Fritz Martini). «Bürgerlich» im weiten Sinne bezieht sich auf das vorherrschende Leitbild der bürgerlichen Ideologie und die dominante, aber nicht einheitliche Schicht literarischer Produzenten und Rezipienten in der Zeit bis um 1900. Nach Fritz Martini ist das

Hauptanliegen der Realisten, wie es auch aus den damaligen Programmschriften hervorging, ein «Bemühen um Gleichgewicht zwischen dem Objektiven und dem Subjektiven.» Anders formuliert: die realistischen Schriftsteller versuchen, die Entfremdung zwischen der Welt und dem Ich zu überwinden, wobei sich der Hauptakzent im Laufe der Periode von der Freude an der detaillierten Außenwelt immer mehr in das Ich verlagert. Die sich daraus ergebende Subjektivierung der Erzählsprache äußert sich vor allem in der Einheit stiftenden Symbolsprache und auch im Humor, der ebenso wie das Sentimental-Gefühlsbetonte den Widerspruchscharakter des Lebens verhüllt. Dadurch entsteht der charakteristische deutsche Verklärungsrealismus oder Realidealismus, dessen Nähe zu Resignation, einem Bewusstsein irdischer Vergänglichkeit und Nichtigkeit oder einem Schopenhauer'schen Pessimismus besonders im späten Realismus nach 1871 deutlicher wird.

Durch diese Merkmale, die teils mit dem größeren Partikularismus und Provinzialismus im deutschen Sprachraum, teils mit dem starken Einfluss der Ästhetik Hegels und der Klassik zusammengesehen werden müssen, unterscheiden sich die deutschen «Realidealisten», auch die deutschen Erzähler, die erst im 20. Jahrhundert zum literarischen Kanon gehören werden (Th. Storm, W. Raabe, Th. Fontane, der Schweizer Gottfried Keller), von den großen europäischen Realisten Balzac, Stendhal, Flaubert, Zola, Turgenjew, Dostojewski und Tolstoi. Der große Gesellschaftsroman, der gesellschaftliche Konflikte nicht ausspart, die Gesellschaft explizit kritisiert und ein vielschichtiges Gesamtbild entwirft, fehlt in Deutschland, wo die Novelle mit dem begrenzten Konflikt die typische Gattung ist. Der Mangel an Gegenwartsbezug und die häufige Verwendung historischer Motive und Themen scheinen ebenfalls typische Merkmale des deutschen Realismus zu sein. Von den genannten Autoren stehen Th. Fontane und G. Keller dem «europäischen Realismus» am nächsten.

Zur Abrundung eines literarischen Gesamtbildes gehört die Tatsache, dass sich die Anzahl der Lesekundigen von 1848 bis

1890 auf etwa 90% der Gesamtbevölkerung verdoppelte. Nach 1848 wurden die auf ein bestimmtes Publikum beschränkten Lesegesellschaften von den öffentlichen Leihbibliotheken abgelöst, und aus 2000 Leihbibliotheken bezogen 90% des Lesepublikums im Jahre 1855 ihre Lektüre. Die Zunahme der Buchproduktion begann jedoch erst Ende der 1850er Jahre nach der Ersten wirtschaftlichen Hochkonjunktur. Auf dem wachsenden Markt spielte die Unterhaltungs- und Trivialliteratur eine immer größere Rolle. In der gehobenen Unterhaltungsliteratur gehörten Friedrich Wilhelm Hackländer (1816–1877) und Friedrich Gerstäcker (1816–1872; *Die Flusspiraten des Mississippi*, 1848) zu den meistgelesenen Autoren. Besonderer Beliebtheit erfreute sich das Motiv der Erschließung der nicht-zivilisierten Welt.

Die ergiebigste Einnahmequelle der Schriftsteller waren die Zeitschriften, von denen die neue Gattung «Familienblätter» ein immer größeres bürgerliches Publikum eroberte. Den Prototyp der Familienblätter stellte die *Gartenlaube* dar, deren Auflage von dem Gründungsjahr 1853 bis 1863 von 5000 auf 135000 (Höhepunkt 1875 mit 382000 Heften) stieg. Die *Gartenlaube* trug durch ihre bürgerliche Ideologie zu der Verbreitung des bürgerlichen Optimismus bei und enthielt eine bunte Mischung von ästhetisch anspruchsvoller Literatur und Trivialliteratur. Erst im Laufe der Zeit fand auch in den Zeitschriften eine Spezialisierung statt.

Die realistische Erzählkunst in ihrer Spätzeit ist in der 1874 von Julius Rodenberg gegründeten Zeitschrift *Deutsche Rundschau* vertreten. Hier wurde registrierend abgeschlossen, was in den *Grenzboten* kämpferisch begonnen hatte. Die in der *Deutschen Rundschau* vorhandene Vielfalt der literarischen Tendenzen unterstreicht, dass der Realismus zunehmend von anderen Strömungen und Tendenzen begleitet und überlagert wurde. Eine vielschichtigere Entwicklung bahnte sich an.

II. Gattungen

Der Programmatische Realismus stellte der Gattungsvielfalt und der unausgeglichenen Spannung zwischen (religiös-metaphysischer oder politisch-revolutionärer) Idee und Wirklichkeit in der Restaurationszeit die Forderung nach formaler Einfachheit und harmonischem Ausgleich entgegen:

«Uns thut es noth, aus der unübersehbaren Fülle, deren wir nicht mehr Herr werden können, zur Einfachheit und Natur wieder zurückzukehren.» (*Grenzboten*, 1851)

Der Gattungsfülle wich eine Verengung und Vereinheitlichung im Anschluss an Hegels klassizistische Ästhetik (s. S. 24):

Dramatik (Synthese)

Lyrik (These) Epik (Antithese)

Die alte Vers-Prosa-Diskussion wurde dadurch nur bedingt zugunsten der Prosa entschieden. So heißt es bei Julian Schmidt, dass der «Realismus der Poesie» nur dann zu erfreulichen Kunstwerken führen wird, wenn er

«mit Freude am Leben verknüpft ist, wie früher bei Fielding, Goldsmith, später bei Walter Scott und theilweise auch noch bei Dickens; wo er aber der Kritik und der reinen Prosa ins Handwerk greift, wird er ebenso gefährlich in sittlicher Beziehung einwirken, als unerfreulich in ästhetischer.»

In dem Zitat verbindet sich das realistische Verklärungspostulat mit der hohen Bewertung der «Poesie» auf eine beachtenswerte Weise. Denn im Grunde bewerten die programmatischen Realisten den in der Praxis eingebürgerten Roman als eine Form ohne «Form» und die «reine Prosa» als eine zersetzende Ausdrucksweise. Sie glauben immer noch an den Vers als den eigentlichen Träger poetischer Schönheit, der das ästhetische Gefühl, das auf die Sittlichkeit veredelnd wirkt, zu erzeugen imstande ist. Die Prosa ist das Mittel, der Vers ist das Ziel. Die widersprüchliche Position der Theoretiker zwischen der hohen Bewertung des Verses/des Dramas und der Befürwortung einer zeitgemäßen Prosa spiegelt die für die literarische Praxis typische Mischung von neoklassizistischer Formenstrenge und realistischer Relativierung der strengen Formen wider.

Epik

In der Epik übertrugen die Theoretiker die Formgesetze des Dramas auf den Roman und die Novelle. Am einfachsten war diese Übertragung bei der Novelle. Im Kampf gegen die kompositorische Lockerheit der Novelle, die schon vor 1848 ihren Platz als Modeartikel behauptet hatte, wird eine dem tektonischen Drama ähnelnde Konzentration auf eine ungewöhnliche Begebenheit verlangt, die den alltäglichen Einzelfall ins Allgemeingültige umschlagen lässt. Durch Typisierung und Symbolisierung soll die Novelle, vom kleinen Wirklichkeitsbereich ausgehend, die Kausalität symptomatischer Vorgänge begreiflich machen oder Ereignisse überhöhend beschreiben, die auf eine verrätselte Wahrheit hindeuten. Durch Rahmenkompositionen oder durch Reflexionen über den Erzählvorgang wird die Subjektivität des Erzählers abgeschwächt und «objektiviert», ohne die realistische Grundhaltung aufzugeben, nach der Welterfahrung nicht von der Individualität lösgelöst werden kann.

Es ist zu Recht behauptet worden, dass die Novelle, das «deutsche Haustier» (Th. Mundt), in Deutschland die gesellschaftliche Funktion hatte, die in England, Frankreich und Russland dem Roman zufiel (H. Himmel). Fast alle Realisten haben Novellen geschrieben, und an die Stelle des vormärzlichen Taschenbuchs traten jetzt die Novellensammlungen. Besonders typisch waren die den Geschmack der Zeit abspiegelnden Novellen Paul Heyses (1830–1914), der mit Hermann Kurz den *Deutschen Novellenschatz* (1872–1876) herausgab. Trotz formaler Vielfalt und fließender Übergänge zum Roman blieb die Gattung von der als modern empfundenen Theorie maßgeblich beeinflusst.

Für den Roman, den die Theoretiker vor seinem Schicksal als Unterhaltungsliteratur produzierender Industrie zu bewahren versuchten, stellten sie ebenfalls strenge Kriterien auf: Einheit und Totalität, Authentizität und Objektivität. Einheit und Totalität sollen durch die epische Integration aller Einzelteile und durch symbolische Verweise geschaffen werden. Die Authentizität legt eine die Wirklichkeit genau beschreibende, aktualisierende Darstellungsweise nahe, und die Forderung nach Objektivität bedeutet ein Plädoyer für die epischen Darstellungsprinzipien der Gelassenheit und Sachlichkeit. Besonders extrem aufgefasst wurde der Objektivitätsbegriff in der Romantheorie Friedrich Spielhagens (1829–1911), der ganz auf den kommentierenden, planenden und sich an den Leser wendenden auktorialen Erzähler verzichten wollte, um die Geschichte als «Wirklichkeit» unvermittelt zu präsentieren wie in seinem Roman *Hammer und Amboss* (1869).

Diesen strengen Forderungen konnten die Realisten in der Praxis nicht genügen, auch nicht die prägenden Vorbilder des realistischen Romans, die Engländer Walter Scott, Dickens und am wenigsten Thackeray. Nichtsdestoweniger stimmten die theoretischen Forderungen mit typischen Aufbautendenzen in den realistischen Romanen der Zeit überein. Stofflich dominierten zwei Grundtypen: der überaus erfolgreiche Historische Roman und der Zeitroman. Vor der Reichsgründung 1871 behandelten zwei Drittel der nach 1850 erschienenen Historischen Romane Stoffe aus der napoleonischen Zeit, der Zeit Friedrichs des Großen und dem Dreißigjährigen Krieg, wogegen sich der Schwerpunkt nach 1871 auf das Mittelalter, die germanische Frühzeit und die Antike verlagerte, u.a. in den sog. Professorenromanen von Georg Ebers (1837–1898) und Felix Dahn (1834–1912). Während es den Autoren nach 1871 darauf ankam, die historische Kontinuität des Reiches abzusichern, betrachteten die Realisten vor 1871 die Geschichte eher als ein Medium für die Behandlung aktueller Gegenwartsprobleme. Dadurch näherten sich ihre historischen Romane dem Zeitroman (einschließlich des Gesellschafts- und Eheromans), dem eigentlichen Prüfstein aller Realismustheorien.

Wie schon erwähnt, unterscheidet sich der deutsche realistische Roman von den großen europäischen Gesellschaftsromanen, die auf einem anderen, konkreteren Totalitätsbegriff basieren; die Stärke des deutschen realistischen Romans findet sich vielmehr in einer differenzierten Darstellung und Analyse der Polarität zwischen dem auf Humanitätsideale verpflichteten Helden und einer widerständigen Wirklichkeit, wobei er eines der zentralen Motive in der Literatur des 20. Jahrhunderts, die Entfremdung, vorwegnimmt. Dies erklärt auch, warum der Realismus kein guter Nährboden für den Bildungsroman war.

Nicht Entfremdung, sondern Idyllik war das Hauptmerkmal der um 1850 auch unter den Theoretikern erstaunlich beliebten *Dorfgeschichte,* die von der Zäsur 1848 kaum betroffen wurde. In der Dorfgeschichte (Berthold Auerbach (1812–1882): *Schwarzwälder Dorfgeschichten,* 1843–1853) bzw. dem Dorfroman sahen sie die Rückkehr zur «Natur» und zu einer noch nicht intellektualisierten «Volks»-Kunst im Sinne der programmatischen Äußerung Otto Ludwigs:

«all das, was die Poesie unserer Zeit bezeichnet, treibt mit Gewalt zurück zu Shakespeare, Plautus, Homer, der Bibel, zum Volksliede, zu vielem in Goethe und Lessing. Luther nicht zu vergessen und Schillers Lied von der Glocke.»

Nur in diesem pauschalen Sinne befürworteten die Theoretiker die Dorfliteratur, denn Auerbachs sentimentale Idyllik, sein nicht integrierter Detailrealismus und seine Verklärung des Bauernstandes als «Volk» widersprachen eindeutig der Programmatik und der liberalen Ideologie des aufstrebenden Bürgertums. Nach Erscheinen der Ersten realistischen Romane überwogen um 1860 die ablehnenden Kritiken, die in dieser Literaturgattung, deren Beliebtheit als Massenliteratur bis in die 1880er Jahre andauerte, eine «tiefe Unwahrheit» (Gutzkow) betonten.

Noch mehr der Vergangenheit verhaftet war die Verserzählung, die aber wegen der hohen Einschätzung des Verses durch das Lesepublikum einen neuen Aufschwung erlebte. Sie war eine ungewöhnlich verbreitete Gattung, deren Produktion nach 1871 den Höhepunkt erreichte, die aber bis zum Ersten Weltkrieg in immer neuen Auflagen verkauft wurde. Der

«Spitzenreiter» war Joseph Viktor von Scheffels *Der Trompeter von Säckingen* (1854), der 1870 in der 10., 1880 in der 100., 1892 in der 200. und 1914 in der 300. Auflage verkauft wurde.

Drama

Dass das Drama in der strengen Form des klassizistischen Versdramas theoretisch an der Spitze der Gattungshierarchie stand, hat der realistischen Dramatik wenig genützt. Eine Folge war, dass die Mehrheit der bekannteren Realisten alle Dramatiker werden wollten und vielfach Dramenentwürfe hinterlassen haben. Von Friedrich Hebbel abgesehen, weist die Zeit des Realismus keine namhaften Dramatiker auf. Viele schrieben wie Paul Heyse, Martin Greif und Ernst von Wildenbruch historische Dramen, die bis zum Naturalismus dominierten, andere ließen sich von den französischen Dramatikern beeinflussen, deren Gesellschaftsstücke in den 1870er Jahren in großer Anzahl nach Deutschland importiert wurden.

Die damals gängigen Verfallsklagen bezogen sich vor allem auf das Fehlen neuer dramatischer Talente. Das Bildungs- und das Unterhaltungstheater, die in der Gründerzeit zunehmend Gegenpole bildeten, konnten große Erfolge verzeichnen. Den ersten Platz in der Rangliste der Aufführungserfolge nahmen Opern und Operetten ein, mit Abstand folgten Trauerspiele und Komödien. Zu europäischem Ruhm gelangten nach 1874 die Gastspiele der Meininger, die vor allem Schiller- und Shakespeare-Dramen in einem historischen Realismus aufführen ließen, der durch historisch getreue Bühnenbilder die Illusion eines authentischen Wirklichkeitsvorgangs hervorrief.

Lyrik

Es erscheint logisch, dass die Lyrik, in der die raumzeitliche Wirklichkeit untergeordnet ist, in der Theorie den niedrigsten Platz einnahm. Dem realistischen Ideal am nächsten waren einfache, liedhafte Stimmungsgedichte – mit realistischen Einsprengseln – in der Tradition der Erlebnislyrik Goethes und der Stimmungslyrik der Romantik. Von einer Erneuerung der Lyriktradition kann erst mit den symbolistischen Gedichten C.F. Meyers (s.S. 98–99) gesprochen werden. Der Substanzverlust der lyrischen Gattung im Realismus fällt jedoch mit einer quantitativen Blüte zusammen: wie die Verserzählung war die Lyrik ein fester Bestandteil des bürgerlichen Bildungsguts, zu dem ein Kanon klassischer, romantischer und vormärzlicher Lyriker gehörte. In diese lyrische Tradition stellten sich eine ansehnliche Anzahl Epigonen, die sich damit begnügten, die tradierten Formen und Motive aufzuarbeiten und abzuwandeln. Der erfolgreichste dieser Versifikateure war der Lübecker Emanuel Geibel (1815–1884), der wie die anderen Vertreter des sogenannten Münchener Dichterkreises fast sämtliche lyrischen Formen einschließlich der Kunstballade pflegte. Ihre Popularität hing nicht zuletzt mit der Vertonung ihrer Lyrik zusammen: Nur von Heine übertroffen wurden um 1890 die 3000 Kompositionen zu Geibels Gedichten. Ein gemeinsames Merkmal dieser Epigonenlyrik ist die der zeitlichen Entwicklung entsprechende Tendenz, das universale Humanitätsideal des deutschen Idealismus auf das Nationale oder aber das Nur-Individuelle zu verkürzen.

III. Autoren

Friedrich Hebbel (1813–1863)

> Schlaf brauch ich keinen.
> Essen nur so viel, dass ich nicht verrecke!
> Unerbittlich ist der Kampf,
> und die Welt starrt von Schwertspitzen.
> (G. Benn: «Der junge Hebbel»).

Geb. 1813 in Wesselburen (Dithmarschen), Sohn eines Maurers, der 1827 verstarb. Finanzielle Unterstützung durch Förderer, Freundschaft mit Elise Lensing. 1836 Jurastudium in Heidelberg, 1836–39 schwere Jahre in München. Dänisches Reisestipendium für 2 Jahre, 1842–43 in Kopenhagen. 1843/44 in Paris, 1844/45 in Rom und Neapel. 1845 die glückliche Wende in Wien durch Bekanntschaft mit der Schauspielerin Christine Enghaus, die er 1846 heiratete; Bruch mit Elise Lensing. Gastreisen mit seiner Frau. Gest. 1863 in Wien.

Das Leben des Maurersohns aus Wesselburen in Dithmarschen, der nach 1848 in die Klasse der Besitz- und Bildungsbürger aufstieg, war zutiefst unbürgerlich. Hunger und Entbehrungen prägten die Jugendjahre des Autodidakten, der egozentrisch und von gesteigertem Selbstgefühl erfüllt seine eigenen Wege einschlug. Das Bild von Hebbel, wie er im März 1839 von München nach Hamburg zu Fuß ging, nur in Begleitung eines Hundes, den er zuletzt tragen musste, ist nahezu symbolisch für den willensstarken, nur auf sich selbst gestellten Dichter, dem sein Hund zeitweise mehr bedeutete als die Menschen. Existenzielle Lebenserfahrungen und abstrakte Reflexionen, Dichtung und Philosophie bilden bei Hebbel eine bemerkenswerte Einheit, und sein Hauptthema als Dramatiker, das Besitzergreifen eines Menschen durch einen anderen, zumeist einer Frau durch den besitzgierigen Mann, wird durch die Einbettung in übergreifende Zusammenhänge zur umfassenden Kulturanalyse.

Den wesentlichen Einschnitt in seinem Leben sah Hebbel in dem Revolutionsjahr 1848, das eine Distanzierung von der junghegelianischen, implizit revolutionären Position bedeutete. Sein Prosadrama *Maria Magdalene* (1844) brachte die Tradition des bürgerlichen Trauerspiels zu einem letzten Höhepunkt und weist gleichzeitig auf das moderne psychologische Drama voraus. Im Gegensatz zu Lessings und Schillers Dramen (s. Bd. I, S. 175 und S. 218–219) führen bei Hebbel die der bürgerlichen Klasse immanenten Konflikte zum Untergang:

In drei Akten zieht sich das Netz von Unheil in gnadenloser Kausalität um die Tischlerstochter Klara zusammen. Der Karrieremacher und Mitgiftjäger Leonhard, der sie schwanger gemacht hat, lässt sie im Stich, und ihr zurückgekehrter Jugendgeliebter ist außerstande, sich von den bürgerlichen Moralvorstellungen freizumachen. Der als Dieb verdächtigte Bruder, die überängstliche Mutter, der tyrannische, nur auf das Urteil der Leute bedachte Vater, alle tragen dazu bei, dass Klara, um nicht Vatermörderin zu werden, sich am Ende in den Brunnen stürzt – als eine reuige Sünderin, eine Maria Magdalena-Gestalt.

Hebbels Intention, die Naturnachahmung zu vermeiden und von den unwichtigen Einzelheiten zu abstrahieren, erzeugt eine komprimierte, expressive Sprache und macht das Monologisieren und das Aneinandervorbeireden der Personen zu wirksamen Ausdrucksmitteln. Der Vater, der ohne jede Einsicht in die Verlogenheit der bürgerlichen Normen bleibt, fasst am Ende des Dramas in den Worten: «Ich verstehe die Welt nicht mehr» die Atmosphäre dieses kleinbürgerlichen Milieus prägnant zusammen.

Die «Versöhnung», die wie in *Maria Magdalene* «über den Kreis des speziellen Dramas» (Fr. Hebbel) hinausfallen soll, wurde nach 1848, als Hebbel vor den Konsequenzen der Revolution zurückschrak, in das jeweilige Drama verlegt. Dadurch dass er das Urdrama zwischen Ich und Du in geschichtliche Wendezeiten stellt, gibt er dem Geschehen einen, den Personen des Dramas allerdings nicht erkennbaren Sinn. Wie die meisten seiner Versdramen, zu denen *Agnes Bernauer* (1852), *Gyges und sein Ring* (1856) und *Die Nibelungen* (1861) gehören, thematisiert *Herodes und Mariamne* (1849) die Erniedrigung einer Frau zum Objekt:

König Herodes, der seine Frau Mariamne leidenschaftlich liebt, gibt den Befehl, Mariamne zu töten, wenn er nicht lebend aus dem Krieg zurückkehren sollte. Sein aus Ichsucht und einer kriegerischen Umwelt gezeugtes Misstrauen setzt eine Kette von Missverständnissen in Gang, die ihren Höhepunkt erreichen, als er das unschuldige, in ihrer Würde als Frau gekränkte und ihn dennoch liebende Mariamne hinrichten lässt. Herodes übertäubt, nachdem er die Wahrheit erfahren hat, seine seelische Zerrüttung durch den Befehl zum Kindermord in Bethlehem. Das blutige Zeitalter des Heidentums geht mit Herodes zuende und macht der Liebeswelt des Christentums Platz.

Im Zentrum des in Blankversen geschriebenen Dramas steht die minutiöse Analyse der Hassliebe zweier Menschen, die wegen ihrer unerbittlichen Unbedingtheit, die zugleich den Adel des Menschen ausmacht, zum tragischen Scheitern verurteilt sind. Der gedankliche Überbau, den Hebbel nicht ganz überzeugend über den Geschlechterkampf gestülpt hat, weist auf den dialektischen Prozess der Weltgeschichte hin, dem große Individuen zum Opfer fallen, ohne je ihre Rolle in dem pantragischen Kosmos erkannt zu haben.

Friedrich Hebbel, dessen Werk auch Lyrik, Balladen, das Hexameterepos *Mutter und Kind* und nicht zuletzt die philosophischen Schriften und die Tagebücher umfasst, erfüllte als der einzige Dramatiker die Forderungen der Theoretiker. Seine psychologisch-realistische Entlarvung der unter bestimmten gesellschaftlichen Bedingungen freigelassenen egoistischen Triebe machen ihn zu einem Vorläufer von Nietzsche, Ibsen und Strindberg, und die explosiven Gefühlsentladungen seiner Personen stellen ihn in die Nähe des Expressionismus. Andererseits machte ihn sein Heroismus auf tragischem Hintergrund zu einem gefeierten Dichter während des Nationalsozialismus.

Die Utopie in Hebbels Werk ist die des liebenden Einklangs zwischen den Geschlechtern, die ebenfalls in der meist gedanklich-reflektierenden Lyrik variiert wird. Selten gelingen ihm einfache Lieder wie das Gedicht «Ich und Du»:

Ich und Du

Wir träumten voneinander
Und sind davon erwacht,
Wir leben, um uns zu lieben,
Und sinken zurück in die Nacht.

Du tratst aus meinem Traume,
Aus deinem trat ich hervor,
Wir sterben, wenn sich eines
Im anderen ganz verlor.

Auf einer Lilie zittern
Zwei Tropfen, rein und rund,
Zerfließen in eins und rollen
Hinab in des Kelches Grund.

Hier wird der Sinn des Lebens (zu lieben) dialektisch mit dem Tod (Liebestod, Nacht, wir sterben) verbunden. Die Zweiteiligkeit, die die gedankliche Struktur verrät (Str. 1+2, Str. 3), gibt dem Gedicht zwei Ebenen: die Traumebene und die Liliensymbol-Ebene. Sowohl die Traum- als die Symbolebene unterstreichen das Unwirkliche und die Zerbrechlichkeit der Liebe. Die Zeilen «Und sinken zurück in die Nacht» (Str. 1) und «Hinab in des Kelches Grund» (Str. 3) verbindet eine parallele Bewegung, die den tragischen Urgrund alles Lebens heraufbeschwört und liedhaft verklärt.

Theodor Storm (1817–1888) und
Theodor Fontane (1818–1898)

Theodor Storm: geb. 1817 in Husum, Sohn eines Advokaten. Jura-Studium in Kiel und Berlin. 1843 Rechtsanwalt in Husum, 1846 Heirat. Musste 1853 wegen Auflehnung gegen die Annektierung Holsteins durch Dänemark Husum verlassen, ab 1853 Assessor in Potsdam (Umgang mit Fontane, Eichendorff, P. Heyse). 1856 Richter in Heiligenstadt. 1864 Rückkehr nach Husum als Landvogt. 1866 zweite Eheschließung. Ab 1880 Ruhestand in Hademarschen (Holstein), hier gest. 1888.

Theodor Fontane: geb. 1819 in Neuruppin, entstammte einer hugenottischen Apothekerfamilie. Apotheker in Leipzig und Berlin. 1844 Mitglied des Berliner Dichterkreises *Tunnel über der Spree,* für den er Balladen schrieb. 1850 Heirat und Beginn der Arbeit als Journalist, nach zwei kürzeren Englandreisen 1855–59 in England. 1860 Eintritt in die Redaktion der konservativen *Kreuzzeitung.* Ab 1862 Mark-Wanderungen. Kriegsberichterstatter der Feldzüge von 1864, 1866 und 1870/71 (wurde in Frankreich als mutmaßlicher Spion gefangengenommen, durch Intervention Bismarcks freigelassen). 1870–90 Tätigkeit als Theaterkritiker der *Vossischen Zeitung,* produktiv bis ins hohe Alter. Gest. 1898 in Berlin.

Im Gegensatz zu Friedrich Hebbel sind Theodor Storm und Theodor Fontane durch ihre bürgerliche Herkunft für einen «bürgerlichen» Realismus beinahe prädisponiert, und im Gegensatz zu Hebbel ist ihr Hauptwerk an Orte fixiert, die ihnen von Jugend auf vertraut waren: Husum, den Geburtsort Storms, und die werdende Großstadt Berlin, das nach 1833 Fontanes eigentliche Heimat wurde. Storm, der ins preußische Exil gezwungen und 1864 nach dem Deutsch-Dänischen Krieg Landvogt und später Kreisrichter in Husum wurde, ist mit dem Holsteinisch-Friesischen unzertrennlich verbunden, während Fontane erst nach vielen Jahren als Journalist die berühmten Berliner Romane zu schreiben begann. In Storms Werk bleiben die Familie, das Haus und die Heimat die Grundlagen, von denen aus die übrige Welt gesehen und bewertet wird. Bei Fontane bildet die Entstehung neuer Klassenkonstellationen den Hintergrund seines Hauptthemas: Wie bewahrt der Einzelmensch angesichts der wachsenden Vergesellschaftung die eigene, autonome Persönlichkeit? Das Grüblerische und Verschlossene Storms kontrastiert der Weite und der souveränen

Distanz Fontanes, der, wie öfters betont worden ist, als der einzige der deutschen Realisten den Anschluss an die europäische Realismustradition fand. Beide fingen vor 1848 zu schreiben an, beide haben eine Entwicklung auf einen verknappenden, objektiveren Darstellungsstil hin durchgemacht, und beide sind, wenn auch auf verschiedene Weise, Gesellschaftskritiker geworden.

Theodor Storms Erzählprosa ist, wie er selbst bemerkt hat, aus seiner Lyrik entstanden. Als Lyriker in einem der Erneuerung des Lyrischen abgeneigten Zeitalter setzte er das Goethe'sche Erlebnisgedicht und das romantische Stimmungsgedicht fort und gab dieser Form durch eine realistisch-impressionistische Tönung eine letzte Verfeinerung. Die 1850 erschienene «Lyrische Novelle» *Immensee,* zu seinen Lebzeiten die meistgelesene seiner Novellen, ist noch eine Mischung von romantischer Stimmungskunst mit Lyrik-Einlagen und einer biedermeierlich-resignativen Beschränkung auf das heimelige «Glück im Winkel»:

Der Stoff in der in lockerer Szenenführung aufgebauten Novelle ist sekundär: Der alte Reinhard Werner lässt Erinnerungsbilder vorüberziehen und gedenkt seiner Liebe zu der Jugendfreundin Elisabeth, bei der er später, als sie Gutsherrin in einer glücklosen Liebe geworden war, die gleichen Gefühle wiederfand und sich dennoch zum Entsagen entschloss. Zentral ist die durch lyrische Stimmungen, durch Natursymbole und durch «halbe Töne» hervorgerufene wehmütige und die Wehmut genießende Atmosphäre, die auf das Fin de Siècle um 1900 vorausweist. Durch die lyrische Stimmungsmalerei wird die «realistische» Thematik, die Kritik an dem Ehegatten Elisabeths, dem nur ökonomisch denkenden Besitzbürger, der den poetischen Bildungsbürger verdrängt hat, modifiziert und verinnerlicht.

Die Novelle entwickelte sich bei Storm in eine straffere Form, die in einem immer herber werdenden realistischen Stilton das Reflektierende ausschaltete und sich dem Drama näherte. Zwei Grundtypen, der eine mit Vergangenheitsthemen (*Aquis submersus,* 1877) und der andere mit einer mehr zeitbezogenen Thematik (*Hans und Heinz Kirch,* 1882), vereinigen sich in seiner letzten Novelle *Der Schimmelreiter* (1888), die viele Themen seiner Novellistik wiederaufnimmt.

Hauke Haien, der Kleinknecht, der um 1750 dank zielbewusster Arbeit und Ehrgeiz zum Deichgrafen aufsteigt und die Tochter seines Vorgängers heiratet, macht den Bau eines neuen Deichs zu seinem Lebenswerk. Die Dorfbewohner betrachten den strengen Deichgrafen auf dem hageren Schimmel teils mit Bewunderung, teils mit abergläubischer Furcht, und die Zahl seiner Gegner wächst. Dass Hauke Haien sich von seinem alten Widersacher Ole Peters zu einer nur notdürftigen Reparatur des alten Deichs überreden lässt, verursacht letzten Endes die Katastrophe. Bei einer Sturmflut bricht der alte Deich, Hauke Haien sieht, wie seine Frau und sein Kind ertrinken, und stürzt sich in die Fluten.

Durch zwei Rahmen, einen Ich-Erzähler und das Manuskript des aufklärerischen Schulmeisters, der die Geschichte erzählt, werden mehrere Interpretationsmöglichkeiten der dramatisch streng aufgebauten Novelle geöffnet. Hauke Haiens faustisches Streben – 100 Jahre später hält der von ihm gebaute Deich noch – erinnert an das Ende von Goethes *Faust II,* aber sein Streben besitzt auch die negativen Seiten des gründerzeitlichen, egoistischen Übermenschen. Die anscheinend geistig beschränkten Dorfbewohner, bei denen Spuk, Aberglaube und Sage das rationale Denken ersetzen, vertreten eine mythische Wahrheit, die auch der aufklärerische Schulmeister, dem die Erscheinung des längst verstorbenen Schimmelreiters begegnet ist, nicht widerlegen kann.

Die Spannung zwischen rationaler und irrationaler Lebensinterpretation, zwischen Realität und Mythos ist eine Grundstruktur in Storms Werk. Von den «modernen» rationalistischen, naturwissenschaftlichen und nationalpolitischen Tendenzen beeinflusst, ohne von ihnen überzeugt zu sein, suchte er in der Liebe, in der Familie und in der Heimat an Werten festzuhalten, die ihn vor der «neuen Zeit» schützten. Diese Haltung gibt seiner Dichtung einen rückwärtsgewandten Zug und erklärt auch seine Vorliebe für die Erinnerungsstruktur und für Erinnerungsrahmen und Sentimentalisierungen. Seiner Abneigung gegen Bismarck und die preußischen Junker und seinem Hass gegen die ihn ins Exil treibenden Dänen stellte er die Heimatliebe, den auflösenden Zeittendenzen stellte er die Einheit der Familie entgegen, und einer Welt ohne Gott begegnete er mit der sinnlichen Liebe als einem absoluten Wert – und kannte im Grunde die Brüchigkeit auch dieser Werte angesichts der Vergänglichkeit und des unentrinnbaren, ihn auslöschenden Todes. Nicht von ungefähr hat Storm das «Lied der Rosetta» aus Georg Büchners *Leonce und Lena* ganz besonders geliebt:

O meine müden Füße, ihr müßt tanzen
In bunten Schuhen,
Und möchtet lieber tief, tief
Im Boden ruhen.

O meine heißen Wangen, ihr müßt glühen
Im wilden Kosen,
Und möchtet lieber blühen
Zwei weiße Rosen.

O meine armen Augen, ihr müßt blitzen
Im Strahl der Kerzen,
Und lieber schlieft ihr aus im Dunkeln
Von eueren Schmerzen.

Büchners Lied diente als Vorlage für Storms Gedicht «Hyazinthen» mit seiner «vornehmen Zärtlichkeit, seiner cellomäßig gezogenen Fülle von Empfindung, Schwermut, Liebesmüdigkeit, dem unendlich gefühlssymbolischen Refrain: ‹Ich möchte schlafen, aber du musst tanzen›» (Th. Mann, s. S. 159–165). Die Ambivalenz zwischen Liebeslust und Liebesleid verwandelt sich bei Storm in eine Ambivalenz zwischen der «ewigen» Bindung des lyrischen Ich an die ferne blasse Gestalt im Festtaumel des Lebens und einem Gefühl naturhaft-sinnlicher Lebensmüdigkeit in der stillen Einsamkeit der synästhetisch erlebten Nacht:

Hyazinthen.

Fern hallt Musik; doch hier ist stille Nacht,
Mit Schlummerduft anhauchen mich die Pflanzen:
Ich habe immer, immer dein gedacht;
Ich möchte schlafen, aber du mußt tanzen.

Es hört nicht auf, es rast ohn' Unterlaß;
Die Kerzen brennen und die Geigen schreien,
Es teilen und es schließen sich die Reihen,
Und alle glühen; aber du bist blaß.

Und du mußt tanzen; fremde Arme schmiegen
Sich an dein Herz; o leide nicht Gewalt!
Ich seh' dein weißes Kleid vorüberfliegen
und deine leichte, zärtliche Gestalt. –

Und süßer strömend quillt der Duft der Nacht
Und träumerischer aus dem Kelch der Pflanzen.
Ich habe immer, immer dein gedacht;
Ich möchte schlafen, aber du mußt tanzen.

Theodor Fontane sah in Storm den eigensinnigen, in Sachen
Lyrik besserwisserischen Provinzler: «Storm war wie geschaffen für einen Tiergartenspaziergang an dichtbelaubten Stellen,
aber für Kranzler war er nicht geschaffen.» Die Weise, in der
Fontane an der altmodischen Kleidung und dem Benehmen
Storms im Café Kranzler in Berlin Anstoß nahm, charakterisiert ihn selbst als den Großstädter, der sich in den Umgangs-
formen der höheren Gesellschaft auskennt, und als einen Beobachter, der die äußeren Dinge genau und präzise zu erfassen
gewohnt ist. Mit Bezug auf die in der zeitgenössischen deutschen Literatur vorherrschenden peripheren Schauplätze und
speziell auf Storms Bindung an die Heimat distanzierte sich
Fontane ironisch von dem Wahn, «dass Husum oder Heiligenstadt oder meiner Großmutter Uhr die Welt sei.»

Das Weltoffene, das Weltmännische, das Urbane charakterisieren Fontanes Leben und sein im Laufe von 60 Jahren entstandenes, schwer überschaubares Werk: außer den heute bekannten dichterischen Leistungen im Bereich der Romane, der
Erzählungen und der Ballade sehr viele unvollendete literarische Entwürfe, biografische und autobiografische Schriften,
Reise- und Wanderbücher, Kriegsdarstellungen, Briefe, Theaterkritiken und kulturelle, politische, kunstgeschichtliche und
literarische Rezensionen und Aufsätze.

Vor 1848 schrieb Fontane politische Vormärzlyrik und radi-
kaldemokratische Aufsätze. 1848 machte er die überall in
Deutschland spürbare konservative Wende mit, blieb aber sein
Leben lang ein Mensch des einerseits – andererseits, der sich
politisch nie auf einen Nenner bringen ließ. Seine Jahre in
England als Journalist trugen zu dem ausgewogenen Urteils-
vermögen wesentlich bei. «Erst die Fremde lehrt uns, was wir
an der Heimat besitzen», lautet der erste Satz der *Wanderun-*
gen durch die Mark Brandenburg (1862–82), in denen der historische und gegenwärtige Reichtum des früher reaktionär

und spießbürgerlich gescholtenen Preußen der industrialisierten und brutalen englischen Kolonialmacht entgegengestellt wurde. Die lockere und abwechslungsreiche Darstellungsweise, deren Ziel er selbst «die glückliche Vereinigung von sachlicher Zuverlässigkeit mit menschlich-liebenswürdiger Vortragsweise» nannte, machen seine Sachbücher immer noch lesenswert.

Auch für seine Entwicklung als Romanschriftsteller waren die Jahre in England sehr wichtig. Durch Dickens und vor allem durch den von ihm verehrten Thackeray *(Vanity Fair,* 1848) lernte er an Ort und Stelle den realistischen Roman kennen, der das Vorbild seiner späteren Berliner Romane abgab. Im Gegensatz etwa zu Wilhelm Raabe *(Die Chronik der Sperlingsgasse,* s. S. 90) wollte er «die Gesamtheit unseres Lebens... in einer alle Klassen umfassenden Weise» schildern. Die 16 Romane, die er zwischen dem 59. und 79. Lebensjahr, zwischen 1878 und 1898 veröffentlichte, bedeuten den wichtigsten deutschen Beitrag zum europäischen realistischen Roman; sie zerfallen in die frühen geschichtlichen Romane und die späteren zeitgenössischen Gesellschaftsromane. Eine Gruppe bilden die Kriminalgeschichten, in denen Fontane wie in *Quitt* (1891) das Verbrechen mit einer Kritik der sozialen Welt verbindet. Die größte Gruppe bilden die märkisch-berlinischen Zeitromane von *L'Adultera* (1882) über *Cécile* (1887), *Irrungen, Wirrungen* (1888), *Effi Briest* (1895) bis zu dem letzten, heute zu seinen besten Romanen zählenden *Stechlin* (1899).

Vor dem Sturm. Roman aus dem Winter 1812/13 (1878) bildet durch die vielen kultur- und landesgeschichtlichen Details einen Übergang von den Sachbüchern zu den Berliner Romanen, wobei die Frage nach dem Wert des preußischen Adels den Kern bildet. Darf der Adel angesichts des Versagens der politischen Spitze stellvertretend für das Volk handeln? Durch die geschilderte Verbindung des adeligen Sohnes mit einem Mädchen aus dem Volk scheint diese Frage positiv beantwortet zu werden. Wie in den späteren Berliner Romanen finden sich hier meisterhaft gestaltete Dialoge, aber noch fehlen die plastische Gestaltung der Personen und die Integration des gesamten Panoramas.

Fontanes vielzitiertes Wort vom «heiteren Darüberstehen» betont seine Ironie und Humor ermöglichende Distanz zu den Personen und Geschehnissen. Die Mehrheit seiner Romane und Erzählungen hat eine tragische Konstellation und einen tragischen Ausgang (Selbstmord, Tod). Das immer wiederkehrende Hauptthema ist die Grundspannung zwischen dem Individuum und der Gesellschaft, deren Normen das Individuum verformen, unterdrücken und verurteilen – müssen. Das Individuum und die Gesellschaft verhalten sich zueinander etwa wie das Vergebung predigende *Neue Testament* zu dem auf Vergeltung bestehenden *Alten Testament*. Insbesondere die jungen Frauen werden die repräsentativen Opfer dieses Konfliktes zwischen dem auf Verwirklichung der natürlichen Bedürfnisse bestehenden Individuum und einer patriarchalischen, moralisch rigiden Gesellschaft, die über elementare Bedürfnisse hinweggeht. Durch den natürlichen und doch thematisch konzentrierten Dialog, der einen immer größeren Umfang beansprucht, werden absolute Standpunkte relativiert und die Subjektivität der Wahrheit unterstrichen.

Im Sinne des Poetischen Realismus entsteht durch eine symbolische Durchdringung des Textes, in den auch das allerkleinste Detail oft integriert wird, ein subtiler Beziehungsreichtum wie am Anfang seines bekanntesten, schon damals erfolgreichen Romans *Effi Briest* (1895):

Die Beschreibung der siebzehnjährigen Effi Briest, ihrer Handlungen und ihrer Umgebung auf dem Herrensitz ihrer Eltern am Anfang des Romans enthält in symbolischer Form eine präzise Charakteristik des natürlichen, fast jungenhaft ungebärdigen Mädchens und eine Andeutung ihres weiteren tragischen Schicksals: ihr Hang nach Spiel, Anregung und Zerstreuung paart sich mit der von ihr ausstrahlenden Faszination des wesenhaft Weiblichen. Aus Fontanes *Selbstbiographie* (1894) wissen wir, dass er Effi besonders viele autobiografische Züge verliehen hat; seine Gefühlsbeteiligung Effi gegenüber ist nach dem 36. Kapitel besonders spürbar und nicht unproblematisch.

Effis Vater verheiratet sie an den strebsamen, prinzipienstrengen älteren Landrat von Instetten in Kessin in Pommern; hier hat Effi aus Langeweile und Lebenshunger ein Verhältnis mit dem Major Crampas. Über 6 Jahre später, als von Instetten nach Berlin versetzt worden ist, findet er ein Bündel Liebesbriefe des Majors an Effi, worauf er sich in Übereinstimmung mit den gesellschaftlichen Konventionen entschließt, Crampas zu fordern; dieser fällt im Duell, die Ehe wird geschieden und das einzige Kind des Ehepaares von Instetten zugesprochen. Effi Briest leidet an einer Nervenkrankheit, aber erst auf Bitten des Arztes nehmen die Eltern die kranke Tochter auf, die nach einer vorübergehenden Besserung stirbt.

Das Duell ist eine von der Konvention geforderte Handlung, an deren Richtigkeit von Instetten selbst zweifelt; er sieht ein, dass diese Ordnung vor allem den Charakter einer Hilfskonstruktion hat, eine Art Lebenslüge ist, an die er sich klammert: «Man ist nicht bloß ein einzelner Mensch, man gehört einem Ganzen an, und auf das Ganze haben wir beständig Rücksicht zu nehmen, wir sind durchaus abhängig von ihm.»

Der Roman *Frau Jenny Treibel oder wo sich Herz zum Herzen find't. Roman aus der Berliner Gesellschaft* (1892) nimmt durch die vorherrschenden karikaturistisch-komödiantischen Züge eine Sonderstellung ein. Die protzenhafte, neureiche, aus dem Kleinbürgertum aufgestiegene Jenny Treibel, die das Wirtschaftsbürgertum mit dem Bildungsbürgertum, Besitz mit Bildung verbinden möchte, verhindert mit allen Mitteln die Ehe ihres Sohnes mit der Tochter des Oberlehrers, in den sie sich als junges Mädchen verliebt hatte, um sich an seinen Gedichten berauschen zu können.

In der meist eher unscheinbaren alltäglichen Handlung der Romane spiegelt sich das gesellschaftliche Panorama der 80er und 90er Jahre in Berlin. Wie kein anderer Schriftsteller der Zeit gab Fontane ein Gesamtbild des wilhelminischen Geistes mit zeittypischen Details, viel Zeitatmosphäre und zeittypischem Sprachmaterial. Die sympathischen Personen fand er in der Ober- und Unterschicht, wogegen er die geistlose und geldgierige Bourgeoisie unerbittlich kritisierte. Der posthum in Buchform veröffentlichte Roman *Stechlin* (1899), dessen Deutung umstritten ist, stellt noch einmal die Frage nach dem Wert und der Bedeutung des untergehenden Adels in einer Zeit des Umbruchs. Aber die Antwort auf die Problematik der alten und der neuen Zeit lässt Fontane, der wie der alte Stechlin im Roman hinter alles ein Fragezeichen macht, in der Schwebe.

Fontane war einer der wenigen seiner Generation, die dem Naturalismus Verständnis entgegenbrachten. Er setzte sich für Ibsen und naturalistische Stücke ein, und in seiner letzten Theaterkritik, in der er *Die Weber* von Gerhart Hauptmann rezensierte, lobte er den Autor als «echten Dichter». Umgekehrt sahen die Naturalisten in Fontane, der in einem Roman wie *Irrungen, Wirrungen* (1888) ein kleinbürgerliches, fast proletarisches Milieu beschrieb, einen geistesverwandten Vorläufer.

Wilhelm Raabe (1831–1910)

Geb. 1831 in Eschershausen bei Braunschweig, entstammte einer Gelehrtenfamilie, der Vater, der Justizbeamter war, starb 1845. Gymnasium in Wolfenbüttel, ohne Abschluss, 1849–53 Buchhändlerlehre. Vergeblicher Versuch, die Reifeprüfung nachzuholen; 1854–56 Gasthörer an der Berliner Universität. Rückkehr nach Wolfenbüttel, 1859 «Bildungsreise» nach Österreich und Süddeutschland. 1860 Eintritt in den Nationalverein. 1862 Heirat und Übersiedlung nach Stuttgart, hier Bekanntschaft mit Wilhelm Jensen, F. Freiligrath und F. Th. Vischer. 1870–90 in Braunschweig, gest. 1910.

Im Unterschied zu anderen Schriftstellern des Bürgerlichen Realismus wie Gottfried Keller und Theodor Storm arbeitete Raabe sein Leben lang als Berufsschriftsteller, welches besonders in den Jugendwerken zu Zugeständnissen an den trivialromantischen und trivial-empfindsamen Zeitgeschmack des bürgerlichen Publikums führte. Von den rund 30 Romanen und 35 Novellen, die Raabe geschrieben hat, erschienen die meisten in Fortsetzungsfolgen in Familienzeitschriften. Sein Werk, von dem knapp ein Drittel zeittypisch historischen Inhalts ist, gliederte er in drei Phasen: eine Jugendepoche, in der sein größter Erfolgsroman *Die Chronik der Sperlingsgasse* (1857) erschien, die Stuttgarter Zeit von 1862 bis 1870 mit der sog. Stuttgarter Trilogie *(Der Hungerpastor, Abu Telfan, Der Schüdderump)* und die Altersperiode in Braunschweig von 1870 bis 1902, als er sich selbst zum «Schriftsteller a. D.» ernannte.

Zur Jugendphase gehört die vielgelesene historische Novelle *Die schwarze Galeere* (entstanden 1860), die den Freiheitskampf der Niederländer um 1600 zum Thema hat; den Höhepunkt bildet aber sein erster Roman *Die Chronik der Sperlingsgasse* (1857), der stilistisch und inhaltlich viele Elemente des späteren Raabe vorwegnimmt.

Der Ich-Erzähler, der die tagebuchartige Chronik schreibt, lebt seit 30 Jahren in der Sperlingsgasse in Berlin. Der alte, einsame Mann überschaut von seinem Fenster aus das provinziell anmutende Gässchen, das sich, während er in einem zugleich resignierten und schmunzelnden Ton die Lebensläufe der Bewohner erzählt, in eine Bühne des chaotischen Weltgeschehens verwandelt. Wie in vielen seiner späteren Texte verwendet Raabe hier eine Vielheit von Perspektiven und eine Erinnerungstechnik, die auf verschiedene Weise Zeitebenen mischt und den Raum transparent macht. Der einfallsreiche, öfters umständliche Stil steht in der empfindsam-humoristischen Tradition von Laurence Sterne, Jean Paul und Dickens.

Die sog. Stuttgarter Trilogie lässt sich als Experiment in einem Selbstfindungsprozess verstehen, in dem sich Entwicklungsroman und Gesellschaftsroman verbinden:

Der Hungerpastor (1864) als ein damals wie heute sehr erfolgreicher volkstümlicher Entwicklungsroman, in dem Raabe noch mit einer einfachen Kontraststruktur zwischen den bösen und den guten Menschen zwischen dem bösen Adel und dem guten Volk arbeitet, *Abu Telfan oder die Heimkehr vom Mondgebirge* (1867) als der gesellschaftskritische Roman, in dem das Philistertum, aus dem der germanische Genius angeblich ein Drittel seiner Kraft zieht, satirisiert, kritisiert und doch humorvoll akzeptiert wird, und schließlich *Der Schüdderump* (1870) als der philosophische Roman, der den unaufhörlich knarrenden Pestwagen («Schütt herunter») zum Symbol eines Daseins macht, dessen Düsternis nur das Töchterchen einer Dirne erleuchtet. Nur im Tod ist die edle Seele vor dem Zugriff der Kanaille zu bewahren, so lautet die pessimistische, durch Schopenhauer beeinflusste Aussage im *Schüdderump*. Die Entwicklung des Helden, der im *Hungerpastor* dem Proletariat, in *Abu Telfan* dem Bürgertum, im *Schüdderump* dem Adel angehört, spiegelt auf verschiedene Weise die zeitgenössische Wirklichkeit wider.

Das Leitmotiv in der Trilogie bildet die Suche nach dem «inneren Reich» im «Säkulum», nach dem innerlich freien Menschen in einer durch Erfolgs- und Machtstreben charakterisierten Zeit.

Der bittere Grundton in der Stuttgarter Trilogie setzte sich nach dem Sieg über Frankreich 1871 in Form gezielter Zeitkritik fort. Der nationalliberale Raabe wurde der Entwicklung des Reichs gegenüber immer skeptischer, und das Publikum, auf das er immer weniger Rücksicht nahm, ließ ihn im Stich. Deutlicher als viele Zeitgenossen sah er die Gefahren des Nationalismus und des Militarismus wie in der Erzählung *Horacker* (1876), die eine Satire auf den preußisch-schneidigen, den Krieg verherrlichenden Oberlehrer Dr. Neubauer enthält. Ebenfalls klarsichtiger als seine Umwelt erkannte Raabe die sozialen und ökologischen Probleme, die mit der wachsenden Industrialisierung und dem wirtschaftlichen Aufschwung der Gründerjahre entstanden, wie in der Erzählung *Pfisters Mühle* (1884), in der die verschwindende Mühlenromantik und die neuen, Natur und Umwelt zerstörenden Zeitforderungen kontrastiert werden.

Die eigentlichen Hauptpersonen in Raabes Werk sind die Sonderlinge, die Resignierten, die Stillen im Lande, die ambivalent beurteilt werden. Den sich ganz in seine Fantasiewelt einspinnenden Sonderling Wunnigel *(Wunnigel. Eine Erzählung,* 1878) lässt Raabe das Leben vergessen und komisch scheitern, während die meisten seiner abseitigen, schrulligen Käuze die Frische des Herzens und den Reichtum des Gemüts bewahren und die Kraft haben, einen inneren Freiraum zu erobern und somit die eigentlichen Träger der Menschheit und Humanität zu bleiben.

Den Roman *Stoppfkuchen. Eine See- und Mordgeschichte* (1891), der typische Züge seiner früheren Werke vereinigt, nannte Raabe sein bestes und unverschämtestes Buch. Auch in der Forschung wird der mittlere Band der sog. Braunschweiger Trilogie, zu der *Alte Nester* (1879) und *Die Akten des Vogelsangs* (1896) gehören, oft als sein Meisterwerk beurteilt:

Der Auswanderer und Chronist des Buches, Eduard, schreibt auf der Rückfahrt nach Afrika einen Bericht über seinen Aufenthalt in der norddeutschen Heimat, vor allem über den alten Landbriefträger Störzer und den Jugendgefährten Heinrich Schaumann, der den Mord an dem Landbriefträger aufgeklärt hat. Im Mittelpunkt steht Heinrich, der verlachte dicke «Stoppfkuchen», damals bekannt wegen seiner unermesslichen Faulheit, Gefräßigkeit und Dummheit, in Wirklichkeit aber ein feinfühliger, innerlich freier Mensch, der auf dem Bauernhof «Rote Schanze» als einer Insel der Behaglichkeit lebt und mit gelassener, souveräner Weisheit den

Lauf der Welt verfolgt. Stoppfkuchen hat das «innere Reich» im «Säkulum» gefunden.

Wilhelm Raabe ist ein typischer Vertreter des deutschen Bürgerlichen Realismus in der Spätphase. Der Liberalismus und die patriotische Gesinnung kennzeichnen Raabe, der dem Aufstieg des deutschen Bürgertums gegenüber eine immer kritischere Haltung einnahm und in seinem bedeutenden Alterswerk das Thema der Entfremdung auf vielfältige Weise abwandelte. Unterstrichen wird die Distanz zur Umwelt sowohl durch die olympisch-auktoriale Perspektive des fingierten Erzählers als auch durch die verspielte, mit Allusionen und Zitaten überfüllte, verschnörkelte, humoristische Sprache, die mit höchster Bewusstheit gestaltet wurde.

Die umstrittene Funktion des Humors bei Raabe entspricht den zwei Hauptphasen der Raabe-Forschung. Bis 1950 überwogen die Kategorien «Idylle», «Gemüt», «Lebenshilfe», «Deutschtum» und «Humor», wobei «Humor» die Distanz schaffende Funktion hat, über die Tragik des Daseins hinwegzuhelfen, und mit Pessimismus und Mitleid aufs engste verbunden ist. Dieser Humortyp erinnert an die Definition von Wilhelm Busch (1832–1908), dem Schöpfer der Bildergeschichte *(Max und Moritz)*, der von seiner Kunst gesagt hat: «Man sieht die Sach' an und schwebt derweil in behaglichem Selbstgefühl über den Leiden der Welt...». Nach 1950 fand eine Umorientierung statt, nach der von den genannten Kategorien der ersten Phase vor allem der Humor übrigblieb, und zwar als ein vielschichtiger Begriff, der nur von den konkreten Stilelementen aus analysiert werden kann. Damit rückte der Gesellschaftskritiker in den Vordergrund, der in den 1980er Jahren zum Vorläufer der Postmoderne wurde.

Gottfried Keller (1819–1890)

Geb. 1819 in Zürich, Sohn eines Drechslermeisters, der 1824 starb. Wurde 1834 von der kantonalen Industrieschule verwiesen. Wollte Maler werden, 1840–42 in München zu weiterer Ausbildung als Landschaftsmaler, wirtschaftliche Not und große Entbehrungen. 1842 in Zürich, Umgang mit G. Herwegh, F. Freiligrath u. a. politischen Flüchtlingen, Erkenntnis der schriftstellerischen Begabung. 1848–50 mit Stippendium der Stadt Zürich Studium in Heidelberg u.a. bei Ludwig Feuerbach, 1850–55 Studium in Berlin. Rückkehr nach Zürich, 6 Jahre freier Schriftsteller, 1861–76 Staatsschreiber von Zürich, seit 1878 Ehrenbürger von Zürich, wo er 1890 starb.

Das Leben des Autodidakten Gottfried Keller erinnert an einen fünfstufigen Bildungsroman. Die Erste und zweite Stufe bilden eine vaterlose, mutterabhängige Kindheit und eine freie, brotlose Künstlerexistenz, wobei seine Versuche als Maler und Zeichner ohne Erfolg blieben. Seine ersten, oft unreifen lyrischen und epischen Produkte und Entwürfe entstanden in einer dritten Phase, in der seine Mutter und seine Schwester den von Schuld- und Minderwertigkeitsgefühlen geplagten Bohemien kräftig unterstützen mussten. Erst 1861, als er das Amt als Staatsschreiber in Zürich übernahm, war er im Alter von 42 Jahren imstande, seiner politischen Bildungsidee des gemeinnützigen Wirkens Realität zu verleihen. Auf seiner letzten Stufe im späten Lebensalter ging der Junggeselle gebliebene Autor daran, die Entwürfe und unfertigen Werke seiner Jugend zu vollenden, und schuf damit ein vielschichtiges literarisches Werk, in dessen Zentrum die Frage nach der Verwirklichung des aufgeklärten klassischen Humanismus in einer modernen bürgerlichen Gesellschaft steht.

In der ersten Fassung des autobiografischen Romans *Der grüne Heinrich* (1854/55) wird der Vater als der Bürger, der zugleich aufsteigender Baumeister, politisch aktiver Mensch und gebildete Privatperson ist, zum Sinnbild der Bildungsutopie, die dem hohen Humanitätsideal des Bürgertums in der Ersten revolutionären Phase entsprach.

Im Gegensatz zu dem verstorbenen Vater gelingt es dem Sohn Heinrich Lee nicht, dem verinnerlichten Ideal des aufgeklärten klassischen Humanismus gerecht zu werden. Der grüne Heinrich, wie er wegen seiner einförmigen Kleidung genannt wird, lebt als Kind in einer Fantasiewelt, schwankt zwischen verschiedenen Künsten und auch zwischen der mädchenhaften, zärtlichen Anna und der reifen, sinnlichen Judith. Sein gespaltener Eros sucht letzten Endes Erfüllung im narzisstischen Leben und Weben der Einbildungskraft, er scheitert an der Realität und geht, nachdem er teilweise am Tod der Mutter schuld ist, zugrunde. Der Roman, stilistisch auch von Jean Paul beeinflusst, gewinnt sein realistisches Gepräge vor allem durch die sorgfältige Milieuschilderung.

Ende der 1870er Jahre kaufte Keller die Restauflage des relativ unbekannten Romans auf, um der zweiten Fassung auf dem Literaturmarkt freie Bahn zu verschaffen.

Im Gegensatz zu der ersten Fassung, in der ein Er-Erzähler die «Jugendgeschichte» des verstorbenen Künstlers veröffentlicht, verwendet Keller jetzt konsequent die Ich-Form und drückt damit den neuen Überlebenswillen seines Helden aus. Statt des Todesgefälles in der ersten Fassung herrscht hier eine aufsteigende Linie, die am Ende, als der grüne Heinrich Oberamtmann im Verwaltungsdienst in einer kleinen Gemeinde wird und ohne äußere Bindung mit Judith zusammenlebt, zu einem Kompromiss zwischen dem Anspruch des Individuums auf Selbstverwirklichung und dem Dienst am Gemeinwesen führt.

Die zweite Fassung, für die inhaltlich und stilistisch der Einfluss Goethes und eine klassische Ruhe typisch sind, wird somit zu einem Bildungsroman in der Tradition der Gattung. Der Kompromiss am Ende ist jedoch erkämpft und melancholisch-gebrochen, keine organische Wechselbeziehung zwischen Individuum und Gesellschaft.

Eine Folge des unter dem Einfluss von Feuerbach vollzogenen Verzichts auf den religiösen Glauben um 1850 war eine intensive Wendung zur sinnhaft vollen Wirklichkeit, «da ich keine Aussicht habe, das Versäumte in irgendeinem Winkel der Welt nachzuholen.» Eine Folge ist ebenfalls Kellers Betonung der Demokratie, die als die praktische Probe auf die mögliche Selbstvervollkommnung des Menschen zu verstehen sei. Künstlerisch bemühte er sich darum, der Handlung eine «innere Notwendigkeit» einzukomponieren und das Verhalten der Personen gesellschaftlich und psychologisch zu begründen. In diesen Kontext gehören schließlich die *Sieben Legenden* (1872), in denen er Konsegartens *Legenden* (1804) spielerisch-ironisch umdichtete und das Heilige behutsam säkularisierte und humanisierte.

In den Novellen bevorzugte Keller die Rahmenerzählung oder den Novellenzyklus. Der fiktiven Narrenstadt Seldwyla: *Die Leute von Seldwyla* (Erstausgabe 1856; mit u. a. *Kleider machen Leute, Der Schmied seines Glückes, Romeo und Julia auf dem Dorfe*) stellte er das positive Gegenbild der Züricher mit ihrem Bürgersinn, ihrer Charakterfestigkeit und ihrer entwickelten Demokratie entgegen: *Züricher Novellen* (Erstausgabe 1878; mit u.a. *Das Fähnlein der sieben Aufrechten)*. Die sich ergänzenden Novellensammlungen illustrieren den sich vollziehenden Stilwandel vom Grotesk-Humoristischen zu einer von Ironie temperierten Gefühlsstimmung.

In der Novelle *Romeo und Julia auf dem Dorfe* transponiert Keller das alte Motiv vom jungen Liebespaar zwischen zwei verfeindeten Familien in den Alltag des bäuerlichen Milieus. Die grotesk gezeichneten Seldwyler Bauern Manz und Marti richten sich durch einen Rechtsstreit um einen wertlosen Acker wirtschaftlich und moralisch zugrunde. Ihre Kinder, Sali und Vrenchen, die am Anfang der Novelle 7 und 5 Jahre alt sind, entdecken 14 Jahre später ihre Liebe zueinander und gleichzeitig deren Hoffnungslosigkeit. Die Motive «wild» und «ordentlich» durchziehen in vielen Variationen die Erzählung, und am Konflikt zwischen unbürgerlicher Leidenschaft und dem von ihnen verinnerlichten bürgerlichen Ordnungsbedürfnis, das eine «wilde Ehe» undenkbar macht, gehen sie zugrunde. Nach einer Nacht auf einem mit Heu beladenen, flussabwärts treibenden Schiff «glitten im Froste des Herbstmorgens zwei bleiche Gestalten, die sich fest umwanden, herunter in die kalten Fluten.» Humoristische, ernste und melancholische Elemente durchkreuzen einander in der Novelle, die ihre Einheit aus der symbolischen Überhöhung gewinnt.

Im Novellenzyklus *Das Sinngedicht* (Erstausgabe 1882) wird das Wesen der Liebe und der Ehe, vor allem die – positiv beantwortete – Frage der Ebenbürtigkeit von Mann und Frau, in Form von raffiniert ineinander verflochtenen, dialektischen Diskussionsnovellen behandelt. Anmut und eine fast rokokohafte Leichtigkeit im Stil charakterisieren die Novellen.

Kellers letzte Prosadichtung, der Zeitroman *Martin Salander* (1886), beschreibt die Geschichte einer Schweizer Familie in den Gründerjahren. Das Gesellschaftsbild dieser Zeit ist pessimistisch und düster: Egoisten, Karrieremacher und Spekulanten betreiben skrupellose Geschäfte und betrügen mehrmals den Familienvater Martin und seine Familie. Dass Martin bis zu einem gewissen Grade an dem Unglück selbst schuld ist, macht die Lage noch trostloser. Man kann diese Haltung des Erzählers als eine Art Altersresignation auslegen, korrekter ist es, Kellers Worte von der generellen Außerkurssetzung des Poetischen Realismus zu berücksichtigen. Der «Salander» markiert gewissermaßen den Übergang zum naturalistischen gesellschaftskritischen Roman, der an einer poetischen Erhöhung der Wirklichkeit nicht interessiert ist. Nach Ansicht Kellers war der Poetische Realismus als Darstellungsprinzip aus gesellschaftsgeschichtlichen Gründen überfällig, ein Widerspruch in sich geworden. Seine Unlust, an dem Fragment gebliebenen Roman zu arbeiten, und sein Plan, mit *Arnold Salander* dem Roman eine versöhnliche Fortsetzung zu geben, unterstreichen jedoch, dass sein literaturgeschichtlicher Ort der Poetische Realismus blieb.

Gottfried Kellers Gesamtwerk wurzelt in Traditionen, die besonders schweizerisch sind: in der Aufklärungs-, in der pädagogischen und in der politisch-liberalen Tradition. In der Forschung wurde seine Dichtung bis ins 20. Jahrhundert als intensivstes Erfassen der Wirklichkeit gefeiert; heute sieht man in den vielen Spannungen, die sich in den grotesken und skurrilen Zügen und im Humor äußern, eher den Zweifel an der Möglichkeit, die Wirklichkeit erfassen zu können.

Conrad Ferdinand Meyer (1825–1898)

Geb. 1825 in einer alten Züricher Patrizierfamilie. Der Vater 1840 gestorben, die streng calvinistische, schwermütige Mutter beging 1856 Selbstmord. Mit der Schwester menschlich und geistig eng verbunden. 1852–53 Pflegeaufenthalt in einer Nervenheilanstalt. 1858 eine für das Kunstverständnis wichtige Italienreise mit der Schwester. Zweisprachig gebildet und schon früh mit der französischen Literatur bekannt, entschied er sich erst unter dem Eindruck des Krieges 1870–71 für den deutschen Sprach- und Kulturkreis. 1875 Heirat. Schwere Krankheit 1887–88 (Halsleiden und Depression). 1892–93 in der Anstalt Königsfelden (Diagnose: senile Melancholie). 1898 in Kilchberg bei Zürich gestorben.

Conrad Ferdinand Meyer war neben Jeremias Gotthelf und Gottfried Keller der dritte bedeutende Schweizer Erzähler des 19. Jahrhunderts. Sozial, ästhetisch und psychologisch unterschied er sich radikal von beiden Landsleuten: die Zugehörigkeit zur bürgerlichen Oberschicht Zürichs enthob ihn aller ökonomischen Sorgen (die ersten Veröffentlichungen hat er selber finanziert), und so konnte er der erste Schweizer werden, der ausschließlich als Dichter lebte. Das politische, soziale und pädagogische Engagement, das nicht nur Gotthelf und Keller, sondern auch Schweizer Schriftsteller des 18. Jahrhunderts (Albrecht von Haller, Pestalozzi) charakterisierte, spielte im Leben und Werk C.F. Meyers kaum eine Rolle. Zu der Sonderstellung trug auch seine innere Nähe zur romanischen Formkultur bei, mit der er schon früh vertraut wurde und die er durch Bildungsreisen in Frankreich und Italien vertiefte. Die Schönheit der Form sowie die an Werken der bildenden Kunst geschulte plastisch-visuelle Art der Darstellung prägen denn auch den Stil seiner Werke. Sie weichen dadurch erheblich von den Alltagsschilderungen der bürgerlichen Realisten sowie von den Elendsschilderungen der Naturalisten ab. Hinzu kommt, dass in Meyers Erzählwerken fast immer machtvolle historische Gestalten im Vordergrunde des Geschehens stehen. Die auffallende Vorliebe des kränklichen, neurotischen Dichters für eine Welt der Größe, der Brutalität und des Rausches jenseits von Gut und Böse legt einen Vergleich mit Nietzsche nahe. Auch der entlarvende psychologische Scharfblick verbindet die beiden miteinander. Nur macht sich bei allem ästhetischen Immoralismus in Meyers Werken immer wieder das christliche Erbe bemerkbar, teils in der Auseinandersetzung mit dem calvinistischen Determinismus, teils in seiner Vorliebe für das Motiv sittlicher Gewissensentscheidung in moralfreier, gewaltsamer Umwelt. Die eigentlichen Beweggründe der Personen bleiben dabei im Dunkeln und entziehen sich jeder eindeutigen Auslegung. Das Rätselhafte und Inkommensurable gehörte zu Meyers Bild des Menschen.

Der Durchbruch gelang Meyer zunächst mit dem epischen Gedichtzyklus *Huttens letzte Tage* (1871), der im patriotisch begeisterten Deutschland sofort einschlug. In dem Roman *Georg Jenatsch. Eine alte Bündnergeschichte* (1874; später u.d.T. *Jürg Jenatsch*) stellte Meyer einen Schweizer Volkshelden aus der Zeit des Dreißigjährigen Krieges dar. Im fanatischen Kampf für die Einheit und Freiheit der Kantone zeigt sich der «Held» jedoch als ein «gesetzloser Kraftmensch», der schließlich von der eigenen Geliebten ermordet wird.

In den folgenden Jahren trat Meyer immer überzeugender als Meister der historischen Novelle hervor. Raffiniert und virtuos nutzte er die vielfältigen Möglichkeiten im Zusammenspiel von Rahmen- und Binnenhandlung, so etwa in *Der Heilige* (1879), der Geschichte des 1170 ermordeten und später heiliggesprochenen Erzbischofs von Canterbury, Thomas Becket, und vor allem in der Novelle *Die Hochzeit des Mönchs* (1884). Indem Dante hier als z.T. ironischer Erzähler eingeführt wird, macht Meyer das Erzählen selbst zum Gegenstand der Dichtung. Charakteristisch für die letzten Erzählungen, *Die Versuchung des Pescara* (1887) und *Angela Borgia* (1891), ist das farbige Milieu der italienischen Renaissance, in dem sich Schönheit, Grausamkeit, Intrigen und skrupellose Machtkämpfe üppig entfalten. Damit hatte Meyer dem «Renaissancismus» des Fin de siècle (s. S. 131) vorgegriffen. Zugleich vertiefte sich in den letzten Novellen die Psychologie: In *Die Versuchung des Pescara* stellte Meyer die Einheit der Persönlichkeit zugunsten des kaleidoskopisch veränderlichen Menschen in Frage. In *Angela Borgia* bildet die Beeinflussbarkeit des Menschen durch einen suggestiven fremden Willen die geheime Mitte des Geschehens. Damit gewann Meyer Anschluss an die neuesten Theorien der damaligen Psychologie und Psychiatrie (August Forel in Zürich).

Dass C.F. Meyer in mancher Hinsicht die literarischen Tendenzen der 1890er Jahre vorwegnahm, zeigt sich besonders deutlich in seinen häufig umgearbeiteten Gedichten. Ihren Höhepunkt erreicht diese Lyrik in den Bildgedichten mit Motiven aus der Antike und der Kunst der Renaissance sowie vor allem in den sogenannten Ding-Gedichten wie «Der römische Brunnen» und «Zwei Segel»:

Der römische Brunnen

Auf steigt der Strahl und fallend gießt
Er voll der Marmorschale Rund
Die, sich verschleiernd, überfließt
In einer zweiten Schale Grund;
Die zweite gibt, sie wird zu reich,

Der dritten wallend ihre Flut,
Und jede nimmt und gibt zugleich
Und strömt und ruht.

Im Mittelpunkt dieser Gedichte steht ein Bild oder ein bildhafter Vorgang («Wetterleuchten», «Auf dem Canal Grande»), in dem sich die Bedeutungen verhüllen. Wie die Novellen suchen auch die Gedichte die distanzierte Objektivität. Auch als Lyriker wollte Meyer nicht sein «Ich» enthüllen.

Mit diesen Gedichten begann ein neues Kapitel in der Geschichte der deutschen Lyrik: das individuelle «Seelenlied» und die seit der Goethezeit in Deutschland vorherrschende Erlebnislyrik wurden durch Meyers symbolistische Bildlyrik abgelöst. Stefan George hielt später C. F. Meyer für seinen Vorläufer, und Rilke knüpfte mit seinen Ding-Gedichten (s. S. 141) an Meyer an. Wie verständnislos dagegen die zeitgenössischen Vertreter der gefühlshaften Stimmungslyrik diese neue Kunst der Lyrik beurteilten, zeigt Theodor Storms Bemerkung über C. F. Meyer im Brief an Gottfried Keller (22. 12. 1882): «Ein Lyriker ist er nicht; dazu fehlt ihm der unmittelbare, mit sich fortreißende Ausdruck der Empfindung.»

Naturalismus

I. Grundzüge des europäischen und des deutschen Naturalismus

Der Naturalismus war ein gesamteuropäisches Phänomen, unlösbar verbunden mit der in den letzten Jahrzehnten des 19. Jahrhunderts explosiv expandierenden Industrialisierung und den sich daraus ergebenden Arbeits- und Lebensbedingungen der Bevölkerung. Der Begriff selbst besagt, dass Mensch und Gesellschaft ausschließlich in ihrer «Natürlichkeit» angeschaut und dargestellt werden, d.h. unter Verzicht auf jede metaphysische Erklärung und auf jede Idealisierung. So wurde der Naturalismus zum Gegenpol jedes idealistischen, die Wirklichkeit verklärenden Kunststrebens. Die aggressive Polemik der naturalistischen Literaten richtete sich dementsprechend vor allem gegen die epigonale und konventionelle Pseudoromantik, die den Geschmack und den veräußerlichten Bildungsbegriff des gehobenen Bürgertums weitgehend bestimmte. Die Parolen der Naturalisten waren «Wahrheit» und «Modernität», jene gegen die Konventionalität und gegen die Heuchelei, diese gegen die Vorliebe für historische Themen und Stoffe gerichtet, die die Niederungen der Literatur und der Malerei beherrschte.

Die weltanschauliche Grundlage des Naturalismus bildete vor allem der Positivismus, nach dem nur das empirisch Gegebene und wissenschaftlich Gesicherte Gültigkeit haben sollten. Als vorbildlich wurden die exakten Naturwissenschaften angesehen, deren Methode und Denkform man auf die Geisteswissenschaften, die Künste und die Literatur zu übertragen versuchte. Der bedeutendste Vertreter des Positivismus war August Comte (1798–1857); die literaturwissenschaftlichen Konsequenzen zog vor allem der an Comte anknüpfende französische Historiker und Geschichtsphilosoph Hippolyte Taine (1828–1893). Für Taine war die Dichtung wie jedes andere Produkt des menschlichen Geistes durch die Faktoren «race» (Abstammung, Erbanlagen), «milieu» (gesellschaftliche Umwelt) und «temps» (geschichtlicher Zeitpunkt und Standort) bestimmt. Das Menschenbild der naturalistischen Literatur ist durch diese Gedankengänge weitgehend bestimmt.

Auch die literarischen Theorien des Naturalismus orientierten sich nach dem Vorbild der Naturwissenschaften. Dies gilt sowohl für Zolas *Le roman experimental* (1880) als auch für die Abhandlung von Arno Holz *Die Kunst. Ihr Wesen und ihre Gesetze* (1891–93). Hier wurde das «Wesen» der Kunst auf die Formel gebracht: $K = N - x$, d.h. Kunst gleich Natur minus die Unzulänglichkeit des Materials und die Subjektivität des Künstlers. Mimesis, also Nachahmung der Natur, war somit das höchste Ziel des naturalistischen Künstlers.

Die Bedeutung der Naturwissenschaften zeigte sich nicht zuletzt am Beispiel des Darwinismus. Darwins Lehre in *The Origin of Species by Means of Natural Selection; or, the Preservation of Favoured Races in the Struggle for Life* (1859) gewann in der Form des sog. Sozialdarwinismus eine Bedeutung, die weit über den Bereich der Wissenschaft hinausging. Die Sozialdarwinisten versuchten mit ungleichen Ergebnissen Darwins Schlüsselbegriffe, wie etwa «der Kampf ums Dasein» und «die Zuchtwahl», die als Modewörter in der Literatur dieser Jahre immer wieder auftauchen, auf den sozialen und politischen Bereich zu übertragen. Wichtig wurde auch Darwins spätere Schrift *The Descent of Man* (1871), in der der grundsätzliche Unterschied zwischen Tier und Mensch geleugnet wird, was die Vertreter der Kirche und die Anhänger der biblischen Schöpfungsgeschichte empörte.

Der Bruch der Naturalisten mit der Tradition führte zu einer emanzipatorischen Kritik an der bürgerlichen Familie und an der Stellung der Frau. Charakteristisch ist die Schrift *The subjection of women* (1869) des englischen Positivisten und radikalen Liberalen John Stuart Mill. Großes Aufsehen erregten vor allem Ibsens naturalistische Dramen, in denen diese

Fragen im Mittelpunkt standen. Gabriele Reuter (1859–1941), durch die Naturalisten angeregt, führte diese emanzipatorische Tendenz in zahlreichen Romanen weiter. Ihr zentrales Anliegen war von Anfang an, etwa in ihrem frühen Roman «*Aus guter Familie, Leidensgeschichte eines Mädchens*», 1895, die seelische und körperliche Not der Frauen.

Die Feindseligkeiten zwischen den Naturalisten und dem konservativen Bürgertum verschärften sich nicht zuletzt dadurch, dass die Naturalisten mit Vorliebe das soziale und menschliche Elend in den Großstädten (Arbeitslosigkeit, Wohnungsnot, Alkoholismus, Prostitution u. ä.) zum Gegenstand ihrer Kunst und Literatur machten. Dies verstieß nicht nur gegen die ästhetischen Vorstellungen des Bürgertums, sondern führte auch zu der irrigen Annahme, dass zwischen Naturalisten und Sozialisten ein enger Zusammenhang bestünde (der «Sozialismus-Verdacht» der Behörden). In Wirklichkeit konnten sich die Führer der Arbeiterbewegung für die naturalistische Literatur keineswegs begeistern; die naturalistischen Literaten ihrerseits waren meistens individualistische «Sozialaristokraten», wie der Titel eines 1896 erschienenen Schauspiels von Arno Holz lautete, und keineswegs gewillt, sich einer Parteidisziplin zu fügen.

Neben der Einbeziehung bisher verpönter Themenbereiche in die Kunst und Literatur erweiterte sich der Wortschatz und überhaupt das Idiom der Literatursprache. Auch sprachlich wollte man Leben und moderne Wirklichkeit möglichst getreu wiedergeben. Jargon und Dialekt, Stammeln, Stottern, Rülpsen und andere unartikulierte Laute wurden einbezogen und erregten nicht zuletzt auf der Bühne Aufsehen.

Mit dem neu erwachten Interesse für die «tierische» Seite der menschlichen Natur rückten auch das Triebleben und das Unbewusste in den Mittelpunkt des Interesses. Berühmt war der Pariser Nervenarzt Jean Charcot (1825–1893), unter dessen Schülern sich ein junger Wiener namens Sigmund Freud befand. Die Vertiefung in die Geheimnisse menschlichen Seelenlebens führte aber bald über die Grenzen des Naturalismus hinaus.

Der deutsche Naturalismus unterscheidet sich vom europäischen zunächst dadurch, dass er spät anfing und nur wenige Jahre dauerte. Die Werke des sog. «konsequenten Naturalismus» von Arno Holz, Johannes Schlaf und Gerhart Hauptmann gehören fast alle in die Zeit zwischen 1889 und 1893. Der erste Band von Zolas Romanzyklus *Les Rougon-Macquart* erschien dagegen schon 1871; im gleichen Jahr begann in Kopenhagen Georg Brandes seine Vorlesungen über *Hauptströmungen der Literatur des 19. Jahrhunderts*, die den Beginn des Naturalismus im skandinavischen Geistesleben markieren; 1879 veröffentlichte Henrik Ibsen seine *Nora*. Zurzeit des «konsequenten Naturalismus» in Deutschland, also um 1890, befand sich der Naturalismus in anderen europäischen Ländern schon auf dem Rückzug und war mehr oder weniger schon von anderen Strömungen abgelöst worden. Der Österreicher Hermann Bahr, der mit dem französischen Geistesleben enge Beziehungen gepflegt hatte, gab 1891 seine Schrift *Die Überwindung des Naturalismus* heraus, die mit den Sätzen beginnt: «Die Herrschaft des Naturalismus ist vorüber, seine Rolle ist ausgespielt, sein Zauber ist gebrochen.»

Welche Auswirkungen hatte nun diese «Verspätung» des deutschen Naturalismus auf seine Wesensart? Zunächst zeigte er eine deutliche Abhängigkeit von ausländischen (russischen, französischen, skandinavischen) Vorbildern, die das schon geleistet hatten, was man sich nun für Deutschland wünschte. Als die Werke des konsequenten deutschen Naturalismus dann schließlich erschienen, waren sie von einer Heftigkeit und Radikalität des Inhalts und des Stils geprägt, die auf den heutigen Beobachter wie der Eifer des Spätgekommenen wirken. Darüber hinaus finden sich in dem Schrifttum, das in den Literaturgeschichten gewöhnlich als naturalistisch bezeichnet wird, auch inhaltliche Elemente, die dem deutschen Naturalismus eine Sonderstellung im europäischen Kontext geben. Zwei Merkmale fallen besonders auf: die Betonung des nationalen, bzw. nationalistischen Gedankens sowie das immer noch wirksame Erbe der romantischen Naturphilosophie, die die Naturauffassung des deutschen Naturalismus unterschwellig bestimmte.

Die Einheit Deutschlands durch die Gründung des Deutschen Reiches 1871 war bekanntlich nicht das Ergebnis einer politischen Initiative der Bürger, sondern auf die militärischen Siege Preußens über Dänemark, Österreich und Frankreich zurückzuführen. Daraus ergab sich der hohe soziale Status des Militärs im neuen Reich. Der Stolz auf die militärische und bald auch auf die ökonomische Kraft des Kaiserreichs war von Anfang an begleitet von der Erwartung einer neuen Blüte der deutschen Kultur. Die blieb aber aus. Stattdessen ergab sich zunächst in den 1870er Jahren auf dem Gebiet der Literatur eine Flut von monumental nationalistischen Jambentragödien sowie von Epen im Stile der *Nibelungen* (1867/74) von Wilhelm Jordan, einer Mischung aus Edda, Homer und Nibelungenlied in «nordischen» Stabreimen erzählt. Bei dieser letztlich trivialen Literatur der Gründerzeit handelt es sich um ein Anschwellen und Sichtbarwerden von schon vorhandenen germanisierenden Strömungen und Tendenzen, die jetzt durch die nationale Hochstimmung an Stärke zunahmen. Die Erwartung einer neuen Blüte der deutschen Literatur konnte sie nicht erfüllen. Andererseits widersprach der Geist des europäischen Naturalismus völlig den nationalen und pseudoidealistischen Vorstellungen der den Ton angebenden gesellschaftlichen Schichten im deutschen Kaiserreich.

Die Zeitschrift der Brüder Hart, *Kritische Waffengänge* (1882–84), wird oft als die erste Dokumentation des deutschen Naturalismus angeführt. Zwar wird auch in dieser von den Brüdern selbst verfassten Programmschrift gegen das glatte Epigonentum der zeitgenössischen Literatur polemisiert, der tragende Begriff aber ist der des rassisch bestimmten Nationalen: «Die Nation strafft sich zusammen, und das, was man «Nationalgeist» nennt, soll kein leeres Wort mehr sein! Wir fühlen uns als Deutsche, als Vertreter des Germanentums gegenüber dem oberherrlichen Romanismus, dem andrängenden Slavismus.» – Ähnliche Töne charakterisieren auch die in München seit 1885 erscheinende, von Michael Georg Conrad herausgegebene Zeitschrift *Die Gesellschaft*, die in den Literaturgeschichten als ein wichtiges Organ des deutschen Naturalismus gilt. Schon im ersten Band 1885 heißt es hier: «Es gilt darum noch ein letztes großes Aufraffen aller nationalen Kraft. In unserem Nationalkatechismus soll fortan als erstes Gebot stehen: Lerne du selbst sein, lerne befehlen, lerne herrschen.» Zwar wird der Bürgerschreck Zola gepriesen; was Conrad aber an ihm bewundert, ist der kraftvolle Sozialdarwinismus, der seine Werke prägt: «Stets siegt der Stärkere, lautet das Naturgesetz.»

Zola selbst sei «ganz Mann, ganz Kämpfer» (S. 747), kann somit nach Conrads Vorstellungen kein eigentlicher Franzose sein. Da Zolas Vater aus Venedig stammt, spricht Conrad deshalb, frei fabulierend, von Zolas «deutsch-italienischer» Herkunft (S. 750), während Frankreich zu seinem «Adoptivvaterland» reduziert wird. Nachdem 1890 in Berlin die naturalistische Zeitschrift *Freie Bühne* gegründet worden war, die eine wichtige vermittelnde Funktion zwischen dem deutschen und dem europäischen Naturalismus erfüllte, richtete sich die aggressive Polemik Michael Georg Conrads in *Die Gesellschaft* zunehmend gegen die *Freie Bühne* als eine «Dienerin des Auslandes». Conrad empört sich über die Herausgeber – «das vaterlandslose Gebaren der Herren Brahm und Genossen» – und lehnt den Berliner Naturalismus als «eine seltsam traurige Asphaltpflanze der Großstadtgasse» (Bd. 6, 1890, S. 404) entschieden ab. Die Wortwahl Conrads zeigt schon die Nähe seiner Zeitschrift zur nationalen, antistädtischen Heimatkunst, die im Laufe der 1890er Jahre immer mehr den Kurs der Zeitschrift bestimmte.

Die Naturauffassung des europäischen Naturalismus ist im Allgemeinen durch die entschiedene Ablehnung der romantischen Naturphilosophie charakterisiert. Dies gilt aber nur teilweise für den deutschen Naturalismus. In der charakteristischen Programmschrift Wilhelm Bölsches etwa, *Die naturwissenschaftlichen Grundlagen der Poesie* (1886), findet sich nur wenig von dem zu erwartenden antiromantischen Positivismus, desto mehr aber von Gedankengängen, die eine ausgesprochene Affinität zur romantischen Naturphilosophie zeigen. So kann es nicht überraschen, dass der naturphilosophisch-spekulative Darwinist Ernst Haeckel schon Anfang der 1890er Jahre in der Zeitschrift *Freie Bühne*, also mitten in der Hochburg des deutschen Naturalismus, als Mitarbeiter auftrat. Ideen der romantischen Naturphilosophie gingen in das Gedankengut deutscher Naturalisten ein, was sich beispielsweise auch bei Arno Holz, Johannes Schlaf und Gerhart Hauptmann beobachten lässt. Der latente Widerspruch zwischen einer positivistisch-empirischen und einer romantischnaturphilosophischen Naturauffassung gehört zu den charakteristischen Zügen des deutschen Naturalismus.

II. Gattungen

Drama

Das Repertoire der deutschen Bühnen in den 1870er und 1880er Jahren wurde weitgehend durch unterhaltende französische Konversations- und Gesellschaftsstücke (Scribe, Sardou, Dumas) und deren deutsche Nachahmer (Paul Lindau) gedeckt. Daneben fanden sich auch deutsche historisierende Schauspiele (z. B. Ernst von Wildenbruchs Hohenzollerdramen), in denen das nationale Selbstbewusstsein gestärkt und die nationale Vergangenheit verherrlicht wurden. Vergeblich riefen die Kritiker nach einer eigenständigen, gegenwartsbezogenen deutschen Dramatik. Stattdessen erschienen in den 1880er Jahren Ibsens erste naturalistische Stücke auf den deutschen Bühnen. An ihnen schieden sich die Geister. Otto Brahm etwa, damals noch ein junger Mitarbeiter an der bildungsbürgerlich orientierten, liberalen Zeitschrift *Deutsche Rundschau*, die Ibsen (und Zola) mit allen Mitteln bekämpfte, verließ aus diesem Grunde die Zeitschrift und wurde Mitbegründer des privaten Theatervereins «Freie Bühne», nach dem die gleichnamige, zunächst von Otto Brahm geleitete Zeitschrift benannt wurde. In diesem privaten Theaterverein, dessen geschlossene Aufführungen der Zensur nicht unterstanden, wurden Ibsens Stücke gespielt, vor allen aber auch die Ersten deutschen Dramen des konsequenten Naturalismus. So kam es am 20. Oktober 1889 zum historischen Theaterskandal, als Gerhart Hauptmanns *Vor Sonnenaufgang* (s. S. 112–113) hier uraufgeführt wurde.

Das naturalistische Theater strebte nach der größtmöglichen Wirklichkeitsnähe. Die Illusion der Wirklichkeit sollte den Zuschauern nahegebracht werden. Aus diesem Ziel leiten sich die charakteristischen Züge der naturalistischen Illusionsbühne her: die Versform verschwindet, die Prosa herrscht uneingeschränkt. Der Kunstcharakter der Sprache wird vermieden; stattdessen bemüht man sich um eine «Sprache des Lebens», dem Milieu des jeweiligen Stückes und den Individualitäten der einzelnen Figuren angepasst. Monologe waren als unrealistisch verpönt, ebenso das «Beiseitesprechen»; das stumme Mienen- und Gebärdenspiel dagegen gewann an Bedeutung.

Möglichkeiten und Grenzen des konsequent naturalistischen Dramas lassen sich mit besonderer Deutlichkeit an der *Familie Selicke*, von Arno Holz und Johannes Schlaf gemeinsam verfasst, an der *Freien Bühne* 1890 uraufgeführt, beobachten. Wie Ibsens *Nora* und Gerhart Hauptmanns *Friedensfest* spielt auch dieses Stück an einem Weihnachtsabend. Das Ziel der Naturalisten, dem bürgerlichen Publikum die Brüchigkeit der bürgerlichen Familie so drastisch wie möglich vor Augen zu führen, ließ sich mit der Wahl gerade dieses Abends besonders effektvoll erreichen. Am Heiligen Abend warten hier die vergrämte Frau Selicke und ihre vier Kinder, von denen das jüngste todkrank im Bett liegt, auf den alkoholisierten, heruntergekommenen Familienvater, Buchhalter Selicke. Dass es sich um die Proletarisierung eines ursprünglich bürgerlichen Milieus handelt, geht aus den im Wohnzimmer aufgestellten Gipsstatuetten Goethes und Schillers sowie aus den Bildern von Werthers Lotte, von Bismarck und dem Kaiser hervor. Den Höhepunkt der dürftigen Handlung bildet die Ankunft des betrunkenen, mit einem Weihnachtsbaum im Arm hereintorkelnden Vaters im 2. Akt. Aggression und Hass zwischen den Eheleuten brechen bei der Begegnung hervor. Im 3. Akt stirbt das kranke Kind; das bringt einen rührseligen Ton in das Stück. Schließlich verzichtet die erwachsene Tochter auf ihre Liebe zum jungen theologischen Kandidaten, um sich ihrer Familie zu opfern. Tristesse, Hilflosigkeit, Hoffnungslosigkeit, Entfremdung und Vereinzelung charakterisieren die psychologische und soziale Lage, die durch Gebärden, durch Stammeln und Verstummen, unterstrichen wird. Der Determinismus des naturalistischen Menschenbildes, das Fehlen des freien Willens, bestimmt dieses Drama. Die Gebundenheit der ohnmächtigen Personen lässt keinen eigentlichen Konflikt und keine dramatische Spannung aufkommen. Hier handelt es sich tatsächlich um ein Zustandsdrama, in dem nicht die Handlung, sondern das Milieu und die vom Milieu abhängigen Charaktere die Hauptsache bilden.

Auf eigene Faust schrieb Johannes Schlaf das Drama *Meister Oelze*, das 1892 erschien, ohne beim Publikum Anklang zu finden. Auch hier wird eine in Auflösung befindliche Familie dargestellt, diesmal nach dem Vorbild von Zolas *Thérèse Raquin* (1878) mit kriminalistischen Elementen «bereichert». –

Als naturalistisch galten damals auch die Schauspiele Hermann Sudermanns, dessen Drama *Die Ehre* im Jahre 1889 uraufgeführt wurde. Trotz Berührung mit dem naturalistischen Stil ging es Sudermann in erster Linie um den publikumswirksamen Bühneneffekt, dem auch die Sozialkritik untergeordnet blieb.

Erzählkunst

Trotz zahlreicher Ansätze ist es den deutschen Naturalisten nicht gelungen, den ersehnten zeitgemäßen Großstadtroman von Rang zu schreiben. Max Kretzer (1854–1941), damals gelegentlich der «deutsche Zola» genannt, griff zwar in seinen Berliner Romanen neue Stoffe und aktuelle Themen auf. So schilderte er in beiden Romanen *Die Betrogenen* (1882) und *Die Verkommenen* (1883) – aus eigener Erfahrung – die materielle und seelische Not in Fabriken und Mietskasernen. In seinem gelungensten Werk *Meister Timpe. Sozialer Roman* (1888) stellte er den ohnmächtigen Kampf eines handwerklichen Betriebs gegen die auf Serienproduktion eingestellten Fabriken dar. Die Trauer angesichts der Industrialisierung, der Veränderung des Berliner Stadtbildes sowie der Auflösung des traditionell patriarchalischen Verhältnisses des Handwerkmeisters zu den Gesellen weist aber auf nostalgische Schilderungen der vorindustriellen Welt durch frühere bürgerliche Erzähler des 19. Jahrhunderts zurück. Die recht konventionelle Sprache, der klischeereiche Stil und die manchmal melodramatische Handlungsführung machen die Vorbehalte verständlich, mit denen Kretzers Werke von den damaligen Kritikern und späteren Literarhistorikern aufgenommen wurden. Künstlerisch fragwürdig sind ebenfalls die Großstadtromane des früher erwähnten Müncheners Michael Georg Conrad (*Was die Isar rauscht*, 1887) sowie Karl Bleibtreus Berliner Roman (*Größenwahn*, 1888), in denen das «kultivierte» Münchener Leben, bzw. die Berliner Literatenboheme behandelt werden. Ob man in diesen Fällen überhaupt von naturalistischen Romanen sprechen kann, scheint fraglich. Zola näher, inhaltlich und stilistisch, steht der zweibändige Roman der Spätnaturalistin Clara Viebig (1860–1952) «*Das tägliche Brot*» (1900), in dem die Lebensnöte der Dienstmädchen in der Großstadt Berlin dargestellt werden.

Stilgeschichtlich neue Wege beschritten Arno Holz und Johannes Schlaf in ihren gemeinsam verfassten Erzählungen, die sie selbst zutreffend *Skizzen* nannten. Am bekanntesten ist *Papa Hamlet* (1889), unter dem norwegischen Pseudonym Bjarne P. Holmsen veröffentlicht, was wiederum ein charakteristisches Symptom für die damalige Bedeutung und Beliebtheit der skandinavischen Literatur unter deutschen Naturalisten ist. Gerhart Hauptmann, der sich durch *Papa Hamlet* angeregt fühlte, widmete dankbar sein erstes naturalistisches Drama *Vor Sonnenaufgang* diesem Bjarne P. Holmsen, ohne die Fiktion zu durchschauen.

Die Handlung dieser Erzählskizze ist minimal: Das erbärmliche Dachstubendasein des verkrachten Schauspielers, des dem Alkohol verfallenen Nils Thienwiebel zusammen mit seiner verblödeten Frau Amalie und einem hustenden und weinenden Baby wird in seinem nackten Elend vorgeführt. Nur einmal belebt sich das Ganze, als der Malerfreund Ole Nissen und seine Freundin, die Prostituierte Mieze, ein Trinkgelage initiieren. Schließlich erwürgt der Vater in einem Wutanfall das schreiende Kind und wird später auf der Straße tot aufgefunden.

Hauptziel der Autoren war die unmittelbare Vergegenwärtigung eines Zustandes. Der Erzähler tritt zurück, ist fast unsichtbar geworden; akustische und optische Eindrücke werden an den Leser unkommentiert weitergeleitet: «Vom Bette her hatte es eben laut zu husten angefangen.» Nur selten wird berichtet, stattdessen dominieren Gesprächsfetzen und isolierte Stichworte, ohne dass es dadurch zur eigentlichen Kommunikation zwischen den Menschen kommt. Das Epische ist beständig im Begriff, in das Szenisch-Dramatische überzugehen. Das Zeigen, nicht das Erzählen ist hier die Hauptsache. Die Umwelt wird vor allem mit den Mitteln des sog. «Sekundenstils» einbezogen, indem die kleinsten Geräusche wie etwa das Ticken einer Uhr, das eintönige Fallen von Regentropfen

u. ä. in ihrer zeitlichen Abfolge präzise registriert werden. Seelisches wird durch dürftige Redeansätze als halb Geformtes angedeutet.

Strukturell wichtig in *Papa Hamlet* sind die eingeflochtenen Hamlet-Zitate aus dem Munde des ehemaligen Schauspielers, der seine Glanzrolle nicht vergessen kann. Die sich daraus ergebende Stilmischung wirkt wie eine Parodie und ist als solche sicherlich gegen die Shakespeare-Verehrung der bürgerlichen Bildungswelt gerichtet. Auch die brutal illusionslose Darstellung der Künstler- und Boheme-Existenzen darf man als eine parodierende Provokation der Bildungsbürger auffassen, die das verklärte Dachstubenidyll des Künstlers in Gemälden von Moritz von Schwind (1804–1871) und Carl Spitzweg (1808–1885), literarisch in den *Scènes de la vie de bohème* (1849) des Franzosen Henri Murger liebgewonnen hatten. Puccinis Oper *La Bohème* (1896) hat dann Murgers Text zum weltweiten Ruhm verholfen.

Der Naturalismus wirkt in den Erzählskizzen von Holz und Schlaf als ein formauflösendes Prinzip. Ein Vergleich mit den formstrengen Novellen des bürgerlichen Realismus macht das deutlich. Tendenziell nähern sich Holz und Schlaf hier dem Impressionismus in dem Maße, wie nicht die Umwelt selbst, sondern ihre Wirkung auf die Figuren der Gegenstand der Dichtung wird. So gewinnen die Dinge Ausdruckscharakter, werden subjektiviert und zu Impressionen.

Lyrik

Schon die Erste lyrische Veröffentlichung, die sich zum Naturalismus bekannte, die von Hermann Conradi und Karl Henckell herausgegebene Anthologie *Moderne Dichter-Charaktere* 1885 zeigt die Problematik der deutschen naturalistischen Lyrik: die soziale Themenwahl und die antibürgerliche Haltung entsprechen zwar den Intentionen des Naturalismus, die Form und die Sprache der Gedichte bleiben aber epigonal. Dies gilt selbst für die beste Gedichtsammlung des frühen Naturalismus *Das Buch der Zeit, Lieder eines Modernen*

(1886) von Arno Holz, der hier weitgehend unter dem Einfluss von Geibel und Heine steht. Holz aber suchte, wie er es in Erzählung und Drama schon getan hatte, auch auf dem Gebiet der Lyrik neue Wege. Das Resultat zeigte sich in seinem lyrischen Hauptwerk *Phantasus* (in mehreren Fassungen 1898 bis 1926) sowie in seiner theoretischen Schrift *Revolution der Lyrik* 1899. Die Konventionen des Reims, des Verses und des «poetischen» Vokabulars werden abgelehnt. Statt der Strophe setzt Holz die sogenannte «Mittelachse»: Die Zeile wird zur Einheit, deren Mittelpunkt in der Mitte der Seite gedruckt wird, was schon damals den Einwand hervorrief, es handele sich hier eigentlich um eine gehobene Prosa, deren Verscharakter nur optisch bedingt sei:

> In den Grunewald
> seit fünf Uhr früh
> spie Berlin seine Extrazüge.

Im *Ur-Phantasus* (1898–1899) verbanden sich etwa in der Schilderung des Grunewald Ortsnamen und Schlagerzitate als Collagen mit optischen und akustischen Eindrücken. Dieser Bezug zur Wirklichkeit schwand immer mehr in den späteren Fassungen, in denen sich Holz an der Sprache selbst berauschte und dabei eine sprachbildende Kraft entfaltete, die auf moderne Dichter wie Döblin und Heißenbüttel gewirkt hat. Den Naturalismus hatte Arno Holz dann allerdings längst hinter sich gelassen.

Die gelungensten Gedichte dieser Jahre wurden von einem individualistischen Aristokraten geschrieben, der zwar von den Naturalisten respektiert wurde, aber weder persönlich noch durch sein Werk mit ihnen in nähere Verbindung trat. Detlev von Liliencron (1844–1909), der als preußischer Offizier an den Feldzügen 1866 und 1870 teilgenommen hatte, gab 1883 seine erste, Gedichte und Prosastücke vereinende Arbeit *Adjutantenritte* heraus. Unbekümmert um jede literarische Theorie beherrschte Liliencron die Kunst der sachlich und scharf erfassten Momentbilder, die von Humor und von einer ursprünglichen Freude am sinnlichen Dasein durchtränkt sind.

Virtuose Beherrschung der Form verbindet sich hier mit Augenblicksspiegelungen konkreter Situationen aus den Erlebniskreisen des Krieges, der Natur und der Liebe.

III. Autoren

Gerhart Hauptmann (1862–1946)

Geb. 1862 in Ober-Salzbrunn (Schlesien) als Sohn eines Hotelbesitzers. Nach dem Besuch der Realschule in Breslau (ohne Abschluss) langjährige Unsicherheit über den künftigen Werdegang. Ein Jahr Landwirtschaftseleve, 1880–82 Besuch der Breslauer Kunstschule, 1882 in Jena ein Semester Studium der Philosophie und Kunstgeschichte, 1883–84 als Bildhauer in Rom. Nach der Heirat mit der Großkaufmannstochter Marie Thienemann 1885 Übersiedlung nach Erkner bei Berlin und endgültiger Entschluss, Schriftsteller zu werden. Freundschaftlicher Verkehr mit den Berliner Naturalisten. 1894 Liebe zur Geigerin Margarete Marschalk, die er 1904 unmittelbar nach der Auflösung der ersten Ehe heiratete. Im Winter meist in Berlin, während des Sommers in dem 1900 erworbenen Haus Wiesenstein in Agnetendorf (Riesengebirge) oder auf Hiddensee. Viele Reisen. 1905 Ehrendoktor der Universität Oxford, 1912 Nobelpreis. Hoher gesellschaftlicher Status in der Weimarer Republik. Keine klare politische Stellungnahme während der Hitler-Jahre. Nach 1945 Ehrungen durch die DDR-Behörden und die russische Besatzungsmacht. Gestorben 1946 in Agnetendorf, beigesetzt auf Hiddensee.

Gerhart Hauptmanns erste Dramen bilden den künstlerischen Höhepunkt des deutschen Naturalismus. Durch Ibsen und Tolstoi angeregt, auf unmittelbaren Beobachtungen der nächsten Umwelt fußend, stellte Gerhart Hauptmann schon im Erstlingsdrama *Vor Sonnenaufgang* (1889) mit der Kraft des geborenen Dramatikers und mit fast brutaler Konsequenz Naturalistisches auf die Bühne. Die Uraufführung dieses Stückes im Berliner Lessing Theater vor den Mitgliedern des privaten «Verein Freie Bühne» musste mehrfach wegen tumultartiger Auseinandersetzungen zwischen entrüsteten Gegnern und begeisterten Anhängern unterbrochen werden.

Im Mittelpunkt dieses «sozialen Dramas» (so der Untertitel) steht wie so oft im Naturalismus eine in Auflösung begriffene Familie. Nur ist der Auflösungsprozess hier durch Alkohol, sexuelle Gier und amoralischen

Zynismus weiter fortgeschritten, als man es bisher auf der Bühne gesehen hatte. Als beispielsweise das Einzige noch unverdorbene Mitglied dieser neureichen Familie, die erwachsene Tochter Helene, ihrem stark betrunkenen Vater zu Hilfe kommen will, passiert nach der Bühnenanweisung folgendes: «Sie versucht mehrmals vergebens, ihn mitzuziehen. Bei einem dieser Versuche umarmt er sie mit der Plumpheit eines Gorillas und macht einige unzüchtige Griffe. Helene stößt unterdrückte Hilfeschreie aus.» In diesen familialen Sumpf gerät der sozialistische Idealist und Gesundheitsapostel Alfred Loth und verliebt sich in Helene; als er aber über den extremen Grad der Alkoholisierung der Familie unterrichtet wird, bricht er entschlossen die Verlobung und verlässt das Haus. Als Grund gibt er, der nach dem ersten Kuss die Frage stellte: «Sind deine Eltern gesund?», die Rücksicht auf die «Gesundheit» seiner noch ungeborenen Kinder an. In Übereinstimmung mit medizinischen Theorien der Zeit war Loth von der Erblichkeit des Alkoholismus überzeugt. Helene begeht Selbstmord. Es ist in der Forschung eine umstrittene Frage, ob dieser Loth als eine kompromisslose Idealgestalt oder als eine hölzerne Karikatur aufzufassen sei. Hauptmann selbst, der in diesen Jahren Absolutist und Anhänger modischer Gesundheitslehren war, verteidigte ihn gegen die damalige Kritik.

Ausgesprochene Familiendramen sind vor allem *Das Friedensfest. Eine Familienkatastrophe in 3 Akten* (1890) sowie *Einsame Menschen* (1891), in denen der Schwerpunkt auf den seelischen innerfamiliären Konflikten liegt. In *Das Friedensfest* wird die Katastrophe durch die psychopathologische Veranlagung des Vaters und der drei erwachsenen Kinder ausgelöst; in *Einsame Menschen* dagegen durch den Gegensatz der christlich-moralischen, traditionell bürgerlichen Lebenshaltung einerseits und der emanzipatorischen Freiheit der Moderne andererseits. Zwischen diesen beiden Lebensmächten wird der unentschlossen hin und her schwankende Johannes Vockerat langsam zermürbt, bis er sich schließlich im Müggelsee ertränkt.

Während in Hauptmanns Erstlingsdrama *Vor Sonnenaufgang* die proletarisierten Bergarbeiter nur im Hintergrund als eine Art «Kulisse» auftraten, stand im Kollektivdrama *Die Weber* (1892), dem bedeutendsten sozialen Drama der Zeit, das Elend der Armen im Mittelpunkt. Hauptmann griff hier, wie vor ihm schon Heine 1844 im Gedicht *Die schlesischen Weber*, auf den erfolglosen Aufstand der hungernden schlesischen

Weber im Jahre 1844 zurück. Trotz des zeitlichen Abstandes war das Thema nach wie vor aktuell. So verbot der Berliner Polizeipräsident die öffentliche Aufführung, und Kaiser Wilhelm kündigte ostentativ die Kaiserloge im Deutschen Theater, als das Stück hier nach Aufhebung des Verbots gezeigt wurde. Zweifellos gehörte Gerhart Hauptmanns Mitgefühl voll und ganz den verhungernden schlesischen Heimarbeitern, denen Maschinen und unmenschliche Kapitalisten, von offiziellen Vertretern der Kirche unterstützt, das Brot wegnahmen. «Mitleid-Sozialismus» nannte man das später. Trotzdem war die Haltung des Verfassers der Revolution gegenüber zweideutig; dem revolutionären Moritz Jäger etwa stellte er im 5. Akt das positive Gegenbild des christlich-pflichtgetreuen alten Webers Hilse gegenüber, der die revolutionäre Gewaltanwendung als Werk des Teufels ablehnte. Hauptmann erklärte später, dass er niemals Sozialist gewesen sei.

Zu den naturalistischen Werken dieser Jahre gehören auch die Komödien *College Crampton* (1892) und das unverwüstliche Berliner Lustspiel *Der Biberpelz* (1893), das Gerhart Hauptmanns Vertrautheit mit dem Fühlen, Sprechen und Gebaren der «kleinen» Leute sowie seine Fähigkeit, lebensechte Figuren und Szenen zu gestalten, voll zur Geltung bringt. Auch später blieb Hauptmann seinen naturalistischen Anfängen treu, wie etwa *Fuhrmann Henschel* (1899), *Rose Bernd* (1903) sowie die Tragikomödie *Die Ratten* (1911) zeigen.

Gerhart Hauptmann hatte sich aber nie ausschließlich auf den Naturalismus festgelegt. Schon in seinem ersten bedeutenden Werk, der Novelle *Bahnwärter Thiel* (1888), führte ihn die Vorliebe für das Dumpf-Unbewusste über eine rein naturalistische Psychologie hinaus, da Thiel im Traum sowie in der darauf folgenden Schreckensvision die Vorwegnahme des tatsächlichen Geschehens, der Tötung seines Kindes, erlebt. Das Interesse für das Mystische und das Mythische gehörte von Anfang an zu den charakteristischen Zügen Gerhart Hauptmanns. Es kam auch schon in dem gleichzeitig mit den naturalistischen Dramen geschriebenen Erzählfragment *Der Apostel* (1892) zum Ausdruck, das mit dem späteren Roman *Der Narr in Christo Emanuel Quint* (1910) vollendet wurde. Diese Seite von Hauptmanns Schaffen, dem Publikum zunächst unbekannt, zeigte sich auf der Bühne mit dem Märchenspiel *Hanneles Himmelfahrt* (1893) und dem Versdrama *Die versunkene Glocke* (1896). Damit hatte Gerhart Hauptmann den Anschluss an die neuromantischen und symbolistischen Strömungen der Zeit gefunden. Seitdem bestimmten Märchenhaftes und Mythisches, oft in der Form des Rauschhaft-Dionysischen, einen großen Teil seines umfangreichen Werkes; am ehrgeizigsten wohl in der zwischen 1940 und 1945 geschriebenen Atriden-Tetralogie (*Iphigenie in Delphi* 1940, *Iphigenie in Aulis* 1940–1943, *Agamemnons Tod* 1942, *Elektra* 1944), deren blutrünstiger Pessimismus wie eine Zurücknahme der Humanitätsbotschaft in Goethes *Iphigenie* wirkt.

Die Meinungen über die Qualität von Gerhart Hauptmanns Werk gehen weit auseinander. Zu Lebzeiten wurde er als der Dichterfürst Deutschlands gefeiert; auch heute noch besitzt er eine «Gemeinde» von Verehrern. Kritische Beurteiler machen aber auf Platitüden und peinliche Banalitäten sowie auf die fehlende Selbstkritik aufmerksam, die in gewissen Teilen seines Werks auffallen, nicht zuletzt in den umfangreichen Lebenserinnerungen. Unumstritten ist aber Gerhart Hauptmanns historisches Verdienst, denn ihm vor allem verdankt der Naturalismus in Deutschland seinen nachhaltigen künstlerischen Ausdruck.

Fin de siècle

I. Grundzüge der Epoche (1890–1910)

Als der Naturalismus in den Jahren 1889–1892 in Deutschland eine späte Blüte erlebte, hörte man schon lange aus den früheren Hochburgen des Naturalismus, Frankreich und den skandinavischen Ländern, post- und anti-naturalistische Töne. Mallarmé (1842–1898) und Verlaine (1844–1896) hatten schon in den 1870er Jahren nach Baudelaire den Symbolismus eingeleitet; Huysmans (1848–1907) hatte seinen früheren Lehrmeister Zola verlassen und den Bund mit dem Naturalismus gekündigt; stattdessen schrieb er den Roman *À rebours* (1884), der ein Klassiker der europäischen Dekadenzliteratur wurde; dem folgte der Roman *Là-Bas* über die Mystik des Satanismus (1891), ein Thema, das in deutscher Sprache von dem deutsch-polnischen Schriftsteller Stanislaw Przybyszewski (1868–1927) aufgegriffen und gesteigert wurde, so z.B. im Roman *Satans Kinder* (1897). Im Jahre 1889 hatte der von den deutschen Naturalisten gefeierte dänische Literarhistoriker Georg Brandes Nietzsche entdeckt und einen entsprechenden «radikalen Aristokratismus» entwickelt. Ibsens Dramen neigten seit der *Wildente* (1884) immer mehr dem Symbolismus zu, und Strindberg gelangte Ende der 1890er Jahre zu einer mystisch und magisch gefärbten Religiosität. Das Dandytum (s. S. 120) Oscar Wildes (1854–1900) und der amoralische Ästhetizismus seines Romans *The picture of Dorian Gray* (1890) gehören ebenso zu den charakteristischen Zügen dieser Zeit wie auch der Kult des dänischen Dichters Jens Peter Jacobsen (1847–1885), dessen Werke seit etwa 1890 in Deutschland als Inbegriff verfeinerter Dekadenz und Neuromantik überschwenglich verehrt wurden.

Die deutsche Literatur dieser Jahre lässt sich nur schwer als eine in sich zusammenhängende Einheit auffassen. Sie wurde durch mehrere sich kreuzende, ergänzende und widerstreitende Strömungen bestimmt, die vor allem das eine gemeinsame Merkmal besaßen, dass sie den Naturalismus hinter sich ließen. In einigen Fällen wurde der Naturalismus scharf abgelehnt und bekämpft, in anderen Fällen aber weiterentwickelt. So sprach man gelegentlich von einem «seelischen Naturalismus». Meistens gibt es hier keine eindeutige Gegensätzlichkeit und kein klar abgrenzbares Nacheinander. Verwirrend mag es außerdem wirken, dass ein und derselbe Autor manchmal von mehreren Strömungen gleichzeitig oder kurz nacheinander erfasst wurde. Ein Beispiel ist der Österreicher Hermann Bahr (1863–1934), der «Proteus der Moderne», der es fertigbrachte, innerhalb von wenigen Jahren an sich unvereinbare Positionen zu vertreten, weltanschaulich (alldeutscher Nationalismus, Sozialismus, österreichischer Monarchismus, Katholizismus) wie auch literarisch (Naturalismus, Impressionismus, Dekadenz, Anti-Dekadenz, Expressionismus).

Der Vielfalt der literarischen Strömungen entsprechend gibt es in der Literaturgeschichte bekanntlich eine ganze Reihe von z. T. konkurrierenden Periodenbegriffen. Diese Begriffe sollen im Folgenden als literaturhistorische Orientierungsmittel näher bestimmt werden, damit der Leser leichter einen Überblick über die geistigen und literarischen Schwerpunkte dieses Zeitraums gewinnt. Der Begriff des Fin de siècle wird hier als übergeordneter Rahmenbegriff für die Literatur dieser Zeit angewandt. Er war schon im ausgehenden 19. Jahrhundert sowohl in Frankreich als auch in Deutschland geläufig und bezeichnete damals wie auch heute mehr als den bloß objektiven Tatbestand, dass ein Jahrhundert zu Ende ging. Das Gefühl des Untergangs und des Verfalls der eigenen Zivilisation schwang in diesem Ausdruck mit und verband ihn von Anfang an mit dem Begriff der Dekadenz.

Dekadenz

Den negativen Konnotationen dieses Wortes stand spätestens seit Baudelaires Essay über Edgar Allan Poe 1867 eine neutrale oder gar positive Bedeutung gegenüber. Viele Künstler bekannten sich zur «Dekadenz» und bezeichneten sich mit einem gewissen Stolz als dekadent. Im zweiten Jahrgang der deutschen Zeitschrift *Pan* (1896) wurde den Lesern mitgeteilt, dass das Wort «décadent» in Paris gleichbedeutend mit «schick» sei. Im Jahre 1883 war die Zeitschrift *Le Décadent* erschienen, und im gleichen Jahr veröffentlichte Paul Bourget seine *Théorie de la Décadence*, die eine tiefgehende Wirkung auf Nietzsche ausübte. Eine ähnliche Verbreitung wie in Frankreich erreichte das positiv gemeinte Wort in Deutschland nie. Im Vokabular bürgerlicher und konservativer Kreise diente es vielmehr hier als ein massives, gegen die Moderne gerichtetes Verdammungsurteil. Nietzsche aber sowie der junge Thomas Mann und die Wiener Schriftsteller der 1890er Jahre haben es nicht selten als einen wertneutralen Periodenbegriff verwendet.

Als solcher bezieht sich das Wort Dekadenz vor allem auf das Endzeitgefühl des Zeitalters. Pessimismus und Melancholie waren damit unlöslich verbunden. Der Philosoph der Dekadenz, auch der französischen *décadence,* war Arthur Schopenhauer (1788–1860). Seine Lehre vom Leiden als der unvermeidbaren Folge des Willens zum Leben sowie die daraus folgende Sympathie mit dem Tode fanden bei den Dekadenten besonderen Anklang. Die lebensmüde, oft lebensfeindliche Untergangsstimmung, die Faszination durch den Verfall in allen Formen, führten zur Vorliebe für Krankheiten und krankhafte Zustände sowie für den Tod. Die charakteristischen Figuren der dekadenten Literatur zeichnen sich denn auch durch geschwächte Vitalität aus. *Müde Männer* (wie ein Roman des norwegischen Schriftstellers Arne Garborg aus dem Jahre 1891 hieß) und anämische Frauen bevölkerten die literarische Arena. Sensibilität wurde kultiviert, Nerven, Nervosität und Hysterie wurden Schlüsselwörter. Normalität und Natur lehnte man in diesen Kreisen als banal und uninteressant ab. «Man ist genau so gesund wie ein anderer, aber man kann ganz anders krank sein, als jeder», so Schnitzlers *Anatol.* Im Liebesleben spielen Sadismus und Masochismus eine auffallend große Rolle, so etwa in den künstlerisch unbedeutenden Erzählungen und

Romanen von Leopold von Sacher-Masoch (1836–1895), nach dem der Begriff «Masochismus» damals gebildet wurde. Die wollüstig grausame Femme fatale (z. B. Frank Wedekinds *Lulu*, s. S. 153–155) stand der ätherisch zarten *femme fragile* etwa in den Romanen und Erzählungen Eduard von Keyserlings (1855–1918) gegenüber. Salome, Tochter des Herodes und der Herodias, erreichte nun in Literatur (Mallarmé, Flaubert, Laforgue, Oscar Wilde, Richard von Schaukal, Hermann Sudermann), Malerei (Gustave Moreau, Beardsley, Franz von Stuck, Gustav Klimt) und Musik (Massenet, Richard Strauss) den künstlerischen Gipfel ihres Ruhms.

Das Interesse für Träume, Fantasien und Halluzinationen, für Neurosen und Psychosen, in denen «die Samenkeime eines neuen, noch nicht classificierten Empfindens liegen» (so Stanislaw Przybyszewski im Vorwort zum Prosagedicht *Totenmesse*) teilte die Literatur mit der damals blühenden Psychiatrie. Wie Sigmund Freud in Paris bei Charcot auf dem Wege der Hypnosebehandlung den für die spätere Psychoanalyse so wichtigen Unterschied zwischen bewussten und unbewussten seelischen Vorgängen entdeckte, so orientierten sich zur gleichen Zeit auch Schriftsteller wie C. F. Meyer, Hugo von Hofmannsthal u. a. an den neuen französischen Lehren der Hypnose und Suggestion. Die Triebpsychologie in Arthur Schnitzlers Werken lässt sich ebenfalls mit Freuds Wissenschaft vom Unbewussten vergleichen, wurde aber zu einer Zeit entwickelt, als sich die beiden Wiener Ärzte noch nicht kannten.

Lebensformen der Dekadenz

Die Literatur der Dekadenz war nicht eigentlich gesellschaftskritisch, denn sie griff die Missstände der Gesellschaft nur selten unmittelbar an. Hierin unterschied sie sich grundsätzlich vom Naturalismus. Was an der gesellschaftlichen Entwicklung vor allem störte, war die Hässlichkeit und Stillosigkeit des wirtschaftlichen, öffentlichen und sozialen Lebens. Von Ekel erfüllt kehrten sie den gesellschaftlichen Vorgängen den Rücken und wandten sich dem zu, was sie eigentlich interessierte: dem eigenen Ich. Dieser «culte du moi» konnte verschiedene Formen annehmen. Der Typus des sogenannten Dandy, der in der englischen und französischen Literatur und Gesellschaft schon lange eine gewisse Rolle gespielt hatte, wurde eine Lieblingsfigur der Jahrhundertwende. Baudelaire hatte ihn schon als einen Menschen charakterisiert, «der keinen anderen Beruf hat als den der Eleganz». Durch individuelle aristokratische Absonderung betonte der Dandy die Exklusivität seiner Rolle. Blasiert oder leidend blieb er in allen Lebenslagen gelassen, da letzten Endes unbeteiligt und nur auf seine Wirkung bedacht. Seine Existenz stellte sich dar als ein rein ästhetisches Phänomen. Oscar Wilde, Herman Bang u.a. verkörperten diesen Typus und ließen ihn in ihren Werken auftreten. In der deutschen Literatur treffen wir den Dandy bei Franz Blei etwa in *Der Dandy. Variationen über ein Thema*, 1905. Sonst kommt er vor allem im Umkreis der Wiener Literaten vor, so in Erzählungen Stefan Zweigs und in Richard von Schaukals *Leben und Meinungen des Andreas von Balthasar, eines Dandy und Dilettanten*, 1907.

Verwandt mit dem Dandy war der *Dilettant* in der besonderen Bedeutung, die Paul Bourget in den *Essais de Psychologie Contemporaine* (1883) diesem Worte gab. Es bezeichnet hier eine Geisteshaltung, die sich ständig neuen Formen des Lebens und des Geistes zuwendet, ohne sich je einer besonderen ganz hinzugeben oder sich mit einer einzigen völlig zu identifizieren. Dieser «Dilettant» ist ein «jongleur d'idées», der sich allen Ideen und Erfahrungen, allen Weltanschauungen und Glaubensrichtungen, ja allem Menschlichen gegenüber distanziert und experimentierend verhält. Er ist nach Bourget ein Produkt der Großstadt und weitgehend mit dem Künstlertyp der Dekadenz identisch. In der deutschen Literatur der Dekadenz finden wir ihn vor allem in den Jugendwerken der Brüder Mann sowie bei den Wiener Autoren.

Ästhetizismus

Auf einmal stand nun das Wort «Schönheit» in der Dichtung und in den ästhetischen und literarischen Theorien der Zeit wieder hoch im Kurs, nachdem es aus dem Vokabular der Naturalisten als irrelevant verschwunden war. Stefan George etwa wandte sich 1892 in der programmatischen Einleitung seiner exklusiven Zeitschrift *Blätter für die Kunst* gegen die «weltverbesserungen und allbeglückungsträume» der Naturalisten und bekannte sich stattdessen zur Maxime einer «kunst für die kunst», in der die «Schönheit» den Höhepunkt bildete. Im Dramenfragment des jungen Hofmannsthal, *Der Tod des Tizian*, kreisen die Gespräche der jungen Malerschüler des sterbenden Tizian um «Schönheit» und «Leben». Nachdrücklich distanzieren sie sich von der «Häßlichkeit» der Großstadt und von den dort lebenden «Wesen, die die Schönheit nicht erkennen / Und ihre Welt mit unsren Worten nennen.» Der Sinn für «Schönheit» zeichnet diese jungen Künstler aus, adelt sie sozusagen in ihrer eigenen Selbsteinschätzung.

Überall in der damaligen Kunst des Verfalls ist ein schönheitliches, ästhetisierendes Element vorhanden. Verlaine wird der Satz zugesprochen: «J'aime le mot de décadence ... c'est l'art de mourir en beauté.» In Schönheit sterben, das umfasst auch den «Liebestod» von Tristan und Isolde in Richard Wagners Oper, die im Jahre 1865 erstaufgeführt wurde. Wagner war denn auch eine Kultfigur nicht nur der deutschen, sondern auch der französischen Dekadenten. Eine der wichtigsten Zeitschriften der französischen *décadence* trug den Titel *Revue Wagnerienne*. Als der junge Thomas Mann in der Erzählung *Tristan* Wagners Text ins Ironisch-Makabre abwandelte, ließ er die männliche Hauptfigur, den dekadenten Künstler Spinell, den Ausruf «Wie schön!» leitmotivisch wiederholen. Dekadenz und Ästhetizismus verbanden sich mühelos miteinander.

Der Typus des Ästheten, der das eigene Leben und die Umwelt nicht mit moralischen Kategorien von Gut und Böse, sondern mit den ästhetischen Begriffen von Schön und Hässlich bemisst, gehört zusammen mit dem Dandy und dem Dilettanten zu den Lieblingsfiguren der damaligen Literatur. Die mit dem Ästhetizismus verbundene moralische und existenzielle Problematik stand vor allem in den Werken des jungen Hofmannsthal und Thomas Mann im Mittelpunkt des Interesses.

Impressionismus

Der Begriff des Impressionismus wurde 1874 von einem französischen Kunstkritiker Louis Leroy geprägt, nachdem er auf einer Ausstellung das Landschaftsgemälde Monets mit dem Titel *Impression, soleil levant* gesehen hatte. In der Malerei bezeichnet das Wort seitdem die Wiedergabe eines optischen Eindrucks in seiner Augenblickswirkung. Nicht der Gegenstand selbst ist wichtig, sondern der Eindruck, den er auf den Betrachter macht, daher das deutsche Wort: «Eindruckskunst». Während sich die Naturalisten um die Wiedergabe der objektiven Wirklichkeit bemühten, galt für den Impressionismus der subjektive Eindruck. Der Impressionist ging zwar wie der Naturalist von der Welt der Erscheinungen aus, beschränkte sich aber auf flüchtige Augenblickseindrücke, ihre Stimmung und ihre Atmosphäre. Dabei versuchte man, sich von allen überkommenen Vorstellungen zu befreien, was das Schauen der Wirklichkeit betraf. Man wollte neu sehen lernen. So konnte sich beispielsweise in dieser nuancierenden und präzisierenden Eindruckskunst das Motiv der menschlichen Gestalt und des menschlichen Gesichts je nach dem momentanen Spiel der Farben und Lichtwirkungen in Farbenflecke und Farbenpunkte auflösen.

Ein ähnlicher Stilwille lässt sich in vielen literarischen Werken dieser Zeit beobachten. Auch in der Literatur gab es «Impressionisten», die in ihrer Wortkunst den reinen Eindruck, sinnlich und momentan, ohne Reflexion, unabhängig von unserem Vorwissen von Kausalzusammenhängen, sprachlich wiedergeben wollten. «Die Bäume jagten vorbei», ist eine Aussage, die objektiv nicht «wahr» sein kann; sie kann aber dem subjektiven, momentanen Eindruck etwa Zugreisender entsprechen, und so wäre sie eine zutreffende impressionistische Formulierung. «Das Mädchen klirrte mit einem Teebrett voll Gläsern zur Tür herein», heißt es in Thomas Manns *Tonio Kröger*. Ein akustischer und optischer Eindruck wird hier in seiner momentanen Einheit festgehalten, und so kommt es zu der ungewöhnlichen Wortbildung «hereinklirren». Das

Streben, den Eindruck möglichst präzis zu «treffen», führte oft zu ungewöhnlichen Bildern und Ausdrücken. Das seltene Adjektiv *(epithète rare)* dominierte auf Kosten des konventionellen schmückenden Adjektivs *(epiteton ornans)*. Farbnuancen wurden bevorzugt, so schon im Titel des Gedichtbandes von Max Dauthendey, *Ultra-Violett* (1893). Zugleich fällt die häufige Substantivierung von Farbadjektiven auf. Man wollte damit den reinen optischen Eindruck isolieren, losgelöst von seinem tatsächlichen Wirklichkeitszusammenhang: «Dort nimm das tiefe gelb, das weiche grau / Von birken und von buchs» (aus Stefan Georges Gedicht «Komm in den totgesagten park und schau»).

Nicht immer ist der Bezug der Bilder zur Umwelt als dem «Sender» und zur menschlichen Seele als dem «Empfänger» so eindeutig. Der Empfänger ist nicht immer so passiv und rezeptiv, wie er der impressionistischen Theorie nach eigentlich sein sollte. Bei Heinrich Mann etwa finden sich Bilder wie dieses: «Ein Möwenschrei fällt bleich in das warme Schweigen.» Ist dies nun mehr ein aus der Umwelt empfangener «Eindruck» oder ein aus dem Inneren des Schreibenden geborener «Ausdruck»? Das kann nur der Kontext entscheiden. Für eine isolierte Betrachtung scheint hier der impressionistische Stil im Begriff zu sein, sich in einen expressionistischen zu verwandeln.

Schon um die Jahrhundertwende ging man der Frage nach, ob diesem Stil eine besondere impressionistische Lebenshaltung zugrunde liege? Die Frage wurde von einigen Kritikern wie Hermann Bahr sowie von Kunst- und Literaturhistorikern wie Richard Hamann und Oskar Walzel bejaht. Ähnlich mag auch Hans Jaeger, das enfant terrible der norwegischen Bohemeliteratur, gedacht haben, als er 1886 in Oslo die Zeitschrift *Impressionisten* herausgab. Im Mittelpunkt des Impressionismus als einer literaturhistorischen Periode stand der Augenblicksmensch, wie wir ihn etwa aus den Dramen Arthur Schnitzlers kennen, bindungslos, genusssüchtig, den Eindrücken und Einfällen hilflos und haltlos ausgeliefert, alle überindividuellen Werte wie Familie, Vaterland, Religion ablehnend, nur der eigenen Individualität lebend. Das philosophische Hauptwerk Ernst Machs (1838–1916), *Beiträge zur Analyse der Empfindungen*, in dem das Ich seine festen Konturen verliert und sich «impressionistisch» auflöst, wurde von Hermann Bahr als die philosophische Bestätigung des Impressionismus gedeutet und Machs Weltanschauung als die «Philosophie des Impressionismus» charakterisiert.

In der heutigen Literaturgeschichte bezeichnet das Wort «Impressionismus» in erster Linie einen literarischen Stil, der in den Werken der Jahrhundertwende besonders häufig und besonders deutlich hervortrat. Als eigentlicher Periodenbegriff hat er sich dagegen in der Literaturgeschichte nur ausnahmsweise durchzusetzen vermocht. Die Schwierigkeiten liegen auf der Hand: Als menschlicher Typ ähnelt der «Impressionist» dem «Dandy» und dem «Dilettanten» zu sehr, und weltanschaulich ist der Impressionismus von der Dekadenz und dem Ästhetizismus kaum zu trennen.

Symbolismus

Am 18. Juni 1886 veröffentlichte Jean Moréas im *Figaro* das *Manifeste du Symbolisme* und besiegelte damit den Erfolg eines neuen Schlagwortes. Im Jahr zuvor hatte er den Terminus «poètes symboliques» als Ersatz für «décadents» vorgeschlagen. Im zeitgenössischen Bewusstsein gehörten beide Dichtergruppen zueinander. So schrieb Hermann Bahr 1892 in seinem Essay *Symbolismus*: «Die Einen nennen es Décadence... Die Anderen nennen es Symbolismus.» Beiden Strömungen gemeinsam war die Opposition gegen Naturalismus und Positivismus. Inhaltlich konnten sie sich auch sonst berühren, wie Hermann Bahr in seinem Essay andeutet, in dem er die Bildersprache der Symbolisten mit der Vorliebe der Dekadenten für Rauschmittel in Verbindung bringt: «So spricht der Traum und noch viel mehr der Rausch von Morphium, Chloral und Haschisch.» Als Beispiele zitiert Bahr an dieser Stelle zwei Gedichte des jungen Hofmannsthal, von denen das eine, *Mein Garten*, so beginnt:

Schön ist mein Garten mit den goldnen Bäumen,
Den Blättern, die mit Silbersäuseln zittern,
Dem Diamantenthau, den Wappengittern,
Den Klang des Gong, bei dem die Löwen träumen.

Das Traumähnliche, Märchenhafte und überhaupt das Schön-
heitliche dieser aristokratischen Bilderwelt sind charakteristische Züge des Symbolismus, der anders als die Dekadenz einen
eigenen Stil entwickelte. In Deutschland finden wir ihn in den
Jugendwerken Hofmannsthals, Stefan Georges, Rilkes und
Hermann Hesses. Als Vermittler dieser zunächst französischen
Strömung nach Deutschland war neben Hermann Bahr vor allem Stefan George tätig, der 1889 in Paris mit Mallarmé, der
zentralen Gestalt der französischen Symbolisten, Umgang
hatte. In den *Blättern für die Kunst* veröffentlichte er zum Teil
in eigener Übersetzung Gedichte der bedeutendsten europäischen Symbolisten wie Baudelaire, Mallarmé, Verlaine, Rimbaud, d'Annunzio, Rossetti, Swinburne, Jacobsen, Verhaeren
u.a.

Seit 1890 war der Symbolismus eine in allen europäischen
Literaturen verbreitete Strömung. Sein Stil wurde weitgehend
vom Bestreben bestimmt, mit suggestiv-musikalischen Mitteln
wie Klangmalerei, Assonanzen, Rhythmen, Reimen und einer
kühnen Bildersprache die in den Dingen versteckte Geheim-
niskomponente zu evozieren. Dem lagen meistens uralte Lehren vom universalen Zusammenhang aller Dinge sowie von
magisch-mystischen Analogien («correspondances» nannte sie
Baudelaire) zugrunde.

Neuromantik

Der Begriff der Neuromantik berührt sich eng mit dem des
Symbolismus. Die französischen Symbolisten griffen denn
auch mit Begeisterung auf Texte deutscher Romantiker wie
Novalis, Friedrich Schlegel, E.T.A. Hoffmann u.a. zurück.
Was sie mit der deutschen Romantik verband, war nicht zu-
letzt die Überzeugung, dass die Natur eine geheimnisvolle
Sprache oder Hieroglyphenschrift darstelle, deren Sinn durch

die Kunst beschworen werden könne. Schon die deutsche Romantik ging ja, wie wir gesehen haben (s. Bd. I, S. 298), von einem universalen Symbolismus aus.

Die Berechtigung des Begriffes «Neuromantik» liegt vor allem im Hinweis auf einige geistesgeschichtlich und literaturhistorisch wichtige Phänomene der Zeit. Um die Jahrhundertwende erlebte die deutsche Romantik eine Art Wiedergeburt. Dies war das Symptom einer radikalen geistigen Wende, denn die Naturalisten hatten die Romantik verurteilt und ihre Nachwirkungen bekämpft. Das wurde nun anders. Im Jahre 1899 erschien beispielsweise das Erste größere Werk Ricarda Huchs über die deutsche Romantik, *Blütezeit der Romantik*, das eine neue Ära der Romantikforschung einleitete. Neue Ausgaben romantischer Texte, Erneuerungen von Sage, Mythos, Legende und Märchen, überhaupt die Hinwendung zur Geschichte, besonders zum Mittelalter, bezeugen das neuerwachte Interesse für Romantisches. Auch die Faszination, die die Opern Richard Wagners (1813–1883) nicht nur auf die Symbolisten und die Dekadenten ausübten, gehört zu diesem Bild der Romantik-Begeisterung, denn zumindest Wagners Operntexte (*Tannhäuser, Lohengrin, Der Ring des Nibelungen, Tristan und Isolde*) können für eine historische Betrachtung als Fortführung und Wiederbelebung beliebter romantischer Stoffe und Motive aufgefasst werden.

Jugendstil

In den bildenden Künsten sowie im Kunstgewerbe, im Buchschmuck, in der Architektur, lässt sich der Periodenbegriff «Jugendstil» als eine sich in alle westeuropäischen Länder verbreitende Bewegung zwischen 1890 und 1914 präzise und eindeutig bestimmen. Zu seinen charakteristischen Merkmalen gehören vor allem ein schwungvoll-ornamentaler Linienstil, sich schlängelnde Pflanzen und Blumen («floraler» Stil), die sich oft mit menschlichen Gestalten, meistens Frauen, verweben. In der Jugendstilmalerei kommt hinzu die Vorliebe für bestimmte Motive wie der Tanz, oft als Reigentanz junger

Mädchen, oder der Weiher mit Seerosen oder Schwänen, der Springbrunnen, u. ä. Weltanschaulich lässt sich der Jugendstil in den bildenden Künsten allerdings nicht festlegen. Er konnte sich mit fast allen Strömungen der Zeit verbinden, mit Neuromantik und Symbolismus (Ludwig von Hofmann, Heinrich Vogeler) sowie mit Dekadenz (Beardsley, G. Klimt) und mit deren Gegensatz: dem vitalistischen Lebenskult (Hugo Höppener alias Fidus). Schon daran erkennt man die Schwierigkeit einer Übertragung des Begriffes auf die Literatur. Seit dem Ende der 1960er Jahre hat es mehrere Versuche gegeben, «Jugendstil» als literaturhistorischen Periodenbegriff einzuführen. Ein Konsens im Hinblick auf den literarischen Inhalt des Begriffs sowie auf den Umfang seiner Verwendung ist aber nicht erreicht. Zu bedenken ist dabei auch, dass sich fast alle Merkmale dessen, was man als literarischen Jugendstil lancieren möchte, durch andere Bezeichnungen wie etwa Dekadenz, Symbolismus und Neuromantik auffangen lassen. So scheint es empfehlenswert, den Jugendstil als literaturhistorischen Terminus auf die Fälle zu beschränken, in denen die Übereinstimmung mit dem Jugendstil bildender Künste so augenfällig ist, dass er zum besseren Verständnis des kultur- und stilhistorischen Zusammenhanges förderlich oder gar notwendig erscheint.

Dass solche Fälle damals nicht selten waren, überrascht kaum, wenn man an die enge Zusammenarbeit denkt, die zwischen Schriftstellern und Künstlern des Jugendstils bestand. So arbeitete der junge Rilke mit Ludwig von Hofmann, Heinrich Vogeler u. a. zusammen; auch Stefan Georges Beziehung zu Buchkünstlern wie Melchior Lechter gehört in diesen Zusammenhang. Symptomatisch ist auch die Gründung exklusiver, schön ausgestatteter Zeitschriften wie der *Pan* (1895–1900) und die *Insel* (1899–1902), die sowohl Kunst als auch Literatur pflegten und schon in ihrer Anlage zur wechselseitigen Erhellung der beiden Kunstarten beitrugen.

Die Literatur und Kunst des Fin de siècle wurde von einem großen Teil der deutschen Öffentlichkeit mit Misstrauen und Entrüstung betrachtet. Der Skandal der ersten Separatausstellung Edvard Munchs in Berlin 1892, die unmittelbar nach der Eröffnung geschlossen werden musste, war dafür ein eklatantes Beispiel. In der immer lautstärkeren Opposition verquickte sich oft ein zivilisationsfeindlicher Kulturpessimismus mit einem ressentimentgeladenen Nationalismus. Der dumpfe Hass richtete sich letzten Endes gegen die gesamte Modernität der gesellschaftlichen und künstlerischen Entwicklung. «Modern» war in diesen Kreisen gleichbedeutend mit international, undeutsch, krank oder, mit dem späteren Stichwort der nationalsozialistischen Kulturpropaganda, «entartet». In Max Nordaus zweibändigem Werk mit dem Titel *Entartung* (1892) heißt es: «Wir stehen nun mitten in einer schweren geistigen Volkskrankheit, in einer Art schwarzer Pest von Entartung und Hysterie.» Das Heil suchten viele im Nationalismus und in der Erziehung der Deutschen zu einem neuen Volkstum jenseits moderner Kunst und großstädtischer Zivilisation. Berlin vor allem war ein beliebtes Angriffsziel. Charakteristisch ist die Schrift Friedrich Lienhards *Die Vorherrschaft Berlins* (1900) mit dem Schlagwort «Los von Berlin». Welche Resonanz diese und ähnliche Ideen damals fanden, zeigt auch der bemerkenswerte Erfolg des Buches *Rembrandt als Erzieher. Von einem Deutschen*. Das 1890 anonym erschienene Buch erlebte innerhalb von zwei Jahren 40 Auflagen. Der Verfasser, Julius Langbehn (1851–1907), wollte mit diesem diffusen, aber wirkungsvollen Buch zur rassischen und völkischen Besinnung der Deutschen aufrufen.

Getragen wurden diese Tendenzen auch von einer lebensbejahenden Aufbruchsstimmung, die den zahlreichen Lebensreformbestrebungen sowie der Jugend- und Wandervogelbewegung zugrunde lag. Die Opposition zur dekadenten Modernität machte sich aber auch hier geltend. So wandte sich die 1896 gegründete Zeitschrift *Jugend*, die von den Gesundheitsformeln der Lebensreformbewegung gekennzeichnet war, im Jahre 1898 in einem Artikel mit der charakteristischen Überschrift *Anti-Fin de siècle* polemisch gegen «die allgemeine Müdigkeitsbruderschaft der Dekadenten».

In der Literatur machen sich solche Tendenzen vor allem in gewissen Werken der sogenannten Heimatkunst bemerkbar. Romane wie Gustav Frenssens *Jörn Uhl* (1901) oder Hermann Löns' *Der letzte Hansbur. Ein Bauernroman aus der Lüneburger Heide* (1909) lassen sich durchaus als Romane der Anti-Dekadenz lesen. Nicht nur wird hier eine vormoderne, zeitlos in sich ruhende bäuerliche Welt dargestellt, sondern immer wieder bricht eine unverhüllte Aversion gegen alles Schwächliche, Kranke und Dekadente durch.

Das Unbehagen an der radikalen Modernität mit ihrer Bindungs- und Wurzellosigkeit fand sich allerdings nicht nur in den Kreisen der konservativen nationalen Opposition, sondern auch im eigenen Lager der «Modernen». Bald hören wir vom «Heimweh nach Ernst und Ordnung» (in Hermann Bahrs Novelle *Dora,* 1893), bald von der Sehnsucht nach den bürgerlichen «Wonnen der Gewöhnlichkeit» (in Thomas Manns *Tonio Kröger,* 1903). Unüberhörbar ist ebenfalls der klagende Tonfall in den Worten des jungen Hofmannsthal: «Wir haben gleichsam keine Wurzeln im Leben und streichen, hellsichtige und doch tagblinde Schatten, zwischen den Kindern des Lebens herum.» In dieser Lage gewannen selbst in der künstlerischen Avantgarde die Provinz und das Landleben an Attraktivität, wie sich in den zahlreichen, oft berühmten Künstlerkolonien der europäischen Provinz zeigte. Die Franzosen nennen denn auch diese Zeit «la belle époque du regionalisme». Für die damalige Literatur gilt generell, dass die Dekadenz fast immer nur ein Durchgangsstadium war – wichtig, aber von begrenzter Dauer. Der Dekadenz innewohnend war die Tendenz zur Gegenwendung, zum dialektischen Umschlag in das Gegenteil. Die Einordnung des von Selbstauflösung bedrohten Ich in eine bindende und bergende Gemeinschaft religiöser, regionaler oder nationaler, sozialer oder politischer, oft aber auch einfach vitalistisch-biologischer Ideologien ist ein zeittypischer Vorgang, der sich bei vielen französischen und deutschen Schriftstellern beobachten lässt. Bourget findet in einer christlich-konservativen Tradition, Huysmans wie Hermann Bahr in der katholischen Kirche Zuflucht. Als Maurice Barrès seine «multiplicité du moi» aufgab, flüchtete er sich in einen Nationalismus von rassenideologischer Observanz wie auch der Italiener Gabriele d'Annunzio. Die Entwicklung der Dichtung von Hofmannsthal, Rilke, Beer-Hofmann, Heinrich und Thomas Mann wird geradezu durch dieses Phänomen der Überwindung der Dekadenz bestimmt.

Beispielhaft für die Ambivalenz, mit der nicht zuletzt viele Deutsche die Dekadenz betrachteten, war Nietzsche (s. S. 169–173). Er, der erste deutsche Analytiker der Dekadenz, fasste sich selbst als ihren Vertreter und zugleich als ihren Überwinder auf. Im Vorwort der Schrift *Der Fall Wagner* (1888), schrieb er: «Ich bin so gut wie Wagner das Kind dieser Zeit, will sagen ein Décadent: nur dass ich das begriff, nur dass ich mich dagegen wehrte.» Nach dem radikalen Umschwung seines philosophischen Wertsystems, «der Umwertung aller Werte» in der Schrift *Also sprach Zarathustra* (1883–85), leitete er einen förmlichen Feldzug gegen die Dekadenz ein, wobei er unter diesem Wort in erster Linie die lebensfeindlichen Tendenzen verstand, die er im Christentum, bei Richard Wagner und bei Schopenhauer zu finden glaubte. Gegen die Dekadenz spielte er den Begriff des Lebens aus. Er wollte, wie er in einem Brief an Mathilde Mann vom 15. Juli 1878 schrieb, «der Philosoph des Lebens» sein.

Über Nietzsche hinaus und zum Teil auch von Nietzsche unabhängig wurde der Begriff des Lebens zur Parole der Zeit, in Frankreich und in Deutschland sowie in anderen europäischen Ländern. Vor allem ehemalige Dekadente bekannten sich begeistert zu diesem neuen Wert. Außer Nietzsche müsste man in Deutschland hier auf den jungen Thomas Mann und Hofmannsthal hinweisen, wobei daran zu erinnern ist, dass das Wort «Leben» semantisch so umfassend ist, dass es die verschiedensten Inhalte in sich aufnehmen kann. So enthält Thomas Manns *Tonio Kröger* nicht nur ein programmatisches Bekenntnis zum anti-dekadenten Begriff des «Lebens», sondern zugleich auch eine klare Absage an den Lebensbegriff Nietzsches. «Denken Sie nicht an Cesare Borgia oder an irgendeine trunkene Philosophie, die ihn auf das Schild erhebt ... das Normale, Wohlanständige und Liebenswürdige ist das Reich unserer Sehnsucht, ist das Leben in seiner verführerischen Banalität», erklärt Tonio Kröger seiner russischen Malerfreundin Lisaweta. Andere Anhänger des «Lebens» dachten allerdings bei diesem Wort wie Nietzsche an den «Übermenschen» Cesare Borgia; so kam es zum sogenannten «Renaissancismus», einem Kult der Renaissance mit einer Flut von Cesare Borgia-Dramen, in denen sich der Lebenskult als die Vision «von blutiger Größe und wilder Schönheit» äußerte, die Tonio Kröger eben nicht meinte.

II. Gattungen

Während sich der Naturalismus im Drama und Roman am überzeugendsten manifestierte, trat in den 1890er Jahren die Lyrik immer mehr in den Vordergrund. Kategorisch stellte Stefan George in der Einleitung seiner Zeitschrift *Blätter für die Kunst* (1892) fest: «Das *Gedicht* ist der höchste der endgültige ausdruck eines geschehens». Ein neues Verhältnis zur Sprache machte sich bemerkbar, bei Stefan George schon äußerlich durch die Kleinschreibung der Substantive sowie durch die künstlerische Gestaltung einzelner Buchstaben. Die «Auferstehung der Sprache» wurde 1897 in der *Wiener Rundschau* am Beispiel der Wortkunstwerke Jens Peter Jacobsens gefeiert. Während der Reiz des flüchtigen Augenblicks von den Impressionisten präzise und nuancenreich in der Sprache festgehalten wurde, diente den Symbolisten der Klang der Worte, ihre andeutende suggestive Kraft dazu, Seelenzustände zu suggerieren und zu evozieren. Im Seelischen, nicht mehr im Sozialen, suchte man nun die wahre Wirklichkeit. Eine gewisse Lyrisierung lässt sich denn auch in der epischen und dramatischen Literatur feststellen, von der sich ein großer Teil in der Sphäre der Träume, Visionen und Märchen bewegte. Die kleinen intimen Formen sowie der gedämpfte vertraulich-innige Ausdruck waren dieser verfeinerten Seelenkunst gemäß. Auf dem Gebiet des Dramas erfreuten sich Kleinformen wie Einakter, Proverb und das kurze lyrische Spiel besonderer Hochschätzung. Kammermusik wurde hier gespielt. Dem entsprach in der Erzählkunst die Vorliebe für lyrische Prosa, für flüchtig hingeworfene Augenblicksskizzen und Aphorismen wie etwa im Skizzenband Peter Altenbergs *Wie ich es sehe* (1896). So wenig wie in der Romantik kümmerte man sich um die «Reinheit» der Gattungsstile. Vielmehr suchte man oft, zwischen lyrischen, epischen und dramatischen Formen Beziehungen herzustellen, was manchmal zu einer Art von subjektiv-verinnerlichtem «Gesamtkunstwerk» führte.

Lyrik

Fast alle, auch die bedeutenden Lyriker der Zeit, fingen mit Gedichten an, die, in der äußeren Form recht traditionell, vor allem durch einen klangvoll-innigen, schwebend-träumerischen Ton der Melancholie charakterisiert waren. Nicht immer gelang es dieser Lyrik, die Klippen des Epigonalen oder gar des Kitschigen zu umschiffen, wie die Ersten lyrischen Versuche Rilkes, Hermann Hesses und Stefan Zweigs lehren.

Die Grundzüge des Fin de siècle treten in veränderlichen Konstellationen hervor: So verbanden sich beispielsweise moderne Welt und dekadente Sinnlichkeit mit neuromantischem Irrationalismus in klangschönen Versen des Wieners Leopold Andrian-Werburg (s. S. 139):

> Und zwischen den prunkenden rätselhaften tiefroten Lippen
> Brannte eine nervöse schmale Cigarette.

Impressionistisches und Symbolistisches gingen unmerklich ineinander über, wie etwa Max Dauthendeys erste Gedichtsammlung *Ultra-Violett* (1893) zeigt. Die synästhetischen Eindrücke und sinnlichen Reize muten zunächst impressionistisch an, wandeln sich aber zu traumhaften und visionären Bildern, die sich nicht auf Umwelteindrücke zurückführen lassen:

Hinter den weißen Sonnen gleißen und funkeln
Schwarze Sonnen nächtiger Reiche.

Als Vermittler und Übersetzer ausländischer symbolistischer Lyrik war neben den Wienern vor allem der junge Stefan George tätig, der auf zahlreichen Reisen 1888–1889 die persönliche Bekanntschaft vieler nichtdeutscher Symbolisten machte. Ihm gelang es, charakteristische Züge des französischen Symbolismus, etwa Mallarmés Verbindung von äußerster Kunstfertigkeit und priesterlichem Ton, für seine eigene, durchaus selbstständige Kunst fruchtbar zu machen. Der herrische, gebieterische Wille, der Georges Verhältnis zur Kunst und auch zum Leben bestimmte, prägte von Anfang an seinen dichterischen Stil. Er zeigte sich auch in der Vorliebe für die Form des in strenger Architektonik geordneten Zyklus, die fast alle Gedichtsammlungen Georges bestimmte. Neuromantische Traumwelt und todessüchtige Dekadenz wurden hier durch strenge Versformen mit klangvollen Reimen und reicher Ornamentik in Zucht genommen, so etwa im bedeutendsten Zyklus des Frühwerks *Algabal* (1892), der nach dem ausschweifendsten aller römischen Kaiser aus der Zeit des Verfalls benannt wurde. Eine Welt der künstlichen und amoralischen Schönheit wurde hier errichtet, Natur programmatisch in Kunst und Künstlichkeit verwandelt, selbst dort wo der Garten als Motiv aufgegriffen wurde:

Mein garten bedarf nicht luft und nicht wärme
Der garten den ich mir selber erbaut
Und seiner vögel leblose schwärme
Haben noch nie einen frühling geschaut.

Der 1897 erschienene Zyklus *Das Jahr der Seele*, der um die Themen der Liebe und der Natur kreist, wirkt zwar bekenntnishafter und weicher als sonst bei George, zeigt aber auch den Abstand von der organischen landschaftlichen Natur. Natur wird hier vom ästhetisch genießenden, ihr distanziert gegenüberstehenden Menschen für Schönheitszwecke verwendet. Sie zerfällt in einzelne Schönheitselemente, deren Sinn sich erst durch die Imperative des lyrischen Ich erfüllt:

Dort nimm das tiefe gelb das weiche grau
Von birken und von buchs der wind ist lau
Die späten rosen welkten noch nicht ganz
Erlese küsse sie und flicht den kranz.

Die endgültige Abkehr vom Kult einer sich selbst genügenden Schönheit vollzog sich mit Georges Sammlung *Der Teppich des Lebens* (1900), die aus drei mal vierundzwanzig Gedichten aus je vier Strophen zu je vier Zeilen besteht. In dieser Sammlung wie auch in den folgenden Gedichtzyklen trat George als hymnischer Künder einer elitären Bildungsreligion und als Richter über den Ungeist der Zeit hervor. Weniger die Kunst als das Leben war nun das Ziel. Um ihn als Seher-Dichter und weihevollen Propheten von geistigem Führungsanspruch bildete sich der sogenannte George-Kreis, dem u.a. K. Wolfskehl, F. Gundolf, F. Wolters, M. Kommerell, E. Kantorowicz, die Brüder Alexander, Berthold und Claus Schenk Graf von Stauffenberg angehörten. Von diesem Kreis gingen bedeutende Wirkungen auf die Geisteswissenschaften, insbesondere auf die Literatur- und Geistesgeschichte, aus.

Auch außerhalb des George-Kreises findet man in der Lyrik den feierlich verkündenden Ton und die seherische Haltung, vor allem in der durch Haeckels naturphilosophischen Monismus (s. S. 105) angeregten Lyrik. So wollte Alfred Mombert (1872–1942) in den visionären Gedichtsammlungen *Tag und Nacht* (1894) und *Die Schöpfung* (1897) die Klänge des Kosmos in «Gefühlsbildern menschlicher Höhen- und Tiefen-Zustände» zusammenführen. Auch Otto zur Linde (1873–1938), der 1904 zusammen mit Rudolf Pannwitz (1881–1969) die Zeitschrift *Charon* begründete, wollte seine Lyrik als sprachlichen Ausdruck der «All-» oder «Welt-Seele» verstanden wissen.

Durch die vom Buddhismus und von Rudolf Steiners Anthroposophie inspirierten, religiös-meditativen Gedichtsammlungen *Melancholie* (1906) und *Einkehr* (1910) stand Christian Morgenstern den eben genannten Lyrikern nicht allzu fern. Berühmt wurde er aber als Verfasser der 1895 entstandenen, 1905 in Buchform veröffentlichten *Galgenlieder*. Morgenstern wollte durch die Hinwendung zum Absurden und Grotesken «die sinnlos gewordene Welt auf den Kopf stellen», was in Gedichten wie «Das große Lalula» zu Frühformen dadaistischer Sprachspiele (s. S. 185) führte. Der Witz und die antibürgerliche Satire dieser Grotesken atmen den Geist der Berliner Cafehaus-Boheme, zu der Morgenstern eine Zeit lang auch gehörte. Sie wurden von den Kabarettisten aufgegriffen und beispielsweise in Ernst von Wolzogens Berliner «Überbrettl» (1901) und fast gleichzeitig auch in Max Reinhardts «Schall und Rauch»-Brettl gesungen.

Ein ähnliches Kabarett entstand im gleichen Jahr in München, die «Elf Scharfrichter» genannt, in dem Frank Wedekind eigene Lautenlieder singend und spielend vortrug. In den sogenannten Bänkelgesängen wie etwa «Brigitte B.» und «Der Tantenmörder» griff Wedekind auf volkstümliche und vorliterarische Formen der Ballade zurück. Er fand dabei einen neuen sachlich-grausigen Ton der Lyrik, der zwischen Parodie und Ergriffenheit vibrierte:

> Ich hab meine Tante geschlachtet
> Meine Tante war alt und schwach.

Dieser Ton erreichte in der literarischen Kabarettkunst der Weimarer Republik mit Brecht, Tucholsky und Erich Kästner einen ersten Höhepunkt (s. S. 233–235).

Weniger zeitgemäß war der Versuch, die traditionelle, von den Naturalisten verpönte Ballade neu zu beleben. Börries von Münchhausen knüpfte an die Tradition der historisch-heroischen, Lulu von Strauss und Torney sowie Agnes Miegel an die der naturmagischen Ballade an. Die Möglichkeiten dieser Formen der Ballade erwiesen sich aber als erschöpft, ihre Erneuerung aus dem Geiste des 20. Jahrhunderts als unmöglich.

Drama

Die Lösung vom naturalistischen Illusionstheater war die wichtigste Leistung der Theaterkunst des Fin de siècle. Diese Lösung vollzog sich allerdings sehr unterschiedlich. Die vorhin erwähnten, nach 1900 aus dem Boden schießenden literarischen Kabaretts mit ihren Sketchen, Einaktern, bänkelsangähnlichen Songs und Chansons mögen zwar als ein Randphänomen der deutschen Theaterentwicklung gelten, weisen aber wie die damit verbundene Orientierung an Pantomime, Tanz und Ballett auf eine zur Fiktion und zur elementaren Spielfreude zurückkehrende Retheatralisierung des Theaters hin. Dieser Trend zeigt sich auch in der Vorliebe für das Marionettentheater und die Commedia dell'arte, nicht zuletzt im Theater Wiens um 1900. Hofmannsthals Auseinandersetzung mit dieser Tradition geht bis in seine frühe Jugend zurück; das erste dramatische Werk Richard Beer-Hofmanns war die vieraktige Pantomime *Pierrot Hypnotiseur* (1893), die auch Schnitzlers Versuche in dieser Gattung (z. B. *Die Verwandlung des Pierrot,* 1908, und *Der Schleier der Pierrette,* 1910) anregte.

Der Bruch mit dem naturalistischen Theater lässt sich auch in der Tragödie des Symbolismus beobachten. Ein metaphysischer Gesamthorizont des Daseins wurde nun sichtbar, mit Hilfe von märchenhaften und symbolisch-allegorischen Bildern dargestellt. Der Raum kann in diesen Stücken überall und nirgends sein, die Zeit wird gegenstandslos. Alles ist auf Abstraktion angelegt. Wichtig waren in dieser Hinsicht vor allem die Märchenstücke und lyrischen Dramen des Belgiers Maurice Maeterlinck (1862–1949). Das Frühwerk Hofmannsthals und Rilkes früher Einakter *Die weiße Fürstin* (1898) stehen eindeutig im Zeichen Maeterlincks. Es handelt sich aber um eine überindividuelle Strömung, von der selbst der erfolgreiche Naturalist Gerhart Hauptmann erfasst wurde, wie das Märchenspiel *Hanneles Himmelfahrt* (1893) und das Versdrama *Die versunkene Glocke* (1896) bekunden (s. S. 115).

Neben der metaphysischen Überhöhung durch den Symbolismus erfolgte auch ein Umschlag zur grotesken Deformation des Dramas, was sich an den Stücken Wedekinds (s. S. 153) und an denen Oskar Kokoschkas, z. B. *Mörder Hoffnung der Frauen* (1907), beobachten lässt. Besonders Kokoschkas artistische Kunst der Groteske steht aber schon an der Schwelle oder gar im Vorhof des Expressionismus.

Die Nähe des Expressionismus macht sich auch in den Theaterstücken Carl Sternheims (1878–1942) bemerkbar. Sternheims Ruhm wurde mit der Bürgerkomödie *Die Hose* (1911) begründet, der Ersten von sechs Komödien, darunter *Bürger Schippel* (1913) und *Der Snob* (1914), die Sternheim unter dem ironischen Reihentitel «Aus dem bürgerlichen Heldenleben» miteinander verband. Die stark stilisierte, oft artikel- und verbenlose, den üblichen Satzbau umkehrende Diktion ebenso wie die typenhaft abstrahierten und marionettenhaft agierenden Figuren muten zwar expressionistisch an, sind aber von einem kühlen Intellekt gesteuert, der mit zynisch-ironischem Spott die bürgerliche Gesellschaft der wilhelminischen Zeit karikiert. Wie Heinrich Manns verwandte Gesellschaftskritik im Roman *Der Untertan* (s. S. 158) ist auch die Sternheims nicht zuletzt eine Sprach- und Bewusstseinskritik. Alle Figuren sind dem floskel- und phrasenreichen Sprachstil des bürgerlichen *juste milieu* verfallen. Anders als in Heinrich Manns Roman werden die Gemeinplätze in Sternheims Komödien aber oft von eigenen Kommentaren der Figuren begleitet, so etwa wenn in *Bürger Schippel* Herr Krey erklärt: «Sollte ich als höherer Beamter mich prostituieren? Wärst du zu mir gekommen; ich verfüge über ein ganzes Arsenal nichtssagender Floskeln.»

Sternheim selbst versuchte später in selbstkommentierenden Äußerungen auf eine tatsächliche Größendimension seiner parodistisch wirkenden Bürgergestalten hinzuweisen, was in der Forschung zu einer bis heute noch unaufgelösten Verwirrung geführt hat.

Epik

Die Erzählkunst des deutschen Fin de siècle knüpfte in mancher Hinsicht an die realistische Erzähltradition des 19. Jahrhunderts an. Sie interessierte sich aber nur wenig für die soziale Lieblingsthematik der Naturalisten und zog stattdessen vor, das «Verfallsbürgertum» impressionistisch darzustellen und psychologisch zu analysieren. Das Interesse für das Unbewusste und der Wunsch einer unmittelbaren Wiedergabe des Bewusstseinsstromes *(stream of consciousness)* führten dabei zu neuen epischen Techniken wie der Innere Monolog (etwa in Schnitzlers *Leutnant Gustl* und Richard Beer-Hofmanns *Der*

Tod Georgs, beide im Jahre 1900 veröffentlicht), wie sie allerdings schon vorher in dänischer (Jens Peter Jacobsen), russischer (W.M. Garsin) und französischer (Ed. Dujardin) Literatur entwickelt worden waren. Der von den Naturalisten verpönte historische Roman kehrte im Zuge der Neuromantik wieder, etwa bei Ricarda Huch und in Jakob Wassermanns Romanen *Alexander in Babylon* (1905) und *Caspar Hauser* (1908). Den literarischen Durchbruch hatte Wassermann vorher mit dem Roman *Die Juden von Zinzendorf* (1897) erreicht, in dem er zum ersten Mal in die damals aktuelle Diskussion über jüdische Identität eingriff.

Der Schwerpunkt der Epik dieser Zeit lag allerdings im Bereich der *décadence*. Der scheinbare Realismus der Jugenderzählungen und des großen bürgerlichen Familienromans *Buddenbrooks* von Thomas Mann (s. S. 161–162) sollte nicht darüber hinwegtäuschen, dass diese Werke so gut wie die des Bruders Heinrich Mann (s. S. 156) den Geist der Dekadenz atmen und der Problematik dieser Strömung zutiefst verhaftet sind.

Die Welt eines verfeinerten, dem Verfall und dem Untergang gewidmeten Geschlechts wird auch in den «Schlossgeschichten» des baltischen Grafen Eduard von Keyserling (1855–1918) beschworen und zwar am Beispiel des versinkenden kurländischen und preußischen Adels. Keyserling selbst stand dieser ihm zutiefst vertrauten Welt mit ambivalenten Gefühlen gegenüber: Einerseits sah er die Reize aristokratischen Verfalls, die Noblesse, Verfeinerung und melancholische Sensibilität; andererseits erkannte er die damit verbundene fatale Wirklichkeitsferne und Lebensuntauglichkeit. Mit Liebe und Ironie stellte er die Lebenssehnsucht und das Scheinleben dieser Menschen dar: «Sie waren so vornehm, dass sie kaum leben konnten. Sie starben auch aus», wie es in der Erzählung *Harmonie* (1914) heißt. Im europäischen Kontext gebührt dem Stilkünstler Keyserling ein Platz neben Turgenjew, Tschechow und Herman Bang.

Als ein besonders fruchtbares Milieu für die Erzählkunst der deutschsprachigen Dekadenz erwies sich die verfeinerte Kultur

Österreichs um die Jahrhundertwende. Stefan Zweig beschrieb im Exil während der Schreckensjahre des Zweiten Weltkrieges mit einer gewissen Nostalgie diese *Welt von Gestern* (1942). Selbst hatte er am Anfang des Jahrhunderts in technisch vollendeten, psychologischen Novellen zu ihrer literarischen Gestaltung beigetragen. Dabei konnte er allerdings schon damals auf dem aufbauen, was vor ihm die älteren Autoren der Literatengruppe Jung-Wien geleistet hatten.

Zu dieser freundschaftlich verbundenen Gruppe gehörten in erster Linie neben Hofmannsthal (s. S. 144–147) und Schnitzler (s. S. 148–151) Hermann Bahr, Richard Beer-Hofmann und Leopold Ferdinand Freiherr von Andrian-Werburg. Der frühreife Leopold Andrian, von Stefan George und seinem Kreis bewundert, erregte vor allem durch die lyrische Märchennovelle *Der Garten der Erkenntnis* (1895) Aufmerksamkeit. In dieser Novelle sucht ein junger Adliger vergeblich nach Erkenntnis, ohne das Leben selbst zu erfahren. Bedeutender, sowohl in der Darstellung des Ästhetizismus und der Dekadenz als auch in der Darstellung ihrer Überwindung, war Richard Beer-Hofmann mit dem Roman *Der Tod Georgs* aus dem Jahre 1900. Durch Traum und Mythos führt hier der Weg der Hauptperson, bis es ihr schließlich gelingt, die narzisstische Vereinzelung zu überwinden und zur Verbundenheit mit den Ahnen zu gelangen. Diese Hinwendung zum Mythos und zur Vergangenheit deutet auf Beer-Hofmanns späteres Bekenntnis zur jüdischen Tradition hin.

Eine Dämonisierung der Dekadenz, wie sie etwa durch die schwarze Magie des Romans *Là-Bas* (1891) von Joris-Karl Huysmans vorgebildet war, lässt sich in Deutschland eigentlich nur bei dem bis zur Jahrhundertwende deutsch schreibenden Polen Stanislaw Przybyszewski feststellen. Unter deutschen und skandinavischen Künstlern und Literaten im Berlin der 1890er Jahre spielte er eine bedeutende Rolle (Stammkneipe «Zum Schwarzen Ferkel» in der Wilhelmstraße). Er war Mitbegründer der Zeitschrift *Pan* und Mitverfasser der ersten Monografie über den Maler Edvard Munch 1894. Sexus, Mythos, Wahnsinn und Verbrechen bilden die Schwerpunkte seiner chaotisch und nihilistisch wirkenden Werke. Nach dem Vampirismus der Erzählung *De Profundis* (1895), in der sich die begehrte Frau zum blutsaugenden Vampir wandelt, folgte im Roman *Satans*

Kinder (1897) der Satanismus. Hier huldigen Verstoßene und Verzweifelte einer Mystik des Bösen, die sich in einer anarchistischen Ästhetik der Zerstörung manifestiert. Nach Polen zurückgekehrt, spielte Przybyszewski während des Ersten Weltkrieges unter den polnischen Expressionisten eine führende Rolle und trat u. a. für eine deutsch-polnische Verständigung ein.

III. Autoren

Rainer Maria Rilke *(1875–1926)*

Geb. 1875 in Prag als Sohn eines Eisenbahnbeamten. Die unharmonische Ehe der Eltern 1885 aufgelöst. 1886 auf die Militärschulen von St. Pölten und Mährisch-Weisskirchen; von dort 1891 vorzeitig wegen «Kränklichkeit»entlassen. 1895 Reifeprüfung in Prag, 1896 nach München. Hier Liebesbeziehung zu Lou Andreas-Salomé; mit ihr zwei Reisen nach Russland (1899 und 1900); Besuch bei Tolstoi; Übersiedlung nach Worpswede, dort 1901 Heirat mit der Bildhauerin Clara Westhoff. 1902 nach Paris, 1904 Italien, Schweden, Dänemark. 1905–1910 meistens in Paris, wo er 1905–1906 in Meudon Rodins Sekretär war. 1911 nach Ägypten, 1912 auf Schloss Duino an der Adria, 1912–1913 Spanien (Toledo, Ronda). Sechsmonatige Militärdienstzeit im Wiener Kriegsarchiv 1916. Nach Kriegsende in die Schweiz; hier seit 1921 auf Schloss Muzot im Rhônetal. Gestorben 1926 in Val Mont/Wallis.

Dass Rilke als einer der bedeutendsten Lyriker in die deutsche und europäische Literaturgeschichte eingehen sollte, war aus den uferlos dahinströmenden Versen seiner Jugend nicht zu ersehen. Anders als der früh vollendete Hofmannsthal waren Rilkes Anfänge vielmehr unreif, unselbständig und von modischen Vorbildern abhängig. Am Ausgang dieser ersten Phase seiner Entwicklung stand der große Publikumserfolg, die 1899 geschriebene, lyrisch impressionistische Novelle *Die Weise von Liebe und Tod des Cornets Christoph Rilke* (bis 1990 in 1 125 000 Exemplaren verkauft). Heroische und erotische Wunschträume verbinden sich hier mit einem aller Wirklichkeit enthobenen preziösen Ästhetizismus. Vom Tod des Cornets im Kampfe mit der Übermacht heidnischer Türken heißt es beispielsweise: «... und die sechzehn runden Säbel, die auf ihn zuspringen, Strahl um Strahl, sind ein Fest. Eine lachende Wasserkunst.»

Auch die als Gebete eines russischen Mönchs konzipierten Gedichte der ersten größeren Sammlung *Das Stunden-Buch, enthaltend die drei Bücher: Vom mönchischen Leben, Von der Pilgerschaft, Von der Armut und vom Tode* (1899 angefangen, 1903 abgeschlossen und 1905 veröffentlicht) blieben mit ihren religiösen Träumereien und Ekstasen noch weitgehend der neuromantischen «Stimmungslyrik» der Zeit verhaftet.

Die Überwindung dieses letztlich unverbindlichen Stils gelang Rilke erst nach der Jahrhundertwende, nicht auf einmal, aber allmählich. Das Schwanken zwischen einer noch nicht völlig aufgegebenen märchenhaften Neuromantik einerseits und dem Versuch andererseits, die objektive Gegenstandswelt schauend zu gestalten, kennzeichnet die Texte dieser Übergangsphase, so die Gedichtsammlung *Buch der Bilder* (1902) und auch die Monografie über die Künstlerkolonie *Worpswede* (1903). Erst in den *Neuen Gedichten* (1907–1908) ist ihm mit den sogenannten «Dinggedichten» die Verwirklichung der Entsubjektivierung gelungen, etwa in den berühmten Gedichten *Der Panther, Die Fontäne* und *Archaischer Torso Apollos.* Der Anstoß zu dieser entscheidenden Wendung ging nicht zuletzt von der Bekanntschaft Rilkes mit den Werken des 1885 verstorbenen dänischen Dichters Jens Peter Jacobsen sowie von der Begegnung mit Rodin in Paris aus, über den er 1903 eine Monografie veröffentlichte. Immer wieder hat Rilke in den Briefen dieser Jahre den dänischen Dichter und den französischen Bildhauer nebeneinander gestellt, so im Brief an die schwedische Pädagogin und Frauenrechtlerin Ellen Key (2. April 1904): «Jacobsen und Rodin, mir sind es die beiden Unerschöpflichen, die Meister, welche machen können, was ich einmal können möchte. Beide haben dieses eindringliche, hingebungsvolle Schauen der Natur, beide die Macht, das Geschaute in tausendmal gesteigerte Wirklichkeit umzubilden. Beide haben Dinge gemacht, Dinge mit lauter sicheren Grenzen und unzähligen Überschneidungen und Profilen: so fühle ich ihre Kunst und ihren Einfluss.»

Jakob Wassermann hatte 1896 in München Rilke auf Jens Peter Jacobsens Werke aufmerksam gemacht. Von dieser Zeit datiert Rilkes Interesse für skandinavische Literatur und Kunst. Den Sommer 1904 in Rom arbeitete er systematisch an der Erlernung der dänischen Sprache, «täglich 3 oder 4 Stunden Leseversuche», um Jens Peter Jacobsen, Søren Kierkegaard, Herman Bang, Sigbjørn Obstfelder u. a. in der Originalsprache lesen zu können. Anschließend fuhr er auf Grund einer von Ellen Key vermittelten Einladung über Kopenhagen zum schwedischen Maler Ernst Norlind auf Borgebygård in Schonen. Abgesehen von gelegentlichen Reisen nach Kopenhagen, wo er u. a. den von ihm bewunderten Maler Hammershøi besuchte, setzte er während des Aufenthaltes in Schweden seine Dänisch-Studien fort, übersetzte Kierkegaards Briefe an Regine Olsen und mehrere Gedichte Jacobsens, darunter auch, wie vor ihm schon Stefan George, die sogenannte Michelangelo-Arabeske. Als Antrieb stand dahinter auch die 1904 mit dem Verleger Holitscher getroffene Vereinbarung, eine Jacobsen-Monografie zu schreiben. Diesen Plan hat Rilke erst 1910 mit dem Abschluss des Malte-Romans endgültig aufgegeben.

Statt der Jacobsen-Monografie erschien 1910 Rilkes einziger Roman *Die Aufzeichnungen des Malte Laurids Brigge*. Die Titelfigur Malte ist ein junger dänischer Adliger, der letzte verfeinerte Spross eines alten Geschlechts. Maltes Tagebuchblätter verbinden grauenerregende Pariser-Eindrücke in der Tradition Baudelaires mit Kindheitserinnerungen aus Dänemark. In diesen Erinnerungen tauchen historische Gestalten aus dem dänischen 17. und 18. Jahrhundert auf, die z. T. identisch sind mit Gestalten aus Jacobsens Roman *Marie Grubbe* aus dem Jahre 1876. Die Bedeutung des dänischen Elements zeigt sich auch darin, dass der Schlüsselbegriff des Romans, der Tod, einmal durch das dänische Wort bezeichnet wird: «Døden, sagte er, Døden». Die krassen Großstadtbilder und die damit kontrastierenden Schloss- und Landschaftsbilder begegnen sich in Maltes von Einsamkeit und Angst gepeinigter Seele, dem eigentlichen Schauplatz des Romans. Durch die Aufhebung der Grenze zwischen Außen und Innen, Gegenwart und Vergangenheit, Leben und Tod, entsteht eine Form des Romans, die in mancher Hinsicht dem Surrealismus (s. S. 187–188) vorgreift und Rilkes Eintritt in die Modernität des 20. Jahrhunderts markiert.

Die Schaffensgrundlage Rilkes hatte sich damit entscheidend verändert. Daraus erklärt sich vielleicht die extrem lange und schwierige Entstehungszeit des Hauptwerks des folgenden Jahrzehnts, der *Duineser Elegien*. 1912 auf Schloss Duino an der Adria begonnen, wurde dieser Zyklus von zehn großen elegisch-hymnischen Gesängen in den Jahren 1912–1915 fortgesetzt und erst nach einer Unterbrechung von mehreren Jahren im Februar 1922 vollendet. In einer Form und Sprache, die den Hymnen und Freien Rhythmen Klopstocks viel verdanken, wird hier eine neue Art des Denkens und Weltverhaltens erprobt, eine neue Verbindung von Reflexion und Gefühl. Motive des «Malte»-Romans wie Einsamkeit, Tod, Liebe und Angst werden wieder aufgegriffen; so auch das Elend der Großstadt und die Problematik der technisierten Welt. Das eigentliche Anliegen der Elegien ist aber gerade die Überwindung der menschlichen Entfremdung, Todesangst und Einsamkeit. So bricht nach Versen der Klage immer wieder der Jubel durch: «Hiersein ist herrlich» (7. Elegie). Als Auftrag des Menschen wird die Verwandlung des Sichtbar-Äußerlichen in Innerlichkeit verkündigt: «Erde, ist es nicht dies, was du willst: *unsichtbar* in uns entstehen? (...) Was, wenn Verwandlung nicht, ist dein drängender Auftrag? Erde, du liebe, ich will» (9. Elegie).

Gleichzeitig mit den letzten Elegien entstanden die *Sonette an Orpheus*. Thematisch mit den Elegien verwandt, unterscheiden sie sich von ihnen vornehmlich durch eine beschwingte, liedhafte Gelöstheit und eine improvisatorisch wirkende Leichtigkeit, die nicht zuletzt auf Rilkes Reimkunst und beispiellose Freiheiten mit der traditionellen Sonettform zurückzuführen sind. Orpheus tritt hier als der Dichtergott auf, dessen Gesang das Seiende rühmt und Wirklichkeit werden lässt: «Gesang ist Dasein. Für den Gott ein Leichtes. Wann aber *sind* wir?» Zugleich wird die Orpheus-Sage hier mit der Vorstellung des «Doppelbereichs» verbunden, der universalen Einheit von Leben und Tod, einer Idee, die Rilke in den letzten Jahren seines Lebens zunehmend wichtig wurde.

Der Prager Deutsche Rilke war zeitlebens mit der europäischen Kultur und Literatur eng verbunden. Seine Biografie zeugt davon so wie seine Übersetzungen aus mehreren europäischen Sprachen. Gegen Ende seines Lebens wurde er sogar als Lyriker zweisprachig. Vor allem durch Baudelaire, Mallarmé und Valéry angeregt, schrieb er in französischer Sprache zahlreiche Gedichte von einer faszinierenden Schlichtheit und Sensibilität.

Hugo von Hofmannsthal (1874–1929)

Geb. 1874 in Wien als Sohn eines Bankdirektors. 1884–1892 Besuch des Akademischen Gymnasiums in Wien. 1890 Bekanntschaft mit Schnitzler, Beer-Hofmann, Felix Salten, 1891 mit Hermann Bahr und Stefan George. 1892–1894 Jura-Studium an der Universität Wien. 1894–1895 Freiwilligenjahr beim k. und k. Dragonerregiment 6 in Göding (Mähren), 1896 und 1898 Waffenübungen in Ostgalizien. 1895–1898 Studium der romanischen Philologie, 1897 Dissertation *Über den Sprachgebrauch bei den Dichtern der Plejade*. Während des Weltkrieges vom Kriegsministerium mit kulturpolitischen Aufgaben im Kriegsfürsorgeamt betraut. 1917 mit Max Reinhardt und Richard Strauss Gründung der Salzburger Festspiele. 1929 in Rodaun bei Wien gestorben.

Als der siebzehnjährige Gymnasiast Hugo von Hofmannsthal seine ersten Verse unter dem Pseudonym Loris veröffentlicht hatte – Schüler durften damals nicht publizieren – und gleich danach im Literatenkreis des berühmten Cafés «Griensteidl» aufgenommen worden war, galt er verständlicherweise als eine literarische Sensation. Die Sicherheit des Geschmacks, die Beherrschung lyrischer Formen wie Sonett, Terzine, Ghasel u. a., die ästhetische und psychologische Sensibilität, das frühreife Wissen von der Vergänglichkeit der Schönheit und der Liebe, die Belesenheit in deutscher und europäischer Literatur waren gleichsam selbstverständliche Voraussetzungen einer Kunst, die Hofmannsthal 1892 im Prolog zu Arthur Schnitzlers *Anatol* (s. S. 148) mit den Worten vorstellte: «Also spielen wir Theater,/Spielen unsere eigenen Stücke,/Früh gereift und zart und traurig,/Die Komödie unsrer Seele,/Unsres Fühlens Heut und Gestern». Zu den Gedichten des Achtzehnjährigen gehört z.B. *Mein Garten* (s. S. 124–125). Solche Verse bedeuteten einen Höhepunkt deutscher symbolistischer Lyrik. Viele Gedichte des jungen Hofmannsthal erschienen in Stefan Georges exklusiver Zeitschrift *Blätter für die Kunst*. Hier wurde auch der Fragment gebliebene lyrische Dialog *Der Tod des Tizian*

1892 veröffentlicht, in dem sich Tizianschüler, um den sterbenden Meister versammelt, über Schönheit und Hässlichkeit, Kunst und Leben unterhalten. Ein Page empfiehlt im Prolog das Stück mit den Worten: «Vom jungen Ahnen hat es seine Farben/Und hat den Schmelz der ungelebten Dinge/Altkluger Weisheit voll und frühen Zweifels/Mit einer großen Sehnsucht doch, die fragt.»

Die Vertrautheit Hofmannsthals mit den Strömungen des Fin de siècle, seine Verwurzelung in diesen Strömungen, machten ihn nicht nur berühmt, sondern prägten im Publikum auch das klischeehafte Bild vom lebensfernen Ästheten Hofmannsthal. Dabei hatte Hofmannsthal, kritisch-selbstkritisch, von Anfang an die Fragwürdigkeit der impressionistisch-dekadenten Lebenshaltung seiner eigenen Generation bloßgestellt, sowohl in Essays: «Wir haben gleichsam keine Wurzeln im Leben und streichen, hellsichtig und doch tagblinde Schatten, zwischen den Kindern des Lebens umher», als auch in Dramen, etwa im Einakter *Der Tor und der Tod*:

Dieses Dramolett – 1893 entstanden, 1894 publiziert – begründete den Ruhm Hofmannsthals und stand zugleich der gerechten Einschätzung seiner späteren Entwicklung im Wege. Allzuoft identifizierte man die Hauptfigur des Stückes, den «ewigspielenden» Ästheten Claudio, mit seinem Verfasser. Man übersah dabei die im Stück enthaltene Kritik an dem durch Claudio vertretenen ästhetisierenden, narzisstischen «Dilettantismus» (s. S. 120), dem der Schönheitsgenuss alles, die Wirklichkeit, das Leben und die Mitmenschen nichts bedeuten. Bevor er Claudio wegführt, lässt der Geige spielende Tod – nach dem Muster des mittelalterlichen Totentanzes – die verstorbenen Gestalten der Mutter, den Geliebten, des Jugendfreundes mit ihren Klagen und Anklagen nacheinander erscheinen. Claudio, von Reue und Schuldgefühl überwältigt, erkennt, dass er «keinem etwas war und keiner ihm», mit anderen Worten, dass er bisher nicht eigentlich lebte: «Erst, da ich sterbe, spür ich, dass ich bin.»

Bald verwandelte und vertiefte sich Hofmannsthals Begriff des Lebens. Das lässt sich besonders an den kleinen epischen Werken der 1890er Jahre beobachten: *Das Märchen der 672. Nacht* (1895), *Die Reitergeschichte* (1899) und *Das Erlebnis des Marschalls von Bassompierre* (1900). In diesen Erzählungen sehen sich die Hauptfiguren unerwartet einem ihnen bisher unbekannten, von Schmutz und Hässlichkeit strotzenden Bereich des Lebens gegenübergestellt, der immer mehr die Züge einer dämonisierten Unterwelt annimmt. Die ästhetische Verklärung des Todes in der Literatur der Dekadenz und der Neuromantik ist hier einer ungeschminkten, brutalen Darstellung des hässlichen Todes gewichen, von dem nur noch Grauen ausgeht.

Um die Jahrhundertwende kam es zum endgültigen Bruch Hofmannsthals mit dem Symbolismus und mit der eigenen Jugendphase. Seitdem erschienen von Hofmannsthal so gut wie keine Gedichte mehr. Diese Bewusstseins- und Existenzkrise war auch und nicht zuletzt eine Sprachkrise. Hofmannsthals Zweifel an der Möglichkeit der Sprache, die Wirklichkeit adäquat und sachgerecht wiederzugeben, kamen 1902 im Brief des fiktiven Lord Chandos an den Naturwissenschaftler und Philosophen Francis Bacon (Titel: «*Ein Brief*») zum Ausdruck. Dieser Essay gehört zu den meistdiskutierten, facettenreichsten Arbeiten Hofmannsthals.

Danach folgte ein unruhiges Suchen nach neuen Formen und Mitteln der Kunst: Zunächst wandte Hofmannsthal sich der europäischen Tradition des großen Dramas zu: der antiken mit *Elektra* (1904), *Ödipus und die Sphinx* (1906) und *König Ödipus* (1911), die auch Hofmannsthals Beschäftigung mit der Freud'schen Psychoanalyse spiegeln; der mittelalterlichen mit dem Mysterienspiel *Jedermann. Das Spiel vom Sterben des reichen Mannes*, entstanden 1903–1911, das bei den Salzburger Festspielen einen festen Platz hat; schließlich der Tradition des Barocktheaters, die in Österreich immer lebendig geblieben war. Den Anschluss daran fand Hofmannsthal durch den spanischen Barockdramatiker Calderón, mit dem er sich seit 1901 beschäftigte: Zunächst bearbeitete er Calderóns *La Vida Es Sueno* 1634 (*Das Leben ein Traum*), das schon Grillparzer zum dramatischen Märchen *Der Traum ein Leben* (1840) angeregt hatte (s. S. 58). Aus dieser Bearbeitung entstand später Hofmannsthals Trauerspiel *Der Turm* (1925 und 1927 in abweichenden Fassungen). Unmittelbar vorher hatte er mit dem Moralitätenspiel *Das Salzburger Große Welttheater* 1922 noch einmal auf Calderón zurückgegriffen, diesmal auf das Fronleichnamsspiel des Spaniers *El gran teatro del mundo* (1675), dem Hofmannsthal den Topos von der Welt als einer Schaubühne entnahm, auf der die Menschen ihre von Gott zugeteilten Rollen spielen.

Neu war ebenfalls Hofmannsthals Wendung zur Komödie, die im Sommer 1907 einsetzte und sich 1910 mit seiner ersten Komödie *Cristinas Heimreise* bekundete. Das Wirkliche und das Komische traten nun auf Kosten der bisherigen lyrisch-symbolischen Form hervor, wobei Hofmannsthal auch hier den Anschluss an die Tradition fand: Molière, die commedia dell'arte und vor allem die einheimische Tradition des Wiener Lustspiels.

In diesen Zusammenhang gehört auch Hofmannsthals neues Interesse für die Opernform, das sich seit 1906 vor allem in der Zusammenarbeit mit Richard Strauss zeigte. Der Gedankenaustausch zwischen dem Librettisten und dem Komponisten als gleichwertigen Partnern lässt sich in ihrem bedeutenden Briefwechsel anlässlich des *Rosenkavaliers*, uraufgeführt 1911, nachlesen. In dieser «Komödie für Musik» (so der Untertitel) hat Hofmannsthal wenige Jahre vor dem Zusammenbruch der Habsburger Monarchie das Wien Maria Theresias um 1740 zur rückwärtsgerichteten Utopie stilisiert.

Hofmannsthals kulturpolitische Aufsätze und Reden aus den 1920er Jahren (z. B. die 1927 an der Universität München gehaltene Rede *Das Schrifttum als geistiger Raum der Nation*) bezeugen das Schwanken eines auf Bewahrung der geistigen und kulturellen Werte des Abendlandes bedachten Konservativen zwischen tiefem Pessimismus und utopischer Hoffnung auf eine sogenannte «konservative Revolution». Da er 1929 starb, hat er die Pervertierung dieses Begriffes durch die Nationalsozialisten nicht miterlebt. Ernst Robert Curtius bezeichnete den Tod Hofmannsthals als den «definitiven Abschluss der deutschen Bildungskultur».

Arthur Schnitzler (1862–1931)

Geb. 1862 in Wien als Sohn eines Professors der Medizin, der die Wiener Poliklinik begründete. 1879–1885 Studium der Medizin in Wien, 1885 Promotion. 1885 bis 1893 Assistent an Wiener Krankenhäusern, 1893 Privatpraxis, die mit zunehmender literarischer Tätigkeit immer mehr eingeschränkt wurde. Befreundet mit Hugo von Hofmannsthal, Richard Beer-Hofmann und Hermann Bahr. Erst spät persönliche Bekanntschaft mit Sigmund Freud. 1931 in Wien gestorben. Grabstätte: Zentralfriedhof, Israelitische Abteilung.

Schon in seinem ersten bedeutenden Drama, dem Einakter-Zyklus *Anatol* (entstanden 1888–1891, erschienen 1892), hat Schnitzler den für das literarische Wiener Fin de siècle charakteristischen Menschentyp gestaltet: den jungen Dandy und Lebemann, dem die Frauen und die Liebe den eigentlichen Lebensinhalt bilden. In sieben Einaktern, von denen jeder eine Episode aus dem Leben dieses «leichtsinnigen Melancholikers» darstellt, steht Anatol jeweils einer anderen Frau gegenüber. Anwesend ist außerdem der Freund Max, mit dem sich Anatol über seine Empfindungen und seine wechselnden Stimmungen unterhält. Jede Begegnung mit den nur vorübergehend geliebten Frauen ist durch Verstellung, Spiel, Koketterie und Lüge bestimmt. Die gelegentlich auftauchende Forderung nach «Wahrheit» wird nicht ernst genommen und ist nicht ernst gemeint. Anatol selbst schwankt zwischen Selbsterkenntnis und Selbstbetrug. In dieser Gesellschaft ist das Leben ein unverbindliches Rollenspiel, in dem Gefährliches mit Takt und Diskretion verheimlicht und verhüllt wird. Dabei leidet Anatol an seiner Unfähigkeit, den Impressionismus als Existenzform zu verwirklichen, d.h. die Augenblicke unreflektiert zu genießen und so die ersehnte Lebensintensität zu erlangen. Stattdessen muss er am Ende bekennen: «Mein Leichtsinn ist so schwermütig geworden. Ich schleppe alle meine Erinnerungen mit mir herum.»

Noch desillusionierter, noch zynischer stellt Schnitzler das erotisch-sexuelle Spiel zwischen den Geschlechtern in dem aus zehn Szenen bestehenden Dialogzyklus *Reigen* (1896 entstanden, von der Zensur verboten, 1920 in Berlin uraufgeführt) dar.

Der Titel des Stückes bezieht sich zunächst auf die Komposition: In zehn Szenen stehen sich jeweils ein Mann und eine Frau
gegenüber; zehnmal wird nach der mit Gedankenstrichen an-
gegebenen Paarung der eine Partner ausgetauscht. Der Kreis
schließt sich, indem die Dirne aus der ersten Szene auch in der
zehnten und letzten Szene wiederkehrt. Titel und Komposition
sind aber auch Ausdruck einer recht melancholischen Weltauffassung, nach der sich der ewig gleiche Rundtanz der Geschlechter bis zur Monotonie wiederholt. Dass die Figuren dieses Stückes keine Namen tragen, durch die sie sich als Individualitäten ausweisen könnten, sondern einfach als Die Dirne,
Der Soldat, Das süße Mädel, Der Dichter usw. bezeichnet
werden, zeigt ihren Typencharakter und entspricht ihrem ma-
rionettenhaften Agieren. Dabei demonstriert Schnitzler auch
hier seine unvergleichliche Kunst des Gesprächs, des witzigen
Dialogs wie auch der zwanglosen Plauderei, in der die Reden-
den sich unfreiwillig entblößen.

Neben dem Liebesmotiv, das in fast allen Werken Schnitzlers eine zentrale Rolle spielt, stand von Anfang an das Motiv des Todes. Anders aber als die Verklärung des Liebesto-
des durch die Neuromantik in der Nachfolge von Richard
Wagners *Tristan und Isolde* (s. S. 126) gehen bei Schnitzler diese beiden Motive keine Symbiose miteinander ein; der Tod
bleibt mit der Angst, die Liebe mit der Lebensgier verbunden.

Charakteristisch ist in dieser Hinsicht die frühe Novelle *Sterben* (1895), die
man als eine Anti-Tristan-Erzählung bezeichnen darf: Bei der tödlichen
Erkrankung ihres Mannes Felix verspricht die Ehefrau Marie, dass sie ihm
in den Tod folgen werde. Mit der schonungslosen Objektivität einer ärztli-
chen Diagnose zeigt Schnitzler nun die wachsende Todesangst des kranken
Mannes, die allmählich auch die Frau erfasst. Ungeachtet ihrer früheren
Schwüre folgt sie schließlich nicht ihrem sterbenden Mann, sondern dem
Ruf des Lebens. Auf dem Todeslager bezeichnet Felix den das Leben ver-
neinenden und den Tod bejahenden Schopenhauer als einen «niederträch-
tigen Poseur», denn: «Das Leben verachten, wenn man gesund ist ..., das
nenn' ich ganz einfach Pose.» Mit dieser Absage an die damals verbreitete
Schopenhauer-Verehrung hatte sich Schnitzler zugleich von Dekadenz und
Neuromantik distanziert.

Als Darsteller des Wiener Fin de siècle wurde Schnitzler berühmt. Oft wurde er dabei mit diesem Milieu so sehr identifiziert, dass man die Distanz des Gesellschaftkritikers und das Mitleid des Moralisten Schnitzler mit den Opfern dieser sich so charmant und harmlos gebenden Lebensform übersah. Das trifft schon für das frühe Drama *Liebelei* (1895) zu, wohl sein berühmtestes Werk. Im Mittelpunkt steht hier ein Mädchentyp, den Schnitzler in die Literatur einführte, das Wiener «süße Mädel». Gemeint sind damit die einfachen Mädchen aus der Wiener Vorstadt, unbemittelt, ungebildet und lebensfroh. Bei ihnen konnten sich die galanten jungen Herren der besseren Gesellschaft angenehm «erholen». In Schnitzlers *Liebelei* erklärt Theodor seinem Freund Fritz die Beschaffenheit eines solchen Liebesverhältnisses: «Du musst dein Glück suchen, wo es keine großen Szenen, keine Gefahren, keine tragischen Verwicklungen gibt, wo der Beginn keine besonderen Schwierigkeiten und das Ende keine Qualen hat, wo man lächelnd den ersten Kuss empfängt und mit sanfter Rührung scheidet.» Was Schnitzler aber in seinem Stück zeigt, sind die tragischen Konsequenzen, die dann entstehen, wenn das süße Mädel sich nicht nach den Spielregeln der Liebelei richtet, sondern sich naiv und wehrlos ihren echten Gefühlen überlässt.

In anderen Dramen und Erzählungen ist Schnitzlers Gesellschaftskritik offener und schärfer. In dem 1898 erschienenen Drama *Vermächtnis* etwa stellte er die Doppelmoral und die Inhumanität eines konventionell denkenden und handelnden, zutiefst verlogenen Bürgertums, in *Professor Bernhardi* (1912) den Antisemitismus einer nur scheinbar liberalen Gesellschaft bloß. Aufsehen erregte Schnitzlers 1900 erschienene Novelle *Leutnant Gustl* durch die ätzende Satire auf den Ehrenkodex des k. und k. Offizierkorps, die ihm den Verlust der Offizierscharge einbrachte. Stilhistorisch wichtig ist diese Novelle durch den «inneren Monolog», den Schnitzler hier als übergreifendes Erzählprinzip in die deutschsprachige Literatur einführte: Die äußeren Vorgänge werden nicht vom Erzähler berichtet, sondern sind unmittelbar da als assoziativ verbundene Erinnerungs- und Gedankenfetzen der Titelfigur. Durch diese Erzähltechnik, die er später in der Erzählung *Fräulein Else* (1924) weiterführte und verfeinerte, ließ sich Schnitzlers Sprachkunst mit seiner Psychologie des Halb- und Unbewussten verbinden. Diese Kunst der Psychologie veranlasste Sigmund Freud, Arthur Schnitzler als seinen «Doppelgänger» zu bezeichnen.

Frank Wedekind (1864–1918)

Benjamin Franklin Wedekind, geb. 1864 in Hannover als Sohn eines Arztes, der nach 15 Jahren in Amerika 1864 nach Deutschland zurückgekehrt war. 1872 Übersiedlung der Familie auf das Schloss Lenzburg in der Schweiz. 1884 Reifeprüfung an der Kantonschule Aarau. Studium (Jura) 1884 in München. Nach dem Tode des Vaters 1888 freier Schriftsteller zunächst in Berlin, dann in München, 1891–1895 in Paris, 1894 längerer Aufenthalt in London, ab 1896 wieder in München, hier Mitarbeiter an der von Albert Langen neugegründeten Zeitschrift «Simplizissimus». Aufgrund des dort gedruckten Gedichts *Palästinafahrt* 1899 sieben Monate Gefängnis wegen Majestätsbeleidigung. 1901 Mitglied des Münchener Kabaretts «Die 11 Scharfrichter». 1906 Eheschließung mit der Schauspielerin Mathilde (Tilly) Newes. 1918 in München gestorben.

Als Lyriker und als Dramatiker war Wedekind stets darum bemüht, die Sprache der Worte durch Musik, Gesang, Mimik und Körpersprache zu ergänzen. So waren viele seiner Lieder für das literarische Kabarett gedacht (s. S. 135); in Paris schuf er 1892 die Tanzpantomime *Die Flöhe oder der Schmerzenstanz*, der drei weitere Tanzdichtungen folgten. In diesen Zusammenhang gehört auch Wedekinds Begeisterung für den Zirkus. Hier fand er die Kombination von Artistik, Körpersprache und Körperbeherrschung sowie die kitzelnde Spannung und Gefährdung vor, der er in seiner eigenen Dramatik nachstrebte.

Schon 1887 wurde Wedekind in Zürich persönlich mit der Welt des Zirkus bekannt. 1887 und 1888 veröffentlichte er in der «Neuen Zürcher Zeitung» die Essays *Zirkusgedanken* und *Im Zirkus*. In diesen Essays übertrug Wedekind die Vorgänge der Manege auf «die ernste Bühne des Daseins», wobei er den Begriff der «Elastizität» in den Mittelpunkt seiner Ausführungen stellte: «Kühner, rasch entschlossener Anlauf im günstigen Moment der Erregung; leichter, lachender Sprung; und wenn der Fuß die Erde berührt, eine gefällige Kniebeuge, dass man nicht auf die Nase fällt; fabelhafte Virtuosität im kleinen, um alle Welt in Erstaunen setzende Effekte zu erzielen – sollten das nicht zeitgemäße Devisen sein? Jeder von uns stürzt einmal zur Tiefe nieder». Fast wörtlich kehren diese Formulierungen im Schwank-Drama *Der Liebestrank* 1891/92 wieder, dessen Hauptfigur Fritz Schwiegerling das Lebensprinzip der Elastizität verkörpert.

Das überzeugendste Beispiel von Wedekinds zugleich anti-idealistischer und anti-naturalistischer Zirkus-Ästhetik ist zweifellos das «*Lulu*»-Drama (s. S. 153–155). Der Prolog wird hier in der Zirkus-Arena von einem mit Peitsche und Revolver ausgerüsteten «Tierbändiger» gesprochen und fängt mit den Worten an: «Hereinspaziert in die Menagerie, /Ihr stolzen Herrn, ihr lebenslust'gen Frauen».

Welche Bedeutung Wedekind der Sprache des Körpers beimaß, zeigt auch das Romanfragment *Mine-Haha. Über die körperliche Erziehung der jungen Mädchen* (1895). In einer arkadisch anmutenden Parklandschaft, von der Wirklichkeit hermetisch abgeschlossen, wird hier eine Anzahl junger Mädchen zu einer animalisch-natürlichen Bewegungsschönheit erzogen. Alles Geistige wird bewusst vernachlässigt, den einzelnen Körperteilen viel Aufmerksamkeit gewidmet; so lernen die Mädchen etwa «mit den Hüften denken» und finden ihr Selbst «in den Beinen und Füßen». Als die Mädchen in die Pubertät eintreten, bricht das Fragment ab, und so bleibt es bei der Doppeldeutigkeit schöner Bewegung und geistloser Marionettenhaftigkeit.

Unlöslich verbunden mit der Körperlichkeit waren für Wedekind Triebhaftigkeit und Sexualität. Der größte Teil seiner Werke kreist denn auch um diese Thematik. Die Verlogenheit der Sexualmoral in der Wilhelminischen Gesellschaft musste ins Kreuzfeuer von Wedekinds Satiren geraten, so z.B. im Schuldrama *Frühlings Erwachen. Eine Kindertragödie* (1890). Die Heuchelei, Brutalität und Verständnislosigkeit der Lehrer und der Eltern in puncto Sexualaufklärung sowie die daraus entstehende erotische Gefühlsverwirrung der pubertären Schüler und Schülerinnen werden nach dem Vorbild des von Wedekind bewunderten Georg Büchner (s. S. 43) in nur locker miteinander verbundenen Szenen dargestellt. Ein Schüler begeht Selbstmord, eine Schülerin wird geschwängert und stirbt bei der von ihrer Mutter veranlassten Abtreibung. Trotz der thematischen Nähe zum Naturalismus ist Wedekinds Art der Darstellung nichts weniger als naturalistisch. Karikatur und Groteske überwiegen, und als am Ende der verstorbene Schüler Moritz mit «seinem Kopf unter dem Arm» auf der Bühne erscheint, um sich mit einem «vermummten Herrn», der allegorischen Figur des Lebenswillens, zu unterhalten, gerät die Darstellung vollends ins Surrealistische.

Körperlichkeit und Triebhaftigkeit wurden zweifellos von Wedekind bejaht und gegen die Werte der bürgerlichen Gesellschaft ausgespielt. Dennoch kann man nicht sagen, dass sie in seinem Werk unbedingt verherrlicht wurden. Vielmehr erprobte Wedekind experimentierende Haltungen in tragischer, komischer und grotesker Nuancierung, so etwa im 1905 erschienenen *Totentanz* (später wegen des gleichlautenden Titels von Strindbergs Drama *Tod und Teufel* genannt). Die idealistische Frauenrechtlerin, die sich in ein Bordell begibt, um ein «gefallenes» Mädchen «aus den Krallen des Lasters» zu reißen, erliegt nicht nur den Verführungskünsten des zynischen Liebeshändlers Costi Piani, sondern übernimmt auch dessen Ideologie des Sinnengenusses. Er seinerseits durchschaut aber schließlich «den höllischen Trieb» und die Hohlheit seiner Lustphilosophie. Keine der beiden vorgetragenen Positionen ist mit dem Bewusstsein des Autors identisch.

Ein ähnliches ambivalentes Schwanken lässt sich im Schauspiel *Hidalla oder Sein und Haben* (1903/04) beobachten. Die übergeordnete Idee des «Internationalen Vereins zur Züchtung von Rassenmenschen», nach dessen Statuten sich die Mitglieder verpflichten, einander jederzeit und bedingungslos als Geschlechtspartner zur Verfügung zu stehen, leidet hier nach anfänglichen Erfolgen insofern Schiffbruch, als ihr Initiator schließlich als Folge seines «abgrundtiefen, unüberbrückbaren Gegensatzes zur normalen Welt» Selbstmord begeht.

Wedekinds Hauptwerk, das alle Tendenzen seines Schaffens in sich vereinigt, ist zweifellos das sogenannte *Lulu*-Drama.

Die Textgeschichte dieses Dramas ist verwickelt. Erst 1990 wurde die Urfassung von 1894, *Die Büchse der Pandora*, veröffentlicht, die heute als das authentische Lulu-Drama gilt. Aus Rücksicht auf die Zensur hatte Wedekind das Drama in zwei Tragödien geteilt, von denen die erste 1895 im Albert Langen Verlag mit dem Titel *Erdgeist*, die zweite 1902 in der Zeitschrift «Die Insel» mit dem Titel *Die Büchse der Pandora* erschienen. In diesen wie in späteren Ausgaben hatte Wedekind als Zugeständnisse an die Zensur durchgreifende Änderungen vorgenommen und damit die ursprüngliche Werkkonzeption in eine z. T. missglückte Doppeltragödie verwandelt. Dass diese Doppeltragödie dennoch – nicht zuletzt durch die Lulu-Oper Alban Bergs 1929–1939 – Wedekind berühmt machte, gehört zur Ironie des literarischen Ruhms.

Was in allen Fassungen die wie bänkelsängerische Moritatenbilder aneinandergefügten Szenen und Akte miteinander verbindet, ist die Frauengestalt der Lulu. Vom Tierbändiger des Prologs wird sie als «Schlange», «süßes Tier» und «Urgestalt des Weibes» bezeichnet und dem Publikum mit den Worten vorgestellt:

> Sie ward geschaffen, Unheil anzustiften,
> Zu locken, zu verführen, zu vergiften –
> Zu morden, ohne dass es einer spürt.

Lulu erfüllt durchaus dieses Programm, indem sie im Kampf der Geschlechter durch ihre erotische Ausstrahlung einen Mann nach dem anderen ins Verderben und in den Tod treibt, bis sie selbst als verelendete Prostituierte in London vom berühmt-berüchtigten Massenmörder Jack the Ripper auf bestialische Weise umgebracht wird.

Die Figuren dieses Dramas werden marionettenhaft von ihren animalischen Instinkten gelenkt und in kolportagenhafte Handlungszusammenhänge gestellt. Der Trivialstil der Kolportage wird aber zugleich mit dem Anspruch auf mythisierende und allegorisierende Überhöhung verbunden, wie schon die Titel der beiden Teile andeuten. Der sich daraus ergebende Zusammenprall verschiedener Stilschichten wirkt sich als Groteske und Parodie aus. Was die Botschaft des Stückes anbelangt, lässt es sich als eine Darstellung der zerstörerischen Kraft der Sexualität verstehen, wobei die Deformierung des Sexus durch eine fragwürdige Gesellschaft auch als Interpretationsmöglichkeit verstanden werden kann. Letzten Endes lässt sich aber diese «Monstertragödie» – so der Untertitel der Ur-

fassung – durch keine eingleisige These oder Ideologie vereinnahmen.

Wedekinds Bühne hat die Anregung durch die Zirkus-
Manege nie verleugnet. Bei aller Vielfalt der Deutungsmög-
lichkeiten blieb sie in erster Linie auf sensationelle, das Publikum in Erstaunen setzende Effekte angelegt. Die Zensur und
ein großer Teil des damaligen Theaterpublikums konnten diese
Effekte nicht goutieren. Von vielen Schriftstellern seiner Epoche wurde Wedekind aber hochgeschätzt und nach 1945 allmählich für die Bühne wiederentdeckt.

Heinrich und Thomas Mann

Die Brüder Heinrich und Thomas Mann wurden 1871, bzw.
1875 als älteste von insgesamt fünf Kindern des Getreidekauf-
manns und Reeders Senator Thomas Heinrich Mann und seiner deutsch-brasilianischen Frau Julia in Lübeck geboren.
Heinrich Mann ging 1889 aus der Unterprima, Thomas Mann
1894 aus der Obersekunda vom Lübecker Katharineum ab.
Nach dem Tode des Vaters 1893 erhielten die Söhne eine bescheidene monatliche Rente, die ihnen eine relative ökonomische Unabhängigkeit sicherte. 1896–1898 hielten sie sich
gemeinsam in Italien auf. Beide waren schon früh in der
deutschen und europäischen Literatur belesen, besonders die
Literatur der französischen *décadence* war ihnen in mancher
Hinsicht wichtig. Die Unterschiede ihrer literarischen und
politischen Ansichten wurden in den Jahren vor dem Ersten
Weltkrieg immer größer und grundsätzlicher. So kam es 1914
zum schmerzlichen Bruch und zur meistens verdeckten, aber
leidenschaftlichen Polemik gegeneinander. Erst nach dem Ersten Weltkrieg kam eine Versöhnung zustande. In den folgenden Jahrzehnten verbanden sie sich nicht zuletzt im gemeinsamen Kampf gegen den Nationalsozialismus, der sie schließlich
ins Exil trieb. Heinrich Mann wurde 1933, Thomas Mann 1936
die deutsche Staatsbürgerschaft aberkannt.

Heinrich Mann (1871–1950)

Von 1896 bis 1914 ohne festen Wohnsitz; Aufenthalte in Italien, München, Berlin und an der Côte d'Azur. 1914 Heirat mit der Prager Schauspielerin Maria Kanova, 1928 Trennung. 1931 zum Präsidenten der Sektion Dichtkunst bei der Preußischen Akademie der Künste berufen. 1933 aus der Akademie «entfernt». Emigration nach Nizza. 1936 die tschechische Staatsangehörigkeit, 1939 Heirat mit der Lebensgefährtin Nelly Kroeger. 1940 Flucht über die Pyrenäen nach Lissabon; von dort in die USA. Aufenthalte in Hollywood, Los Angeles, Santa Monica. Große Armut und Niedergeschlagenheit. 1944 Freitod seiner Frau Nelly. 1949 den Nationalpreis I. Klasse für Kunst und Literatur der DDR und Berufung zum Präsidenten der neugegründeten Deutschen Akademie der Künste in Berlin (Ost). Unmittelbar vor der Abreise in die DDR 1950 verstorben. 1961 seine Urne auf dem Dorotheenstädtischen Friedhof in Berlin (Ost) beigesetzt.

Die Anfänge Heinrich Manns sind durch den Versuch charakterisiert, den in seinem ersten Roman *In einer Familie* (1894) ausführlich debattierten Schlüsselbegriff der französischen *décadence* «Dilettantismus» (s. S. 120) zu praktizieren. So konnte er in den 1890er Jahren an sich unvereinbare Positionen vertreten: Einerseits stellte er in neuromantischen Stimmungsnovellen wie *Das Wunderbare* (1894) die Schönheit des Verfalls, in *Contessina* (1894) die Lebensunfähigkeit verfeinerter Aristokraten dar; andererseits bekämpfte er heftig die Dekadenz als Herausgeber und Mitverfasser der antisemitischen, völkisch-präfaschistischen Monatsschrift *Das Zwanzigste Jahrhundert. Blätter für deutsche Art und Wohlfahrt* (1895–1896).

Das dichterisch bedeutendste Werk dieser Jahre war die 1903 erschienene Romantrilogie *Die Göttinnen oder Die drei Romane der Herzogin von Assy*. In einem Brief an den Verleger Albert Langen vom 2. Dezember 1900 charakterisierte Heinrich Mann den Roman so: «Es sind die Abenteuer einer großen Dame aus Dalmatien. Im ersten Teil glüht sie vor Freiheitssehnen, im zweiten Teil vor Kunstempfinden, im dritten vor Brunst». Was die Hauptgestalt letzten Endes vorantreibt, ist ein Nietzscheanischer Hunger nach Lebensintensität. Ihre Abenteuer in den Bereichen der Politik, Kunst und Liebe führen sie aber nicht zum ersehnten Ziel, da sie die Grundhaltung eines spielerischen Ästhetizismus (s. S. 121) nicht aufgeben kann. So bleibt ihre Einsamkeit unüberwindlich. Der Roman enthält eine bunte Galerie dekadenter Typen. Überzeugend stellte Heinrich Mann hier auch den Zusammenhang zwischen *décadence* und Renaissancismus dar, d. h. jenem Kult der Renaissance, der gerade in den Kreisen der Dekadenz betrieben wurde. Für diesen Kult prägte Heinrich Mann in diesem Roman den Ausdruck «hysterische Renaissance».

Das Bild der großen Persönlichkeit, die Heinrich Mann an der Herzogin von Assy fasziniert hatte, wurde im Roman *Professor Unrat* (1905) zur Karikatur verzerrt. Was als eine humoristisch-groteske Schulsatire beginnt, stellt sich allmählich als die sozialpathologische Studie eines Despoten dar, der sich in einen Anarchisten verwandelt.

Der «Kampf» des autoritären Gymnasiallehrers Unrat gegen die Schulklasse gerät durch seine Bekanntschaft mit einer Varietésängerin und durch seine daraus entstehende erotische Verstrickung gleichsam aus den Fugen. Nach der Entlassung aus dem Schuldienst führt Unrat immer leidenschaftlicher und rücksichtsloser den «Kampf» weiter, nun aber nicht mehr gegen die Schüler, sondern gegen die Bevölkerung der norddeutschen Kleinstadt, in der er lebt. Es gelingt ihm, in dieser Kleinstadt chaotische Zustände hervorzurufen, bevor er von der Ordnungsmacht festgenommen wird. In der Filmfassung 1930 unter dem Titel *Der blaue Engel* mit Marlene Dietrich und Emil Jannings in den Hauptrollen erlangte das Werk Weltruhm.

Um 1906 vollzog sich ein entscheidender politischer Wandel Heinrich Manns. Seitdem galt er als ein politisch engagierter, linksliberaler Humanist, der sich zu den Idealen der Französischen Revolution bekannte. Diese Haltung mit allen ihren Konsequenzen bestimmte von nun an sein Leben und seine Kunst. Unmissverständlich und mit polemischer Schärfe kam sie in den 1910 veröffentlichten Essays *Geist und Tat*, *Voltaire und Goethe* u. a. zum Ausdruck. Hier setzte sich Heinrich Mann mit der deutschen Tradition unpolitischer Innerlichkeit kritisch auseinander und betonte die moralische Pflicht des Intellektuellen und des Schriftstellers, sich politisch zu engagieren. Diese Gedanken wurden von den jungen, sich um die Zeitschrift *Die Aktion* (s. S. 184) versammelnden Expressionisten mit Begeisterung aufgegriffen.

Die neue Lebensauffassung Heinrich Manns, nach der Demokratie, freie Menschlichkeit, Sinnenfreude und Kunst innerlich verbunden sind, stellte er im Roman *Die Kleine Stadt* (1909) in einem italienischen Milieu dar. Der Roman ist ein in sich geschlossenes kleines Kunstwerk. Trotz komödiantischer Züge des Geschehens hat Heinrich Mann ihn als «das Hohe Lied der Demokratie» (Brief vom 27. Dezember 1909) bezeichnet.

Als das deutsche negative Gegenstück dazu wurde ungefähr gleichzeitig der Roman *Der Untertan* konzipiert. Wegen Zensurschwierigkeiten erschien er als Buch erst 1918 – dann aber mit einem sensationellen Erfolg. Heinrich Mann hatte ihm zunächst den Untertitel «Die Geschichte der öffentlichen Seele unter Wilhelm II. – Die Macht» gegeben. Die gegenseitige Bedingtheit der Begriffe «Macht» und «Untertan» bestimmen die Struktur und die Idee des Ganzen. Die Wilhelminische Gesellschaft wird mit grellen Farben als eine hierarchische Pyramide dargestellt, die in allen Bestandteilen (Familie, Schule, Militär, studentischen Verbindungen, Wirtschaft, Politik) auf einem jede Menschlichkeit tötenden Machtprinzip basiert, dem sich die Untertanen mit Begeisterung unterwerfen. Heinrich Mann verbindet hier den Prototyp des Untertanen, Diederich Hessling, mit der höchsten Figur der Machtpyramide, Kaiser Wilhelm, durch die Sprache (Diederich imitiert dauernd den floskelreichen Stil in den Reden des Kaisers), durch die äußere Erscheinung (Diederich legt sich nach dem Vorbild des Kaisers einen neuen «Bartstil» zu), durch das militant-bombastische Auftreten (Blitzen der Augen) und durch zwei zwar wortlose, aber burleske Begegnungen. Dies alles wird mit virtuoser satirischer Schärfe und Komik vorgeführt.

Der Untertan war ein Teil der Trilogie *Das Kaiserreich;* die beiden folgenden, ungleich schwächeren Romane *Die Armen* (1917) und *Der Kopf* (1925) zeigen das Proletariat bzw. die Intellektuellen dieser Gesellschaft.

In der Weimarer Republik spielte Heinrich Mann eine bedeutende kulturpolitische Rolle. Die Essays dieser Jahre, in denen er vor antirepublikanischen und nationalistischen Kräften warnte und sich für eine freundschaftliche Verständigung zwischen Frankreich und Deutschland einsetzte, überwogen qualitativ und quantitativ die Erzählungen und Romane.

Erst im südfranzösischen Exil gelang ihm der große Wurf mit dem zweibändigen Roman *Die Jugend des Königs Henri Quatre* (1935) und *Die Vollendung des Königs Henri Quatre* (1938) den man als Heinrich Manns dichterisches Hauptwerk bezeichnen darf.

Der historische Roman, in der damaligen deutschen Exilliteratur eine bevorzugte Gattung (s. S. 260–261), erhielt hier vor allem durch die symbolische Transparenz neues Leben. Hinter dem Leben des Henri IV. von Navarra (1553–1610), seit 1589 französischer König, sowie hinter den historischen Ereignissen (vor allem den Kämpfen zwischen den Hugenotten und der katholischen Liga) leuchtet hier eine überzeitliche Botschaft auf: der Kampf zwischen Liebe und Hass, Güte und Gewalt, Vernunft und Fanatismus, Freiheit und Unterdrückung.

Die Kühnheiten der Sprache und des Stils im Roman über Henri IV. wurden in den beiden Altersromanen *Empfang bei der Welt* (postum 1956) und *Der Atem* (1949) noch gesteigert. Die Kühnheiten verstärken den Eindruck des schattenhaft Gespenstischen dieser in Kalifornien geschriebenen Romane, für die der Bruder Thomas den Ausdruck «Greisen-Avantgardismus» prägte.

Schon zu Lebzeiten war Heinrich Mann eine umstrittene Figur, die man entweder pries oder verurteilte. Ganz anders als sein Bruder Thomas wurde er im amerikanischen Exil so gut wie vergessen. Im Nachkriegsdeutschland geriet er dann zwischen die politischen Fronten, was eine unbefangene Beurteilung seines Werks erschwerte. Erst in den letzten Jahren scheint sich ein ausgewogenes Urteil über ihn anzubahnen.

Thomas Mann (1875–1955)

1894 mit der verwitweten Mutter nach München. Das Volontariat in einer Münchener Feuerversicherungsagentur vorzeitig abgebrochen. Seitdem freier Schriftsteller. Seine homosexuellen Neigungen überdauern auch die 1905 mit Katja Pringsheim geschlossene Ehe. Militärdienst 1900; wegen Dienstuntauglichkeit (Sehnenscheidenentzündung) frühzeitige Entlassung.

1919 Ehrendoktor der Universität Bonn, 1929 Nobelpreis, 1933 in die Schweiz. 1936 tschechische Staatsbürgerschaft, Aberkennung der deutschen Staatsbürgerschaft und der Bonner Ehrendoktorwürde. 1938 Übersiedlung in die USA, Gastprofessor in Princeton. 1941 Bau eines eigenen Hauses in Pacific Palisades, California; Gast Präsident Roosevelts im Weißen Haus. In Radioansprachen *Deutsche Hörer* forderte er die Deutschen zum Widerstand gegen Hitler auf. 1944 amerikanischer Staatsbürger. 1949 Lesungen und Vorträge in der Bundesrepublik und in der DDR. Unter dem Eindruck des McCarthyismus 1952 Rückkehr nach Europa. 1954 Haus in Kilchberg bei Zürich. Hier 1955 gestorben.

Vor und unmittelbar nach der Jahrhundertwende griff Thomas Mann in mehreren Erzählungen Lieblingsthemen der europäischen Dekadenz auf: Sadomasochistisches in *Der kleine Herr Friedemann* (1897) und *Luischen* (1900); Inzestuöses nach dem Muster von Richard Wagners *Die Walküre* in der Erzählung *Wälsungenblut* (1905); ebenfalls mit einer Wagner-Oper *(Tristan und Isolde)* eng verflochten die Erzählung *Tristan* 1902, in der der dekadent-ästhetizistische Pseudo-Künstler Spinell die Liebe und den Tod der femme fragile Gabriele nach seinen Vorstellungen zu inszenieren versucht. Bei aller Nähe zur Dekadenz enthalten diese Erzählungen auch ein distanzierendes Element der Ironie und Parodie, was für Thomas Manns ambivalentes Verhältnis zur Dekadenz charakteristisch ist. In *Tonio Kröger* (1903) lässt er denn auch die Titelfigur Dekadenz und Renaissancismus (s. S. 157) ablehnen, indem Tonio Kröger programmatisch seine Liebe zu den bürgerlichen «Wonnen der Gewöhnlichkeit» bekennt. Damit war das Problem der Dekadenz freilich für Thomas Mann noch keineswegs abgetan. In *Der Tod in Venedig* (1912) wird sie noch virulent. Die mühsam errungene Selbstdisziplin und Würde des gefeierten Künstlers Aschenbach bröckelt unter der wachsenden homoerotischen Leidenschaft für den bildschönen Knaben Tadzio ab. Verfall, Auflösung und Todesnähe prägen gleichermaßen das Stadtbild und das Künstlerschicksal. Im abschließenden Monolog stellt der zerrüttete Aschenbach fest, dass dem Künstler «eine unverbesserliche und natürliche Richtung zum Abgrund eingeboren ist», was einer Absage an die idealistische Kunst- und Künstlerauffassung gleichkommt. Aschenbachs Versuch der Dekadenz-Überwindung hat sich als vergeblich erwiesen.

Dem Grundthema und dem Ideengehalt nach ist Thomas Manns erstes großes Werk, der Roman *Buddenbrooks* (1901), mit den Jugenderzählungen eng verbunden, wie schon der Untertitel «Verfall einer Familie» andeutet. Ursprünglich war dieser Roman als eine «Knabennovelle» konzipiert; die Geschichte Hannos als des letzten verfeinerten und lebensuntüchtigen Sprösslings eines patrizischen Kaufmannsgeschlechts sollte erzählt werden. Insofern bildet der größte Teil dieses sich über vier Generationen erstreckenden Romans eigentlich die Vorgeschichte des dekadenten Spätlings Hanno. Die Ähnlichkeit mit den in den europäischen Literaturen des 19. Jahrhunderts verbreiteten Familien- und Kaufmannsromanen wird zwar durch die mit Humor durchsetzte epische Breite sowie durch die Anwendung dokumentarischen Materials (von Thomas Mann später «Wirklichkeits-Montage» genannt) unterstrichen. Letzten Endes dient aber diese breit ausgeführte Familiengeschichte als Modell eines Verfallsprozesses. Dabei lässt sich eine Doppelbewegung im Roman feststellen: einerseits die fallende Linie der Degeneration als zunehmende Kränklichkeit und Schwächung der Vitalität, begleitet von einer Kette von geschäftlichen Niederlagen; andererseits die aufsteigende Linie einer Steigerung des «Geist»-Elements, d. h. der Sensibilität, des Interesses für Religion, Philosophie, Literatur und vor für allem Musik. Am Ende dieses bedeutendsten Romans der deutschen Dekadenz stehen denn auch Schopenhauer, den der lebensmüde Thomas Buddenbrook unmittelbar vor seinem Tod für sich entdeckt, und Richard Wagner, dessen Musik mit Gerda Buddenbrook, einer «morbiden und rätselhaften Schönheit», in das Haus einzieht und von Gerdas Sohn Hanno mit fast krankhafter Begeisterung aufgenommen wird.

Diese Verfalls- und Verfeinerungsgeschichte, deren Handlung 1835 beginnt und 1876 endet, spielt sich in den letzten Teilen nach 1870 mit den Worten des Romans «in der Luft eines kriegerisch siegreichen und verjüngten Vaterlands» ab, in dem «Sitten von rauer Männlichkeit» vorherrschen, Tugenden, mit denen der zarte Hanno allerdings nichts anzufangen weiß. Vielmehr verstärken sie seine Todessehnsucht.

Die Spannung dieser Jahre zwischen Gründerzeit bzw. Wilhelminischer Zeit einerseits und Dekadenz andererseits ging auf diese Weise in Thomas Manns Roman ein.

Die Lebensstimmung Thomas Manns hatte vor dem Ersten Weltkrieg einen Tiefpunkt erreicht. So wirkte der Ausbruch des Krieges auf ihn wie eine Erlösung: «Ich fühlte mich wie neugeboren.» Seine dann folgende leidenschaftliche Abrechnung mit der Dekadenz, mit der politischen und literarischen Position des Bruders Heinrich sowie mit dem deutschfeindlichen westlichen Ausland, das nun von Thomas Mann mit «undeutscher» Aufklärung, Vernunft, Demokratie und «Zivilisation» identifiziert wurde, erfolgte in den *Betrachtungen eines Unpolitischen*, einer umfangreichen, in den Jahren 1915 bis 1918 verfassten Essaysammlung, die 1918 gedruckt wurde. Neben den polemischen Ausfällen gegen Feinde und «Verräter» wurde u. a. das Wesen des Deutschtums erörtert und als unpolitische Innerlichkeit, Romantik, Musik, kurz als irrationale antizivilisatorische «Kultur» bestimmt. Das Buch steckt voller Widersprüche; vieles wurde denn auch später von Thomas Mann widerrufen, die gehässigsten Angriffe gegen den Bruder als den «Zivilisationsliteraten» gestrichen. Dennoch bildet das Buch eine wahre Fundgrube im Hinblick auf Thomas Manns damalige Ideenwelt und geistige Voraussetzungen, die auch im Werk der folgenden Jahre eine Rolle spielten.

Die künstlerische Verarbeitung dieser Ideenmasse gelang Thomas Mann mit dem Roman *Der Zauberberg* (1913 angefangen, 1915 abgebrochen, von 1919 bis 1924 vollendet). Der Titel bezieht sich auf den Ort der Handlung, ein Schweizer Tuberkulosesanatorium, spielt aber zugleich auch auf Goethes *Faust* (Walpurgisnacht) an sowie auf das im Mittelalter, in der deutschen Romantik und in Richard Wagners *Tannhäuser* so beliebte Motiv des Venusbergs.

Der junge Hamburger Hans Castorp besucht seinen lungenkranken Vetter Joachim Ziemssen in Davos. Bald erliegt er dem «hermetischen Zauber» dieses Orts, in dem der normale Zeitbegriff des «Flachlandes» außer Kraft gesetzt ist. Eine leichte Erkrankung wird an ihm selbst festgestellt, und aus den geplanten zunächst sieben Tagen, dann sieben Monaten wird ein Aufenthalt von sieben Jahren. Aus dem Sanatorium entschwindet er schließlich in den eben ausgebrochenen Weltkrieg.

Wie im Bildungsroman, auf dessen Vorbild sich Thomas Mann selbst berief, wird der unerfahrene, aber aufgeschlossene Hans Castorp mit ihm bisher unbekannten Ideen, Erfahrungen und Lebensbereichen konfrontiert, die in ihm eine Entwicklung und Bewusstseinssteigerung hervorrufen. Der junge hanseatische Bürger gewinnt vor allem Einblicke in das Wesen der Krankheit und des Todes. Die Vertreterin östlicher Dämonie, die Russin Madame Chauchat mit den katzenartigen Bewegungen führt ihn in die Geheimnisse des Körpers und der Sexualität ein. Den heftigen Diskussionen zwischen dem «westlichen» Aufklärer, Humanisten und Republikaner, Lodovico Settembrini, und Naphta, dem Jesuiten und Kommunisten, Verteidiger des Terrors und der Inquisition, lauscht der «simple» Hans Castorp, ohne sich eindeutig festlegen zu lassen. Entschlossen und zielbewusst führte Thomas Mann seinen jungen Protagonisten über die irrationale, todessüchtige Dekadenz hinaus, was der hervorgehobene «Lebensbefehl» des Romans ausspricht: «Der Mensch soll um der Güte und der Liebe willen dem Tode keine Herrschaft einräumen über seine Gedanken.» In diesen Worten kündigte sich Thomas Manns neuer Humanitätsbegriff an, der nicht einfach eine Rückkehr zur Humanität der Aufklärung sein wollte. Vielmehr erstrebte er eine Bewusstseinssynthese von Vernunft und Irrationalität, Aufklärung und Romantik, West und Ost, Leben und Tod. Dies war das Ziel des Romans, kennzeichnend für den neuen geistigen und politischen Standort seines zwischen den Extremen vermittelnden Verfassers. Auf dieser Grundlage setzte sich Thomas Mann für die Humanität und die Demokratie der Weimarer Republik ein. Zugleich bekämpfte er von hier aus den aufkommenden Nationalsozialismus, der nach seiner Ansicht den Mächten eines antihumanen Irrationalismus unterlag und sie politisch skrupellos ausschlachtete.

Zu den vielen Antinomien, die das Denken Thomas Manns bestimmten, gehörte auch der Gegensatz zwischen humaner Vernunft und irrationalem Mythos. Thomas Manns Interesse für den Mythos hatte sich schon in *Der Tod in Venedig* und im *Zauberberg* angekündigt, nahm aber in den 1920er Jahren ständig zu. Besorgniserregend war ihm dabei der propagandistische Missbrauch des Mythosbegriffs durch die Nazis, so etwa in Alfred Rosenbergs *Mythus des 20. Jahrhunderts* (1930). Seine Absicht erklärte Thomas Mann im Brief an den ungarischen Mythologen Karl Kérenyi so: «Man muss dem intellektuellen Faschismus den Mythus wegnehmen und ihn ins Humane umfunktionieren. Ich tue längst nichts anderes mehr» (14. 11. 1941). Das Mittel dazu war für ihn die Psychologie, die sich in der Begegnung mit dem Mythos als vermenschlichende Ironie und Parodie äußerte. Das monumentale Ergebnis dieser Pläne war die in den Jahren 1926–1942 entstandene, zwischen 1933 und 1943 erschienene Tetralogie *Joseph und seine Brüder*. Als die Inkarnation von Mythos und Vernunft tritt hier der biblische Joseph als Retter der Menschheit hervor. Mit diesem Roman hatte Thomas Mann endgültig den Schritt vom «Bürgerlich-Individuellen zum Mythisch-Typischen» getan (so in *Freud und die Zukunft*, 1936).

Die Frage nach dem Wesen des Deutschtums, die Thomas Mann seit den *Betrachtungen eines Unpolitischen* beschäftigt hatte, wurde ihm während des amerikanischen Exils immer quälender. Künstlerisch hat er sie im großen Alterswerk gestaltet: *Doktor Faustus. Das Leben des deutschen Tonsetzers Adrian Leverkühn erzählt von einem Freunde,* das in den Jahren 1943 bis 1947 geschrieben wurde. Auch diesem Roman konnte Thomas Mann das Prinzip des Mythisch-Typischen zugrundelegen, da er nach wie vor der spätromantischen Auffassung von einer zeitlosen, überindividuellen Substanz des Nationalen huldigte. So konnte Thomas Mann nicht nur den Faustus des deutschen Volksbuches aus dem 16. Jahrhundert (vor allem dessen Sprache), sondern auch Luther, Goethe, Richard Wagner, Nietzsche, Hugo Wolf u. a. – nicht zuletzt sich selbst – als Träger des Deutschtums in das nationalmythische Schema eingehen lassen. Die ironische Brechung des Mythischen kam hier durch den Erzähler, den naiv-undämonischen, klassischen Philologen Serenus Zeitblom zustande, der am gleichen Tag wie Thomas Mann seinen Roman, am 23. Mai 1943, seine Erinnerungen an den 1941 verstorbenen Freund zu schreiben anfing. Dass Zeitblom allerdings nicht nur als unfreiwillig komischer Vermittler der Ironie und Parodie auftritt, sondern dem Autor auch als ernst gemeintes Sprachrohr dient, geht aus den Worten hervor, mit denen er seinen Bericht – und Thomas Mann damit seinen Roman – abschließt: «Ein einsamer Mann faltet seine Hände und spricht: Gott sei euerer armen Seele gnädig, mein Freund, mein Vaterland.»

Hermann Hesse (1877–1962)

Geb. 1877 in Calw als Sohn eines Missionars. Als Kind Konflikte mit Eltern und Schule. Entlief als Vierzehnjähriger aus der Klosterschule Maulbronn, dann Mechanikerlehrling, später Buchhändler in Tübingen, 1899 Buchhändler in Basel. 1904 Ehe mit Maria Bernoulli, 1904–12 freier Schriftsteller in Gaienhofen am Bodensee, 1911 Indienreise, 1912–1919 in Bern. Während des Weltkrieges pazifistische Kundgebungen; Freundschaft mit Romain Rolland und Theodor Heuss. 1919 Übersiedlung nach Montagnola (Tessin). 1923 Schweizer Staatsbürger. 1914 Ehe mit Ruth Wenger. 1931 Ehe mit Ninon Ausländer. Nach 1945 eine Reihe von Ehrenpreisen, darunter Nobelpreis. Gestorben 1962 in Montagnola.

Hermann Hesse war zeitlebens mit der deutschen Romantik innerlich verbunden. Seine erste Gedichtsammlung trug bezeichnenderweise den Titel *Romantische Lieder* (1899); öfters schrieb er über romantische Dichter und mehrfach gab er Texte der Romantik heraus. Seine Ausrichtung auf Innerlichkeit und Irrationalismus wurde durch den pietistischen Geist des Elternhauses genährt und durch die engen Beziehungen des Elternhauses zu Indien und zur indischen Kultur angeregt.

Die Mutter Hesses wurde in Indien geboren als Tochter des Missionars und Indologen Dr. Hermann Gundert, der philologische Werke über indische Sprachen herausgegeben hatte und eine umfangreiche Bibliothek besaß, zu der Hesse Zutritt hatte. Der Vater Hesses hatte als Missionar drei Jahre in Indien verbracht, bevor er nach Calw zog. Damit waren die Voraussetzungen für Hesses langjährige Beschäftigung mit fernöstlicher Kultur und Gedankenwelt gegeben. Im Jahre 1911 unternahm er eine Indienreise, die. u. a. im Reisebericht *Aus Indien* (1913) ihren Niederschlag fand. Noch wichtiger war der 1922 erschienene Roman *Siddharta. Eine indische Dichtung*, in dem die Entwicklung Siddhartas von Askese über sinnliches Wohlleben zum Zustand der Weisheit dargestellt wird.

Zu dieser Mischung aus schwäbisch-pietistischem Provinzialismus, indisch-orientalischer Kultur und Begeisterung für die Dichtung der deutschen Romantik kamen später die Bekanntschaft mit Nietzsches Philosophie, besonders dessen Lehre vom Dionysischen hinzu, sowie mit C. G. Jungs Psychoanalyse. 1916 unterwarf sich Hesse einer psychoanalytischen Behandlung durch Dr. J. B. Lang, einen Schüler Jungs. Den von Jung postulierten Zusammenhang zwischen Bildern («Archetypen») des menschlichen Unbewussten und uralten mythisch-religiösen Vorstellungen der Menschheit hat Hesse in seinen Werken mehrfach verwertet.

Diese Innerlichkeitsdimension in der Gedankenwelt und im Werk Hermann Hesses wurde frühzeitig begleitet von einem tiefen Widerwillen gegen die moderne Zivilisation und ihre künstlerischen, gesellschaftlichen und politischen Manifestationen. Auch dem Bildungsbürgertum und dessen Institutionen stand Hesse feindlich gegenüber, wie etwa der Schülerroman *Unterm Rad* (1906) bezeugt. Hesses «Helden» befinden sich fast alle als einsame Außenseiter außerhalb der Gesellschaft. Selbst hielt er sich von den Großstädten fern und verbrachte den größten Teil seines Lebens auf dem Lande oder in den Bergen der Schweiz.

Der Erfolg des Romans *Peter Camenzind* 1904, eines konservativen Heimat- und Bildungsromans, dessen Sprache und Stil aus dem Motiv- und Formelschatz der Romantik schöpft, sicherte schon früh Hesses Existenz als freiberuflicher Schriftsteller. 1909 hatte die Auflage dieses Romans 50000 Exemplare erreicht.

Den ersten großen Einschnitt nach den neuromantischen Anfängen bildete der 1919 unter dem Pseudonym Emil Sinclair erschienene Roman *Demian*. Die verzweifelte Suche des Ich-

Erzählers Sinclair nach sich selbst und nach Gott spiegelt die persönliche Krise Hesses während des Ersten Weltkrieges. In diesem Buch finden sich in chaotischer Buntheit die wichtigsten Elemente der in den folgenden Jahren geschriebenen Romane wieder: Gnostisches, Mythisches, Magisches, der Bereich des Unbewussten, Nietzsches Aristokratismus, die Kritik an Europa «mit seinem Jahrmarkt von Technik und Wissenschaft». Novalis und Nietzsche sind die Lieblingsschriftsteller Sinclairs, von dem es heißt: «Er war ein Sucher nach rückwärts, er war ein Romantiker.»

Wie im *Demian* finden sich auch in den unmittelbar danach geschriebenen Erzählungen *Klein und Wagner* sowie *Klingsors letzter Sommer*, beide 1920 erschienen, gewisse expressionistisch anmutende Passagen eines ekstatischen, rauschhaften Stils. Andererseits stellen sich immer wieder Sätze ein von einer erstaunlichen Banalität: «Hell floss der edle Wein in die Gläser, holder Gegensatz zum einfachen kalten Mahl.» So bleibt der Gesamteindruck zwiespältig.

Nach dem symbolisch-märchenhaften, harmonisch ausklingenden *Siddharta* (1922) folgte 1927 *Der Steppenwolf,* eine erbarmungslos kritische Auseinandersetzung des Verfassers mit sich selbst und zugleich eine kulturpessimistische Abrechnung mit der westlichen Zivilisation. Auch hier geht es um die Suche der Hauptperson nach ihrem wahren Ich und nach Werten, die dem Ansturm nihilistisch-zerstörerischer Zeittendenzen standhalten können. Der Weg Harry Hallers, des Steppenwolfs, führt ihn durch die Schule der Liebe unter der kundigen Leitung der Prostituierten Hermine, Erlöserin und Symbol unterbewusster Vorstellungen zugleich, zum «Magischen Theater», in dem u. a. Mozart und Goethe auftreten. Offensichtlich liegt das von Haller erstrebte, aber nicht erreichte Ziel jenseits der Entfremdung von Sexualität und Geist, Trieb und Kultur in einem unbestimmt bleibenden Raum des Übersinnlichen und Fantastischen.

Den aktuellen Zeitbezug bewusst aussparend, griff Hesse noch einmal die Spannung zwischen Geist und Natur im Roman *Narziss und Goldmund* (1929/30) auf. In fast schematischer Antithetik stellte Hesse hier in den Freunden Narziss und Goldmund die beiden Prinzipien dar. Von Goldmund heißt es: «Er wusste, nicht mit Worten und Bewusstsein, aber mit dem tieferen Wissen des Blutes, dass sein Weg zur Mutter führte, zur Wollust und zum Tode. Die väterliche Seite des Lebens, der Geist, der Wille, war nicht seine Heimat. Dort war Narziss zu Hause.» Weniger in der anspruchsvollen «Philosophie» des Werkes als in der farbigen Atmosphäre sinnlicher Details und bewegter Episoden liegt der Reiz «dieses ganzen Bilderbuchs, so voll von Frauen und Liebe», wie Goldmund treffend seinen eigenen Lebenslauf charakterisiert.

Das große Alterswerk Hermann Hesses, *Das Glasperlenspiel. Versuch einer Lebensbeschreibung des Magister Ludi Josef Knecht samt Knechts hinterlassenen Schriften* entstand in den Jahren von 1931 bis 1942 als Gegenbild zu den Ereignissen der Hitlerzeit. Zeitlich ist das Geschehen in die Zukunft projiziert, sodass Hesses eigene Gegenwart, im Roman «das feuilletonistische Zeitalter» genannt, als überstandene Vergangenheit behandelt werden konnte. Gattungsmäßig handelt es sich um eine Utopie und um einen Bildungsroman zugleich. Im ersten Teil überwiegt der Utopiecharakter, indem hier die Beschreibung Kastaliens im Vordergrunde steht, eines Reiches «des Geistes und der Seele» (so Hesse im Brief an Rudolf Pannwitz im Januar 1955), in dem das «ins Geheimnis und Innerste der Welt» führende Glasperlenspiel betrieben wird. Der zweite Teil enthält die Lebensgeschichte Josef Knechts, der als Magister Ludi, Meister des Spiels, die höchste Stufe in der Hierarchie Kastaliens erreicht.

Die Hesse-Rezeption und die Bewertung seiner Werke sind nicht ohne dramatische Akzente geblieben. Nach 1945 überwogen in Deutschland Skepsis und Zweifel, was den dichterischen Rang Hesses betraf: So nannte ihn etwa Gottfried Benn 1950 «einen durchschnittlichen Innerlichkeitsromancier – eine typisch deutsche Sache»; selbst das Wort «Kitsch» wurde ins Spiel gebracht. Der große Umschwung kam in den 1960er Jahren, als sich unter den amerikanischen Hippies und Blumenkindern eine Welle der Hesse-Begeisterung erhob, von der auch Literaturkritik und Literaturwissenschaft bald mitgerissen wurden. Die Popularität Hesses – nicht zuletzt in der jungen Generation – hat sich weitgehend erhalten und wird heute ergänzt durch eine intensive Hesse-Forschung.

Friedrich Nietzsche (1844–1900)

Geb. 15. 10. 1844 in Röcken bei Lützen (Sachsen). Sohn eines protestantischen Pfarrers; nach dessen Tod (1849) in der Obhut von Frauen aufgewachsen. 1858–64 Gymnasium im berühmten Internat Schulpforta, 1864–68 Studium der Philologie in Bonn und Leipzig. Auf Empfehlung seines Lehrers F. W. Ritschl erhielt er 1869 eine Professur für klassische Philologie in Basel, die er 1879 krankheitshalber (Augen- und Nervenleiden) niederlegen musste. Im Krieg 1870–71 kurze Zeit freiwilliger Krankenpfleger. Nach 1879 wechselnde Aufenalte in der Schweiz (Sils-Maria), in Italien (Sorrent, Turin, Genua) und in Frankreich (Nizza). Im Jahre 1888 deutete der veränderte Ton seiner Schriften auf den Ausbruch der progressiven Paralyse hin, die im Januar 1889 im Zusammenbruch in Turin offenbar wurde. Von der Mutter und der Schwester Elisabeth in Naumburg und Weimar gepflegt, dämmerte er 11 Jahre in zunehmender geistiger Umnachtung dahin. Gest. 25. 8. 1900.

Das philosophische Werk Nietzsches, das zahllose widersprechende Aussagen und Perspektiven enthält, ist wie kaum ein anderes in der deutschen Geistesgeschichte manipulierbar. Nur teilweise lösen sich die Widersprüche, wenn sein Werk wie im Folgenden in drei Phasen gegliedert wird. Denn in allen seinen Schriften suchte er ein einheitliches Ganzes, einen alles Seiende bedingenden Grund, den er mit dem unbestimmten Begriff «Leben» bezeichnete. Nicht von ungefähr fasst eine Dichtung (*Also sprach Zarathustra*) seine eigentlich neue Lehre von der Umwertung aller Werte, dem Übermenschen und der «Ewigen Wiederkunft des Gleichen» am prägnantesten zusammen. Eine abwechslungsreiche Lyrik (Lieder, Spruchdichtung, Hymnen und Dithyramben) ist in seinem ganzen Werk verstreut.

In der ersten Phase war Nietzsche der Unzeitgemäße, der feste Denkschemata des Bildungsbürgertums hinterfragte und zerstörte. In *Die Geburt der Tragödie aus dem Geiste der Musik oder Griechentum und Pessimismus* (1872) entdeckte er als Grundstruktur der griechischen Tragödie – und im weiten

Sinne als Prinzipien des menschlichen Daseins – die tiefe «Duplizität des Apollinischen und Dionysischen». Dionysos, der Gott des Schrecklichen, des Rausches und der Selbstaufgabe des Individuums, sei in der aufgeklärten Dramatik des Euripides abgelöst worden durch Apoll, der für die Notwendigkeit des schönen Scheins, der Individuation und der Distanz einsteht. Mit Sokrates, dem neuen «Typus des theoretischen Menschen», der die Abgründe des Seins im Namen der Vernunft und des Optimismus als beherrschbar ansah, ging nach Ansicht Nietzsches die antike Tragödie zugrunde. In der Gegenwart fand er die Einheit aus verdrängter dionysischer Welt- und Lebenserfahrung und dem Apollinischen lediglich in der Musik des von ihm verehrten Komponisten Richard Wagner, auf den sich fast alle Schriften der Basler Jahre ausdrücklich oder implizit bezogen.

Von den vier Essays in den *Unzeitgemäßen Betrachtungen* (1873–76) behandeln zwei die positiven Leitbilder Schopenhauer und Wagner und zwei den oberflächlichen Fortschrittsglauben und den Historismus der Zeit. In *Vom Nutzen und Nachteil der Historie für das Leben* distanzierte er sich von mehreren Formen der «historischen Krankheit», die den Menschen schwächt, und plädierte für das «Unhistorische», das Kultur nicht als «Dekoration des Lebens», sondern als Stimulans für Lebensintensität begreift. Im Zentrum seines Denkens stand der metaphysische Begriff «Leben», auf den er nicht nur Kunst, sondern auch Moral, Wissenschaft und Religion zurückführte. Jedes dieser Phänomene stellt sich in zwei grundverschiedenen Formen dar: als gesund oder degeneriert. Das Gesunde bewahrt die Fülle des Lebens, auch das Böse und Gefährliche, während den verschiedenen Krankheitserscheinungen ein Zug zum Ideal gemeinsam ist. In der Kunst bevorzugt der starke Geist den einfachen Stil und verschmäht den Reiz, den Effekt und das Sich-in-Szene-setzen. Dagegen ist der überladene, raffinierte Stil, den er allmählich bei Wagner entdeckte, Ausdruck einer verarmten Lebenskraft. Als Beispiel stellt er das alte Testament («große Menschen, eine heroische Landschaft und (...) die unvergleichliche Naivität des *starken*

Herzens») dem neuen gegenüber («lauter Rokoko der Seele, lauter Verschnörkeltes, Winkliges»).

Im Hauptwerk der zweiten Phase *Menschliches, Allzumenschliches. Ein Buch für freie Geister* (1878–80) löste der rationale Gelehrte und entlarvende Psychologe den Metaphysiker und Kulturkritiker ab. In pointierten Aphorismen, die Montaigne, Stendhal und v. a. den französischen Moralisten verpflichtet waren, verwarf der Skeptiker, dem intellektuelle Redlichkeit als oberstes Kriterium galt, jede Form von «metaphysischen Erklärungen». Die Welt ist wesen- und bedeutungslos. Analysieren lassen sich nur die Weisen, auf diese Einsicht zu reagieren. So verdrängen moralische Empfindungen, religiöses Leben und Kunst, welche die gängigen Formen metaphysischen Verhaltens bestimmen, auf unterschiedliche Weise die Einsicht in die Unmöglichkeit von Metaphysik, indem sie Sinnangebote machen. Nietzsche fasste sich in seiner Vernunftkritik, die mit dem Mittel der Vernunft die Vernunft auflöst, als den Chronisten der modernen Auflösung aller metaphysischen Wahrheiten in eine Fülle von Ersatzwahrheiten auf. Als eine Folge der radikalen Aufdeckung der Illusionen sah er den Nihilismus heraufkommen.

Der Übergang zur dritten Phase, in der Nietzsche den Nihilismus durch neue Wertsetzungen überwinden wollte, ist fließend. Spätestens seit Publikation der Schrift *Die fröhliche Wissenschaft* (1882) erlebte Nietzsche die Grundlosigkeit des Daseins anscheinend als eine Befreiung. Die Aphorismen wurden immer mehr durch kurze Essays ersetzt. Gesundheit und décadence wurden wieder die Maßstäbe für die positiven und negativen Phänomene des «Lebens». Richard Wagner wird charakterisiert als «ein morsch gewordener verzweifelter décadent», der «plötzlich, hilflos und zerbrochen, vor dem christlichen Kreuze» niedersank.

Die Welt «hat keinen Sinn, sondern unzählige Sinne». Nach dem Zusammenbruch der Religionen und Metaphysiken gibt es nur noch die individuelle perspektivische Einschätzung aller Dinge. Der Perspektivismus wurde für Nietzsche die multiple Möglichkeit, Welt zu sehen und zu deuten. In der schon vom

Ausbruch der Krankheit gezeichneten Autobiografie *Ecce Homo* heißt es: «Ich bin kein Mensch, ich bin Dynamit.» Diese Sätze, die das Wunschdenken des ständig leidenden, kranken Nietzsche treffend illustrieren, gelten mehr für den Propheten in dem dichterischen Hauptwerk *Also sprach Zarathustra. Ein Buch für Alle und Keinen* (1883–85), der die tradierten Werte der abendländischen Tradition sprengen und neue Werte schaffen will. Es ist zugleich die markanteste und einflussreichste Dichtung der Lebensphilosophie, die im 20. Jahrhundert in vielen Variationen auftritt.

Das Werk ist die paradoxe Vereinigung der Ideen des Übermenschen und der Ewigen Wiederkunft des Gleichen. In *Ecce Homo* nennt Nietzsche den ewigen Wiederkunfts-Gedanken die Grundkonzeption. Es scheint die Formel für ein radikales Denken der Zeitlichkeit und der Immanenz von Welt zu sein. Diese Einsicht, die für die Mehrheit der Menschen zum Nihilismus führt, bedeutet für Zarathustra ein dionysisches Ja-sagen zur alternativelosen Welt. Anders als der letzte Mensch, der nach dem Tod Gottes Ersatzgötter und Götzen wie die Vernunft, das Ziel der Geschichte, den Glauben an den ständigen Fortschritt erfindet, predigt Zarathustra, der auch die höheren Menschen so weit hinter sich lässt wie der Mensch den Affen, die neuen Werte des Übermenschen: die «große» Gesundheit, den Willen zur Macht, die Bewahrung der Fülle des Möglichen, die Distanz zu allen Idealen und zu der Herde der «Viel-zu-Vielen», in der jeder sein Ja oder Nein blökt, die «Unschuld der Sinne», die keine Triebe und Neigungen bekämpfen muss. Der Übermensch gleicht einem «Tänzer», und sein einziger Teufel ist die Schwere. Mehrfach wird er «ein aus sich rollendes Rad» oder ein «Kind» genannt. Wo die Akzente in der Beschreibung des Übermenschen gesetzt werden sollten, ist in der Rezeption sehr umstritten. Zarathustra verwendet die Gleichnissprache und Sprüche der Bibel und steigert manchmal die Sprache zu einem hymnischen Stil mit fremdartigen Farben und Bildern, der an Hölderlins *Hyperion* erinnert und sich später im Expressionismus wiederfindet. Überwiegt in den ersten zwei Teilen das Lehrende, so mehren sich in den letzten zwei Teilen die spielerischen Züge: lyrische Einlagen, Allegoresen, Parodien und alle Arten der verzerrten Spiegelung. Wie die Idee des «Lebens» das Gegensätzliche umfasst, so nimmt die Sprache extreme Möglichkeiten in Gebrauch: Ritardando und Klimax, Fragen und Befehle, Rhythmus des Hammers und musikalischer Wohlklang, Parallelen und Kontraste, Spiel und Lehre.

Nietzsches Dichtung und Philosophie, vor allem der Übermensch-Gedanke, die scharfsinnige Analyse der nihilistischen

Grunderfahrung der Moderne und seine Verherrlichung des «Lebens», waren von Epoche machender Wirkung auf die deutsche Literatur und die Weltliteratur vor und um 1900. Seine Nachlassaufzeichnungen aus den 80er Jahren gab die seine Briefe und Notizen fälschende Schwester 1901 unter dem Titel *Der Wille zur Macht* heraus. Die antisemitisch eingestellte Elisabeth Förster-Nietzsche wollte ihren Bruder zum national-konservativen Präfaschisten, zum Vorkämpfer für ein germanisches Herrenvolk stilisieren. So setzten sich Mussolini und die Nationalsozialisten für ein missdeutetes Nietzsche-Bild ein, das «männliche» Eigenschaften wie Zucht, Härte, Mut und rücksichtslose Brutalität glorifiziert.

Nach 1945 wurde Nietzsche als Philosoph der Existenz (Karl Jaspers, Martin Heidegger) aufgefasst. Die vielen Widersprüche in seinem Werk seien die Folgen des gescheiterten Versuchs, mit Worten und Gedanken die Wahrheit zu fassen. Er wolle daher keine Erkenntnisse mitteilen, sondern Fragen provozieren und zu Entscheidungen aufrufen. Um 1970 knüpften die französischen Vernunftkritiker (Georges Bataille, Michel Foucault, Jacques Derrida) an Nietzsche an, und in den Diskussionen um die Postmoderne spielt Nietzsche wieder eine entscheidende Rolle (s. S. 396).

Die deutsche Literatur 1910–1945:
Strömungen der ersten Jahrhunderthälfte

Generelle Vorbemerkungen

In den zehn Jahren vor dem Ersten Weltkrieg gab es in Europa
eine kaum glaubliche Fülle neuer künstlerischer Ismen: Fauvis-
mus und Kubismus (Frankreich), Expressionismus (Deutschland), Futurismus (Italien), Imagismus (England, die USA),
Konstruktivismus und Suprematismus (Russland). Der künstlerische Aufbruch begann in der Malerei, ergriff aber rasch
auch die übrigen Künste – Literatur, Musik, Theater, Film.
Durchweg war es ein Aufbruch der Jugend, eine Wendung
nicht nur gegen die jeweils herrschenden künstlerischen Richtungen, sondern auch gegen eine als materialistisch und unecht
empfundene Gesellschaft allgemein. Die Welt wurde als chaotisch und fragmentiert, das Individuum als orientierungslos
und entfremdet, als ein Ich «ohne Eigenschaften» erlebt. Die
Avantgardeströmungen waren komplex, untereinander verschieden und manchmal auch in sich heterogen. Ihnen gemeinsam war ein idealistischer Glaube daran, durch die Kunst die
Gesellschaft verändern zu können.

Der Ausbruch des Weltkriegs wurde von vielen Avantgar-
dekünstlern als das Mittel begrüßt, der erstarrten und sinnentleerten Welt ein Ende zu machen. Der Verlauf und vor allem
die ungeheuren Verluste an Menschen in diesem ersten großen
industrialisierten Krieg ließen jedoch die Kriegsbegeisterung
bald entschwinden. Das Krisenbewusstsein, das dem künstlerischen Aufbruch der Vorkriegsjahre zugrunde gelegen hatte,
nahm während und nach dem Krieg immer mehr zu. Viele
Menschen teilten die Empfindung Stefan Zweigs, die alte europäische Ordnung, «die Welt von Gestern», sei sowohl politisch
als auch geistig zusammengebrochen, neue Werte müssten erst

gefunden werden. Künstlergruppen wie z.B. die Dadaisten und Surrealisten entstanden (s. S. 184–188), die sich als kulturpolitisch-revolutionäre Bewegungen sahen, die sowohl die Künste als auch die Gesellschaft erneuern wollten. Andere lehnten einstweilen große Ideengebäude ab und wandten sich den nahen Dingen zu; ihre Bestrebungen wurden als «neuer Naturalismus», «Neorealismus» oder als «Neue Sachlichkeit» (siehe S. 218–221) charakterisiert.

Das Kulturleben dieser Periode wurde durch neue Medien entscheidend verändert: Durch Film und Rundfunk wurde Kunst zunehmend zur Massenware. Nicht nur «die kleinen Ladenmädchen» gingen ins Kino, wie Siegfried Kracauer in seiner kultursoziologischen Studie über *Die Angestellten* (1929/30) konstatierte, sondern ein immer größerer Teil der Bevölkerung. Die alten und die neuen Medien konkurrierten miteinander, beeinflussten sich aber auch. So schöpft der Film bis heute viele seiner Stoffe aus literarischen Werken, und die filmische Schnitt- und Zoomtechnik hat die Literatur inspiriert; der Hörfunk schuf eine neue dramatische Gattung, das Hörspiel.

Die gewaltigen politischen und sozialen Spannungen in der Zeit nach dem Ersten Weltkrieg, das Hervorwachsen totalitärer Massenbewegungen wie Kommunismus, Faschismus und Nationalsozialismus politisierten zunehmend auch die Künstler und die Künste. Der Künstler im Exil wurde zu einer charakteristischen Erscheinung der Zwischenkriegszeit. Die Exilkünstler waren gezwungen, in einem fremden Land zu leben. Aber auch viele Künstler, die nicht dazu gezwungen waren, suchten für kürzere oder längere Zeit ausländische Kulturzentren auf. In Europa waren es vor allem Paris und Berlin, in den USA New York, die wie Magnete wirkten. Diese beiden Faktoren trugen ebenso wie die medial vermittelte Massenkultur zur zunehmenden Internationalisierung oder Globalisierung der künstlerisch-kulturellen Erscheinungen bei, eine Entwicklung, die sich nach dem Zweiten Weltkrieg in verstärktem Maße durchsetzte.

Der Expressionismus

I. Grundzüge der Epoche (1910–1923)

Für den künstlerischen Aufbruch im ersten Dezennium des Jahrhunderts setzte sich in Deutschland – und unter deutschem Einfluss auch in den skandinavischen Ländern – die Bezeichnung «Expressionismus» durch. Der Name wurde zuerst in Verbindung mit der Malerei gebraucht und zwar 1911 zur Charakterisierung von Bildern kubistischer und fauvistischer Maler (Braque, Picasso, Vlaminck u. a.). Im selben Jahr übertrug der Publizist Kurt Hiller (1885–1972) in seinem Aufsatz *Die Jüngst-Berliner* den Namen auf die junge avantgardistische Literatur.

Der Futurismus

Von den gleichzeitigen europäischen Avantgardebewegungen wurde vor allem der italienische Futurismus für den deutschen Expressionismus von Bedeutung. 1912 veröffentlichte die Zeitschrift *Der Sturm* das erste «Manifest des Futurismus», das zuerst 1909 auf Französisch erschienen war. Im selben Jahr wurden Werke futuristischer Maler in der *Sturm*-Galerie des Herausgebers Herwarth Walden in Berlin ausgestellt. Der Gründer und Hauptvertreter des Futurismus, Filippo Tommaso Marinetti (1876–1944) hielt eine Reihe von Vorträgen und sorgte durch das Auswerfen von Flugblättern aus einem offenen Auto für Werbung und Provokation.

Denn durch Provokationen wollte der Futurismus herausfordern und verändern: «Steckt doch die Bibliotheken in Brand! Leitet die Kanäle ab, um die Museen zu überschwemmen», heißt es im zweiten futuristischen Manifest, das die Überschrift «Tod dem Mondschein» trägt. An die Stelle der traditionellen Stimmungswerte sollte – wie auch der Name «Futurismus» zeigt – die moderne technische Welt treten. Die Schnelligkeit von Autos und Flugzeugen wird in hochtrabenden Tönen gepriesen, der Mut und die Empörung werden «gesungen», und der Krieg, «diese einzige Hygiene der Welt», wird als Mittel zur Beseitigung des Alten hymnisch beschworen, denn «nur im Kampf ist Schönheit. Kein Meisterwerk ohne aggressiven Moment.» Seine stilistischen Erneuerungsvorschläge konzentriert der Futurismus in dem Ruf nach der «Freiheit der Worte» («parole in libertà»), eine Forderung, die auch der spätere französische Surrealismus (s. S. 187) erhebt. Die traditionelle, «von Homer ererbte» Grammatik soll zerstört und durch einen «orchestralen Stil, der gleichzeitig polymorph, polyphon und polychrom» ist, ersetzt werden.

Der frühe Berliner Expressionismus um Kurt Hiller und Herwarth Walden stimmt in seiner Großstadtfaszination, in seiner Betonung des Dynamischen und in seiner Ablehnung des Gefühls- und Stimmungshaften mit dem Futurismus überein. Die Sprachexperimente August Stramms (s. S. 192–193), der durch Walden mit dem Futurismus bekannt gemacht und von ihm als der deutsche Futurist propagiert wurde, können als eine selbstständige deutsche Einlösung der Spracherneuerungsvorschläge Marinettis charakterisiert werden. Futuristische Einflüsse finden sich in Themenwahl und Sprache bei Johannes R. Becher, z.B. in den Gedichten «Lokomotiven» und «Die neue Syntax».

«Wesensschau» und Abstraktion

Als Kurt Hiller 1911 der neuesten Literatur in Analogie zur Malerei den Namen Expressionismus gab, stellte er sich und seine Gesinnungsgenossen polemisch den «Ästheten» gegenüber, «die nur zu reagieren verstehen, die nur Wachsplatten für Eindrücke sind [...].» Seine Polemik richtete sich in erster Linie gegen einen die Umwelt nur passiv registrierenden Existenzmodus; dem impressionistischen Stil dagegen gestand er Qualitäten wie Kürze und Präzision des Ausdrucks zu, die in den neuen Stil «herübergerettet» werden sollten.

Das Verhältnis zwischen «Ausdruckskunst» und «Eindruckskunst» – so die deutsche Übersetzung der Termini «Expressionismus» und «Impressionismus» – wurde in der schon 1908 erschienenen Abhandlung *Abstraktion und Einfühlung* des Kunsthistorikers Wilhelm Worringer als ein zeitlos-typologisches beschrieben, was den Vorstellungen vieler Zeitgenossen entgegenkam. «Es gab Expressionismus in jeder Zeit», behauptet Kasimir Edschmid in dem Aufsatz *Über den dichterischen Expressionismus* (1918). In demselben Aufsatz wendet sich Edschmid gegen jede realistisch, naturalistisch oder impressionistisch abbildende Kunst. «Die Welt ist da. Es wäre sinnlos, sie zu wiederholen», stellt er lakonisch fest und umschreibt mit diesem Satz ein Grundprinzip expressionistischer Dichtung: Sie soll die Wirklichkeit nicht reproduzieren, sondern der Dichter soll «das Wesen», «das Eigentliche», «den Kern» der Erscheinungen zu erfassen suchen. Der gleichzeitigen Phänomenologie Edmund Husserls konnte der Terminus «Wesensschau» entliehen werden, um das «Schauen» des expressionistischen Künstlers gegenüber dem impressionistischen «Sehen» abzugrenzen. Auf ein Sujet bezogen, das sowohl in der Kunst der Jahrhundertwende als auch im Expressionismus einen zentralen Platz einnimmt, formulierte der Lyriker Ernst Blass den Hauptunterschied so: Die modernen Dichter sollten «Bilder der Großstadt als Landschaften ihrer Seele» gestalten. Nicht auf die präzise Registrierung des großstädtischen Lebens und Treibens komme es an, sondern der Dichter sollte seine seelische Befindlichkeit im Bild der Großstadt ausdrücken.

Die lange Zeit in der Forschung vertretene Definition des Expressionismus als direkter Gegenpol zum Impressionismus kann in solcher Schärfe nicht aufrechterhalten werden. Es handelt sich beim Expressionismus sowohl um eine Reaktion gegen den Impressionismus als auch um eine Weiterentwicklung und Radikalisierung von bereits vorhandenen Ausdrucksformen (s. S. 123).

Nicht individuelle Charaktere, sondern *der* Mensch oder das Menschliche schlechthin sollten dargestellt werden. Die Abstraktionstendenz, die in dieser Forderung zum Ausdruck kommt, entspricht der von Wilhelm Worringer aufgestellten Typologie. Konkret äußerte sie sich z. B. darin, dass die Personen vieler expressionistischer Texte keinen Namen haben, sondern nach ihrer familiären oder gesellschaftlichen Funktion bezeichnet werden: der Vater, der Sohn, die Schwester, Kassierer, Arzt, der Bettler, etc.

Die antimimetisch-abstrahierende Tendenz der expressionistischen Literatur zeigt sich ebenfalls in der Ablehnung einer psychologisierenden Menschendarstellung: «Der psychologische Mensch wird durch den beseelten Menschen ersetzt.» (Paul Kornfeld, 1918). Neben der Ablehnung von «Psychologie» im Sinne einer individualisierenden und erklärenden Menschendarstellung findet sich jedoch im Expressionismus ein großes Interesse für die psychoanalytischen Theorien Sigmund Freuds, besonders für seine Lehre vom Unbewussten. Die Erkenntnis, dass der Mensch nicht «Herr im eigenen Hause» ist, dass sich der traditionelle Persönlichkeitsbegriff aufgelöst hatte, ist für die Moderne überhaupt charakteristisch, und der expressionistische Ruf nach *dem* Menschen kann als komplementär zur Krise des Ich, als Reaktion auf die Ichdissoziation verstanden werden.

Revolte und Wandlung

«Geschähe doch einmal etwas. Würden einmal wieder Barrikaden gebaut. Ich wäre der Erste, der sich darauf stellte, ich wollte mit der Kugel im Herzen den Rausch der Begeisterung spüren. Oder sei es auch nur, dass man einen Krieg begänne, er kann ungerecht sein. Dieser Frieden ist so faul ölig und schmierig wie Leimpolitur auf alten Möbeln.»

Aus dieser Tagebuchnotiz Georg Heyms vom Juli 1910 spricht der generationentypische Überdruss an der Zeit, der metaphorisch als ‹der Aufstand der Söhne gegen die Väter› bezeichnet werden kann. Dieser Aufstand kann als ein wichtiger gemeinsamer Zug der zum Expressionismus gerechneten Schriftsteller gesehen werden, ob er sich nun als tatsächliche Revolte gegen den eigenen Vater äußerte (wie bei Heym, Benn und Becher; auch Kafkas *Brief an den Vater* gehört in diesen Zusammenhang), als symbolischen Vatermord (wie in Reinhard Sorges Drama *Der Bettler* und in Walter Hasenclevers *Der Sohn*) oder als Abrechnung mit der modernen Zivilisation (wie in Georg Kaisers *Gas*-Trilogie).

Die expressionistischen Dichter, die fast alle zwischen 1880 und 1890 geboren waren und einem bürgerlichen Milieu entstammten, sahen sich in eine komplizierte und widerspruchsvolle Welt hineingestellt. Ihre ‹Väter› hatten 1870/71 als junge Männer die nationale Erhebung, den deutschen Sieg über Frankreich und die Reichsgründung miterlebt. Sie hatten den schnellen wirtschaftlich-industriellen Aufschwung Deutschlands im letzten Drittel des 19. Jahrhunderts mitgemacht, und sie hatten, weil auf «Besitz und Bildung» (Max Weber, 1895) konzentriert, ihre politische Einflusslosigkeit hingenommen. Die Spannungen zwischen der ökonomisch-technischen Modernität und einer starren gesellschaftlichen Fassade, hinter der sich eine eher altmodische Mentalität verbarg, ließen unter den jungen Künstlern ein Gefühl der Entfremdung entstehen, in einer Epoche, die das «Gesicht der Welt bis zur Unkenntlichkeit verändert» hatte (Max Weber).

Generationentypisch ist die Tagebucheintragung Georg Heyms auch dadurch, dass ein Krieg herbeigesehnt wird, um dem unbefriedigenden Dasein ein Ende zu setzen. Der Kriegs- und Todeswunsch ist der paradoxe Ausdruck einer aktivistischen Sehnsucht nach Rausch und Leben. Das erhoffte Ende der erstarrten und materialistischen bourgeoisen Gesellschaft, aber auch das angstvolle Bewusstsein, in einer Endzeit zu leben, drücken sich im häufig vorkommenden Thema der Apokalypse, des «Weltendes» (so der Titel eines Gedichts von Jakob van Hoddis, s. S. 189) aus. In Georg Heyms Gedicht «Der Krieg» (1911) steckt der personifizierte Krieg die ganze Welt in Brand:

> Eine große Stadt versank in gelbem Rauch,
> warf sich lautlos in des Abgrunds Bauch.
> Aber riesig über glühnden Trümmern steht,
> der in wilde Himmel dreimal seine Fackel dreht
>
> über sturmzerfetzter Wolken Widerschein,
> in des toten Dunkels kalten Wüstenein,
> dass er mit dem Brande weit die Nacht verdorr,
> Pech und Feuer träufet unten auf Gomorrh.
> (Str. 9–10)

Aus dem Protest und dem Zerstörungswunsch ging die utopische Vorstellung von einer neuen Welt hervor, deren Künder und Prophet der Dichter sein sollte. Um in dieser neuen Welt einen Platz zu bekommen, muss der ‹alte› Mensch sich in einen ‹neuen› verwandeln; die Wandlung ist das Grundthema des expressionistischen Dramas (s. S. 193–196). Die Ablehnung des Bestehenden äußerte sich, der Vielstimmigkeit der expressionistischen Bewegung entsprechend, in Satire und Groteske, als verzweifelter Schrei nach Erlösung und Erneuerung oder als Sehnsucht nach dem Elementaren und Primitiven.

Die Wirklichkeit des tatsächlichen Krieges, der im August 1914 begann und zu dessen Gefallenen auch viele Expressionisten (z. B. Alfred Lichtenstein, August Stramm und Ernst Stadler) gehörten, stand in einem grellen Gegensatz zur Sehnsucht der jungen Dichter nach Krieg und Erneuerung und bereitete auch ihnen der anfänglichen Kriegsbegeisterung ein jähes Ende. Viele Expressionisten machten eine Entwicklung durch, die vom Pazifismus oder einem allgemeinen, eher abstrakten Aktivismus zur konkreten (partei)politischen Stellungnahme vor allem für die revolutionären Linksparteien führte.

Die Großstadt

Die Großstadt ist der Ort des Expressionismus par excellence und zwar in vielerlei Hinsicht: Die Kunstzentren bildeten sich in den Großstädten, vor allem in Berlin, das mit seinen über drei Millionen Einwohnern eine urbane Öffentlichkeitsstruktur und eine Metropolenkultur (Presse, Verlage, Theater, Galerien, Cafés, etc.) entwickelt hatte, die eine große Faszination ausübten. Berlin galt als aufgeschlossen und lebendig. So kontrastiert Johannes R. Becher in seinem Gedicht «Berlin» (1912) den «Süden», der «zu ewiger Trauer Schlafe» verdammt ist, mit Berlin, dem «Feld der eisernen Schlacht», auf dem die Zukunft erkämpft werden soll. Berlin war «das Exerzierfeld der Moderne».

Wie der Kultursoziologe Georg Simmel – in Fortführung von Gedanken, die schon Charles Baudelaire und Paul Bourget zum Ausdruck gebracht hatten – in seinem bahnbrechenden Vortrag *Die Großstädte und das Geistesleben* (1903) festgestellt hatte, bedingt das großstädtische Leben andere Wahrnehmungsstrukturen und Lebensformen als das kleinstädtische oder ländliche Leben. Die ständige Bombardierung von disparaten Eindrücken führt laut Simmel beim Großstädter zu einer «Steigerung des Nervenlebens». Als Überlebensstrategie gegen diese Reizüberflutung muss der großstädtische Mensch «intellektualistische» Fähigkeiten entwickeln, die

Simmel mit den Wörtern «Blasiertheit» und «Reserviertheit» charakterisiert. Der Großstädter muss selektieren, sowohl unter den auf ihn einstürmenden Bildern und Szenen als auch unter den vielen ihm begegnenden Menschen. Die «rasche Zusammendrängung wechselnder Bilder» bedingt eine Atomisierung und Fragmentierung der Wahrnehmung.

Für die Darstellung einer Welt, deren Kennzeichen Komplexität, Tempo, Flüchtigkeit, Fragmentierung und Atomisierung waren, mussten die Künstler neue literarische Techniken entwickeln. Kurt Hiller definierte in mehreren Aufsätzen das Ziel der neuen Literatur als «die Formung der Erlebnisse des intellektuellen Städters», eine Formulierung, die den Überlegungen Georg Simmels entspricht. Das moderne expressionistische Gedicht sollte «knappe und irisierende Synthesen geben von dem, was seltsame analytische Sensation in uns ist.» Der Reihungs- und Simultanstil, die Auflösung des logisch-kausalen Satzgefüges, die Collage und die Montage können als Antworten der Künstler auf die Forderung nach einem Stil gesehen werden, der den neuen Wahrnehmungsmustern und der Komplexität der modernen Welt adäquat war.

Die Großstadt als Paradigma der modernen technisierten Zivilisation rief ambivalente Gefühle hervor. «Wie schön ist diese stolze Stadt der Gierde», lautet der Anfang von Jakob van Hoddis' Gedicht «Stadt». Vitalität und Lust auf die Stadt klingen im Titel von Ernst Blass' Gedichtsammlung *Die Straßen komme ich entlang geweht* (1912) an. In anderen Texten wird die Großstadt als Dämon oder Moloch beschrieben, sie ist der Ort der Verdammnis, der Angst und der Vereinsamung, ist die «Stadt der Qual» – so Gedichttitel bei Georg Heym und Johannes R. Becher. Das negative Bild der Stadt ist jedoch nicht wie bei den Naturalisten Ausdruck einer sozialkritischen Indignation, sondern spiegelt die eigene Orientierungslosigkeit und Ohnmacht den Erscheinungen der modernen Welt gegenüber.

Der expressionistische Stil

Stilistisch bewegt sich der Expressionismus von der äußersten Reduktion und Konzentration des Ausdrucks etwa bei August Stramm über den Parlandoton Gottfried Benns zum wortreichen Pathos Franz Werfels oder Johannes R. Bechers. Dem Aufbruchs- und Erneuerungswillen der Bewegung entspricht ein ausgesprochen dynamisches, intensives und affektives Sprechen. Manchmal drückt sich der Gefühlsrausch in einem ausgeprägten Verbalstil, manchmal im Stammeln losgelöster Wörter aus. Durch kühne Neuprägungen und bewusste Verstöße gegen die traditionelle Grammatik wollten die Expressionisten die Grenzen des Sagbaren erweitern oder – wie die Futuristen – einen bewussten Schockeffekt erzielen. Auf der formalen Ebene steht der Gebrauch überkommener Formen, wie z. B. des Sonetts bei Ernst Stadler, neben dem Bruch mit den alten und der Suche nach neuen Formen, die den Erfahrungen und Wahrnehmungsstrukturen der Moderne entsprachen. Die Reihungs- und Simultantechnik sowie die Montage können in diesem Zusammenhang noch einmal erwähnt werden; weitere Beispiele wären die experimentelle Prosa Carl Einsteins und der «Kinostil» Alfred Döblins.

Gruppenbildungen und Zeitschriften

Für den Expressionismus wie für literarische Jugendbewegungen vor ihm sind die Gruppenbildungen charakteristisch. Die jungen Künstler trafen sich in bestimmten Cafés, sie bildeten Vereine wie den «Neuen Club», der 1909 in Berlin als Treffpunkt von literaturinteressierten Jugendlichen entstand. Sein Vorsitzender und intellektueller Führer war der bereits erwähnte Kurt Hiller, einer der bedeutendsten Anreger des frühen Expressionismus. Zu den Mitgliedern gehörten u. a. Jakob van Hoddis, Georg Heym und Ernst Blass. Der Klub veranstaltete ein «Neopathetisches Cabaret», öffentliche Vortragsabende und Dichterlesungen, an denen die ganze sich als Avantgarde empfindende literarische Szene teilnahm. Um den für die Herausgabe expressionistischer Literatur besonders verdienstvollen Kurt-Wolff-Verlag in Leipzig entstand eine literarische Gruppe, der u. a. Franz Werfel, Walter Hasenclever und Kurt Pinthus angehörten. – Gruppen bildeten auch die expressionistischen Maler, so Die Brücke in Dresden (Ernst Ludwig Kirchner, Karl Schmidt-Rottluff, Emil Nolde u. a.) und Der blaue Reiter in München (Wassily Kandinsky, Franz Marc, August Macke u. a.).

Aus den Gruppenbildungen sind die expressionistischen Zeitschriften hervorgegangen. 1910 gründete Herwarth Walden (i. e. Georg Lewin, 1878–1941) die Zeitschrift *Der Sturm. Wo-*

chenschrift für Kultur und die Künste, die bis 1932 erschien. In der ersten Nummer heißt es unter der Überschrift «Programmatisches»: «Wir wollen sie [sic!] nicht unterhalten. Wir wollen ihnen ihr bequemes ernsterhabenes Weltbild tückisch demolieren.» Aus dem Bohèmekreis, der sich im Berliner Café des Westens traf, ging die von Franz Pfemfert (1879–1954) gegründete *Aktion* (1911–32) hervor. Das politische Interesse Pfemferts spiegelt sich im Untertitel «Wochenschrift für Politik, Literatur, Kunst» und äußert sich einerseits im programmatischen Aufruf nach einer Organisierung der künstlerischen Elite zum Zwecke einer politisch-kulturellen Erneuerung, andererseits in Angriffen auf Nationalismus, Militarismus und Beamtenwillkür. Georg Heyms und Gottfried Benns Gedichte, Carl Einsteins Prosawerk *Bebuquin oder Die Dilettanten des Wunders* (1912) erschienen neben Essays von Heinrich Mann in der *Aktion*, deren anfängliche künstlerische und politische Breite nach dem Weltkrieg der Propagierung von Pfemferts linkssozialistischen Ideen wich. *Die weißen Blätter* (1913–20; von René Schickele herausgegeben) nahmen von Anfang an einen pazifistisch-antimilitaristischen Standpunkt ein und mussten wegen der Kriegszensur von 1916 bis Kriegsende in der Schweiz herausgegeben werden. Mitarbeiter waren u.a. Gottfried Benn, Carl Einstein, Franz Werfel, Paul Zech und Else Lasker-Schüler.

Das vielschichtige Verhältnis des Expressionismus zu den vorhergehenden Strömungen lässt sich durch einen Blick in die Zeitschriften illustrieren. So stehen z.B. im ersten Jahrgang von *Der Sturm* Texte von Peter Hille, Richard Dehmel, Max Dauthendey und den Skandinaviern Herman Bang und August Strindberg neben solchen von Alfred Lichtenstein, Jakob van Hoddis, Alfred Döblin und Oskar Kokoschka. Jugendstilillustrationen finden sich neben Zeichnungen und Holzschnitten expressionistischer Künstler wie Max Pechstein, Emil Nolde und Ernst Ludwig Kirchner.

Der Dadaismus

In dem 1918 veröffentlichten *Dadaistischen Manifest*, das von 20 Künstlern unterschrieben ist, darunter dem Rumänen Tristan Tzara, den Deutschen Richard Huelsenbeck, Raoul Hausmann und Hugo Ball und dem französisch-deutschen Hans (Jean) Arp, wird sehr scharf gegen den Expressionismus Stellung genommen: Ihm wird «blutleere Abstraktion» vorgeworfen; er habe alle Erwartungen auf eine oppositionelle, die Probleme der Zeit ausdrückende Kunst enttäuscht und sich stattdessen «nach beliebter Manier» in «eine fette Idylle» zurückgezogen, in der die Künstler «sehnsüchtig ihre literatur- und kunsthistorische Würdigung» erwarten. Auch vom Futurismus grenzen sich die Dadaisten ab. Der Dadaismus dagegen ist – laut dem Manifest – etwas ganz anderes: eine Bewegung, die «dem Leben nicht mehr ästhetisch» gegenübersteht, «ein Club», «eine Geistesart». Abschließend heißt es: «Gegen dieses Manifest sein, heißt Dadaist sein!» Der anarchistische Grundzug des Dadaismus findet in dieser Schlusspointe seinen exemplarischen Ausdruck.

Entstanden ist der Dadaismus um 1915/16 in Zürich. Junge Künstler aus Deutschland und anderen Ländern, die wegen ihrer pazifistischen Gesinnung in die neutrale Schweiz gegangen waren, fanden sich hier zu einer antimilitaristischen und antibürgerlichen Protestbewegung zusammen. Dem Protest- und Provokationscharakter der Bewegung entspricht die Wahl des Nonsens-Worts «Dada», dem die Mitglieder recht verschiedene, z.T. sehr ulkige Auslegungen zur Bezeichnung ihrer künstlerischen Ideen gegeben haben. Die Dadaisten pflegten den Zufall, die Spontanität und die Improvisation. In der «Galerie Dada» konnten sie ihre Bilder ausstellen und in dem von Hugo Ball (1886–1927) gegründeten «Cabaret Voltaire» ihre Musik und Gedichte (oft gleichzeitig) vortragen. Simultan-, Laut- und Unsinnsgedichte, wie z.B. Hugo Balls «Karawane» sollten durch den Bruch mit der Referenzfunktion der Wörter den Bankrott der traditionellen Literatur demonstrieren. Das Ziel war es, «die Literatur zu töten» (Tristan Tzara). Von den Dadaisten entwickelte neue Kunstformen wie Collage und Fotomontage stellten die traditionellen Vorstellungen von künstlerischer Originalität in Frage.

KARAWANE

jolifanto bambla ô falli bambla
grossiga m'pfa habla horem
égiga goramen
higo bloiko russula huju
hollaka hollala
anlogo bung
blago bung
blago bung
bosso fataka
ü üü ü
schampa wulla wussa ólobo
hej tatta gôrem
eschige zunbada
wulubu ssubudu uluw ssubudu
tumba ba- umf
kusagauma
ba - umf

1917
Hugo Ball: „KARAWANE", Lautgedicht.

186

In den ersten Nachkriegsjahren entstanden dadaistische Zentren in Berlin (um Raoul Hausmann, Johannes Baader, George Grosz, Wieland Herzfelde, John Heartfield, Hannah Höch, Franz Jung u.a.), Köln (Max Ernst), Paris (Tristan Tzara, Francis Picabia, Louis Aragon, Paul Eluard u.a.) – und in Hannover, wo Kurt Schwitters (1887–1948) bis zu seiner Flucht nach Norwegen im Jahre 1935 seine «Merzkunst» in Texten, Bildern und Skulpturen sowie auf der Bühne entwickelte. Das Kunstwort «Merz» erklärte Schwitters so: «Das Wort Merz bedeutet wesentlich die Zusammenfassung aller erdenklichen Materialien für künstlerische Zwecke und technisch die prinzipiell gleiche Wertung der einzelnen Materialien.» Für seine Gedichte und Prosa hieß das die collagehafte Zusammenstellung von Wörtern und Sätzen «aus Zeitungen, Plakaten, Katalogen, Gesprächen usw., mit und ohne Abänderungen» (1919), um einen grotesk-verfremdenden Effekt zu erzielen.

Der Surrealismus

Der Surrealismus entstand im Frankreich der ersten Nachkriegsjahre als eine kulturpolitisch-revolutionäre Bewegung, die Forderungen und Tendenzen des Futurismus und des Dadaismus aufnahm und weiterentwickelte. Die Surrealisten wollten nach dem durch den Weltkrieg herbeigeführten Bankrott aller traditionellen moralischen, religiösen und politischen Werte eine geistige Revolution ins Werk setzen. Die Aufgabe der Literatur sollte darin bestehen, durch die «Freisetzung der Worte» (vgl. die futuristische Forderung der «parole in libertà») zu einer anderen, «richtigeren» Wirklichkeit, einer «Über-Wirklichkeit», nämlich derjenigen des Traums und der Fantasie, vorzustoßen. «Der Surrealismus beruht auf dem Glauben an die höhere Wirklichkeit gewisser, bisher unbeachteter Assoziationsformen, an die Allgewalt des Traums, an das uneigennützige Gedankenspiel», lautet in deutscher Übersetzung ein zentraler Satz André Bretons aus dem ersten surrealistischen Manifest (1924). Ein Mittel, um diese höhere Wirklichkeit freizulegen, war die sog. «écriture automatique», die vom Unterbewusstsein diktierte automatische Schreibweise, die schon von den Dadaisten praktiziert worden war.

Der Surrealismus entfaltete sich zu einem Zeitpunkt, wo der deutsche Expressionismus bereits im Abklingen war. Eine deutsche surrealistische Literatur gibt es nur als Einzelwerke. Yvan Goll (1891–1950), der von 1919 bis 1939 in Paris lebte und sowohl auf Deutsch als auch auf Französisch dichtete, kann mit einem Teil seines Werks als Surrealist gelten. So gab er 1925 die mit seiner Frau Claire Goll (1891–1977) zusammen geschriebene Sammlung, *Poèmes d'Amour, Collection Surréaliste*, heraus. Die Welt der Kafka'schen Erzählungen und Romane wird manchmal als «surrealistisch» charakterisiert, womit auf Ähnlichkeiten in der traumhaft-überwirklichen Darstellung hingewiesen werden soll.

II. Gattungen und Themen

«Expressionismus ist lyrischer Zwang, dramatischer Drang, nicht epischer Gang», schrieb Albert Soergel in *Dichtung und Dichter der Zeit* (1925), einer der ersten Gesamtdarstellungen der expressionistischen Literatur. Soergels Versuch, die Dominanz der Lyrik und des Dramas gegenüber der Epik aus dem ‹Wesen› dieser neuesten deutschen Literatur zu erklären, stand selber deutlich «im Zeichen des Expressionismus» – so der Untertitel des Werkes. Soergels Bonmot spiegelt jedoch eine Rang- und Reihenfolge wider, die sich auch am Interesse des Publikums und der Forschung ablesen lässt, das sich vorrangig der Lyrik, dann dem Drama und in weit geringerem Umfang der Epik zugewandt hat. Die Tatsache, dass die Schrei- und Erlösungstopik, die das Expressionismusbild lange dominierte, in der Erzählprosa weitgehend fehlt, mag dazu beigetragen haben. Der Vielstimmigkeit des Expressionismus entspricht es, dass es eine Fülle von Manifesten und Proklamationen gibt.

Lyrik

Die von Kurt Pinthus 1919 herausgegebene Anthologie expressionistischer Gedichte, *Menschheitsdämmerung*, hat das

Bild der Nachwelt von der expressionistischen Lyrik entscheidend geprägt. Die Sammlung ist deutlich vom Erlebnis des Kriegs und der Nachkriegswirren bestimmt; sowohl die Überschriften («Sturz und Schrei», «Erweckung des Herzens», «Aufruf und Empörung» und «Liebe den Menschen») als auch die Textauswahl zeugen davon. Eingeleitet wird *Menschheitsdämmerung* von Jakob van Hoddis' (1887 – vermutlich 1942) «Weltende», abgeschlossen von Franz Werfels (1887–1945) «Ein Lebens-Lied». Diese beiden Gedichte illustrieren sehr deutlich die Spannweite der expressionistischen Lyrik – sowie der Bewegung generell.

«Weltende» wurde erstmals am 11. Januar 1911 in Franz Pfemferts Wochenschrift *Der Demokrat*, dem Vorläufer der *Aktion*, veröffentlicht:

> Dem Bürger fliegt vom spitzen Kopf der Hut,
> in allen Lüften hallt es wie Geschrei.
> Dachdecker stürzen ab und gehen entzwei,
> und an den Küsten – liest man – steigt die Flut.
>
> Der Sturm ist da, die wilden Meere hupfen
> an Land, um dicke Dämme zu zerdrücken.
> Die meisten Menschen haben einen Schnupfen.
> Die Eisenbahnen fallen von den Brücken.

Der Text wurde als Spottgedicht auf sensationslüsterne Ankündigungen des Weltuntergangs wegen der Erscheinung des Halley'schen Kometen im Mai 1910 konzipiert und am Eröffnungsabend des «Neopathetischen Cabarets» am 1. Juni 1910 vorgetragen. Vor allem durch die Art und Weise, wie van Hoddis hier die Simultanität der größten und der banalsten Ereignisse darstellt, hatte das Gedicht eine enorme Wirkung. Rückblickend schrieb Johannes R. Becher: «Dieses Erlebnis der Gleichzeitigkeit waren wir nun bemüht, in unseren Gedichten zu gestalten, aber van Hoddis, so scheint mir heute, hat alle diese unsere Bemühungen vorweggenommen, und keinem sind solche zwei Strophen gelungen wie in ‹Weltende›». (1954) Der Text stellt ein Beispiel des expressionistischen Reihungsstils dar. Ohne logische Folge werden heterogene Bilder aneinandergereiht, Großes und Kleines, «Schnupfen» und Katastrophen, stehen wie in der Zeitung nebeneinander. Insgesamt gibt «Weltende», mit den Worten Marinettis aus einem der futuristischen Manifeste, gleich der Zeitung die «Synthese eines Tages der Welt». Neben van Hoddis hat vor allem Alfred Lichtenstein (1889–1914) den expressionistischen Reihungsstil gebraucht, um in *einem* dichterischen Bild simultan ablaufende, ungleichartige Geschehnisse «ohne *überflüssige* Reflexionen» (Lichtenstein, 1913) wiedergeben zu können. Sein Gedicht «Dämmerung» zeigt diese Intentionen beispielhaft:

> Ein dicker Junge spielt mit einem Teich.
> Der Wind hat sich in einem Baum gefangen.
> Der Himmel sieht verbummelt aus und bleich,
> als wäre ihm die Schminke ausgegangen.
>
> Auf lange Krücken schief herabgebückt
> und schwatzend kriechen auf dem Feld zwei Lahme.
> Ein blonder Dichter wird vielleicht verrückt.
> Ein Pferdchen stolpert über eine Dame.
>
> An einem Fenster klebt ein fetter Mann.
> Ein Jüngling will ein weiches Weib besuchen.
> Ein grauer Clown zieht seine Stiefel an.
> Ein Kinderwagen schreit und Hunde fluchen.

Franz Werfel ist der am häufigsten vertretene Dichter in *Menschheitsdämmerung*. Sein «Lebens-Lied» zeigt eine andere Seite des Expressionismus als die grotesk-satirischen Gedichte Lichtensteins und van Hoddis'. Der Ton ist messianisch-verkündend. In Bildern, die manchmal sentimental bis peinlich sind (wie z.B.: «Sahst du die große Güte/im Sterben eines Kindes?/Wie uns der holde Körper/mit Zärtlichkeit entglitt?»), wird die Verbundenheit aller Menschen beschworen. Der Anfangsvers des Gedichts «An den Leser» hat für Werfels Stil die Charakterisierung «Oh-Mensch-Pathos» geprägt: «Mein einziger Wunsch ist, dir, o Mensch, verwandt zu sein!»

Der aus einer gutbürgerlichen jüdischen Prager Familie stammende Werfel debütierte 1911 mit einer Gedichtsammlung, die den programmatischen Titel *Der Weltfreund* trug und ihm sofort allgemeine Aufmerksamkeit und große Popularität verschaffte. Seine pathetische Beschwörung von Brüderlichkeit und Liebe schien in einer Zeit «transzendentaler Obdachlosigkeit» (Georg Lukács, 1916) einem großen Bedürfnis nach ersatzreligiöser Dichtung entgegenzukommen. Einen internationalen Ruf erreichte Werfel, der 1938 ins Exil gehen musste, durch seine religiösen Romane wie z.B. *Das Lied von Bernadette* (1941).

Wo van Hoddis einen kritisch-satirischen und Werfel einen messianisch-verkündenden Strang des Expressionismus vertreten, findet sich eine dritte Seite, die vitalistisch-daseinsbejahende, in vielen ebenfalls in *Menschheitsdämmerung* aufgenommenen Gedichten des Elsässers Ernst Stadler (1883–1914) ihren Ausdruck, z.B. in «Fahrt über die Kölner Rheinbrücke bei Nacht», seinem wohl bekanntesten Gedicht. Sogar die anfängliche «Beklemmung» bei der im Bild eines Ganges in ein Bergwerk erlebten Fahrt durch die Nacht «singt im Blut» und wird durch das Fliegen über die Brücke zum orgiastisch-religiösen Erlebnis einer Einheit von Liebe, Tod und Neugeburt:

Nackte Ufer. Stille. Nacht. Besinnung. Einkehr. Kommunion. Und Glut und Drang.
Zum Letzten, Segnenden. Zum Zeugungsfest. Zur Wollust. Zum Gebet. Zum Meer. Zum Untergang.

Das Gedicht zeigt die für Stadler charakteristische Form des Langverses mit assoziativ aneinandergereihten Bildfolgen. Wo die Begeisterung zu überwältigend wird, zerfällt die Normalsyntax in Fragmentsätze, die manchmal nur aus einem, umso gewichtigeren Wort bestehen.

In Stadlers programmatischem Gedicht «Form ist Wollust» stehen «Welt» und «Leben» der «Form» gegenüber. Die ethisch verpflichtende Tat soll an die Stelle eines zwar als beglückend («Wollust») empfundenen, aber dennoch unzureichenden ästhetischen Seins treten: «Doch mich treibt es zu den Dumpfen, zu den Armen,/und in grenzenlosem Michverschenken/will mich Leben mit Erfüllung tränken.» Das Gedicht kann als eine Abrechnung mit dem elitären Ästhetizismus George'scher Prägung (s. S. 120–121), von dem Ernst Stadler ausgegangen war, gelesen werden.

Wie Ernst Stadler verwendet auch ein anderer Erneuerer der lyrischen Form, Johannes R. Becher (1891–1958), häufig den

Langvers, z.B. in «Vorbereitung» und «Eroica». In Übereinstimmung mit den Forderungen des Futurismus sprengt er die Syntax und versucht durch den häufigen Gebrauch von assoziativen Analogienketten den Eindruck zu erwecken, hier sei eine spontane, aus dem Unterbewussten arbeitende Kraft am Werk. Die radikalsten Sprachexperimente finden sich jedoch im schmalen Werk des zum Jahrgang der Brüder Mann und Rilkes gehörenden westfälischen Postinspektors August Stramm (1874–1915).

Nach dilettantischen dramatischen und lyrischen Versuchen brachte Stramm in den Jahren 1912–15 Dramen (z.B. *Erwachen, Geschehen*) und vor allem Gedichte hervor, die in Neuland vorstoßen. Als er sich 1914 mit seinem Werk an Herwarth Walden wendete, begrüßte ihn dieser begeistert als Vertreter einer Wortkunst, die sich mit den Werken der Futuristen und Kubisten vergleichen lasse.

Wie die Überschriften der einzelnen Gedichte zeigen, werden alle Aspekte der Liebe in der ersten Sammlung Stramms *Du. Liebesgedichte* (1915) dargestellt: «Liebeskampf», «Wankelmut», «Spiel», «Untreu», «Erfüllung», etc. Nur in der erfüllten Beziehung zum Du kann sich das Ich realisieren. Die Natur als Schauplatz kosmischer Kräfte nimmt Anteil an der Liebesbegegnung (z.B. «Mondblick», «Abendgang»). Vor allem durch diese für ihn zentrale Thematik unterscheidet sich Stramm fundamental vom maschinen- und technikbegeisterten Futurismus.

Die Sprachexperimente Stramms zielten, wie diejenigen von Stadler und Becher, auf eine Aufbrechung der Normalsyntax, die sich bei ihm jedoch nicht in Langversen, sondern in einer äußersten Verknappung der Verszeile realisiert. Das Gedicht «Wunder» zeigt diese Konzentration sowie auch die für Stramm charakteristische Dynamik, die sprachlichen Neuschöpfungen und die kühnen grammatischen Konstruktionen:

Du steht! Du steht!	Du seelt der Geist
Und ich	Du blickt der Blick
Und ich	Du
Ich winge	Kreist die Welt
Raumlos zeitlos wäglos	Die Welt
Du steht! Du steht!	Die Welt!
Und	Ich

Rasen bäret mich   Kreis das All
Ich   Und du
Bär mich selber!   Und du
Du!   Du
Du!   Stehst
Du bannt die Zeit   Das
Du bogt der Kreis   Wunder!

Seine letzten Gedichte schrieb August Stramm unter dem Eindruck des Weltkriegs, an dem er als Oberleutnant teilnahm. Der Krieg wird als sinnlos erlebt: «Endlos halmt/Das/Nichts.» So schließt das Gedicht «Frage». Die Kriegsgedichte zeigen eine noch knappere Form und weitgehendere Sprachexperimente als die Liebesgedichte.

In der Einleitung zu seiner 1960 herausgegebenen Anthologie *Museum der modernen Poesie* stellt Hans Magnus Enzensberger fest: «Der Prozess der modernen Poesie führt [...] zur Entstehung einer poetischen Weltsprache.» Die deutsche expressionistische Lyrik hat ihren Beitrag zu dieser Weltsprache geleistet. In der Zeit der nationalsozialistischen Herrschaft weitgehend verpönt, hat sie nach 1945 die Entwicklung der jungen westdeutschen Lyrik entscheidend beeinflusst, und sie hat als negatives oder positives Vorbild in den wiederkehrenden Diskussionen um Formalismus und Modernismus in der DDR eine wichtige Rolle gespielt.

Drama und Theater

Nur selten gaben die expressionistischen Dramatiker ihren Stücken traditionelle Bezeichnungen wie Tragödie, Komödie u.ä. Alfred Döblins Satire auf Neuromantik und Dichtersendungsbewusstsein *Lydia und Mäxchen* (1906) ist «eine tiefe Verbeugung in einem Akt», Reinhard Johannes Sorges *Der Bettler* (1912) «eine dramatische Sendung» und Hanns Johsts *Der junge Mensch* (1916) «ein exstatisches Szenarium». Georg Kaiser charakterisierte die eigenen Dramen als «Denkspiele». Die Intention, mit den überkommenen Mustern zu brechen und die Gattungserwartungen des Lesers oder Publikums herauszufordern, zeigt sich hier mit aller Deutlichkeit.

Zur Charakterisierung des expressionistischen Dramas finden sich verschiedene Termini: Die beiden Bezeichnungen «Protagonistendrama» und «Stationendrama» beziehen sich auf die Struktur, «Verkündigungsdrama» und «Wandlungsdrama» auf Inhalt und Idee. Der Terminus «Protagonistendrama» will sagen, dass viele expressionistische Dramen kein klares Gegnerpaar (wie etwa das klassische Drama) vorführen; der Protagonist, wie z.B. der Bettler-Dichter in Sorges (1892–1916) *Der Bettler* (1912), erscheint als der Typus des modernen dissoziierten Ich, dessen Widerpart nicht eine Person, sondern die Welt ist. Auch wo der Gegner in der Gestalt des ‹Vaters› als Vertreter der Gesellschaft erscheint, kommt es nur selten zum echten Dialog; die Personen reden eher aneinander vorbei. Damit verlieren die Stücke an dramatischer Intensität.

Die Stationentechnik – nach dem Vorbild von August Strindberg (z.B. *Nach Damaskus*, 1898–1901) und Frank Wedekind – ist dem expressionistischen Grundthema der Wandlung sehr adäquat. Der Protagonist wird mit verschiedenen Menschen, Ideen und Milieus konfrontiert und erfährt dadurch eine Wandlung – oder er scheitert. *Von morgens bis mitternachts* (1912) und *Hölle Weg Erde* (1918/19) von Georg Kaiser (1878–1945) sind, wie auch die Titel besagen, nach Zeit und Raum strukturierte Stationendramen, in denen das Wandlungsthema durchgespielt wird:

In *Von morgens bis mitternachts* bricht der Protagonist, nach seinem Beruf «Kassierer» genannt, aus seinem satirisch dargestellten Kleinbürgerleben in der «kleinen Stadt W.» auf, um mit 60000 Mark, die er seinem Arbeitsplatz, einer Bank, entwendet hat, «eine Testreihe des Geldes» (Kaiser) durchzuführen. In der «großen Stadt B.» durchläuft Kassierer einige typisch großstädtische Stationen (Sportpalast, Ballhaus, Lokal der Heilsarmee), bis sich sein Glaube an den Tauschwert des Geldes als Täuschung erweist und er sich erschießt. Die hektische, telegrammartige Sprache spiegelt die Gehetztheit Kassierers und entspricht der Zusammenballung der Geschehnisse auf den Zeitraum «von morgens bis mitternachts».

Der Protagonist in *Hölle Weg Erde* trägt den symbolischen Namen «Spazierer». Durch sein bloßes So- und Da-Sein bewirkt er die Wandlung seiner Mitmenschen, die mit ihm in eine utopisch-visionäre Welt aufbrechen, die «Erde». Das Postulierte und damit Abstrakte an dem Wandlungsvorgang teilt das Drama Kaisers mit vielen anderen expressionistischen Texten. Typisch ist auch der tableauhafte Schluss des Stückes: Während Spazierer in einer von Lichtmetaphern getragenen Rede immer wieder beschwörend «Baut die Schöpfung» ruft, wird die Bühne in «überweiße[m] Licht» gebadet, «in dem die Menge wie in einem verschmelzenden Nebel steht», wie es in der Regiebemerkung heißt. Ähnlich schließen auch Kaisers *Die Bürger von Calais* und Ernst Tollers *Die Wandlung*. Das Licht als traditionelles Zeichen der Offenbarung und Erneuerung ist eine der häufigsten Metaphern der expressionistischen Dichtung überhaupt.

Einer unbestimmten Sehnsucht nach etwas ganz anderem folgend, bewegt sich auch der *Bettler* Sorges durch verschiedene Stationen: Kaffeehaus, Bordell, bürgerliches Wohnzimmer, Kirchhof, verschiedene Berufe. Die beiden ersten Dramen Ernst Tollers (1893–1939), *Die Wandlung* (1918) und *Masse Mensch* (1919), sind ebenfalls in Stationen bzw. Bilder eingeteilt. Wie in anderen expressionistischen Stücken tritt in diesen Stationendramen ein episch-erzählendes Element hervor.

Ein Höhepunkt auf dem Weg der Wandlung des expressionistischen Dramenhelden ist der symbolische oder reale Vatermord, wie z. B. in Walter Hasenclevers (1890–1940) *Der Sohn* (1914): Der Sohn hat das Abitur nicht bestanden und spielt mit Selbstmordgedanken. Nachdem er sich vom verhassten Vater losgesagt hat, beschließen er und seine Jugendclubfreunde bei den Klängen der Marseillaise den Mord aller Söhne an allen Vätern! In Arnolt Bronnens (1895–1959) leidenschaftlichem Jugendwerk *Vatermord* (1915/20) stehen sich Vater und Sohn in einer letzten Konfrontation gegenüber. Der Vater versucht, den Sohn zu erschießen, der Sohn sticht den Vater mit dem Messer nieder. Die wilde Pathetik der Sprache und die Exzesse der Handlung machen es heute schwierig, dieses und andere Dramen des Expressionismus ganz ernst zu nehmen.

Nicht der Vatermord, sondern die persönliche Opfertat ist die Voraussetzung für die Wandlung und Erneuerung des Menschen in Georg Kaisers «Bühnenspiel» *Die Bürger von Calais* (1913). Das Stück baut auf einem Ereignis aus dem Hundertjährigen Krieg auf und ist der Form nach ein traditionelles dreiaktiges Drama:

Programmatisch verkündet der alte blinde Vater des Protagonisten: «– ich habe den neuen Menschen gesehen – in dieser Nacht ist er geboren!» Der «neue Mensch» Eustache de Saint-Pierre will durch seinen selbstgewählten Tod bewirken, dass die Opfertat der übrigen sechs ausgewählten Bürger zur Rettung der Stadt Calais vor der Zerstörung durch die Engländer völlig rein und geläutert sein soll. Nicht die äußere Handlung, sondern die innere Wandlung der Bürger ist die Hauptsache. Das wird dadurch unterstrichen, dass die Opfertat schließlich unterbleibt: Der englische König lässt von seiner Forderung nach dem freiwilligen Tod von sechs Bürgern ab, weil ihm «in dieser Nacht» ein Sohn geboren wurde. Die christliche Symbolik tritt hier wie in der Abendmahlsszene des 2. Aktes überdeutlich hervor. Die entpersonalisierte, hochstilisierte Sprache unterstreicht die Funktion der Dramenfiguren als Ideenträger.

Form- und Inhaltsexperimente kennzeichneten das expressionistische Drama, und es entwickelte sich in Zusammenhang damit eine ebenfalls experimentierende Bühnenpraxis, die das neue Filmmedium beeinflusste – und umgekehrt. Die meisten expressionistischen Dramen wurden zunächst in geschlossenen Vorstellungen aufgeführt, teils wegen der Kriegszensur, teils wegen ihres provozierenden Inhalts (in Kokoschkas *Mörder, Hoffnung der Frauen* legen sich die Mädchen mit den Männern «wälzend und paarend rechts auf den Boden»). Eine breitere Bühnenwirkung erreichten sie in den ersten Nachkriegsjahren, als es eine gewisse Bereitschaft zur Annahme ihrer politisch oder religiös gefärbten Erneuerungsbotschaft gab. Angesichts der gesellschaftlichen Realitäten von enttäuschten Revolutionshoffnungen, galoppierender Inflation und großer Arbeitslosigkeit mussten jedoch das Verkündigungspathos hohl klingen und die Utopievorstellungen als Hirngespinste erscheinen. Das satirisch-gesellschaftskritische Drama konnte den Forderungen des Tages eher entsprechen, wie z. B. der Erfolg des heute noch gespielten Heimkehrerdramas *Hinkemann* (1923) von Ernst Toller zeigt.

Epik

Die Erzählprosa des Expressionismus liest sich wie eine Bestätigung der seit dem Ende des 19. Jahrhunderts oft beschworenen «Krise des Romans». Es wurde fast nur Kurzprosa geschrieben, sieht man von Alfred Döblins ersten Romanen *Die drei Sprünge des Wang-Lun* (1915), *Wallenstein* (1920) und *Berge, Meere und Giganten* (1924) und den dem Expressionismus nur von der Entstehungszeit her zuzurechnenden Romanen Franz Kafkas ab, die erst in den Jahren 1925–27 postum erschienen (s. S. 210–214). Die Erzählbarkeit einer als atomistisch erfahrenen Welt wird bezweifelt. Carl Einsteins *Bebuquin oder Die Dilettanten des Wunders* (1906/09/12) trägt zwar die Gattungsbezeichnung ‹Roman›, löst sich aber ironisch von allen Romankonventionen. So bemerkt die Titelperson Giorgio Bebuquin schon im 2. Kapitel: «[...] welch schlechter Romanstoff bin ich, da ich nie etwas tun werde, mich in mir drehe, ich möchte gern über Handeln etwas Geistreiches sagen, wenn ich nur wüßte, was es ist. Sicher ist, dass ich noch nie gehandelt oder erlebt habe.»

In seinen Anmerkungen *Über den Roman* (1912 in der *Aktion*) schlägt Einstein deshalb vor, die Gattungsbezeichnung ‹Roman› überhaupt aufzugeben, da die moderne, sich permanent verändernde Welt mit traditionellen darstellerischen Mitteln nicht erfasst werden könne.

Theoretische Äußerungen zur Erzählkunst hat in diesen Jahren neben Carl Einstein vor allem Alfred Döblin geschrieben. Beide lehnen die «Psychologie» und damit das Prinzip der Kausalität zur Erklärung des Menschen und der Welt ab. Kausales Folgern bedeutet ihrer Meinung nach eine Verengung und Verzerrung der komplizierten Vielfalt des modernen Lebens. Döblin definiert in seinem 1913 im *Sturm* veröffentlichten Aufsatz *An Romanautoren und ihre Kritiker. Berliner Programm* «Psychologie» erzähltechnisch als die unstatthafte Einmischung des Erzählers in den Erzählvorgang. Der «Psychologie» stellt er die «Psychiatrie» gegenüber als eine Darstellungsweise, bei der das Innenleben der erzählten Personen durch deren Handlungen und Gebärden zum Ausdruck kommt. Döblin selbst sah dieses Prinzip als eine konsequente Weiterentwicklung des naturalistischen Programms.

Carl Einstein geht es in *Bebuquin* nicht um das Darstellen oder Beschreiben, sondern um das Denken. Seine männlichen Personen sind «Denkfiguren» (S. Vietta), Träger erkenntnistheoretischer und philosophischer Positionen. Die grotesk-surreale ‹Handlung› setzt sich aus den Konfigurationen der monologisierenden ‹Denkfiguren› zusammen. Die Idee eines Ich, das sich in schöpferischer Willkür entfaltet, verbindet Einstein mit den Theoretikern der Frühromantik (s. Bd. I, S. 317). Der Doppeltitel des ‹Romans›, «Die Dilettanten des Wunders», verweist auf die Verwandtschaft zwischen den Einstein'schen «Denkfiguren» und dem Typus des Dilettanten, wie ihn Paul Bourget definiert hatte (s. S. 120). Um das Denken als Prinzip geht es ebenfalls in Otto Flakes *Stadt des Hirns* (1919) und in Gottfried Benns *Gehirne*, einer der ‹Novellen› um den Arzt Rönne (s. S. 207). Wie Rönne reflektiert und monologisiert die Hauptperson in Albert Ehrensteins *Tubutsch* (1911) über die eigenen vergeblichen Versuche, mit der Welt in irgendeinen Kontakt zu treten. Eine monologische Struktur findet sich auch in den Erzählungen Georg Heyms (s. S. 201–202).

Stilistisch zeigt die expressionistische Prosa eine ähnliche Vielfalt wie die beiden anderen Gattungen. Alfred Döblin forderte als Konsequenz seiner antipsychologischen Erzählweise einen knappen «Kinostil», wo nur gezeigt, aber nicht erklärt wurde. Bei Autoren, die wie z.B. Leonhard Frank in *Der Mensch ist gut* (1917) eine ethische oder politische Botschaft vermitteln wollten, dominierte eine predigthafte Rhetorik à la Werfel. Die Beschäftigung mit dem Ich und dessen problematischem Verhältnis zur Welt favorisieren erzähltechnische Formen wie die erlebte Rede und der innere Monolog, die ja auch die vorexpressionistische Literatur kannte. In assoziativer, traumlogischer Folge werden Bewusstseinsvorgänge wiedergegeben. Innen und Außen gleiten ineinander, «das Orientierungszentrum scheint nirgends und überall zu liegen» (W. H. Sokel) wie etwa in dem folgenden Zitat aus Gottfried Benns ‹Rönne-Novelle› *Die Reise*, wo es heißt: «Er war eingetreten in den Film, in die scheidende Geste, in die mythische Wucht. Groß vor dem Meer wölkte er um sich den Mantel, in hellen Brisen stand in Falten der Rock; durch die Luft schlug er wie auf ein Tier, und wie kühlte der Trunk den Letzten seines Stamms.»

III. Autoren

Georg Heym

Am 30. 10. 1887 geboren, in einem bürgerlichen, von Protestantismus, preußischem Beamtentum und Gutsbesitz bestimmten Milieu aufgewachsen. Schon früh Konflikte mit Schule und Elternhaus als Vertreter der gesellschaftlichen Normen. Trotzdem Jura-Studium wie der Vater; 1911 Referendarexamen in Berlin, wo Heym 1910 Mitglied des Neuen Clubs geworden war. Seine ständige Suche nach Fluchtwegen aus dem Alltag äußerte sich in alternativen Berufsplänen wie Offizier oder kaiserlichem Dolmetscher für orientalische Sprachen. Am 16. 1. 1912 starb Georg Heym beim Schlittschuhlaufen auf der Havel zusammen mit seinem Jugendfreund Ernst Balcke.

Das dichterische Werk umfasst Gedichte, Dramen, Novellen und Essays. Außer Veröffentlichungen in den expressionistischen Zeitschriften erlebte Heym zu seinen Lebzeiten nur die Publikation der Gedichtsammlung *Der ewige Tag* (1911).

Das erste erhaltene Gedicht Georg Heyms stammt aus dem Jahr 1899; es heißt «Die Quelle» und ist, wie nicht anders zu erwarten, epigonenhaft. Die wechselnden Bildungserlebnisse des Schülers und Studenten zeichnen sich auch in den folgenden Jahren deutlich ab: Romantik, Antike, Hölderlin («An Hölderlin», 1905), das Fin de siècle («Im Herbst», «Der Gang der Liebenden», beide im August 1906 entstanden). Für die zum größten Teil in das Jahr 1908 fallenden Dramenversuche haben Kleist und Grabbe Pate gestanden. Die eigenständige, außerordentlich fruchtbare Schaffenszeit Heyms ist auf die Jahre von 1908/09 bis zu seinem frühen Tod konzentriert.

Die Heym-Rezeption wurde von zwei Ereignissen entschieden geprägt: Sein früher und tragischer Tod wurde als – fast – logische Folge seiner Untergangs- und Zerstörungsbilder gedeutet, und als dann zweieinhalb

Jahre später der Erste Weltkrieg ausbrach, lasen viele Menschen Gedichte wie «Der Krieg» als prophetische Voraussage. Symptomatisch ist der Artikel des expressionistischen Dichters Paul Zech (1881–1946), «Wie Georg Heym diesen Krieg sah», in dem es u. a. heißt: «Das alles haben wir nun erlebt und erleben es heute – Heym aber hat es geschaut.» Auch nach dem Zweiten Weltkrieg wurde Heym zum frühvollendeten Mahner und Propheten der Katastrophe stilisiert.

Ein zentrales Thema in der Lyrik Heyms tritt schon früh auf: die Stadt als Ort der Stagnation und des Todes, so z.B. in «Viel Türme ragen aus dem grauen Meer» (1907/08), in dem es in der 2. Str. heißt:

> Vergangenheit drückt hart auf diese Stadt
> und Friedhofsstille. Jeder frohe Laut
> hallt dumpf zurück. Das kalte Schweigen braut
> fast hörbar hier und herzerschlaffend matt.

Die Form ist für Heym charakteristisch: fünffüßige Jamben, vierversige, gereimte Strophen.

Dem Themenkomplex der Erstarrung, der Monotonie und des Todes steht die Vorstellung von einer befreienden Vernichtung gegenüber, wie in den bekannten Gedichten «Der Gott der Stadt» und «Die Dämonen der Städte» (beide 1910), wo die Verkörperungen der Zerstörung, der Gott und die Dämonen, dynamisch handelnd sind gegenüber der Stagnation und dem Einerlei der Stadt und der Städter. Das rote Feuer als ihr Element «frisst» alles auf, «bis spät der Morgen tagt.» («Der Gott der Stadt»). Auch die Natur erscheint bei Heym häufig im Zustand der Erstarrung; sie bildet keinen Gegenpol zur Stadt mehr, denn die Stadt, als Bild der modernen Welt, erfüllt den ganzen Raum:

> Und riesenhaft in ihrer weißen Schwäche
> wie Frauen feist, so dehnt der Städte Brust
> voll weißer Flecken endlos ihre Fläche
> in ferne Himmel, die ihr Atem rußt.

So heißt es in einem der «Verfluchung der Städte» betitelten Gedichte. Aus dem Naturbereich stammt jedoch auch die Feuer- und Gewittermetaphorik, die den dynamisch-vitalistischen Pol im lyrischen Werk Heyms vertritt.

Die Verbindungslinien zwischen der Lyrik des Frühexpressionismus und derjenigen des französischen Symbolismus lassen sich an Gedichten Heyms exemplarisch nachweisen. Seine Stadtgedichte stehen im modernistischen Kontext der Großstadtpoesien Baudelaires; «Die Tote im Wasser» und «Ophelia» verarbeiten dasselbe Motiv wie Arthur Rimbauds «Ophélie» (1870) – und das Bild des englischen Präraffaeliten J. E. Millais (1852). Ein Vergleich ist aufschlussreich: Von den weinenden Weiden, den seufzenden Seerosen, der ganzen mitfühlenden und trauernden Natur bei Rimbaud finden sich immer noch Reminiszenzen in Heyms «Ophelia»: «[...] Und eine Weide weint/das Laub auf sie und ihre stumme Qual.» (Str.4, 3–4). In «Die Tote im Wasser» ist jedes Mitgefühl verschwunden; auf provozierend expressionistische Weise wird sachlich dargestellt, wie die aufgeblähte Leiche zum Floß der Wasserratten geworden ist und dahinsegelt, um zuletzt «zur grünen Tiefe» zu sinken, «im Arm der feisten Kraken auszuruhn.» (Str.7, 3–4).

1913 kamen Heyms Novellen, die nach seinen eigenen Angaben alle 1911 entstanden sind, in der von ihm selbst zusammengestellten Reihenfolge postum heraus. Der Band enthält 7 Novellen, als erste *Der fünfte Oktober*, mit einem Stoff aus der Französischen Revolution, für die sich Heym sehr interessiert hat, wovon auch mehrere Gedichte zeugen («Danton», «Le tiers état», «Robespierre»). Eine thematische Verwandtschaft mit seinen Gedichten weisen auch die Novellen *Der Irre*, *Die Sektion* und *Jonathan* auf.

Die aus den Gedichten bekannte Polarität von Statik und Dynamik bestimmt ebenfalls die Struktur der Novellen, wobei der revolutionäre Aufbruch in *Der fünfte Oktober* eher im Kontext der Lebensphilosophie als politisch gedeutet werden sollte: Revolution heißt erfülltes Leben *in* der Erhebung, nicht erst nachher. In *Jonathan* wird die Unmöglichkeit des Aufbruchs aus der Erstarrung thematisiert; hier, wie in *Die Sektion* und *Der Irre*, steht die Krankenhauswelt für die Gesellschaft, der das Individuum ausgeliefert ist. Aus Verzweiflung über die Sinnlosigkeit des Daseins zerstört *Der Dieb* das gestohlene Kunstwerk (Leonardo da Vincis *La Gioconda*; die Fabel gründet auf einem tatsächlichen Ereignis). Die Zerstörung von Leben als pervertierte Erfahrung der höchsten Lebensfülle stellt die bekannteste Novelle der Sammlung, *Der Irre*, dar. Sie hat die für die expressionistische Prosa charakteristische monologische Struktur; es wird aus der Perspektive des Irren erzählt, wobei die Grenzen zwischen Normalität und Wahnsinn verschoben werden. Stilistisch eindrucksvoll ist die ästhetisierte Darstellung sowohl der Mordtaten als auch der Visionen des Irren.

Georg Trakl

Am 3. 2. 1887 in Salzburg als Sohn eines wohlhabenden Eisenhändlers geboren. Musste nach der 6. Klasse das Gymnasium wegen ungenügender Leistungen verlassen und fing stattdessen eine Lehre als Apotheker an. Nach dreijähriger Praktikantentätigkeit in Salzburg Studium der Pharmazie in Wien, das er 1910 abschloss. Aufgrund von Depressionen, Rauschgift- und Alkoholsucht zu regelmäßiger Berufstätigkeit unfähig. August 1914 als Militärapotheker eingezogen. Nach der Schlacht bei Grodek in Galizien im September 1914, wo Trakl in einer Scheune etwa 90 Schwerverwundete allein betreuen musste, ohne ihnen mit Medizin helfen zu können, brach er zusammen. Nach einem Selbstmordversuch wurde er nach Krakau in die psychiatrische Abteilung des Garnisonshospitals gebracht, wo er in der Nacht vom 3. zum 4. November 1914 starb, vermutlich an einer Überdosis Kokain.

Wie sein gleichaltriger Zeitgenosse Georg Heym hat sich auch Trakl als Dramatiker versucht. Zwei Einakter *Der Totentag* und *Fata Morgana* wurden 1906 im Salzburger Stadttheater aufgeführt, erlebten jedoch einen nur mäßigen Erfolg bzw. einen eklatanten Durchfall. Aus Enttäuschung hat Trakl alle Exemplare der Texte vernichtet. Das Tragödienfragment *Don Juans Tod* (1907/09), wahrscheinlich durch Lenaus *Don Juan* angeregt, ist insofern von Interesse, als Trakl hier, wie z.B. auch im frühen Gedicht «Schweigen», die Sprachkrise thematisiert, die als ein Grundcharakteristikum der Moderne bezeichnet werden kann (vgl. Hofmannsthals *Brief des Lord Chandos*, 1901), und in deren Kontext auch die Formelhaftigkeit seiner lyrischen Sprache gesehen werden kann. Außer den Dramenversuchen hat Trakl einige Prosaskizzen geschrieben; den Kern seines Werkes machen jedoch die Gedichte aus.

Seine frühen Gedichte hat Trakl 1909 gesammelt und einem Freund zur Veröffentlichung übergeben. Erschienen ist diese Sammlung jedoch erst 1939 unter dem Titel *Aus goldenem Kelch*. Sie zeigt einen jungen Dichter, der sich in der lyrischen Tradition gut auskennt; Heine, Lenau, Hofmannsthal, Baudelaire und Verlaine sind nur einige der deutlich erkennbaren Vorbilder. Auch die Form ist traditionell; am häufigsten kommt das Lied vor. Die Anfangsstrophe von «Drei Träume» zeigt den Duktus dieser Jugendgedichte exemplarisch:

> Mich deucht, ich träumte von Blätterfall,
> von weiten Wäldern und dunklen Seen,
> von trauriger Worte Widerhall –
> doch konnt' ich ihren Sinn nicht verstehn.

In den wenigen Jahren von 1909 bis zu seinem Tod machte Trakl eine erstaunliche dichterische Entwicklung durch, deren einzelne Phasen sich u. a. durch die Dominanz einer bestimmten Versart unterscheiden lassen: Bis 1912 entstehen Gedichte, die häufig in dem für den Expressionismus charakteristischen Reihungsstil gebaut sind. Die Strophe setzt sich aus vier parataktisch gebauten Versen zusammen, in denen disparate Bilder aneinandergereiht werden, wie z. B. «Musik im Mirabell»:

> Ein weißer Fremdling tritt ins Haus.
> Ein Hund stürzt durch verfallene Gänge.
> Die Magd löscht eine Lampe aus,
> das Ohr hört nachts Sonatenklänge. (Str. 4)

Mit «Psalm» und «De Profundis», die im Herbst 1912 entstanden, kündigt sich eine neue Phase an. Trakl hat hier eine eigene freie Versform entwickelt, in der die Musikalität der Sprache und nicht die syntaktische oder inhaltliche Logik den Aufbau der Versgruppen bestimmt. Den freirhythmischen Gedichten verwandt sind die lyrischen Prosastücke *Traum und Umnachtung* und *Offenbarung und Untergang* (beide 1914). In seinem letzten Schaffensjahr entstehen außerdem Gedichte mit kurzen

Verszeilen, deren «harte Fügungen» die späten Hymnen Hölderlins in Erinnerung rufen, z. B. «Die Nacht»:

Dich sing ich wilde Zerklüftung,
im Nachtsturm
aufgetürmtes Gebirge;
ihr grauen Türme
überfließend von höllischen Fratzen,
feurigem Getier,
rauen Farnen, Fichten,
kristallnen Blumen.
Unendliche Qual,
dass du Gott erjagtest,
sanfter Geist,
aufseufzend im Wassersturz.
In wogenden Föhren.
(Str. 1)

Seine beiden letzten Gedichte «Klage» und «Grodek» schrieb Trakl unter dem Eindruck der Kriegsgräuel. Den apokalyptischen Ton haben sie mit anderen seiner späten Gedichte gemeinsam.

In «Grodek» kommt zum letzten Mal «die Schwester» vor, in der Gestalt der Walküre, die die Helden vom Schlachtfeld holt: «Es schwankt der Schwester Schatten durch den schweigenden Hain,/zu grüßen die Geister der Helden, die blutenden Häupter». An der Gestalt der «Schwester» lässt sich ein charakteristischer Zug der Traklschen Lyrik beobachten. In den frühen Gedichten ist der biografische Bezug zur fünf Jahre jüngeren Schwester, Gretl, mit der ihn eine inzestuöse Bindung verband, noch spürbar. In den späteren Gedichten wird «die Schwester» zu einer Chiffre, deren Bedeutung über das nur-biografische hinausreicht; oft wird sie mit der «Jünglingin» oder der «Mönchin» verbunden. Entsprechend tritt die Ich-Aussage immer mehr zurück.

Die lyrische Welt Trakls setzt sich aus wenigen Motiven, Gestalten, Landschaften und Farben zusammen, die immer neu kombiniert und einander gegenübergestellt werden, weshalb man von den «wandernden Ausdrucksteilen» oder dem «einen Gedicht» Trakls gesprochen hat. Der mimetische Bezug der

Sprache zur äußeren Wirklichkeit löst sich zusehends auf, es entsteht ein innerdichterisches System. Die Trakl'schen Gedichte bilden eine geschlossene, seltsam-schöne und beängstigend-traurige Welt von großer Suggestionskraft. Ihre Hermetik lässt sie zugleich offen sein für verschiedene Deutungen, was die sehr umfangreiche Forschungsliteratur bezeugt.

Literaturgeschichtlich steht Trakl zwischen Symbolismus/ Fin de siècle und Expressionismus. Seine Tages- und Jahreszeiten sind der Abend und der Herbst, wie die Neuschöpfung «Abendnovember» («Sebastian im Traum») zeigt. Das Sterben und der Untergang sind immer gegenwärtig. Dem «Sturz- und Schrei-Pathos» des Expressionismus, ihrem plakativen Ausdrucksgestus steht er fern. Die starke sinnliche Wirkung seiner Bilder und nicht zuletzt seine eigenwillige Farbmetaphorik rücken ihn jedoch in die Nähe des Expressionismus.

Georg Trakl und Georg Heym wurden schon oft zusammengestellt. Ihr früher und tragischer Tod hat dabei zweifelsohne eine Rolle gespielt, sowie die Tatsache, dass sie beide vor allem als Lyriker bekanntgeworden sind. Ihnen gemeinsam ist z.B. auch der Bezug zum französischen Symbolismus, besonders zur Lyrik Baudelaires und Rimbauds. Ihr lyrisches Werk ist jedoch ebenso verschieden wie das Erscheinungsbild der beiden Dichter: Trakl melancholisch, von Depressionen geplagt, ein Unbehauster, Heym vital, trotzig, das Leben herausfordernd. Der musikalischen Klangschönheit der Trakl'schen Gedichte stehen die eher monotonen Verse Heyms gegenüber. Wo Heyms Visionen sich auf eine moderne Welt beziehen, deren apokalyptisches Ende er beschwört, gestaltet Trakl eine innere Welt, in der dieselben archetypischen Gestalten immer wieder erscheinen. Man kann das Werk Heyms extrovertiert, dasjenige Trakls introvertiert nennen. Dass die Lyrik dieser beiden Dichter einen Höhepunkt nicht nur der deutschen, sondern auch der europäischen Moderne darstellt, steht außer Zweifel; das bezeugt auch die Rezeptionsgeschichte.

Gottfried Benn

Am 2. 5. 1886 geboren. Entstammt einer preußischen Pfarrersfamilie. Sollte auch selber Theologie studieren, durfte aber nach einigen Semestern zum Wunschstudium der Medizin überwechseln. Militärarzt im Ersten Weltkrieg, danach Spezialarzt für Haut- und Geschlechtskrankheiten in Berlin. Gab 1934 die schon seit Jahren schlecht gehende Praxis auf und ließ sich in der Armee reaktivieren, ein Schritt, den Benn später zur «aristokratischen Form der Emigration» stilisierte. Nach dem Zweiten Weltkrieg wieder Praxis in Berlin. Gestorben am 7. 7. 1956.

Die ersten Veröffentlichungen Benns fallen in das Jahr 1910. Vorausweisend auf sein später von ihm so bezeichnetes «Doppelleben» als Arzt und Schriftsteller handelt es sich teils um medizinische Aufsätze (zu Themen der Psychiatrie), teils um erste dichterische Versuche. 1912, kurz nach seiner Promotion zum Dr. med., erschien die erste Gedichtsammlung *Morgue und andere Gedichte*, die die Erfahrungen Benns aus der Anatomie und Pathologie auf provozierende Weise wiedergeben. Der Mensch erscheint hier als Körper, als *Fleisch* (Titel der gesammelten Gedichte, 1917), über dessen Gebrechen im saloppen Parlandoton berichtet wird. Die Anteilnahme des sezierenden Ich gilt in «Schöne Jugend», die nach Arthur Rimbaud und Georg Heym das Ophelia-Motiv noch einmal aufnimmt, nicht dem toten Mädchen, sondern den jungen Ratten:

> Der Mund eines Mädchens, das lange im Schilf gelegen hatte,
> sah so angeknabbert aus.
> Als man die Brust aufbrach, war die Speiseröhre so löcherig.
> Schließlich in einer Laube unter dem Zwerchfell
> fand man ein Nest von jungen Ratten.
> Ein kleines Schwesterchen lag tot.
> Die andern lebten von Leber und Niere,
> tranken das kalte Blut und hatten
> hier eine schöne Jugend verlebt.
> Und schön und schnell kam auch ihr Tod:
> Man warf sie allesamt ins Wasser.
> Ach, wie die kleinen Schnauzen quietschten!

Morgue wurde ein Sensationserfolg. Viele Kritiker drückten ihren Ekel über den krassen Naturalismus der Gedichte aus und übersahen ganz ihren symbolischen Gehalt.

Das Verhältnis von Körper und Bewusstsein steht im Zentrum der frühen Werke Benns. Jeden Idealismus herausfordernd, beginnt das Gedicht «Der Arzt I» mit dem Vers: «Die Krone der Schöpfung, das Schwein, der Mensch». In den 1916 erschienenen fünf ‹Novellen› um den Arzt Rönne – in manchem das alter ego des Autors – kreisen dessen Gedanken um die «Gehirne» – so der Titel der ersten Novelle.

Rönne ist ein zerrissener Mensch, unfähig, in der Wirklichkeit Fuß zu fassen, wofür die Formeln von der «Eroberung der Welt» und der «Gemeinschaft der Männer» stehen. Er fantasiert sich deshalb eine Gegenwelt («Wie er es hervorspielte, ach, spielte! regenbogente! grünte!»), die im Begriff des «Südens», der «Südlichkeiten» Rausch und Eros (in der Gestalt der «ewigen» Frau), Leben und Tod vereinigt. Diese Vorstellungen sowie die sowohl in den ‹Novellen› als auch im polemischen Essay *Das moderne Ich* (1920) dargestellte Generationserfahrung vom Bankrott der großen Ideen des 18./19. Jahrhunderts – Rationalismus, Positivismus, Liberalismus – weisen auf Friedrich Nietzsche hin, den Benn als *das* zentrale Bildungserlebnis seiner Generation bezeichnete.

Der ekstatische Wunsch Rönnes nach einer Regression in vorbewusste Zustände wird auch im Gedicht «Gesänge I» («O dass wir unsere Ururahnen wären./ Ein Klümpchen Schleim in einem warmen Moor/[...]»; um 1916) artikuliert und erscheint in der Lyrik der 20er Jahre als Sehnsucht nach einer mythischen Urzeit, die der zerfallenden modernen Zivilisation entgegengesetzt wird. Die vier- bis achtzeiligen Reimstrophen, die durchgehend die Gedichte dieser Jahre bestimmen, bilden ein formales Bollwerk gegen die totale Auflösung des Ich. Die dichterische Sprache Benns verbindet auf eigenartige Weise naturwissenschaftlich-medizinischen Fachjargon, mythische Begriffe, moderne Fremdsprachen, Wörter des traditionellen poetischen Vokabulars und Neuschöpfungen.

Viele Gedichte thematisieren den Schaffensprozess, die Spannung zwischen schöpferischem Rausch und künstlerischer Formung, die z.B. in der Wortzusammenstellung «trunken zerebral» («Schweifende Stunde», 1925) festgehalten wird. Eine analoge Spannung drückte sich in der Suche Rönnes nach «Formen», in denen er «geschehen» könne, aus. Um diese Fragen kreisen auch die ästhetisch-poetologischen Überlegungen

Benns von seiner *Schöpferischen Konfession* (1919/20) über die *Akademie-Rede* (1932) bis zum Vortrag über *Probleme der Lyrik* (1951), um nur einige wenige Titel aus seiner großen essayistischen Produktion zu nennen. Das Wort fasziniert ihn als «assoziatives Motiv» (*Schöpferische Konfession*), nicht als Mittel der Beschreibung oder des Denkens. Die Formkunst wird «die letzte metaphysische Tätigkeit des Menschen» sein (*Akademie-Rede*), nur das Kunstwerk wird das Ende der Zivilisation überdauern. «Die Form *ist* ja das Gedicht», heißt es in *Probleme der Lyrik*, in dem Benn die Charakteristika des modernen Gedichts seit Mallarmé herausarbeitet. Es ist ein «Kunstprodukt», etwas artistisch Gemachtes – Artistik verstanden als «der Versuch der Kunst, innerhalb des allgemeinen Verfalls der Inhalte sich selber als Inhalt zu erleben». Es hat mit der empirischen Wirklichkeit nichts zu tun, es ist autonom, absolut. Schon in dem Gedicht «Trunkene Flut» aus den 20er Jahren hieß es: «[...] o Absolut/das meine Stirne deckt,/um das ich ringe/[...]», was die Kontinuität im Denken und Schaffen Benns unterstreicht.

Wegen seiner kurzen und für viele Zeitgenossen schockierenden positiven Stellungnahme zum Nationalsozialismus geriet Gottfried Benn in eine zunehmende Isolation. Er sah im Nationalsozialismus die schon in der *Akademie-Rede* angekündigte «entscheidende anthropologische Wendung», fand in ihm die Verkörperung eines neuen biologischen Typus, des im mythischen Kollektiv handelnden, die Macht wollenden Mannes. Von den exilierten Kollegen sagte er sich selber los, und sein «Fall» wurde zum Anlass der sog. Expressionismusdebatte (s. S. 257). Desillusionierung und Enttäuschung stellten sich jedoch bald ein und schwingen im melancholischen Gedicht «Einsamer nie als im August» (1935) mit, das die Einsamkeit des «dem Gegenglück, dem Geist» dienenden Menschen gestaltet. Von den nationalsozialistischen Kulturpolitikern wurde Benn wegen der angeblichen Unmoral seiner frühen Gedichte angefeindet und erhielt 1938 Veröffentlichungsverbot. Während dieser Jahre schrieb er seine *Statischen Gedichte* (1948 erschienen) – ‹statisch› zu verstehen als «Rückzug auf Maß und

Form [...] antifaustisch» (Benn 1947 in einem Brief an seinen Verleger). Die Anfangsverse des Titelgedichts sind «Entwicklungsfremdheit/ist die Tiefe des Weisen». Die Essenz der künstlerischen Botschaft nicht nur dieser Gedichte drückt «Die Form» aus:

> Die Form, die Formgebärde,
> die sich ergab, die wir uns gaben –
> du bist zwar Erde,
> doch du musst graben.
>
> Du wirst nicht ernten,
> wenn jene Saat entsteht
> in den Entfernten,
> dein Bild ist längst verweht.
>
> Riefst den Verlorenen,
> Tschandalas, Parias, du,
> den Ungeborenen
> ein Wort des Glaubens zu.

Seit seiner expressionistischen Frühphase hatte Benn auch an der Schaffung einer «absoluten» Prosa gearbeitet, die er in *Doppelleben* (1950) als eine «Prosa außerhalb von Raum und Zeit, ins Imaginäre gebaut, ins Momentane, Flächige gelegt» charakterisiert. Wie die Rönne-Texte bestehen auch die späten Prosawerke *(Weinhaus Wolf, Roman des Phänotyps, Der Ptolemäer. Berliner Novelle, 1947)* vorwiegend aus inneren Monologen, in denen Grundfragen der menschlichen Existenz reflektiert werden. In *Der Ptolemäer* (1949) wird der Inhaber eines «Schönheitsinstituts einschließlich Krampfadern» vorgeführt, der ein «Doppelleben» praktiziert: «Wir alle leben etwas anderes, als wir sind.» Während er die Kunden bedient und Ratschläge über Haarschnitt und Brillantine erteilt, beschäftigen sich seine Gedanken mit den großen Sinnfragen. Die Bilanz des Ptolemäers im Kapitel «Der Glasbläser» kann als künstlerisch-ästhetisches Credo Gottfried Benns gedeutet werden: Sinn und Wert besitzt das Leben nur in der Ausdruckswelt des Kunstwerks (cfr. auch den *Vortrag in Knokke*, 1952):

«Du trittst zurück in die Schatten, aber etwas von dir wird noch verweilen. Und wenn es sich bei dir auch nur um Vasen und Gläser handelt, die dein Hauch ablöst, nicht um die tiefen Reliefs und die Fluchten von Gestalten, wenn es sich bei dir auch nur um geringere Stücke handelt, halte auch du dich in dem Land, in das dich deine Träume ziehen und in dem du da bist, die dir aufgelegten Dinge schweigend zu vollenden.»

In der Nachkriegszeit erlebte Gottfried Benn eine neue, fruchtbare Schaffensperiode (die Gedichtsammlungen *Destillationen* (1953) und *Aprèslude* (1955) sowie die Autobiografie *Doppelleben* (1934/50) und viele Reden und Essays. Er erhielt zahlreiche offizielle Ehrungen und wurde zunehmend so rezipiert, wie er sich selber sah: als «Phänotyp», d.h. als «das Individuum einer jeweiligen Epoche, das die charakteristischen Züge dieser Epoche evident zum Ausdruck bringt, mit dieser Epoche identisch ist, das sie repräsentiert» (*Doppelleben*). Kaum jemand hat in dem Maße wie Gottfried Benn den «totalen Ideologieverdacht» (Hans Mayer) der Nachkriegszeit zum Ausdruck gebracht. Darauf beruhte seine Wirkung in den 50er Jahren (s. S. 288–289), und darin sowie in seinem Ästhetizismus liegt das in den 80er Jahren neu erwachte Interesse für Gottfried Benn begründet.

Franz Kafka

Am 3. 7. 1883 in Prag geboren. Der Vater war ein aus einem südböhmischen Dorf zugezogener jüdischer Händler, der es in Prag zum geschäftlichen Erfolg brachte; die Familie der Mutter gehörte dem wohlhabenden jüdischen Mittelstand an. Kafka besuchte wie viele Söhne jüdischer Familien das deutsche Gymnasium. 1901 Abitur; auf Wunsch des Vaters Jurastudium, 1906 Promotion. Von 1908 bis zur vorzeitigen Pensionierung 1922 Angestellter der Arbeiter-Unfalls-Versicherungs-Anstalt in Prag. Schon 1905 mehrwöchiger Aufenthalt in einem Sanatorium. Kafka war ein kränklicher Mensch, der trotz sportlicher Übungen (u. a. Rudern und Schwimmen) und Diäten immer wieder krank wurde. 1917 brach die Tuberkulose auf, die am 3. 6. 1924 zu seinem Tod im Sanatorium Kierling bei Wien führte. Vor diesem letzten Sanatoriumsaufenthalt hatte Kafka den Winter 1923–24 zusammen mit einer jungen Ostjüdin, Dora Diamant, in Berlin gelebt. Sonst wohnte er sein ganzes Leben in Prag, die meiste Zeit in der elterlichen Wohnung. Kafkas Eltern starben 1931 und 1934; seine Schwestern und deren Familien sind im Ghetto von Lodz und in Auschwitz umgekommen.

Dass aus dem Namen eines Autors ein in mehreren Sprachen benutztes Adjektiv gebildet wird, kommt nur selten vor, ist jedoch bei Kafka der Fall. Sein verhältnismäßig schmales Werk, das aus drei Romanfragmenten, einigen Erzählungen und einer größeren Anzahl von kurzen, parabolischen Prosastücken besteht, hat eine weltweite Wirkung gehabt, die sich unter den Deutsch schreibenden Autoren des 20. Jahrhunderts nur mit derjenigen Brechts vergleichen lässt. Dabei hatte Kafka testamentarisch bestimmt, dass seine Schriften, von denen nur wenige veröffentlicht waren, nach seinem Tod vernichtet werden sollten. Sein Freund, der Prager Schriftsteller Max Brod (1884–1968), den er zum Testamentsvollstrecker bestimmt hatte, nahm es jedoch auf sich, gegen den Wunsch des Verstorbenen zu handeln, und gab in den folgenden Jahren den Hauptteil des Kafka'schen Werkes, u.a. die drei Romane, heraus. Max Brod hat auch die erste Kafka-Biografie geschrieben (1937).

Die Literatur über Kafka und sein Werk füllt nicht nur Bände, sondern Bibliotheken. Schon in den 20er Jahren äußerten sich einsichtsvolle Kritiker wie z.B. Kurt Tucholsky und Walter Benjamin sehr positiv über ihn: «Er schreibt die klarste und schönste Prosa, die zurzeit in deutscher Sprache geschaffen wird», schrieb Tucholsky. Als Jude galt Kafka im Deutschland der 30er Jahre und nach 1939 in der besetzten Tschechoslowakei als «entartet»; viele Manuskripte sind während dieser Zeit verloren gegangen. Die Kafka-Rezeption fand im Ausland statt, zuerst in Frankreich, wo er von André Breton aus der Perspektive des Surrealismus, von Albert Camus und Jean-Paul Sartre aus derjenigen des Existenzialismus gelesen wurde. Es folgten England und die USA, in denen eine von der Psychoanalyse inspirierte Deutung des Werks lange dominiert hat. Erst um 1950 kam das Werk nach Deutschland, d.h. in die Bundesrepublik, zurück, und eine umfassende Forschung setzte ein. Ende der 50er Jahre erschienen die Ersten tschechischen Übersetzungen; Kafka galt jedoch im Ostblock lange als dekadent, formalistisch und modernistisch und wurde erst in den 60er Jahren im Sinne des Marxismus als Schilderer des entfremdeten Menschen in der kapitalistischen Gesellschaft rezipiert (s. S. 363). Dass Kafka auch von anderen weltanschaulichen und theoretischen Positionen aus gedeutet worden ist, soll nur erwähnt werden. Insgesamt zeugt die umfassende Kafka-Literatur von der andauernden Faszination, die von dem Werk und der Person Kafkas ausgeht.

Sein Geburtsjahr verbindet Kafka mit der expressionistischen Generation, ebenfalls das Thema des Vater-Sohn-Konfliktes, der seine persönlichen Wurzeln im problematischen Verhältnis zum dominierenden, dem Sohn wenig Verständnis entgegenbringenden Vater hatte; cfr. den 1919 geschriebenen, aber erst 1960 veröffentlichten *Brief an den Vater*. Mit dem Leipziger Verleger Kurt Wolff verhandelte er über die Herausgabe eines Erzählbandes mit dem Titel *Die Söhne*. Dieser Band sollte *Der Heizer* (das erste Kapitel des *Verschollenen*, 1927 erschienen), *Das Urteil* und *Die Verwandlung* enthalten. Das Projekt kam nicht zustande, aber die 1912/13 entstandenen Erzählungen erschienen einzeln in der Reihe «Der jüngste Tag». Auch ein anderer Prager Autor, mit dem Kafka einigen Kontakt hatte, kam bei Kurt Wolff heraus: Franz Werfel. Zu deutschen literarischen Gruppen oder zu einzelnen Schriftstellern in Deutschland hatte Kafka keine nähere Verbindung. Seine direkten künstlerischen Kontakte beschränkten sich auf die jungen Prager Literaten, die fast alle wie Kafka jüdisch waren und auf Deutsch publizierten; außer Max Brod und Franz Werfel sei auch «der rasende Reporter» Egon Erwin Kisch (s. S. 220) erwähnt. «Es werfelt und brodelt und kafkat und kischt», schrieb der aggressive österreichische Sprach- und Kulturkritiker Karl Kraus (1874–1936).

Die besondere pragerdeutsche Kultur ist mit Wörtern wie «inselhaft» und «Treibhaus» charakterisiert worden. Die deutschsprachige Bevölkerung Prags machte um 1900 etwa 8% der etwa 400000 Einwohner aus, unter denen die Juden ein soziologisches Ghetto bildeten. Die deutschsprachige Minderheit dominierte in der Verwaltung und in den freien Berufen. Unter den Juden gab es viele Industrielle und Kaufleute, wie z.B. die Väter Werfels und Kafkas.

Man hat sowohl die pathetisch-wortreiche Sprache Werfels als auch den klaren, konzisen Stil Kafkas aus der Isolierung des «papiernen» Pragerdeutschen (so die Charakterisierung des Prager Philosophen Fritz Mauthner) erklären wollen.

Kafka'sche Titel wie *Das Urteil*, *In der Strafkolonie* und *Der Prozess* weisen direkt auf einen zentralen Themenkomplex seines Werks hin; Gerichte und Verhöre, Verurteilungen und Bestrafungen bilden einen immer wiederkehrenden Themenkomplex, wobei das Verhältnis zwischen Verschuldung und Bestrafung oft undurchschaubar oder inkongruent ist. So wird der blutjunge Karl Rossmann in *Der Verschollene* von seinen Eltern nach Amerika verwiesen, «weil ihn ein Dienstmädchen verführt und ein Kind von ihm bekommen hatte». Dass Georg Bendemann in *Das Urteil* das Todesurteil des richtenden Vaters ohne Einwände akzeptiert, hat zu immer neuen Interpretationen herausgefordert.

In dem 1914/15 entstandenen Roman *Der Prozess* (1925 erschienen) wacht der Bankprokurist Josef K. am Morgen seines dreißigsten Geburtstags auf und wird verhaftet, aber nicht ins Gefängnis geworfen. Von wem oder wessen er angeklagt ist und welche Behörde das Verfahren führt, erfährt er nicht; das Gesetz von Ursache und Wirkung scheint in dieser «Strafphantasie» (Klaus Wagenbach) aufgelöst. Von der Suche Josef K.s nach einer Erklärung für seine Verhaftung handelt der Roman, dessen Geschehen sich vielleicht ‹nur› im Bewusstsein der Hauptfigur abspielt. Einen Schlüssel zum Verständnis des Romans enthält die «Legende vom Torhüter», die 1915 unter dem Titel «Vor dem Gesetz» als selbständige Erzählung veröffentlicht wurde. Der Geistliche, der Josef K. die Legende erzählt, deutet an, dass dieser seine Zeit nicht erkannt habe; er habe «zu viel fremde Hilfe» gesucht, statt selber eine Wahl zu treffen. «Am Vorabend seines einunddreißigsten Geburtstags» wird K. von zwei «halbstummen Herren» abgeführt und erstochen.

Auch in dem letzten Romanfragment, *Das Schloss* (1922 entstanden, 1926 veröffentlicht) gibt es eine dem Gericht im *Prozeß* entsprechende Instanz, die über das Schicksal des Helden entscheidet. Der Landvermesser K., der auf Anstellung bei den Behörden im «Schloss» hofft, bemüht sich vom «Dorf» aus vergeblich, mit den dortigen Stellen in Kontakt zu kommen. Manchmal wird er von ihnen gerufen, um sogleich wieder abbestellt zu werden. Die Briefe und Telefonate, die er von dort bekommt, kann er nicht entziffern. Das Schloss, von weitem «deutlich umrissen», erscheint aus der Nähe «unsicher, unregelmäßig, brüchig». Ebenso ungreifbar sind die Menschen, die Schloss- wie die Dorfbewohner. Wie zum *Prozess* gibt es zum *Schloss* eine Vielzahl von Deutungen; dass der Beruf K.s auf seine Neigung zum «Berechnen» anspielt, scheint einleuchtend. K. vertraut seinem logischen Verstand, kommt aber nicht ans Ziel.

Kafka selber stand jeder Wissenschaftsgläubigkeit skeptisch gegenüber; dass die menschliche Existenz rational zu erfassen wäre, bezweifelte er. Der Wunsch oder der Drang nach Erkenntnis und die Verweigerung der Menschen und Dinge, sich erkennen zu lassen, ist eins der wichtigsten Motive in Kafkas Werk. So stellt das erzählende Ich in dem kurzen Prosastück *Die Sorge des Hausvaters* (1916/17) seine Schwierigkeiten dar, das merkwürdige Zwitterwesen Odradek, «eine flache sternartige Zwirnspule», zu erkennen. *Die Sorge des Hausvaters* kann als eine Parabel charakterisiert werden, eine Form, die Kafka häufig benutzt. Aus seinen Parabeln lassen sich jedoch keine eindeutigen Lehren ziehen, sondern sie weisen durch paradoxe Formulierungen auf die Komplexität der Welt und die Erkenntnis- und Existenzschwierigkeiten des modernen Menschen hin. Die Parabel *Die Bäume* stellt in äußerster Kürze die Problematik so dar:

«Denn wir sind wie Baumstämme im Schnee. Scheinbar liegen sie glatt auf, und mit kleinem Anstoß sollte man sie wegschieben können. Nein, das kann man nicht, denn sie sind fest mit dem Boden verbunden. Aber sieh, sogar das ist nur scheinbar.»

Die Literatur der 20er Jahre

I. Grundzüge der Epoche

Verlauf und Ausgang des Ersten Weltkriegs veränderten die europäische politische Landkarte. Die drei großen Kaiserreiche, Russland, Deutschland und Österreich-Ungarn existierten nicht mehr. Auf dem von ihnen abgetretenen Gebiet entstanden neue zentral- und südosteuropäische Staaten: Polen, die Tschechoslowakei, Ungarn und Jugoslawien. Aus dem Zarenreich wurde nach Oktoberrevolution (1917) und Bürgerkrieg (1918–20) eine föderative sozialistische Republik, die Sowjetunion. Der Habsburgische Vielvölkerstaat löste sich in eine Reihe von selbständigen Staaten auf, von denen die Mehrzahl (die Tschechoslowakei, Österreich und Ungarn) die republikanische Staatsform wählten.

Die auf dem reduzierten Gebiet des Deutschen Reiches nach blutigen revolutionären und konterrevolutionären Unruhen errichtete demokratisch-parlamentarische Weimarer Republik erhielt ihren Namen nach der Stadt, in der ihre Verfassung von der im Januar 1919 gewählten Nationalversammlung verhandelt und verabschiedet wurde. Hinter der Wahl des Städtchens Weimar als Tagungsort standen neben praktisch-politischen auch kulturpolitische Erwägungen: Es sollte damit in einer Zeit der nationalen Krise und Depression an eine Blütezeit der deutschen Kultur erinnert werden.

Weder die Weimarer Republik noch die übrigen neu errichteten Staaten waren politisch stabil. Sie hatten keine oder nur schwach entwickelte demokratische Traditionen, auf denen sie aufbauen konnten, und sie wurden von sozialen und wirtschaftlichen Krisen erschüttert. Die Weimarer Republik hatte während ihrer zwölfjährigen Existenz 22 Reichsregierungen, von denen die am längsten regierende knappe zwei Jahre im Amt war. Die häufigen Regierungswechsel können als ein Zeichen der fehlenden Kompromissbereitschaft der politischen

Parteien – und damit der fehlenden demokratisch-parlamentarischen Kultur – gesehen werden. Die Republik wurde sowohl von links als auch von rechts angegriffen, und die drei sogenannten Weimarer Parteien, die SPD, die Deutsche Demokratische Partei und das Zentrum, die 1919 die erste Koalitionsregierung gebildet hatten und die neue Staatsform am ehesten bejahten, verloren zunehmend an Boden; so schrumpften die Reichstagsmandate der DDP von 1920 bis 1932 von 39 auf 2 ein. Neben den Parteien gab es eine Reihe von politischen Gruppen oder «Bewegungen», die von verschiedenen politischen Positionen aus die Republik bekämpften. Die Vorstellungswelt dieser «Bewegungen» ist meist vage und widersprüchlich und hält einer rationalen Analyse nicht stand – was auch nicht die Absicht war; die «Bewegungen» wollten an das Gefühl, nicht an die Vernunft appellieren.

Die Geschichte der Weimarer Republik wird gewöhnlich in drei Phasen eingeteilt: Von 1918–23 die durch große wirtschaftliche Not, Inflation und Putschversuche von rechts und links gekennzeichneten Nachkriegsjahre; die sogenannte Stabilisierungsperiode 1924–29, wo das Geldwesen saniert und die industrielle Produktion durch ausländische Anleihen modernisiert und effektivisiert wurde; die wieder unstabile Endphase, 1929–33, wo die Arbeitslosenzahl als eine Folge der Weltwirtschaftskrise auf mehr als 6 Mill. stieg und wo die politische Polarisierung nach den Wahlsiegen der Nationalsozialisten (37,2% bzw. 33% der Stimmen bei den Wahlen im Juli und November 1932) zur Ernennung Adolf Hitlers zum Reichskanzler am 30. Januar 1933 führte.

Das Kulturleben der Weimarer Republik ist trotz – oder vielleicht wegen – der die Erste deutsche Republik erschütternden Krisen von einer Mannigfaltigkeit und Vitalität gekennzeichnet, die einerseits zu der Vorstellung von den «goldenen 20ern» geführt hat, andererseits jedoch eine Systematisierung erschwert.

In der Literatur zeigt sich die Vielfalt u. a. in der Gleichzeitigkeit mehrerer Autorengenerationen und sehr verschiedener Ausdrucksweisen. Das Spätwerk Rilkes, *Die Sonette an Orpheus* und die *Duineser Elegien*, erschien 1923. Gerhart Hauptmann veröffentlichte Dramen mit sozialer (*Dorothea Angermann*, 1926) und mit lebensphilosophisch-mythischer Tendenz (*Die Insel der großen Mutter*, 1925) und wurde anlässlich seines 60. Geburtstags 1922 zur Repräsentationsfigur der Republik stilisiert. Vor allem die Brüder

Heinrich und Thomas Mann spielten im kulturell-politischen Leben der Republik eine herausragende Rolle; beide traten in Rede und Schrift für die Republik ein, und beide veröffentlichten zentrale, die Zeit analysierende Epochenromane. Am anderen Ende des Generationenspektrums stehen Autoren, die in den letzten Jahren der Republik debütierten, deren eigentliche Wirkung jedoch erst in die Nachkriegszeit fällt: Günter Eich, Peter Huchel, Marie Luise Kaschnitz, Anna Seghers. Dazwischen finden sich teils die Autoren der expressionistischen Generation (wie z. B. Alfred Döblin und Georg Kaiser), teils solche, deren Namen vor allem mit der Weimarer Republik verbunden ist: Kurt Tucholsky, Erich Kästner, Marieluise Fleißer, Irmgard Keun. In den 20er Jahren erschienen die ersten Dramen, Gedichte und theoretischen Überlegungen Bertolt Brechts und die großen Romane der beiden Österreicher Robert Musil und Hermann Broch.

Nach dem allmählichen Abebben des Expressionismus und des Dadaismus in den ersten Nachkriegsjahren entstand in Deutschland kein neuer verbindlicher Ismus, dem sich eine repräsentative Gruppe von Künstlern als zugehörig empfand – vielleicht weil die Avantgardebewegungen im ersten Jahrzehnt des Jahrhunderts Formen und Ausdrucksweisen herausgebildet hatten, von denen Kunst und Literatur bis in die 60er Jahre gezehrt haben; Formen und Ausdrucksweisen, die von der nationalsozialistischen Kulturpolitik als «entartet» und von der späteren DDR-Kulturpolitik als «formalistisch» und «modernistisch» angegriffen wurden.

Die Hauptstadt Berlin wurde zu einem Zentrum nicht nur der deutschen, sondern der europäischen Kultur, und auch in anderen großen Städten des deutschsprachigen Raums wie Wien, München und Frankfurt entfaltete sich ein reges und differenziertes kulturelles Leben. In und um Berlin entstand eine deutsche Filmindustrie. Das Aufkommen der neuen Medien – 1923 begann Der deutsche Rundfunk seine regelmäßigen Sendungen – und vor allem die große Popularität des Films forderten die Schriftsteller zu kritischen Überlegungen aus. Einige werteten, wie Th. Mann, den Film als unkünstlerisch ab. Bertolt Brecht gab im *Dreigroschenprozess* (1931) die eigenen Erfahrungen über Möglichkeiten und Unmöglichkeiten einer kritisch-sozialistischen Filmkunst bei einer privatkapitalistischen Filmgesellschaft weiter. Zeitromane wie Heinrich Manns *Professor Unrat* (unter dem Titel *Der blaue Engel*),

Alfred Döblins *Berlin Alexanderplatz* und Erich Maria Remarques *Im Westen nichts Neues* wurden verfilmt. Wie mit dem Film experimentierte Brecht auch mit dem Hörfunk. Sein erstes Hörspiel *Der Ozeanflug* wurde 1929 gesendet; in mehreren Aufsätzen reflektierte er über die Möglichkeiten, den Rundfunk aus einem «Distributionsapparat» in einen «Kommunikationsapparat» umzufunktionieren. Dass die neuen Medien eine Veränderung der alten herbeiführen würden, war ihm klar.

Der allgemeinen Politisierung des kulturellen Lebens entsprechend entwickelten sich viele Literaturzeitschriften der Vorkriegszeit zu literarisch-politischen Publikationen, und neue entstanden, die von vornherein diese doppelte Perspektive hatten. Das ganze politische Spektrum war vertreten: *Hochland* und *Die Hilfe* waren traditionell konservativ, *Die Neue Rundschau* und *Der neue Merkur* bürgerlich-liberal. *Die Weltbühne* war linksbürgerlich, *Die Linkskurve* stand der KPD nahe. Franz Pfemferts *Die Aktion* verkündete einen marxistischen Anarchismus. Das völkisch-antidemokratische Denken kam u. a. in *Die Tat* zu Worte. Wichtige unabhängige kulturkritische Zeitschriften waren *Die Zukunft* (von Maximilian Harden herausgegeben) und Karl Kraus' *Die Fackel*. Hier wie auf den Kulturseiten der großen Zeitungen fanden rege Diskussionen statt. Zu den Meistern einer kritisch-analysierenden Journalistik gehören Siegfried Kracauer, der seine Aufsätze vor allem in der liberalen *Frankfurter Zeitung* veröffentlichte, Joseph Roth, Bernard von Brentano und der 1938 im KZ ermordete Herausgeber der *Weltbühne* Carl von Ossietzky.

Neue Sachlichkeit

Am Anfang seiner Komödie *Palme oder Der Gekränkte* (1924) hat der aus dem Expressionismus kommende Paul Kornfeld die allgemeine Zeitstimmung so ausgedrückt: «Nichts mehr von Krieg und Revolution und Welterlösung! Laßt uns bescheiden sein und uns anderen, kleineren Dingen zuwenden: einen Menschen betrachten, einen Narren, laßt uns ein wenig spielen, ein wenig schauen, und wenn wir können, ein wenig lachen oder lächeln.»

1925 veranstaltete der Kunsthistoriker G. F. Hartlaub in der Mannheimer Kunsthalle eine Ausstellung zeitgenössischer Malerei, die er «Neue Sachlichkeit. Deutsche Malerei seit dem

Expressionismus» nannte. Damit war eine Bezeichnung gefunden, die dem Zeitgeist entgegenkam, denn vor allem in der sogenannten Stabilisierungsperiode (1924–29) stand «Sachlichkeit» hoch im Kurs. Die Kunst sollte in der Wirklichkeit und nicht im Reich der Visionen und Ideen angesiedelt sein, und sie sollte diese Wirklichkeit nüchtern und distanziert – eben «sachlich» – darstellen. Wenn auch «Sachlichkeit» bald zu einem Modebegriff wurde, unter dem man recht Verschiedenes verstand, ist es durchaus möglich, in der neusachlichen Malerei, Architektur und Formgebung Gemeinsamkeiten nicht nur thematischer, sondern auch stilistischer Art zu erkennen. In der Literatur dagegen lässt sich ein «neusachlicher» Stil kaum ausmachen. Die «neue Sachlichkeit» manifestierte sich hier eher in der Themen- und Gattungswahl und als Haltung der Umwelt gegenüber. Die Anwendbarkeit des Terminus «neue Sachlichkeit» als literaturgeschichtliche Periodenbezeichnung wird denn auch in der Forschung bis heute diskutiert.

Der Kritiker und Publizist Kurt Pinthus hat 1929 in einem Aufsatz mit dem vielsagenden Titel *Männliche Literatur* die neusachliche Literatur folgendermaßen charakterisiert: «Ohne lyrisches Fett, ohne gedankliche Schwerblütigkeit, hart, zäh, trainiert, dem Körper des Boxers» vergleichbar soll sie sich präsentieren.

Der dem Bereich des Sports entnommene Vergleich ist zeittypisch. In den 20er Jahren begann der Sport sich zu dem massenkulturellen Phänomen zu entwickeln, das er bis heute geblieben ist. Immer mehr Menschen trieben Sport oder nahmen als Zuschauer an Sportereignissen teil; am populärsten waren Fußballspiele, Boxkämpfe und Sechstagerennen. Der Sport – und der trainierte sportliche Körper – fanden Einzug in die Kunst: George Grosz porträtierte den Boxweltmeister Max Schmeling. Bert Brecht ließ sich mit dem Schwergewichtsboxmeister Paul Samson-Körner fotografieren und begann, mit ihm ein Buch mit dem Titel *Die menschliche Kampfmaschine* zu schreiben. Als Richter in einem Lyrik-Wettbewerb 1926 hob er Hannes Küppers Gedicht *He! He! The Iron Man!* (über einen Sechs-Tage-Radrennfahrer) als wertvoll, weil realitätsnah und zeitgenössisch, hervor. Ödön von Horváth schrieb eine Reihe von kurzen Prosastücken, die er *Sportmärchen* (1924–26) nannte, und Marieluise Fleißer gab ihrem Roman *Mehlreisende Frieda Geier* (1931) den Untertitel «Roman von Rauchen, Sporteln, Lieben und Verkaufen».

Zur neusachlichen Haltung gehörte die Bejahung der modernen Technik, die oft mit einem Amerika-Kult Hand in Hand ging, der demjenigen nach dem Zweiten Weltkrieg vorgreift. Amerika stand für Fortschritt, Vernunft und Zivilisation und wurde im krisenerschütterten Deutschland nochmals zum Land der ungeahnten Möglichkeiten stilisiert. Das Pendant zur Amerika-Begeisterung war die Russland-Begeisterung vieler linker Intellektueller.

Aktualität, Realismus und Unparteilichkeit waren die Hauptforderungen an die neusachliche Literatur, weshalb nicht-fiktive Gattungen wie die Reportage oder der dokumentarische Roman bzw. das dokumentarische Drama eine herausragende Rolle spielten. Vor allem der «rasende Reporter» Egon Erwin Kisch (1885–1948) entwickelte die Reportage zu einer literarischen Kunstform. Der Alltag sollte eingefangen, die Probleme und Nöte ganz gewöhnlicher Menschen sollten nüchtern und unpathetisch dargelegt werden, wie es z.B. in den vielen «Angestelltenromanen» aus der Zeit um 1930 geschah. Der behavioristische Blick, den Alfred Döblin schon früher als den einzig adäquaten der veränderlichen modernen Welt gegenüber behauptet hatte, beherrscht die neusachliche Schreibweise. In der reichhaltigen Kabarettkunst der 20er Jahre zeigt sich der distanzierte Blick im ironischen Kommentar zu den Zeitereignissen.

Kritik an der neusachlichen Haltung wurde sowohl von links als auch von rechts geübt. Die rechte Kritik stempelte die neusachliche Literatur als undeutsche «Asphaltliteratur» ab und reihte sich damit in die Tradition der antimodernen, großstadtfeindlichen Strömungen der Jahrhundertwende ein (s. S. 128–131). Von links kritisierten Siegfried Kracauer, Walter Benjamin und Georg Lukács die neusachlichen Dokumentarberichte wegen ihrer Oberflächlichkeit; es reiche nicht aus, nur Fakten vorzulegen, die dahinterliegenden Ursachen müssten gefunden und analysiert werden. «Hundert Berichte aus einer Fabrik lassen sich nicht zur Wirklichkeit der Fabrik addieren, sondern bleiben bis in alle Ewigkeit hundert Fabrikansichten. Die Wirklichkeit ist eine Konstruktion,» schrieb Kracauer.

Die Aufsätze, die der ungarische marxistische Literaturtheo-
retiker Georg Lukács Anfang der 30er Jahre in der Zeitschrift
des *Bundes Proletarisch-Revolutionärer Schriftsteller,* der
Linkskurve, veröffentlichte (z. B. *Tendenz oder Parteilichkeit?,*
Reportage oder Gestaltung?) richteten sich sowohl gegen die
Neue Sachlichkeit als auch gegen proletkultische Tendenzen
im eigenen linken Lager. Sie bilden den Anfang der Diskussionen über literarischen Realismus, die während des Exils und in
der DDR geführt wurden (s. S. 257 und S. 300–302) sowie der
Auseinandersetzungen über dokumentarische Literatur in den
60er und 70er Jahren in der Bundesrepublik (s. S. 350–353).

Die Politisierung des kulturellen Lebens

Nach vielen Streitigkeiten kam es 1930 zum Austritt der Schriftsteller Erwin Guido Kolbenheyer, Wilhelm Schäfer und Emil Strauss aus der erst
1926 gegründeten Sektion für Dichtkunst der Preußischen Akademie der
Künste. Was einer außenstehenden Betrachtung als das Ergebnis eines etwas komischen Streites um den Namen der Sektion erschien – sollte sie
«Sektion für Dichtung» oder «Sektion für Literatur» heißen – entsprang
tiefgehenden und charakteristischen literarisch-politischen Divergenzen.
Die Dichter des «total platten Landes», wie Alfred Döblin die ausgetrete-
nen Kollegen bezeichnete, um ihre Affinität zur antimodernen Heimatkunst der Jahrhundertwende zu unterstreichen, und die Berliner «Asphalt-
literaten», wie Kolbenheyer und seine Gesinnungsgenossen ihrerseits das
gegnerische Lager beurteilten, vertraten verschiedene Auffassungen von
dem Wesen und den Aufgaben der Literatur und hatten folglich divergie-
rende Haltungen zur kulturpolitischen Funktion der Sektion. Die ausgetre-
tenen Akademiemitglieder bewerteten das politische System der Republik
als undeutsch und nicht-volkstümlich und wollten in der «Dichtung» nur
angeblich überzeitliche Werte dargestellt sehen. Die übrigen Sektionsmit-
glieder, die unter sich eine breite Palette von politischen Positionen reprä-
sentierten, nahmen die «vernunftrepublikanische» Haltung ein, die die Akademie müsse «ganz allgemein und prinzipiell gewillt sein, den Geist dieses
Staates bilden zu helfen» (Döblin, 1931).

Der Akademiestreit ist symptomatisch für die generelle Politisierung der Künste, die die Zeit nach dem Ersten Weltkrieg
charakterisiert. Wie kaum je zuvor wurde über die Funktion
der Kunst und des Künstlers diskutiert, und die Debatten fanden nicht nur in den Kulturzeitschriften, sondern auch in den

neuen Massenmedien statt. So veranstaltete der Rundfunk 1930 eine Diskussion zwischen Gottfried Benn und Johannes R. Becher über die Frage: «Können Dichter die Welt verändern?» Dass die beiden aus dem Expressionismus kommenden Lyriker gegensätzliche Positionen vertraten – *poésie pure* versus *littérature engagée* – liegt bei ihrer seit dem Weltkrieg unterschiedlichen Entwicklung auf der Hand.

Schon in den ersten Jahren der Republik hatte es zwischen kommunistischen Parteifunktionären und linken, z.T. dem Dadaismus angehörenden revolutionären Künstlern erregte Auseinandersetzungen über die Funktion der Kunst in einer bürgerlich-kapitalistischen Gesellschaft gegeben. Zwei Positionen standen sich gegenüber; die KPD nahm eine Haltung ein, die derjenigen der SED in der späteren DDR entspricht: Die Arbeiterklasse solle das Erbe der klassisch-bürgerlichen Kultur antreten und darin das Vorbild und die Norm für die eigene Kunst suchen. Dieser Ansicht gegenüber behaupteten linksintellektuelle Künstler die Notwendigkeit, eine proletarische Kunst mit den Arbeitern und für sie zu schaffen.

Gegen das Ende der Republik organisierten sich die Schriftsteller des linken und des rechten Flügels. Der *Bund proletarisch-revolutionärer Schriftsteller* wurde 1928 nach sowjetischem Vorbild und in enger Verbindung zur KPD, der kommunistischen Partei Deutschlands, gebildet. Zu seinen Mitgliedern gehörten u.a. Johannes R. Becher, Anna Seghers, Willi Bredel und Erich Weinert. Der *Kampfbund für deutsche Kultur*, 1927 vom NSDAP-Ideologen Alfred Rosenberg gegründet, hatte zum Ziel, die «Asphaltliteratur» und den «Kulturbolschewismus» zu bekämpfen. Beide Gruppierungen wollten «das System von Weimar» abschaffen. Zwischen den Flügeln standen die «vernunftrepublikanische» Mitte und die «freischwebende» linke Intelligenz, die die Republik als das kleinere Übel akzeptierten.

II. Gattungen und Themen

Epik

Anders als im Expressionismus wird der Roman in den 20er Jahren die wichtigste Prosagattung. Das eigene Zeitalter wird unter die Lupe genommen, ob es sich um Epochenbilanzen wie Hermann Brochs *Schlafwandler*-Trilogie (1931–32), um neusachliche Zeitschilderungen wie Erich Kästners *Fabian* (1931) oder um Erfahrungsberichte aus dem Ersten Weltkrieg wie Ernst Jüngers *In Stahlgewittern* (1920) handelt. Bei vielen Autoren stehen neben der Fiktionsprosa essayistische Werke von literarischem Rang, die denselben kulturkritischen Fragestellungen nachgehen, etwa bei Thomas Mann, Hermann Broch oder Ernst Jünger.

Zu der Erfahrung vom Zusammenbruch der bisherigen Werte und Systeme, die schon der expressionistischen Dichtung zugrundelag, gehörte auch die Einsicht, dass die epischen Formen, die diese Erfahrung wiedergeben könnten, andere als die traditionellen sein mussten. So entstanden Romane, die sich ironisch-gebrochen zu älteren epischen Typen verhalten wie Thomas Manns *Der Zauberberg* zum klassischen Entwicklungsroman oder Alfred Döblins in neun Bücher aufgeteilter *Berlin Alexanderplatz* zum Homerischen Epos. Hermann Broch löst im 3. Band der *Schlafwandler* den Erzählvorgang auf und verlegt in *Der Tod des Vergil* die Handlung in das Innere seiner Hauptperson (s. S. 241–242). Zu den eindrucksvollsten epischen Experimenten der Periode gehört Robert Musils (1880–1942) Romantorso *Der Mann ohne Eigenschaften*. Von der Mitte der 20er Jahre bis zu seinem Tod im schweizerischen Exil arbeitete Musil an seiner großen Epochenbilanz (s. S. 245–247).

Wie für Musil wurde die Habsburger Monarchie auch für Joseph Roth (1894–1939) zum Modell. An drei Generationen der Familie von Trotta stellt er in seinem Roman *Radetzkymarsch* (1932) den Zerfall der Donaumonarchie dar. Die epische Zeit erstreckt sich von 1859, wo der erste Trotta Kaiser

Franz Joseph das Leben rettet, bis 1916, dem Todesjahr des alten Kaisers – und des letzten Trotta. Roth versucht hier, durch die sprachlich präzise Charakterisierung seiner repräsentativen Gestalten, die Werte, aber auch die Schwächen zu erfassen, die das alte Österreich charakterisierten. Der «Radetzkymarsch» wird zur musikalischen Chiffre für die Idee der Habsburger Monarchie: «Daheim, in der mährischen Bezirksstadt W., war vielleicht noch Österreich. Jeden Sonntag spielte die Kapelle Herrn Nechwals den Radetzkymarsch. Einmal in der Woche, am Sonntag, war Österreich.»

Abseits der literarischen Zentren betrieb der Schweizer Robert Walser sein experimentierendes «Prosastückligeschäft». 1878 geboren, gehört er der vorexpressionistischen Generation an, lässt sich aber in keine literarische Periode eindeutig einordnen. Seine ersten Romane, *Geschwister Tanner* (1907), *Der Gehülfe* (1908) und *Jakob von Gunten* (1909) – erschienen, als er in den Jahren 1906–13 versuchte, in Berlin als Schriftsteller Fuß zu fassen, – beschreiben zeittypische, identitätsschwache junge Männer, die Schwierigkeiten haben, sich in einer entfremdeten Welt zurechtzufinden. Der ironische Tagebuch- und Anti-Bildungsroman *Jakob von Gunten* stellt ein pädagogisches Experiment dar: Nur indem er sich ganz klein und unbedeutend macht, zu einer Null wird, kann der Mensch zu überleben hoffen – dies lernen die Schüler des «Instituts Benjamenta». Eine ironische Distanz zu diesem Bildungskonzept wird durch die Tagebuchnotizen der Titelfigur und durch das Wissen gewonnen, dass die Null auch als Bild des Vollkommenen gesehen werden kann. In die Schweiz zurückgekehrt schrieb Walser weit über 1000 kurze Prosastücke, die zum Teil in Zeitungen und Zeitschriften veröffentlicht wurden (gesammelt u. a. in *Der Spaziergang*, 1917, *Poetenleben*, 1918 und *Die Rose*, 1925). In diesen «Mikrogrammen», die auch Dialogszenen und Lyrik umfassen, versuchte sich Walser freizuschreiben – frei auch von der existenziellen Angst, die 1929 zu seinem freiwilligen Eintritt in eine Heilanstalt führte. Das Aussagesubjekt der Kleinprosa ist häufig ein Ich, das jedoch als eine Maske gesehen werden muss und nicht mit dem Autor identifiziert werden darf. Dieses Ich betrachtet und beschreibt eine Welt voller ironischer Zweideutigkeit; Überlegungen zur Sprache und zum Schreibprozess spielen eine wichtige Rolle, wobei sich Walser als subtiler Sprachspieler und -schöpfer zeigt. Vom großen Publikum wurde Walser – bis heute – nur wenig beachtet; in seiner Mitwelt hatten z.B. Kafka, Musil und Walter Benjamin einen Blick für sein Talent und seine Eigenart.

Die Zeitromane

Wo die großen Epochenbilanzen sich der Zeit vor dem Ersten Weltkrieg zuwandten, suchten andere Romane, dem neusachlichen Zeitgeist entsprechend, einen realistisch-nüchternen Schnappschuss des beruflichen und privaten Alltags gewöhnlicher Menschen zu geben. Sachlichkeit signalisiert schon der Titel des einzigen Romans von Marieluise Fleißer: *Mehlreisende Frieda Geier* (1931). Auf die Repräsentativität der Hauptperson weist Irmgard Keun (1910–82) durch den Titel ihres ebenfalls 1931 erschienenen Debutromans, *Gilgi – eine von uns,* hin. Beide Hauptpersonen sind – auch das typisch für den neusachlichen Roman – Angestellte.

Seit der Jahrhundertwende nahm die Zahl der Angestellten infolge der gesellschaftlichen und betrieblichen Rationalisierung und Modernisierung zu; zur Angst vor der Arbeitslosigkeit in den Krisenjahren um 1930 kam bei diesen Menschen die Furcht vor dem sozialen Abstieg dazu. Eine soziologische Studie dieser Sozialgruppe gaben Siegfried Kracauers zuerst in der *Frankfurter Zeitung* veröffentlichten Essays *Die Angestellten* (1929/30).

Die jungen Frauen bei Fleißer und Keun müssen nicht nur aus ökonomischen Gründen berufstätig sein, sie wollen es auch. Für sie sind Ehe und Mutterschaft nicht unbedingt das Ziel eines Frauenlebens, weil sie dadurch ihre relative Selbständigkeit einbüßen würden, wenn auch beide Hauptpersonen eine Heirat überlegen. Sie lehnen aber für sich diese Möglichkeit ab. Sie verkörpern – auch in ihrem Äußern und in ihrer Einstellung zur Sexualität – den Typus der «neuen Frau», über den es in der Öffentlichkeit der Weimarer Republik viele Diskussionen gab. *Mehlreisende Frieda Geier* spielt, wie fast alle

Werke von Marieluise Fleißer, in der bayrischen Provinz, deren Enge und Intoleranz sie in einer originellen, von der Mundart gefärbten Sprache wiedergibt. Irmgard Keun ist eine Autorin der Großstadt; ihr zweiter, ebenfalls sehr erfolgreicher Roman, *Das kunstseidene Mädchen* (1932), gibt sowohl ein Bild der um sozialen Aufstieg kämpfenden Doris, die hofft, durch den Film «ein Glanz» zu werden, als auch der «glänzenden» Metropole Berlin, des Ortes ihrer Bemühungen und Niederlagen.

Berlin bildet ebenfalls den Raum der Handlung und der Darstellung des beruflich-sozialen Abstiegs der Hauptpersonen in Erich Kästners *Fabian* (1930) und Hans Falladas *Kleiner Mann, was nun?* (1932). Aus der Sicht seiner melancholischen Titelperson, des «Moralisten» Fabian, stellt Kästner ein Berlin der moralischen Auflösung dar. Unbeabsichtigt bestätigt er dadurch, obwohl der Roman vor fragwürdigen Ideologien warnt, viele Vorurteile konservativ-provinzieller Kreise sowie der nationalsozialistischen Kulturpolitiker. Kästners Satire und sein Pazifismus führten am 10. 5. 1933 zur öffentlichen Verbrennung seiner Bücher. Seine und Falladas Hauptpersonen sind schwache Männer, die den Existenzkampf nicht bestehen können – bei Kästner wird als Grund dafür auf den Weltkrieg hingewiesen. Stattdessen suchen beide ihre Zuflucht beim ewig Mütterlichen: Fabian fährt zu seiner Mutter in die Provinz zurück und kommt ironischerweise in dem Augenblick um, wo er sich endlich zum Handeln aufrafft. Pinneberg sucht Trost und Geborgenheit bei seiner Frau, die den Natur und Idylle signalisierenden Kosenamen «Lämmchen» trägt.

Einigen Zeitromanen liegt dokumentarisches Material zugrunde, oder es wird in den Erzählvorgang einmontiert. So zitiert Lion Feuchtwanger (1884–1958) in *Erfolg* (1930), dem 1. Band seiner *Wartesaal*-Trilogie, die außerdem die Romane *Die Geschwister Oppenheim* (1933) und *Exil* (1940; s.S. 255–256) umfasst, z.B. Zeitungsartikel und Statistiken, um die fiktive Handlung – die Aufdeckung eines Justizskandals im München der Jahre 1921–24 – zu perspektivieren. Erik Reger (1893–1954) unterstreicht in der vorangestellten «Gebrauchsanleitung» zu seinem Roman *Union der festen Hand* (1931) den dokumentarischen Hintergrund des Buches, in dem er seine Erfahrungen als Pressereferent im Krupp-Konzern kritisch verarbeitet hat.

Von der zeitgenössischen Kritik wurde das filmische Tempo der Zeitromane oft hervorgehoben. Es besteht auch kein Zweifel, dass z.B. die Schnitt- und Montagetechnik des Films die Erzählweise Kästners oder Feuchtwangers inspiriert hat. Irmgard Keun, deren beide Romane noch in der Weimarer Republik verfilmt wurden, lässt ihre «kunstseidene» Doris den Vorsatz fassen, sie wolle «wie Film» schreiben.

Zeitgenössisch, authentisch, realistisch und gleichzeitig den realistischen Rahmen sprengend, ist Alfred Döblins *Berlin Alexanderplatz. Die Geschichte vom Franz Biberkopf* (1929). Der mit einer filmischen Schnitt- und Zoomtechnik arbeitende Roman wurde 1931 zum Ersten und 1980 zum zweiten Mal (von Rainer Werner Fassbinder) verfilmt (s. S. 239f.).

Die Weltkriegsromane

Zehn Jahre nach seinem Abschluss fing die «Wiederkehr des Weltkrieges in der Literatur» (Ernst Jirgal, 1931) an. Allein 1928/29 erschienen *Im Westen nichts Neues* (Erich Maria Remarque, 1898–1970), *Der Streit um den Sergeanten Grischa* (Arnold Zweig, 1887–1968), *Krieg* (Ludwig Renn, 1889–1979) und *Jahrgang 1902* (Ernst Glaeser, 1902–63). Die Wiederkehr des Weltkrieges gab es nicht nur in der deutschen Literatur: 1929 erschien Ernest Hemingways *A Farewell to Arms*, 1931 Siegfried Sassoons *Memoirs of an Infantry Officer*. Ihnen gemeinsam waren eine pazifistische Tendenz und eine kritische Haltung den Institutionen gegenüber, die die politisch-moralische Verantwortung für den Krieg trugen. Der ideologischen Polarisierung der Zeit entsprechend kam als Antwort auf diese ersten Kriegsromane in den folgenden Jahren eine wahre Flut von Weltkriegsberichten auf den Markt, die den Krieg in einem ganz anderen und positiven Licht als den Schmelztiegel der Nation darstellten; der Titel *Aufbruch der Nation* (Franz Schauwecker, 1930) ist dafür symptomatisch. In einer von Arbeitslosigkeit und Krisen geprägten Zeit gaben die letzteren Romane den seelischen und physischen Narben, die viele Menschen mit sich herumtrugen, einen Sinn, und sie stellten Hoffnungen für die Zukunft auf.

Den größten Erfolg hatte *Im Westen nichts Neues*, dessen Titel zur Chiffre für die Sinnlosigkeit des Krieges wurde; innerhalb von wenigen Jahren erreichte er eine Millionenauflage und wurde in mehr als 30 Sprachen übersetzt. Remarque schreibt in seinem Vorwort, dass der Roman «weder eine Anklage noch ein Bekenntnis» sein soll, sondern der Bericht von einer Generation, «die vom Krieg zerstört wurde – auch wenn sie seinen Granaten entkam». Der Autor verzichtet der neusachlichen Zeitströmung gemäß auf Erklärungen oder Interpretationen des Geschehens; er tritt hinter seinen Ich-Erzähler, den jungen Soldaten Paul Bäumer, zurück, dessen tagebuchartiger Bericht die Verlogenheit der phrasendreschenden Vätergeneration, den entwürdigenden Drill der Rekrutenzeit, den Dreck und Schlamm der Schützengräben und die zunehmende Desillusionierung der jungen Männer aufzeigt. Nur die Kameradschaft zwischen den Soldaten gibt einen Halt, den jedoch das massenhafte Sterben zerstört.

Der Erfolg von *Im Westen nichts Neues* deutet darauf hin, dass Remarque mit seiner im Jargon der Soldatensprache geschriebenen Darstellung ins Schwarze traf; viele Leser haben sich mit den Romangestalten und wohl vor allem mit dem melancholischen Erzähler identifizieren können. Die schon bei seinem Erscheinen heftigen Angriffe auf den Roman aus nationalistischen Kreisen steigerten sich ins Hysterische, als die amerikanische Verfilmung im Dezember 1930 nach Deutschland kam. Durch Störaktionen versuchten z.B. die Berliner Nationalsozialisten unter der Leitung von Joseph Goebbels die Vorführungen zu stoppen, was insofern gelang, als die Oberprüfstelle den Film «wegen Gefährdung deutschen Ansehens» verbot. Die Heftigkeit der Angriffe wurde zweifellos dadurch verstärkt, dass der Film in den USA – einer der Siegermächte – gedreht worden war.

Selbst die nationalistischen Kritiker mussten sich in einer Frage mit Remarque, der – wie so oft in Polemiken – mit seiner fiktiven Hauptperson identifiziert wurde, einig erklären: Er habe mit Recht die Frontkameradschaft als Wert und Gewinn des

Krieges hervorgehoben; aber, fügten sie meist hinzu, er habe den letzten Sinn der Frontgemeinschaft nicht gesehen. Nationalistische Kriegsromane wie Werner Beumelburgs *Die Gruppe Bosemüller* (1930) und Josef Magnus Wehners *Sieben vor Verdun* (1930) unterstrichen schon im Titel den Gemeinschaftsgedanken und mythisierten ihn wie Hans Zöberlein in *Der Glaube an Deutschland* (1931) und Franz Schauwecker in *Aufbruch der Nation* zur Vorstufe der zu errichtenden Volksgemeinschaft, die das Weimarer «System» beseitigen und Deutschland aus Not und Elend befreien sollte. Sowohl die pazifistischen als auch die nationalistischen Kriegsromane arbeiteten mit dem Muster des Entwicklungsromans (vgl. den Titel *Erziehung vor Verdun*, den 3. Band in Arnold Zweigs Romanzyklus *Der große Krieg der weißen Männer*, 1927–58). Eine Aufnahme in die bestehende Gesellschaft lehnten jedoch beide Typen ab. Den *Weg zurück* – so der Titel von Remarques folgendem Roman – gab es nicht, sondern entweder Orientierungslosigkeit oder den Anschluss an eine der radikalen politischen Parteien oder Bewegungen. So findet der Berichterstatter, der einfache Arbeiter Ludwig Renn aus *Krieg* (der Autor, der aus einem preußischen Adelsgeschlecht stammte, nahm den Namen seiner Hauptperson an) in *Nachkrieg* (1930) den Weg in die kommunistische Partei.

Das Vorwort zu Schauweckers *Aufbruch der Nation* schrieb ein Autor, der schon 1920 seinen ersten Erfahrungsbericht aus dem Weltkrieg veröffentlicht hatte: Ernst Jünger (1895–1998), dessen Tagebücher und Essays zu diesem Thema einen maßgeblichen Einfluss auf die große Menge von nationalistischen Kriegsromanen aus der Spätphase der Weimarer Republik hatten. Titel wie *In Stahlgewittern* (1920) und *Der Kampf als inneres Erlebnis* (1922) weisen auf die ideologische Position Jüngers hin. Der Krieg wird als etwas Elementares, als ein Naturereignis aufgefasst, in dem der Mann, der sich im Kampf bewährt, in einer «Zeugung mit Blut und Samen» neu geboren wird. Jünger beansprucht im Vorwort zu *In Stahlgewittern*, eine sachliche Schilderung zu geben, neigt aber dazu, sowohl die Schlachten als auch den Tod und die Zerstörung zu ästhetisieren. In seiner Faszination von dem technischen Potential moderner Waffen, seiner Verherrlichung des Heroischen und seiner Mythisierung des Krieges zum «Vater unserer Generation» zeigen sich bei Jünger Parallelen zum italienischen Futurismus (s. S. 176–177). Jünger hebt nicht so sehr die «Frontgemeinschaft» als den

Gedanken einer sich im Kampf zeigenden «natürlichen» Hierarchie zwischen Führer und Mannschaft hervor. In seinem 1932 erschienenen Buch *Der Arbeiter* stellt Jünger neben den Soldaten des Weltkriegs den Typus des «Arbeiters» als den Menschen der Zukunft, der nicht redet, sondern handelt. Jüngers «heroischer Nihilismus» und seine Vorstellungen von einer totalen Mobilmachung der Nation spielten in den antidemokratischen, nationalkonservativen Bewegungen der Weimarer Republik eine hervortretende Rolle. Dem Nationalsozialismus, den Jünger als zu plebejisch ablehnte, half er damit den Boden bereiten. Seine allegorische Erzählung *Auf den Marmorklippen* (1939) wurde vielfach als verschlüsselter Angriff auf den Nationalsozialismus gelesen und trug zu seiner Popularität im bundesrepublikanischen Nachkriegsdeutschland bei.

Drama und Theater

Die Errichtung der Republik 1918/19 hatte für das Theater – und indirekt auch für die Dramenproduktion – eine wesentliche Bedeutung, weil die bisherigen Hof- oder Residenztheater in die öffentliche Hand übergingen. So wurde jetzt der Typus des staatlich oder kommunal betriebenen, subventionierten Theaters allgemein. Etwa 150 Bühnen, vorwiegend in der Provinz, hatten diesen Status. Dazu kamen viele Privattheater, sodass alles in allem dem Theaterleben gute Rahmenbedingungen gegeben waren.

In den ersten Nachkriegsjahren setzte, wie schon erwähnt, eine breitere Rezeption der expressionistischen Dramen ein. Die Kriegszensur war aufgehoben worden, und der politische Umschwung bewirkte eine gewisse Aufnahmebereitschaft für die Welterneuerungsbotschaft vieler Stücke. Kritik am expressionistischen Pathos stellte sich jedoch bald ein. Als Reaktion auf die expressionistische Pathetik und als Ausdruck eines generellen Wunsches nach Unterhaltung kann die Dominanz der Komödie in den 20er Jahren gesehen werden. Zeitstück und dokumentarisches Drama kamen den Forderungen der «neuen Sachlichkeit» nach Aktualität und Authentizität entgegen. Eine Erneuerung des traditionellen Volksstücks stellen die Dramen von Marieluise Fleißer und Ödön von Horváth dar, die zwar Ende der 20er und Anfang der 30er Jahre zur Aufführung kamen, jedoch erst in den späten 60er Jahren zu größerer Wirkung kamen.

Komödie, Volksstück und Zeitstück

Als Carl Zuckmayers (1896–1977) bis heute populär gebliebenes Volksstück *Der fröhliche Weinberg* 1925 in Berlin seine Uraufführung hatte, schrieb der Theaterkritiker Alfred Kerr: «Sic transit gloria expressionismi.» Er begrüßte in diesem derben Lustspiel, das sich bis 1928 auf dem Spielplan hielt, die Überwindung eines blutleeren Expressionismus. Eine oft deftige Charakter- und Situationskomik kennzeichnet das Stück, das in rheinpfälzischem Dialekt geschrieben ist. Kritik am übertriebenen Respekt vor der Uniform, an Militarismus und Bürokratismus ist das Thema von Zuckmayers «deutschem Märchen» *Der Hauptmann von Köpenick* (1931), das auf einem tatsächlichen Ereignis beruht. Der produktivste Dramatiker der Zeit war Georg Kaiser, der in den 20er Jahren eine Komödie nach der anderen auf den Markt warf. Erfolg hatte er mit seinem «Volksstück 1923» *Nebeneinander*, das, wie der Titel andeutet, ein Simultanstück mit mehreren Handlungen ist.

Auch andere Expressionisten produzierten jetzt Lustspiele, so Walter Hasenclever die Gaunerkomödie *Ein besserer Herr* (1927). Das Stück wurde als zeitgemäß begrüßt: «Die ‹neue Sachlichkeit›, sonst ein Vorrecht unserer modernsten Malerei, hält hier ihren Einzug in das deutsche Lustspiel. Man kann nur sagen: mit recht viel Glück. Denn hier spricht kein Gläubiger, sondern ein Ironiker», hieß es im *Berliner Lokal-Anzeiger*. Yvan Golls Bürgersatire *Methusalem oder Der ewige Bürger* (1922) weist mit ihren grotesk-satirischen Elementen auf das absurde Drama voraus. Das Vorbild für die satirischen Lustspiele der 20er Jahre waren die Komödien Carl Sternheims (s. S. 136–137).

Die Typenbezeichnungen Volksstück und Zeitstück überschneiden sich in den Dramen Marieluise Fleißers (1901–74) und Ödön von Horváths (1901–38). Laut seiner «Randbemerkung» zum «kleine[n] Totentanz in fünf Bildern» *Glaube Liebe Hoffnung* (1932) wollte Horváth «den gigantischen Kampf zwischen Individuum und Gesellschaft zeigen». In diesem Kampf unterliegt das Individuum, weil es von den gesellschaftlichen Zwängen und Normen verformt ist. Die meisten Personen Horváths kommen aus dem Kleinbürgertum, einer

Schicht, der es in der Inflationszeit besonders schlecht ging. In ihrer Sprache, die von Floskeln und Redewendungen durchsetzt sind – von Horváth als «Bildungsjargon» bezeichnet –, entlarven sich ihre unterbewussten Wünsche und Triebe. So durchbricht der Sadomasochismus des Metzgers Oskar in *Geschichten aus dem Wiener Wald* (1931) immer wieder den Firnis von religiösen Sprüchen, die er bei jeder Gelegenheit bereit hält:

VALERIE Mir scheint gar, Sie sind imstand und heiraten noch die Marianne, jetzt nachdem sie wieder frei ist –
OSKAR Wenn sie das Kind nicht hätt –
VALERIE Wenn mir jemand das angetan hätt –
OSKAR Ich hab sie immer noch lieb – vielleicht stirbt das Kind –
VALERIE Herr Oskar!
OSKAR Wer weiß! Gottes Mühlen mahlen langsam, mahlen aber furchtbar klein. Ich werd an meine Mariann denken – ich nehme jedes Leid auf mich, wen Gott liebt, den prüft er. – Den straft er. Den züchtigt er. Auf glühendem Rost, in kochendem Blei –

Die größten Verlierer sind bei Horváth wie bei Marieluise Fleißer die Frauen, die nicht nur unter der wirtschaftlich-sozialen Misere, sondern auch unter den patriarchalischen Strukturen der Gesellschaft leiden.

Für das Drama *Sladek, der schwarze Reichswehrmann* (1928/29) verwendete Horváth Untersuchungsberichte über die Tätigkeit der sog. Schwarzen Korps, d.h. der geheimen Wehrverbände, die die Republik durch Ermordung Andersgesinnter bekämpften. Er zeigt hier einen jungen, durch Krieg und Inflation aus der Bahn geschlagenen Menschen, der haltlos und deshalb manipulierbar ist: der typische Mitläufer. Dokumentarisches Material lag auch in vielen Fällen den Zeitstücken zugrunde, die das Erziehungswesen oder die Justiz kritisierten wie z.B. Peter Martin Lampels *Revolte im Erziehungshaus* (1928), das sogar eine Reichstagsdebatte auslöste. Die Zeitstücke wollten zur Diskussion aufrufen. Friedrich Wolfs *Zyankali* (1929) und Carl Credés *§ 218* (1930) wollten beide die soziale Unausgewogenheit und Ungerechtigkeit des Abtreibungsparagrafen zeigen. Der Österreicher Ferdinand Bruckner, dessen *Krankheit der Jugend* (1926) wegen der unverhüllten Darstellung der Sexualität großes Aufsehen erregt hatte, griff in dem Simultanstück *Die Verbrecher* (1928) das Justizwesen an.

Theaterexperimente

Das expressionistische Drama hatte formale Erneuerungen wie die Simultan- oder Reihungstechnik gebracht, die in den Dramen der 20er Jahre weiterentwickelt wurden. Zu Experimenten kam es vor allem auf dem Gebiet der Inszenierung. Der bedeutendste Bühnenexperimentator der Weimarer Republik war Erwin Piscator (1893–1966). Die Erfahrungen von Krieg und Revolution hatten ihn zum Sozialismus geführt. Er stand dem Berliner Dadaismus nahe und gründete 1920 das Proletarische Theater in Berlin. Piscator wollte aufklären und erziehen, «am Seienden das Sein-sollende aufzeigen» (Piscator, 1920). Zu diesem Zweck entwickelte er die charakteristischen Elemente der später so genannten Piscator-Bühne: Die Handlung sollte dauernd erläutert werden, z.B. durch Gegenhandlungen, wozu die Simultanbühne sich gut eignete; dokumentarisches Material wie Statistiken oder Photos wurden mittels Dias- oder Filmprojektionen eingeblendet; Chöre von Statisten kommentierten (wie schon in der antiken Tragödie) die Vorgänge. Mit üblichem Selbstbewusstsein notierte Brecht: «Nach mir ist Piscator der größte lebende deutsche Dramatiker [...].» Brechts Konzeption eines epischen Theaters, deren Anfänge in die 20er Jahre zurückreichen, ist von der Auseinandersetzung mit Piscators Dramaturgie geprägt. Er hatte 1926 bei einer Dramatisierung von Jaroslav Hašeks Roman *Die Abenteuer des braven Soldaten Schwejk* mit Piscator zusammengearbeitet. Der Gebrauch von Masken, der gelegentliche Austausch der Schauspieler durch Puppen oder Marionetten waren verfremdende Elemente, wie er sie später selber verwendete (s. S. 263–264). Die Kritik an Piscator richtete sich vor allem darauf, dass der große technische Aufwand dazu tendiere, die politische Botschaft zu verdecken.

Piscator inszenierte neben Bühnenstücken mehrere politische Revuen, so im Auftrag der KPD die *Revue Roter Rummel* (1924). Die Revueform war in den 20er Jahren außerordentlich populär; ihre lockere Reihung von Szenen, Bildern, Sketches, Tänzen und Songs, mit Chören von meist leichtbekleideten «Girls» und mit rhythmischer Musik wurde als Inbegriff des modernen Unterhaltungstheaters, das sich an alle Publikumsschichten wende, gelobt – oder angegriffen. Piscator nutzte wie die politischen Laienspielgruppen in der Endphase der Republik, die sich oft aus arbeitslosen Künstlern zusammensetzten, die Revuemode, um für den Sozialismus zu agitieren.

Lyrik

Der veränderten Auffassung von den Aufgaben und der Funktion des Schriftstellers entsprechend wurde in den 20er Jahren viel Gebrauchslyrik geschrieben. Das großstädtische literarisch-politische Kabarett erlebte als Plattform für witzige und satirische Gedichttexte eine Hochblüte. Zu den bekanntesten Kabarettlyrikern gehören Walter Mehring, Kurt Tucholsky und Erich Kästner. Sie nahmen in ihren Chansons oder Couplets aktuelle Themen auf und kritisierten Missstände im öffentlichen Leben. Kurt Tucholsky (1890–1935) verwendete neben dem eigenen Namen vier verschiedene Pseudonyme (Peter Panther, Theobald Tiger, Ignaz Wrobel und Kaspar Hauser), denen er eine eigene Physiognomie und unterschiedliche Haltungen den politischen Ereignissen gegenüber gab, damit den Rollencharakter des kabarettistischen Textes nutzend. Er kritisierte in seiner Lyrik – wie in seinen Prosastücken – das weiterbestehende Untertanendenken, schrieb gegen Krieg, Militarismus und Nationalismus und griff insbesondere die Justiz als reaktionär und republikfeindlich an.

Als Gebrauchstext hat das politisch-kabarettistische Gedicht einen appellativen Charakter; es ist gestisch, für den Vortrag bestimmt, wie z. B. Tucholskys «Das Gesetz» (1929):

> [...]
> «Hör mal Willy – jetzt ists aus!
> Noch ein fünftes Kind hat keinen Platz im Haus!»
> «Heul nicht, Liese, das hat keinen Sinn ...
> hier hast du ne Adresse – geh mal hin!»

Die Olsch, die macht das im Tarife –
aber schlecht – und die Frau geht ein.
Dann setzt es anonyme Briefe,
und vier Kinder sind nun ganz allein

> Und unterdes –
> > da sitzen sie im Reichstagshaus
> und knobeln sich neue Gesetze aus –
> Für manche ist die Frau eine Milchmeierei –
> Hört ihr den Schrei? Hört ihr den Schrei?
> > Hört ihr den Schrei?
> Paragraph 5, Ziffer 4, Absatz 3.

> [...]

Die Sprache ist alltäglich, und Tucholsky verwendet Elemente der Berliner Mundart. Dasselbe tut Walther Mehring (1896–1981), der dem kurzlebigen Berliner Dadaismus angehörte und die ihm abgewonnene Montage- und Simultantechnik in seinen satirischen Songs anwendet, die das hektische Großstadtleben darstellen, wie z.B. in «Berlin Simultan», «Heimat Berlin» oder «Die Reklame bemächtigt sich des Lebens» – so der etwas umständliche Titel eines Chansons, das so anfängt:

> Am Ausgang abends ... *Die Linden lang!* plakatbeflaggt
> «The flying Brothers»
> «Sous les Ponts de Paris»
> und «Fischerin, du Kleine ...»
> 5% Stromersparnis
> «Piek-Ass beim *Zauberkönig*»
> «Der Mann ohne Nasenknorpel»
> schielt nach der «Dame ohne Unterleib»

> [...]

Man kann bei Mehring von einer Weiterentwicklung des expressionistischen Reihungsstils sprechen; der regelmäßige Vers- und Strophenbau eines van Hoddis oder Lichtenstein wird zugunsten eines freieren Rhythmus aufgebrochen, der deutlich von der modernen Musik der Zeit, dem Jazz, inspiriert ist. Anders als Tucholsky, Mehring und Kästner trug Erich Weinert (1890–1953) seine politischen Gedichte selber vor. Er trat auf Parteiversammlungen der KPD, in Betrieben und in den roten

Revuen auf und erreichte dadurch ein Massenpublikum. Weinert ging es weniger um den künstlerischen Ausdruck als um die größtmögliche politische Resonanz. Viele seiner Lieder wurden dementsprechend als Flugblätter gedruckt und verteilt – so eine alte Tradition appellativer Literatur aufgreifend und fortführend. Als Gebrauchslyrik präsentiert sich auch die erste Gedichtsammlung Brechts, die *Hauspostille* (1927; s. S. 265).

In den letzten Jahren der Weimarer Republik sammelte sich um die in Dresden herausgegebene Zeitschrift *Die Kolonne* (1929–32) ein Kreis junger Lyriker, deren zeittypische Suche nach Sinn und Zusammenhängen sie nicht in die Reihen einer politischen Partei oder «Bewegung», sondern «zurück zur Natur» führte. Hier fanden sie die Werte, die sie der unruhigen modernen Zeit entgegensetzten. Ein Vorbild der jungen Lyriker (Günter Eich, Peter Huchel, Elisabeth Langgässer) war Oskar Loerke (1884–1941), dessen Gedichte auf eigenartige Weise Stadt und Natur miteinander verbinden, so z.B. in der Sammlung *Die heimliche Stadt* (1921).

Den angesehenen Kleist-Preis empfing 1932 eine Schriftstellerin, deren Werk mehrere literarische Perioden umfasst und sich in keine einordnen lässt: Else Lasker-Schüler (1869–1945), von Gottfried Benn als «die größte Lyrikerin, die Deutschland je hatte», charakterisiert. Ihre literarischen Anfänge gehen in die Zeit um die Jahrhundertwende zurück, wo sie zum Kreis der Berliner Bohème um Peter Hille gehörte. Sie war mit vielen expressionistischen Malern und Schriftstellern bekannt, die unter Fantasienamen in ihren Werken auftreten, so Gottfried Benn als «Giselheer der Barbar» und Georg Trakl als «Ritter aus Gold». Selber trat sie als «Tino von Bagdad» und «Jussuf, Prinz von Theben» auf, Masken, die ihr bewusstes Spiel mit den Geschlechterrollen signalisieren.

Else Lasker-Schüler führte ein unstetes Leben, hatte keinen festen Wohnsitz und musste von ihren Freunden unterstützt werden; besonders Karl Kraus hat ihr geholfen. 1933 musste sie als Jüdin und «entartete» Künstlerin Deutschland verlassen. Sie ging zunächst in die Schweiz, dann nach Palästina, wo sie kurz vor dem Ende des Zweiten Weltkriegs in großer Armut starb.

Im dichterischen Werk Else Lasker-Schülers entsteht eine eigene Welt, eine persönliche Mythologie, die sich aus jüdischen, christlichen und orientalischen Quellen speist. In einer subjektiv-assoziativen, metaphernreichen Sprache drückt sie elementar-existenzielle Gefühle wie Liebe, Trauer, Angst, Einsamkeit und Gottesferne aus.

Der jüdisch-deutschen Kultur entsprungen sind ebenfalls drei Lyrikerinnen, deren Gesamtschaffen, bzw. erste literarische Versuche in die Zeit der Weimarer Republik fallen, und die das Schicksal der deutschen Juden nach 1933 beispielhaft verkörpern: Gertrud Kolmar (1894 geb.), die ihre ersten Gedichte 1917 veröffentlicht hatte und deren letzte, ihre Naturverbundenheit und ihre Isolierung nach 1933 ausdrückende Sammlung *Die Frau und die Tiere* (1938) von den Nationalsozialisten eingestampft wurde, wurde nach Zwangsarbeit 1943 verschleppt. Wo und wann sie gestorben ist, weiß man nicht. Mascha Kaleko (1912–1975), deren erste Gedichte, *Das lyrische Stenogrammheft* (1933), den desillusionierten, neusachlichen Ton zeigen, emigrierte 1938 nach den USA. Nelly Sachs (1891–1970) konnte durch die Vermittlung der berühmten schwedischen Schriftstellerin Selma Lagerlöf 1940 aus Deutschland herausgerettet werden. Sie hatte 1921 eine Sammlung *Legenden und Erzählungen* veröffentlicht; ihr lyrisches Hauptwerk, das die Erfahrung des Exils und vor allem das schmerzhafte Wissen um das Schicksal ihrer jüdischen Glaubensgenossen verarbeitet, brachte ihr 1966 den Nobelpreis.

III. Autoren

Alfred Döblin

Am 10. 8. 1878 in Stettin in einem jüdisch-deutschen Milieu geboren. Schlagartige und für Döblin traumatische Veränderung der familiären und wirtschaftlichen Verhältnisse, als der Vater 1888 mit einer jungen Angestellten seiner Zuschneiderei nach Amerika floh. Die Mutter siedelte mit den fünf Kindern nach Berlin um, Döblin musste die eben angefangene gymnasiale Ausbildung aufgeben, die er erst 1891 wieder aufnehmen konnte. 1900 Abitur und Beginn des medizinischen Studiums, 1905 Abschlussprüfung und Promotion. Nach mehrjähriger Krankenhaustätigkeit 1911 Eröffnung einer neurologischen Kassenpraxis im Osten Berlins. Im Ersten Weltkrieg Militärarzt. In der Weimarer Republik Befürworter eines aktiven und nicht nur repräsentativen Auftretens des Künstlers. Am 28. 2. 1933 Ausreise aus Deutschland, zunächst in die Schweiz, dann nach Frankreich (Paris); französische Staatsbürgerschaft 1936. Im Juni 1940 Flucht vor den deutschen Truppen über Spanien und Portugal in die USA.

Nach dem Zweiten Weltkrieg Rückkehr nach Deutschland, Tätigkeit als Kulturoffizier der französischen Besatzungsmacht. Über die Entwicklung in Deutschland enttäuscht und verbittert und schon schwerkrank kehrte Döblin 1953 nach Frankreich zurück. Am 26. 6. 1957 in Emmendingen bei Freiburg i. Br. gestorben.

Das schriftstellerische Werk Alfred Döblins umfasst Romane, Novellen, Dramen, literaturtheoretische und philosophische Arbeiten, fachwissenschaftliche Abhandlungen und politische Kommentare – die letzten v. a. in den ersten Jahren der Weimarer Republik unter dem Pseudonym «Linke Poot».

1913 erschien Döblins erster Erzählband *Die Ermordung einer Butterblume und andere Erzählungen.* Die Titelnovelle, die den psycho-physischen Zerfall eines verklemmten sadomasochistischen Kleinbürgers darstellt, löst durch die behavioristische Darstellung der Reaktionen des Herrn Michael Fischer die theoretischen Forderungen Döblins nach einem nicht-psychologisierenden Erzählen ein (s. S. 197). Die Titelfigur seines ersten Romans, *Wadzeks Kampf mit der Dampfturbine* (1918), ist ebenfalls eine grotesk gezeichnete neurotische Gestalt.

Umfangreiche historische und philosophische Studien liegen den beiden Romanen *Die drei Sprünge des Wang-lun* (1915) und *Wallenstein* (1920) zugrunde. Der *Wang-lun*-Roman, der im China des 18. Jahrhunderts spielt und von einer von den kaiserlichen Truppen ausgerotteten daoistischen Sekte erzählt, kreist um ein Grundthema Döblins: Nicht indem er handelt und dadurch unweigerlich Gewalt anwendet, sondern nur durch Verzicht auf Handlung und Gewaltanwendung kann der Mensch zu sich finden. In Wallenstein steht der Feldherr für das aktivistische Prinzip, der Kaiser für das Nicht-Handeln. Lebensphilosophische, buddhistische und daoistische Gedanken sind in diese wie in spätere Werke Döblins eingegangen, so z. B. auch in den umfangreichen utopischen Roman *Berge, Meere und Giganten* (1924). Im Stil deutlich vom Futurismus (s. S. 176f.) beeinflusst, lehnt der Roman dessen Technikbegeisterung ab, indem er die katastrophalen Folgen technologischer Projekte darstellt, die die Gesetze der Natur missachten.

Aus heutiger Sicht erweckt die Beschreibung von waffen- und gentechnologischen Experimenten ein beklommenes Staunen. In den in diesen Jahren entstandenen naturphilosophischen Werken (*Das Ich über der Natur*, 1927; *Unser Dasein*, 1933) entwickelt Döblin ähnliche Vorstellungen wie im Roman von dem Menschen als «Stück und Gegenstück der Natur». Seine Kritik der westeuropäischen zivilisatorischen Entwicklung setzte Döblin im Exil in dem Romanwerk *Amazonas* (1937–38, 1947–48) fort, in dem er die gewaltsame Kolonisierung Südamerikas durch die Europäer, die Ausbeutung und Zerstörung sowohl der indianischen Kultur als auch der Natur darstellt.

Nach dem erfolglosen Versepos *Manas* (1927), das durch sein Indien-Sujet und als Formexperiment zeittypisch ist, erschien 1929 der Roman, der den internationalen Ruhm Döblins begründete: *Berlin Alexanderplatz. Die Geschichte vom Franz Biberkopf.*

In diesem bis heute bedeutendsten Großstadtroman der deutschen Literatur verbindet Döblin die Geschichte des kleinen Ganoven Franz Biberkopf mit den – authentischen – Bauarbeiten auf dem Alexanderplatz: Wie der große zentrale Platz aufgebrochen und umgestaltet wird, so soll auch Franz Biberkopf «aufgebrochen» und verändert werden, wobei die Veränderung ein Grundthema Döblins ist.

Nach seiner Entlassung aus der Haftanstalt Tegel versucht Biberkopf dreimal «Berlin zu erobern»; aber weil er die Augen nicht offenhält, wie es leitmotivisch heißt, sondern blind dahertorkelt wie das Vieh, das zum Zentralviehhof getrieben wird, wird er dauernd «zerschlagen», bis er schließlich einen mythischen Wandlungsprozess erfährt. Vom singenden und trommelnden Tod zur Einsicht in die eigenen Fehler gebracht, bereut er sein bisheriges Leben, gibt die Eroberergeste auf und schaut am Ende des Romans *als* Franz Karl Biberkopf von seiner kleinen Portierswohnung den vorbeimarschierenden Massen «kühl» zu.

Den Überblick und die Einsicht, die Franz Biberkopf nicht besitzt, hat der souveräne Erzähler, der alle epischen Mittel beherrscht. Durch moritatenähnliche Resümees umreißt er vor jedem der neun Bücher die Handlung, um die Aufmerksamkeit des Lesers nicht auf das Was, sondern auf das Wie zu lenken. Mythische Stoffe, besonders aus dem Alten Testament, werden einbezogen und neben Montagen aus der modernen Großstadtwelt der Werbung, des hektischen Verkehrs und der Geräusche gestellt; Berliner Mundart steht neben sachlicher Amtssprache, Schlagerzitaten, Nachrichtenfetzen und Bibelsprache. Der Roman wird wegen seiner experimentierenden Erzählweise und dem Großstadtsujet oft mit James Joyces *Ulysses* (1922) und John Dos Passos' *Manhattan Transfer* (1926) verglichen.

Wie so viele Schriftsteller besann sich auch Döblin im Exil auf die deutsche Geschichte und auf die mentalen Strukturen, die diese Geschichte geprägt hatten. Der Roman *Pardon wird nicht gegeben* (1935), der formal an die realistische Erzähltradition anknüpft, behandelt den «Verrat» des deutschen Bürgertums an seinen alten Freiheitsidealen. *November 1918* (1939) stellt die Frage nach der Verantwortung der Intellektuellen für den Verlauf der deutschen Geschichte und fordert positives politisches Engagement für einen humanen «geistesrevolutionären» Sozialismus.

Vor seinem Tod erlebte Döblin einen letzten großen Erfolg, als sein 1945–46 entstandener Roman *Hamlet oder Die lange Nacht nimmt ein Ende* in Ost-Berlin erschien. Ein verkrüppelter Kriegsheimkehrer kommt durch den psychoanalytischen Erzählprozess zur Klarheit über die Schuld und die Lügen, die sein familiäres Leben – wie dasjenige Hamlets – belastet haben.

Für die jüngeren, nach 1945 hervortretenden Autoren (Wolfgang Koeppen, Arno Schmidt und v.a. Günter Grass) wurde Döblin zum Vorbild moderner Erzählkunst.

Hermann Broch

Am 1. 11. 1886 in Wien als Sohn eines jüdisch-österreichischen Textilfabrikanten geboren. Auf Wunsch des Vaters als Textilingenieur ausgebildet, 1908–27 Leiter des väterlichen Betriebs, der 1927 verkauft wurde. Seitdem freier Schriftsteller, jedoch schon vor dem 1. Weltkrieg Kontakte zum literarischen Leben Wiens; Mathematik- und Philosophiestudien an der Universität Wien. 1938 nach Einmarsch der deutschen Truppen in Österreich zeitweilig verhaftet. Flucht über England in die USA. Hier Fortsetzung seiner massenpsychologischen und politologischen Studien. Seinen Lebensunterhalt bestritt Broch durch Stippendien verschiedener Stiftungen. Am 30. 5. 1951 in New Haven an Herzversagen gestorben.

Kennzeichnend für Hermann Broch war die enge Verbindung zwischen seinem literarischen und seinem philosophisch-zeitkritischen Werk, das um das Problem des Wertezerfalls, die Möglichkeiten der Humanität und die Aufgaben der Demokratie kreist. In der für die Moderne charakteristischen Auflösung traditioneller und ganzheitlicher Weltbilder in autonome Einzelbereiche, die ohne Rücksicht auf das Ganze ihre jeweils eigenen Ziele verfolgen, sah er die größte Gefahr für die Gegenwart. Sein erstes großes Romanwerk, die Trilogie *Die Schlafwandler* (1931–32), analysiert diesen Prozess.

Die Titel der 3 Bände, *1888 Pasenow oder die Romantik*, *1903 Esch oder die Anarchie* und *1918 Huguenau oder die Sachlichkeit*, verankern den Roman historisch und philosophisch. Die Jahreszahlen bezeichnen Anfang, Mitte und Ende der Wilhelminischen Zeit, und die Namen weisen auf das geografische und z.T. auch auf das soziale Milieu hin: Preußen und Adel, das Rheinland und das Elsass. Die Hauptgestalten Pasenow und Esch sowie viele Nebenpersonen sind «Schlafwandler», die den Forderungen der Wirklichkeit nicht gewachsen sind und deshalb in Sehnsüchte und Wunschfantasien regredieren. Zeigen die beiden ersten Bände traditionelle Erzählformen, so schafft Broch im 3. Band die formale Analogie zum moralischen Zerfall, den die Titelperson Huguenau als Vertreter der wertfreien, reinen Sachlichkeit vertritt. Broch löst die Handlung in Einzelgeschichten auf, wechselt ständig die Perspektive und montiert lyrische und philosophische Diskurse in den epischen Verlauf ein; im Zentrum stehen Überlegungen über den Zerfall der Werte. In einem gleichzeitigen, 1936 veröffentlichten Vortrag über James Joyce hat Broch vom «polyhistorischen Roman» gesprochen, den er in Goethes *Wilhelm Meisters Wanderjahre* angelegt und bei Joyce für die Moderne voll entwickelt sah.

Ein formales Experiment stellt auch das zweite Hauptwerk Hermann Brochs, *Der Tod des Vergil*, dar. Vor der Flucht angefangen, wurde der Roman im Exil fertiggestellt und 1945 auf Deutsch und Englisch herausgegeben. In vier Kapiteln, deren Überschriften jeweils eins der vier Elemente – Wasser, Feuer, Erde und Luft – mit Inhalt und Thematik des Kapitels verbinden, erlebt der Leser die letzten Stunden des römischen Dichters Vergil (70–19 v. Chr.) mit. Er nimmt mit ihm die letzten sinnlichen Eindrücke des Hässlichen und des Schönen auf, folgt seinen Fiebergesichten und seinen Reflexionen über die Funktion der Kunst und des Künstlers in einer Krisen- und

Verfallszeit, die alle philosophischen und ästhetischen Einsichten zu verspotten scheint. Einen Höhepunkt des zum größten Teil in der «erlebten Rede» geschriebenen Romans bildet im 3. Kap., «Erde – Die Erwartung», ein Gespräch mit Kaiser Augustus über Wege und Mittel der Erkenntnis. Der Kaiser bringt Vergil dazu, das Vorhaben, sein Epos *Aeneis* zu vernichten, aufzugeben. Sterbend erfährt der Dichter im Erlebnis einer mythisch-erfüllten Gegenwart

«die mild-furchtbare Herrlichkeit des menschlichen Loses, gezeugt vom Worte und in der Zeugung schon des Wortes Sinn, des Wortes Trost, des Wortes Gnade, des Wortes Fürsprache, des Wortes Erlösungskraft, des Wortes Gesetzeskraft, des Wortes Wiedergeburt, nochmals ausgedrückt und ausdrückbar in den unzulänglichen und doch allein noch zulänglichen irdischen Bildern menschlichen Tuns und Wandelns, in ihnen verkündet und bewahrt und wiederholt für immerdar.»

In seinen letzten Jahren brachte Hermann Broch zwei Werke zum Abschluss, deren Anfänge in die Zeit vor dem Exil zurückreichten: *Die Schuldlosen* (1950), ein «Roman in elf Geschichten», und *Die Verzauberung* (1950), Teil seines unvollendeten, mehrmals umgearbeiteten «Bergromans», deren verschiedene Redaktionen 1967 postum unter dem Titel *Demeter* erschienen sind.

Die Schuldlosen schließen an die *Schlafwandler*-Trilogie an. Die Einzelgeschichten, die in den Jahren 1913, 1923 und 1933 spielen, zeigen Menschen, die im juristischen Sinne schuldlos, moralisch aber schuldig sind, weil sie sich den Ungerechtigkeiten und Verbrechen gegenüber gleichgültig und passiv verhalten. *Die Verzauberung* beschreibt, wie ein charismatischer Verführer und Scharlatan ein Gebirgsdorf in seine Gewalt bringt. Die massenpsychologischen Studien Hermann Brochs haben in diesem mentalen Bild des nationalsozialistischen Sieges in Deutschland (und Österreich) ihren dichterischen Niederschlag gefunden.

Der Gegenpol zum Verführer, die Bäuerin Mutter Gisson, deutet die Verführbarkeit ihrer Dorfgenossen als Verlust der «Mitte», des Gleichgewichts zwischen den Extremen. Der Begriff der «Mitte» spielt eine zentrale Rolle im ganzen Werk Hermann Brochs. So legt er in den politischen Aufsätzen (z.B. in *Die Demokratie im Zeitalter der Versklavung*, 1949) seine

Vorstellungen von der Demokratie als dem Mittelweg zwischen einem rechten und einem linken Totalitarismus dar. Auch die massenpsychologischen und die philosophischen Schriften kreisen um den Verlust der «Mitte» und die Konsequenzen dieses Verlustes.

Hermann Broch ging es, wie er in dem Rechenschaftsbericht «Autobiographie als Arbeitsprogramm» (entstanden 1941) schreibt, darum, «dem Leben und der Politik wieder zu einer ethischen Basis zu verhelfen». In dieser «aufklärende[n] Tätigkeit» hatte die Literatur seiner Meinung nach den Vorteil, unmittelbarer und direkter als die Wissenschaft zu wirken.

Robert Musil

1880 in Klagenfurt geboren. Nach Besuch der Landesoberrealschule in Brünn, wo der Vater 1890 Professor für Maschinenbau an der TH geworden war, ab 1892 Aufenthalt an der Militärunterrealschule in Eisenstadt, ab 1894 der Militäroberrealschule in Mährisch-Weißkirchen (Hranice). Die 1897 begonnene Ausbildung an der Technischen Militär-Akademie in Wien wurde im selben Jahr zugunsten des Maschinenbaustudiums an der TH Brünn aufgegeben. Nach Abschluss des Studiums 1901 Einjährigfreiwilliger beim K. K. Infanterieregiment in Brünn, 1902 Beginn der bis 1907 währenden Beziehung zu Herma Dietz. Nach dem Freiwilligenjahr zunächst Volontärassistent an der TH Stuttgart, dann von 1903 bis zum Ersten Weltkrieg Wohnsitz in Berlin, Nachholung der Reifeprüfung, Studium der Philosophie und Psychologie und 1908 Promotion mit einer Dissertation über den Physiker und Erkenntnistheoretiker Ernst Mach, *Beitrag zur Beurteilung der Lehren Machs*. 1911 nach Konversion zum evangelischen Glauben Heirat mit der jüdischen Malerin Martha Marcovaldi und Bibliothekar an der TH, 1914 Redakteur der *Neuen Rundschau*. Im Ersten Weltkrieg u. a. drei Jahre Kompanieführer in Südtirol. Nach dem Krieg im Pressearchiv des Außenministeriums, 1920–1922 im Heeresministerium tätig. Von 1922 bis zu seinem Lebensende lebte Musil als freier Schriftsteller, Theater- und Kunstkritiker in schweren finanziellen Nöten und war von der Unterstützung des Rowohlt-Verlages (1925–1933) und privaten Hilfsaktionen abhängig. 1931 Übersiedlung nach Berlin, 1933 Rückkehr nach Wien. Nach Verbot seiner Bücher in Deutschland und Österreich 1938 Emigration mit seiner Frau in die Schweiz, wo er 1942 in Genf starb.

Musils literarische Anfänge reichen in die Zeit um die Jahrhundertwende zurück. Er hatte schon mit 18 Jahren Nietzsche gelesen, dessen Werk einen anhaltenden Einfluss auf ihn gewann, und beschäftigte sich in seiner Jugend u.a. mit dem Positivismus Ernst Machs, der Mystik des Belgiers Maurice Maeterlinck und der zeitgenössischen Dekadenzliteratur. Er scheint von der Sprachskepsis, die viele Dichter der Jahrhundertwende beschäftigt hat, nicht unberührt gewesen zu sein; von einer Sprachkrise, wie sie etwa Hofmannsthals «Lord Chandos» erlebt, kann man aber bei Musil nicht sprechen. Zwar waren ihm die Grenzen der Sprache und die durch Worte erfolgende Vereinfachung und Rationalisierung bewusst. Durch seinen militärisch-technischen Bildungsweg und durch sein Studium der Philosophie bestimmt, war er aber trotzdem von der Bemühung geleitet, die Komplexität und Vielschichtigkeit der modernen Wirklichkeit mit einer wissenschaftlichen Ansprüchen genügenden Exaktheit zu beschreiben und «fühlbar» zu machen. Sein Werk ist deshalb von einer stilistischen Kompliziertheit geprägt, die sich u.a. in einer fluktuierenden Erzählperspektive, in essayistischen Abschweifungen, in Umschreibungen und Vergleichen äußert und seine Bücher – vor allem den unvollendeten Mammutroman *Der Mann ohne Eigenschaften* – einer breiteren Leserschaft schwer zugänglich macht. Er wollte dadurch «einen Beitrag zur geistigen Bewältigung der Welt» leisten.

Der erste Niederschlag der Spannung zwischen einer unsicher gewordenen Wirklichkeit und dem Streben nach Genauigkeit bildet der kleine, in Stuttgart begonnene Roman *Die Verwirrungen des Zöglings Törleß* (1906), wo Musil die Erfahrungen seiner Kadettenzeit verwertet. Er reiht sich unter die vielen Darstellungen von Schülererfahrungen und Pubertätskrisen der Zeit ein (Wedekind, *Frühlings Erwachen*, Hesse, *Unterm Rad*) und stieß auf rege Zustimmung vor allem bei den zeitgenössischen Reformpädagogen und Sexualtheoretikern, die ihn als Protest gegen die überholten Normen einer kranken Gesellschaft missverstanden. Der sechzehnjährige Protagonist nimmt nicht aktiv an den Schülergrausamkeiten seiner Kameraden teil. Ihn interessiert vielmehr seine Fähigkeit, durch einen «Wechsel der innerlichen Perspektive», hinter der gewöhnlichen Welt der Worte eine «andere Welt», eine geheimnisvolle, sprachlose Wirklichkeit wahrzunehmen.

In seinen folgenden, von der Öffentlichkeit wenig beachteten Werken (den beiden Erzählungen *Die Vollendung der Liebe* und die *Versuchung der Stillen Veronika*, die unter dem Titel *Vereinigungen* (1911) veröffentlicht wurden, und dem umfangreichen, kaum aufführbaren Drama *Die Schwärmer*) verwendet Musil das Motiv der Untreue als Kristallisationspunkt für die Darstellung der Begegnung des Menschen mit den dunklen Kräften seines Innern und mit einer hinter der Normalität verborgenen, rätselhaften und stummen Schicht der Wirklichkeit. In den unter dem Titel *Drei Frauen* (1924) vereinigten Erzählungen stehen die Frauen für das rätselhaft Andere. *Grigia* verkörpert die stumme tierische Sexualität, *Tonka,* in vielem ein Porträt von Musils zeitweiliger Lebensgefährtin Herma Dietz, spricht «irgend eine Sprache des Ganzen», und *Die Portugiesin* stammt aus der fremden Welt des Südens. Die eigentlichen Hauptpersonen der Erzählungen sind aber die drei Männer, aus deren Perspektive erzählt wird. Für alle drei bedeutet die Begegnung mit einer möglicherweise untreuen Frau eine initiatorische Selbstbegegnung und die Erfahrung eines anderen, höheren Lebens.

Die Möglichkeit, einen Zustand von ekstatischer Lebensintensität auf die Dauer zu realisieren, bildet den utopischen Fluchtpunkt in Musils Hauptwerk, *Der Mann ohne Eigenschaften.* Der dürftigen, durch essayistische Exkurse unterbrochenen Handlung steht ein beziehungsreiches Geflecht von Motiv-, Ideen- und Personenkonstellationen gegenüber. Der Roman spielt im Jahre 1913, schildert aber nicht nur das untergehende «Kakanien», die kaiserlich-königliche österreichisch-ungarische Monarchie am Vorabend des Ersten Weltkrieges, sondern nimmt, u.a. durch viele Anachronismen erkennbar, die Zwischenkriegszeit vorweg. Der erste und zweite Teil, «Eine Art Einleitung» und «Seinesgleichen geschieht», erschienen 1930.

Der Protagonist des Romans, Ulrich, vorübergehend Offizier, Ingenieur und erfolgreicher Mathematiker, hat sich ein Jahr Urlaub von seinem Leben genommen. Er besitzt zwar vorzügliche Eigenschaften, erreicht aber die Erkenntnis, dass sie eigentlich nicht ihm gehören, sondern nur eine von seiner Umgebung bereitgestellte Hohlform darstellen, die seine Individualität geprägt hat. Durch diese Erfahrung der Identitätslosigkeit wird er ein Außenseiter, der sowohl sein eigenes Leben als auch seine Freunde, seine Geliebten und seine ganze Gegenwart mit skeptischer Distanz betrachtet.

Den Hauptinhalt des zweiten Teils bildet die Schilderung der sogenannten Parallelaktion, die Bemühungen, das dreißigjährige Regierungsjubiläum des deutschen Kaisers, das 1918 eintreffen sollte, durch das im selben Jahr stattfindende siebzigjährige Regierungsjubiläum Kaiser Franz Josephs zu überbieten. Ulrich wird auf Drängen seines Vaters Sekretär der Aktion, deren Mitglieder sich im Salon seiner Cousine, einer korpulenten und seelenvollen klassischen Schönheit, die er Diotima nennt, treffen. Das idealistische Gerede der Akteure über eine «erlösende Idee» für die Feier des «Friedenskaisers» bleibt leer. Das Ziel der Aktion entpuppt sich als eine gefährliche Illusion, die – so darf aus dem dritten Teil gefolgert werden – in den Krieg münden wird. Die Parallelaktion wird sowohl aus der Sicht Ulrichs als auch aus der des Erzählers und des Autors mit ironischer Brechung beschrieben. Ulrich verbleibt ein Unbeteiligter. Von der verworrenen Idealität der Aktion angewidert, schlägt er sogar vor, «im Namen seiner Majestät ein Erdensekretariat der Genauigkeit und Seele» zu gründen. Mit Interesse verfolgt Ulrich aber das Verfahren gegen den Triebtäter Moosbrugger, der wegen eines grausamen Sexualmordes an einer Prostituierten zum Tode verurteilt ist, über dessen Zurechnungsfähigkeit sich die Gelehrten aber fortwährend streiten.

Im dritten Teil des Romans, «Ins Tausendjährige Reich (Die Verbrecher)», der 1933 herausgegeben wurde, bildet die Erfahrung des «anderen Zustandes» das Hauptmotiv. Im Sterbehaus des Vaters begegnet Ulrich seiner vergessenen Schwester Agathe wieder, und es entwickelt sich zwischen ihnen eine inzestuöse Liebe. Die Ekstase der Gefühle wird durch die Aufschiebung des körperlichen Vollzugs immer höher getrieben, und es bleibt, auch wenn die früheren, unveröffentlichten Entwürfe hinzugezogen werden, unklar, ob oder in welcher Weise er stattfinden sollte.

Um eine Erklärung seiner Erlebnisse bemüht, studiert Ulrich Zeugnisse der Mystik verschiedener Konfessionen und Zeitalter und entdeckt eine frappante Übereinstimmung mit seinen eigenen Erfahrungen. In den beiden Schlüsselkapiteln «Heilige Gespräche. Beginn» und «Heilige Gespräche. Wechselvoller Fortgang» setzt er seiner Schwester auseinander, dass die Mystiker aller Zeiten offenbar dasselbe Erlebnis gehabt haben, das nur in die jeweiligen sprachlichen und theologischen Formen gekleidet wurde. Er gelangt dadurch zu einer Mystik ohne Gott, einer «taghellen Mystik» im Gegensatz zu der idealistischen Pseudomystik seiner Gegenwart, deren Sprache Diotima und ihr Verehrer Dr. Arnheim sprechen.

Das Vorhaben der Geschwister, dem «anderen Zustand», dem Erlebnis der Einheit mit sich selbst, mit dem Mitmenschen und mit der Natur Dauer zu verleihen, scheint scheitern zu müssen. Das Tausendjährige Reich bleibt eine Utopie, und der Roman verblieb ein großartiges Fragment, um dessen Vollendung Musil sich im Schweizer Exil, von der Öffentlichkeit vergessen und von Geldnöten und Schreibhemmungen heimgesucht, vergeblich bemühte. Der weitere Verlauf der Handlung ist umstritten. In dem Kapitel «Atemzüge eines Sommertages» aber, an dem Musil noch am Tage seines Todes gearbeitet hat, wird die Auflösung des Ichs und der Dinge in eine atmosphärische, von ekstatischem Leben durchströmte Einheit meisterhaft beschrieben. Erst die nach dem Kriege eingeleitete Wiederentdeckung ließ allmählich erkennen, dass Musil neben Kafka und Thomas Mann zu den bedeutendsten deutschsprachigen Romanciers der Moderne zählt.

Dic Literatur der 30er Jahre

I. Grundzüge der Epoche

Dass die Ernennung Adolf Hitlers zum Reichskanzler am 30. Januar 1933 den Beginn einer zwölfjährigen Diktatur einleiten sollte – damit hatten weder der Kreis um den Reichspräsidenten Paul v. Hindenburg und die mit Hitler und der NSDAP eine Koalitionsregierung bildende Deutschnationale Volkspartei noch die Oppositionsparteien von links bis zur bürgerlichen Mitte gerechnet. Die Unterschätzung der Nationalsozialisten, die seit den frühen 20er Jahren ihre politischen Ziele lauthals verkündet hatten, war erstaunlich groß. Statt in die ihm zugedachte Rolle eines Übergangskanzlers einzutreten, nahm Hitler schon während des ersten Regierungsjahres die Zügel der Macht fest in seine Hand und schaltete jede politische Opposition aus: Nach dem Reichstagsbrand am 27. Februar 1933 setzte eine Hetzjagd auf Kommunisten und andere Gegner der NSDAP ein; allein in Preußen wurden im März-April ca. 25 000 Menschen verhaftet. Auf das Verbot der KPD folgten gemäß dem am 23. März verabschiedeten «Ermächtigungsgesetz» die Auflösung der Gewerkschaften und das Verbot der SPD. Die bürgerlichen Parteien lösten sich im Sommer 1933 freiwillig-gezwungen auf, und am 14. Juli 1933 wurde ein Gesetz erlassen, das die Bildung neuer politischer Parteien verbot. Innerhalb eines halben Jahres hatten die Nationalsozialisten Deutschland zu einem autoritären Einparteienstaat gemacht.

Dem Zentralismus, der einen Einparteienstaat per definitionem kennzeichnet, widersprach die traditionelle föderalistische Struktur Deutschlands. Deshalb verabschiedete die Reichsregierung am Jahrestag des Machtantritts der Nationalsozialisten das «Gesetz zum Neuaufbau des deutschen Reiches», nach welchem die bisherigen Kompetenzen der Länder dem Reich unterstellt wurden. Die Landtage und ihre Vertretung, der Reichsrat, wurden folglich abgeschafft. Im August 1934 starb Reichspräsident v. Hindenburg im Alter von 87 Jahren; Hitler übernahm sofort die präsidialen Funktionen und ließ sich zum «Führer und Reichskanzler» ernennen. Mit «Peitsche und Zuckerbrot», durch Terrormaßnahmen einerseits und andererseits durch Erfolge wie die Herabsetzung der Arbeitslosigkeit und die außenpolitischen Triumphe erhielt der nationalsozialistische Staat die begeisterte Unterstützung oder die schweigende Zustimmung einer Bevölkerung, von der bei den letzten noch teilweise freien Wahlen am 5. März 1933 immerhin schon 42,9% der NSDAP ihre Stimme gegeben hatten.

Unter Historikern und Literaturhistorikern ist die Frage immer wieder diskutiert worden, ob der 30. Januar 1933 in der deutschen Geschichte einen Bruch bedeute oder nicht. Es können Argumente für beide Positionen angeführt werden. Wenn man den Schwerpunkt der Betrachtung darauf legt, dass Deutschland sich innerhalb kürzester Zeit in eine zentralistische, alle rechtsstaatlichen Grundsätze verletzende Diktatur verwandelte, muss die Frage mit einem Ja beantwortet werden, auch wenn bei vielen politischen, juristischen oder mentalen Strukturen eine lange historische Kontinuität nachgewiesen werden kann. Für den Bereich der Literatur kann in dem Sinne von einem Bruch oder einer Zäsur gesprochen werden, als der größte Teil der in der Weimarer Republik bedeutenden und bekannten Autoren aus politischen oder ethnischen Gründen Deutschland verlassen musste. Schon im Februar-März 1933 begann für viele Autoren der Weg ins Exil; insgesamt haben etwa 2500 Schriftsteller und Publizisten diesen Weg wählen müssen.

Auf dem Gebiet der Kultur führten die Nationalsozialisten wie auf allen gesellschaftlichen Gebieten ihre Politik der «Gleichschaltung» durch. Am 10. Mai 1933 kam es in ganz Deutschland zu organisierten Bücherverbrennungen, bei denen in ritualisierten Veranstaltungen die Werke missliebiger – zeitgenössischer sowie längst verstorbener – Autoren «den Flammen übergeben» wurden. Gleichzeitig wurden amtliche Listen von Büchern veröffentlicht, die aus den öffentlichen Bibliotheken entfernt werden sollten. Ob ein Schriftsteller veröffentlichen durfte oder nicht, hing davon ab, ob er Mitglied der zuerst von Fr. Blunck, später von Hanns Johst geleiteten «Reichsschrifttumskammer» war bzw. werden konnte. Dazu waren der Nachweis «arischer» Abstammung und ein Treuegelöbnis dem nationalsozialistischen Staat gegenüber erforderlich. Außerdem gab es mehrere Zensurinstanzen, wie z.B. die vom Parteiidcologen Alfred Rosenberg geleitete «Reichsstelle zur Förderung des deutschen Schrifttums». Das Wort «Berufsverbot» kam nicht zufällig in den 30er Jahren auf.

Stellvertretend für die vielen Autoren, die nicht mehr veröffentlichen durften, aber trotzdem in Deutschland blieben, können Ernst Barlach, Erich Kästner und Marieluise Fleißer erwähnt werden. Barlach, dessen schriftstellerische und bildnerische Werke als «entartet» galten, vergrub die Bücher, die er während des Nationalsozialismus schrieb, in seinem Garten. Erich Kästner schlug sich mit Unterhaltungsromanen (*Drei Männer im Schnee*, 1934, *Die verschwundene Miniatur*, 1935) und als Drehbuchautor (teilweise unter Pseudonym) durch. Marieluise Fleißer verstummte ganz.

Den regimekritischen Autoren boten sich nach der Meinung des österreichischen Schriftstellers und marxistischen Theoretikers Ernst Fischer (1899–1972) drei Möglichkeiten. In der ersten Nummer der in Prag erscheinenden Exilzeitschrift *Neue Deutsche Blätter* schrieb er:

«Man kann in Deutschland bleiben und getarnt, aus sprachlichem Hinterhalt und künstlerischer Maskierung, den Faschismus angreifen, gewärtig, dass einem früher oder später der Mund gestoppt und die Feder aus der Hand geschlagen wird. Man kann, anonym, für die illegale Literatur im Lande und für die antifaschistische Presse im Ausland arbeiten. Man kann schließlich über die Grenzen gehen und vom Ausland her zu den Deutschen sprechen.»

Unter dem Gesichtspunkt des Kampfes gegen den Nationalsozialismus erfasst Ernst Fischer hier einige der für die Jahre 1933–45 charakteristischen Typen von Literatur: die in Deutschland erscheinende offen oder versteckt antifaschistische und die unter den Bedingungen des Exils geschriebene Literatur. Das nationalsozialistische «Schrifttum» erwähnt er aus einleuchtenden Gründen nicht. Zu den hier erwähnten Typen kommt außerdem ein breites Spektrum von unpolitischer Literatur hinzu, die während der ganzen Periode erscheinen konnte. Einige der unpolitischen Autoren beanspruchten nach dem Zweiten Weltkrieg für sich die Bezeichnung «innere Emigration». Über die Berechtigung dieses Begriffs wurde bitter diskutiert (s. S. 277). Die Zuordnung zur inneren Emigration bleibt in dieser Darstellung denjenigen Autoren vorbehalten, bei denen der Rückzug ins Private und Innerliche einem geistigen, z.B. christlichen oder moralischen, Widerstand gegen den Nationalsozialismus entsprang.

Nationalsozialismus und Literatur

Die von den Nationalsozialisten geförderte Literatur war zum größten Teil schon in der Weimarer Republik oder noch davor entstanden. Die wichtigsten Themenkreise sind Volk und Volkstum, Krieg und Heldentum. Innerhalb von beiden Themenkreisen oder Ideologemen geht es darum, als höchsten Wert die Gemeinschaft darzustellen, in der der Einzelne aufgehoben ist, zu der er sich bekennt und der er sich aufopfert, wenn dies von ihm verlangt wird. Der Ton ist pathetisch-beschwörend.

Die in der Tradition der antimodernen Heimatkunst (s. S. 129) stehenden Romane, wie Johanna Berens-Totenohls *Der Femhof* (1934), stilisierten das «Blut» und den «Boden» zu zeitlosen Werten und machten das Bauerntum zum Sinnbild der Nation, die – wenn sie nur dem ewigen Rhythmus der Natur folgte – gesunden und wachsen würde. Die Frau tritt hier wie überhaupt in der nationalsozialistischen Literatur als Erhalterin der Rasse, als Mutter auf. Oft wurde der völkisch-nationalsozialistische Heimatroman historisiert und mit der Rassenideologie verbunden; ein Beispiel sind Friedrich Bluncks «niederdeutsche Trilogie» *Das werdende Volk* (1922–24) und seine *Urvätersaga* (1926–28; ebenfalls eine Trilogie), in denen auch ein mythisierter Reichsgedanke sowie der Anspruch Deutschlands auf Kolonien, auf «Lebensraum», verkündet werden. Der erfolgreichste «Kolonialroman» dieser Jahre war Hans Grimms *Volk ohne Raum* (1920–26), dessen Titel der nationalsozialistischen Expansionspolitik ein zündendes Schlagwort lieferte. In den Romanen des «soldatischen Nationalismus», die in der Endphase der Weimarer Republik erschienen waren (s. S. 229–230), wurde die «Frontgemeinschaft» des Ersten Weltkriegs als Vorstufe und Vorbild für die kommende nationalsozialistische «Volksgemeinschaft» gedeutet. Pathetische Huldigungen von Opfermut und Heldentum wechseln mit nüchtern-detaillierten Beschreibungen des Schützengrabenalltags.

Die nationalsozialistische Lyrik kennt vorwiegend zwei Formen: das Gemeinschaftslied und die Hymne. Das Gemeinschaftslied sollte ein Wir-Gefühl erzeugen, sollte das «völkische» Selbstbewusstsein aufbauen und stärken. Es gab Lieder für jede Gruppe innerhalb der NSDAP und für jede Gelegenheit: Sturm- und Kampflieder, Marsch- und Soldatenlieder, etc. Die Themen sind weitgehend dieselben, der Wortschatz stereotyp; Ehre, Treue, Fahne, Blut, Flamme und Volk sind immer wiederkehrende Begriffe. Die hymnische Lyrik feierte in hochtrabenden Wendungen dieselben Ideale.

Zur nationalsozialistischen Literaturpolitik gehören die Versuche, die klassische deutsche Literatur und Kultur zu vereinnahmen, sowie die gewaltsame Stilisierung z. B. von Kleist und Hölderlin zu Vertretern eines präfaschistischen «heldischen Pessimismus».

Auf dem Gebiet des Dramas versuchten die Nationalsozialisten, einen neuen Typus zu schaffen, das sogenannte Thingspiel. Es war als Weihe- und Kultspiel gedacht, an dem möglichst viele Menschen teilnehmen sollten, um sie durch ein Gemeinschaftserlebnis zu beeindrucken. So fand im Oktober 1933 im Berliner Grunewald eine Aufführung mit 17000 Teilnehmern und 60000 Zuschauern statt. Thema der Thingspiele war in erster Linie die «Vorgeschichte der nationalsozialistischen Revolution», d. h. die Geschichte der Jahre 1918–33. Formal laufen im Thingspiel Elemente der griechischen Tragödie, des mittelalterlichen Mysterienspiels, des barocken Festspiels – und des proletarischen Theaters der Weimarer Republik zusammen. Trotz intensiver kulturpolitischer Förderung wurden nur wenige Stücke geschrieben, und bald hatten die Parteitage in Nürnberg und die großen Aufmärsche als politisches Massentheater die Thingspiele überholt. In der Kunst der «Ästhetisierung der Politik» (Walter Benjamin) zeigten sich die Nationalsozialisten als bis dahin unübertroffene Meister.

So wie die Nationalsozialisten es verstanden, die Massen zu inszenieren, verstanden sie es auch, die neuen Medien, Film und Rundfunk, auszunutzen, die – als Träger der NS-Propaganda – eine größere Rolle spielten als die Literatur, weil sie ein größeres Publikum erreichten. Filme wie *Hitlerjunge Quax* (1934) und *Pour le Mérite* (1938) sollten vor allem die Jugendlichen beeinflussen, die Reichsparteitag- und Olympiadefilme von Leni Riefenstahl sollten nach innen und nach außen eine glückliche und geeinte Volksgemeinschaft zeigen. Der antisemitischen Hetze dienten Veit Harlans *Jud Süß*, dessen Manuskript eine Pervertierung des gleichnamigen Romans von Lion Feuchtwanger aus dem Jahr 1925 ist, und *Die goldene Stadt.* Noch in den letzten Monaten des Zweiten Weltkriegs wurde – ebenfalls in der Regie von Veit Harlan – der sehr kostspielige «Durchhaltefilm» *Kolberg* gedreht, der den Widerstand der ostpommerschen Stadt gegen die französischen Truppen 1807 darstellt.

Antifaschistische Untergrundliteratur

Ein effektvoll-dramatischer Einschlag auf dem Internationalen Schriftstellerkongress, der 1935 in Paris im Zeichen der Volksfrontbestrebungen stattfand, war der Auftritt eines maskierten Mannes, der von der illegalen Literatur in Deutschland berichtete, die «der Welt mit schriftstellerischen Mitteln das wahre Gesicht des Dritten Reiches» zeigen wollte. Der Redner war Jan Petersen (1906–69), KPD- und BPRS-Mitglied, der seit 1933 daran beteiligt war, illegale Gruppen aufzubauen, die das In- und Ausland sowohl über die Terrormaßnahmen der Nationalsozialisten als auch über den Widerstand informieren sollten.

Untergrundzeitungen, Flugblätter, Flugblatt- und Klebezettelgedichte waren die Formen, die unter den Bedingungen der Illegalität hergestellt und verbreitet werden konnten. Größere Werke, wie der Bericht *Hirne hinter Stacheldraht* über das Schicksal verfolgter und verhafteter Schriftsteller, wurden ins Ausland geschmuggelt und dort gedruckt. Jan Petersens Roman *Unsere Straße* (1933–34 geschrieben), der vom nationalsozialistischen Terror gegen ein Arbeiterviertel in Berlin-Charlottenburg und vom Widerstand der Bewohner erzählt und diesen authentischen Bericht mit Reflexionen des Ich-Erzählers über seine Lage als Schriftsteller im Untergrund verbindet, wurde vom Autor selber aus Deutschland herausgeschmuggelt. Er erschien 1935 in Paris, 1936 in Bern und

Moskau und 1938 in London. Weitere authentische Zeugnisse stellen die Berichte entlassener oder entkommener KZ-Häftlinge dar, die ebenfalls im Ausland gedruckt wurden, wie z.B. Willi Bredels *Die Prüfung* (1934) und Wolfgang Langhoffs *Die Moorsoldaten* (1935). Der größte Teil der antifaschistischen Literatur erreichte natürlich erst nach dem Krieg die Öffentlichkeit, so Bruno Apitz' 1944 im KZ Buchenwald niedergeschriebene Erzählung *Esther* und der satirische Schlüsselroman *PLN. Die Passionen der halkyonischen Seele*, den der Romanistikprofessor Werner Krauss während seiner Inhaftierung in Plötzensee schrieb.

Literatur der inneren Emigration

Neben dem politisch bestimmten Widerstand von Autoren wie Jan Petersen und Bruno Apitz gab es im nationalsozialistischen Deutschland auch Schriftsteller, deren Opposition gegen das NS-Regime einer christlich-moralischen Lebenshaltung entsprang. Zu dieser Gruppe gehörten z.B. Rudolf Alexander Schröder (1878–1962) und Ricarda Huch (1864–1947). Letztere begründete 1933 in einem mutigen Brief ihren Austritt aus der «Sektion Dichtkunst» der Preußischen Akademie der Künste damit, dass sie «[d]ie Zentralisierung, den Zwang, die brutalen Methoden, die Diffamierung Andersdenkender, das prahlerische Selbstlob […] für undeutsch und unheilvoll» halte. Sie wurde damit unter die unerwünschten Autoren eingereiht, erhielt jedoch kein Schreibverbot; aber nur wenige Werke von ihr durften erscheinen. Auch Ernst Wiechert (1887–1950), dessen öffentliches Eintreten für Pastor Martin Niemöller, die zentrale Gestalt der oppositionellen Bekennenden Kirche, ihn 1938 für einige Monate ins KZ Buchenwald brachte, kann zu den inneren Emigranten gerechnet werden. Nach seiner Entlassung stand er unter Gestapoaufsicht, und sein die Lagererfahrungen beschreibender Roman *Der Totenwald* konnte erst 1946 erscheinen. Sein bekanntester Roman trägt den programmatischen Titel *Das einfache Leben* (1939): Nur in enger Verbundenheit mit der Natur kann der Mensch sich geistig-moralisch bewähren. Wiechert sowie auch andere Vertreter der inneren Emgration sahen sich als «Bewahrer des Unvergänglichen» und «Mahner in einer lauten Welt» (Wiechert, 1933). Nach ihrem Weltverständnis war der Nationalsozialismus ein «Schicksal», das wie eine Naturkatastrophe über Deutschland und das deutsche Volk hereingebrochen war.

Wie schwierig es sein konnte, in getarnter, gleichnishafter Form gegen das Regime zu schreiben, erfuhr Werner Bergengruen (1892–1964). Sein Roman *Der Großtyrann und das Gericht* (1935) war als eine verschlüsselte Kritik am Regime konzipiert; in der den fünf Kapiteln vorangestellten Präambel heißt es unmissverständlich: «Es ist [...] zu berichten von den Versuchungen der Mächtigen und von der Leichtverführbarkeit der Unmächtigen und Bedrohten.» Der Großtyrann, der am Schluss des Romans kundtut, selber den aufzuklärenden Mord begangen zu haben, um seine Untertanen zu prüfen, wird deswegen der größten Verfehlung angeklagt: Er habe sich angemaßt, wie Gott über das Schicksal der Menschen bestimmen zu wollen. Nichtsdestoweniger wurde der Roman im *Völkischen Beobachter* als die gelungene Darstellung einer Führergestalt aus der Renaissance gelobt.

Literatur im Exil

Von den Hunderttausenden, die nach 1933 Deutschland verließen, betrug die Zahl der Schriftsteller und Publizisten, wie bereits erwähnt, etwa 2500, ein Substanzverlust des deutschen literarisch-kulturellen Lebens, zumal sich viele der bekanntesten Autoren unter den Exilierten befanden. Ebenso wenig wie die Exilanten überhaupt bildeten die Schriftsteller eine einheitliche Gruppe, wenn auch angenommen werden kann, dass ihnen das Bewusstsein, «das beste Deutschland» (Heinrich Mann) zu vertreten, gemeinsam war. Lion Feuchtwanger, der sich bei der Machtübernahme der Nationalsozialisten auf einer Vortragsreise in den USA befand und wegen seiner linksdemokratischen politischen Sympathien und seiner jüdischen Abstammung sofort ausgebürgert wurde, gab in seinem Roman *Exil* (1940) folgende zutreffende Charakteristik der Vertriebenen als Gruppe:

«Es gab unter den deutschen Exilanten zahlreiche, die um ihrer politischen Gesinnung willen hatten fliehen müssen, und es gab die große Masse derjenigen, die, nur weil sie selber oder ihre Eltern in den standesamtlichen Registern als Juden geführt wurden, sich zur Auswanderung gezwungen gesehen hatten. Es gab viele, Juden wie Nichtjuden, die freiwillig gegangen waren, weil sie die Luft des Dritten Reiches einfach nicht mehr hatten atmen können und andere, die für ihr Leben gern in Deutschland geblieben wären, hätte man sie dort nur auf irgend eine Art ihren Lebensunterhalt verdienen lassen.»

Die erzwungene Emigration als «sozialer und psychischer Ausnahmezustand» (Hans-Albert Walter) griff natürlich tief in die Lebens- und Erfahrungswelt der Exilierten ein. Die Schriftsteller stellte sie vor die Notwendigkeit, ihre Rolle und Funktion neu zu durchdenken. Sie hatten den lebendigen Kontakt nicht nur mit ihrem primären Publikum, sondern auch mit ihrem Werkzeug, der Sprache, verloren und mussten sich überlegen, wie und auf welche Weise sie ihre schriftstellerische Tätigkeit weiterführen konnten. Einsamkeit, Verstummen und Verlust des Selbstwertgefühls waren das Los vieler exilierter Schriftsteller, denn «[w]ohin immer diese trüben Gäste kamen, waren sie unerwünscht» (Feuchtwanger); einige von ihnen, z.B. Kurt Tucholsky, Ernst Toller und Stefan Zweig, wählten den Selbstmord als letzten Ausweg.

Wirtschaftliche Sorgen hatten viele Exilautoren. Eine willkommene, wenn auch in den meisten Fällen bescheidene Einnahmequelle stellten die Zeitschriften dar, die in verschiedenen Exilzentren herausgegeben wurden: *Neue Deutsche Blätter* in Prag, *Die Sammlung* in Amsterdam, *Maß und Wert* in Zürich, *Internationale Literatur* und *Das Wort* in Moskau. Sie hatten in der Regel nur eine begrenzte Lebensdauer, da sie für die Verlage ein Verlustgeschäft waren und da Beiträger, Redakteure und Abnehmer «öfter als die Schuhe die Länder» (Brecht) wechselten. Ein Zeitschriftenname wie *Die Sammlung* weist auf die Bestrebungen hin, über alle künstlerischen und ideologischen Divergenzen hinweg eine gemeinsame Front der Exilierten zu schaffen. Der Herausgeber der *Sammlung*, Klaus Mann, bemühte sich ebenso wie sein Onkel Heinrich Mann sehr darum. Im Ziel, der Bekämpfung des Nationalsozialismus, war man sich zwar einig, in den Wegen und Mitteln jedoch nicht. Auf dem Internationalen Schriftstellerkongress in Paris 1935 wurde im Zeichen des Volksfrontgedankens Einigkeit zur Schau gestellt; aber nicht nur die unterschiedlichen ethischen, sondern auch und vor allem die divergierenden politischen Standpunkte ließen die Einigkeit bald wieder zerbröckeln. Die geografische Verstreutheit der Exilierten über die ganze Welt sowie ihre recht verschiedenen Lebensbedingungen erschwerten die Einheitsbestrebungen zusätzlich.

Ein Beispiel für das Weiterbestehen der politisch-ästhetischen Fronten der Weimarer Republik im Exil zeigt die sog. Expressionismusdebatte. Sie lief vornehmlich in der in Moskau erscheinenden Zeitschrift *Das Wort* im Jahre 1938, und mehr als 20 Schriftsteller und Wissenschaftler nahmen daran teil. Anlass der Auseinandersetzungen war ein Aufsatz von Klaus Mann, *Gottfried Benn. Die Geschichte einer Verirrung*, in dem er versuchte, eine Antwort auf das Rätsel zu finden, das die kurzfristige, aber nachdrückliche Zustimmung des Formkünstlers Gottfried Benn zum Nationalsozialismus für ihn war. Wo Klaus Mann die Lösung im «atavistischen Komplex» Benns zu finden meinte, leitete der kommunistische Schriftsteller Alfred Kurella in einem weiteren Artikel die Anfälligkeit Benns für den Nationalsozialismus direkt aus dem Expressionismus her, dessen Geist, «ganz befolgt, […] in den Faschismus» führe. An die sowjetische Literaturpolitik anknüpfend verwirft Kurella alle modernen experimentierenden Kunstströmungen als formalistische Zerfallserscheinungen – und nähert sich damit bedenklich der nationalsozialistischen Kulturpolitik. Ähnlich, aber begrifflich fundierter hatte Georg Lukács schon zu Beginn der 30er Jahre alle modernen Richtungen vom Naturalismus zum Expressionismus als unfähig abgelehnt, die Totalität der Gesellschaft zu gestalten; sie bilden nur die Oberfläche der Wirklichkeit ab oder geben ein zerrissenes Bild davon. In dem Aufsatz *Es geht um den Realismus*, ebenfalls im *Wort*, griff er diese Gesichtspunkte nochmals auf und wies als Vorbilder für die volkstümlich-realistische Literatur, für die er plädiert, auf die von ihm als große Realisten bezeichneten europäischen Autoren von Cervantes und Shakespeare über Goethe und Balzac bis zu den Brüdern Mann hin. Die Expressionismusdebatte, an der sich auch Ernst Bloch, Anna Seghers und Brecht (letzterer allerdings nur in seinen Notizbüchern) beteiligten, sollte wegen ihrer Weiterwirkung in den Literaturdiskussionen der späteren DDR (s. S. 300–302) die folgenreichste unter den Auseinandersetzungen des Exils über ästhetisch-politische Fragen werden.

Literarische Exilzentren entstanden zunächst in den Nachbarländern Deutschlands: In Prag, weil die Tschechoslowakei eine, verglichen mit anderen Ländern, liberale Asylpolitik führte und es dort ein deutschsprachiges Publikum gab. In der Schweiz wurde Zürich zu einem wichtigen Zentrum, obwohl die Politik gegenüber den Asylanten keineswegs liberal war; hier errichtete der Oprecht-Verlag eine besondere Abteilung für deutsche Exilliteratur, und das Schauspielhaus war eine der wenigen ausländischen Bühnen, die sich der Exildramatik annahmen. In Amsterdam sammelten sich die exilierten Schriftsteller um die Verlage Querido und Allert de Lange, die ebenfalls Exilabteilungen errichteten. In Frankreich entstanden Zentren an der Mittelmeerküste und in Paris, wo der unabhängige kommunistische Verleger Willi Münzenberg den Verlag Editions du Carrefour gründete. In Moskau fanden sich vor allem kommunistische Schriftsteller zusammen, die in den Jahren vor den stalinistischen Säuberungen eine rege literarisch-publizistische Tätigkeit entfalten durften; z.B. wurde Fr. Wolfs antifaschistisches Drama *Professor Mamlock* (1935) auf dem Moskauer Jüdischen Theater in jiddischer Sprache uraufgeführt. Die nationalsozialistische Expansionspolitik führte 1938 zum Exodus vieler österreichischer Schriftsteller, wie z.B. Hermann Broch und Elias Canetti, 1939 zur nochmaligen Flucht derjenigen, die in der Tschechoslowakei ein Asyl gefunden hatten. Der Ausbruch des Zweiten Weltkriegs machte Frankreich und die von deutschen Truppen besetzten Länder zu einem unsicheren Boden; viele Exilierte aus Deutschland wurden interniert, einigen gelang die weitere Flucht, andere fielen in die Hände der deutschen Besatzungsmacht und wurden ins Gefängnis oder KZ verschleppt.

II. Gattungen und Themen der Exilliteratur

Generell kann festgestellt werden, dass sich im Exil kaum neue literarische Formen entwickelten; die Exilsituation mit ihren schwierigen Publikations- und Aufführungsbedingungen schien avantgardistische Experimente nicht zu befördern, sondern eher zur Besinnung auf nationale oder europäische Traditionen aufzufordern. So kann, vor allem in der Lyrik, ein Aufgreifen traditioneller Formen und Muster konstatiert werden, das z.B. bei Johannes R. Becher mit Reflexionen über Deutschland korrespondiert, so in seinem Doppelsonett «Tränen des Vaterlandes/Anno 1937», einer Wiederaufnahme des 300 Jahre älteren Sonetts mit dem gleichen Titel von Andreas Gryphius (s. Bd. I, S. 117).

In der Forschung ist die Frage diskutiert worden, ob alle im Exil geschriebenen Werke zur Exilliteratur zu rechnen seien oder nur diejenigen, die die Exilsituation thematisieren. Kann – um nur ein Beispiel zu nennen – Thomas Manns *Lotte in Weimar*, 1939 in Stockholm erschienen, als «Exilliteratur» bezeichnet werden? Hier können nur Themen und Werke erwähnt werden, die als «exiltypisch» bezeichnet werden können. Denn bei aller Komplexität der zwischen 1933 und 1945 im Ausland entstandenen deutschsprachigen Literatur lassen sich einige Grundthemen und Tendenzen feststellen. Der Nationalsozialismus als politisch-geistiges Phänomen hatte natürlich einen zentralen Platz. Die Auseinandersetzung mit ihm reicht von Aufklärungsschriften (wie dem schon im August 1933 erschienenen *Braunbuch über den Reichstagsbrand*) über Werke, die sich mit der NS-Ideologie beschäftigen (z.B. Ferdinand Bruckners Drama *Die Rassen*, 1933 in Zürich uraufgeführt), zu solchen, die den Entstehungsfaktoren des Nationalsozialismus im politisch-sozialen Klima der Weimarer Republik oder in der deutschen Geschichte nachgehen wie Anna Seghers' *Der Kopflohn* (1933) oder Thomas Manns *Doktor Faustus* (1947). Werke, die sich mit der Anfälligkeit einzelner Menschentypen oder bestimmter Gruppen für den Nationalsozialismus beschäftigen, sind z.B. Klaus Manns *Mephisto* (1936), Irmgard Keuns *Nach Mitternacht* (1937) und Ödön von Horváths *Jugend ohne Gott* (1937). In diesen Zusammenhang gehören auch die sozialpsychologischen Studien Elias Canettis (s. S. 267–268) und Hermann Brochs (s. S. 241–242).

Klaus Mann beschreibt einen Menschen – einen Schauspieler –, der um seiner Karriere willen erst mit den Linken flirtet und dann, nach der «Machtergreifung», mit den Nazis paktiert. Die 1936 emigrierte Irmgard Keun gibt ein eindrucksvolles Bild von Menschen «in der Zeit der großen deutschen Denunziantenbewegung», wo Angst und gegenseitiges Misstrauen die menschlichen Beziehungen zerstören. Beide stellen die Nazikoryphäen als eitle Komödianten dar, wodurch die Gefährlichkeit und der Machtwille der nationalsozialistischen Führer zu einem gewissen Grad heruntergespielt werden. Horváth zeigt am Beispiel einer Schulklasse den psychosozialen Hintergrund der Anfälligkeit Jugendlicher für faschistisches Gedankengut und das Versagen der älteren Generation.

In den späten 30er Jahren begann eine Auseinandersetzung mit der Exilsituation, so – wie schon aus dem Titel hervorgeht – in Lion Feuchtwangers *Exil* (1940), dem Schlussband seiner *Wartesaal*-Trilogie. Auch Klaus Manns *Der Vulkan* mit dem Untertitel «Roman unter Emigranten» (1939) sowie Brechts *Flüchtlingsgespräche* (1940/41) und Anna Seghers' *Transit* gehören hierher. Im letzten Teil seiner *Svendborger Gedichte* reflektiert Brecht ebenfalls über das Exil, z.B. in dem zweiteiligen Gedicht «Gedanken über die Dauer des Exils».

Erzählprosa, Dramen und Biografien, die auf einem historischen Stoff aufbauten, nahmen in der Exilliteratur eine so zentrale Stellung ein, dass mehrfach darüber diskutiert wurde. So hielt Lion Feuchtwanger auf dem Internationalen Schriftstellerkongress eine Rede über *Sinn und Unsinn des historischen Romans,* in der er die Geschichte als das Mittel charakterisiert, in der Form des Gleichnisses «für die Vernunft, gegen Dummheit und Gewalt» zu schreiben. Anders sah es der ehemalige expressionistische Aktivist Kurt Hiller (s. S. 176–177), der die Vorliebe für historische Stoffe heftig attackierte; sie lenke von den ernsten Problemen der Gegenwart ab: «Hitler wird übermorgen Kaiser von Europa sein, weil ihr heute geldgierig und feige vor der Forderung des Tages flieht.» (1938) Gegen Hiller wandte sich Georg Lukács, der den historischen Romanen des Exils bescheinigte, sie seien «fast ausnahmslos kriegerische Pamphlete gegen den deutschen Faschismus.» (1938) Als Beispiele nennt er u.a. Feuchtwangers *Der falsche Nero* (1936) und Heinrich Manns *Henri Quatre*-Romane (s. S. 159).

Die Diskussionen über den historischen Roman weisen auf grundsätzliche Merkmale dieser nicht nur in Deutschland außerordentlich populären Gattung hin. Schon die sog. Professorenromane des 19. Jahrhunderts wie Felix Dahns *Ein Kampf um Rom* (1858–76) demonstrierten weniger, «wie es eigentlich gewesen» (L. v. Ranke), als die Eignung der Gattung für aktuelle ideologische Zwecke. Der historische Roman war nicht erst im Exil in spezifischem Sinne zugleich auch Gegenwartsroman; er konnte den politischen Standort des Autors zeigen, Schlüsse auf die Gegenwart erlauben und Muster für die Zukunft aufstellen. Der völkisch-nationalsozialistische historische Roman diente dem Zweck, «Blut und Boden», Helden- und Germanentum zu preisen. Wo die historischen Erzählwerke der Autoren der inneren Emigration (s. S. 251) parabolische Aussagen über den Nationalsozialismus sein sollten, konnten die Exilautoren unverhüllt auf die aktuellen Bezüge ihrer historischen Stoffe hinweisen.

Die Erforschung der Exilsituation im Allgemeinen und der Exilliteratur im Besonderen nahm in den beiden deutschen Nachkriegsstaaten einen verschiedenen, mit der politisch-kulturellen Entwicklung eng zusammenhängenden Verlauf. In der DDR, von vielen exilierten linken Schriftstellern als neue Heimat gewählt, weil sie hofften, dass dort ihre Vorstellungen von einem demokratisch-sozialistischen Deutschland verwirklicht werden würden (s. S. 299–300), fand die Exilforschung unter den Blickwinkeln «Antifaschismus» und «Realismus» statt. Es handelte sich darum, einen Teil der Exilliteratur kulturpolitisch auszunutzen, ihn als Vorbild und legitimes Erbe für die eigene Literatur und für das Selbstbild des Staates darzustellen. In der BRD wurde zunächst das im Exil entstandene Werk einzelner Autoren rezipiert (Beispiel Th. Mann), aber erst in den späten 60er Jahren begann im Zuge des generell größeren Interesses für die Zusammenhänge zwischen Literatur, Psychologie und Politik eine systematische Erforschung der Exilliteratur.

III. Autoren

Bertolt Brecht

Am 10. 2. 1898 in Augsburg als Sohn eines Fabrikdirektors geboren. 1917 Studium in München (Literatur, Philosophie, Medizin); im Herbst 1918 kurze Militärdienstzeit als Sanitäter. Aufgabe des Studiums, Regisseurarbeit, Freundschaft und Zusammenarbeit mit Lion Feuchtwanger. 1924 Umzug nach Berlin, Theaterarbeit bei Max Reinhardt und in verschiedenen Kollektiven, u. a. mit Erwin Piscator zusammen. Am 28. 2. 1933, einen Tag nach dem Reichstagsbrand, Flucht über Österreich, die Schweiz und Frankreich nach Dänemark (bis 1939), von da aus weiter nach Schweden und Finnland und 1941 über die Sowjetunion in die USA. 1947, nach Verhören wegen «unamerikanischer Umtriebe», Rückkehr nach Europa, zunächst in die Schweiz. 1948 ließ sich Brecht, der 1950 die österreichische Staatsbürgerschaft erwarb (die DDR-Staatsbürgerschaft hat Brecht nie beantragt), in Ostberlin nieder. Hier gründete er mit seiner Frau, der Schauspielerin Helene Weigel, das Brecht-Ensemble. Das Theater am Schiffbauerdamm, seit 1954 die Bühne des Ensembles, trägt heute seinen Namen. Am 14. 8. 1956 gestorben.

Ein antibürgerliches, vitalistisches Lebensgefühl kennzeichnet sowohl die frühe Lyrik Brechts als seinen dramatischen Erstling *Baal* (1919/22). Das lyrisch-balladeske Drama, dessen episierende Form auf das bewunderte Vorbild des jungen Dichters, Frank Wedekind, hinweist, war als Parodie auf Hanns Johsts *Der Einsame* (1917) konzipiert. Obgleich er sich expressionistischer Mittel bediente, distanziert sich Brecht hier durch den zynisch-nihilistischen Ton von allen expressionistischen Welterneuerungs- und Wandlungsvorstellungen. Das Heimkehrerdrama *Trommeln in der Nacht* (1919/22), das Brecht den Kleist-Preis einbrachte, stellt die große Desillusionierung nach dem verlorenen Krieg und den ebenfalls gescheiterten revolutionären Aufständen dar.

Das Lustspiel *Mann ist Mann* (1925/26) leitete eine neue Stufe im Brecht'schen Schaffen ein. Das soziologisch bestimmte Thema – die Austauschbarkeit des Individuums in der modernen kapitalistischen Gesellschaft –, die Parabelstruktur sowie die nüchtern-präzise Sprache stellen einerseits Brecht in den Umkreis der «neuen Sachlichkeit» und weisen andererseits charakteristische Züge der späteren Stücke auf. Mitte der 20er Jahre begann Brecht, sich mit dem Marxismus auseinanderzusetzen, wodurch seine kritische Lebenshaltung die weltanschauliche Fundierung bekam, die sein weiteres dichterisches und theoretisches Werk tragen sollte. 1928 erlebte er mit der *Dreigroschenoper* seinen wohl größten Bühnenerfolg. Hier wie in *Aufstieg und Fall der Stadt Mahagonny* (1930) und *Die heilige Johanna der Schlachthöfe* (1930) sollten die Mechanismen des Kapitalismus, «die Vorgänge hinter den Vorgängen», auf der Grundlage der marxistischen Theorie gezeigt werden.

Die Dreigroschenoper hat *The Beggar's Opera* (1728) des englischen Dichters John Gay (1685–1732) zur Vorlage und zeigt somit ein Charakteristikum vieler Brecht'scher Stücke (und Gedichte): Sie stellen Bearbeitungen und Deutungen anderer Texte dar, was häufig Brecht das Odium eines Plagiators eingebracht hat. – Die einprägsame und bis heute weltweit populäre Musik zur *Dreigroschenoper* sowie zu *Mahagonny* schuf der Komponist Kurt Weill. Für die Songs, ein zentrales Element seiner Stücke, hat Brecht ebenfalls mit den Komponisten Hanns Eisler, Paul Hindemith und Paul Dessau zusammengearbeitet.

Um 1930 schuf Brecht mit den Lehrstücken (z.B. *Das Badener Lehrstück vom Einverständnis, Der Jasager und Der Neinsager, Die Maßnahme*) seine radikalsten politisch-pädagogischen Theaterexperimente. In diesen «Geschmeidigkeitsübungen» sollten die Schauspieler verschiedene Reaktionsmuster und Handlungsmöglichkeiten durchspielen und unter sich und mit dem Publikum diskutieren – so im *Jasager* und *Neinsager* zwei gegensätzliche Schlüsse. Inhaltlich steht die Frage vom Verhältnis des Einzelnen zum Kollektiv im Zentrum. Die sonst bildhafte und gestische Sprache Brechts weicht hier einem eher unanschaulichen abstrakten Sprechstil. Zur gleichen Zeit kontrastierte er in den «Anmerkungen zur Oper *Aufstieg und Fall der Stadt Mahagonny*» seine Vorstellungen eines «epischen Theaters» mit den Merkmalen des «dramatischen» oder «Aristotelischen» oder «kulinarischen» Theaters.

Wo das «dramatische» Theater nach Brecht darauf zielt, die Gefühle des Zuschauers zu beeinflussen, ihn zum Mitempfinden und Mitleiden zu bewegen, verfolgt er mit seinem «epischen» Theater ein anderes wirkungsästhetisches Ziel: beim Rezipienten eine verstandesmäßige Reaktion zu erzielen, durch Irritation und Nachdenken ein verändertes, aktiv gesellschaftskritisches Verhalten zu bewirken. Im Epilog zu *Der gute Mensch von Sezuan* heißt es: «Verehrtes Publikum, jetzt kein Verdruss:/Wir wissen wohl, dass ist kein rechter Schluss./ […] Der einzige Ausweg wäre aus dem Ungemach:/Sie selber dächten auf der Stelle nach/auf welche Weis' dem guten Menschen man/zu einem guten Ende helfen kann./[…].» Die theatralischen Mittel, derer Brecht sich dabei bediente, nannte er V-Effekte –

«V» als Abkürzung für «Verfremdung»: direkte Anreden ans Publikum, Diskrepanzen zwischen Redeinhalt und -stil, Schrifttafeln, Filmeinblendungen, Verwendung eines kommentierenden Erzählers etc. Durch Verfremdung des Bekannten sollten die Verhältnisse als historisch gemacht und damit veränderbar dargestellt werden. Wie Regisseur und Schauspieler die erwünschte Wirkung erreichen sollten, geht u.a. aus den Schriften *Der Messingkauf* (1939) und *Kleines Organon für das Theater* (1949) hervor.

Die Exiljahre wurden für Brecht – im Gegensatz zu den meisten exilierten Autoren – außerordentlich fruchtbar. Er nahm an den literarisch-politischen Debatten teil, und er schrieb neben den erwähnten theoretischen Aufsätzen seine berühmtesten Stücke, darunter *Leben des Galilei* (1939ff.), *Mutter Courage und ihre Kinder* (1939; den Stoff entnahm Brecht der *Lebensbeschreibung der Ertzbetrügerin und Landstörtzerin Courasche* von Grimmelshausen, s.Bd. I, S. 152), *Der gute Mensch von Sezuan* (1943) und *Der kaukasische Kreidekreis* (1944). Hier stehen, anders als in den Lehrstücken, wieder Charaktere im Zentrum. Nicht zuletzt die Aussicht, diese Stücke auf einer deutschsprachigen Bühne und nach den eigenen Vorstellungen zu inszenieren, hat Brecht bewogen, sich in Ostberlin niederzulassen.

Leben des Galilei erfuhr wegen der gleichzeitigen historischen Ereignisse (Spaltung des Atoms, Abwurf der ersten Atombomben auf Hiroshima und Nagasaki) mehrere Bearbeitungen. Es geht in diesem Drama um die Verantwortung des Wissenschaftlers sich selbst, der Wahrheit und den Mitmenschen gegenüber. Galilei wird als ein lebensfreudiger Mensch gezeigt, den «Instrumenten» der Inquisition gegenüber schwach, aber trotzdem listig genug, um seine Forschungen fortsetzen zu können. *Mutter Courage* stellt einen Menschen in der Gewalt des Kapitalismus dar. Unbelehrbar auch trotz des Verlustes ihrer drei Kinder sucht die Courage, am Krieg zu verdienen. Das Parabelstück vom *Guten Menschen von Sezuan*, der ehemaligen Prostituierten und jetzigen Ladenbesitzerin Shen-Te, zeigt die Selbstentfremdung des Menschen im Kapitalismus. Shen-Te muss in die Rolle ihres bösen Vetters Shui-Ta flüchten, um nicht durch ihre Freundlichkeit und Güte ruiniert zu werden. Im *Kaukasischen Kreidekreis* wird in einem Spiel im Spiel die echte Liebe der nicht-leiblichen Mutter der Selbstliebe der leiblichen Mutter gegenübergestellt. Auch hier werden die Handlungen der Menschen von ihrer gesellschaftlichen Rolle bestimmt.

Brecht ist nicht nur als «Stückeschreiber» und Theatertheoretiker, sondern auch als ein bedeutender Lyriker hervorgetreten. Seine epische Prosa (z. B. die aphoristisch-pointierten *Geschichten vom Herrn Keuner*, 1930/56) spielt weder quantitativ noch qualitativ eine ähnlich große Rolle. Die erste Gedichtsammlung Brechts, die *Hauspostille* (1927), wurde mit einer ironischen «Anleitung zum Gebrauch der einzelnen Lektionen» eingeleitet. Sie knüpfte damit formal an die Tradition des lutherischen Erbauungsbuches an, stellte aber inhaltlich eine Kontrafaktur dieser Tradition dar. Die biblische Sprache wird parodiert, eine diesseitige Lebenshaltung verkündigt, wie z. B. in «Gegen Verführung»:

Laßt euch nicht verführen!
Es gibt keine Wiederkehr.
Der Tag steht schon vor den Türen;
ihr könnt schon Nachtwind spüren.
Es kommt kein Morgen mehr.
(Str. 1–2)

Laßt euch nicht betrügen!
Das Leben wenig ist.
Schlürft es in vollen Zügen!
Es wird euch nicht genügen
wenn ihr es lassen müßt.

Die Sammlung enthält eine Vielzahl von lyrischen Formen (Ballade, Song, Lied, Bänkelsang, Spruchdichtung) und greift soziale, politische, religiös-weltanschauliche sowie persönlich-erlebnishafte Themen auf. Im Zentrum der *Svendborger Gedichte*, 1939 im Exilverlag «Malik» herausgegeben, stehen die Themen Nationalsozialismus und Exil. Die Sammlung enthält außerdem geschichtsphilosophische Reflexionen wie «Fragen eines lesenden Arbeiters». Hier dominieren reimlose, unregelmäßig rhythmisierte Strophen, für die Brecht die theoretische Begründung in dem Aufsatz «Über reimlose Lyrik mit unregelmäßigen Rhythmen» (1938) gibt. Eine einprägsame, pointierte Sprache charakterisiert die Gedichte. Die *Buckower Elegien* (1954), die erst postum herausgegeben werden konnten, sind keine Elegien im traditionellen Sinne, sondern ganz kurze Gedichte, die von Brechts Beschäftigung mit japanischer und chinesischer Lyrik zeugen. Naturbeobachtungen wechseln mit Reflexionen über die unmittelbare Vergangenheit und über tagespolitische Ereignisse.

In seinen letzten Lebens- und Schaffensjahren widmete sich Brecht v. a. den Inszenierungen der eigenen Stücke und den

Bearbeitungen von Dramen anderer, vorwiegend älterer Autoren (z. B. J. M. R. Lenz' *Der Hofmeister* [s. Bd. I, S. 238–239] und Molières *Don Juan*). Sein Verhältnis zum Regime und dessen Kulturfunktionären war zwiespältig; er schrieb Huldigungsgedichte an Stalin und die Sowjetunion, er billigte öffentlich die Niederkämpfung des Aufstandes am 17. Juni 1953 – schrieb aber zum selben Ereignis das ironische Kurzgedicht «Die Lösung»:

> Nach dem Aufstand des 17. Juni
> Ließ der Sekretär des Schriftstellerverbands
> In der Stalinallee Flugblätter verteilen
> Auf denen zu lesen war, dass das Volk
> Das Vertrauen der Regierung verscherzt habe
> Und es nur durch verdoppelte Arbeit
> Zurückerobern könne. Wäre es da
> Nicht doch einfacher, die Regierung
> Löste das Volk auf und
> Wählte ein anderes?

Wegen seiner politischen Option für die DDR kam es in der Bundesrepublik erst zögernd zu Aufführungen seiner Stücke; in der westdeutschen Literaturwissenschaft gab es lange Zeit Versuche, den Dichter Brecht vom Kommunisten Brecht zu trennen. Dass er zu den bedeutendsten Dramatikern und Theatertheoretikern des 20. Jahrhunderts gehört, steht außer Zweifel. Auf diesem Gebiet hat er eine weltweite Wirkung gehabt. Als Lyriker hat er wie Gottfried Benn die deutschsprachige Lyrik der Nachkriegszeit entscheidend beeinflusst. Auch die wiederholt vorgebrachten Beschuldigungen gegen Brecht, dass er selber nur einen kleineren Teil des ihm zugeschriebenen Werks verfasst und seine Mitarbeiterinnen (Elisabeth Hauptmann, Margarethe Steffin, Ruth Berlau), die die wesentlichsten Arbeiten geschrieben hätten, ausgenutzt habe, ändern nichts an der Bedeutung und Wirkung dieses Werks.

Elias Canetti

Am 25. 7. 1905 in Rutschuk in Bulgarien, das bis 1908 Teil des Osmanischen Reiches war, geboren. Canetti entstammte einer wohlhabenden jüdischen Familie und sprach in seiner Kindheit das mittelalterliche Spanisch der sephardischen Juden. 1911 zog die Familie nach England. Nach dem unerwarteten Tod des Vaters zwei Jahre später lebte die Mutter mit den Kindern in Österreich und in der Schweiz; erst zu diesem Zeitpunkt lernte Canetti Deutsch, die Sprache, in der er seine Werke geschrieben hat. 1924–29 Chemiestudium in Wien. Danach freier Schriftsteller. Nach dem «Anschluss» Österreichs an das nationalsozialistische Deutschland 1938 ging Canetti zunächst nach Paris, später nach London. Er wohnte seitdem abwechselnd in Zürich und London. 1981 erhielt Canetti den Nobelpreis für Literatur. Am 14. 8. 1994 gestorben.

Schon während seines Chemiestudiums, das er auf Wunsch der Mutter angefangen hatte und ihr zuliebe mit der Promotion abschloss, richtete sich Canettis Interesse vornehmlich auf die Literatur. Sein großes Vorbild war der Sprach- und Kulturkritiker Karl Kraus (1874–1936), dessen Vorlesungen er hörte und dessen Bedeutung für das eigene Leben und Werk er im 2. Band seiner Erinnerungen, *Die Fackel im Ohr* (1980), beschrieben hat. Anfang der 30er Jahre schloss Canetti seine ersten literarischen Arbeiten ab: den Roman *Die Blendung* (1931; 1935 erschienen) und die beiden Parabelstücke *Hochzeit* (1932; Uraufführung 1965) und *Komödie der Eitelkeit* (1934; 1950 erschienen).

Die Blendung war als der erste Band einer achtteiligen «Comédie Humaine an Irren» geplant, aber nur dieser eine – und einzige – Roman Canettis wurde ausgeführt. Die Erstausgabe fand nur wenig Beachtung, ebenso die zweite Ausgabe 1948; eine breitere Rezeption des Romans und von Canettis Werk überhaupt begann erst mit der 3. Ausgabe 1963. Die Hauptperson der *Blendung*, der gelehrte Sinologe Peter Kien, schirmt sich von der Außenwelt ab und lebt nur für seine Bücher. Dadurch wird er zum «Kopf ohne Welt» und verfällt gerade deshalb der Wirklichkeit in der Gestalt seiner abstoßenden und habgierigen Haushälterin Therese, die er heiratet, und die ihn aus seiner Wohnung und Bibliothek in die «kopflose Welt» verdrängt. Die als chaotisch und irrsinnig erlebte Welt monologischer Existenzen zerstört den Gelehrten vollends; von seinen Ängsten und Zwangsvorstellungen überwältigt, verbrennt er sich mit seiner Riesenbibliothek.

Die moderne Welt erscheint in der *Blendung* als ein Tollhaus, in der die Menschen nur den eigenen Vorstellungen leben. Die sprachliche Leistung des Romans liegt in der Art und Weise, wie Canetti die Wahnlogik seiner Gestalten gleichzeitig demonstriert und enthüllt. Einige Interpreten wollen in diesem Roman eine Darstellung der Hilflosigkeit des bürgerlichen Intellektuellen gegenüber dem Faschismus sehen.

Seit 1939 konzentrierte sich die Arbeit Canettis auf sein philosophisch-kulturanthropologisches Hauptwerk *Masse und Macht*, das 1960 erschien. Wie viele seiner zeitgenössischen Schriftstellerkollegen, z. B. Hermann Broch (s. S. 240–243) und der Spanier José Ortega y Gasset (*Aufstand der Massen*, 1929/31) sah Canetti im Phänomen der «Masse» ein entscheidendes Merkmal der Moderne. Den Zusammenhängen zwischen der «Masse» und der «Macht» nachgehend, wollte Canetti zum tieferen Verständnis der politischen, sozialen und kulturellen Umwälzungen und des Aufkommens totalitärer Bewegungen beitragen. In seinem Erinnerungsband *Die Fackel im Ohr* beschreibt er an konkreten Beispielen – einer Demonstration in Frankfurt/Main gegen den Mord an dem Reichsaußenminister Walther Rathenau 1922 und der großen Arbeiterdemonstration in Wien am 15. Juli 1927 gegen einen Justizskandal – wo seine lebenslängliche Faszination von diesen komplexen Phänomenen ihre Wurzeln hat.

Zwischen 1971 und 1985 schrieb Canetti die drei Bände seiner Autobiografie: *Die gerettete Zunge* (über Kindheit und erste Jugend, 1905–21), *Die Fackel im Ohr* (das Jahrzehnt 1921–31 umfassend) und *Das Augenspiel*. In diesem letzten Band, der mit dem Tod der Mutter 1937 schließt, gibt Canetti eindringliche und facettenreiche – manchmal auch boshafte – Porträts vieler berühmter Zeitgenossen: Hermann Broch, Robert Musil, Alban Berg, Oskar Kokoschka, Alma Mahler-Werfel und Franz Werfel. Auch viele dieser Darstellungen kreisen um das Phänomen der «Macht», so das Bild, das Canetti von dem Kampf seines Freundes, des Bildhauers Fritz Wotruba, mit der «Macht» des Steins gibt. Die Erinnerungen können als ein Hauptwerk deutschsprachiger autobiographischer Literatur bezeichnet werden.

Wichtige Themen von Canettis Denken finden sich in seinen Aphorismen (*Die Provinz der Menschen*, 1973, *Das Ge-*

heimherz der Uhr, 1987), so die Ablehnung abstrakter Denksysteme, die Warnung vor «Einteilungen, Definitionen und ähnlichen leeren Spielereien» und vor allem sein «unerschüttete[r] Hass gegen den Tod», der in seinem Glauben an die Unersetzbarkeit jedes einzelnen Menschen gründet.

Die deutsche Literatur 1945–2009

Kapitel I: 1945–1965

A. Die Ausgangslage und die Nachkriegsgeschichte

Am 7./8. Mai 1945 kapitulierte das Deutsche Reich bedingungslos. Die Haltung der Alliierten dem deutschen Volk gegenüber formulierte der amerikanische Präsident Roosevelt so: «Es ist äußerst wichtig, jedem Deutschen zum Bewusstsein zu bringen, dass Deutschland geschlagen ist [...]. Alle Deutschen sollen es spüren, dass die ganze Nation an einer verbrecherischen Verschwörung gegen die Anstandsgesetze der Zivilisation teilgenommen hat.»

Die Zeit des Dritten Reiches endete mit 55 Millionen Kriegstoten, allein 6 Millionen jüdischen Opfern der nationalsozialistischen Terrorherrschaft, mit einer totalen Niederlage und wirtschaftlichem Ruin. Hinzu kamen Zerstörungen, Flüchtlingstrecks sowie der Zusammenbruch der Infrastruktur. Kein Wunder also, dass von vielen Zeitgenossen die unmittelbare Nachkriegszeit als «Stunde Null» betrachtet wurde. Die historische Forschung hat mittlerweile auf zahlreiche personale, institutionelle und sozialpsychologische Kontinuitäten hingewiesen und den Begriff «Stunde Null» im Sinne eines radikalen Neubeginns in Frage gestellt. Dennoch wird das Epochenjahr 1945 zu Recht als eine der wichtigsten Zäsuren der deutschen Geschichte angesehen: entstanden doch in seinem Gefolge zwei deutsche Staaten, die sich beide in vielerlei Hinsicht von dem nationalsozialistischen «Dritten Reich» unterschieden.

Die Ausgangslage war auf der moralischen, politischen, psychologischen und sozialen Ebene zunächst dadurch gekennzeichnet, dass das Alte nicht mehr galt, das Neue aber noch nicht in Sicht war. Sie wurde in den westlichen Besatzungszonen und der aus ihnen hervorgegangenen Bundesrepublik Deutschland (BRD) abgelöst von der politischen Option für eine pluralistische, demokratisch-föderative Ordnung und dem (Wieder-)Aufbau eines kapitalistischen Wirtschaftssystems. Aus der Sowjetischen Besatzungszone (SBZ) wurde nach sowjetischem Vorbild mit der Deutschen Demokratischen Republik (DDR) ein Staatsgebilde geschaffen, das die sozialistische Tradition der deutschen Geschichte verkörpern sollte, sich aber zu einer recht unflexiblen Planverwaltungswirtschaft mit einer ausgeprägten zentralistischen Struktur unter der Herrschaft der Sozialistischen Einheitspartei (SED), der ihr angeschlossenen Massenorganisationen und der die Vorherrschaft der SED anerkennenden Blockparteien entwickelte.

Die «doppelte Staatsgründung» (Christoph Klessmann) 1949 war z.T. eine Folge, zugleich aber auch ein charakteristischer Teil des Kalten Krieges. Die westlichen und sowjetischen Entscheidungsträger begannen sich gegenseitig als Feinde wahrzunehmen und zu interpretieren, und ihr Verhältnis zueinander wurde in einem Schaukeleffekt zunehmend feindseliger. Die Eskalation führte einerseits zur Etablierung einer neuen internationalen Ordnung, die von der wechselseitigen Furcht vor einem Übergreifen der Gegenseite auf die eigene Sicherheitssphäre geprägt war. Sie führte andererseits nicht nur zur Zweiteilung Europas und zur West- bzw. Ostintegration Deutschlands, sondern im Inneren der beiden deutschen Staaten auch «zu Mentalitäten und Praktiken eines permanenten Belagerungszustandes» (Wilfried Loth).

Die in beiden deutschen Staaten sich herausbildende «Festungsmentalität» (Klessmann) ließ für die immer wieder von engagierten Intellektuellen propagierten Ideen eines «Dritten Weges» zwischen kapitalistischer und sozialistischer Ordnung keinen Platz – weder im Westen noch im Osten. Während sich im Westen der anfängliche antifaschistische und teilweise antikapitalistische Grundkonsens immer stärker zu einer weitverbreiteten antikommunistischen Einstellung wandelte, wurden in der SBZ/DDR Regimegegner und Oppositionelle, die sich einen demokratischen, den deutschen Verhältnissen angepassten Weg zum Sozialismus wünschten, ausgeschaltet.

Gegenseitige Feindbilder prägten bei vielen in dieser Epoche – und noch bis in die Zeit von Gorbatschows Perestroika und Glasnost in den 80er Jahren – das innenpolitische Klima, und das Verhältnis von Bundesrepublik und DDR wurde als Systemkonkurrenz angesehen. Erst in den 60er Jahren kam es, im Rahmen der internationalen Entspannung, nach dem Ende der Aufbauphase der Bundesrepublik und nach dem Bau der Mauer um Westberlin am 13. August 1961 allmählich zu einer Auflockerung, die zu einer ersten Annäherung der beiden deutschen Staaten führte.

Im Bereich der Literatur führte die Systemkonkurrenz im Osten zu einer explizit politischen Bewertung aller Literatur und im Westen zu einem weitgehenden Verzicht auf jede politische Bewertung, der in der vorherrschenden literaturwissenschaftlichen Methode der werkimmanenten Interpretation *(New Criticism)* zum Ausdruck kam. Einen immer größeren Anklang unter den westdeutschen Schriftstellern fand jedoch gleichzeitig die Erkenntnis des älteren Thomas Mann, dass in jeder geistigen Haltung, auch wo sie sich dem Politischen zu verschließen meint, das Politische mitangelegt ist. Aus der Einsicht heraus, dass man als geistiger Mensch nicht wie in früheren Epochen dem Politischen entrinnen könne, wurde immer häufiger die Frage nach dem Verhältnis zwischen Literatur und Politik, zwischen Geist und Macht gestellt und reflektiert.

B. Grundzüge der literarischen Entwicklung 1945–1949: Die Ost-West-Spaltung

Die auf der Potsdamer Konferenz (Juli/August 1945) beschlossene Zielsetzung der Alliierten, Deutschland zu entmilitarisieren, zu entnazifizieren, zu dezentralisieren und zu demokratisieren, bedeutete kulturpolitisch, dass die vier Besatzungsmächte einen Neuanfang «von unten», von den kleinen Einheiten her, begünstigen sollten. Auf diese Weise konnten sie die Kulturpolitik in Übereinstimmung mit den im jeweiligen Heimatland vorherrschenden Haltungen und Werten gestalten. Durch die Vergabe von Lizenzen an die Leiter von kulturellen Institutionen, an Verleger und Herausgeber von Zeitungen und Zeitschriften kontrollierten sie die kulturellen Aktivitäten. Grundsätzlich wurden diese Genehmigungen nur an Personen vergeben, die als antinationalsozialistisch oder als «weniger belastet» eingestuft wurden, aber davon abgesehen wechselten die Kriterien von Zone zu Zone und von Stadt zu Stadt.

In der unmittelbaren Nachkriegszeit, die daher ein fast unüberschaubares Bild von vielfältigen Tendenzen bot, bekamen Literatur und Kunst eine überaus große Bedeutung. Fast kann man von einem «Kulturhunger» sprechen, der natürlich recht unterschiedlichen Motiven entsprang, von der Hoffnung auf eine womöglich sinngebende Instanz bis zu dem Wunsch, eine Zeit lang dem trostlosen Alltag zu entkommen. Hinzu kam der durch die nationalsozialistische Gleichschaltungspolitik entstandene kulturelle Nachholbedarf. Je nach der Kulturpolitik der Besatzungsmächte wurden die von den Nationalsozialisten verbotenen Schriftsteller und Künstler und die westeuropäisch-amerikanische Moderne – von Joyce und Hemingway über Sartre und Camus bis zur Jazzmusik und zur abstrakten Malerei – dem deutschen Publikum bekanntgemacht. Eine besondere Beliebtheit gewannen Autoren, die das vorherrschende Gefühl der Unfassbarkeit und Hoffnungslosigkeit thematisierten und einen Weg aus der Not und der geistigen Orientierungslosigkeit anzubieten schienen.

Der schon im Juli 1945 im östlichen Teil Berlins gegründete Kulturbund zur demokratischen Erneuerung Deutschlands forderte eine Vernichtung der Naziideologie, eine Demokratisierung aller politischen, gesellschaftlichen und kulturellen Gebiete und «die Wiederentdeckung und Förderung der freiheitlichen, humanistischen, wahrhaft nationalen Traditionen unseres Volkes». Das Konzept des Kulturbundes wurzelte in der Volksfront- oder Bündnisstrategie der 1930er Jahre und kam einem weitverbreiteten Wunsch der Kulturschaffenden entgegen. Das lässt sich an der Mitgliederzahl ablesen: Ende 1945 hatte der Kulturbund, der erste überzonale Verein im geteilten Deutschland, bereits 22 000 Mitglieder, bis Ende November 1947 wuchs die Zahl auf 120 000 an; den Vorsitz hatte Johannes R. Becher, den Ehrenvorsitz Ricarda Huch.

Die Entwicklung des Kulturbundes spiegelt präzise die allgemeine politische und kulturelle Entwicklung in der Ostzone und in den Westzonen wider. Auf dem ersten (und bis 1991 einzigen) gesamtdeutschen Schriftstellerkongress im Oktober 1947 in Berlin gelang es zwar, ein gemeinsames antifaschistisches Manifest der Schriftsteller aus Ost und West zu verabschieden, aber die unterschiedliche Auffassung vom Wesen der Kunst und von der Aufgabe des Schriftstellers wurde offenbar. Die 300 Teilnehmer teilten sich in eine westliche Gruppe, welche die ästhetische Freiheit der Kunst und die individuelle Freiheit des Künstlers betonte, und eine östliche Gruppe, welche die gesellschaftliche und politische Funktion der Kunst, ihre Parteilichkeit, in den Mittelpunkt stellte. Die ideologischen Kontroversen und Gegensätze zeigten sich – wie diejenigen der Großmächte – als unvereinbar. Die Westmächte verboten den Kulturbund in ihren Zonen wegen kommunistischer Tendenzen, und er blieb fortan eine ostzonale/DDR-Organisation.

Auch im Verhältnis zu den emigrierten Schriftstellern zeigten sich recht bald die unterschiedlichen Haltungen in der Ostzone und den drei Westzonen. Viele Exil-Schriftsteller wählten im Laufe der ersten Nachkriegsjahre die östliche Zone als neue, alte Heimat, unter ihnen Anna Seghers, Johannes R. Becher, Friedrich Wolf, Stephan Hermlin, Bertolt Brecht, Arnold Zweig und Stefan Heym. Von den sowjetischen und den deutschen Behörden wurden die zurückgekehrten Schriftsteller auch materiell unterstützt, was manchmal zu Spannungen zwischen «der Intelligenz» und dem nicht-priviligierten Teil der Bevölkerung führte. Es wurden Verlage und Zeitschriften gegründet, in denen einige der bereits im Exil entstandenen Werke dem deutschen Publikum vorgelegt wurden, so die Romane von Anna Seghers *Das siebte Kreuz* und *Transit* (s. S. 313 und 257) oder Arnold Zweigs *Das Beil von Wandsbek* (hebräisch 1943, deutsch 1947). Die antifaschistische Exilliteratur wurde –

wenn auch nicht ohne Konflikte mit den Kulturpolitikern der SED – eingebürgert und bildete neben der Klassik und der sogenannten bürgerlich-humanistischen (Beispiel: Thomas Mann) und der kritisch-realistischen Literatur (Beispiel: Heinrich Mann) eine Traditionslinie der späteren DDR-Literatur.

Ende der 40er Jahre wurde auf kulturpolitischem Gebiet die seitdem oft wiederholte Forderung nach einer Literatur erhoben, die sich weniger mit dem Faschismus und dem Exil als mit den Problemen der Gegenwart auseinandersetzte. Die großzügige Förderung der Schriftsteller wurde mit immer direkter ausgesprochenen Verpflichtungen verbunden. Der «Auftrag» an die Schriftsteller lautete, durch die Darstellung des «neuen Menschen» und dessen Aufbauleistungen im Geiste des Sozialismus «Arbeitsfreude und Optimismus» in der Bevölkerung verbreiten zu helfen. In der sogenannten Formalismusdebatte so wie auf den Schriftstellerkongressen tauchte die Frage nach den «richtigen» Themen, Tendenzen und Darstellungsmitteln in den Diskussionen zwischen Künstlern und Kulturfunktionären immer wieder auf.

In den Westzonen verlief die Entwicklung weniger zielgerichtet. Die Besatzungsmächte unterstützten die Herausgabe der deutschen Klassiker und der im jeweiligen Heimatland bekannten Schriftsteller, von denen besonders amerikanische (Ernest Hemingway, William Faulkner, Thornton Wilder) und französische Autoren (Jean-Paul Sartre, Albert Camus, Jean Anouilh) zu wichtigen Inspirationsquellen für die Nachkriegsliteratur wurden. Der früh verstorbene Wolfgang Borchert, den die Literaturkritiker der SBZ wegen seines Pessimismus und seiner Orientierungslosigkeit ablehnten, wurde hier der Vertreter einer am Kriege zugrunde gegangenen Generation. Wie viele seiner Zeitgenossen empfand er den Expressionismus, der während der Nazizeit als «entartet» verboten gewesen und als eine Art oppositioneller Sprache aufgefasst worden war, als besonders geeignet, das Lebensgefühl der Verzweiflung und Einsamkeit direkt in einer an Neubildungen reichen Sprache auszudrücken. Borchert gehört trotz seiner oft gefühlsgetragenen Diktion ideell der «jungen Generation» an, deren gemeinsames Merkmal weniger das Alter als der Wille zur Abrechnung mit der nationalsozialistischen Vergangenheit war.

Rückblickend prägte Wolfgang Weyrauch 1949 den Begriff «Kahlschlag», der ähnlich wie «Inventur» und «Bestandsaufnahme» den Willen der jungen Literatur zum Neuanfang bezeichnete. Die «junge Generation» wollte sich von dem pathetisch-heroischen und wirklichkeitsverschleiernden Propagandadeutsch der Nazizeit dadurch distanzieren, dass sie eine neue Sprache schuf. Wolfdietrich Schnurre beschrieb die Schwierigkeiten, eine Ausdrucksform zu finden, die nicht durch die «Nazijahre und die Kriegsjahre» verunreinigt war, u. a. so: «Die Sprache musste erst mühsam wieder Wort für Wort abgeklopft werden. Jedem Und, jedem Adjektiv gegenüber war Vorsicht geboten. Die neue Sprache, die so entstand, war nicht schön. Sie wirkte keuchend und kahl.»

Die Intention, Schreiben als einen besonderen Weg zur Erkenntnis der Wirklichkeit zu benutzen, ließ sich am besten in kurzen Texten wie in der Kurzgeschichte und in der Lyrik verwirklichen. Zum berühmten Markstein der neuen Literatur wurde Günter Eichs «Kahlschlag»-Gedicht «Inventur» (1948).

Wie radikal das lyrische Ich, der Soldat im Gefangenenlager, hier auf jede Entfernung von der Wirklichkeit und alle Schönheitsmittel in Wortwahl, Metaphorik, Metrik und Rhythmus verzichtet und sich nur der konkreten Wirklichkeit vergewissert, indem er zeigt, aufzählt, erklärt und doch etwas verbirgt, unterstreicht der Vergleich mit G. Eichs Gedicht «Among my Souvenirs» aus dem Jahre 1930:

Inventur	Among my Souvenirs
Dies ist meine Mütze,	Des Mondes weiße Zisterne
dies ist mein Mantel,	ist ausgeschöpft und leer
hier ist mein Rasierzeug	und zu schlafen ohne die Sterne
im Beutel aus Leinen.	ist zu schwer.
Konservenbüchse:	Wolken, Boote, die landen
Mein Teller, mein Becher,	an die Stirn. Traum und Wind
ich hab in das Weißblech	spülen Tote ans Land, es versanden
den Namen geritzt.	die Tage, die deutlich sind.
Geritzt hier mit diesem	Und es verfängt sich an meinen Küsten

kostbaren Nagel,
den vor begehrlichen
Augen ich berge.

Im Brotbeutel sind
wollene Socken
und einiges, was ich
niemand verrate,

so dient es als Kissen
nachts meinem Kopf.
Die Pappe hier liegt
zwischen mir und der Erde.

Die Bleistiftmine
lieb ich am meisten:
Tags schreibt sie mir Verse,
die nachts ich erdacht.

Dies ist mein Notizbuch,
dies meine Zeltbahn,
dies ist mein Handtuch,
dies ist mein Zwirn.

mit Holz und Elfenbein,
Schiffen und Segelgerüsten
Erinnrung, unfassbar und klein.

Hellblaue Nacht und Ebbe der Winde,
ein Baum, vor dem Herbste geneigt,
schließt mich ein in Blattwerk und Rinde,
in sein Blut, das fließt und steigt.

Und Sommer, Gebirge, Wohnort der
                                     Pflanzen,
Reflexe des schneeigen Lichts,
war dies – floss es nicht mit den ganzen
Tanginseln ins Nichts?

Ich erwache. In die Tapeten
sind Phantome gewebt
und Worte aus tausend Gebeten.
Sage, wer von uns lebt

Wenn das Gedenken manchmal ermattet,
fühle ich, muss es sein,
dass dein Gesicht, immer beschattet,
ewig ist und aus Stein.

Den Gegenpol zu der jungen Generation, die erst 1946 ihre Schriften zu veröffentlichen begann, bildeten nicht nur die nationalsozialistischen Schriftsteller, sondern auch die Autoren der «Inneren Emigration», die – vielfach wegen Schreibverbot – im nationalsozialistischen Staat nichts veröffentlicht oder aber getarnt regimekritische Schriften herausgegeben hatten (s. S. 250–251). Die «junge Generation», die einen engagierten, kritischen Humanismus befürwortete, warf den älteren Schriftstellern die Tendenz vor, sich in einen Elfenbeinturm zurückzuziehen und Dichtung inhaltlich als eine nur geistige und innerliche, außerhalb der Zeit und der Gesellschaft stehende Aussage aufzufassen. Die Betonung der Form als «Zuflucht, Rettung vor Überwältigung, vor Trostlosigkeit und Überraschung» (Karl Krolow 1944) stand ebenfalls im Gegensatz zu dem realistischen Stilwillen der Jungen. Die 1946 von Gunter Groll herausgegebene Anthologie *De Profundis. Deutsche Lyrik dieser Zeit. Eine Anthologie aus zwölf Jahren*, in der

Autoren wie Werner Bergengruen, Hans Carossa, Oskar Loerke und Ernst Wiechert vertreten sind, ist repräsentativ für eine Trost und Lebenshilfe spendende Dichtung, die den existenzphilosophischen (Karl Jaspers, Martin Heidegger) und religiösen Strömungen der Zeit entgegenkam und sich in der Nachkriegszeit einer großen Beliebtheit erfreute. 1947 wurde bei einer Umfrage Werner Bergengruens Gedichtsammlung *Dies Irae* (1945), in der der Nationalsozialismus zum Strafgericht Gottes erhöht wird, ebenso oft wie Döblins *Berlin Alexanderplatz* (1929) zu den bleibenden Werken der deutschen Literatur der letzten 20 Jahre gezählt.

Dass die «inneren Emigranten» die literarische Landschaft der Jahre nach 1945 prägten, wird teilweise durch die Skepsis gegenüber den Exilschriftstellern erklärt, die vor allem durch den Streit mit dem im Ausland als ihr Wortführer geltenden Thomas Mann gesteigert wurde. Seine Rundfunkrede *Über die deutsche Schuld* Ende Mai 1945 erregte großes Aufsehen. Alle zwischen 1933 und 1945 in Deutschland verfassten Bücher fand er «weniger als wertlos», weil ihnen «ein Geruch von Blut und Schande» anhafte. Da er obendrein eine Rückkehr nach Deutschland ablehnte, stieß sein pauschales Verdammungsurteil auf fast einhellige Ablehnung. Bis zum Ende der 50er Jahre waren derartige Vorbehalte gegenüber der vielfach als kommunistisch geltenden Emigrantenliteratur auch für die «progressive» westdeutsche Gruppe 47 charakteristisch. Starke Resonanz fanden jedoch auch in den Westzonen die den Nationalsozialismus als konkretes geschichtliches Ereignis analysierenden Romane *Stalingrad* von Theodor Plivier, der 1947 in den Westen übersiedelte, und *Das siebte Kreuz* von Anna Seghers. Die beiden überragenden, ausführlich diskutierten Werke der Zeit, Thomas Manns *Doktor Faustus* (1948, s.S. 164–165) und Hermann Hesses *Das Glasperlenspiel* (1943, s.S. 168), stammten von einem Emigranten und einem seit 1919 in der Schweiz ansässigen Autor, der schon 1923 schweizerischer Staatsangehöriger geworden war.

Die politische Polarisierung zwischen Ost und West ließ die Kluft zwischen der kritischen «jungen Generation» und den traditionsbewahrenden «inneren Emigranten» kleiner werden. Diese Annäherung demonstrierten zwei der wichtigsten Vertreter der «jungen Generation», Hans Werner Richter (1908–1993) und Alfred Andersch (1914–1980). Das ursprüngliche Konzept der von ihnen redigierten Zeitschrift *Der Ruf* war von dem Wunsch getragen, direkt in das kulturelle *und* politische Geschehen einzugreifen. Sowohl Titel als Untertitel *(Unabhängige Blätter für die junge Generation)* sind symptomatisch: Die Herausgeber wollten die Jugend aufrufen und mahnen. Als sie jedoch an der Politik der Besatzungsmächte Kritik geübt hatten, drohten die Amerikaner 1947 dem Verleger mit dem Entzug der Lizenz, falls er die Redakteure nicht auswechsle. Eine kuriose Folge der Entlassung von Richter und Andersch war die Entstehung der bis in die 60er Jahre maßgeblichen westdeutschen Schriftstellervereinigung, der Gruppe 47. Sie distanzierte sich politisch lediglich von extremen Ideologien wie Faschismus und Kommunismus und legte den Hauptakzent auf Literatur und Dichtung. Damit schuf Hans Werner Richter, Initiator und Integrationsfigur der Gruppe, einen tragfähigen Kompromiss zwischen antifaschistischen und antikommunistischen Schriftstellern verschiedener politischer Observanz. Die Gruppe 47 wurde eine literarische Werkstatt und ein liberales, pluralistisches Forum, das seine Position als das literarische Kraftzentrum im neuen Staat in den 50er Jahren befestigte.

Die Prinzipien der Gruppe 47: Individualismus, freie Organisationsform und Praktizierung der Demokratie waren die genauen Gegenbegriffe zu den Forderungen der östlichen SED nach mehr Kollektivismus, nach Zentralismus und Lenkung der kulturellen Entwicklung. Im gleichen Maße wie der Sozialistische Realismus in der SBZ zur literarischen Norm wurde, verstärkte sich in den Westzonen die Skepsis gegenüber dem Realismus, dem etwas Altmodisches, ja Totalitäres anzuhaften begann, während die antimimetischen Formen als Ausdruck der Freiheit des Individuums in einer freien Welt empfunden wurden. Die westdeutsche Zeitschrift *Das Kunstwerk* schrieb 1948: «Das Zeitalter der Mimesis ist vorüber; überall setzt sich das abstrakte Wollen durch: in der Malerei, in der Plastik, in der Musik und – zögernder – auch in der Dichtung.» Ein Zeichen der Wandlung war es, dass die Hauptfrage 1949 bei dem Treffen der Gruppe 47 nicht mehr «Was schreibst du?» lautete, sondern «Wie schreibst du?»

C. 1949–1965: Die Literatur im Westen (Bundesrepublik Deutschland, Österreich und deutschsprachige Schweiz)

I. Grundzüge

Das augenfälligste Novum in der Literatur der «Adenauer-Ära» (1949–1963) ist eine vorher nur in Ansätzen vorhandene Internationalisierung der Perspektive, eine Öffnung nach Westen, die außer der Beschäftigung mit der avantgardistischen Literatur um 1910 (Expressionismus, Futurismus, Dadaismus, Surrealismus) eine Auseinandersetzung mit der zeitgenössischen Literatur des westlichen Auslands bedeutete. Für die «junge deutsche Literatur der Moderne», wie sie damals genannt wurde, standen Formexperimente und die Suche nach einer andersartigen Sprache im Zentrum. Die Autoren distanzierten sich von der Alltagssprache, von den überlieferten Erzählweisen und von der gesellschaftlichen Wirklichkeit. Der «moderne» Stilwille führte im Allgemeinen zu einer weitverbreiteten Vorliebe für indirekte Ausdrucksformen (Parabel, Gleichnis, Metapher, Chiffre) und im Besonderen zu einer Hochschätzung der Lyrik, weshalb die 50er Jahre zu Recht als das «Jahrzehnt der Lyrik» charakterisiert werden.

Besonders nach 1955, als die Bundesrepublik ihre Souveränität erlangt hatte, wurde eine abstrahierende Modernität, die in anderen Künsten wie der Musik (serieller Musik) und der Malerei (nonfigurativer Malerei) noch dominanter war, eine Art halboffizieller progressiver Kunststil. Dass die Kritiker in der DDR die Formexperimente als «Formalismus» und die Modernität als «Modernismus» verurteilten, trug zu der positiven Einschätzung einer Kunst, die das Gros der Rezipienten als unverständlich betrachtete, nicht unwesentlich bei.

Die literarische Mannigfaltigkeit der 50er Jahre entstand zu einem großen Teil durch die Auseinandersetzung mit der Modernität. Die Kahlschlag-Realisten, die eine direkte Kritik befürworteten, sowie auch diejenigen Schriftsteller, die sich auf verschiedene Weise als Fortführer der christlich-abendländischen und der klassisch-humanistischen Tradition verstanden und der modernen «Verheutigung» die Bewahrung der überlieferten literarischen Traditionen entgegensetzten, folgten nur zögernd dem Trend zur Erneuerung der Sprache und der Erzählstrategien. Die hohe Bewertung der klassisch-romantischen Tradition einschließlich einer gemäßigten Modernität war ein für die Adenauer-Zeit charakteristischer Zug. Nicht nur die Goethe- und Schiller-Feiern 1949 und 1959, sondern auch die Tatsache, dass die Mehrheit der Leser anspruchsvoller Literatur die «halbmodernen» Dichter bevorzugte, belegen diese der offiziellen Kulturpolitik der Regierung korrespondierende dominante Tendenz:

Die Lieblingsautoren der Studenten waren laut einer Umfrage 1959 der Rangfolge nach: Thomas Mann (für den sich jeder fünfte entschied), Brecht, Goethe, Hesse, Robert Musil, Kafka, Stefan Zweig, Gottfried Benn – und Heinrich Böll als der einzige Nachkriegsautor.

Den Schwerpunkt der literarischen Landschaft bildete bis in die 60er Jahre die Gruppe 47, deren ideelle Ausgangspunkte Hans Werner Richter 15 Jahre nach der Gründung so beschrieb:

a) demokratische Elitenbildung auf dem Gebiet der Literatur und der Publizistik;
b) die praktisch angewandte Methode der Demokratie in einem Kreis von Individualisten immer wieder zu demonstrieren mit der Hoffnung der Fernwirkung und der vielleicht sehr viel späteren Breiten- und Massenwirkung;
c) beide Ziele zu erreichen ohne Programm, ohne Verein, ohne Organisation und ohne irgendeinem kollektiven Denken Vorschub zu leisten.
(*Almanach der Gruppe 47. 1947–1962*, 1962)

Charakteristika der Gruppe, deren Arbeitsform sich mit Öffentlichkeitsformen der bürgerlichen Aufklärung wie dem Salon und den Lesegesellschaften vergleichen lässt, waren: keine Mitglieder-, sondern nur Adressenlisten; Einladung zu den an wechselnden Orten stattfindenden Tagungen durch Hans Werner Richter, dessen «liberale Autorität» die Gruppe zusammenhielt; Dichterlesung eines auf dem «elektrischen Stuhl» sitzenden Autors und anschließend eine spontane, «rücksichtslos offene», oft «vernichtende» Kritik der Teilnehmer, die der jeweilige Vorleser hinnehmen musste, ohne emotionale Regungen zu zeigen. Über 200 Autoren haben auf den Tagungen im In- und Ausland gelesen.

Der Intention, literarische Werkstattgespräche «im intimen Stil» abzuhalten, blieb die Gruppe 47 treu, die politische Grundsatzdebatten nicht zuließ, auch nachdem ihre Tagungen in der zweiten Hälfte der 50er Jahre um die Teilnahme von Literaturkritikern, Verlegern und Buchagenten erweitert wurden und immer mehr die Funktion einer literarischen Börse für Literaturtrends bekamen.

In den literarischen Diskussionen der Gruppe war ein immer wiederkehrendes Thema das Verhältnis zwischen den eher altmodischen «Realisten» und den auf Erneuerungen bestehenden «Formalisten». Eines der Gruppenmitglieder, Walter Jens, Professor der Altphilologie, Schriftsteller und unermüdlicher Kritiker auf den Tagungen, gab 1961 in einer Bilanz der Literatur nach 1945 eine anschauliche Beschreibung des Umschlags in die Moderne:

«Mit einem Wort: der Neorealismus ist tot, und kein Genius wird die Nachkriegsprogramme noch einmal zum Leben erwecken. 1952 schlug das Pendel, sehr weit und für lange, zur anderen Seite aus. Ich glaube, ich könnte die Sekunde des Umschlags bezeichnen: es war in Niendorf an der Ostsee, Frühjahr 1952, eine Tagung der Gruppe 47 fand statt. Die Veristen, handwerklich gute Erzähler, lasen aus ihren Romanen. Dann plötzlich geschah es. Ein Mann namens Paul Celan (niemand hatte den Namen vorher gehört) begann, singend und sehr weltentrückt, seine Gedichte zu sprechen; Ingeborg Bachmann, eine Debütantin, die aus Klagenfurt kam, flüsterte, stockend und heiser, einige Verse; Ilse Aichinger brachte, wienerisch leise, die *Spiegelgeschichte* zum Vortrag. Damals, sieben Jahre nach dem Ende des Krieges, begann die junge deutsche Literatur der Moderne.»

Die zeitgemäße Begründung der Modernität gab der Frankfurter Philosoph Theodor W. Adorno, der vor dem Hintergrund des die Sprache verunstaltenden Nationalsozialismus die Formel prägte, dass es «barbarisch» sei, nach Auschwitz ein Gedicht zu schreiben.

An Werken der modernen Musik, Malerei und Literatur (u. a. Charles Baudelaire, Marcel Proust, Franz Kafka, James Joyce, den Surrealisten, dem absurden Theater) entwickelte er eine Theorie des «autonomen Kunstwerks», nach der «wahre» Kunst nur dort entstehen könne, wo sie in der Form und durch die Form Widerstand gegen die gängigen Denk- und Wahrnehmungsweisen leiste und jeden Zweck außerhalb ihrer selbst verweigere. Nur eine derartige nonkonforme autonome Kunst, die den ideologischen Schein der von der «Kulturindustrie» hergestellten Massenkunst durchbreche und einen Raum existenzieller Freiheit eröffne, könne zur Bewusstseinsänderung und zur Einsicht in die Mechanismen der spätbürgerlichen Gesellschaft beitragen. Eine Präzisierung der Vorgeschichte und der Kriterien für die moderne Lyrik fand sich in dem für eine Abhandlung ungewöhnlich verbreiteten Buch *Die Struktur der modernen Lyrik* (1956) des Romanisten Hugo Friedrich.

Adornos Kunstauffassung der «Nonkonformität» setzt den Abstand zwischen hoher Kultur und Massenkultur voraus, der nach der Aufhebung der Lizenzpolitik der Besatzungsmächte 1949 in der neuen Marktwirtschaft zunehmend größer wurde und im Gegensatz zu den folgenden Epochen ein Kennzeichen der Zeit war. Der sehr schnelle Aufbau, den das Ausland bewundernd-neidisch das «Wirtschaftswunder» nannte, verband sich mit starken materialistischen Tendenzen, einem Rückzug in den privaten Bereich und einer blühenden Massenkultur. Im Sinne einer Abstandnahme von der materialistischen Zeitstimmung des «Neobiedermeiers» oder «Neonbiedermeiers» waren und fühlten sich die modernen Sprachkritiker und -künstler als Ideologie- und Gesellschaftskritiker auf der Suche nach anderen Normen und Werten.

Weil die Gruppe 47 entsprechend ihrer Konzeption aus Individualisten bestand, waren kollektive Kundgebungen nicht erlaubt. Gemeinsam war aber allen die Überzeugung, dass Schriftsteller eine Mitverantwortung für die politische und die gesellschaftliche Entwicklung tragen. Als Hüter der im Grundgesetz von 1949 festgeschriebenen unveräußerlichen Freiheitsrechte des Bürgers, als «das moralische Gewissen der Nation», fühlten sich einzelne Gruppenmitglieder dazu aufgerufen, neben ihrer künstlerischen Produktion zu gesellschaftlichen und politischen Fragen Stellung zu nehmen. Dadurch verschärfte sich im Laufe der 50er Jahre das Verhältnis zu der konservativen Regierung, die zwar die Dichter und Schriftsteller als «Kulturträger der Nation», aber den kulturellen Bereich als politikfremden Raum betrachtete. Die kritische Haltung zur restaurativen Politik der Regierung, zur «Politik der Stärke» und zur Aufrüstung drängte einen Teil der Gruppenmitglieder immer mehr in einen SPD-nahen Nonkonformismus, der sich nach 1960 in der Teilnahme an Wahlveranstaltungen zugunsten der SPD äußerte.

Im Gegensatz zu Deutschland hatte Österreich in der «Wiener Gruppe» eine Künstlergruppe mit bewusst avantgardistischen Zielen. Sie entwickelte sich seit 1952 aus dem 1946 gegründeten «art-club» und umfasste im engeren Sinne die Autoren H(ans) C(arl) Artmann (1921–2000), Friedrich Achleitner, Konrad Bayer, Gerhard Rühm und Oswald Wiener. Sie knüpfte an den Dadaismus und den Surrealismus an und stand in provozierendem Gegensatz zum offiziellen, an alten Traditionen festhaltenden Österreich. Durch aufsehenerregende Aktionen und Manifestationen wollten sie schockieren, aber gleichzeitig schufen sie eine neue österreichische Tradition, die durch Sprachexperimente (Konkrete Dichtung, Montagen, Dialektgedichte) und die theoretische Beschäftigung mit Ludwig Wittgensteins Sprachphilosophie charakterisiert war. Nach dem Selbstmord Bayers 1964 löste sich die Gruppe auf, aber die literarischen Energien verlagerten sich nach Graz, wo sich in den 60er Jahren im «Forum Stadtpark» eine neue Gruppe bildete. Die Grazer Gruppe war vielfältiger als die Wiener Gruppe und wurde zu einem wichtigen Zentrum der jungen österreichischen Literatur. Weit über Österreich hinaus verbreitet war die von Alfred Kolleritsch herausgegebene Zeitschrift *manuskripte,* die zu einem wichtigen Forum für junge Schriftsteller wurde (Wolfgang Bauer, Barbara Frischmuth, Peter Handke, Thomas Bernhard, Gerhard Roth).

Schon vor 1961 war von rechts an der angeblich monopolartigen Stellung der Gruppe 47 häufig Kritik geübt worden. Nach 1961 wurde von links im Zuge der zunehmenden Politisierung der «totale Ideologieverdacht» (Hans Mayer) kritisiert. Als Protest gegen die «Feierabendliteratur» der Gruppe 47 entstand 1961 die «Dortmunder Gruppe 61 – Arbeitskreis für die künstlerische Auseinandersetzung mit der industriellen Arbeitswelt». Sie machte in ihrem Programm auf Themen aufmerksam, die von der *Gruppe 47* weitgehend ausgespart worden waren:

1. Literarisch-künstlerische Auseinandersetzung mit der industriellen Arbeitswelt der Gegenwart und ihrer sozialen Probleme.
2. Geistige Auseinandersetzung mit dem technischen Zeitalter.
3. Verbindung mit der sozialen Dichtung anderer Völker.
4. Kritische Beschäftigung mit der früheren Arbeiterdichtung und ihrer Geschichte.

Das Verdienst der «Gruppe 61» war es, den thematischen Bereich der Literatur zu erweitern, aber ihre Akzentuierung der «individuellen Sprache und Gestaltung» und der «Unabhängigkeit ohne Rücksicht auf Interessengruppen» stieß auch unter den Gruppenmitgliedern auf Widerstand. Seit Mitte der 60er Jahre gab es vielfach Spannungen, die 1969 zur Abspaltung einer politisch radikalen Gruppe («Werkkreis Literatur der Arbeitswelt») führten.

Die Gruppe 47 ging ebenfalls an inneren Spannungen zugrunde. Als Hans Werner Richter 1967 die Gruppe auflöste, waren die demonstrierenden Studenten, die auf die politische Unverbindlichkeit der Gruppe aufmerksam machen wollten, nur der äußere Anlass. Der eigentliche Grund war die Erkenntnis der Unmöglichkeit, den seit der Gründung bestehenden, für alle Mitglieder verbindlichen Gruppenkompromiss zwischen literarischer Experimentierfreude und Modernität, antifaschistisch-antitotalitärer Gesinnung und elitärem Kunstanspruch aufrechtzuerhalten. Ein politischer oder/und literarischer Radikalismus war schon seit ein paar Jahren das Gebot der Stunde und schien eine Voraussetzung dafür, auf dem erregten literarischen Markt zu überleben.

II. Gattungen und Themen

In der Geschichte der Gattungen und Themen nach 1945 bedeuten die Jahre 1948 und 1949 einen merkbaren Einschnitt. Nach der Währungsreform 1948 und der Gründung der Bundesrepublik Deutschland 1949 geriet die «Trümmerliteratur», zu der sich Heinrich Böll noch 1952 bekannte, mit den Themen Krieg, Untergang, Gefängnis und Gefangenschaft, Lager, Heimkehrer und Leben in den Trümmern immer mehr in Widerspruch zu dem gewünschten Aufbau- und Aufstiegsoptimismus. Während das Wirtschaftswunder in der nach der Aufhebung der Lizenzpflicht (1949) aufblühenden Massenliteratur vorbehaltlos gepriesen wurde, blieb die Leitfigur der «ernsten» Literatur der Nonkonformist und Außenseiter, der sich durch Verweigerungshaltung, politische Ohnmacht und allenfalls Hoffnung auf die Verwirklichung der Humanität charakterisieren ließ. Das schwierige Verhältnis zum Staat, das die alte Diskussion über Geist und Macht aktualisierte, führte auch häufig zu Reflexionen über das Gegeneinander von Identität und Rolle.

In den 50er Jahren vermittelte die bedeutendste Literaturzeitschrift der Zeit, *Akzente. Zeitschrift für Dichtung*, die zwei der Mitglieder der Gruppe 47, Walter Höllerer und Hans Bender ab 1954 herausgaben, präzisen Aufschluss über die Gattungsentwicklung in Theorie und Praxis. In den ersten Jahrgängen wurden vor allem «Probleme der Lyrik» erörtert, und in dieser Gattung bildete sich zuerst eine eigenständige moderne Formensprache aus. Das sehr beliebte Hörspiel wurde erstmals als eigene literarische Gattung und in seinem Verhältnis zu Film und Fernsehen diskutiert. Die Diskussion der technischen Medien drängte nach 1954, als die ARD regelmäßig Fernsehsendungen auszustrahlen begann, die Frage nach den Beziehungen der Literatur zu den bildenden Künsten und zur Musik in den Hintergrund. Erst nach 1957 verlagerte sich der Hauptakzent auf den Roman, von dessen Krise wie schon zu Beginn des Jahrhunderts auch in der ersten Hälfte des Jahrzehnts immer wieder die Rede gewesen war. Das Jahr 1959, als die durch moderne Erzählstrategien geprägten Romane *Billard um halb zehn* von Heinrich Böll, *Die Blechtrommel* von Günter Grass und *Mutmaßungen über Jakob* von Uwe Johnson erschienen, ging als das «Jahr des neuen westdeutschen Romans» in die Literaturgeschichte sein. Die untergeordnete Rolle des Dramas in den Diskussionen spiegelt ebenfalls die reale Bedeutung des neuen deutschen Dramas, das erst ab 1965 in den Vordergrund des Gattungsspektrums rückte.

Lyrik

Die sogenannte «Trümmerlyrik», in der Erlebnisse der Kriegs- und Nachkriegswirklichkeit in einer einfachen, kunstlosen Sprache und einer direkten Aussage formuliert wurden wie in Günter Eichs «Inventur», wurde nach vereinzelten Versuchen von starken lyrischen Traditionslinien überlagert. Besonders verbreitet war das Naturgedicht in der naturmagischen Tradition in der Fortsetzung von Wilhelm Lehmann (1882–1968) und Oskar Loerke (1884–1941).

Von 1945 bis Anfang der 6oer Jahre waren Gedichte in der naturmagischen Tradition die dominierende Form. Die Natur als Universalchiffre ließ sich vielfältig einsetzen, und der Naturraum, der als ein gegengeschichtliches Modell fungierte, konnte religiös-christlich, mythologisch oder mystisch interpretiert werden. Für einige Nachkriegslyriker stellte sich eine derartige Auslegung jedoch als eine Illusion heraus: der Vogelflug, der in der Lehmann-Schule in ein jenseitiges Land führte, konnte auch zur Chiffre für Entfremdung, Einsamkeit und Orientierungslosigkeit werden.

So stellt das lyrische Ich in Günter Eichs «Die Häherfeder» aus der Gedichtsammlung, in der auch «Inventur» gedruckt wurde (*Abgelegene Gehöfte*, 1948), die Frage: «Das Rauschen der Vogelschwinge,/ begreift es den Sinn der Welt?» und antwortet: «Der Häher warf seine blaue/ Feder in den Sand./ Sie liegt wie eine schlaue/Antwort in meiner Hand.» In der 7 Jahre später herausgegebenen Gedichtsammlung, *Botschaften des Regens* (1955) gibt das lyrische Ich in dem Gedicht «Tage mit Hähern» eine andere, pessimistische Antwort:

Der Häher wirft mir
die blaue Feder nicht zu.

In die Morgendämmerung kollern
die Eicheln seiner Schreie.
Ein bitteres Mehl, die Speise
des ganzen Tags.

Hinter dem roten Laub
hackt er mit hartem Schnabel
tagsüber die Nacht
aus Ästen und Baumfrüchten,
ein Tuch, das er über mich zieht.

Sein Flug gleicht dem Herzschlag.
Wo schläft er aber
und wem gleicht sein Schlaf?
Ungesehen liegt in der Finsternis
die Feder vor meinem Schuh.

Günter Eichs Entwicklung ist auch bei anderen modernen Lyrikern feststellbar: Die Naturelemente werden zunehmend verstummte und nicht mehr lesbare Hieroglyphen, die das lyrische Ich zum Spurensucher in einer denaturierten Wirklichkeit machen. Dementsprechend reduziert sich das Gedicht immer mehr auf hermetische Chiffren.

Für die Lyriker spielte Gottfried Benn (s. S. 206–210) in Theorie und Praxis eine maßgebliche Rolle als zeitgemäßer Programmatiker der Moderne und gefeiertes Vorbild. Sein Begriff «Statik» drückt die Funktion seiner Formkunst aus: Kunst als «Gegenwelt», als «elfenbeinerner Turm». In einer durch Chaos und Nihilismus geprägten Welt sei es nur noch der Kunst möglich, eine neue Transzendenz und Metaphysik hervorzubringen, nämlich die «Transzendenz der schöpferischen Lust»:

«Ein Wort»

Ein Wort, ein Satz – : aus Chiffren steigen
erkanntes Leben, jäher Sinn,
die Sonne steht, die Sphären schweigen
und alles ballt sich zu ihm hin.

Ein Wort – ein Glanz, ein Flug, ein Feuer,
ein Flammenwurf, ein Sternenstrich –
und wieder Dunkel, ungeheuer,
im leeren Raum um Welt und Ich.
(*Statische Gedichte*, 1948)

Für Gottfried Benn besteht die Aufgabe des Dichters darin, als bewusst
arbeitender Konstrukteur der sprachlichen Form eine «Faszination» zu
geben, die es dem Leser ermöglicht, in diesem artistischen Beziehungs-
system (Struktur) einer autonomen Welt für Augenblicke das Aufleuchten
eines Sinns zu erkennen und zu erleben und ein Stück Freiheit zu gewinnen.

Gottfried Benn begründete in seinem Marburger Vortrag *Probleme der Lyrik* (1951) sein Konzept vom «absoluten Gedicht»
und redete einer moderaten, «klassischen» Moderne das Wort.
Er hob die Techniken hervor, die auf verschiedene Weise die
Texte hermetisch-verschlossen machten: Entrealisierung, Ent-
persönlichung, Entgegenständlichung und Reduzierung des
Bezugs des Einzelworts auf die Außenwelt bis zur Negation
jeglicher Beziehung. Rezeptionsästhetisch war diese Lyrik eine
Absage an die epigonale Erlebnis- und Bekenntnislyrik, und
produktionsästhetisch legte sie Wert auf Widerstand gegen
poetische Konventionen und sprachliche Klischees. Der Protest gegen die zur Norm erhobene Kommunikativität des
feuilletonistischen Zeitalters war ein Hauptziel und führte zu
Reflexionen über ein Zentralthema der modernen Lyrik in
Westdeutschland: das Verhältnis zwischen Sprache und Herrschaft.

Moderne Lyriker waren außer Günter Eich Ingeborg Bachmann (s. S. 317–
319), Nelly Sachs (s. S. 237), die 1966 den Nobelpreis für Literatur erhielt,
Paul Celan (s. S. 320–322), Rose Ausländer (1907–1988), Johannes Poethen
(1928–2001), Ernst Meister (1911–1979) und Karl Krolow (1915–1999), der
als virtuoser Sprachkünstler in allen Phasen der deutschen Lyrik bis in die
90er Jahre repräsentative Gedichte schrieb.

Noch extremer und «moderner» im Sinne eines Bruchs mit älteren Lyriktraditionen war die Reduktionstendenz in der
Konkreten Poesie/Literatur, die eine internationale und sehr
uneinheitliche grenzüberschreitende Tendenz in den 50er Jah-

ren ausmachte. Auf die Sprache als konkretes Material, nicht als Instrument der Kommunikation, wurde die Aufmerksamkeit gelenkt: durch verfremdende Kombinationen und Veränderungen von Buchstaben, Wörtern, Silben, Sätzen. Zu den Grundthesen gehörte das Zurücktreten des Autors; nicht er garantiert den Sinn, das Experiment mit der Wortkombination ruft ihn hervor, wodurch es möglich wird, die normale Dominanz der Sprache über den Sinn kritisch zu demonstrieren. Die experimentelle Lyrik fand im deutschsprachigen Bereich recht spät Eingang, kam aber der vorherrschenden Sprachkritik entgegen und hatte einen ersten Höhepunkt um 1960 und blieb bis 1975 als gattungsüberschreitende Form ein wichtiger Bestandteil des literarischen Spektrums.

Die zwei wichtigsten Spielarten der Konkreten Dichtung sind die visuelle Dichtung, die vielfach die Grenzen zur bildenden Kunst überschreitet, und die akustische Dichtung, in der Grenzüberschreitungen zur Musik möglich sind:

Reinhard Döhl

Apfelgedicht (1965)

Eugen Gomringer: schweigen.

schweigen schweigen schweigen
schweigen schweigen schweigen
schweigen   schweigen
schweigen schweigen schweigen

Ernst Jandl:

schtzgrmm
schtzgrmm
t-t-t-t
t-t-t-t
grrrmmmmm
t-t-t-t
s c h
tzngrmm
[..........]
(aus: «schützengraben»)

lichtung

manche meinen
lechts und rinks
kann man nicht
velwechsern.
werch ein illtum!

Die meisten Formen der Konkreten Poesie stehen in der Tradition der dadaistischen Experimente oder der «parole in libertà» des Futurismus (s.
S. 176–177). Im deutschsprachigen Bereich waren die ersten Hauptvertreter der Schweizer Eugen Gomringer (*vom vers zur konstellation*, 1955) und
die Österreicher in der auch an den Surrealismus anknüpfenden «Wiener
Gruppe» (1952–1964). Die wichtigsten westdeutschen Vertreter sind Helmut
Heißenbüttel (*Textbuch* 1–4, 1960–1964) und Franz Mon (*Artikulationen*,
1959). Nach 1960 rückte der Wiener Ernst Jandl (1924–2000) (*Laut und
Luise*, 1966) mit seinen Sprechgedichten immer mehr in den Vordergrund.

Für Adorno, der das Gedicht die «philosophische Sonnenuhr»
nannte, war hermetische und öffentliche Lyrik noch vereint, da
beide Typen sich dank der Sprachkunst dem Tagesengagement
verweigerten und gerade dadurch gesellschaftlichen Charakter
bekamen. In der Praxis traten sie gegen Ende der 50er Jahre
immer deutlicher auseinander. Nicht nur Hans Magnus Enzensberger (s. S. 378–381), sondern auch viele seiner Kollegen

sahen ein, dass ein öffentliches Zeitgedicht, das «für alle» sprechen wollte, eine andere, leserfreundliche Form haben musste.

1965 veröffentlichte Walter Höllerer in der Zeitschrift *Akzente* «Thesen zum langen Gedicht». Hier forderte er eine Öffnung zur Alltagssprache («längere Sätze und längere Zeilen») und eine Abkehr von der immer stärkeren Konzentration auf das einzelne Wort in der «hermetischen Lyrik». Sein Plädoyer für ein neues, langes Gedicht Mitte der 60er Jahre markierte das Ende der Tendenz zur Dunkelheit und Hermetik und den Anfang einer neuen Lyrik, in der die kommunikative Funktion im Zentrum stand: «Die Sprache dient zur täglichen Verständigung über bekannte Bedürfnisse. Die Sprache dient zur Definition noch kaum benannter Ausmaße. Das lange Gedicht stellt sich beidem.»

Höllerers Programm wies sowohl auf die politische Lyrik der 60er Jahre als auch auf die Alltagslyrik der 70er Jahre voraus.

Epik

Die Nachkriegszeit war auf dem Gebiet der epischen Prosa durch die vielen Romane älterer, namhafter Schriftsteller und durch die von der «jungen Generation» bevorzugte Kurzgeschichte charakterisiert. Erst im Laufe der 50er Jahre wagte sich die kritische junge Generation an die als problematisch empfundene Gattung Roman heran, und erst 1959 entstand der «neue westdeutsche Roman» unter dem Motto: «Es kann doch noch erzählt werden.»

Typisch für die Romane der älteren Schriftsteller, vor allem der «inneren Emigranten», ist ein magischer Realismus, der darin besteht, dass hinter der konkreten Realität eine höhere, die Kernaussage enthaltende, sinngebende Ebene gestaltet wird. Der Roman *Die Stadt hinter dem Strom* (1947) von Hermann Kasack (1896–1966) galt als das vornehmste Beispiel des magischen Realismus. Der Archivar Dr. Robert Lindhoff verlässt ganz realistisch mit dem Zug seine Stadt und erlebt einen Aufenthalt in einer an die Trümmerstädte erinnernden Totenstadt, aus der er jedoch am Ende des Romans wieder zurückkehrt und dem Leser eine tiefere Wahrheit über den Sinn bzw. die Sinnlosigkeit des Lebens vermittelt. Die hohe Bewertung des von Kafka und Ernst Jünger beeinflussten Romans belegt, wie die Leser ein allegorisches, geheimnisvoll-mythisches Verhältnis direkter realistischer Deskription der Wirklichkeit vorzogen.

In dem Roman *Das unauslöschliche Siegel* (1946) von Elisabeth Langgässer wird die tiefere Ursache für die faschistische Katastrophe auf eine allgemein-abstrakte Ebene (Abfall von der Religion) verlagert. Aus einer kindlichen Sicht wird in dem kritischen Roman *Die größere Hoffnung* (1948) der Österreicherin Ilse Aichinger die politische Realität ins Märchenhafte und Absurde transponiert.

Zu den «Apokryphen der modernen Literatur» (H. Boetius) gehört der auch als Orgelbauer bekannte Hamburger Hans Henny Jahnn (1894–1959), der 1950 aus seinem freiwilligen Exil auf der dänischen Insel Bornholm als «innerer Emigrant im äußeren Exil» (Uwe Schweikert) zurückkehrte. Der schon 1920 gegen ihn erhobene Vorwurf, ein heidnischer «Prophet der Unzucht» zu sein, verstummte seit seinen ersten, expressionistisch-überstiegenen Dramen nicht mehr. Jahnn entfaltete in seinem Werk eine immanente Trieblehre, der zufolge die fleischgebundene Liebe die heute in eine Eiswüste verwandelte Erde überwinden und die ursprüngliche Einheit im Sinne einer harmonischen Totalität der Schöpfung wiedergewinnen kann. Diese Vision bildete die Grundlage für seine radikale Zivilisations- und Kulturkritik.

In dem stilistisch an Joyce angelehnten Roman *Perrudja* (1929) zieht Perrudja aus, um eine von der Zivilisation befreite Ordnung zu gründen. Jahnns Hauptwerk, die Romantrilogie *Fluss ohne Ufer* (*Das Holzschiff*, 1949, *Die Niederschrift des Gustav Anias Horn*, 1949/50, und der postum publizierte *Epilog*, 1961), zentriert um die homoerotische Liebe zwischen der Hauptperson Gustav und dem Matrosen Alfred Tutein. Verloren ist jedoch der Traum von einer besseren Schöpfung; thematisiert werden der Zerfall des Leibes und die drohende Macht des Todes in einer furchtbaren Welt des «Fressens und Gefressenwerdens.» Die Trilogie zeichnet sich durch avancierte Erzähltechniken und eine einzigartige Verbindung von Musikalität, Sinnlichkeit und Reflexion aus.

In Österreich setzten Albert Paris Gütersloh (1887–1973) und Heimito von Doderer (1896–1966) die österreichische Erzähltradition fort. Insbesondere Heimito von Doderer wurde wegen seiner Wiener Romane bekannt (*Die erleuchteten Fenster oder Die Menschwerdung des Amtsrates Julius Zihel*, geschr. 1939, ersch. 1951; *Die Strudlhofstiege oder Melzer und die Tiefe der Jahre*, 1951; sein mit über 1300 Seiten umfangreichster Roman *Die Dämonen. Nach der Chronik des Sektionsrates Geyrenhoff*, 1956). Hier verband sich eine umfassende und präzise Schilderung Wiens in der Zeit von 1910 bis 1930 mit einer verspielten Darstellungsweise. Das scheinbar behagliche realistische Erzählen wird immer wieder ironisch durchbrochen. Die Barocktradition lebt in dem Aufbau der Romane weiter: ein rationales und strenges Kalkül verbirgt sich unter buntester Gegenständlichkeit und einer Vielzahl von Personen und Handlungsfäden, die, scheinbar unentwirrbar, sich doch plötzlich zum kunstvollen Muster flechten. Zu den auffallenden Gegensätzen, die Doderers Werk durchziehen, gehört die subtile Andeutung von Zusammenhängen, die neben drastischen Beschreibungen sexueller (Schreck)bilder steht.

Andere Angehörige der älteren Generation, die auf verschiedene Weise die Nachkriegszeit beeinflusst haben, waren die Brüder Mann (s. S. 155), Hermann Broch (s. S. 240–243), Alfred Döblin (s. S. 237–240), Reinhold Schneider (1903–1959), der gläubige Katholik, der wegen seines Eintretens für «unbedingten Frieden» Beschimpfung und Boykott in der Bundesrepublik zu erleiden hatte, Hermann Hesse (s. S. 165–169), Ernst Kreuder (1903–1972), dessen surreale Erzählungen (*Die Gesellschaft vom Dachboden*, 1946) in der unmittelbaren Nachkriegszeit sehr beliebt waren, Gottfried Benn (s. S. 206–210) und Ernst Jünger (s. S. 229 f.).

Die Form, in der die «junge Generation» ihr Weltbewusstsein zur Sprache brachte, war die durch die amerikanische short story (vor allem Stephen Spenders und Ernest Hemingways) beeinflusste Kurzgeschichte, die ein Gegenstück zur deutschen Novelle bildete. Während die Novelle in ihrer geschlossenen Struktur beabsichtigt, eine «unerhörte Begebenheit» zum Symbol der Weltganzheit zu erhöhen, begnügt sich die

Kurzgeschichte damit, ein «Stück herausgerissenes Leben» (W. Schnurre) in einer durch offene Struktur und extreme Kürze charakterisierten Form darzustellen. Die Sicht, aus der erzählt wird, ist oft die des Durchschnittsmenschen oder des Außenseiters, der das punktuelle Geschehen in einer einfachen, lakonischen Sprache darstellt und mehr Fragen aufwirft als beantwortet. Nicht Weltdeutung, sondern Existenzerhellung vermittelt die Kurzgeschichte.

Die vorrangigsten Vertreter der Kurzgeschichte unmittelbar nach 1945 sind außer Heinrich Böll und Wolfgang Borchert Hans Bender (1919–2015) und Wolfdietrich Schnurre (1920–1989), der in der Praxis (*Man sollte dagegen sein*, 1960) und in der Theorie (*Kritik und Waffe*, 1959) wesentliche Beiträge geliefert hat. In den 50er Jahren gewann die Gattung an Komplexität und zeigte sich besonders geeignet als Experimentierfeld für moderne Erzähltechniken, die den traditionellen Erzählcharakter offenlegen, problematisieren und in Frage stellen. Varianten der Gattung, in der sich fast alle modernen Autoren versucht haben, akzentuieren das Psychologische (Marie Luise Kaschnitz, 1901–1974), das Artistische (Ilse Aichinger: *Die Spiegelgeschichte*, 1954, in dem der Lebenslauf eines toten Mädchens von dem Begräbnis bis zur Geburt zurückerzählt wird), das Lyrische (Günter Eich) und das Phantastisch-Surrealistische (Wolfgang Hildesheimer, 1916–1991).

Der Existenzialismus (Jean-Paul Sartre, Albert Camus) prägte viele Autoren. Hans Erich Nossack (1901–1977), dessen *Interview mit dem Tode* (1948, 1950 als *Dorothea*) einen erschütternden Bericht über die von ihm erlebte Bombardierung Hamburgs im Juli und August 1943 enthält, behauptete in seinem Werk den «Untergang» als die menschliche Grundsituation. Angesichts der Unausweichlichkeit des Scheiterns suchte er ständig nach einer sinnvollen Existenzmöglichkeit in der Gesellschaft. In dem Roman *Spätestens im November* (1955) nahm er das Thema der Zusammengehörigkeit von Liebe und Tod auf. Bei Alfred Andersch (1914–1980) herrscht die positive Variante vor: Selbstbefreiung in Form von Desertion (*Die Kirschen der Freiheit*, 1952) oder Flucht bedeutet die existenzielle Wahl und die Übernahme der totalen Verantwortung für das eigene Handeln. In *Sansibar oder der letzte Grund* (1957) verbindet er eine spannende Handlung mit einer Analyse der Gründe, warum seine Personen die Flucht aus Hitlers Deutschland wählen.

Auch Siegfried Lenz (1926–2014) bringt in seinen ersten Kurzgeschichten und Romanen die Personen in Grundsituationen, in denen sie gezwungen sind, eine existenzielle Wahl zu treffen. Sein umfangreiches, im Laufe von fast 60 Jahren entstandenes Werk – er debütierte 1951 mit dem Roman *Es waren Habichte in der Luft*, die Novelle *Landesbühne* ist 2009 erschienen – spielt oft in der norddeutschen Küstenlandschaft und behandelt perspektivenreich aktuelle Fragen, mehrmals vor dem Hintergrund des Nationalsozialismus (der Roman *Deutschstunde*, 1968) und seiner ostpreußischen Heimat Masuren wie im Roman *Heimatmuseum* (1978). Zu besonderer Meisterschaft hat Lenz es in kurzen Gattungen gebracht: *So zärtlich war Suleyken. Masurische Geschichten* (1955), *Einstein überquert die Elbe bei Hamburg. Erzählung* (1975), *Schweigeminute. Novelle* (2008). 2015 erschien aus dem Nachlass von Siegfried Lenz der schon 1951 geschriebene, jedoch vom Verlag abgelehnte Roman *Der Überläufer*, der von der Desertation eines jungen Soldaten, seiner Zusammenarbeit mit russischen Partisanen, seinen Gewissenskonflikten sowie seiner Desillusion über die Nachkriegsentwicklung handelt. Der Erfolg zeugt sowohl vom anhaltenden Interesse für den Zweiten Weltkrieg und seine Folgen als auch von der ebenfalls fortdauernden Popularität des Autors.

In den 50er Jahren bestimmten die Nonkonformisten in den Gattungen Kurzgeschichte und Roman das Bild. Gemeinsam war den Autoren ein Unbehagen an dem einseitigen Materialismus der Konsumgesellschaft und die Verpflichtung eines moralisch-sozialen Engagements. Sie maßen die gesellschaftliche Realität an dem offiziell erhobenen Anspruch, die Bundesrepublik Deutschland habe im Sinne des Grundgesetzes eine freiheitliche und humane Ordnung verwirklicht. Wie verschieden die Zugänge zu diesem Thema sein können, zeigen die drei großen, bis heute umstrittenen Erzähler Heinrich Böll (s. S. 322–325), Wolfgang Koeppen (s. S. 325–327) und Arno Schmidt (s. S. 327–330).

Die 1959 und 1960 erschienenen Romane, die auch im Ausland Erfolg hatten, bedeuteten eine Erneuerung des traditionellen Romans, aber keinen radikalen Formenwandel, wie er in den romantheoretischen Debatten, in denen der französische nouveau roman im Zentrum stand, gefordert wurde. Der «neue westdeutsche Roman» war durch seine Länge und eine Tendenz zum sprachlichen Ausufern charakterisiert. Im nouveau roman stand die Problematik des Erzählenkönnens in einer durch Industrialisierung, Technisierung und Wissenschaften veränderten Welt im Mittelpunkt. Als eine Folge der «Krise des Individuums», das nicht Herr seiner selbst, sondern lediglich ein in seiner Identität verunsicherter Funktionsträger sei, müsse man auf den allwissenden und selbstgewissen Erzähler, der Einsicht in gesellschaftliche Verhältnisse zu haben vorgibt, und auf den Romanhelden verzichten. Gleichfalls müsse man Plot, Personenpsychologie, Zeit- und Ursachenbegriff aufgeben und könne sich nur auf die subjektive Wahrnehmungsfähigkeit verlassen.

Das literarische Ereignis des Jahres 1960 war der «Mikro-Roman» *Der Schatten des Körpers des Kutschers* von Peter Weiss (s. S. 376), der eine detailbesessene, minutiöse Oberflächenbeschreibung der Dinge enthielt. Dieser Text, der als eine praktische Verwirklichung der vom nouveau roman beeinflussten Gedanken erschien, übte auf die jungen Autoren, die Anfang der 60er Jahre zu veröffentlichen begannen, einen beachtlichen Einfluss aus.

Drama und Theater

Auf dem Gebiet der Dramatik war die Lücke 1945 noch größer als in den anderen Gattungen. Dass fast keine neuen Stücke geschrieben wurden, hat mehrere Gründe. 1933 brachen die meisten Theatertraditionen der Weimarer Republik abrupt ab, und die emigrierten Autoren hörten wegen der fehlenden Aufführungsmöglichkeiten und des fehlenden Kontakts zu den gesamteuropäischen Strömungen vielfach zu schreiben auf. Hinzu kamen nach 1945 die schwierigen Arbeitsbedingungen in einer Zeit, in der viele Theatergebäude zerstört waren. Dafür war es eine Blütezeit des Kabaretts und des Hörspiels.

Das Hörspiel setzte, nach einer kurzen Feature-Phase unter angelsächsischem Einfluss, die sich aus der Hörspieltheorie der 20er Jahre ergebenden

Tendenzen fort. Als Höhepunkt des konsequent neue mediale Möglichkeiten (akustische Mittel) erprobenden «Hörspiels der Innerlichkeit» galt Günter Eichs *Träume* (1953). Zahlreiche Autoren haben in den 50er Jahren solche der Lyrik nahe stehende Hörspiele geschrieben, die erst Anfang der 60er Jahre mit der beginnenden Politisierung in die Krise gerieten und abgelöst wurden von dem «Neuen Hörspiel», das auf totale Ausschöpfung aller Hörmöglichkeiten gerichtet war (Ludwig Harig, geb. 1927, Wolf Wondratschek, geb. 1943).

Die Spielpläne der Theater nach 1945 brachten die Klassiker (Goethe, Schiller, Lessing), die 1933–45 verbotenen expressionistischen Dramatiker (Ernst Toller, Georg Kaiser, Carl Sternheim), moderne ausländische Dramatiker, die wie Thornton Wilder, Luigi Pirandello, Jean Giraudoux, Jean Anouilh, Christopher Fry durch eine gewisse formale Modernität auffielen, und die der Zeitstimmung entgegenkommenden existenzialistischen Dramen von Jean-Paul Sartre und Albert Camus.

Von der entstehenden «Bewältigungsdramatik» erzielten zwei Stücke große Erfolge, Wolfgang Borcherts *Draußen vor der Tür* (s. S. 315) und Carl Zuckmayers *Des Teufels General* (1946). Im Gegensatz zu diesen Stücken fanden *Die Illegalen* (1946) von Günther Weisenborn, der seine Erfahrungen aus der Untergrundarbeit verarbeitet hatte, nur geringe Resonanz.

Zuckmayers Fliegergeneral Harras, dessen historisches Vorbild der von Hitler für die Misserfolge der Luftwaffe verantwortlich gemachte Luftwaffengeneral Udet war, steht, vergleichbar dem dramatischen Konflikt klassischer Dramen, zwischen Pflicht und Neigung, zwischen den moralischen Geboten der Menschlichkeit und privater Erfüllung als Flieger. Harras macht in dem analytischen Drama einen Erkenntnisprozess durch: Des Teufels (Hitlers) General kommt zur Einsicht in die Notwendigkeit des Widerstands. Als er erfährt, dass sein enger Mitarbeiter für die zunehmenden Flugzeugabstürze verantwortlich ist, besteigt er, ohne ihn zu verraten, eine der Maschinen und stürzt ab. Damit ermöglicht er das Wirken des Widerstands für die Zukunft. Wie Zuckmayer in der Autobiografie *Als wär's ein Stück von mir* schreibt, zielte er in diesem Drama darauf ab, die politischen Zeitfragen auf die allgemeinen des «Menschenbildes» zu heben. Der grandiose Erfolg des Stücks ist u. a. darauf zurückzuführen, dass es als ein Plädoyer für die am Krieg beteiligten Deutschen empfunden wurde. In der SBZ wurde es abgelehnt.

Die wenigen westdeutschen Dramen von Rang, die in den 50er Jahren erschienen, knüpften an ausländische Strömungen an, so die Parabel von Siegfried Lenz *Zeit der Schuldlosen* (1962), die im Anschluss an Sartres Werke die Absurdität der menschlichen Existenz demonstrierte. Die moderne Form des Dramas, das absurde Theater (Eugène Ionesco, Samuel Beckett), dem man in Westdeutschland mehr Verständnis entgegenbrachte und das mehr Erfolg hatte als in anderen europäischen Ländern, wurde außer von dem jungen Grass vor allem von Wolfgang Hildesheimer (1916–91) vertreten (*Pastorale oder Zeit für Kakao,* 1958). Das absurde Theater ist nach Hildesheimer eine «Parabel über die Fremdheit des Menschen in der Welt», deren Sinnlosigkeit als «unübersteigbar» gesetzt wird. Die komischen und grotesken Elemente wurden in deutschen Aufführungen nicht so sehr hervorgehoben wie in England und Frankreich.

Die größten «neuen» und meistgespielten Dramatiker waren die Schweizer Friedrich Dürrenmatt und Max Frisch (s. S. 330–336), die dank der Distanz zu den Vorgängen in Deutschland die Welt auf der Bühne darstellen konnten und noch dazu die berühmten Schauspielhäuser in Zürich und Bern zu ihrer Verfügung hatten. Eine besondere Anregung bedeutete für beide die Dramentheorie Bertolt Brechts, der sich 1948 eine Zeit lang in Zürich aufhielt. Brechts Bedeutung in der Bundesrepublik war relativ groß, obwohl er in den 50er Jahren als Kommunist selten aufgeführt wurde. Seine Stücke und seine Konzeption des epischen Theaters wurden diskutiert, aber zu einem dramatischen Vorbild erhoben wurde er erst im Zuge der Politisierungstendenzen in den 60er Jahren.

D. 1945–1965: Die Literatur in der SBZ/DDR

I. Grundzüge

Die in den ersten Nachkriegsjahren in der SBZ/DDR erschienene Literatur war zu einem großen Teil im Exil entstanden, oder sie griff Themen aus dem Exil oder dem innerdeutschen

Widerstand gegen den Nationalsozialismus auf. Denn anders als in den Westzonen/der BRD spielte die junge Generation, die schon wegen ihres Geburtsdatums die Nazizeit anders erlebt hatte, in der kulturellen Öffentlichkeit der ersten Nachkriegsjahre kaum eine Rolle. Das literarische Leben wurde fast ausschließlich von den «Alten» geprägt, die 1933–45 exiliert oder verhaftet waren oder in der Illegalität gelebt hatten. Unter diesen Schriftstellern und Schriftstellerinnen herrschte ein weitgehender Konsens über die zu leistende moralisch-politische Aufgabe – in den Worten von Anna Seghers:

Durch die Mittel ihres Berufes mussten sie [die Schriftsteller] helfen, ihr Volk zum Begreifen seiner selbstverschuldeten Lage zu bringen und in ihm die Kraft zu einem anderen, einem neuen friedvollen Leben zu erwecken.

Literaturdebatten

Wie das kulturelle Leben gestaltet werden sollte, entschieden jedoch nicht die Künstler, sondern – in Übereinstimmung mit den Prinzipien des «demokratischen Zentralismus» – das Politbüro der SED und die von ihm ernannten Kulturfunktionäre. Sie wollten eine funktionale Repräsentationskunst, und um eine solche zu fördern, wurden zu Beginn der 1950er Jahre Zensur- und Überwachungsinstanzen wie das «Amt für Literatur und Verlagswesen» und die «Staatliche Kommission für Kunstangelegenheiten» errichtet – letztere wurde wegen vehementer Kritik jedoch schon 1954 wieder abgeschafft und durch ein Ministerium für Kultur ersetzt. Erster Kulturminister wurde Johannes R. Becher. Zur offiziellen Kulturpolitik hatte Brecht den folgenden ironischen Kommentar: «Die Kunst ist nicht dazu befähigt, die Kunstvorstellungen von Büros in Kunstwerke umzusetzen. Nur Stiefel kann man nach Maß anfertigen.» (1953 in dem damals nicht veröffentlichten Artikel «Was haben wir zu tun?»)

Als paradigmatisch kann die im März 1951 erlassene «Entschließung des Zentralkomitees der Sozialistischen Einheitspartei Deutschlands» bezeichnet werden, die «den Kampf gegen den Formalismus in Kunst und Literatur» ankündigte. Unter dem Leitwort «Formalismus» wurden Strömungen und Tendenzen subsumiert, die generell als modern oder experimentierend charakterisiert werden können: in der Architektur «der sogenannte Bauhausstil», in der Musik u. a. die Werke des Komponisten Paul Dessau, im Ballett der «Ausdruckstanz». In der Literatur wird das generelle «Zurückbleiben hinter den Forderungen des Tages, d. h. der Behandlung von Fragen des Kampfes für den Frieden, für die Einheit Deutschlands, für die Erfüllung des Fünfjahrplans usw.» gerügt.

Als verbindliche Norm wurde der sozialistische Realismus aufgestellt, so wie er 1934 vom sowjetischen Kulturpolitiker Andrej Shdanow definiert wurde: als Darstellung «der Wirklichkeit in ihrer revolutionären Entwicklung», mit dem Ziel, «die werktätigen Menschen im Geiste des Sozialismus ideologisch umzuformen und zu erziehen». Neben der von Shdanow formulierten Definition spielte in den Literaturdiskussionen der DDR auch die in den 1930er Jahren entwickelte Realismustheorie von Georg Lukács (s. Expressionismusdebatte, S. 257) eine wichtige Rolle bei der Formulierung des «Auftrags» an die Künstler und bei der Beurteilung ihrer Werke.

Als positives Vorbild galt neben dem sozialistischen Realismus das klassische Kulturerbe, wobei vorgeschrieben wurde, was zum klassischen Erbe gerechnet werden und wie damit umgegangen werden sollte. Als der Komponist Hanns Eisler 1953/54 den Faust-Stoff aufgriff und ein Libretto schrieb, in dem er den Doktor Faustus als einen opportunistischen Intellektuellen darstellte, der sich nicht mit den aufrührerischen Bauern unter Thomas Müntzer verbündet, sondern um Reichtum und Macht zu erwerben, mit den Machthabern und zuletzt an der Einsicht «wer den Herren die Hand gibt, dem wird sie verdorren» zerbricht, wurde er scharf und schulmeisterlich kritisiert. Eine solche Deutung des Faust-Stoffes stand der autorisierten Auffassung entgegen, die in Goethes *Faust* das «Drama der Menschengattung» (Lukács), die Verwirklichung allen humanitären Strebens sah. Brecht, der die Eisler'sche Faust-Gestalt als einen durchaus legitimen «dunklen Zwilling» des Goethe'schen Faust verteidigte, musste erleben, dass seine gleichzeitige *Urfaust*-Inszenierung nach wenigen Aufführungen vom Spielplan des Berliner Ensembles abgesetzt wurde.

Einigen Erfolg hatten die kulturpolitischen Forderungen, die als «Bitterfelder Weg» bezeichnet werden. Auf einer Kulturkonferenz im Chemiekombinat Bitterfeld im April 1959 wurde die «sozialistische Kulturrevolution» deklariert, die sich von zwei Seiten her entwickeln sollte: Die Arbeiter, die «Kumpel», sollten «zur Feder greifen», und die Schriftsteller sollten «an die Basis». An die Tradition der Arbeiterkorrespondenten der Weimarer Republik und der sogenannten Volkskorrespondenten an manchen DDR-Zeitungen anknüpfend, entstanden in den folgenden Jahren viele «Zirkel schreibender Arbeiter», und es entwickelten sich neue Gattungen wie das Brigadetagebuch. Jüngere Schriftsteller wie Brigitte Reimann, Christa Wolf, Werner Bräunig, Franz Fühmann und Günter Kunert kamen der Aufforderung nach, die Arbeitswelt von innen kennenzulernen, und die Bewegung «an die Basis» hat in der «Ankunftsliteratur» der 1960er Jahre deutliche Spuren hinterlassen. Franz Fühmann, dessen Betriebsreportage *Kabelkran und Blauer Peter* (1961) große Anerkennung und den Preis des Gewerkschaftsbundes FDGB gewonnen hatte, stellte jedoch schon wenige Jahre später im Artikel «Weite, Vielfalt, Weltniveau» (*Neues Deutschland*, 24. 3. 1964) diesen Weg der Wirklichkeitserfassung in Frage. Er kritisierte die offizielle Kulturpolitik dafür, dass sie im Namen des sozialistischen Realismus die Kunstwerke nur nach dem Inhalt bewerte, dass sie erwarte, *ein* Werk könne die «Totalität des Lebens» darstellen und dass sie Fragen der künstlerischen Gestaltung nur im negativen Sinne diskutiere, nämlich um Formexperimente zu kritisieren.

Auf der zweiten Bitterfelder Konferenz 1964 zog Staats- und Parteichef Walter Ulbricht eine Analogie zum gleichzeitigen «Neuen Ökonomischen System der Planung und Leitung»: Auch der Künstler brauche «den Blickwinkel des Planers und Leiters», weshalb die «leitenden Organe [...] den Künstlern ständig helfen [müssen], den Marxismus-Leninismus auf ihre künstlerischen Pläne, auf ihr künstlerisches Schaffen anzuwenden.» So wie die Partei den Künstlern gegenüber als «Geburtshelferin» fungieren sollte, sollte der Künstler dem Publikum gegenüber die traditionelle «Kulturbringerfunktion» erfüllen. Von einer Kunst «von unten» war auf dieser Konferenz nicht mehr die Rede.

II. Gattungen und Themen

In seiner Rede vor den Teilnehmern der Ersten «Bitterfelder Konferenz» wies Walter Ulbricht auf die *Henneckegeschichten* von Regina Hastedt hin, die er als vorbildlich bezeichnete, weil darin «das Neue» dargestellt werde, weil diese Geschichten zeigten, «wie sich der Schriftsteller selbst im Kampf um die Lösung der neuen Probleme entwickelt, im Betrieb, im Kampf um die Lösung der Produktionsaufgaben».

Die *Henneckegeschichten* (1959) können in dreierlei Hinsicht als typisch für einen großen Teil der DDR-Literatur der 50er Jahre gelten: 1) in der Themenwahl; 2) in der Subjekt-Objekt-Darstellung; 3) als Antwort einer Autorin auf den «Auftrag» der Partei. Regina Hastedt beschreibt die Anfänge der sog. Aktivistenbewegung und stellt in Übereinstimmung mit den Prinzipien des Sozialistischen Realismus ihre Titelgestalt, den Bergmann Adolf Hennecke, als «typischen Helden unter typischen Umständen» und als Identifikationsobjekt dar. Die Initiative zu seiner Tat geht nicht von ihm aus, sondern von den Vertretern der Partei, d.h. Hennecke wird selber als Objekt einer Belehrung dargestellt wie diejenigen, die sich durch seine vorbildliche Leistung anregen lassen. Durch die schriftstellerische Wiedergabe der Ereignisse hat dann die Autorin *ihren* Beitrag zur Lösung der Produktionsaufgaben geleistet. Die geforderte Instrumentalisierung und Funktionalisierung der Literatur kommt bei Regina Hastedt wie überhaupt in der «Produktions»- oder «Aufbauliteratur» der 50er Jahre deutlich zum Ausdruck.

Die Aufbauprosa und -dramatik stellt den von der SED geforderten und geförderten Strang der DDR-Literatur der 50er Jahre dar. Daneben gab es, vor allem in der Lyrik, aber auch in der Epik und auf dem Gebiet des Dramas während der ganzen Periode Werke, die sich nicht in die Aufbau-Kategorie einordnen lassen und die sich gegen den Zwang eines engen und dogmatischen Realismusbegriffs sperren; es sei hier auf die ersten Romane von Uwe Johnson, auf Lyrik und Prosa Johannes Bobrowskis und auf die Gedichte Peter Huchels und Erich Arendts hingewiesen.

Die Antwort der Literatur auf den «Bitterfelder Weg» war neben den schon erwähnten Brigadetagebüchern und Betriebsreportagen die «Ankunfts»-Literatur – die Bezeichnung stammt von Brigitte Reimanns Roman *Ankunft im Alltag* (1961). Auf das Modell des klassisch-bürgerlichen Bildungs- und Entwicklungsromans zurückgreifend, wurden in einer großen Zahl von Werken die Konflikte eines jungen Menschen mit den Anforderungen des Arbeitslebens und der Politik und die «Ankunft» im sozialistischen Alltag dargestellt.

Epik

Aufbau und Ankunft

Einer der erfolgreichsten «Aufbauromane» der 50er Jahre war Eduard Claudius' *Menschen an unserer Seite* (1951), dem eine Reihe von ähnlich strukturierten Romanen folgte; «der Bau» – Claudius' auf einem authentischen Ereignis aufbauender Roman spielt in einer Maurerbrigade – wurde das am häufigsten verwendete Bild für den Aufbau des Sozialismus in der DDR. Was in den meisten Fällen dabei herauskam, hat Claudius im Rückblick ironisch charakterisiert: «[...] ein Teil positiver Held in strahlend heller Sonne, zur notwendigen Kontrastierung ein wenig gewölkt, ein Teilchen wohldosierter Liebe, wie sie halt üblich ist, natürlich ein Gegenspieler, dieser aber schwach, schlecht und zuletzt unterliegend.»

Das Gros der «Ankunftsromane», die als ein Ergebnis des «Bitterfelder Weges» in den frühen 60er Jahren erschienen, zeigt denselben Schematismus wie die «Aufbauromane». Die Konflikte der jugendlichen Heldinnen und Helden werden durch die Erziehungsarbeit älterer, bewährter Arbeiter oder einsichtsvoller Parteifunktionäre gelöst, die Integration in den sozialistischen Alltag ist fast immer erfolgreich.

Zum Typus des konformen «Ankunftsromans» gehört z.B. Hermann Kants *Die Aula* (1964/65). Weniger glatt und oberflächlich sind Erwin Strittmatters *Ole Bienkopp* (1963) und Erik Neutschs *Spur der Steine* (1964). Strittmatter (1912–94) schildert die Probleme bei der Kollektivierung der Landwirtschaft (1952–59), die Konflikte zwischen dem «Beackerer der Zukunft» Ole Bienkopp, der sowohl mit den aus der Sicht des Romans zurückgebliebenen Menschen auf dem Dorf als auch mit einem starren Parteiapparat zu kämpfen hat. Über das Ende des Romans – Ole Bienkopp stirbt, weil er sich im Kampf für die Verwirklichung seines Traums von einer «Neuen Bauerngemeinschaft» verbraucht hat – entspann sich eine langwierige Debatte. Anscheinend hatte Strittmatter einen tabuisierten Bereich berührt.

Erik Neutschs (1931–2013) umfangreicher sozialistischer Entwicklungsroman zeigt den Weg des Zimmermannsbrigadiers Hannes Balla vom eigenwilligen, anarchistischen «König des Baus» zum verantwortungsbewussten Sozialisten. Neben ihm stehen – in Übereinstimmung mit den Forderungen der zweiten «Bitterfelder Konferenz» – die «Planer und Leiter»: der Parteisekretär Werner Horrath und die Ingenieurin Katrin Klee.

Der Roman endet nicht völlig problemlos: Wegen ihrer Liebesbeziehung geraten Horrath und Katrin Klee in Konflikt mit der Partei, denn Werner Horrath ist verheiratet, was in der Öffentlichkeit zu Diskussionen über Moral und Doppelmoral führte. Am Ende des Romans wird Horrath «auf Bewährung» in die Produktion geschickt und die junge Ingenieurin hat enttäuscht den Bau verlassen. Der Roman wurde, wie Christa Wolfs *Der geteilte Himmel*, verfilmt und bildete die Vorlage für Heiner Müllers Stück *Der Bau* (1965). Beide Filme wurden wegen fehlender Parteilichkeit und wegen ihrer modernen Filmsprache verboten.

Faschismus und Krieg

Trotz der wiederholten Aufforderungen vonseiten der SED-Kulturpolitiker, sich «unserer neuen Wirklichkeit» zuzuwenden, blieben Faschismus und Krieg wichtige Themen vor allem der epischen Prosa. Neben den «Epochenbilanzen» der älteren Autoren wie Willi Bredels Romantrilogie *Verwandte und Bekannte* (1943/53) und Anna Seghers' *Die Toten bleiben jung* (1949) erschienen Bücher, die dem Widerstandskampf der Antifaschisten huldigten wie Bodo Uhses *Die Patrioten* (1954) und Otto Gotsches *Zwischen Nacht und Morgen* (1955). In den 70er Jahren, als die Generation der Nicht-direkt-Beteiligten anfing, die Zeit von 1933–45 aus ihrer Sicht zu beschreiben, stellte Christa Wolf die Frage, ob nicht diese Bücher über brave Kommunisten und heldenhafte Antifaschisten mit dazu beigetragen hätten, den Blick für das Nach- und Weiterwirken der nationalsozialistischen Ideologie in den Menschen und in der Gesellschaft zu verschleiern:

«Haben wir uns nicht vielleicht deshalb angewöhnt, den Faschismus als ein Phänomen zu beschreiben, das außerhalb von uns existiert hat und aus der Welt war, nachdem man seine Machtzentren und Organisationsformen zerschlagen hatte? Haben wir uns nicht eine Zeit lang Mühe gegeben, ihn als Vergangenheit an «die anderen» zu delegieren, um uns selbst allein auf die Tradition der Antifaschisten und Widerstandskämpfer zu berufen?» (*Die Dimension des Autors*, 1973)

1958 erschien der nach Anna Seghers' *Das siebte Kreuz* erfolgreichste deutsche KZ-Roman, Bruno Apitz' *Nackt unter Wölfen*. Er erzählt die authentische Geschichte von einem dreijährigen jüdischen Kind, das von einem polnischen Häftling in einem alten Koffer bei der Evakuierung von Auschwitz in das Lager Buchenwald eingeschmuggelt wurde und überlebte. Wie bei Anna Seghers geht es in dem novellistisch angelegten Roman um die Frage, ob Menschlichkeit oder «Wölfischkeit» stärker sei.

Neu in der DDR-Literatur der 50er Jahre waren Romane und Erzählungen, die den Krieg aus der Sicht derjenigen beschrieben, die ihn als junge Soldaten mitgemacht hatten (z. B. Karl Mundstocks *Bis zum letzten Mann*, 1956, und Harry Thürks *Die Stunde der toten Augen*, 1957). In der Tradition von Erich Maria Remarques *Im Westen nichts Neues* gaben diese Autoren eine dokumentarisch-realistische Beschreibung des Kriegsalltags. Sie wurden wegen ihrer «harten Schreibweise» und wegen des Fehlens einer vorwärtsweisenden sozialistischen Perspektive als «Kriegsnaturalisten» kritisiert.

Auf den eigenen Kriegserfahrungen bauen auch die ersten Erzählungen Franz Fühmanns (1922–84) auf. Sein zentrales Thema ist, wie er im 1973 herausgegebenen Tagebuch einer Reise nach Ungarn *Zweiundzwanzig Tage oder Die Hälfte des Lebens* schreibt, die Wandlung: «Sie ist die Erfahrung meines Lebens, sie ist seit zwanzig Jahren mein Thema [...]». In den Erzählungen *Kameraden* (1955) und *Das Gottesgericht* (1966) kommt die Wandlung, als Einsicht in die eigene Schuld, zu spät und hat katastrophale Folgen für den sich Wandelnden. Der autobiografisch gefärbte Novellenzyklus *Das Judenauto* (1962) beschreibt die Aufnahmebereitschaft der kleinbürgerlich-intellektuellen Schicht für die Ideologie des National-sozialismus und die eigene Umerziehung im Kriegsgefangenenlager. Bei den Überlegungen Fühmanns, wie die Wandlung als Prozess und nicht nur «das Vorher» und «das Nachher» literarisch bewältigt werden könne, gewann der Mythos eine entscheidende Bedeutung als Möglichkeit, «die individuelle Erfahrung [...] an den Modellen von Menschheitserfahrung zu messen» (*Wandlung, Wahrheit, Würde*, Aufsätze und Gespräche 1964–81, 1984). Fühmanns Beschäftigung mit antiken Mythen zeigt sich u.a. in *König Ödipus. Gesammelte Erzählungen* (1966) und *Das hölzerne Pferd. Die Sage vom Untergang Trojas und von den Irrfahrten des Odysseus* (1968).

Drama und Theater

Schon im Mai 1945 hatte die Sowjetische Militäradministration, die SMAD, die Erlaubnis zur Wiederaufnahme des Bühnenbetriebs gegeben, bereits 1946 waren 76 Bühnen ständig bespielt. Auf dem Gebiet des Theaters wurde von Anfang an sehr bewusst an die deutsche klassische Literatur angeknüpft: Die Eröffnungsvorstellung im Deutschen Theater in Berlin war Lessings *Nathan der Weise*, neben Goethes *Iphigenie* das am meisten gespielte Drama der ersten Nachkriegsjahre.

Diejenigen Exildramatiker, die aus dem Proletkult-Theater der Weimarer Republik kamen und einen operativ-agitatorischen Aufführungsstil bevorzugten, hatten, wie schon in den 20er Jahren, Schwierigkeiten mit den Kulturfunktionären der KPD/SED und wurden nur wenig gespielt. Eine Ausnahme bildet Friedrich Wolf (1888–1953), der wie Brecht das «Plüschtheater» entschieden bekämpfte. Seine Exilstücke wurden häufig gespielt, und in *Bürgermeister Anna* (1949/50) versuchte er, den kulturpolitischen Forderungen nachzukommen und die «neue Wirklichkeit» auf die Bühne zu bringen. Das Stück greift die Probleme bei der «demokratischen Bodenreform» 1946 auf, stellt den Kampf der jungen Bürgermeisterin gegen reaktionäre und bürokratische Kräfte dar und versucht, die Zuschauer von dem Wert der neuen Ordnung zu überzeugen. Es ist das Erste einer langen Reihe von «Agrodramen», die die jeweilige Politik der SED – in den 50er Jahren den Kollektivierungsprozess – unterstützen sollten.

1948 kam Bertolt Brecht aus dem amerikanischen Exil über Zürich nach Berlin zurück, um bis zu seinem Tode 1956 am *Theater am Schiffbauerdamm* zu wirken. Den Tendenzen einer ehrerbietig-musealen Klassikerpflege stand er ebenso entschieden entgegen wie der Praxis eines psychologisierend-einfühlenden Aufführungsstils (der sog. Stanislawski-Methode). Das *Kleine Organon für das Theater* (1949 erschienen) formulierte noch einmal die Prinzipien seines epischen Theaters (s. S. 263 f.). Über die Wirkung seiner Theaterpraxis auf das Theaterleben der DDR äußerte sich Brecht manchmal sehr pessimistisch:

«unsere aufführungen in berlin haben fast kein echo mehr. in der presse erscheinen kritiken monate nach der erstaufführung, und es steht nichts drin, außer ein paar kümmerlichen soziologischen analysen. das publikum ist das kleinbürgerpublikum der volksbühne, arbeiter machen da kaum 7 prozent aus. die bemühungen sind *nur dann* nicht ganz sinnlos, wenn die spielweise späterhin aufgenommen werden kann, d. h. wenn ihr lehrwert einmal realisiert wird.» (4. 3. 1953)

Trotz dieser resignierten Selbsteinschätzung muss festgestellt werden, dass das DDR-Drama in Theorie und Praxis bis in die 60er und 70er Jahre von Brecht beeinflusst ist. Die bekanntesten Dramatiker der mittleren Generation, Heiner Müller (s. S. 428–431) und der 1955 aus der Bundesrepublik in die DDR übergesiedelte Peter Hacks (1928–2003), haben in Brecht ihren «Lehrer» gesehen, in der Zusammenarbeit mit Brecht geschulte Regisseure wie Peter Palitzsch, Manfred Wekwerth und Benno Besson haben an den tonangebenden Theatern Regie geführt.

Die frühen Stücke von Peter Hacks, *Die Schlacht von Lobowitz* (1956) und *Der Müller von Sanssouci* (1956), hatten historische Stoffe zur Vorlage und wollten in der Nachfolge Brechts die Geschichte gegen den Strich kämmen und anders erzählen – so die Legenden um Friedrich den Großen im Lustspiel vom *Müller von Sanssouci*. Gegen Ende der 50er Jahre zollte auch Hacks der «neuen Wirklichkeit» seinen Tribut, z. B. in der Komödie *Moritz Tassow* (1961), in der er das Thema Bodenreform behandelte, sowie in dem Betriebsdrama *Die Sorgen und die Macht* (1958 ff.), das Hacks mehrmals umarbeiten musste und das zu seinem erzwungenen Rücktritt als Dramaturg am *Deutschen Theater* führte. Der zweite Brecht-Schüler, Heiner Müller, ließ sich in *Der Lohndrücker* von demselben Stoff wie Claudius (s. S. 304) inspirieren, in *Der Bau* von dem Roman Erik Neutschs. In beiden Fällen handelt es sich um Dramen, die wegen ihrer untraditionellen Form bei den Kulturbehörden auf wenig Verständnis stießen. Auf dem 11. Plenum des Zentralkomitees der SED 1965 (s. S. 359f.) wurden Peter Hacks' *Moritz Tassow* wegen «rüpelhafte[r] Obszönität», Heiner Müllers Dramen als «außerordentlich primitiv» gerügt.

Lyrik

Auf dem Gebiet der Lyrik zeichnet sich schon in dieser ersten Phase eine größere Vielfalt ab als in den beiden anderen Gattungen. Zwar gibt es viele Gedichte, die – zweifelsohne oft voll echter Begeisterung – den Neuanfang und den Aufbau besingen und die wie die Kulthymnik auf Stalin, Ulbricht oder die Partei den Forderungen der Kulturpolitik nach einer repräsentativen Literatur entgegenkamen. Daneben findet sich jedoch auch eine Lyrik, die Traditionslinien vermittelt, die in der offiziellen Definition des «kulturellen Erbes» wenig gefragt, wenn nicht direkt verpönt waren: Barock und Romantik sowie die Strömungen der europäischen Moderne.

Den Weg der Anknüpfung an das traditionelle deutsche Lied schlug der «Nationaldichter» der DDR Johannes R. Becher ein, z.B. in dem von Brecht hoch geschätzten Gedicht «Deutschland» mit den Versen:

> Heimat, meine Trauer,
> Land im Dämmerschein,
> Himmel, Du mein blauer,
> Du mein Fröhlichsein.

Auch der von Hanns Eisler vertonten Nationalhymne der DDR «Auferstanden aus Ruinen», liegt die Liedform zugrunde. Die Hymne, die wegen der Zeile «Deutschland, einig Vaterland» und der in jeder Strophe vorkommenden Erwähnung «Deutschlands» seit den 60er Jahren nicht mehr gesungen, sondern nur gespielt werden durfte, zeigt gleichzeitig die Stärke und die Schwäche der lyrischen Sprache Bechers: Neben einprägsamen, schlichten Bildern stehen pathetisch-abgegriffene Ausdrücke.

An ein anderes Erbe knüpfte der 1950 aus Kolumbien in die DDR zurückkehrende Erich Arendt (1903–84) an, der seine ersten Gedichte schon 1926 in Herwarth Waldens *Der Sturm* veröffentlicht hatte. Neben der Traditionslinie aus dem Expressionismus laufen bei ihm solche von Klopstock und Hölderlin (die *Oden* oder ein Gedicht wie «Hafen Empedokles» können hier erwähnt werden) sowie aus der modernen französischen und spanisch-südamerikanischen Literatur (er hat u.a. Pablo Neruda übersetzt) zusammen. Arendt drückt in einer verknappten, oft auf einzelne Metaphern reduzierten Sprache seine zunehmende Trauer über den Verlauf der von den Menschen gemachten Geschichte aus und weist somit Ähnlichkeiten mit Peter Huchel und Johannes Bobrowski auf.

In literarischen Nachschlagewerken und Lyrikanthologien, die in der DDR herausgegeben worden sind, fehlt meistens der Name Peter Huchels, obgleich er als Redakteur der Zeitschrift *Sinn und Form* eine wichtige Vermittlerrolle gespielt hat.

Der mit Erich Arendt gleichaltrige Peter Huchel (1903–81) hatte in der Endphase der Weimarer Republik wie Günter Eich dem Kreis um die in Dresden erscheinende Zeitschrift *Die Kolonne* angehört (s. S. 236). Während des nationalsozialistischen Regimes hat Huchel seinen Lebensunterhalt u.a. durch das Schreiben von Hörspielen bestritten; auch einzelne Gedichte hat er publizieren können. Die in den 30er Jahren und während des Krieges geschriebenen Gedichte gingen in die einzige Sammlung ein, die Huchel in der DDR veröffentlichen konnte (*Gedichte*, 1948). Denn Peter Huchel, der 1949 auf Johannes R. Bechers Wunsch Chefredakteur von *Sinn und Form* wurde, und der die Zeitschrift zum bedeutendsten literarischen Diskussionsforum der DDR machte, musste 1962 wegen seiner nonkonformen, kompromisslos auf Qualität setzenden Linie aus der Redaktion austreten und lebte bis 1971, wo er die sonst allen Rentnern schon mit 65 Jahren zugestandene Ausreisegenehmigung erhielt, in einer Art von «innerem Exil» in der DDR.

Landschaft und Natur machen die Konstanten im Werk Huchels aus. Sie werden in einem Spannungsverhältnis zu Mensch und Geschichte gesehen, wobei sich Huchel sehr verschiedener lyrischer Formen bedient: einfacher Liedformen, Spruchdichtung, Klagerufe, psalmischer Formen. Die Sprachform wird zunehmend knapper, der Ton skeptisch und verzweifelt: «Die Öde wird Geschichte./Termiten schreiben sie/mit ihren Zangen/in den Sand.»

«Die Sarmatische Ebene» und *Sarmatische Zeit* – in diesen Titeln eines Gedichts und der ersten Gedichtsammlung von Johannes Bobrowski (1917–65) kommen die zentralen Elemente seiner Lyrik (und Prosa) zusammen: «Sarmatien» war der spätantike Name für das Land zwischen Weichsel und Wolga, dessen Landschaft («Ebene») und Geschichte («Zeit») das Grundthema Bobrowskis ausmachen, das er 1961 in der Formel «Die Deutschen und der europäische Osten» zusammenfasste. Geografie und Geschichte, Vergangenheit und Gegenwart werden in den oft freirhythmischen, an den Vorbildern Klopstock und Hölderlin geschulten Gedichten Bobrowskis miteinander verschränkt. Die Schuld der Deutschen am Untergang vieler Menschen und zuletzt am Verlust der Landschaft bildet das Fundament dieser Verse. Sowohl in der DDR der 50er Jahre, wo die an Polen und die Sowjetunion abgetretenen, ehemals deutschen Ostgebiete ein tabuisiertes Thema waren, als auch in der BRD, wo noch überall Plakate mit dem Deutschland in den Grenzen von 1937 hingen, stieß das moralische Anliegen Bobrowskis auf wenig Verständnis. Vor 1961 wurden nur wenige Gedichte in Peter Huchels *Sinn und Form* veröffentlicht, so die 1952 entstandene «Pruzzische Elegie», die an die Ausrottung des pruzzischen Volkes durch den Deutschen Ritterorden erinnern will:

> Dir
> ein Lied zu singen,
> hell von zorniger Liebe –
> dunkel aber, von Klage
> bitter, wie Wiesenkräuter
> nass, wie am Küstenhang die
> kahlen Kiefern, ächzend
> unter dem falben Frühwind,
> brennend von Abend –
> [...]

Arendt, Huchel und Bobrowski hatten für die DDR-Lyrik der 70er und 80er Jahre eine entscheidende Bedeutung.

E. Autoren

Anna Seghers

Geb. am 19. 11. 1900 in Mainz (eigtl. Name: Netty Reiling), in einem liberalen, bildungsbürgerlichen Milieu aufgewachsen. Studium der Geschichte, Philosophie, Kunstgeschichte und Sinologie in Köln und Heidelberg, 1924 Promotion über die Darstellung des Judentums in den Bildern Rembrandts. 1928 Mitglied der KPD, aktiv im BPRS. 1933 kurzzeitige Verhaftung, nach der Entlassung Flucht in die Schweiz und von da aus nach Frankreich. Aktiv in der Volksfrontpolitik, Mitherausgeberin der *Neuen deutschen Blätter*. 1940 Flucht aus dem besetzten Teil Frankreichs nach Marseille und von da aus – mit vielen Unterbrechungen – nach Mexiko. 1947 Übersiedlung nach Berlin (Ost), bis zu ihrem Tod am 1. 6. 1983 wohnhaft in der DDR. 1952–78 Vorsitzende des Schriftstellerverbandes.

Der Aufstand der Fischer von St. Barbara (1928), die erste Buchveröffentlichung von Anna Seghers, für die sie 1929 den Kleist-Preis erhielt, zeigt bereits typische Themen und Figurenkonstellationen ihres Werks: Menschen stehen vor einer Wahl oder einer Entscheidung, bei der sie sich bewähren oder scheitern können. In einer nüchternen, bewusst auf Spannungseffekte verzichtenden Sprache wird erzählt, was in und mit den Menschen der Novelle geschieht. Die Nähe zur «Neuen Sachlichkeit» (s. S. 218–221) zeigt sich ebenfalls in der fast filmisch wirkenden Schnittechnik. Die Novelle wurde 1934 als das erste von vielen Werken Anna Seghers' in der Sowjetunion verfilmt; Regie führte Erwin Piscator.

In den folgenden Romanen und Erzählungen zeigt sich unter dem Eindruck der verschärften politischen Situation in Deutschland, der bewussten parteipolitischen Stellungnahme der Autorin und des Erlebnisses von Verhaftung, Flucht und Exil eine zunehmende Politisierung. Im Querido-Verlag in Amsterdam erschien 1933 ihre erste Auseinandersetzung mit den Wurzeln und Ursachen des Nationalsozialismus, der Roman *Der Kopflohn,* der den Untertitel *Aus einem deutschen Dorf im Spätsommer 1932* trägt. In bewusstem Gegensatz zu jeder Heimat- und Blut und Boden-Idylle gibt Anna Seghers ein realistisches Bild einer von sozialen Gegensätzen und Wirtschaftskrisen geprägten bäuerlichen Gesellschaft.

Weltberühmt wurde sie durch den Roman *Das siebte Kreuz,* 1938/39 entstanden, 1942 in Mexico erschienen und 1943/44 in den USA verfilmt.

Ein tatsächliches Ereignis liegt der äußeren Handlung zugrunde: Einige Häftlinge – im Roman sind es sieben – brechen aus einem Konzentrationslager aus. Einem, Georg Heisler, gelingt die Flucht, eins der sieben vom Lagerkommandanten aufgestellten Kreuze bleibt leer, ein Symbol des Widerstandes und der Hoffnung. Als der neue Kommandant die Kreuze abhauen und zu Kleinholz schlagen lässt, und die Baracken endlich einmal geheizt werden, heißt es: «Hans sagte leise, mit einem schiefen Blick auf den Posten, ohne den Mund zu bewegen: ‹Das knackt.› Erwin sagte: ‹Das siebte.› Auf allen Gesichtern lag jetzt ein schwaches merkwürdiges Lächeln, ein Gemisch von Unvermischbarem, von Hoffnung und Spott, von Ohnmacht und Kühnheit.»

Erzähltechnisch kann der Roman als eine Stationengeschichte bezeichnet werden. Durch die Begegnungen Georg Heislers und der übrigen Häftlinge mit einem breiten Spektrum der Bevölkerung wird deren Widerstandskraft oder Anfälligkeit gegenüber dem Nationalsozialismus gezeigt. Der Hauptperson – kein exemplarischer Held, sondern ein Mensch mit Fehlern und Schwächen – werden die Flucht und die Begegnungen zum Lernprozess.

Der ebenfalls im Exil angefangene, 1949 erschienene (und 1968 verfilmte) Roman *Die Toten bleiben jung* will eine kritische Bilanz der deutschen Geschichte von 1918–45 und eine Lehre für die Nachwelt geben:

Erwin, ein junger Spartakusmann, wird im Januar 1919 von einem Trupp Freikorpssoldaten erschossen. Seine Freundin Marie erwartet ein Kind von ihm, und dieser Sohn, Hans, setzt den Weg des Vaters fort und schließt sich den Antifaschisten an. Zum Schluss des Romans wird er wegen seiner Widerstandstätigkeit in der Wehrmacht vom selben Offizier erschossen wie sein Vater. Aber auch seine Freundin erwartet ein Kind: Die kommunistischen Ideale werden weiterleben, und «die Toten bleiben jung».

Der Roman wurde mit Recht wegen seiner «embryonalen Symbolik» und seines Schematismus kritisiert. Gegenüber anderen Epochenbilanzen zeichnet er sich jedoch dadurch aus, dass nicht nur die ökonomisch-politischen Ursachen des Nationalsozialismus in Übereinstimmung mit dem kommunistischen Geschichtsverständnis herausgearbeitet werden, sondern dass auch nach den psychologischen Wurzeln gefragt wird. Der Nationalsozialismus wird damit *auch* als die falsche Antwort auf wirkliche Bedürfnisse gesehen.

Den kulturpolitischen Forderungen nach einer Gestaltung ‹unseres› sozialistischen Aufbaus und ‹unserer› sozialistischen Menschen kam Anna Seghers nach ihrer Übersiedlung in die SBZ/DDR in einer Reihe von Reportagen und Erzählungen und in den beiden Romanen *Die Entscheidung* (1959) und *Das Vertrauen* (1968) nach. Die Romane beschreiben die Jahre 1945–53, und Personen aus den früheren Werken tauchen hier nochmals auf. In beiden wird den Faktoren nachgegangen, die das «zu-sich-selber-Kommen der Menschen» (J. R. Becher) verhindern. Es ist dabei bemerkenswert – und für einen großen Teil der DDR-Literatur charakteristisch – wie hier Kritik geäußert wird, nämlich als Kritik an den Menschen und nicht an der Idee oder dem System. In der unvollendeten, erst 1990 veröffentlichten Novelle *Der gerechte Richter* (1957/58) wird es so ausgedrückt: «Unsere Idee ist die beste, die Menschen sich jemals ausgedacht haben. Was macht ihr aus dieser Idee, ihr?»

Die Fiktionsprosa der Anna Seghers begleitete seit den 30er Jahren eine Fülle von literaturpolitisch-ästhetischen Überlegungen. Sie nahm an der Expressionismusdebatte (s. S. 257) und bis zu ihrem Tod an allen Literaturdiskussionen der DDR teil. Auf dem IV. Schriftstellerkongress 1956 formulierte sie die folgende Kritik, die gewiss auch als Selbstkritik gelesen werden kann: «Die scholastische Schreibart ist Gift, wie marxistisch sie sich auch gebärdet [...] Denn sie bewirkt Erstarrung statt Bewegung [...] Keine Erregung erschüttert den Leser solcher Bücher. Mit Nachdenken braucht er sich gar nicht anzustrengen. Er kennt ja das Thema, nach dem das Buch montiert ist, so gut wie der Autor.»

Es ist für Anna Seghers charakteristisch, dass sie hier wie in vielen ihrer theoretischen Äußerungen den Leser mit einbezieht. Sie fasste ihr Schreiben als Auftrag auf, den Leser aufzuklären und zu erziehen. In diesem Punkt stimmte sie mit der offiziellen Kulturpolitik der DDR überein. Über das Wie dieses Auftrags gingen jedoch ihre Vorstellungen und diejenigen der Kulturfunktionäre häufig recht weit auseinander.

Wolfgang Borchert

Geb. 20. 5. 1921 in Hamburg. Buchhändlerlehre, nebenbei Schauspielunterricht. 1941 zum Militär eingezogen, mehrmals verhaftet wegen staatsfeindlicher Äußerungen, 1943 wegen des Erzählens politischer Witze. Nach «Frontbewährung» schwerkrank. 1945 Theaterarbeit in Hamburg, Ende 1945 ins Krankenhaus eingeliefert. Ostern 1946 als unheilbar (Tuberkulose) entlassen. Im Herbst 1947 Reise in die Schweiz. Gest. 20. 11. 1947 in Basel.

Wolfgang Borcherts schmales Gesamtwerk (1949) umfasst Lyrik, Erzählungen und das Hörspiel und Drama *Draußen vor der Tür* (1947). Insbesondere das Drama, das eine Mischung aus expressionistischem Stationendrama und moderner Tragikomödie darstellt, machte Borchert zum Sprachrohr seiner Generation.

Unteroffizier Beckmann, der kurzsichtige, Gasmaskenbrille tragende Heimkehrer, der dem Obersten die Verantwortung für den Tod von elf Kameraden zurückgeben will, gerät von Szene zu Szene, von Station zu Station in immer größere Isolation und Hoffnungslosigkeit. Die Unmöglichkeit menschlicher Kommunikation und das Misslingen aller Versuche, in der alten Heimat ein Zuhause zu finden, demonstrieren die grelle Groteske einer Welt, in welcher der Tod als feister, rülpsender Beerdigungsunternehmer auftritt und der hinfällige liebe Gott mitleidig zuschaut, ohne einzugreifen. Nur «der Andere, den jeder kennt», das bessere Ich Beckmanns, fordert ihn – vergeblich – dazu auf, die positiven Seiten der Katastrophe zu sehen. Ungelöst bleibt die Sinnfrage, und das Drama endet mit dem im Raume verhallenden Schrei Beckmanns: «Gibt denn keiner eine Antwort? Gibt keiner Antwort? Gibt denn keiner Antwort, keiner Antwort???»

Die Doppelheit in der monologischen Existenz Beckmanns zwischen Untergangsstimmung und Aufbruchswillen, zwischen Verzweiflung und Hoffnung, entsprach dem damaligen Lebensgefühl und ließ Beckmann zur Identifikationsfigur der unmittelbaren Nachkriegszeit werden. «Wir alle haben ein Stück Jesus und Nero in uns», heißt es in der Erzählung *Der Kaffee ist undefinierbar*. Die Prosatexte und die Lyrik befinden sich in einem eigentümlichen doppelten Spannungsfeld zwischen Orientierungslosigkeit und sinngebender Prophetie und zwischen «dem Zwang, dies Grauen doch zu gestalten» und «der Flucht ins Idyll» (Borchert).

Die Erzählungen lassen sich in Kriegs- (*An diesem Dienstag*), Heimkehrer- (*Die drei dunklen Könige*), Gefängnis- (*Die Hundeblume*) und Kindheitsgeschichten (*Schischyphusch*) gliedern. Sie sind Versuche, das Unfassbare in den Griff zu bekommen: «Denn für das grandiose Gebrüll dieser Welt und für ihre höllische Stille fehlen uns die armseligsten Vokabeln. Alles, was wir können, ist: Addieren, die Summe versammeln, aufzählen, notieren.» Dabei verwendet der Erzähler eine Einkreisungstechnik, die zu variierter Wiederholung und Reihung von Motiven, Sätzen, Satzteilen und Einzelwörtern führt. Auf diese Weise werden unscheinbare, alltägliche Dinge vielschichtig beleuchtet und oft ins Symbolische überhöht wie die Hundeblume, die für den Gefangenen ein immer stärkeres Symbol für Lichtpunkte, Liebe, Freiheit, Erde und Lebenskraft wird. Das isolierte Einzelne wird zum Ersatz für das nichtvorhandene Ganze.

Als Lyriker ist Borchert, der sich als «Genie» verstand, ein talentierter Vielschreiber, zu dessen lyrischen Vorbildern zeittypisch vor allem die Expressionisten, Rilke und Hölderlin gehörten. Seine besondere Vorliebe galt der Kunstform «Lied», vom Volkslied über das Kinderlied bis zum kabarettistischen Scherzlied. Wie in der Prosa wechselt der Stil zwischen knapp-lakonischer und pathetisch-ausladender Ausdrucksgebärde.

Wolfgang Borcherts Vermächtnis kommt in bekenntnishaft programmatischen Texten wie *Generation ohne Abschied* und *Das ist unser Manifest* zum Ausdruck: ein konsequentes Eintreten für mehr Menschlichkeit und Liebe sowie die gefühlsgetragene Forderung nach einem radikalen Pazifismus, der zu einer Welt ohne Waffen führt. Sein Appell «Dann gibt es nur eins!» diente den Kriegsverweigererorganisationen in den 50er Jahren und der Friedensbewegung in den 70er und 80er Jahren als Motto:

«Du. Mann an der Maschine und Mann in der Werkstatt. Wenn sie dir morgen befehlen, du sollst keine Wasserrohre und keine Kochtöpfe mehr machen – sondern Stahlhelm und Maschinengewehre, dann gibt es nur eins:
Sag NEIN!
....
Du. Dichter in deiner Stube. Wenn sie dir morgen befehlen, du sollst keine Liebeslieder, du sollst Hasslieder singen, dann gibt es nur eins:
Sag NEIN!
...............»

Ingeborg Bachmann

Am 25. 6. 1926 in Klagenfurt/Österreich geboren. Der Vater war Lehrer. 1945–50 studierte Ingeborg Bachmann Philosophie, Germanistik und Psychologie in Innsbruck, Graz und Wien und promovierte 1950 mit einer Arbeit über Heidegger. 1951–53 Arbeit beim Rundfunk, ab 1953 freie Schriftstellerin. Von 1953 ab lebte sie, von Reisen unterbrochen, in Italien. Sie erhielt mehrere literarische Preise, u. a. den Preis der *Gruppe 47* (1953), den Hörspielpreis der Kriegsblinden (1958) und den Büchner-Preis (1964). Ingeborg Bachmann starb am 17. 10. 1973 in Rom an den Folgen eines Brandunfalls.

Das Werk Ingeborg Bachmanns umfasst Lyrik, Hörspiele, Novellen und Romane sowie poetologisch-ästhetische Aufsätze und Libretti für den Komponisten Hans Werner Henze. Zwei Gedichtsammlungen begründeten ihren Ruhm: *Die gestundete Zeit* (1953) und *Anrufung des Großen Bären* (1956). Aufbruchs-, Widerstands- und Untergangsmotive bestimmen die vorwiegend in reimlosen freien Rhythmen geschriebenen Gedichte der *Gestundeten Zeit*, für die die Erfahrungen der jüngsten Vergangenheit die Folie bilden. In *Anrufung des Großen Bären* kehrt Ingeborg Bachmann in vielen Gedichten zu traditionellen lyrischen Formen zurück; Vorstellungen aus Mythen und Märchen werden als gemeinsamer Erfahrungshorizont mit einbezogen und in neue Deutungszusammenhänge gestellt, so in dem langen, zehnteiligen Gedicht «Von einem Land, einem Fluss und den Seen». Die Liebe als Möglichkeit und Halt tritt in der zweiten Gedichtsammlung stärker hervor, ebenso die Natur. Die Gedichtsprache Ingeborg Bachmanns ist sinnlich und prägnant, manchmal auch pathetisch. Die Vieldeutigkeit ihrer Metaphern hat eine Fülle von Interpretationen angeregt.

Das bekannteste Hörspiel Ingeborg Bachmanns, *Der gute Gott von Manhattan* (Erstsendung 1958), hat zum Thema die absolute und daher, nach der Meinung «Gottes», die soziale Ordnung gefährdende Liebe, weshalb er die an der Absolutheit ihrer Gefühle festhaltende weibliche Hauptperson durch eine Bombe tötet. Ihr Geliebter dagegen versagt und rettet dadurch das Leben. Ein Aspekt der hier angeschlagenen Thematik nimmt einen zentralen Platz in den Prosawerken Ingeborg Bachmanns ein: dass die Liebe im Leben von Frauen und Männern einen sehr verschiedenen Stellenwert hat.

1963/64 schrieb Ingeborg Bachmann das Gedicht «Keine Delikatessen», das als eine Absage an die schöne Sprache der Lyrik und als eine Warnung gegen eine autonome, nur um sich selbst kreisende Kunst gelesen werden kann:

> Nichts mehr gefällt mir.
>
> Soll ich
> eine Metapher ausstaffieren
> mit einer Mandelblüte?
> die Syntax kreuzigen
> auf einen Lichteffekt?
> Wer wird sich den Schädel zerbrechen
> über so überflüssige Dinge –
> (V. 1–8)

Nach «Keine Delikatessen» hat Ingeborg Bachmann keine Gedichte mehr veröffentlicht.

Schon in ihren Frankfurter Poetikvorlesungen, *Probleme zeitgenössischer Dichtung* (1959), hatte sich Ingeborg Bachmann, in der Nachfolge von Hugo v. Hofmannsthal, auf dessen Chandos-Brief (s. S. 146) sie sich ausdrücklich beruft, mit dem Verhältnis von Sprache und Wirklichkeit und den besonderen Möglichkeiten der dichterischen Sprache beschäftigt. Der «schlechten Sprache» des Lebens stellt sie in der 5. und letzten Vorlesung den «Sprachtraum» der Literatur entgegen als Möglichkeit, in einer schwierigen Balance zwischen der ästhetisch schönen Form und dem moralisch verpflichtenden Inhalt eine Hoffnung, eine Utopie aufscheinen zu lassen. Die Beschäftigung mit der Philosophie Ludwig Wittgensteins, über den sie u. a. ein Hörspiel geschrieben hat, scheint in den Vorlesungen durch.

Der erste Prosaband Ingeborg Bachmanns, *Das dreißigste Jahr* (1961), thematisiert die Gefangenschaft der Menschen in «Ordnungen» verschiedener Art und ihre Sehnsucht nach etwas anderem. «Nicht das Reich der Männer und nicht das der Weiber», heißt es in «Ein Schritt nach Gomorrha», in dem der vergebliche Versuch einer Frau, aus ihrer festgefahrenen Ehe aufzubrechen und ein gleichgewichtiges Liebesverhältnis zu realisieren, dargestellt wird. Der letzte Text der Sammlung, der lyrische Monolog «Undine geht», introduziert die Patriarchats- und Zivilisationskritik, die im Zentrum des zweiten Erzählbandes *Simultan* (1972) und der unvollendeten Romantrilogie *Todesarten* steht.

1971 erschien der einzige fertiggestellte Band des Romanzyklus, *Malina*, Reflexionen und Impressionen einer namenlos bleibenden Frau, deren Liebesverhältnis zu Ivan in einer quälenden Selbstanalyse dargestellt wird. Am Ende verschwindet sie in die Wand, von der aus sie zusieht, wie Malina alle Spuren von ihr entfernt. Malina ist der Mann, mit dem sie die Wohnung teilt, gleichzeitig aber auch der männlich-rationale Teil ihrer Persönlichkeit. «Es war Mord», lautet der letzte Satz des Romans, der 1991 nach dem Drehbuch von Elfriede Jelinek verfilmt wurde. Im dritten, 1978 als Fragment herausgegebenen Teil des Zyklus, *Der Fall Franza*, wird die weibliche Titelperson von ihrem faschistoiden Psychiaterehemann – der Titel spielt nicht zufällig auf Freuds Hysterieanalyse *Der Fall Dora* an – in Wahnsinn und Tod getrieben. Patriarchats- und Zivilisationskritik wird im Bild von «den Weißen», die alles kolonialisiert haben, zusammengefasst. Der mittlere Band des Zyklus, *Requiem für Fanny Goldmann*, liegt nur in Entwürfen vor.

Die österreichische literarische Tradition spielt im Werk Ingeborg Bachmanns eine wichtige Rolle. Hinweise auf Hofmannsthal, Musil und Joseph Roth finden sich sowohl im theoretischen als auch im dichterischen Werk. Als Raum im geografischen wie im übertragenen Sinne haben einerseits

Wien, andererseits das «Dreiländereck», wo Österreich, Italien und das heutige Slovenien aneinandergrenzen, einen besonderen Stellenwert.

Paul Celan

Paul Antschel (auch Ancel, als Anagramm Celan) wurde 1920 in Czernowitz/Bukowina als einziges Kind deutschsprachiger jüdischer Eltern geboren. Nach dem Abitur 1938 ein Jahr Medizinstudium in Tours, da in diesem Fach an der Universität von Czernowitz ein numerus clausus für jüdische Studenten galt. Da der Ausbruch des Zweiten Weltkrieges die Fortsetzung des Studiums in Frankreich unmöglich machte, 1939 Beginn des Studiums der Romanistik an der Universität von Czernowitz. 1942–1944 Zwangsarbeit in Rumänien. 1944 Wiederaufnahme des Studiums (Anglistik). 1945 Übersiedlung nach Bukarest, als Verlagslektor und Übersetzer tätig. 1947 Flucht nach Wien und 1948 endgültige Übersiedlung nach Paris. Studium der Germanistik und der Sprachwissenschaft. 1952 mit der Künstlerin Gisèle Lestrange verheiratet. 1959 Lektor für deutsche Sprache und Literatur an der École Normale Supérieure. 1970 Freitod in der Seine.

Die Bevölkerung von Czernowitz, der Hauptstadt des ehemaligen habsburgischen Kronlandes Bukowina, das 1918 Rumänien zufiel, bestand zur Hälfte aus deutschsprachigen Juden. Das rege kulturelle und literarische Leben der Vielvölkerstadt wurde durch die politischen und militärischen Umwälzungen des Zweiten Weltkrieges vernichtet. Die nördliche Bukowina wurde 1940 von der Sowjetunion annektiert, 1941 durch deutsche und rumänische Truppen besetzt und 1943 wieder sowjetisiert. Während des Krieges wurden Celans Eltern in ein Arbeitslager am Bug verschleppt, wo der Vater an Typhus starb und die Mutter ermordet wurde, während der Sohn den Krieg in einem rumänischen Arbeitslager überlebte.

Das Schicksal seiner Heimat, des jüdischen Volkes und seiner Eltern, vor allem der Mutter, bildet den überall spürbaren Hintergrund für das lyrische Werk Celans. Der erste Gedichtband *Der Sand aus den Urnen* (Wien 1948) wurde wegen sinnentstellender Druckfehler zurückgenommen. Ein Teil der Gedichte wurde aber in die folgende Sammlung *Mohn und*

Gedächtnis (1952) aufgenommen, darunter die berühmte «Todesfuge». Das Grauen der Konzentrationslager kommt hier mit erschütternder, gleichwohl gebändigter Intensität zum Ausdruck. Der kunstvoll fugierte Aufbau, die elegischen Langzeilen, der insistierende Rhythmus und die surrealistische Bildlichkeit drücken die Trauer des Überlebenden aus.

In den folgenden Gedichtbänden (*Von Schwelle zu Schwelle*, 1955, *Sprachgitter*, 1959, *Die Niemandsrose*, 1963) macht sich eine zunehmende Sprachverknappung geltend. Komprimierte Rhythmik, elliptische Sätze und fremdartige Komposita sind Ausdruck eines Willens zur Präzisierung der lyrischen Aussage, der Celans Lyrik in wachsendem Maße hermetischen Charakter verleiht. Bei aller Dunkelheit besteht Celan aber auf dem dialogischen Charakter seiner Lyrik. Seine Gedichte sind keine konkrete Poesie – vor dem «Herumexperimentieren mit dem sogenannten Wortmaterial» hatte er wenig Respekt – sondern richten sich an ein Du. In seiner Rede beim Empfang des Literaturpreises der Hansestadt Bremen (1958) vergleicht Celan das Gedicht mit einer «Flaschenpost», die in der Hoffnung aufgegeben wird, irgendwo und irgendwann das «Herzland» seines Lesers zu erreichen. Das Gedicht ist unterwegs, es sucht eine neue Wirklichkeit, ein neues Vertrauen. Dadurch überwindet es das Verstummen nach Auschwitz und den Missbrauch der Sprache im Dienste verbrecherischer Ideologien.

Indem das Gedicht durch das Verstummen hindurchgeht, um eine neue Wirklichkeit zu entwerfen, verliert die Sprache ihren mimetischen Charakter. Die sprachlichen Zeichen beziehen sich nicht auf eine textexterne Realität, und das Gedicht wird selbst ein «Gelände», das der Leser durchwandern muss, so wie es der Anfang des Gedichts «Engführung» nahelegt:

> Verbracht ins
> Gelände
> mit der untrüglichen Spur:
>
> Gras, auseinandergeschrieben. Die Steine, weiß,
> mit den Schatten der Halme:
> Lies nicht mehr – schau!
> Schau nicht mehr – geh!

Die Gedichtsammlung *Atemwende* (1967) bildet den Übergang zum Spätwerk Celans (*Fadensonnen*, 1968, *Lichtzwang*, 1970, *Schneepart*, 1971, und *Zeitgehöft*, 1972). Der dialogische Charakter der Gedichte äußert sich in zunehmendem Maße als eine mehr oder weniger verdeckte Bezugnahme auf Texte anderer Autoren, u.a. Shakespeares, von dem Celan zahlreiche Sonette übersetzte. Auch das Selbstzitat und der Dialog mit der eigenen früheren Dichtung spielen eine Rolle. Die fortschreitende Sprachverknappung, sprachspielerische und kabbalistische Züge verbinden sich vor allem in *Fadensonnen* mit einem aggressiven Sarkasmus. Er wendet sich vor allem gegen Nationalismus und Fortschrittsoptimismus, verschont aber auch das eigene Werk nicht und verrät eine Vereinsamung und Verbitterung, die durch die von der Witwe Yvan Golls 1960 gegen ihn erhobene Plagiatsklage mitbestimmt sein dürfte.

Celans politische und soziale Vorstellungen waren seit seiner Jugend von anarchistischen und kommunistischen Gedanken bestimmt. In seiner Rede anlässlich der Verleihung des Georg-Büchner-Preises (1960) verwies er auf Peter Kropotkin und Gustav Landauer und brachte die Dichtung mit der «für die Gegenwart des Menschlichen zeugenden Majestät des Absurden» in Verbindung. Vor seinem Freitod hat er an Demonstrationen der Pariser Studenten Ende der 60er Jahre teilgenommen.

Heinrich Böll

Geb. am 21. 12. 1917 in Köln als Sohn eines Kunsttischlers, in einem kleinbürgerlichen, katholischen Milieu aufgewachsen. Nach dem Abitur Buchhändlerlehre, 1939–45 Soldat, bei Kriegsende in französischer und englischer Gefangenschaft, kehrte im Herbst 1945 nach Köln zurück. Seit 1942 mit der Lehrerin Annemarie Cech verheiratet. Hilfsarbeiter, Büroangestellter, seit 1951 freier Schriftsteller. 1971–74 Präsident des internationalen PEN-Clubs. 1972 Nobelpreis für Literatur. 1976 Austritt aus der katholischen Kirche. Gest. am 16. 7. 1985.

Sein gesamtes Werk: Erzählungen, Romane, Essays, Reden und Hörspiele kommentierte Böll mit den Begriffen «Gebundenheit» und «Fortschreibung». Unter Gebundenheit verstand er eine enge Bindung an die Alltags- und Geschichtserfahrung seiner «einfachen» Menschen, das «Wohnen, die Nachbarschaft und die Heimat, das Geld und die Liebe, Religion und Mahlzeiten.» Der dialektisch damit verbundene Gegenbegriff «Fortschreibung» bedeutet die ständige Variation einer begrenzten Anzahl Themen, Symbole und Erzähltechniken, «näher gebracht an unsere Aktualität.» Mit dieser Forderung nach Wirklichkeitsnähe und Aktualität war die Forderung nach Untrennbarkeit von Moral und Ästhetik eng verbunden.

Böll schrieb anfänglich, wie er es selber formuliert hat, «Kriegs-, Trümmer- und Heimkehrerliteratur». Eine einfache Sprache und eine überdeutliche Symbolik kennzeichnen den Realismus der ersten Kurzgeschichten (gesammelt in *Wanderer, kommst du nach Spa*, 1950) und seines aus Kurzgeschichten komponierten Romans *Wo warst Du, Adam?* (1951), die aus der «Wurmperspektive» der sympathischen Erzählerfigur die Sinnlosigkeit des Krieges und das brutale System des Militärs zum Thema hatten.

In dem Aufsatz *Bekenntnis zur Trümmerliteratur* (1952) schrieb Böll: «Es ist unsere Aufgabe, daran zu erinnern, dass der Mensch nicht nur existiert, um verwaltet zu werden, – und dass die Zerstörungen in unserer Welt nicht nur äußerer Art sind –.» Die subtilen Zwänge der verwalteten Welt waren ihm zufolge eine Fortsetzung des Krieges mit anderen Mitteln und verhinderten die Verwirklichung seines Ideals einer intakten Privatsphäre, die durch die Liebe zu einem menschlichen Zentrum gemacht wird.

Die Romane der 50er Jahre (u. a. *Und sagte kein einziges Wort*, 1958), die die Folgen des Krieges in der Nachkriegszeit aufspürten, wiesen sprachlich und im Aufbau eine zunehmende Komplexität auf. Der an einem Tag spielende, mit Rückblenden raffiniert arbeitende Epochenrückblick *Billard um halbzehn* (1959) behandelte anhand dreier Generationen von Architekten, die eine Abtei aufbauen, zerstören und wiederaufbauen, die Zeitspanne 1885 bis 1958. Der Roman enthält die nicht unproblematische typologische Zweiteilung in Büffel und Lämmer: Die Büffel sind die Prominenten in Politik, Kirche und Wirtschaft, die Machtmenschen mit dem großen Stiernacken, die die Vergangenheit verdrängen und sich dennoch als die eigentlichen Träger der jungen Demokratie sehen. Ihnen gegenüber sind die Lämmer die Opfer, die nicht vergessen können, die Randfiguren und Außenseiter, die auch die Abfälligen genannt werden. Diese scheinbaren Verlierer sind die eigentlichen Helden Bölls, weil sie Fassaden und Scheinordnungen demaskieren wie der Clown und Millionärssohn in *Ansichten eines Clowns* (1963), der in seiner Generalabrechnung mit dem restaurierten Staat vor allem die Heuchelei der katholischen Amtskirche entlarvte.

Um 1960 bediente sich Böll zunehmend anderer Gattungen: satirische Erzählungen (*Doktor Murkes gesammeltes Schweigen*, 1958), Reisebeschreibungen, Übersetzungen und vor allem Publizistik (Reden, Aufsätze, Rezensionen, Interviews). Hier bezog er Stellung gegen den Vietnamkrieg, die Notstandsgesetze und die Auswüchse der Boulevardpresse (Springer) – aus der Sicht eines dem ganzen Werk zugrunde liegenden christlichen Humanismus, der dem Sozialismus nahesteht.

Der Roman *Gruppenbild mit Dame* (1971), den man vielfach als Bölls Hauptwerk bezeichnet, konzentriert sich auf Leni, die durch ihre Liebe zu einem Russen und später zu einem Türken eine Außenseiterin ist und vielleicht gerade deshalb eine persönliche Integrität besitzt, die sie zu einer fast utopischen Gestalt mit religiösen, beinahe heiligenhaften Zügen macht. Es war kein Zufall, dass eine Frau Trägerin der Böllschen Utopie wurde, weil das Männliche bei Böll Sexualfaschismus und Willen zur Macht assoziierte. Die körperliche und geistige Sinnlichkeit bilden bei Leni eine Einheit, die einer Verinnerlichung der katholischen Religion entspringt.

Katharina Blum in der Novelle *Die verlorene Ehre der Katharina Blum oder Wie Gewalt entstehen und wohin sie führen kann* (1974) besitzt dieselbe seelische Sicherheit und denselben Stolz wie Leni und zeigt keine Reue, als sie den Journalisten des Boulevardblattes erschießt, das durch Manipulation ihre

Privatsphäre und ihr Leben zerstört hat. Böll, der beschuldigt wurde, Terroristensympathisant zu sein, wurde in den 70er Jahren wie noch nie in die aktuelle Diskussion hineingezogen. Sein Gesellschaftsbild verdüsterte sich in den letzten Romanen (z.B. *Fürsorgliche Belagerung*, 1979), in denen die Bundesrepublik als der totale Überwachungsstaat beschrieben wird.

Formal war Böll kein Erneuerer, seine Erzählmuster waren konventionell, seine Erzähltechnik manchmal unbeholfen. Aber er wurde als die zentrale Figur der nonkonformistisch und sozialkritisch ausgerichteten westdeutschen Nachkriegsliteratur einer der meistgelesenen deutschen Autoren im In- und Ausland und hat wie kein zweiter Schriftsteller als eine moralische und kritische Wächter-Instanz im neuen Staat gewirkt.

Wolfgang Koeppen

Geb. am 23.6.1906 in Greifswald. Schauspieler, Dramatiker, Filmautor, freier Journalist. 1934–38 im «freiwilligen» Exil in Holland, 1938 in München und später versteckt am Starnberger See, um der Einziehung zur Wehrmacht zu entgehen. Lebte seit 1945 als freier Schriftsteller in München, wo er am 15.3.1996 gestorben ist.

Entscheidende Einflüsse auf Koeppen waren vor 1933 die Romantik, der Expressionismus, Döblin und ausländische moderne Schriftsteller wie Joyce und Dos Passos. Nach 1945 war der Pazifist, Weltbürger und Gefühlssozialist als einer der wenigen in Deutschland gebliebenen Romanschriftsteller ein «Moderner». Dass seine Nachkriegstrilogie, *Tauben im Gras* (1951), *Das Treibhaus* (1953) und *Der Tod in Rom* (1954) so wenig Resonanz fand, ist teils auf den damals vorherrschenden Stilkonservatismus in der Prosa zurückzuführen, teils darauf, dass es sich um eine sehr kritische und pessimistische Wertung des neuen Staates handelt. Insbesondere *Tauben im Gras* gilt heute bei vielen Literaturwissenschaftlern als ein Meisterwerk der deutschen Nachkriegsliteratur.

Tauben im Gras beschreibt in kurzen Abschnitten (110 Sequenzen) und mit vielen Handlungssträngen das Leben von ungefähr 30 Personen an einem Februartag des Jahres 1948 in

München. Durch das Prinzip der Simultaneität erzielt der Autor eine präzise Beschreibung der Widersprüche der Nachkriegszeit. Im Zentrum steht thematisch die Zerstörung des Individuums, die Illusion des sich selbst bestimmenden Ich. Die Menschen sind von Angst getriebene Personen, die in Scheinwelten und Träume fliehen. Der Geschehnisverlauf an diesem Tag zeigt, dass die Gesellschaft von einer unterschwelligen Gewalt geprägt wird, die jederzeit in offene Gewalt umzuschlagen droht. Da die Sprache eine doppelte Aufgabe hat: deformiertes Bewusstsein zur Darstellung zu bringen und zu demaskieren, benutzt der Autor Perspektiv- und Stilwechsel. Die vielfache Brechung der Erzählperspektiven und der häufige Wechsel von Nuancen in den Stilebenen erfordern einen sehr aufmerksamen, reflektierenden Leser. Wie in den anderen Romanen der Trilogie verwendet er die dem Film entlehnte Technik des Ab- und Überblendens, *stream of consciousness* und den inneren Monolog; er montiert Sprachjargon, Zeitungsausschnitte, Liedtitel und literarische Zitate in den Text ein und zitiert oder macht Anspielungen auf Sage und Märchen und vor allem auf die Bibel und die Mythologie.

Das Treibhaus thematisiert den Versuch und das Scheitern einer neuen politischen Kultur.

Der aus dem Exil zurückkehrende Keetenheuve, Intellektueller, Dichter, Übersetzer und sozialdemokratischer Bundestagsabgeordneter erkennt in der Wiederaufrüstungsdebatte die Wiederkehr der alten Machtverhältnisse. Er sieht, wie sich das Bürgertum selbstzerstörerisch mit den machtexpansiven Kräften verbindet. Sein Protest ist wirkungslos, seine eigenen Parteifreunde versuchen ihn kaltzustellen, indem man ihn für einen Gesandtenposten in Guatemala ausersehen hat. Der Sprung von der Rheinbrücke, der, wie es am Ende des Romans heißt, ihn freimacht, symbolisiert zugleich das Scheitern der humanen Utopie in der restaurierten Bundesrepublik Deutschland.

Der Tod in Rom ist die früheste literarische Thematisierung der nicht aufgearbeiteten Vergangenheit in der Nachkriegszeit, eine sozialpsychologische Faschismuskritik, die den Zusammenhang von perverser Sexualität und destruktiver Aggressivität als Bestandteile des autoritären Charakters darstellt.

Der ehemalige SS-General und Judenmörder Gottlieb Judejahn, der in die arabische Wüste geflohen war, um einem Prozess auszuweichen, kommt inkognito nach Rom, um mit seinen Verwandten, die in der Bundesrepublik Führungspositionen bekleiden, über eine Rückkehr zu beraten. Jede Person verkörpert eine der möglichen weltanschaulich-moralischen Stellungnahmen zu Vergangenheit und Gegenwart. Kontrapunktisch sind Judejahns sexuelle und gewalttätige Fantasien, die in einer Orgie der Gewalt enden, und die musikalischen Ambitionen seines homosexuellen Neffen, der die Uraufführung seiner ersten Symphonie erwartet, aufeinander bezogen. Der Roman verbindet Elemente des satirisch-grotesken Gesellschaftsromans in der Tradition von Heinrich Manns *Der Untertan* mit Elementen des Künstlerromans in Anlehnung an Thomas Manns *Tod in Venedig*. Nach dem Erscheinen der Trilogie verlegte sich Koeppen auf das Schreiben von Reiseessays. 1976 erschien das Prosastück *Jugend*, in dem er sich an Stationen seiner Jugend zwischen 1908 und 1924 in einer metaphernreichen, expressionistisch gefärbten Sprache erinnerte.

Arno Schmidt

Geb. am 18. 1. 1914 in Hamburg-Hamm als Sohn eines Polizeiwachtmeisters. Nach dem Tod des Vaters 1928 Umzug der Familie nach Lauban/Schlesien. 1933 Abitur, 1934–37 kaufmännische Lehre, 1937–40 kaufmännischer Angestellter in Greiffenberg/Schlesien. 1940–45 Soldat, längere Zeit in Norwegen, britische Gefangenschaft. Arbeitete u.a. als Dolmetscher, dann freier Schriftsteller. Seit 1958 lebten er und seine Frau zurückgezogen in Bargfeld in der Lüneburger Heide. Gest. am 6. 6. 1979 in Celle.

Umstrittener als Böll und Koeppen ist Arno Schmidt, den eine engagierte Lesergemeinde zunächst als «geheimen Mittelpunkt» (Alfred Andersch) und in seinen letzten Lebensjahren als den Grand Old Man der Literatur der Bundesrepublik ansah. Die Kritiker betonen, dass der Autodidakt, der sich als Genie inszenierte, den Fragestellungen um 1930 verhaftet geblieben sei (so seine Joyce- und Freud-Rezeption) und vieles, was er als neu und bahnbrechend propagierte (z.B. die Etym-Theorie des Spätwerks), weit hinter dem theoretischen Erkenntnisstand der Zeit zurückliege.

Den jungen Schmidt haben ganz besonders die Romantiker und J.G. Schnabels *Insel Felsenburg* (s. Bd. I, S. 178) beeinflusst. Die Leitfiguren seines Werks sind Varianten des Noah (norddeutsch ausgesprochenes Anagramm zu Arno), des letzten – und zugleich des ersten – Menschen, der mit einer Arche voll Büchern dem drohenden Weltuntergang entflieht. Schon in seinem ersten Erzählband nach 1945, *Leviathan* (1949), entwirft er eine negative Theodizee, einen «Leviathanismus», in dem Schopenhauers Willensmetaphysik mit der Relativitätstheorie zusammengezwungen wird. Wie Schopenhauer strebt der Autor danach, die Welt ins Nichts, d.h. in ein reines Kunstdasein, aufzulösen. Formal besteht die vom Expressionismus beeinflusste Modernität in *Leviathan* vor allem darin, dass der Autor statt eines Erzählflusses einzelne Kleinszenen isoliert und ohne Übergang gegeneinanderstellt.

Das steinerne Herz. Historischer Roman aus dem Jahre 1954 (1956), der als einer der ersten Romane die Teilung Deutschlands thematisiert, verfeinert die von Schmidt selbst «Raster»-Technik genannte punktuelle Erzähltechnik, die eine Vielzahl verschiedenartiger Reflexionen ermöglicht.

Die Suche nach einem Exemplar des *Statistischen Handbuchs des Königreichs Hannover* führt den Sammler und Ich-Erzähler Walter Eggers zu einer Fernlastfahrerfamilie in Westdeutschland und zu der Freundin des Fernfahrers in Ostberlin. Wichtiger als die Einzelheiten dieser Handlung sind die keine Tabus beachtenden Themen, die sich sowohl auf den westlichen als den östlichen Staat polemisierend beziehen («Der Staat ist mein Feind!»). Literarische Anspielungen und intellektuelle Wortspielereien stellen große Anforderungen an den Leser. Durch eine eigenwillige Typografie (Kursiveinsprengsel), Interpunktion und Syntax, teils phonetische Schreibweise, Jargonverwendung, montierte «Erlebniseinheiten» und Sprachcollagen versucht der Autor, Bewusstseinsprozesse im Atomzeitalter zu bewältigen.

In der Poetologie, den *Berechnungen I und II* (1955/56) unterscheidet er vier Prosaformen: «Foto-Album», «Musivisches Dasein», «Längeres Gedankenspiel», «Traum», die den Bewusstseinsvorgängen «Erinnerung», «löchrige Gegenwart», «Tagtraum» und «Nachttraum» entsprechen. In *KAFF auch Mare Crisium* (1960) tritt neben das Fotoalbum das längere Gedankenspiel:

Der Roman spielt auf zwei, auch drucktechnisch voneinander abgesetzten Erlebnisebenen. Auf der Ersten spielt die realistische Handlung, der Besuch des Liebespaars Karl Richter und Hertha Theunert bei einer Tante in der Heide, auf der zweiten, die Karl für Hertha erfindet, eine aus der Realität hinausprojizierte Handlung auf dem Mond, in der nach der atomaren Zerstörung der Erde nur wenige überlebende Amerikaner und Russen mitwirken. Verwoben in dieses Gedankenspiel sind eine amerikanische Fassung des Nibelungenlieds (Cream-hilled ist Kriemhild, H. G. Truannion = Hagen Tronje) und eine russifizierte Fassung von Herders Cid-Übersetzung. Eine normale Schreibweise gilt als eine «ferkorxde Orrto-Graffie», und hier zeigt sich die beginnende Auseinandersetzung Schmidts mit Sigmund Freud und James Joyce in dem spielerischen Umgang mit Mehrfachbedeutungen. Als Ganzes bildet der Roman ein Geflecht von großer Komik, tiefer Melancholie und Selbstironie.

Arno Schmidt war bis in die 1960er Jahre der «Jakobiner», der aufbegehrende Gesellschaftskritiker. Im Spätwerk erschien er zunehmend konservativer – in Wahrheit hatte es einen politischen Wandel bei ihm nicht gegeben. Die Konzentration auf die Kunstwelt hing mit der fast totalen Isolation in der Lüneburger Heide zusammen, wo die Niederschrift kleinerer Romane, die jeder für sich eine Art manieristische Totaldichtung waren, von einem Projekt abgelöst wurde, an dem er fast ein Jahrzehnt gearbeitet hat.

Die sogenannte «Etym»-Theorie besagt, dass durch unbewusste Einflüsse, vor allem aus dem Bereich der Sexualität, Wörter und Wortgruppen bestimmte Verschreibungen annehmen, die auf den Ursprungsbereich zurückweisen, sodass ein Einzelwort auf zwei Ebenen gelesen werden kann. In dem Riesenroman *Zettels Traum* (1970; 1350 Manuskriptseiten auf DIN A3 = 5336 Seiten mit normal gesetzten Buchstaben) verläuft die Handlung simultan auf drei Ebenen (in drei Druckspalten), in der Mitte der Tagesverlauf (der Besuch eines Übersetzerehepaars bei dem Schriftsteller Pagenstecher), links Materialien zu Edgar Allan Poe, seinem Werk und seiner Zeit, rechts Gedanken- und Etymspiele, die das Verdrängte zum Ausdruck bringen.

In dem letzten vollendeten Werk, *Abend mit Goldrand* (1975), ist Arno Schmidt in Form eines (Ich-)Erzählers wie überall in seinem Werk die Hauptperson, erzählt aber hier zum

Erstenmal in Form einer Kontrafaktur zu seinem eigenen Leben seine Wunschbiografie. Eine Erfüllung seines Wunsches, in der fiktiven Welt zu leben, war in dem Fragment gebliebenen Dialog-Roman *Julia, oder die Gemälde* (1983) vorgesehen: Am Ende sollte er mit Julia zusammen in das Julia-Gemälde eingehen, sollte der Künstler – nach einem traditionsbildenden fernöstlichen Mythos – selbst Teil des Kunstwerks werden.

Arno Schmidt war nicht nur Schriftsteller, sondern literarhistorischer Forscher (über Fouqué, Karl May u. a.), Psychoanalytiker von Schriftstellern, Propagator verschollener Autoren und Übersetzer von Werken der englischen und amerikanischen Literatur. In seiner Weltentrücktheit, in seinem Arbeitsverfahren mit den Zettelkästen und in seinem Schaffen von Literatur aus Literatur lässt er sich nur mit einem anderen deutschen Autor vergleichen: Jean Paul (s. Bd. I, S. 330–334).

Zwei Schweizer Autoren:
Max Frisch und Friedrich Dürrenmatt

Max Frisch und Friedrich Dürrenmatt waren in den 50er und frühen 60er Jahren die überragenden Dramatiker im deutschsprachigen Raum. In Auseinandersetzung mit Brechts epischem Theater schrieben sie moderne und zeitgemäße Stücke, wobei sie sich verschiedenartiger Verfremdungseffekte bedienten, aber im Gegensatz zu Brecht die Welt als nicht veränderbar darstellten. Die beiden Schweizer waren der Ansicht, nicht die Welt lasse sich verändern, sondern nur «das Material, das wir der Welt entnehmen» (Max Frisch). «Wir erstellen auf der Bühne nicht eine bessere Welt, aber eine spielbare, eine durchschaubare, eine Welt, die Varianten zulässt, insofern eine veränderbare, veränderbar wenigstens im Kunst-Raum» (Max Frisch).

Beide waren bedeutende Erzähler und Essayisten, die sich gesellschaftlich engagierten. Sie gehörten zu der kleinen, immer größer werdenden Gruppe von schweizerischen Intellektuellen, die in der Nachkriegszeit gegen die saturierte und selbstgerechte Öffentlichkeit, die am Bild der heilen Schweiz festhielt, zu Felde zog. Max Frisch kritisierte wiederholt die Unbeweglichkeit und die Vergangenheitsfixierung der Schweizer und verwendete als wiederkehrendes Thema in seinem literarischen Werk den Gegensatz zwischen heimatlicher Enge und kosmopolitischer Weite. Insbesondere sein Angriff auf den Mythos von der Landesverteidigung im Zweiten Weltkrieg löste lautstarke Diskussionen aus. Dürrenmatts Kritik ist weniger zielgerichtet, dafür aber umso radikaler: «Die Mädchen gehen in die Uhrenfabrik. Die Bordelle und die Jesuiten sind verboten. Am meisten leben in unserm Land die Toten.» («Schweizerpsalm II»)

Max Frisch: geb. am 15. 5. 1911 in Zürich. Der Architektensohn studierte einige Semester Germanistik, musste aber nach dem Tod des Vaters aus finanziellen Gründen das Studium aufgeben und wandte sich dem Journalismus zu. Nach ersten literarischen Anfängen 1936 Aufnahme des Architekturstudiums, das er 1941 abschloss. Heiratete 1943 Constanze von Meyenburg, «eine Tochter aus großbürgerlichem Haus», von der er sich 1954 trennte. Gab 1955 sein Architektenbüro auf und lebte seitdem als freier Schriftsteller mit wechselnden Wohnsitzen im Tessin, in Rom (1960–65 mit Ingeborg Bachmann), in Berlin, New York und immer wieder in Zürich. 1968 heiratete er Marianne Oellers, von der er sich 1979 scheiden ließ. Gest. am 3. 4. 1991.

Max Frischs Werk umfasst Romane, Dramen und die für ein Verständnis des Autors aufschlussreichen Tagebücher (*Tagebücher 1946–49*, 1950; *Tagebücher 1966–71*, 1972), in denen die ersten Entwürfe für viele seiner Dramen und Romane zu finden sind. Nach einer ersten Entwicklungsphase, in der seine Texte durch einen unzeitgemäßen Romantizismus, der ihn zu lyrischer Prosa hindrängte, geprägt waren, vollzog er gegen Ende des Krieges eine Wendung zum Theater und zu aktuellen Themen. Zwischen 1945 und 1953 schrieb er unter dem Einfluss von Thornton Wilders Dramaturgie sechs Dramen, die alle die Nachkriegssituation thematisieren, u.a. das Antikriegsstück *Nun singen sie wieder* (1946), *Die Chinesische Mauer* (1947) über die Konsequenzen der Entwicklung der Atom- und Wasserstoffbombe und sein Lieblingsstück, die Moritat

Graf Öderland (1951), das wie viele seiner Texte mehrmals umgearbeitet wurde und in vielen Fassungen vorliegt.

Nach einem Aufenthalt 1951 in den USA schrieb er den Roman *Stiller* (1954), dem der thematisch verwandte Roman *Homo faber. Ein Bericht* folgte. Während *Stiller* den eigentlichen Durchbruch im Prosabereich bedeutete, errang Frisch internationalen Ruhm mit den Dramen *Biedermann und die Brandstifter* und *Andorra*.

Grundthema bei Max Frisch ist die Rollen- und Identitätsproblematik als individuelles Problem oder, in Form einer Parabel, auf einer politisch-gesellschaftlichen Ebene. Individuell handelt es sich darum, dass der Mensch aus einer Welt, die ihn auf die immer gleichen Rollen festlegt, auszubrechen versucht, um in einer ursprünglichen, nicht durch «Vor-Urteile» und Konventionen bestimmten Welt sein wirkliches Wesen zu finden.

«Ich bin nicht Stiller», so lautet der erste Satz der auf Wunsch des Untersuchungsrichters begonnenen Aufzeichnungen, die der angebliche amerikanische Staatsbürger J. White niederschreibt, um zu beweisen, dass er nicht mit dem verschollenen schweizerischen Bildhauer Stiller identisch ist. Das Schreiben erweist sich jedoch als gegenläufiger Prozess, zumal er sich immer mehr dem erfolglosen Stiller annähert, der in der Ehe und auch in anderen Lebenssituationen ein Versager war. Je mehr White/Stiller die Vergangenheit aufarbeitet, desto klarer erkennt er, dass ein Leben außerhalb von Normen und Wiederholungen unmöglich ist. Als er dazu verurteilt wird, Stiller zu sein, verstummt er. Im Nachwort erzählt der Staatsanwalt den weiteren Lebenslauf Stillers: die Entfremdung zwischen seiner Frau Julika und ihm nimmt zu, und nach dem Tod seiner Frau steht er als ein völlig Gescheiterter da.

Homo faber. Ein Bericht (1957), in dem es sich um den Abbau einer falschen Identität handelt, erweitert die Perspektive über die Schweiz hinaus. Der UNESCO-Ingenieur und Kosmopolit Walter Faber ist der Technik- und Wissenschaftsgläubige, der Gefühle und Erlebnisse für bloße Ermüdungserscheinungen hält und alles Irreale und Zufällige leugnet. Durch eine Reihe unerwarteter und unvorhersehbarer Ereignisse, u.a. das Verhältnis zu seiner eigenen Tochter und seine Krebskrankheit, zerbröckelt dieses Weltbild. In Griechenland, dem klassischen

Land des Mythos, endet die Reise des todkranken Faber, und es gelingt ihm, in der Rückführung des Daseins auf das Elementare («im Licht sein», «Esel treiben») die eigene Identität in dem welterfüllten Augenblick zu gewinnen. Frisch hat auf die Bedeutung der sich ändernden Sprache im Roman hingewiesen: «Er lebt an sich vorbei, und die Diskrepanz zwischen seiner Sprache und dem, was er wirklich erfährt und erlebt, ist das, was mich dabei interessiert hat.»

Wie Menschen Opfer einer Rolle werden können, zeigen auf einer gesellschaftlichen Ebene die beiden Parabeln *Biedermann und die Brandstifter. Ein Lehrstück ohne Lehre* (1958, zuerst als Hörspiel 1953) und *Andorra. Stück in zwölf Bildern* (1961), die beide auf sehr verschiedene Weise ausgelegt worden sind. Der selbstgerechte, selbstgefällige, aber verängstigte Spießer Biedermann verdrängt im naiven Glauben an das Gute jede Drohung und gibt sogar den auf dem Boden seines Hauses wohnenden Brandstiftern die Streichhölzer, mit denen sie sein Haus anzünden. Andri in *Andorra* wird, weil er an das Bildnis glaubt, das sich die anderen von ihm machen, zum Juden gemacht und hingerichtet. Der Kommentar dazu im *Tagebuch 1946–1949* lautet: «Es ist eine Versündigung, die wir, so wie sie an uns begangen wird, fast ohne Unterlass wieder begehen – Ausgenommen wenn wir lieben».

Die Identitätsproblematik spielt auch in dem Roman *Mein Name sei Gantenbein* (1964) und in dem Stück *Biografie: Ein Spiel* (1967) eine zentrale Rolle. In *Biografie* probierte Frisch, der sein Unbehagen an der Parabel mehrmals äußerte, eine Dramaturgie der Permutation, eine Dramaturgie, die den Zufall und den Zweifel zum Prinzip macht und Varianten zulässt. Das Stück, in dem der Verhaltensforscher Kürmann die Möglichkeit bekommt, sein früheres Leben zu verändern, wurde ein Misserfolg. Ende der 60er Jahre verloren Drama und Theater ihren produktiven Anreiz für Max Frisch, der aus seinem tiefen Misstrauen gegenüber politischer Literatur kein Hehl machte.

Das Spätwerk umfasst u. a. die Erzählungen *Montauk* (1975) und *Der Mensch erscheint im Holozän* (1979), die beide von den Themen Altern und Tod bestimmt sind. In der Letzteren wird anhand von Gedanken und Gedankensplittern, die einen musikalischen Aufbau nahelegen, ein an zunehmendem Gedächtnisschwund leidender Mann vorgestellt, dessen Leben angesichts der geologischen Geschichte der Alpen lächerlich kurz erscheint und dessen Tod das Aufgehen in der Natur bedeutet.

Friedrich Dürrenmatt: geb. am 5. 1. 1921 in Konolfingen (Kanton Bern), Sohn eines protestantischen Pfarrers. Aufgewachsen im Emmental, Gymnasium in Bern, studierte (ohne Abschluss) Theologie, Philosophie, Germanistik und Naturwissenschaften an der Universität Zürich, war zugleich Zeichner, Karikaturist und Maler und arbeitete eine Zeit lang als Journalist und Kabarett-Texter. Seit 1952 wohnte er als freier Schriftsteller in Neuchâtel (Neuenburg). Gest. am 14. 12. 1990.

Friedrich Dürrenmatt schrieb in den 40er Jahren von Kafka beinflusste Prosatexte, die später in dem Band *Die Stadt* (1952) gesammelt wurden. Um seinen Lebensunterhalt zu bestreiten, schrieb er Theaterkritiken, Kriminalromane (*Der Richter und sein Henker*, 1952; *Der Verdacht*, 1953), Kabarettstücke und vor allem Hörspiele (*Herkules und der Stall des Augias*, 1954, *Die Panne*, 1956). Im Zentrum seiner Produktion standen jedoch die Dramen, die in rascher Folge von 1947 erschienen und aufgeführt wurden: das Wiedertäuferdrama *Es steht geschrieben* (1947; späterer Titel: *Die Wiedertäufer*, 1967), das einen Skandal in Zürich verursachte, *Romulus der Große* (1948/58), mit dem er den Gattungswechsel zur Komödie vollzog, *Die Ehe des Herrn Mississippi* (1952), das wie *Ein Engel kommt nach Babylon* (1954) in München uraufgeführt wurde.

Die Schaffensphase 1955–66 bildete den künstlerischen Höhepunkt. In dem Essay *Theaterprobleme* (1955) erklärte er seine Dramaturgie, die von einer undurchsichtigen, oft mit der Metapher «Labyrinth» charakterisierten Welt und von der Unmöglichkeit der Tragödie ausgeht:

«Uns kommt nur noch die Komödie bei. Unsere Welt hat ebenso zur Groteske geführt wie zur Atombombe, wie ja die apokalyptischen Bilder des Hieronymus Bosch auch grotesk sind.» Durch einen Distanz schaffenden

Einfall, der eine völlig unwahrscheinliche Handlung in eine normale Welt «einfallen» lässt, und durch die Mischung von Stilmitteln hin zum Unvereinbaren wird die Welt paradox und grotesk. Das Tragische kann aber aus dem Grotesken emporwachsen; denn in dem einzelnen Menschen wird – gerade im Scheitern – das Bewusstsein der Menschlichkeit und der Freiheit wachgerufen. Dürrenmatt, der sich wie Max Frisch sowohl von der Sinnlosigkeit des absurden Dramas als auch von dem Lehrhaften des epischen Theaters distanzierte, blieb Moralist in einer unmoralischen Welt. Das Problem von Recht und Gerechtigkeit und das Verhältnis zwischen Opfer, Richter und Henker beschäftigten ihn in allen Phasen seines Schaffens.

1956 verhalf ihm *Der Besuch der alten Dame. Eine tragische Komödie* zum internationalen Durchbruch und Ruhm.

In die kleine, verarmte Stadt Güllen in der Schweiz kommt die Milliardärin Claire Zachanassian, um durch das Angebot einer Milliarde die Einwohner dazu zu überreden, ihren treulosen früheren Geliebten Alfred Ill zu töten. Die Versuchung durch das Geld wird zu groß, trotz gegenteiliger Äußerungen handeln die Güllener so, als hätten sie schon das Geld der reichen Dame erhalten. Im Laufe des Stücks verwandelt sich Alfred Ill in einen reuigen Menschen, der die Schuld auf sich nimmt. Die alte Dame aber, die schon am Anfang als eine aus Prothesen montierte Gestalt auftritt, wandelt sich nach dem Tod Ills in ein versteinertes, von dem Kollektiv der Stadt angebetetes Götzenbild.

Die «tragische Komödie» war für die verschiedensten parabolischen Auslegungen offen, ohne in einer von ihnen aufzugehen. Es war möglich, sie als Parabel über die Selbstzerstörung der korrumpierbaren bürgerlichen Gesellschaft oder über das westeuropäische Wirtschaftswunder auszulegen; in der marxistischen Deutung sah man vor allem das Prinzip des kapitalistischen Systems, das die Menschen zur käuflichen Ware macht, und in der christlichen Deutung den Vollzug des Jüngsten Gerichts.

Ein makabrer Scherz mit einer ernsten Problematik, der Verantwortlichkeit des Wissenschaftlers für seine Entdeckungen, liegt dem Stück *Die Physiker. Komödie in zwei Akten* (1962) zugrunde, das nicht nur als eine Zurücknahme von Brechts *Galilei* (s. S. 264), sondern auch des «Weisen Salomo» gesehen werden kann, der im Stück für die Weisheit der Weisen und der Weltverbesserer steht.

Dürrenmatts Vorliebe für Trivialliteratur zeigt sich in der gruseliggrotesken Kolportagehandlung mit knappen Dialogen und strenger Wahrung der klassischen drei Einheiten. Der Wissenschaftler Johann Wilhelm

Möbius, der die «Weltformel» entdeckt hat und sein Wissen um die Möglichkeit der Weltvernichtung geheim halten will, flüchtet in die Hamlet- und Romulusmaske des Irrsinns und befindet sich mit zwei Geheimagenten, die ebenfalls als irre Physiker («Einstein» und «Newton») auftreten, in der Anstalt Fräulein Doktor Mathilde von Zahnds. Krankenschwestern werden ermordet, Polizisten treten auf, aber in den grotesken Szenen wird über Weisheit, Wissen und Macht diskutiert. Am Ende zeigt sich, dass die Kontrolle der Erfindungen in der Hand einer wirklichen Irren, der buckligen Anstaltsleiterin liegt, die sich der Dokumente bemächtigt hat.

In den ergänzenden *21 Punkten zu den Physikern* heißt es: «Eine Geschichte ist dann zu Ende gedacht, wenn sie ihre schlimmstmögliche Wendung genommen hat» (4) und «Was alle angeht, können nur alle lösen» (17). Die beabsichtigte, an *alle* Menschen gerichtete Aufforderung, etwas gegen die drohende Vernichtung zu tun, lässt sich nur schwer aus der paradoxen Komödie herauslesen. Dürrenmatts Stücke gerieten immer mehr in Kontrast zu dem vorherrschenden historisch-politischen Dramentyp der 60er Jahre.

Nach dem Erfolg des Stücks *Meteor* (1966) über einen Literaturnobelpreisträger, der nicht sterben kann und dafür die Leute um sich sterben macht, hat Dürrenmatt kein bühnenwirksames Stück geschrieben. In der Schaffensphase nach 1966 hat er neben Bearbeitungen von Shakespeare, Strindberg, Goethe u.a. vorwiegend Stücke geschrieben, in denen frühere dramatische Modelle variiert und radikalisiert wurden. So schrieb er in Verbindung mit *Achterloo* (1983): «Nicht mehr die Komödie, nur noch die Posse kommt uns bei.» Wertvoller sind seine philosophisch ausgerichteten Essays, sein zeichnerisches und bildnerisches Werk und seine Erzählprosa. Am Beispiel des Romans *Durcheinandertal* (1989) hat man nachzuweisen versucht, wie sich Dürrenmatt mit postmodernen Positionen trifft.

Kapitel II: 1965–1975

A. Die Literatur im Westen

I. Grundzüge

Nach dem Ende der Aufbauphase um 1960 und nach der Abriegelung der DDR durch den Mauerbau in Berlin am 13. August 1961 kündigte sich eine Politisierung an, die sich zunächst in einer wachsenden Kritik an der konservativen Politik der Regierung bemerkbar machte. Die Zeit zwischen dem Rücktritt des 87-jährigen Bundeskanzlers Konrad Adenauer 1963 und dem Rücktritt des Bundeskanzlers Willy Brandt 1974 war im Gegensatz zu der durch den schnellen Aufbau und eine konservative Politik geprägten «CDU-Ära» (1949–1963) eine Zeit tiefgreifender Änderungen und Umwälzungen in Politik, Gesellschaft und Kultur.

Besonders nach 1966, als die Große Koalition von CDU/CSU und SPD u.a. zur Überwindung der ersten ernsthaften wirtschaftlichen Rezession der Nachkriegszeit gebildet wurde und die Opposition (FDP) auf weniger als 10% der Mandate im Bundestag schrumpfen ließ, begann eine Politisierung, die im linken Spektrum zur Entstehung der Außerparlamentarischen Opposition (APO) und im rechten Lager zum Erstarken der 1964 gegründeten Nationaldemokratischen Partei Deutschlands (NPD) führte. Als der SPD-Politiker und spätere Nobelpreisträger Willy Brandt 1969 an der Spitze einer sozialliberalen Koalition von SPD und FDP Bundeskanzler wurde, leitete er innenpolitisch unter dem Motto «Mehr Demokratie wagen» eine den Wünschen nach einem Ausbau der Demokratie und des Sozialstaates Rechnung tragende Reformpolitik und außenpolitisch eine Entspannungspolitik den Ostblockländern ČSSR, Polen und UdSSR gegenüber ein. Zu den Erfolgen in der Ostpolitik gehörte der Grundlagenvertrag (1972), der die Bundesrepublik und die DDR zu guten, nachbarschaftlichen Beziehungen auf der Grundlage der Gleichberechtigung verpflichtete und die schon begonnene Annäherung zwischen den beiden Staaten beschleunigte. Innenpolitisch wurde ein großer Teil der Reformvorhaben (Soziale Sicherung, Ausbau des Bildungswesens, Anfänge einer Umweltschutzgesetzgebung) verwirklicht, die Politik der inneren Reformen führte jedoch zu einer finanziell problematischen Reformfreudigkeit, der die Verschlechterung der wirtschaftlichen Lage ein jähes Ende setzte.

In der Zeit nach 1973 lösten immer neue Strukturkrisen den weltwirtschaftlichen Aufschwung seit 1950 ab. Der sichtbarste Ausdruck der Wandlung war der Ölpreisschock 1973, der eine Verfünffachung der Ölpreise mit sich führte, und die Folge war in allen westlichen Ländern ein Umdenken, das sich aus der Erschütterung des nach 1950 vorherrschenden Glaubens an Fortschritt, steigenden Wohlstand und den ständigen Ausbau der Demokratie ergab. Den endgültigen Abschied von der Politisierungsphase signalisierten die um diese Zeit aufkommenden Schlagworte «Tendenzwende», «Neuer Konservatismus», «Neue Innerlichkeit». Nach 1975 begann in der Bundesrepublik, deren Pluralismus und Demokratisierung einen bisher unbekannten Grad erreicht hatten, eine vielschichtige Entwicklung, in der sich neue Tendenzen mit einer Rückbesinnung auf alte Positionen und Werte mischten.

Die Zeit von 1965 bis 1975 charakterisierten in allen kulturellen Bereichen Tendenzen zur politischen Radikalisierung und ein daraus entstehendes Aufeinanderprallen von alten und neuen Positionen, Tendenzen und Richtungen, wobei der anfänglichen politischen Dynamik ein durch eine komplexe Polarisierung gekennzeichneter Abschwung nach 1970 folgte. In der Literatur wurde die alte Diskussion um das Verhältnis von Literatur und Politik das brisante Hauptthema. Die neue, politisierte Literatur war gegenwartsbezogen und wollte ein neues, direktes Verhältnis zur gesellschaftlichen Wirklichkeit und zum Alltag. Als die drei spektakulärsten Neuerungen im Gefolge der literarischen Richtungsstreitigkeiten zeigten sich die Ausweitung des traditionellen Literaturbegriffs, eine radikale Wandlung im Gattungsspektrum und die Entstehung neuer Schriftstellertypen.

Die politische Radikalisierung in den 60er Jahren war eine für die USA und die westlichen Länder typische Erscheinung, deren Träger vor allem die junge Generation war. Zum Erstenmal entstand eine eigene Jugendkultur, die die Teens und Twens zu bedeutenden Marktfaktoren machte und sich v.a. als eine Musikkultur äußerte. Die Studentenproteste hatten um 1960 in den USA als eine die Neue Linke genannte Bewegung begonnen und verbreiteten sich in den folgenden Jahren nach Europa, wo besonders die Proteste in Berlin (1967 und 1968) und in Paris (Mai 1968) Aufsehen erregten.

Die Studentenbewegung, die in dem breiten Spektrum der Literaturauffassungen ein Extrem ausmachte, war wie auch anderswo in Europa anfänglich vor allem eine unorganisierte, antiautoritäre Bewegung. Auf verschiedene Weise begehrte sie gegen die Generation der Eltern auf, bekämpfte die systemstabilisierenden manipulativen Instanzen des bürgerlichen «Establishments» und setzte sich für eine Selbstverwirklichung des von überlieferten Vorurteilen befreiten Menschen in einer demokratischen und sozial gerechten Gesellschaft ein. In der Bundesrepublik Deutschland richtete sich die Kritik mehr als in anderen Ländern gegen die Elterngeneration, die der stickigen, unpolitischen Atmosphäre der 50er Jahre und der Verdrängung der nationalsozialistischen Vergangenheit durch ihr passives Verhalten Vorschub geleistet habe. Sigmund Freuds Tiefenpsychologie und das Buch *Die Unfähigkeit zu trauern* (1967), in dem die Psychologen Alexander und Margarete Mitscherlich die unterbliebene «Bewältigung der Vergangenheit» und die fehlende Trauerarbeit analysierten, spielten in diesen Versuchen der jungen Generation, die Fragetabus und Denkverbote ihrer Kindheit zu überwinden, eine Schlüsselrolle.

Erst in einer zweiten, «organisierten» Phase um 1969 vollzog sich in und im Umkreis der Neuen Linken eine bemerkenswerte Theoretisierung, die zu vielen sich bekämpfenden politisierten Splittergruppen führte. Die jungen Intellektuellen wollten eine «kritische Gegenöffentlichkeit» zu der herrschenden Klasse des Bürgertums schaffen und stellten antikapitalistische theoretische Modelle für alternative Staats- und Gesellschaftsformen auf. Dabei verstieg sich eine Minderheit aus Enttäuschung über die ausbleibenden Veränderungen zu extremen Ansichten über den bewaffneten Kampf als Mittel, die in einer dritten Phase um 1970 gleichzeitig mit dem Abklingen der Studentenbewegung zu terroristischen Gewalttaten führten. Die befürchtete Unterwanderung des demokratischen Rechtsstaates führte zu dem 1972 unter Willy Brandt verabschiedeten «Radikalenerlass», demzufolge die Einstellung in den öffentlichen Dienst erst nach einer amtlichen Überprüfung, in der die politischen Anschauungen des Anwärters im Zentrum standen, stattfinden konnte. Wegen der sehr strengen Kriterien, die in einigen Ländern zu Entlassungen politisch belasteter Beamter führten, und der Ähnlichkeit mit ähnlichen Maßnahmen 1878–90 und 1933–45 sprachen die Gegner von «Berufsverbot».

Den größten Einfluss auf die Neue Linke hatte zunächst die neomarxistische Kritische Theorie der Frankfurter Schule (Theodor Adorno, Max Horkheimer, Herbert Marcuse, der das meist verwendete Schlagwort von der «Große[n] Weigerung» lieferte, Ernst Bloch und der 1940 verstorbene Walter Benjamin), in der organisierten Phase kamen die kommunistischen Theoretiker hinzu. Renate Matthaei beschrieb in der Anthologie *Grenzverschiebung* (1970) die Zeitstimmung, die eine andere Sammlung auf die prägnante Formel *Wir Kinder von Marx und Coca-Cola* (1971) brachte, als ein Erwachen nach Jahren der Resignation: «Man entdeckte das ungeheure Potenzial an Veränderungsmöglichkeiten in einem industriell fortgeschrittenen System und die Perversion einer Gesellschaft, die ihren Überschuss nur in die Steigerung des Konsums und die Sicherung des Bestehenden investiert. Die Vorstellung von Veränderung besetzte die Fantasie und ließ ein oppositionelles Angebot von Gegenpositionen entstehen: Utopien herrschaftsfreier Lebensformen, Vorschläge zur Humanisierung des technologisch entfremdeten Milieus, zur Befreiung der Sexualität und Kreativität, zur Entwicklung der unterdrückten Potenzen des Lebens, aller Menschen, überhaupt.» Aus der Vielfalt von Meinungen, Tendenzen und Theorien ergibt sich «eine neue Freiheit des Machens, aber zugleich auch eine Neigung zu dogmatischer Verhärtung, ein literarisches Sektierertum, das alles ausschließt, was den eigenen Prämissen nicht gehorcht».

Die literarischen Extrempositionen: die These vom «Tod der Literatur», die Auffassung vom Schriftsteller als politischem Aktionisten und der Kampf gegen das herkömmliche Gattungsspektrum wurden von Gegnern und Befürwortern heftig diskutiert. Insbesonders drei arrivierte Autoren und ehemalige Mitglieder der Gruppe 47, Hans Magnus Enzensberger, Peter Weiss und Peter Rühmkorf traten als Pioniere der Neuen Linken auf und trugen wesentlich dazu bei, dass sich ein erweiterter Literaturbegriff, der die traditionellen Grenzen zwischen literarischen und nicht-literarischen Formen aufhob, zunehmend durchsetzte.

Als generelle Tendenz der Zeit ist feststellbar, dass Zeitschriften und Anthologien die literarischen Diskussionen zu bestimmen begannen und das Gespräch über das einzelne Buch verdrängten. Die bisher richtungsweisende Zeitschrift *Akzente* änderte den Untertitel «Zeitschrift für Dichtung» in «Zeitschrift für Literatur», musste aber die führende Position an das von Hans Magnus Enzensberger herausgegebene *Kursbuch* (1965 ff.) abgeben, in dessen berühmtem 15. Heft von 1968 nicht nur die These vom «Tod der Literatur» aufgestellt, sondern auch die «politische Alphabetisierung Deutschlands» als Zielsetzung formuliert wurde. Dieses aufklärerische Ziel lasse sich am besten durch Gebrauchsliteratur wie Reportage, Leitartikel, Informationsberichte und Flugblatttexte verwirklichen, zumal die Zielgruppe den größtmöglichen Teil der Bevölkerung ausmache. Die Metapher «Tod der Literatur» bedeutete mit anderen Worten den Verzicht auf die traditionelle Fiktionsliteratur und ein Plädoyer für eine operative Literaturauffassung. Der gattungsübergreifende Begriff «Texte» löste zunehmend die üblichen Gattungsbezeichnungen ab.

So hieß der 1969 von dem kulturrevolutionären März Verlag herausgegebene Almanach *März Texte 1*. Der Sammelband, dem mehrere Bände folgten, wollte die in der amerikanischen Literatur zum Durchbruch gelangte «neue Sensibilität» «bei jungen deutschen Autoren» erwecken und enthielt Bilder und Texte wie politische Artikel, Flugblätter, Gerichtsurteile, Reiseerzählungen, Drogenerfahrungsberichte, Sexualfantasien, Konsumwarenbeschreibungen, Musikreportagen, Plakate, Gedichte, Comic-Strips, Film-, Pinup- und Pornofotos. Die durchlaufende Grundtendenz lief auf das Rezept hinaus: «Lies es nicht nur, tue es!»

Die neuen Schriftstellertypen, der politische Aktionist und der Arbeiterschriftsteller, waren eher als die älteren Schriftsteller darauf eingestellt, zur Verbreitung ihrer Schriften eigene Wege einschlagen zu müssen. Viele kleinere Gruppen haben den Versuch gemacht, eigene Kleinverlage zu gründen, um der Abhängigkeit von den Verlagskonzernen zu entgehen. Anfang der 70er Jahre entstanden viele subkulturelle Gruppen, deren – manchmal kurzlebige – Eigenverlage auf bestimmte Sparten oder Themen wie eine neue Lebensform oder Frauenliteratur, eine politische Ideologie oder die Alternativliteratur der 2. Kultur spezialisiert waren und ihre «Texte» primär für ihren eigenen Leserkreis drucken ließen. Der Marktwert der neuen Themen ließ sich daran ablesen, dass die etablierten Verlage sehr schnell «Sonderreihen» der verschiedenen Strömungen errichteten.

Während die Entstehung neuer Schriftstellertypen mit den Politisierungstendenzen der Zeit eng zusammenhängt, ist die generelle Änderung der Rolle des Schriftstellers auf dem Hintergrund der gesellschaftlichen Entwicklung zu sehen. Im Zuge der machtvoller werdenden Mediengesellschaft stieg die wirtschaftliche Abhängigkeit der Schriftsteller von den Massenmedien Fernsehen, Film und Rundfunk. Die Entstehung mächtiger Buch- und Medienkonzerne, die eine Vielzahl kleiner Buchverlage in den 50er Jahren ablösten, trug ebenfalls zu dem Gefühl der Unfreiheit vieler Schriftsteller bei und beschleunigte die Versuche, sich gewerkschaftlich zu organisieren. Bei der Gründung des Verbands deutscher Schriftsteller 1969 rief Heinrich Böll zum «Ende der Bescheidenheit» und zum Zusammenschluss der Einzelgänger auf: «... hängen wir uns den hingestreuten Lorbeer nicht an die Wand, streuen wir ihn dorthin, wohin er gehört: in die Suppe». 1973 wurde der Anschluss an die Industriegewerkschaft Druck und Papier beschlossen. Aus dem *Autorenreport* (1972, hg. von Karla Fohrbeck und Andreas Wiesand) geht hervor, dass sich immer mehr Schriftsteller auf die «gemeinsame Interessenlage von Wortproduzenten gegenüber einer Verwertungsindustrie» verwiesen sahen.

Die in den 50er Jahren allgemein akzeptierte Unterscheidung zwischen hoher Literatur und Massenliteratur wurde vor allem unter amerikanischem Einfluss in den 60er Jahren immer öfters in Frage gestellt oder verwischt. Der bekannteste Vorkämpfer für eine Grenzüberschreitung war der Amerikaner Leslie Fiedler, der 1969 in dem Aufsatz *Cross the Border – Close the Gap* (zwischen elitärer und populärer Kunst) postmoderne Gedankengänge vorwegnahm, die erst in den 80er Jahren in Deutschland aktuell wurden. Auch die Grenzen zwischen den Kategorien «reaktionär» und «progressiv», zwischen «rechts» und «links» waren am Ende der Politisierungsphase aufgeweicht worden, zumal das Interesse der Bürger für Themen wie das Unbehagen an der Wachstumsgesellschaft, wie Umweltschutz, Ökologie, Ausbau der Kernkraft und den strittigen Radikalenerlass nicht mehr auf *einen* parteipolitischen Nenner gebracht werden konnten. Die vielfältigen regionalen Aktivitäten der Bürgerinitiativen, die der 1972 gegründete Bundesverband Bürgerinitiativen Umweltschutz koordinieren wollte, waren ebenfalls nicht an eine bestimmte politische Position gebunden.

Auch in der Literaturwissenschaft hielt ein bisher unbekannter Pluralismus seinen Einzug. Den protestierenden Studenten misslang zwar der angetretene «lange Marsch durch die Institutionen» (Rudi Dutschke); die Struktur der Universitäten wurde nur geringfügig geändert, aber in der Literaturwissenschaft und besonders in der Germanistik vollzog sich eine bis heute nachwirkende Ausweitung des Methoden- und Gegenstandsbereichs. Nach 1960 entstanden immer neue Alternativen zu der angeblich typisch «bürgerlichen» werkimmanenten Methode, zuerst die Rezeptionsästhetik, die den Leser ins Zentrum rückte, danach literatursoziologische und materialistische Betrachtungsweisen, die auf verschiedene Weise den Text als Teil der gesellschaftlichen Entwicklung sahen, und methodische Versuche, die Literaturwissenschaft in eine Kommunikations- und linguistische Textwissenschaft zu integrieren. Auch das erneute Interesse für die sogenannte Jakobinerliteratur, die kritische Literatur des Vormärz und die Exilliteratur der 1930er und 1940er Jahre war Ausdruck einer Kritik an der traditionellen germanistischen Literaturwissenschaft. Entsprechend der Erweiterung des Literaturbegriffs wurden neue Forschungsgebiete entdeckt: vor allem die Trivialliteratur, aber auch Kinder- und Jugendliteratur, Arbeiter- und Frauenliteratur und vernachlässigte Textsorten wie Predigten, Flugblätter und Anstandsbücher. Eine Folge der Vielfalt der Methoden und Interessen war eine ständig wachsende Spezialisierung in der germanistischen Literaturwissenschaft. Die Frage, was eigentlich unter einem «literarischen Text» verstanden werden sollte, ließ sich am Ende der Epoche auch nicht nur einigermaßen verbindlich beantworten.

II. Gattungen und Themen

Die Frage nach der «Wirklichkeit» rückte sowohl in den sprachlichen Experimenten als in den politisierten Texten ins Zentrum des Interesses. Wie ließen sich realitätsnahe Texte schreiben? Durch welche Mittel ließ sich die Diskrepanz von Sprache und Realität überwinden? Und wie ließen sich die Texte zum Zwecke der politischen Beeinflussung operationalisieren? Die Suche nach neuen Formen, die einen breiteren Leserkreis anzusprechen und zu beeinflussen imstande waren, nahm keine Rücksicht auf die traditionelle Gattungstrias. Operative Formen wie Agitprop konnten nur bedingt der Lyrik zugerechnet werden, und Prosa-Kurztexte, dokumentarische Formen und die Theaterstücke des Straßentheaters sprengten oft die üblichen Regeln der Epik und Dramatik.

Ebenfalls ließen sich die Sprachexperimente der Konkreten Literatur/Poesie (s. S. 289 f.), die in den 60er Jahren einen zweiten Höhepunkt erlebte, keiner bestimmten Gattung zurechnen, sondern waren an sich gattungsüberschreitend: Konstellationen, Artikulationen, Variationen, Zitatcollagen, visuelle Texte und Lautgedichte, Dialektgedichte und mit einfachen sprachlichen Grundformen arbeitende literarische Minimal art sowie deren experimentelle Mischungen.Um 1970 wurden die Produkte ausstellungsreif; die innovative Kraft zur ständigen Metamorphose ließ nach, aber das Experimentieren setzt sich bis heute fort.

Mehr Wirklichkeitsnähe brachte nach Meinung ihrer Befürworter die Dokumentarliteratur. In Anknüpfung an Formen, die zurzeit der Weimarer Republik entwickelt worden waren, vor allem an die Theaterexperimente Erwin Piscators (s. S. 233 f.), der in den 60er Jahren Dokumentarstücke Rolf Hochhuths, Heinar Kipphardts und Peter Weiss' inszenierte, griffen die Schriftsteller auf das Dokument, auf Fakten verschiedenster Art und Herkunft zurück. An der Frage Piscators, ob im Einzelfall die intendierte Verbindung von Dokument und Kunst geglückt sei, entzündeten sich heftige Diskussionen. Die Dokumentarliteratur war auf das Theater konzentriert, umfasste jedoch auch Prosaformen wie Reportage, Feature und Hör- und Fernsehspiele und bestimmte lyrische Formen.

Literarischer Aktionismus

Obwohl das breite Spektrum zwischen antiautoritärem Nonkonformismus und orthodoxem Marxismus die Studentenbewegung politisch sehr heterogen machte, blieb der Agitprop ein Sammelbegriff für die gesamte Literatur in ihrem Umkreis, insbesondere für die Versuche, eine operative Literatur zu schaffen.

Agitprop beruht nach den Schriften Lenins, auf die man sich berief, auf zweierlei: Erstens auf der Forderung, dass die «Agitation», die von dem Agitator vertretene Wahrheit beim Adressaten sofort politische und gesellschaftliche Konseqenzen hervorrufen soll, und zweitens auf der Einsicht, dass der kurze Appell nicht genügt, sondern eine langwierige Überzeugungsarbeit durch «Propaganda» notwendig ist. Die Realisierung des Agitprop beschränkte sich in der Studentenbewegung jedoch fast immer nur auf den ersten Grundsatz.

Die Aktionsbezogenheit war das wesentliche Kriterium. So heißt es bei Uwe Friesel in *Agitprop. Lyrik, Thesen, Berichte. Kollektivausgabe* (1968):

Auch das beste Agitpropgedicht ist stets schlechter als:
der Stein am Helm des prügelnden Polizisten die Maulschelle für den
Nazi-Kanzler Kiesinger
die Besetzung eines Werks oder Instituts

Literatur wurde an ihrem Aktionswert gemessen. Die Autoren begaben sich auf die Suche nach neuen Verbreitungsformen, die den Leser aktivieren sollten: Gedichte wurden als «Wegwerf-Lyrik» angeboten oder erschienen auf Flugblättern und auf Postkarten. Den Sprechchor, dessen Losung das am unmittelbarsten aktionsbezogene Verfahren bietet, erklärte Peter Schütt zur lyrischen Norm, und Uwe Wandreys Sammlung *Kampfreime* (1968), gereimte Zweizeiler im Stil der studentischen Sprechchöre, erschien in einem «notwehrtauglichen Blecheinband», damit es gleichzeitig als Schlaginstrument bei Demonstrationen verwendet werden konnte.

In der Lyrik dominierten Verfahren, die sich auf die Überzeugungskraft von Fakten stützten. Dabei wurden die Zitattechnik und das Umfunktionieren bekannter Texte am häufigsten verwendet. Methodisch ähnlich wie Peter Rühmkorfs Parodien auf Klopstock-Oden und Hölderlin-Gedichte in *Kunststücke. Fünfzig Gedichte nebst einer Anleitung zum Widerspruch* (1962) lieferten die Gegengedichte der antiautoritaren Bewegung provozierende Alternativaussagen über allgemeinmenschliche oder tagespolitische Fragen. Auch die *Garstigen Weihnachtslieder 69* (1969), die neue Texte zu bekannten Melodien enthielten, waren durch die Umfunktionalisierung von Vorlagen entstanden.

Die thematischen Schwerpunkte der Studentenbewegung kreisen um die Kritik am autoritären kapitalistischen Staat: Auseinandersetzung mit der Polizei- und Staatsgewalt, die Notstandsgesetzgebung, die Große Koalition, die Pressekonzentration (insbesondere der Springer-Konzern) sowie Missstände im Lehr- und Forschungsbetrieb. Zu den außenpolitischen Hauptthemen gehörten vor allem der Vietnamkrieg und die Ausbeutung der Dritten Welt.

Die Autoren der Studentenbewegung sammelten sich oft in Kooperativen, um die literarischen Produktionsweisen zu ändern und die agitatorische Effektivität ihrer Arbeit zu steigern. Zu den bekanntesten gehörte die Gruppe «Kultur und Revolution» in Berlin, der später bekannt gewordene Schriftsteller wie Peter Schneider, Nicolas Born, Volker von Törne und F. C. Delius angehörten oder nahestanden. Auch die Liedermacher Franz Josef Degenhardt, Dieter Süverkrüp und der Kabarettist Hanns Dieter Hüsch wurden in ihren kabarettistisch-politischen Liedern, Chansons und Texten von der Studentenbewegung beeinflusst.

Literatur der Arbeitswelt

Von der «Gruppe 61», die Themen der Arbeitswelt «in individueller Sprache und Gestaltung» behandelte, spaltete sich 1969 eine Gruppe ab, die sich «Werkkreis Literatur der Arbeitswelt» nannte. Sie bildete Werkstätten, in denen Kollektive von schreibenden Arbeitern, Schriftstellern, Journalisten und Wissenschaftlern antibürgerliche, dokumentarische Literatur im Sinne ihres Programms (1970) produzierten:

Der Werkkreis versucht, «die menschlichen und materiell-technischen Probleme der Arbeitswelt als gesellschaftlich bewusst zu machen. Er will dazu beitragen, die gesellschaftlichen Verhältnisse im Interesse der Arbeitenden zu verändern. In dieser Zielsetzung verbindet der Werkkreis seine Arbeit mit dem Bestreben aller Gruppen und Kräfte, die für eine demokratische Veränderung der gesellschaftlichen Verhältnisse tätig sind».

Die zwei bekanntesten Schriftsteller, Max von der Grün von der «Gruppe 61» und Günter Wallraff, der zum «Werkkreis» überwechselte, illustrieren die unterschiedlichen Schreibweisen der beiden Gruppen, die fiktionale gegenüber der dokumentarischen Darstellung.

Max von der Grün (1926–2005) arbeitete als Schlepper, Hauer und Grubenlokführer unter Tage, als sein Erfolgsroman *Irrlicht und Feuer* 1963 erschien.

In dem Roman erzählt der Hauer Jürgen Formann von seinem Leben und Beruf. Zentrales Ereignis ist die Zechenstilllegung; obwohl Formann am Ende Fließbandarbeiter im weißen Kittel wird, findet er keinen Sinn im Leben, weil das kapitalistische Ausbeutersystem, in das auch die Gewerkschaften eingepasst sind, den Menschen seiner Arbeit entfremdet. Die Struktur des Romans ist eine Mischung von spannender Unterhaltung, Reportage und analytischen Teilen, wobei Max von der Grün oft eine filmische Schnitttechnik verwendet. Der Roman belegt die starke Wirkung, die Fiktion haben kann: die Gewerkschaften fühlten sich angegriffen, und die Leitung der beschriebenen Zeche kündigte dem Autor.

In seinen späteren Romanen, *Stellenweise Glatteis* (1973), *Flächenbrand* (1979) und *Die Lawine* (1986), vereint der Autor eine abgeschwächte Kritik an den kapitalistischen Verhältnissen mit einem spannungsreichem Aufbau und einer intimen Kenntnis der Menschen im Ruhrgebiet.

Günter Wallraff (geb. 1942) arbeitete nach seiner Wehrdienstverweigerung bis 1965 in fünf verschiedenen Industriebetrieben. In seinem Reportageband *Wir brauchen dich* (1966; als Taschenbuch mit dem Titel *Industriereportagen*, 1970) zeigte er anhand vieler Einzelfälle, wie die Monotonie der Arbeit eine entfremdende Diskrepanz zwischen Denken und Tun bewirkt. Aber im Gegensatz zu Max von der Grün erhebt Wallraff den Anspruch eines authentischen Berichts über eigene Erfahrungen, wobei er auf Zahlen und Statistiken vertraut. Auf ähnliche Weise verwertete er seine Erfahrungen, als er unter falschem Namen Redakteur bei der BILD-Zeitung (*Der*

Aufmacher. Der Mann, der bei «Bild» Hans Esser war, 1977) und türkischer Gastarbeiter (*Ganz unten*, 1985) war. In *Ganz unten* heißt es: «Man muss sich verkleiden, um die Gesellschaft zu demaskieren, muss täuschen und sich verstellen, um die Wahrheit herauszufinden.»

Wallraffs operativer «Enthüllungsjournalismus» machte ihn zu einer Symbolfigur der linken Publizistik und zu einer Institution, die auch internationale Resonanz fand. Für die Wirtschaft war er ein kommunistischer Psychopath, der sozialpolitische Hetze betrieb und klassenkämpferische Machwerke schrieb. Dass er den Finger auf Missstände gelegt hat, die der Öffentlichkeit sonst unbekannt waren, steht außer Zweifel. In der Tradition der Arbeiterliteratur setzte er mit seiner dokumentarischen Schreibweise eine Linie des «Bundes Proletarisch-Revolutionärer Schriftsteller» (BPRS) aus der Zeit um 1930 fort. Wie der «rasende Reporter» Egon Erwin Kisch (s. S. 220) bewegte sich Wallraff von der objektiven, «neusachlichen» Schilderung zur parteilichen Reportage, in der der Schriftsteller sich selbst ins Spiel bringt.

Die Literaturkonzeption Wallraffs, der eine Zeit lang der politisch wirksamste und von Arbeitern am meisten gelesene Schriftsteller der Bundesrepublik war, ist bewusst gegen den bürgerlichen Kunstbegriff gerichtet: «Kunst – das wäre das Allerletzte», hieß es 1973, und 1975 formulierte er apodiktisch: «Eine Literatur muss sich danach messen lassen, wie sie wirkt.»

Die Bedenken gegen Wallraffs Methode betreffen seine Rolle, die er nur vorübergehend übernimmt und die sich schwerlich ohne weiteres mit den Jobs der anderen Beschäftigten am Arbeitsplatz vergleichen lässt. Der große Erfolg von *Ganz unten* musste in den 80er Jahren Gegenreaktionen provozieren. Wallraff wurde als bloßer «Medienstar der sozialen Empörung» kritisiert, und immer wieder wurde hervorgehoben, dass der politische Aufklärungseffekt seines Buches zweifelhaft sei. Dazu kam, dass er Plagiatsvorwürfe nicht überzeugend widerlegen konnte. Seine Mitarbeiter beanspruchten Autorenanteile, da Wallraff ganze Kapitel des Buches nicht selbst geschrieben habe. Zwei Jahre nach Erscheinen von *Ganz unten* bekannte der Autor: «Dieses Buch ist wie ein Fluch für mich.»

Obwohl Günter Wallraff das Werkkreis-Programm mitformuliert hat, ist er immer Einzelgänger geblieben. Dabei sehen die

Werkstattkollektive gerade in der kollektiven Produktion eine besondere Stärke. Das konsequent verfolgte Ziel eines sozialkritischen Realismus führte jedoch in vielen Publikationen zu einer Vernachlässigung des sprachlich-ästhetischen Aspekts. Dieser Mangel sowie die Simplizität der Figurenzeichnung und der Handlungsschemata waren mit ein Grund für die seit 1980 stagnierenden Auflagenzahlen. Wallraff setzt aber auch im 21. Jahrhundert seinen Enthüllungsjournalismus fort, so z.B. als Somalier «in fremder Haut».

Drama und Theater

Die gesellschaftliche Unruhe übertrug sich wie immer in politisch bewegten Zeiten am schnellsten auf das Theater, das für die Autoren die Möglichkeit der Augenblickswirkung mit der literarischen Langzeitwirkung verband. Vorbereitet war die Politisierung durch Bertolt Brechts Modellstücke, deren Beliebtheit Anfang der 60er Jahre einen Höhepunkt erreichte, durch Erwin Piscators Inszenierungen und die Wiederentdeckung der Volksstücke Ödön von Horváths und Marieluise Fleißers (s. S. 231–232). Die Freude am Experiment begünstigte einerseits den Einsatz des gesamten bühnentechnischen Apparats (Licht, Bühnenbild, Bühnenhydraulik, Film) und andererseits den Mut, auf die Bühnentechnik zu verzichten und sich ganz auf das Spiel zu verlassen. Zwischen dem «Totaltheater» der entfesselten Bühneneffekte und dem «armen Theater» der reinen Körpersprache boten sich viele theatralische Darbietungsformen.

Auch zwischen den politischen Extrempositionen, dem parteilichen Agitations- und Propagandatheater im Theater, auf Straßen sowie vor und in Fabriken und dem «reinen», nur ästhetischen Theaterspiel, gab es eine Vielfalt von Formen: das politischer Aufklärung dienende Dokumentartheater, das politische Kinder- und Basisgruppentheater, das «neue Volksstück», Kabarett, Zirkus, Tanz- und Musiktheater zu politischen Zwecken, Peter Handkes «Sprechstücke» (s. S. 421), das um die Versöhnung von Ästhetik und Politik bemühte Regietheater, das Kunst und Leben verschmelzende Happening, die zur Selbstdarstellung des Darstellers tendierende Performance und das viele Künste und Medien mischende «Multimedia»-Theater.

Die Attraktivität der theatralischen Formen wurde noch dadurch gesteigert, dass das in den 50er Jahren sehr verbreitete Hörspiel in den Hintergrund gedrängt wurde, weil das Fernsehen den Wettkampf mit dem Rundfunk gewann. Die «Originalton-Hörspiele», abgekürzt «O-Ton-Hörspiele», in denen Geräusche, Laute, Sprache im Originalton auf Tonband aufgenommen wurden, kamen oft ohne literarische Vorlage aus.

Auf dem konkurrierenden Feld überragten einige wenige Schriftsteller auf Grund ihres dramatischen Talents alle Konkurrenten. Musterdramen, die ästhetische Qualität, politische Wirkung und literaturgeschichtliche Bedeutung zur Deckung brachten, schrieb vor allem Peter Weiss, dessen Stücke für das politische, das dokumentarische und das agitatorisch-propagandistische Theater bahnbrechend waren (s. S. 376–378).

Die Beiträge zum Dokumentartheater zerfallen in zwei Hauptgruppen, einerseits die Bericht- und andererseits die Prozess/Verhörform. Nach der Weise, wie das Material umgesetzt wird, lassen sich folgende Typen unterscheiden:
1. szenisch arrangierte Prozessakten (Heinar Kipphardt: *In der Sache J. Robert Oppenheimer*, 1964; Peter Weiss: *Die Ermittlung*, 1965).
2. historisch-biografische Stücke (Tankred Dorst: *Toller – Szenen aus einer deutschen Revolution*, 1968; Peter Weiss: *Hölderlin*, 1971).
3. Chroniken (Peter Weiss: *Gesang vom Lusitanischen Popanz*, 1967).
4. Schauspiele mit freier Benutzung dokumentarischer Quellen (Peter Weiss: *Die Verfolgung und Ermordung Jean Paul Marats*, 1964; Rolf Hochhuth: *Der Stellvertreter*, 1963).

Mit dem von Erwin Piscator inszenierten *Stellvertreter* (1963) des 1931 geborenen Rolf Hochhuth kam das dokumentarische Verfahren zum Durchbruch.

In dem Schauspiel, das mit dokumentarischen Einsprengseln arbeitet, warf Hochhuth dem pragmatisch und kommerziell denkenden Papst Duldung der nationalsozialistischen Judenausrottung vor und stellte ihm als positive Identifikationsfigur den Jesuitenpater Ricardo gegenüber, der das Martyrium der Juden auf sich nimmt und sich mit ihnen nach Auschwitz deportieren lässt. Ricardo wird zum Stellvertreter des «Stellvertreters Christi». Die

Strukturform dieser Mischung von Geschichtsdrama und expressivem, moralischem Bekenntnisdrama ist eine in Blankversen und freien Versen geschriebene, fünfaktige idealistische Tragödie. Kritisiert wurde, dass die historischen Quellen auf eine Idee hin ausgerichtet wurden und das Schauspiel sich dennoch als «wahre» Dokumentation ausgab. Ferner wurde kritisiert, dass Hochhuth in der Tradition des Schiller'schen Geschichts- und Gewissensdramas die Protagonisten als Individuen zeigt, von deren moralischen Entschlüssen die Entwicklung geschichtlicher Prozesse abhängt.

Die zentrale Idee und Motivation von Hochhuths Dramen ist die große moralische Persönlichkeit, die einer in die Katastrophe treibenden Gesellschaft entgegentritt. In der von ihm bevorzugten Enthüllungshistoriografie und Vergangenheitsbewältigung beweist er ein bemerkenswertes Gespür für aktuelle und aktualisierbare Ereignisse (*Soldaten – Nekrolog auf Genf*, 1967, *Guerillas*, 1970; *Juristen*, 1979). Nach 1970 verzichtete er auf die dokumentarische Methode.

Der von Brecht stark beeinflusste Heinar Kipphardt (1922–1982) verarbeitete für sein Hauptwerk, den «szenischen Bericht» in Prosa *In der Sache J. Robert Oppenheimer* (1964), das 3000 Seiten starke Verhandlungsprotokoll des 1954 gegen den Atomphysiker Oppenheimer angestrengten Verfahrens wegen der Verzögerung der Herstellung der Wasserstoffbombe. Anders als der historische Oppenheimer – der die Beweggründe und Fakten im Drama als verfälscht bezeichnete – macht der Oppenheimer Kipphardts während des Verhörs einen Wandlungprozess durch, der ihn die Unmöglichkeit einer wertfreien Wissenschaft erkennen lässt. Die Auseinandersetzung mit den Fakten führte Kipphardt zu pathetischen Deklamationen, aus denen überdeutlich eigene Überzeugungen sprechen.

Friedrich Christian Delius (geb. 1943) hat in seinen Stücken die Grenzen dokumentarischer Literatur zugunsten analytischer und satirischer Durchdringung des Materials erweitert. Die «Dokumentarpolemik» *Wir Unternehmer* (1969) stellt Zitate aus den Protokollen einer Wirtschaftstagung der CDU/CSU so zusammen, dass die falsch tönende Emphase durch Anordnung in falschen Reimen verstärkt und das Standarddenken von Wirtschaftsführern und Politikern zugleich belegt und entlarvt wird. Die «Dokumentarsatire» *Unsere Siemens-Welt* (1972) parodiert, ironisch als «Festschrift» deklariert, die Floskeln einer euphemistischen Selbstdarstellung des Weltkonzerns. Der drei

Jahre dauernde Rechtsstreit endete mit einem Vergleich, der Delius dazu verpflichtete, einige wenige Zeilen einzuschwärzen.

«Neues Volksstück» wurde die Bezeichnung für die Bühnenstücke, die Martin Sperr (1944–2002) und Franz Xaver Kroetz (geb. 1946) Mitte der 60er Jahre in Fortführung einer langen süddeutschen Volksstück-Tradition schrieben. Beide stammen aus Niederbayern, und beide haben eine abgebrochene Schauspielerausbildung und Erfahrungen als Gelegenheitsarbeiter hinter sich. Die Protagonisten ihrer Stücke, die weniger Belustigung als Erweckung kritischen Mitgefühls erzeugen sollen, sind Leute der unteren Mittelschicht in der Provinz, die eine dialektgefärbte, kaum literarisierte Umgangssprache sprechen. Sperr (*Jagdszenen aus Niederbayern*, 1966) nannte vor allem Marieluise Fleißer, Kroetz (*Wildwechsel*, 1971 aufgeführt) Ödön von Horváth als Vorbild.

Nach *Wildwechsel* schrieb Kroetz in den folgenden 10 Jahren rund 30 Stücke. In *Oberösterreich* (1972) versuchte er erstmals, den «ausweglosen Realismus» seiner ersten Stücke zu überwinden und modellhaft eine positive Lösung zu finden.

Das Stück beschränkt sich auf die Beschreibung der Verhältnisse des Verkaufsfahrers Heinz und seiner Frau Anni. Gezeigt werden die Stereotypie ihres Lebens, die Ritualisierung aller Abläufe, die Austauschbarkeit und die Anonymität ihrer Lebenserfahrungen; auch sprachlich leben sie gewissermaßen aus zweiter Hand, weil sie ihre Probleme nicht individuell formulieren können. Entweder verwenden sie vorgeformte sprachliche Fertigteile und Klischees, sodass eine Diskrepanz zwischen Sagen und Meinen entsteht, oder sie schweigen in ihrer Hilflosigkeit vor den Problemen:

Anni: Mir sind der gute Durchschnitt. Da muss man sich abfindn.
Pause.
Die Großn hams auch ned leicht.
Pause.
Am besten fahrt man, wenn man zufriedn is, Heinz.
Pause.

Als Anni schwanger wird und sich gegen die Abtreibung wehrt, fängt Heinz, der sich weder materiell noch psychisch in der Lage sieht, ein Kind aufzuziehen, zu trinken an und reagiert seine Wut auf die Frau im Alkohol ab; wegen Trunkenheit wird ihm der Führerschein entzogen. Die drohende Katastrophe bleibt jedoch aus: Anni liest in einem Bericht im *Stern* von einem Mann in Oberösterreich, der seine Ehefrau erschlägt, weil sie «gegen die Vernunft» eine Abtreibung ablehnte. Anni und Heinz dagegen glauben fest daran, dass alles «hoffnungsvoller» wird mit dem Kind, auch wenn sie auf Konsum verzichten müssen.

Auch in den Stücken *Das Nest* (1972) und *Mensch Meier* (1976/77) kommen die Personen zu einer positiven Entscheidung, was im Gegensatz zu den frühen Stücken steht, wo die Situation nur hingenommen wurde.

Der Erfolg der Volkstücke hing mit der allgemeinen Tendenz zusammen, Literatur, Theater und Kunst als gesellschaftlich vermittelte und also auch politisch wirkende Medien näher an die konkrete Wirklichkeit heranzuführen. Wie die Arbeiterliteratur, die Dokumentarliteratur, das Straßentheater wollten sie ein neues Publikum gewinnen, das die Unterdrückung, gesellschaftliche Zwänge und die Abhängigkeit als eigenes Problem erlebte.

Lyrik

Der Einschnitt in der Lyrik im Laufe der 6oer Jahre war so tief, dass man zu Recht von einem Paradigmenwechsel gesprochen hat. Im Gegensatz zu dem hinter dem hermetischen Gedicht liegenden Konzept des Protests gegen eine verunreinigte Normalsprache ist das neue Ideal die Klarheit eines verständlichen, auf Kommunikation hin angelegten Gedichts, das durch die Hinwendung zur Realität legitimiert wird. Typisch für die 6oer Jahre sind die vielen Lyrikdiskussionen und die Erprobung von Formen wie Epigramm, Lied, Groteske, Parodie und Erzählgedicht (Ballade).

Um 1968 erschienen viele Zeitgedichte, vor allem Protestgedichte, die unmittelbar auf aktuelle Ereignisse, Missstände und Skandale reagieren wollten. In dem Essay *Das Gedicht als Lügendetektor* (1967) entwarf Peter Rühmkorf das Konzept einer «Parteinahme» der Lyrik.

Einer der bedeutendsten Autoren politischer Gedichte wurde der in Österreich geborene, in London ansässige Erich Fried (1921–1988), der vom traditionellen Lied zum dialektisch zugespitzten Gedicht in der Brecht-Tradition überwechselte

(*Warngedichte*, 1965). Seine Gedichtsammlung *Und Vietnam und*, 1966, war unter den rebellierenden Studenten besonders angesehen. Frieds poetisches Verfahren ist ein an die Konkrete Poesie erinnerndes Sprachdenken in Wortspielen. Gemeint ist eine dialektische Bewegung von Spruch und Widerspruch, die aus dem sprachlichen Material selbst eine kritische Tendenz entbindet. So wird das Gedicht ein kritisches Dechiffrierinstrument, das nach Erich Fried zum «Denken, Formulieren und Handeln anregen kann».

17.–22. Mai 1966.

Aus Da Nang
wurde fünf Tage hindurch
täglich berichtet:
Gelegentlich einzelne Schüsse

Am sechsten Tag wurde berichtet:
In den Kämpfen der
letzten fünf Tage
in Da Nang
bisher etwa tausend Opfer.

Gebranntes Kind   *Für H. M. E.*

Gebranntes Kind
fürchtet das Feuer
Gebrannten Kindes Kinder
fürchten das Feuer nicht

gebrannten Kindes Kindeskinder
malen sich aus
wie schön die Großeltern brannten

und sammeln feurige Kohlen

Nochmals gebranntes Kind
fürchtet kein Feuer mehr

Asche ist furchtlos.

Das Hauptthema der umfangreichen lyrischen Produktion Erich Frieds ist der Mensch als Opfer überindividueller Kräfte, vor allem der Macht, die als böse und die Quelle allen Übels beschrieben wird. Auch als politischer Lyriker blieb er ein nachdenklicher Moralist, der sich vom Agitprop distanzierte.

Ein Vorbild der Aufbruchsgeneration wurde Rolf Dieter Brinkmann (1940–1975), der als Pop- und Undergroundlyriker die amerikanische Pop-Lyrik in Deutschland einführte. Er entwarf das Modell einer Kunst und Leben verbindenden Literatur, die auf eine individuelle Emanzipation abzielte, um damit zuerst die Voraussetzungen für gesellschaftliche Veränderungen zu schaffen. Sein Einfluss auf die spätere westdeutsche Lyrik und die DDR-Lyrik der 8oer Jahre ist nicht zu überschätzen.

Seine Rezeption amerikanischer Lyrik ging mit einer Hinwendung zur Massenkultur, zu Fotographie, Film und Kino einher. Typisch für seine Literaturkonzeption ist außer dem Gestus des Protestes, der sich gegen alles und alle richtet, die programmatische Öffnung des Gedichts für alle Sprachebenen. Das Gedicht setzt auf Gegenwärtigkeit und weiß zugleich, dass diese unmöglich ist. «Jeder kennt das, wenn zwischen Tür und Angel, wie man so sagt, das, was man in dem Augenblick zufällig vor sich hat, zu einem sehr präzisen, festen, zugleich aber auch sehr durchsichtigen Bild wird, hinter dem nichts steht, scheinbar isolierte Schnittpunkte.» Brinkmanns Lyrik, die das Bruchstückhafte als einzige Lebensform darstellt, weist auf die Alltagslyrik und die Postmoderne voraus (*Westwärts 1 & 2*, 1975).

Einer jener klassischen

schwarzen Tangos in Köln, Ende des
Monats August, da der Sommer schon

ganz verstaubt ist, kurz nach Laden
Schluss aus der offenen Tür einer
dunklen Wirtschaft, die einem
Griechen gehört, hören, ist beinahe

ein Wunder: für einen Moment eine
Überraschung, für einen Moment

Aufatmen, für einen Moment
eine Pause in dieser Straße,

die niemand liebt und atemlos
macht, beim Hindurchgehen. Ich

schrieb das schnell auf, bevor
der Moment in der verfluchten

dunstigen Abgestorbenheit Kölns
wieder erlosch.

Ein Essay in der Zeitschrift *Kursbuch* 1970, «Von der möglichen Funktion der Literatur» von Hans Christoph Buch, enthielt einen Abschied von der radikalen Politisierung etwa in Form eines vulgärmarxistischen Ökonomismus und den programmatischen Auftakt zum neuen Jahrzehnt. Neue Subjektivität und Alltagslyrik hießen die Schlüsselwörter in der Geschichte der Lyrik in den 70er Jahren, und die Spannweite war sehr groß. In Jürgen Theobaldys Anthologie *Und ich bewege mich doch,* 1977, sah der Herausgeber «eine Vielfalt lyrischer Schreibweisen» und umschrieb die neue Tendenz mit den Worten: «Mitteilung [...] statt Monolog, Erlebnis statt Idee, Wörter statt des Worts, Umgangssprache statt Chiffre».

In der Alltagslyrik der 70er Jahre tauchten die Dichter in ihren eigenen Versen auf – das «lyrische Ich» hatte eine neue Konnotation. Aber das Schreiben sollte den Eindruck des Nebenbei erwecken, man machte nicht viel Aufhebens davon. Ein Gedicht konnte eine Momentaufnahme sein oder eine Alltagsnotiz mit Angabe von Ort und Zeit, ein Abbild der Umwelt mit ihren banalen und konkreten Gegenständen. Dazu gehörte der erzählende Parlando-Ton, der an Brecht, Tucholsky und den frühen und späten Benn erinnert:

Jürgen Theobaldy: Käsesahne.
Dann schob sie/ den Teller beiseite/ und sagte zu mir/ sie habe immer/ was Großes leisten wollen/ was Außergewöhnliches/ sie habe ihrem Leben/ einen Wert geben wollen/ aber jetzt merke sie/ wie ihr alles zerfließe/ in banale Gespräche/ in gewöhnliche Nachmittage/ mit Leuten die bloß/ ihre Zeit totschlugen/ und ich saß still dabei/ denn ich musste/ wegen dieser Käsesahne/ schon eine Weile aufs Klo/ und traute mich nicht/ zu unterbrechen/ weil es schön war/ was sie sagte und wie/ bis sie mich fragte/ wie das mit mir sei/ ich schreibe doch Gedichte/ und ich sagte ja/ ich schreibe Gedichte/ entschuldigte mich/ ging endlich aufs Klo/ und dachte über/ mein wertvolles Leben nach.

Epik

Im Gegensatz zu den 50er Jahren wurde die epische Prosa nach 1960 von verschiedenartigen Realismus-Konzeptionen beherrscht. Die Annäherung an die Realität bezweckte die in der Prosa dieser Jahre sehr verbreitete «Beschreibungsliteratur», die von den Techniken des modernen Films und des Nouveau Roman beeinflusst wurde.

Als Initiator und vorrangiger Theoretiker der «Kölner Schule» des Neuen Realismus (1964 ff.) galt Dieter Wellershoff (geb. 1925). Er fasste die zeitgemäßen Tendenzen zusammen und distanzierte sich von einer verzerrenden Gesellschaftskritik nach Art der *Blechtrommel* von Günter Grass: «Der neue Realismus kritisiert sie [die Gesellschaft] immanent durch genaues Hinsehen. Es ist eine Kritik, die nicht von Meinungen ausgeht, sondern im Produzieren der Erfahrung entsteht.»

Angesichts der nicht mehr durchschaubaren übergreifenden Zusammenhänge gingen die Schriftsteller von der minuziösen Beschreibung «sinnlich konkreter Erfahrungsausschnitte» aus und lösten durch wechselnde Optik die konventionelle Ansicht einer bekannten Situation so auf, dass «eine neue Erfahrung» entstand (Wellershoff). Diese neuen Erfahrungen vermittelten oft eine überscharfe, ja verzerrte Perspektive. So entstanden nicht selten groteske Beschreibungen gesellschaftlicher Wirklichkeitsfragmente wie in Gisela Elsners *Die Riesenzwerge* (1964) und Renate Rasps *Ein ungeratener Sohn* (1967) oder Werke, die die Überwältigung durch die Objekte einer übermächtigen Realität wie in *Raupenbahn* (1966) von Rolf Dieter Brinkmann darstellten.

Etablierte Schriftsteller wie Heinrich Böll (*Gruppenbild mit Dame*, 1971) und Siegfried Lenz (*Deutschstunde*, 1968), die in dieser Epoche ihre Hauptwerke schrieben, oder Günter Grass und Martin Walser blieben trotz ihrer Bindung an die traditionelle Gattungstrias von den Zeittendenzen nicht unberührt. Sowohl die gezielte Behandlung politischer Themen als auch eine Leserstrategie, die den Leser zum Mit- und Selbstdenken einladen, kennzeichnen ihre Werke.

Verschiedene Möglichkeiten bot die Anwendung von Dokumentarliteratur. Das Verfahren, erzählende Prosaabschnitte mit dokumentarischen Passagen und Einblendungen aus fremden Texten zu einer leseraktivierenden Textfolge zu verknüpfen, perfektionierte der Prosaautor und Filmemacher Alexander Kluge (geb. 1932) in den Büchern *Lebensläufe* (1962) und *Schlachtbeschreibung* (1964). Kluge, der von W. G. Sebald (s. S. 446–447) in dessen Vorlesung *Luftkrieg und Literatur* (1997) hervorgehoben wird als einer der wenigen deutschen Nachkriegsautoren, der die verheerende Bombardierung deutscher Städte im Zweiten Weltkrieg adäquat dargestellt hat, bringt auch in einem seiner jüngsten Werke, das den umständlichen

Titel trägt *30. April 1945 – Der Tag, an dem Hitler sich erschoss und die Westbindung der Deutschen begann* (2014), Faktisches und Fiktives miteinander ins Spiel. Nur Dokumente verwendete Erika Runge (geb. 1939), Mitglied der *Gruppe 61* und später des *Werkkreises*. Sie redigierte in den *Bottroper Protokollen* (1968) die auf Tonband mitgeschnittenen Aussagen von Menschen, die von den gesellschaftlichen Krisen am nachhaltigsten betroffen worden waren.

Das Dilemma der Protokolle und Dokumente kommt bei Erika Runge deutlich zum Ausdruck: Die Arbeit des Schriftstellers bleibt auf die Anordnung der Texte beschränkt, deren Grenzen mit denen der Wirklichkeit zusammenfallen. Erika Runge wurde sich des Problems bewusst und schrieb 1976 über ihre eigene «Sprachunfähigkeit»: «Warum habe ich denn nicht meine Erlebnisse und Erkenntnisse, meine Phantasie und meine Sprache eingebracht? Ich war dazu nicht imstande, obgleich ich das Bedürfnis hatte. Ich wollte schreiben, aber mir fehlten die Worte. Ich wollte von mir, meinen Wünschen und Schwierigkeiten sprechen, aber ich hatte Angst, mich bloßzustellen.»

Anfang der 70er Jahre, als die Zeit des Agitprops vorbei war, erschienen traditionell geschriebene Bücher, die eine Art Bilanz der Studentenbewegung zogen. Zu den meistgelesenen gehörte Peter Schneiders *Lenz. Eine Erzählung* (1973), in der enttäuschte Revolutionäre ihre eigenen Probleme wiedererkennen und eine positive Lösung finden konnten. Die Ohnmacht der Hauptperson erinnert an Georg Büchners Erzählung *Lenz* (s. S. 44), aus der eine Anzahl wörtlicher Zitate in Schneiders Text einmontiert sind.

Der junge Intellektuelle Lenz, aus dessen Perspektive die Er-Erzählung in kurzen, parataktischen Sätzen erzählt wird, lebt in einer deutschen Großstadt (West-Berlin) ziellos und ohne Kontakte mit anderen Menschen, voller Langeweile und Angst. Als er Hilfsarbeiter in einer Fabrik wird und sich an einer politischen Basisgruppe mit Studenten und Arbeitern beteiligt, wird der Riss, an dem er leidet, die Diskrepanz zwischen Verstand und Gefühl, theoretischer Abstraktion und sinnlicher Anschauung so groß, dass er Berlin spontan verlässt und nach Italien fährt. Hier – in Antithese zum ersten Teil – erlebt er eine nicht entfremdete, fast märchenhafte Welt, in der Ich und Gemeinschaft, Theorie und Sinnlichkeit vereinigt sind, und hier erkennt er, dass er an einem Schuldkomplex gegenüber seiner verstorbenen Mutter leidet. Im kurzen dritten Teil ist er wieder in Berlin, und auf die Frage, was er jetzt tun wolle, antwortet er im Schlusssatz der Erzählung: «Dableiben!» Die Antwort deutet an, dass er sich selbst und seinen sozialen Ort gefunden hat und dass die Versöhnung der erlittenen Widersprüche andauern wird.

B. Die Literatur in der DDR

I. Grundzüge

Auf dem 11. Plenum des Zentralkomitees der SED 1965 wurden wie immer auch kulturpolitische Fragen behandelt. Und wie immer wurden Künstler und Kunstwerke, die der Parteilinie nicht entsprachen, an den Pranger gestellt. Unter den Schriftstellern gerieten besonders zwei ins Kreuzfeuer der Kritik: Werner Bräunig (1934–76) wegen eines in der *Neuen Deutschen Literatur* veröffentlichten Kapitels «Rummelplatz» aus einem «Ankunftsroman», das die rohe Arbeitswirklichkeit im Uranbergbaugebiet der DDR, der Wismut AG, darstellte. Das folgende Zitat aus einer der vielen Reden zeigt auf exemplarische Weise, wie von der Partei argumentiert wurde: «Aber weil er [Bräunig] eine falsche Konzeption hat, sind die Ergebnisse dieser Arbeit antisozialistisch und haben darum mit dem wirklichen Leben nichts gemein.»

Schärfer noch als Bräunig, der den Roman nie fertiggeschrieben hat, wurde der 1953 aus Hamburg in die DDR übergesiedelte Wolf Biermann (geb. 1936) angegriffen. 1965 waren seine «Balladen, Gedichte, Lieder» (so der Untertitel) *Die Drahtharfe* in einem Westberliner Verlag erschienen. Biermann wurde in westdeutschen Zeitungen interviewt und legte sowohl dort als auch in Gedichten wie «An die alten Genossen» oder «Rücksichtslose Schimpferei» seine Enttäuschung über die politische Entwicklung in der DDR offen dar. Die stereotypen Angriffe auf den «anarchistischen Individualisten» und «Sensualisten» Biermann, der von dem 11. Plenum ab in der DDR weder auftreten noch publizieren durfte, dauerten bis zum 17. November 1976, als das Politbüro der SED ihm, der zum ersten Mal seit 1964 die Erlaubnis zu einer Konzerttournee in der Bundesrepublik bekommen hatte, die Staatsbürgerschaft entzog. Noch am selben Tag unterzeichneten 12 Autoren den folgenden offenen Brief an das Politbüro:

«Wolf Biermann war und ist ein unbequemer Dichter – das hat er mit vielen Dichtern der Vergangenheit gemein. Unser sozialistischer Staat, eingedenk des Wortes aus Marxens ‹18. Brumaire›, dem zufolge die proletarische Revolution sich unablässig selber kritisiert, müsste im Gegensatz zu anachronistischen Gesellschaftsformen eine solche Unbequemlichkeit gelassen nachdenkend ertragen können. – Wir identifizieren uns nicht mit jedem Wort und jeder Handlung Biermanns und distanzieren uns von Versuchen, die Vorgänge um Biermann gegen die DDR zu missbrauchen. Biermann selbst hat nie […] Zweifel daran gelassen, für welchen der beiden deutschen Staaten er bei aller Kritik eintritt. – Wir protestieren gegen seine Ausbürgerung und bitten darum, die beschlossene Maßnahme zu überdenken.»

Den Erstunterzeichnern – Erich Arendt, Jurek Becker, Volker Braun, Franz Fühmann, Stephan Hermlin, Stefan Heym, Sarah Kirsch, Günter Kunert, Heiner Müller, Rolf Schneider, Christa Wolf und Gerhard Wolf – schlossen sich in den folgenden Tagen über 150 weitere «Kulturschaffende» an, ein Beispiel für Zivilcourage und Solidarität.

Die Biermann-Schelte des Jahres 1965 und seine Ausbürgerung 11 Jahre später umspannen eine Periode, in der öfter und lauter als früher gegen die der Literatur von der Staats- und Parteiführung angelegte formale und inhaltliche Zwangsjacke protestiert wurde; eine Periode, in der eine reichhaltige und differenzierte Literatur entstand, von der jedoch ein Teil nicht oder erst nach Jahren in der DDR erschien oder die nur in der Bundesrepublik publiziert wurde. Zwar sah es nach dem Rücktritt von Walter Ulbricht und seiner Ablösung durch Erich Honecker im Frühjahr 1971 so aus, als ob eine Wende in der Kulturpolitik eingetreten wäre; im Dezember hielt Honecker seine vielzitierte Rede, in der es u.a. hieß: «Wenn man von der festen Position des Sozialismus ausgeht, kann es meines Erachtens auf dem Gebiet von Kunst und Literatur keine Tabus geben. Das betrifft sowohl die Fragen der inhaltlichen Gestaltung als auch des Stils – kurz gesagt: die Fragen dessen, was man künstlerische Meisterschaft nennt.» Nur: die Definition dessen, was unter der «festen Position des Sozialismus» zu verstehen sei, blieb nach wie vor der Partei und deren Kulturfunktionären überlassen.

Literaturdebatten

Im April 1966 stellte die FDJ-Zeitschrift *Forum* drei ‹Gretchenfragen› an eine Reihe von jungen Lyrikern und Lyrikerinnen, die sich seit den frühen 60er Jahren in der literarischen Landschaft bemerkbar machten:

1) Führt die neue Stellung des Menschen in der sozialistischen Gesellschaft, wie sie insbesondere durch die technische Revolution herbeigeführt wird, zu inhaltlichen und strukturellen Veränderungen der Lyrik?
2) Unter welchen Voraussetzungen seitens des Autors und des Lesers kann Lyrik in unserer Gesellschaft Wirkungen zeitigen, und wie können diese beschaffen sein?
3) Vor welchen hauptsächlichen Schaffensproblemen stehen Sie zurzeit?

Die Umfrage und die sich daran anschließende Diskussion liefen unter der Überschrift «In diesem besseren Land» und bezogen sich direkt auf eine kurz zuvor erschienene, von Adolf Endler und Karl Mickel zusammengestellte Lyrikanthologie desselben Titels. In ihrem Vorwort hatten die beiden Herausgeber, selber Lyriker, in indirekter Polemik gegen die üblichen Auswahlkriterien unterstrichen, dass ihre Texte nach ästhetischen Kriterien ausgewählt worden seien.

Die *Forum*-Umfrage entfesselte eine mehrjährige Literaturdiskussion, an der sich vornehmlich eine neue Generation von Schriftstellern beteiligte, die ein anderes Selbstbewusstsein hatte und die den Auftrag der Partei nicht fraglos akzeptierte, sondern eigene Ansprüche an Partei und Gesellschaft anmeldete.

Vehemente Kritik löste z. B. Günter Kunerts Antwort auf die erste der gestellten Fragen aus. Kunert (geb. 1929) schrieb u. a.:

«Mir erscheint als bedeutendste technische Revolution (nicht ganz im Sinne von ihrer Frage) die Massenvernichtung von Menschen, das möglich gewordene Ende allen Lebens. Am Anfang des technischen Zeitalters steht Auschwitz, steht Hiroshima [...] Ich glaube, nur noch große Naivität setzt Technik mit gesellschaftlich-technischem Fortschreiten gleich [...]» (*Forum*, Jg. 10, Nr. 10, Mai 1966)

Die Entrüstung über Kunert rührte u.a. daher, dass die DDR in diesen Jahren die «WTR», d.h. die wissenschaftlich-technische Revolution, als Teil des «Neuen Ökonomischen Systems der Planung und Leitung» («NÖSPL») angekündigt hatte. Die Faszination führender Politiker, Wirtschaftler und Wissenschaftler von den neuen technischen Möglichkeiten, z.B. auf dem Gebiet der Datentechnik, war unheimlich groß. Die «WTR» wurde als das Zaubermittel gesehen, das es der DDR ermöglichen sollte, die Überlegenheit des sozialistischen Systems zu beweisen und die Bundesrepublik zu «überholen, ohne [sie] einzuholen». Diesen Glauben als naiv zu stempeln und durch die Zusammenstellung von Auschwitz und Hiroshima vor den Gefahren der Technikgläubigkeit zu warnen, wie es Günter Kunert tat, musste herausfordern. Kunert stand mit seiner Skepsis nicht allein. Volker Braun drückte sich in dem Aufsatz *Eine große Zeit für Kunst?* (1966) im selben Sinne aus.

Die Zivilisationskritik, die ein wesentliches Merkmal der Literatur der 70er (und 80er) Jahre wurde, stellte das eigene System als Teil der zivilisatorischen Entwicklung in Frage; der «real existierende Sozialismus» (Erich Honecker) wurde nicht vorbehaltlos bejaht, dass «die Partei» immer recht habe, wie Louis Fürnberg 1950 in seinem Gedicht «Die Partei» behauptet hatte, hätten die jungen Autoren nicht mehr (unter) schrieben.

Der Wirbel um die neue Lyrik hing auch damit zusammen, dass hier eindringlich und bewusst provozierend nach der Rolle des Einzelnen, des Ich in einer sich sozialistisch nennenden Gesellschaft gefragt wurde. Elke Erb charakterisierte in der *Forum*-Umfrage die bisherige Lyrik als ichlos-affirmativ, Günter Wünsche forderte in seinem Gedicht «Die Rehabilitierung des Ich» einen Platz für das «gescholtene, geschmähte, denunzierte

Ich». In der Prosa zeigten sich ähnliche Tendenzen. Christa Wolfs Erzählung *Nachdenken über Christa T.* (1969) wurde als subjektivistisch kritisiert und durfte zuerst nur in einer relativ kleinen Auflage erscheinen.

Die Forderung nach einem sinnvollen Platz für den einzelnen in der Gesellschaft lief in der sogenannten Entfremdungsdebatte mit der zivilisationskritischen Tendenz zusammen. 1963 fand in Prag eine Konferenz über Franz Kafka statt, der bis dahin im Ostblock als dekadenter, nihilistischer Modernist abgeurteilt worden war. Die Konferenz gab den Startschuss zu einer Debatte, in der über das Werk Kafkas hinausgehend die Frage gestellt wurde, ob die Produktions- und Lebensweise in einer modernen, effektiven, auf Wachstum und Konsum fixierten Industriegesellschaft nicht notwendigerweise und somit auch unter sozialistischen Produktionsbedingungen zur Entfremdung des Menschen führen müsste. Die schnelle Modernisierung der DDR-Wirtschaft in den 60er Jahren nach dem Bau der Mauer (13. August 1961) und der Abriegelung der Grenze zur Bundesrepublik machte die Frage aktuell – und politisch brisant.

Über das literarische Erbe – und vor allem darüber, dass nur bestimmte Autoren, Werke und Perioden zur unanfechtbaren Norm für die neue Literatur erklärt wurden – kam es zu wiederholten Diskussionen. Ablehnend und gereizt reagierte deshalb die offiziöse Kritik auf ein Werk, das nach mehreren Jahren in der Schublade des Autors in *Sinn und Form* publiziert wurde: Ulrich Plenzdorfs *Die neuen Leiden des jungen W.* (1972). Die Art und Weise, wie hier der unangepasste, fantasievolle jugendliche Aussteiger Edgar Wibeau mit einem geheiligten Werk des klassischen Erbes umsprang, wurde als eine kulturpolitische Provokation aufgefasst. Und mit Recht, denn so war die Montage des Goethe'schen *Werther* gemeint. Dass sich 40% der vom *Forum* befragten Jugendlichen mit der Kritik Edgars an sakrosankten Institutionen wie Schule und Betrieb einverstanden erklärten, trug zusätzlich zum Unbehagen der Kulturpolitiker bei.

Ein Autor, der nicht oder nur bedingt «geerbt» werden durfte, war Heinrich von Kleist, über den sich Mitte der 70er Jahre eine längere Diskussion entspann. Entgegen der offiziellen Auffassung von Kleist als einem reaktionären preußischen Junker schrieb z.B. Rainer Kirsch: «Zu einer neuen Gesellschaft gehört [...], dass wir auch die extremen, widersprüchlichen und bestürzenden Dichter, zu denen Kleist zählt, hören und lesen müssen: der Lohn sind nicht nur ästhetische Genüsse, sondern letztlich feinere Stufen des Urteilens, Liebens und Miteinander-Umgehens, die uns ein reicheres Leben erst ermöglichen.» (*Kleists Selbstmord,* 1976) Zu den literarischen Beiträgen zur neuen Kleist-Rezeption gehören u.a. das Hörspiel *Ein anderer K.* (1977; der Titel soll vielleicht auch Franz Kafka assoziieren) von Günter Kunert, Christa Wolfs Erzählung *Kein Ort. Nirgends* (1979) sowie das *Kohlhaas*-Drama von Stefan Schütz (1976). Die deutsche Romantik stand im Zentrum des schriftstellerischen Interesses. Man entdeckte hier Dichter-Vorgänger, mit deren gesellschaftlichen und literarischen Problemen und Konflikten man sich identifizierte, und man fand in der romantischen Ästhetik und Poesie einen Gegenentwurf zum engen, doktrinären Sozialistischen Realismus. Auch Anna Seghers, Vertreterin der ältesten Autorengeneration und Vorsitzende des Schriftstellerverbandes, wies in ihrer späten Erzählung *Reisebegegnung* (1973), in der sie E.T.A. Hoffmann, Gogol und Kafka zusammentreffen lässt, auf die Möglichkeiten einer andersartigen, fantastisch-grotesken Wirklichkeitserfassung hin.

Die Schriftsteller, die in dieser Periode an die Öffentlichkeit traten, waren fast alle in den 30er Jahren geboren. Sie konnten auf eine «staatlich verpfuschte Kindheit» (Günter Kunert) zurückblicken, waren aber zu jung, um während des Nationalsozialismus politisch aktiv gewesen zu sein. Sie waren weder Antifaschisten noch Mitschuldige. Sie waren in und mit der DDR erwachsen geworden, empfanden diesen Staat als den ihren, solidarisierten sich mit ihm und kritisierten ihn, um durch ihre Kritik «dieses bessere Land» noch besser zu machen. Im Rückblick mag ihr optimistischer Glaube an die Veränderbarkeit der DDR-Gesellschaft und an die aktive Rolle der Literatur in diesem Prozess naiv scheinen; er ist aber charakteristisch für eine Generation, die immer noch an «das Prinzip Hoffnung» glaubte, obgleich der «Erfinder» dieses Begriffs, der Philosoph Ernst Bloch, 1961 die DDR verlassen musste.

II. Gattungen und Themen

Lyrik

Dass eine neue Lyrikergeneration auf dem Weg war, wurde der Öffentlichkeit zuerst durch eine Lesung in der Akademie der Künste in Berlin im Dezember 1962 klar. Einer der seltenen Auftritte Wolf Biermanns in der DDR fand an diesem Abend statt. Weitere Lesungen folgten, Gedichte der jungen Lyriker wurden veröffentlicht, eine *Saison für Lyrik* – so der Titel einer Anthologie aus dem Jahr 1967 – schien angebrochen zu sein. Und wie schon erwähnt folgten den Auftritten und Veröffentlichungen sofort Diskussionen und Kritik.

Die wichtigsten Vertreter der neuen Lyrik waren Adolf Endler, Karl Mickel, Sarah Kirsch, Rainer Kirsch, Heinz Czechowski, Reiner Kunze, Volker Braun, Wulf Kirsten, Bernd Jentzsch und Wolf Biermann. Dazu kam der etwas ältere Günter Kunert, der schon Ende der 40er Jahre debütiert hatte. Dass sie sich als Gruppe, als einen Freundeskreis ähnlich dem *Göttinger Hainbund* sahen, bezeugen die vielen Gedichte, die sie aneinander und voneinander geschrieben haben. Ein spätes Beispiel stellt Volker Brauns «Der Müggelsee» (1979) dar, eine Kontrafaktur zu Klopstocks «Der Zürchersee», in dem er den Freunden nachtrauert, die die DDR haben verlassen müssen: Bernd Jentzsch, Reiner Kunze, Wolf Biermann und Sarah Kirsch.

Eine prononcierte Subjektivität und der Wille, festgefahrene Denk- und Verhaltensmuster aufzubrechen, sind diesen, untereinander recht verschiedenen Lyrikern gemeinsam. Der Sprach- und Formenreichtum ist groß: Neben einem didaktischen, oft mit dem Paradox arbeitenden Sprechen, das deutlich von Brecht inspiriert ist, stehen freirhythmische Formen und Gedichte in klassisch-antiken und romanischen Metren wie Ode und Sonett.

Wegschilder und Mauerinschriften hieß die erste Gedichtsammlung Günter Kunerts (1950). Der Titel versinnbildlicht

Intention und Schreibweise des Autors: Es handelt sich um kurze, im Brecht'schen Sinne «gestische» Gedichte, die auf etwas hinweisen, etwas erklären wollen, die aufklären und warnen wollen. In Übereinstimmung mit der dialektischen Struktur ist das Paradox die häufigste Stilfigur. Ein Text, der sowohl die charakteristische Form als auch eins der festen Themen Kunerts illustriert, nämlich die Frage, ob der Mensch durch seine historischen Erfahrungen lernt, ist «Über einige Davongekommene»:

> Als der Mensch
> Unter den Trümmern
> Seines
> Bombardierten Hauses
> Hervorgezogen wurde,
> Schüttelte er sich
> Und sagte:
> Nie wieder.
> – Jedenfalls nicht gleich.

Der Lapidarstil bleibt eine Konstante der Kunert'schen Reflexionslyrik, aber der Glaube an die mögliche Wirkung von Literatur schwindet zusehends.

In den theoretisch-ästhetischen Überlegungen, die sein Werk begleiten, hat Günter Kunert mehrmals das Wesen des Gedichts zu bestimmen versucht: Das Gedicht erfüllt «in einer Welt der Zweckdienerschaft und maximaler Nützlichkeit keinen direkten Zweck», schreibt er in dem Aufsatz *Paradoxie als Prinzip* (um 1970). Es ist «zwecklos und sinnvoll» heißt es im Gedicht «So soll es sein» (1974), es kann als utopischer Ort die Hoffnung durchscheinen lassen, kann gewahren, «was hinter den Horizonten verschwindet/etwas wie wahres Lieben und Sterben» («Unterwegs nach Utopia I», 1977). Das Gedicht wird der letzte Zufluchtsort: Seinen Frankfurter Poetik-Vorlesungen hat Kunert den Titel *Vor der Sintflut. Das Gedicht als Arche Noah* (1985) gegeben. Im Bild der Sintflut drückt sich sein zunehmender Geschichtspessimismus aus; dessen Ort par excellence wird Berlin, Geburtsstadt und langjähriger Wohnort Kunerts, das er zum Gegenstand vieler Gedichte und Prosatexte gemacht hat. Hier findet er sowohl die Schatten der Vergangenheit als auch das entfremdete Leben der Gegenwart:

> An gewissen Tagen sind Straßen
> oftmals randvoll von Leere
> Im Schatten mancher Toreinfahrt
> lauert Vergangenheit
> Altgewordenes Dornröschen
> das jeden der die Stachelhecke
> überwindet mit einem Kuss
> betrügt

> («Stadtbahnstenogramme», In: *Berlin beizeiten*, 1987).

1979 verließ Günter Kunert die DDR mit einem sog. Dauervisum, d. h. er behielt im Gegensatz zu Wolf Biermann, Reiner Kunze und Sarah Kirsch seine DDR-Staatsbürgerschaft.

Die durch äußerste sprachliche Konzentration gekennzeichneten lyrischen Gebilde Reiner Kunzes (geb. 1933) rufen Brechts *Buckower Elegien* in Erinnerung. Wegen seines Engagements für den Prager Frühling und seines Protestes gegen den Einmarsch von Truppen des Warschauer Paktes in die ČSSR im August 1968 wurde er zur Persona non grata erklärt. Als Vorbild für seinen existenzialistisch-individuellen Widerstand gegen das System hat Kunze auf den französischen Dichter Albert Camus hingewiesen. Sein Gedichtband *Sensible Wege* durfte 1969 nur in der BRD erscheinen. Als charakteristisches Beispiel seiner Schreibweise kann das Gedicht «Dezember» aus dieser Sammlung gelten:

> Stadt, fisch, reglos
> stehst du in der tiefe

> Zugefroren
> der himmel über uns

> – – –

> Überwintern, das
> maul am grund

1977 verließ auch Reiner Kunze die DDR.

Auch die «Poetessa» (Adolf Endler) der Lyrikergruppe, Sarah Kirsch (geb. 1935) geriet ins Kreuzfeuer der offiziellen Kulturpolitik, obgleich ihre Gedichte weit weniger politisch – im traditionellen Sinne des Wortes – sind als diejenigen ihrer Kollegen. Ein Beispiel für die nach dem jeweiligen politischen Wind agierende Kulturkritik stellt die Beurteilung ihres Gedichts «Schwarze Bohnen» dar. Auf dem VI. Schriftstellerkongress 1969 wurde es als pessimistisch und daher nichtsozialistisch heftig angegriffen, auf dem Kongress 1973 wurde dasselbe Gedicht lobend zitiert als Beweis für die Vielfalt «unserer» Literatur:

> Nachmittags nehme ich ein Buch in die Hand
> Nachmittags lege ich ein Buch aus der Hand
> Nachmittags fällt mir ein es gibt Krieg
> Nachmittags mahle ich Kaffee
> Nachmittags setze ich den zermahlenen Kaffee
> Rückwärts zusammen schöne
> Schwarze Bohnen
> Nachmittags ziehe ich mich aus mich an
> Erst schminke dann wasche ich mich
> Singe bin stumm

Ihr erster selbständiger Gedichtband *Landaufenthalt* (1967) wies schon die Hauptthemen und den für Sarah Kirsch charakteristischen Sprachduktus – den «Sarah-Sound» (Peter Hacks) – auf. Die Natur und die nahen Dinge des Alltags spielen eine wichtige Rolle; die Bildkerne ihres Werks wie Haus, Spiegel, Wasser, See, Meer, Fliegen, Winter, Eis, Schnee, Nebel stammen aus diesen Bereichen. Es ist aufschlussreich, dass Sarah Kirsch als frühes Literaturerlebnis das Werk Adalbert Stifters erwähnt hat und dass sie «der Droste … gern Wasser reichen» würde, wie es in einem Gedicht heißt. Die Natur erscheint als Gegenwelt zur «Betonstadt» (das Titelgedicht «Landaufenthalt»), als Ort des Glücks und der Liebe, aber auch als durch die Aktivität der Menschen gefährdet («Im Sommer», Bäume»). Ihre vielen Liebesgedichte spiegeln alle Stufen und Stimmungen des Gefühls. Durch Assoziationen zu Mythen und Märchen (z.B. «Anziehung» und «Ich wollte meinen

König töten») erhält die persönliche Aussage Allgemeingültigkeit.

Sarah Kirsch hat Gedichte in der traditionellen Liedform geschrieben; am häufigsten finden sich aber freirhythmische Formen mit weitgehendem Verzicht auf Zeichensetzung, bes. auf Kommas – eine Form, die die DDR-Kritik irritierte. Der Leser muss sich den Sinnzusammenhang selber erarbeiten. Ihre Sprache bewegt sich zwischen dem Preziösen und dem Saloppen. Auch nach ihrer 1977 erfolgten Übersiedlung in die Bundesrepublik hat Sarah Kirsch mehrere Lyrik- und Prosabände veröffentlicht, die denselben Themenkreis aufweisen wie ihre Texte aus der DDR-Zeit (z. B. *Erdreich*, 1982, *Allerlei-Rauh*, 1988).

Epik

Auch in der epischen Prosa kann von einer neuen Subjektivität gesprochen werden, die sich sowohl inhaltlich als auch formal bemerkbar macht. Die Frage nach dem Zu-sich-selber-Kommen des Menschen – als Johannes R. Becher-Zitat Christa Wolfs Erzählung *Nachdenken über Christa T.* vorangestellt – stand nach wie vor im Zentrum der Erzählkunst, aber die Antworten fielen nuancierter aus als früher; der Individuationsprozess verlief nicht immer erfolgreich, die Bewährung in der Produktion tat es nicht allein. Die Prosaliteratur kreiste um ethische Fragen: Wie sollte ein «Sozialismus mit menschlichem Antlitz» aussehen? Wie sollten Menschen miteinander leben? Welche gesellschaftlichen Faktoren hemmen bzw. fördern die volle menschliche Entfaltung? Oft waren es Kinder und Jugendliche, wie Edgar Wibeau in Plenzdorfs *Die neuen Leiden des jungen W.* oder die Tochter der Erzählerin, Lenka, in Christa Wolfs *Kindheitsmuster,* die die bohrenden, unangenehmen, weil entlarvenden Fragen nach dem Wahrheitsgehalt der politischen Reden und Parolen stellten.

Formal bediente sich die Prosa in zunehmendem Maße subjektiver, moderner Erzähltechniken. Es wurde öfter als früher personal oder in der Ich-Form und es wurde nicht immer gradlinig erzählt. Der Schluss blieb manchmal offen, die Fabelführung verzichtete auf jede Teleologie. Die Widerspiegelungstheorie des Sozialistischen Realismus wurde als mechanistisch und allzu eng abgelehnt: «Lassen wir Spiegel das Ihre tun: spiegeln. Sie können nichts anderes. Literatur und Wirklichkeit stehen sich nicht gegenüber wie der Spiegel und das, was gespiegelt wird. Sie sind ineinander verschmolzen im Bewusstsein des Autors. Der Autor nämlich ist ein wichtiger Mensch», schrieb Christa Wolf in ihrem Essay *Lesen und Schreiben* (1968).

Durch Ironie und Satire, durch groteske oder fantastische Elemente wurde die Oberflächenwirklichkeit aufgebrochen, wie z. B. in Fritz Rudolf Fries' erst 1989 in der DDR veröffentlichtem Schelmenroman *Der Weg nach Oobliadooh* (1966 in der BRD erschienen), in Günter de Bruyns «Liebes-, Frauen-, Ehe-, Moral-, Bibliothekars-, Sitten-, Gegenwarts- und Berlinbericht» *Buridans Esel* (1968) oder in Irmtraud Morgners *Leben und Abenteuer der Trobadora Beatriz nach Zeugnissen ihrer Spielfrau Laura* (1974).

Günter de Bruyn (geb. 1926) erzählt eine oberflächlich gesehen recht banale Dreiecksgeschichte von dem erfolgreichen Bibliotheksdirektor Karl Erp, einem «Meister der Selbstrechtfertigung», der zwischen seiner Ehefrau Elisabeth und der jungen Bibliothekarin Fräulein Broder wie Buridans Esel zwischen zwei Heuballen schwankt. Die Geschichte wird in einer Sprache erzählt, die an Laurence Sterne und Jean Paul erinnert. Der allwissende Erzähler kommentiert, greift ein, schweift ab, löst alle glatten Klischees auf, verfremdet (im Brecht'schen Sinne) das Gewöhnliche und schafft so Einblicke in die widersprüchlichen Motive und Handlungen der Personen – und der Gesellschaft. Dieselbe souveräne Erzählweise findet sich in Günter de Bruyns späteren Werken *Preisverleihung* (1972) und *Märkische Forschungen* (1978). In dem 1984 in der Bundesrepublik, erst 1985 nach Intervention des Schriftstellerverbandes in der DDR erschienenen Roman *Neue Herrlichkeit* ist die Satire merkbar verschärft, der versöhnliche Humor zurückgetreten. Neben den beiden vielbeachteten Erinnerungsbüchern *Zwischenbilanz. Eine Jugend in Berlin* (1992) und *Vierzig Jahre. Ein Lebensbericht* (1996) hat Günter de Bruyn in den letzten Dezennien eigene «märkische Forschungen» zur preußischen Geschichte, Kultur und Landschaft publiziert, deren Schwerpunkt in der Zeit um 1800 liegt, wie z. B. die biographischen Erzählungen *Preußens Luise. Vom Entstehen und Vergehen einer Legende* (2010) und *Die Somnambule oder Des Staatskanzlers Tod*

(2015) sowie die Essays *Unter den Linden* (2003), *Abseits* (2006) und *Die Zeit der schweren Not* (2010).

Neue Frauenliteratur

In Romanen und Erzählungen aus dieser Periode wurde die Fortschrittlichkeit der Gesellschaft oft daran gemessen, welche Entfaltungsmöglichkeiten der Liebe zugestanden werden – wie «die Produktivkraft Liebe» (Irmtraud Morgner) ausgenutzt wird. So in der neuen Frauenliteratur, die außerdem die Frage aufwarf, ob die in der Verfassung und in vielen Gesetzen verkündete Gleichberechtigung zwischen Mann und Frau auch tatsächlich realisiert sei – und diese Frage nicht unbedingt positiv beantwortete. Denn die gesetzlich verankerte politische und ökonomische Gleichstellung hatte nichts daran geändert, wie Irmtraud Morgner es in einem Interview ausdrückte, dass der Mann immer noch das Muster für den Menschen abgebe, nicht Mann *und* Frau. «Wo ist mein eigenes Muster?» fragt die Titelperson in Gerti Tetzners Roman *Karen W.* (1974).

Nach anderen, neuen Mustern wurde auch auf der formalen Ebene gesucht. Irmtraud Morgner sagte im oben erwähnten Interview: «Die literarischen Formen, die Männer über Jahrhunderte entwickelt haben, sind gewachsen. Frauen können diese Formen bewundern, nicht als Muster übernehmen. Sie müssen ihre eigenen Formen entwickeln [...] das verlangt Arbeit von Generationen [...] Der Anfang ist notwendigerweise experimentell [...] Den Frauen hat niemand vorgearbeitet.» (1975)

Als «experimentell» kann die Romanform bezeichnet werden, die Irmtraud Morgner (1933–90) in ihrem *Leben und Abenteuer der Trobadora Beatriz nach Zeugnissen ihrer Spielfrau Laura* (1974) den Lesern vorführt. Das Buch besteht laut Untertitel aus 13 Büchern und 7 Intermezzi, es setzt sich aus sehr unterschiedlichen Diskursen zusammen, mit denen die Autorin in einer souverän-ironischen Weise umspringt, die durchaus als «postmodern» bezeichnet werden könnte: Neben der Fabel um Beatriz und Laura finden sich Abschriften «der schönen Melusine» aus dem abgelehnten Roman *Rhumba auf einen Herbst* von Irmtraud Morgner, angeblich von Laura und Beatriz geschriebene Lyrik und Prosa, Interviews mit fiktiven und nicht-fiktiven Personen, Zeitungsartikel, Statistiken u. a. m. Die Fabulierfreude Irmtraud Morgners ist überwältigend. Mit souveräner Fantasie sprengt sie die Grenzen von Zeit, Raum und Kausalität, bezieht Mythen und Märchen mit ein und deutet sie um:

Die mittelalterliche provenzalische Trobadora Beatriz lässt sich, weil es für Trobadoras keine Auftrittsmöglichkeiten gibt, von ihrer Schwägerin, der schönen Melusine, einschläfern, damit sie die Zeit bis zur Abschaffung der «Frauenhaltergesellschaft» verschlafen kann. Durch Zufall wacht sie 1968 auf, nimmt an den Studentenunruhen in Paris teil, hat eine Affäre mit einem Ingenieur aus der DDR und wird auf sein Land neugierig, weil er ihr versichert hat, die DDR sei «das gelobte Land» für Frauen. Hier lernt sie Laura Salman, eine schriftstellernde Lokführerin, kennen und stellt sie als «Spielfrau» ein. Beatriz durchstreift nicht nur die DDR, sondern viele Länder Europas, muss aber feststellen, dass es überall immer noch mit der vollen Emanzipation der Frauen hapert. Beim Fensterputzen – einer traditionell weiblichen Beschäftigung – stürzt sie aus dem Fenster und stirbt. Im 2. Band der als Trilogie geplanten, aber wegen des Todes von Irmtraud Morgner nicht zu Ende geschriebenen Geschichte, *Amanda. Ein Hexenroman* (1983), taucht Beatriz als Sirene – aber leider ohne Zunge – im Tierpark Friedrichsfelde wieder auf; Amanda, die hexische, durch Teufelei abgespaltene Hälfte von Laura, führt den Emanzipationskampf weiter.

Trotz des Umfangs – beide Romane umfassen etwa 700 Seiten – verliert sich der rote Faden nicht: Es geht darum, dass die Frauen wieder zu ganzen, nicht-amputierten Menschen werden und als solche in die Geschichte eintreten. Dabei erscheint Irmtraud Morgner in *Amanda* weniger zukunftsoptimistisch als in *Leben und Abenteuer der Trobadora Beatriz*; der Zivilisationspessimismus im Zuge von Wettrüsten und ökologischen Katastrophen trat auch bei ihr in Erscheinung.

Durch die Frauen kam es zu einer Erneuerung der faktografisch-dokumentarischen Literatur: 1973 gab Sarah Kirsch ihre «fünf unfrisierte[n] Erzählungen aus dem Kassetten-Recorder» *Die Pantherfrau* heraus, 1975 erschienen die von Maxie Wander zusammengestellten Protokolle *Guten Morgen,*

Du Schöne, in denen 17 Frauen im Alter von 16 bis 74 Jahren über ihr Leben, ihren Alltag, ihre Träume und Sehnsüchte erzählen. Anders als in den Betriebsreportagen der 50er Jahre (s. S. 302) werden hier keine Vorbilder aufgestellt, und die Privatsphäre steht gleichwertig neben der Arbeitssphäre. Den Frauenprotokollen folgten in den 80er Jahren auch *Männerprotokolle* (so der Titel eines 1986 herausgegebenen Buches); überhaupt wurde das Spektrum der faktografischen Literatur stark erweitert.

Vergangenheitsbewältigung

Mitte der 70er Jahre wurde der Faschismus erneut zu einem dominanten Thema der Erzählliteratur. In der Tradition der Wandlungsberichte aus den 50er und 60er Jahren steht Hermann Kants *Der Aufenthalt* (1977). Seine dem Autor ähnliche Hauptperson gerät am Kriegsende in ein polnisches Gefängnis, des Mordes an einer jungen Polin angeklagt. An der konkreten Tat ist er unschuldig, aber der Gerichtsprozess setzt in dem jungen Mann einen Gedankenprozess in Gang, der ihn zu der Erkenntnis bringt, letztlich doch mitschuldig an den Verbrechen der Nationalsozialisten zu sein. Christa Wolfs autobiografischer Roman *Kindheitsmuster* (s. S. 390) wurde wegen ihrer Analogien zwischen autoritären Strukturen des Faschismus und des Stalinismus zum Anlass heftiger Debatten.

Die DDR war nicht reif für eine kritische Bearbeitung der eigenen Vergangenheit, was sich u.a. in der Ablehnung von Stefan Heyms *Fünf Tage im Juni*, in dem die Ereignisse um den 17. Juni 1953 in einer Mischung aus historisch-dokumentarischem Bericht und Fiktion von einer durchaus sozialistischen Position aus behandelt werden. Schon 1959 hatte Heym die erste Fassung des Romans zu veröffentlichen versucht, aber vergebens. *Fünf Tage im Juni* kam dann 1974 in der Bundesrepublik heraus.

Bücher über Kinder und Jugendliche

Ulrich Plenzdorfs *Die neuen Leiden des jungen W.* (1972) erregte nicht nur ein so großes Aufsehen wegen seiner saloppen Art und Weise, mit dem «klassisch-humanistischen Erbe» umzuspringen, sondern vor allem weil hier ein junger Mensch in der Sprache Jugendlicher eine scharfe Kritik an dem ganzen Erziehungssystem ausdrückte. Elternhaus, Schule und Berufsausbildung wurden als Institutionen dargestellt, die zur «Subalternität» (Rudolf Bahro) erzogen, die gehorsame und strebsame «Untertanen» heranbildeten und nicht mündige, selbständig denkende Menschen. In der Nachfolge von Plenzdorf erschienen viele Prosatexte, in denen Jugendliche gegen die gesellschaftlichen Anpassungszwänge protestieren und auf ihr Recht auf Selbstverwirklichung pochen, z. B. Rolf Schneiders *Reise nach Jaroslaw* (1974) und Volker Brauns *Unvollendete Geschichte* (1975; nur in der Zeitschrift *Sinn und Form*).

Auch Thomas Braschs *Vor den Vätern sterben die Söhne* gehört hierher. Als das Buch 1977 – also nach der Biermann-Ausbürgerung – in einem Westberliner Verlag veröffentlicht werden sollte, wurde dem Autor bedeutet, dass in absehbarer Zeit in der DDR nichts von ihm erscheinen werde, worauf er in die Bundesrepublik umzog. Brasch möchte sein Buch nicht nur als Spiegelung der DDR-Wirklichkeit, sondern als Darstellung einer existenziellen Situation gelesen wissen; es beschreibt Jugendliche, die an ihrer präformierten Umwelt zu ersticken drohen, die etwas anderes wollen: «Von vorn anfangen in einer offenen Gegend.»

Drama und Theater

Kennzeichnend für die Situation des Dramas waren – schon seit den späten 5oer Jahren – die vielen Hindernisse, die der Bühnenrealisierung gerade der wichtigsten Stücke in den Weg gelegt wurden. Einige kamen überhaupt nicht zur Aufführung in der DDR, so Heiner Müllers *Germania Tod in Berlin* (1977) und *Hamletmaschine* (1978) und Volker Brauns *Guevara oder Der Sonnenstaat* (1977). Andere wurden nur auf Studio- oder Provinzbühnen gespielt, wie z. B. Volker Brauns *Schmitten* (1969–78; 1982 im Kellertheater der Oper Leipzig uraufgeführt). Heiner Müllers *Philoktet* wurde in den Jahren 1958–64 geschrieben, 1968 in der Bundesrepublik, 1974 von einer Leipziger Studiobühne und 1977 schließlich in der DDR offiziell aufgeführt. Diese und andere Dramen eckten sowohl ideologisch als auch formal zu sehr an. Gespielt wurden stattdessen

Gegenwartsdramatiker, die ein eher idealisiertes oder versöhnliches Bild der Verhältnisse gaben, wie Armin Stolper, Helmut Baierl und Helmut Sakowski. – Seit den 70er Jahren ging der Theaterbesuch in der DDR zurück, wohl nicht nur wegen der Konkurrenz des Fernsehens.

Die beiden schon in den 50er Jahren hervorgetretenen «Brechtianer» Peter Hacks und Heiner Müller bewegten sich zusehends von ihrem Lehrmeister weg, jedoch auf verschiedene Weise und mit unterschiedlichen Intentionen. Peter Hacks wandte sich nach der Kritik an seinen beiden Gegenwartsstücken *Die Sorgen und die Macht* und *Moritz Tassow* vor allem mythischen Stoffen zu (*Amphitryon*, 1968/69, *Omphale*, 1970, *Adam und Eva,* 1972), denen er nicht wie etwa Heiner Müller Aktualität einschreiben, sondern in denen er das Allgemeinmenschliche darstellen wollte. Die episch-soziologische Dramenform à la Brecht wollte er durch ein neues klassisches Drama abgelöst sehen, weil die Menschen im «postrevolutionären» Zeitalter nicht mehr der aufklärerischen Lehrstücke bedurften.

Wie die Prosa wandte sich das Drama der 70er Jahre erneut der Geschichte zu, weniger der eigenen, individuellen als vielmehr bestimmten Zeitabschnitten oder Themenbereichen: dem Faschismus, der preußisch-deutschen Geschichte oder der abendländischen Zivilisationsgeschichte generell, so Heiner Müller in *Germania Tod in Berlin* (1976) und Volker Braun in *Simplex Deutsch* (1978/79). Den ewigen Mitläufer wollte Thomas Brasch in seinem *Märchen aus Deutschland, Rotter* (Uraufführung 1978 in der Bundesrepublik), zeigen, einem Stationendrama mit Traumsequenzen und symbolischen Figuren, das die Demaskierung eines als besonders deutsch aufgefassten Menschentypus zum Ziel hat.

C. Autoren

Peter Weiss

Am 8. 11. 1916 in der Nähe von Berlin geboren. Der Vater, ein Textilingenieur, war jüdisch-ungarischer Abstammung, die Mutter kam aus dem
Alemannischen. 1934 emigrierte die Familie zunächst nach Prag, wo Weiss
die Kunstakademie besuchte, 1939 nach Stockholm/Schweden. Hier Arbeit
als Designer und Kunstlehrer, Maler und Filmemacher. 1945 schwedischer
Staatsbürger. Erste literarische Veröffentlichungen auf Schwedisch; seit
den 50er Jahren schrieb Weiss seine Werke auf Deutsch. Am 10. 5. 1982 in
Stockholm gestorben.

Der 1952 geschriebene, 1960 veröffentlichte Prosatext *Der
Schatten des Körpers des Kutschers* begründete den Ruhm von
Peter Weiss in Deutschland. Das erzählende Ich beschränkt
sich bewusst darauf, das Außen der Dinge und Gestalten zu
beschreiben und zwar derart minuziös, dass die wahrgenom-
mene Welt einen surrealen Charakter annimmt. Die Collagen,
die Weiss für seinen «Mikro-Roman» geschaffen hatte, unterstreichen das Surrealistische. Die beiden folgenden Erzählungen *Abschied von den Eltern* (1961) und *Fluchtpunkt* (1962)
sind autobiografisch und stellen, stark von der Psychoanalyse
beeinflusst, die Sozialisations- und Emanzipationsgeschichte
des aus dem Bürgertum kommenden, sozialistisch engagierten
Künstlers dar.

In den folgenden Jahren wandte sich Weiss dem politischen
Theater zu. Das 1964 in Westberlin uraufgeführte Stück mit
dem monströsen Titel *Die Verfolgung und Ermordung Jean
Paul Marats dargestellt durch die Schauspielgruppe des Hospi-
zes zu Charenton unter Anleitung des Herrn de Sade* verschaffte Weiss internationalen Ruhm.

Das historische Ereignis – die Ermordung des radikalen Revolutionärs Marat 1793 durch eine Vertreterin seiner politischen Gegner, Charlotte Cor-
day – wird als Theater im Theater unter der Regie des ebenfalls authentischen Marquis de Sade 1808 von Patienten eines Irrenhauses aufgeführt.
Wo Marat an der Notwendigkeit der sozialen und politischen Umwälzung
der Gesellschaft trotz aller Ausschreitungen und Rückschläge festhält, vertritt der Zyniker de Sade, enttäuschter ehemaliger Anhänger der Französi-

schen Revolution, einen extremen Individualismus. Die Art und Weise, wie die jeweilige Aufführung des Stücks das Verhältnis zwischen den beiden Kontrahenten darstellt – ob gleichgewichtig oder nicht – bestimmt die Deutung des Dramas.

Schon in *Marat/Sade* verwandte Weiss für die erfundenen Konfrontationen seiner historischen Gestalten dokumentarisches Material. *Die Ermittlung* (1965), *Gesang vom Lusitanischen Popanz* (1967) und *Viet Nam Diskurs* (1968) sind dokumentarische Lehrstücke, die auf traditionelle dramatische Gestaltungsformen verzichten. *Die Ermittlung*, ein Oratorium in 11 Gesängen mit Musik von Luigi Nono, besteht aus den Verhörprotokollen des Auschwitz-Prozesses, der 1963–65 stattfand. Im *Lusitanischen Popanz* und *Viet Nam Diskurs* arbeitet Weiss mit Formen des Agitprop-Theaters und der politischen Revue; die Stücke stellen revolutionäre Bewegungen der Dritten Welt dar und solidarisieren sich mit deren Kampf gegen die Kolonialmächte. Das 1971 erschienene *Hölderlin*-Stück, das den Dichter als revolutionären Idealisten und Vorläufer von Karl Marx darstellt und damit im Umkreis der nach 1968 einsetzenden Hölderlin-Neudeutung zu sehen ist (s. Bd. I, S. 337–338), erregte lebhafte Diskussionen.

Von 1971 bis 1981 arbeitete Peter Weiss an seinem Hauptwerk, der dreibändigen *Ästhetik des Widerstands*, das eine autobiografisch gefärbte Darstellung von der Geschichte der streitenden deutschen und europäischen Arbeiterbewegungen, ihres Widerstandes gegen den Faschismus und ein ästhetischer Essay zugleich ist. Die 1981 publizierten *Notizbücher* dokumentieren den Arbeitsprozess und die Überlegungen des Autors und können in dieser Funktion mit Thomas Manns *Die Entstehung des Dr. Faustus* verglichen werden.

Der aus der Ich-Perspektive erzählte Roman beginnt 1937 in Berlin vor den Friesen des antiken Pergamonaltars. Der namenlos bleibende Erzähler, ein 20-jähriger, dem Kommunismus nahestehender Arbeiter diskutiert angesichts dieses Hauptwerks der abendländischen Kunst mit zwei Freunden das Verhältnis des Proletariats zum überlieferten kulturellen Erbe und zur künstlerischen Avantgarde. Weiss greift hier und in den weiteren Beschreibungen von Kunstwerken Themen aus den Kunstdebatten der 20er und

30er Jahre auf (s. S. 221–222 und S. 257), um die Frage nach der politischen Qualität ästhetischer Erfahrungen zu erörtern, vgl. den Titel des Romans. Der Ich-Erzähler verlässt Berlin und nimmt am Spanischen Bürgerkrieg teil; Antonio Gaudis *Sagrada Familia* in Barcelona und Pablo Picassos Gemälde *Guernica* gehören zu den Kunstwerken, über die der Erzähler hier reflektiert. Sein weiterer Weg geht über Paris nach Stockholm, wo er seine Eltern wiedersieht und von deren Weg ins Exil erfährt, der durch Polen, Weißrussland und Lettland gegangen ist. Im 3. Band tritt das Ich eher als Chronist auf, der den Untergrundkampf im nationalsozialistischen Deutschland und die Verhaftung und Hinrichtung der Widerstandsgruppe um Harro Schulze-Boysen und Arvid Harnack in Berlin eindrucksvoll schildert. Durch den herausgeschmuggelten letzten Brief des Jugendfreundes Heilmann wird durch den Ausruf «O Herakles» der Faden zu der einleitenden Diskussion geknüpft. Trotz allen Enttäuschungen über den Zank und Streit, die gegenseitigen Verdächtigungen und das persönliche Machtstreben, die die Gespräche der Emigranten über das künftige Deutschland kennzeichnen, schreibt der Erzähler im Epilog: «Noch wollen wir festhalten an unsern Hoffnungen, denn ohne sie hätten wir nicht weitergehen können, und ich würde sehen, wie wir danach immer wieder zu diesen Hoffnungen griffen, sie nie wahnwitzig nannten, obgleich alle Zeichen stets gegen sie sprachen, so wie die Hoffnung jedes Mal stärker war als das Scheitern, denn nichts andres war diese Hoffnung ja, als die Lebenskraft selbst.»

Hans Magnus Enzensberger

Geb. am 11. 11. 1929 in Kaufbeuren/Allgäu. Nach Kindheit in Nürnberg Studium der Literaturwissenschaft, Sprachen und Philosophie, promovierte über *Brentanos Poetik* (1955). Arbeitete als Rundfunkredakteur, Gastdozent an der Hochschule für Gestaltung in Ulm und als freier Schriftsteller, Übersetzer und Herausgeber. Viele Auslandsaufenthalte und -reisen. 1965 zog er nach Berlin, wo er einer der Pioniere der antiautoritären Studentenbewegung wurde. 1968–69 längerer Aufenthalt auf Kuba und 1974–75 in New York. Wohnt seit 1979 in München.

Von einem anarchischen Impuls getrieben, ist Enzensberger auch im neunten Jahrzehnt seines Lebens der immer aktuelle und überraschende Gesellschaftskritiker geblieben. Sein vielseitiges Werk lässt sich in drei Hauptabschnitte gliedern, in die Lyrik und Essays der 50er und frühen 60er Jahre, in die linksradikale Publizistik und die Dokumentarliteratur der 60er Jahre und in die das Zeitgeschehen analysierenden Gedichte, Verserzählungen, Essays und Reportagen seit 1970, wobei die pessimistische Vision immer mehr von einer ironischen und optimistischen Sicht abgelöst wird. Einen integrativen Teil des Werkes bildet seine Tätigkeit als Übersetzer (Pablo Neruda, William Carlos Williams u. v. a.) und als Herausgeber (*Museum der modernen Poesie*, 1960; *Allerleirau. Viele schöne Kinderreime*, 1961; die Buchreihe «Die Andere Bibliothek», 1985–2007).

Als Enzensberger seine ersten Gedichte (*verteidigung der wölfe*, 1957) publizierte, wurde er, der über die mangelnde Zivilcourage seiner Mitbürger herzog, als der «zornige junge Mann» der deutschen Literatur gefeiert und angegriffen. Von den Lyrikern der 50er Jahre war er der Erste, der im Sinne Adornos bewusst eine Überwindung der Gegensätze zwischen *poésie pure* und *poésie engagée* versuchte, anders ausgedrückt: eine Synthese aus Benns artistischem, wirklichkeitsdistanzierendem Monolog und Brechts didaktischem, eingreifendem Engagement. Immanent durch die Sprache soll die Kritik zum Ausdruck kommen. So formuliert der Anfang des Gedichts «bildzeitung» eine der drei märchenhaften Versprechungen des Blattes (du wirst reich, schön, stark sein), das am Ende als «ein leichentuch/aus rotation und betrug» entlarvt wird:

> du wirst reich sein
> markenstecher uhrenkleber:
> wenn der mittelstürmer will
> wird um eine mark geköpft
> ein ganzes heer beschmutzter prinzen
> turandots mitgift unfehlbarer tip
> tischlein deck dich:
> du wirst reich sein.

In den zwei folgenden Bänden (*landessprache*, 1960, *blindenschrift*, 1964) wurde die Unmöglichkeit einer solchen Synthese thematisiert («gedichte für die gedichte nicht lesen» in *landessprache*), und die Sprache vereinfachte sich zusehends, bis Enzensberger nach 1965 lange Zeit keine Gedichte mehr veröffentlichte.

Die zweite Phase war vor allem durch eine politisch engagierte Publizistik und die Einsicht in den zweifelhaften gesellschaftlichen Nutzen der Literatur gekennzeichnet. In der von ihm gegründeten, für die Studentenbewegung maßgebenden Zeitschrift *Kursbuch* (1965 ff.) stand der metaphorisch gemeinte Satz vom «Tod der Literatur», der jedoch allenfalls ein Verdikt über traditionelle Literatur aussprach. Durch eine breite Palette essayistischer Schreibformen griff er direkt in das politische Geschehen der 60er Jahre ein. Wesentliche Beiträge zur politischen Aufklärung waren Dokumentarliteratur (*Das Verhör von Habana*, 1970), «politische Lesebücher» (*Gespräche mit Marx und Engels. I–II*, 1973) und der aus Zitaten montierte Tatsachenroman über den spanischen Anarchisten und Freiheitskämpfer Durrutti (*Der kurze Sommer der Anarchie*. Fernsehfilm WDR 1971, Buchausgabe 1972). Nach dem Aufenthalt auf Kuba wurde der Glaube an eine sozialistische Zukunftsgesellschaft endgültig fallen gelassen.

Die folgenden Werke gaben ein düsteres Bild des Fortschritts. Die lyrische Reportage *Mausoleum. Siebenunddreißig Balladen aus der Geschichte des Fortschritts* (1975), die poetisch-poetologische «Komödie» vom *Untergang der Titanic* (1978) und die Alltagsgedichte *Die Furie des Verschwindens* (1980) waren originale Variationen über die zeitgemäßen Themen «Verlust der Utopien» und «drohender Untergang», die auch in den gleichzeitigen Essays abgehandelt wurden.

Enzensberger hat als einer der Ersten den Pragmatismus und die Versöhnung mit der Wirklichkeit gepredigt, wie es für die Postmoderne typisch ist. Aber sein Misstrauen gegenüber jeder Form organisierter Macht, das schon in der Essaysammlung *Politik und Verbrechen* (1964) zu provokanten Thesen führte, blieb bestehen. Daher bildet eine dezentralisierte Gesellschaftsordnung, deren «Indifferenz und Integrationsfähigkeit» unbegrenzt scheint, auch das Ideal in der Reportagensammlung *Ach, Europa! Wahrnehmungen aus sieben Ländern* (1987).

Sein Ideal des unbeirrbar seinen eigenen Weg gehenden Menschen hat er mehrmals beschrieben, zuletzt in *Hammerstein oder der Eigensinn – eine deutsche Geschichte* (2008). Enzensberger relativiert die genau recherchierte Biografie des ehemaligen Chefs der Heeresleitung, Kurt von Hammerstein (1878–1943), auf folgende, für ihn typische Weise: «Es bleibt ein ungesagter Rest, den keine Biografie auflösen kann; und vielleicht ist es dieser Rest, auf den es ankommt». 2014 erschien *Tumult*, eine Montage aus biographischen Aufzeichnungen und Gesprächen oder Diskussionen zwischen dem Hans Magnus Enzensberger von heute und seinem jüngeren Ich über die Jahre 1963–70 – Jahre, in denen Enzensberger ein Leben auf Reisen geführt hat. Der Titel bezieht sich sowohl auf das Privatleben des Autors, metaphorisch «der russische Roman» genannt, als auch auf die politisch-gesellschaftliche Bewegtheit dieser Jahre, so das Schlagwort der Zeit illustrierend, dass das Private politisch und das Politische privat sei. Das Buch ist «den Verschwundenen» gewidmet.

Die Gedichtbände *Zukunftsmusik* (1991), *Kiosk* (1995); *Leichter als Luft* (1999), *Die Geschichte der Wolken. 99 Meditationen* (2003), *Rebus* (2009) arbeiten gekonnt mit den Stilfiguren, die er schon im Vorwort der Anthologie *Museum der modernen Poesie* (1960) andeutend umschrieben und in seiner Poetik *Das Wasserzeichen der Poesie oder Die Kunst und das Vergnügen, Gedichte zu lesen* (unter dem Pseudonym Andreas Thalmayr. Nördlingen, 1985) ausführlich dargestellt hatte: Montage und Experiment, Sprach- und Wortspiele, Dialektik von Wucherung und Verknappung, Erprobung neuer syntaktischer Verfahren, Umschreibungen und Sarkasmen. Das lyrische Ich nimmt sich immer wieder die Freiheit zu unabhängiger und spielerischer Reflexion – nicht zuletzt über sich selbst:

> Was der Berg ist, weiß ich nicht zu sagen.
> Aber ich sitze auf dem Berg.
> Für den Blitz bin ich entbehrlich.
> Er ist mir gegeben.
> Das genügt.
> («In höheren Lagen gewittrige Störungen» aus *Zukunftsmusik*)

Günter Grass

Geb. am 16. 10. 1927 in Danzig-Langfuhr, wo seine Eltern, der aus dem Deutschen Reich stammende, protestantische Vater und die aus der Danziger Gegend stammende katholisch-kaschubische Mutter, ein Lebensmittelgeschäft hatten. Flakhelfer und 1944 Panzerschütze in der Waffen-SS. Erst bei der «Umerziehung» in der amerikanischen Kriegsgefangenschaft begriff er, welche Ideologie die Deutschen verführt hatte. Nach 1945 absolvierte er ein Steinmetz-Praktikum, danach ein Studium der Bildhauerei und Grafik 1951–56 in Düsseldorf und Berlin. 1956–59 mit seiner Frau Anna Schwarz in Paris, wo er an seinem ersten Roman *Die Blechtrommel* arbeitete. 1958 sprach ihm die Gruppe 47 ihren Preis zu. Wohnt seit 1960 in Berlin, daneben seit 1972 in Wewelsfleth, Schleswig-Holstein, seit 1987 in Behlendorf bei Mölln, Schleswig-Holstein. Heiratete nach der Scheidung von seiner Frau 1979 die Organistin Ute Grunert. Gründete 2005 den Autorenzirkel Lübeck 05. Günter Grass starb am 13. April 2015.

Die erste Phase seines Werkes, 1955–59, war bestimmt durch die Konkurrenz zwischen bildhauerischer Arbeit und Schreiben von Gedichten, absurden Theaterstücken (*Noch zehn Minuten bis Buffalo*, 1959) und Kurzprosa. Der Titel seines ersten Gedichtbandes *Die Vorzüge der Windhühner* (1956) war programmatisch für die ersten Werke von Grass, dem die Freiheit in der Kunst ein Grunderlebnis war: in den Gedichten pries er die realitätsüberlegenen Fantasiegebilde, «[weil] sie kaum Platz einnehmen/ auf ihrer Stange aus Zugluft […] weil sie zahllos sind und sich ständig vermehren.» Grass hat später betont, dass er von der Lyrik herkomme und dass sie ihm am meisten liege.

Das Weltverständnis des absurden Theaters, das in der Gestalt des Sisyphos zum Ausdruck kommt, hat Grass nie aufgegeben. In *Kopfgeburten* (1980) bekannte er sich als Sisyphos zum ständigen, wenn auch vergeblichen Wälzen des Steins als «menschlich […], mir angemessen», wovon er von keinem Gott und keiner Gesellschaft erlöst werden will. Auch das Ziel seiner absurden Stücke: «Die Tragödie des Menschen mit den Mitteln der Komödie bewältigen» wirkt in späteren Texten nach.

Die zweite Phase umfasst außer der *Blechtrommel* (1959) die Novelle *Katz und Maus* (1961) und den Roman *Hundejahre* (1963). Alle drei hat Grass als die *Danziger Trilogie* zusammengestellt. *Die Blechtrommel* wurde ein Welterfolg, durch den die deutsche Nachkriegsliteratur eine bis dahin nicht erlebte internationale Bedeutung gewann. Wegen der offenen Darstellung von sexuellen Verhaltensweisen der Romanprotagonisten und der als Blasphemie aufgefassten Parodien auf christliches Brauchtum machte der Roman Grass zum umstrittensten Autor seiner Zeit. Heute gilt *Die Blechtrommel* (1979 von Volker Schlöndorff verfilmt) als Klassiker der Nachkriegsliteratur.

Die drei Teile der Trilogie werden durch Zeit, Schauplatz, Personal und Erzählhaltung zusammengehalten. Die Danziger Kleinbürgerwelt der Vorkriegs- und Kriegszeit wird von Ich-Erzählern in der Bundesrepublik aus der Rückschau der 5oer und 6oer Jahre heraufbeschworen. Die Repräsentativität des Ortes wird in den *Hundejahren* betont: «Es war einmal eine Stadt, die hatte [...] einen Vorort, der hieß Langfuhr. Langfuhr war so groß und so klein, dass alles, was sich auf dieser Welt ereignet oder ereignen könnte, sich auch in Langfuhr ereignete oder hätte ereignen können».

Die Blechtrommel gehört in die Tradition des pikaresken Romans von Grimmelshausens *Simplicissimus* (s. Bd. I, S. 151) und distanziert sich ironisch vom deutschen Bildungsroman. Die neuartige Technik besteht darin, eine fantastische Kunstfigur, den Zwerg Oskar, zum Erzähler und somit zum Erkundungsinstrument zu machen, das es erlaubt, die vergangene und gegenwärtige Wirklichkeit ohne sprachliche und inhaltliche Tabus und mit geradezu besessenem Detailrealismus in ihrer Komplexität zu erfassen. Durch die «Kunst des Zurücktrommelns» erzählt Oskar, dessen Trommel magische Qualitäten hat, mit sinnlicher Sprachfülle und barockem Fantasie-Reichtum sein Leben in einer Heil- und Pflegeanstalt – wie der Pikaro aus der Rückschau in der Einsiedelei.

Das Bild der NS-Zeit, das der seine Schuld wegen Passivität büßende Oskar zeichnet, unterscheidet sich von den zwei damals gängigen Auffassungen, der Kollektivschuld-These, nach der die deutsche Geschichte gleichsam mit historischer Folgerichtigkeit auf Hitler zugelaufen sei und alle Deutschen gleichermaßen (un)schuldig seien, und der Konspirations-These, nach der die Deutschen gegen ihren Willen von einer verbrecherischen Clique von politischen Drahtziehern vereinnahmt worden seien. In der Biografie Oskars wird das Kleinbürgertum zu Recht als die tragende soziale Schicht des Nationalsozialismus beschrieben; die Mehrheit der Danziger Kleinbürger bewunderte bzw. akzeptierte unkritisch den neuen Führer und half dadurch Hitlers Herrschaft befestigen.

In der streng komponierten Novelle *Katz und Maus* wird der Kampf eines durch einen übergroßen Adamsapfel entstellten Jungen um Integration und Selbsterlösung geschildert. In den *Hundejahren* taucht zum drittenmal in der Trilogie das Evangelium von der gefallenen Schöpfung auf gemäß dem Credo: «Am Anfang war der Sprung.» Grass vertritt in seinen Werken das christliche Weltbild vom gefallenen Menschen, lehnt aber jede Erlösung ab. Eine mögliche Besserung sieht er in der Einsicht der Schuld und der Fähigkeit zur Reue, wozu die Kunst eventuell beitragen kann.

In der Phase bis 1972 waren die Werke von politischem Engagement geprägt. Grass engagierte sich in selbstorganisierten

Wahlveranstaltungen für die SPD, gegen jede Ideologie von links und rechts. In dem Buch über den 69er Wahlkampf *Aus dem Tagebuch einer Schnecke* (1972) ist die Schnecke Chiffre für menschliche Eigenschaften, die er schätzt: das Gewundene, das Zögernde, die Geduld, die beharrliche Langsamkeit des fast unmerklichen evolutionären Fortschritts. Das Gegenbild ist das Pferd, das mit Bezugnahme auf Hegels Wort über Napoleon als «Weltgeist zu Pferde» für jede überpersönliche Gesetzmäßigkeit der Geschichte steht.

Nach einem längeren Rückzug aus der Öffentlichkeit erschien 1977 der Roman *Der Butt*, der erneut ein Welterfolg wurde. Von der Steinzeit bis in die 1970er Jahre erstreckt sich die hier erzählte Geschichte der Frauen, die im Gegensatz zu der kämpferischen und chaotischen Männerwelt Fortschritte im Menschlichen bewirkt haben. Ein Nebenprodukt ist die Erzählung *Das Treffen in Telgte* (1979), das dem Gründer der Gruppe 47, Hans Werner Richter, gewidmet ist und ein fiktives Treffen aller deutschen Dichter im Jahre 1647 gegen Ende des Dreißigjährigen Krieges beschreibt.

Von den folgenden Werken seien erwähnt das Warnbuch *Die Rättin* (1986), in der die Ratten die von den Menschen zugrundegerichtete Erde übernehmen, *Zunge zeigen* (1988), wo Grass nach einer längeren Indienreise seine Erlebnisse der anscheinend unlösbaren Widersprüche Indiens in Zeichnungen und Tagebuchnotizen gestaltet, und *Unkenrufe. Eine Erzählung* (1992), in der der Wunsch deutscher Vertriebener, in alter Heimaterde begraben zu werden, zu einem ergiebigen Geschäft führt, denn, so heißt es polemisch im Buch: «Eine Armee deutscher Leichen tritt zur Eroberung unserer [der polnischen] Westprovinzen an.»

Jede Neuerscheinung von Grass scheidet die Geister. Der einst als rüder Avantgardist beschimpfte oder gelobte Autor nannte sich in einem Fernsehgespräch kurz nach Erscheinen des Romans *Die Rättin* (1986) «altmodisch», um darzulegen, dass er sein Schreibwerk verstehe im Rahmen der Literaturgeschichte und der literarischen Erzähltraditionen. Sein politisches Engagement ist ungebrochen; Aufsehen und Verwunderung erregten seine Reden und Aufsätze zur deutschen Einheit, in denen er aus Sorge um eine neue «Stunde Null» und erneute Schuldverdrängung den schnellen Einigungsprozess kritisierte. Eine heftige Diskussion provozierte der «784-Seiten Roman gegen die Wiedervereinigung» (Ulrich Schacht) *Ein weites Feld*, 1995. «Nach infamen Kränkungen kamen nun Ehrungen zuhauf.» (Grass in: *Fünf Jahrzehnte. Ein Werkstattbericht*. 2001). Der Höhepunkt dieser Ehrungen war die Verleihung des Nobelpreises für Literatur im Jahre 1999, als das schon zum Zeitpunkt der deutschen Veröffentlichung in fast alle Weltsprachen übersetzte Buch *Mein Jahrhundert* erschienen war.

Mein Jahrhundert enthält Aquarelle und einen Text für jedes der hundert Jahre von 1900 bis 1999. In den kurzen Texten, die von wechselnden, realen und fiktiven, berühmten und anonymen, Stimmen erzählt werden, lässt Grass der Fantasie freien Lauf und gibt zugleich eine akribisch recherchierte Beschreibung der Wirklichkeit. So wird in den Jahren 1914 bis 1918 ein fiktives Gespräch zwischen Ernst Jünger und Erich Maria Remarque über militärische Einzelheiten und ihre konträren Kriegserfahrungen geführt. 1999 kommentiert die tote, anlässlich ihres 103. Geburtstages zum Leben erweckte Mutter von Grass «ihr» Jahrhundert:
«Sag ich ja, Krieg war, immerzu Krieg mit Pausen dazwischen.» Aus Partikeln und Einzelepisoden entsteht am Ende ein subjektives Gesamtbild, das vor allem die kritischen Seiten seines «schwierigen Vaterlandes» festhält.

2002 erschien die Novelle *Im Krebsgang*, in der er den Untergang des mit Flüchtlingen besetzten Schiffes *Wilhelm Gustloff* im Januar 1945, und damit ein bis dahin tabuisiertes Thema, die Vertreibung der Deutschen, zum Ausgangspunkt nahm. Virtuos verzahnt Grass sein Leben und sein künstlerisches Werk in zwei autobiografisch gefärbten Büchern: besonders eindruckvoll in *Beim Häuten der Zwiebel* (2006), wo er reflektierend Lücken in seiner Biografie (u.a. seine SS-Mitgliedschaft) bis zum Erscheinen der Blechtrommel 1959 füllt, und weniger gelungen in *Die Box. Dunkelkammergeschichten* (2008), wo er «in dritter Person verkappt» sein Leben von 1959 bis 1995, als *Ein weites Feld* publiziert wurde, von seinen acht Kindern erzählen lässt, wobei der Grass-Sound den Autor als den eigentlichen Erzähler verrät.

Uwe Johnson

Am 20. Juli 1934 in Cammin (Pommern) geboren; Sohn eines Landwirtes und Ministerialbeamten. 1944–1945 Schüler eines NS-Internats in Polen. Floh 1945 mit der Familie nach Mecklenburg und verbrachte seine Gymnasialjahre in Güstrow. Von 1952 bis 1956 Studium der Germanistik und Anglistik in Rostock und Leipzig, Lehrer u. a. Ernst Bloch und Hans Mayer, bei dem er seine Diplomarbeit über Ernst Barlach schrieb. 1959 Übersiedlung nach Westberlin. 1962 Heirat mit Elisabeth Schmidt (eine Tochter, Katharina). Verschiedene (Studien-)Reisen; 1966–1968 in New York. 1974 ließ er sich in Sheerness-on-Sea auf der Isle of Sheppey (England) nieder. Sein letztes Lebensjahrzehnt von Einsamkeit und psychischen Krisen geprägt; 1977 Trennung von seiner Frau, die nach seiner eigenen Aussage als Mitarbeiterin des tschechischen Geheimdienstes enttarnt worden war. Am 12. März 1984 in seinem Haus tot aufgefunden; vermutlich in der Nacht vom 23. auf den 24. Februar an einem nachträglich diagnostizierten «Herzversagen» gestorben.

Nicht zu Unrecht wird Uwe Johnson als «der Dichter der beiden Deutschland», als «der Dichter der deutschen Teilung» etikettiert. In seinem ganzen Werk thematisierte er Situationen der gespaltenen deutschen Wirklichkeit, die ihn weder im Osten noch im Westen heimisch werden ließ. Seine Romane stellen literarische Ermittlungsverfahren um Personen dar, die in den schwer durchschaubaren Grenzbereich widerstreitender Ideologien geraten sind. Dabei richtet sich das Hauptinteresse des Autors auf Überlebensformen von Subjektivität und Identität. Seine «Wahrheitsfindung» verbindet sich mit der Suche nach neuen Erzählverfahren.

Nachdem sein erstes Manuskript (1985 posthum erschienen unter dem Titel *Ingrid Babendererde. Eine Reifeprüfung 1953*) abgelehnt worden war, machte ihn der in Westdeutschland gedruckte Roman *Mutmaßungen über Jakob* (1959) berühmt.

«Aber Jakob ist immer quer über die Gleise gegangen.» Schon das «Aber» des ersten Satzes erhebt Widerspruch gegen zu einfache Erklärungen über den Tod des 28-jährigen DDR-Bahnbeamten Jakob Abs. In dem Roman, der die Struktur eines Detektivromans hat, werden in einem Geflecht von Erzählberichten, inneren Monologen und Gesprächen widersprüchliche Vermutungen – «Mutmaßungen» – angestellt. Das Leben Jakobs, «das im Westen fremd und im Osten nicht mehr heimisch war», lässt sich nur punktuell rekonstruieren; im Laufe des Romans stellt sich Jakob aber immer mehr als das Zielbild eines Menschen der Gerechtigkeit und der Souveränität heraus. Seine exemplarische Lebenshaltung ist die Realutopie, die nach seinem Tod weiterlebt.

Von William Faulkner, Marcel Proust und Alfred Döblin beeinflusst, intendierte Johnson, im Sinne Brechts einen den Leser aktivierenden, «nicht-aristotelischen» Roman zu schreiben. Den «Mutmaßungsstil» charakterisieren u. a. unterschiedliche Sprachschichten (Lutherdeutsch, Mecklenburger Dialekt), ungewöhnliche Wortschöpfungen und eine auffallende Syntax. Der Autor hat den Stil so kommentiert: «Ich habe das Buch so geschrieben, als würden die Leute es so langsam lesen, wie ich es geschrieben habe.»

In dem folgenden Roman *Das dritte Buch über Achim* (1961) entwickelt sich das epische Verfahren zur «Beschreibung einer Beschreibung», zum Roman im Roman. Dem westdeutschen Journalisten Karsch gelingt es trotz – oder wegen? – umfassender Dokumentation nicht, eine Biografie über den ostdeutschen Radsportler Achim zu schreiben. Achim verleugnet seine innere Identität, und die Vorstellungen und Denkweisen der Beteiligten divergieren zunehmend. Das Ergebnis ist eine Anti-Biografie, in der über die Schwierigkeiten beim Schreiben der Wahrheit berichtet wird. In den folgenden Erzählungen (*Karsch, und andere Prosa,* 1964; *Zwei Ansichten,* 1965) wird der eigenwillig-sperrige Sprachduktus von konventionellem Erzählen abgelöst.

Eine Rückkehr zur Schreibweise der *Mutmaßungen* und zu der geliebten Heimat Mecklenburg, die mit der Großstadt New York konfrontiert wird, erfolgte in dem Projekt *Jahrestage,* an dem Johnson mehr als ein Jahrzehnt arbeitete. Die Romantetralogie *Jahrestage. Aus dem Leben von Gesine Cresspahl* (Bd. I: 1970, II: 1971, III: 1973, IV: 1983) ist ein Hauptwerk der deutschen Nachkriegsliteratur.

Der Roman weist keine referierbare Handlung im herkömmlichen Sinne auf, sondern ein verschlungenes Handlungsgewebe von Gegenwart und Erinnerung, in dem das Leben der 1933 in Mecklenburg geborenen Gesine Cresspahl, die in *Mutmaßungen* als die Freundin Jakobs auftrat, vergegenwärtigt wird. Sie lebt zurzeit der «Jahrestage» mit ihrer Tochter Marie (deren Vater Jakob ist) in New York.

«Jahrestage» sind die Tage eines ereignisreichen Jahres – vom 21. August 1967 bis zu dem 20. August 1968, an dem russische Panzer den Prager Frühling gewaltsam beendeten – aber die eigenwillige Chronik enthält nicht nur Eintragungen mit Tagebuchcharakter, sondern auch Dialoge, Tonbandaufnahmen, Gedichte, Zeitungsmeldungen, Anekdoten, ironische Kommentare und längere Rückblicke auf die zwanziger Jahre, die Zeit des Nationalsozialismus und die Nachkriegszeit in Ost und West. Der Autor sucht «nach den Einwirkungen von vier gesellschaftlichen Systemen auf ihr Leben.» Gesines Lebenslauf wird so erzählt, dass am individuell Erlebten die Auswirkungen der politischen Ereignisse des 20. Jahrhunderts sichtbar werden.

Außer der beabsichtigten Bewusstseinsinventur entsteht ein erzählerisches Mosaik von gewaltigen Ausmaßen. Dabei wird der Leser dazu aufgefordert, wie die Tochter Marie «wachsam bis zum Misstrauen» die Ereignisse und Berichte zu verfolgen. Die Komplexität dieses Groß-Epos, das alle traditionellen Gattungen sprengt, geht daraus hervor, dass der Verlag nach dem Erscheinen der Tetralogie ein Register der Personen, Orte und einiger Sachbegriffe herausgab.

Kritiker der *Jahrestage* heben hervor, dass die Wiederaufnahme des alten Erzählkonzepts problematische Tendenzen, etwa zur Mechanisierung und Ermüdung, entwickelt und dass die Romandisposition einer Bewusstseinserkundung über 365 Tage Monotonie mit sich führt. Die Verteidiger sehen in den *Jahrestagen* auch die Realutopie der exemplarischen Lebenshaltung und meinen, «dass die Nachgeborenen in dieser Romantetralogie einmal unsere Zeit erkennen werden.» (Theo Buck). So sagte Heinrich Böll über den Schriftstellerkollegen: «Spätere Zeiten erst werden seine Größe wahrnehmen.»

Christa Wolf

Am 18. 3. 1929 in Landsberg an der Warthe (heute Gorzów/Polen) als Tochter eines Kaufmanns geboren. Anfang 1945 Flucht vor den russischen Truppen nach Mecklenburg. 1949 Abitur und Beitritt zur SED. 1949–53 Studium der Germanistik an den Universitäten Jena und Leipzig, Diplomarbeit über *Probleme des Realismus im Werk Hans Falladas*. Arbeit als Verlagslektorin und als Redakteurin der Zeitschrift *Neue Deutsche Literatur*. Seit 1962 freie Schriftstellerin. Mit dem Schriftsteller Gerhard Wolf verheiratet, mit dem zusammen sie mehrere Anthologien und Filmmanuskripte herausgegeben hat. Christa Wolf hat in der DDR, in der BRD sowie im Ausland zahlreiche Ehrungen empfangen. Christa Wolf starb am 1. 12. 2011 in Berlin.

Die erste literarische Arbeit Christa Wolfs, *Moskauer Novelle* (1961), die Liebesgeschichte einer deutschen Ärztin und eines russischen Ingenieurs, fand nur wenig Beachtung. Um so größer war das Echo auf ihr zweites Werk, *Der geteilte Himmel* (1963):

Der Roman stellt insofern eine gelungene «Ankunft im Sozialismus» dar, als die Hauptperson Rita durch ihr Lehrerstudium, ihre Ferienarbeit in einem Waggonwerk und ihre Begegnung mit einsichtsvollen Menschen, einem Dozenten und einem alten Arbeiter, von der Überlegenheit des Sozialismus überzeugt wird. Zum Schlüsselereignis wird die Probefahrt mit den neuen Eisenbahnwagen an dem Tag, wo die Welt erfährt, dass es der Sowjetunion gelungen ist, ein bemanntes Raumschiff ins All zu schicken. Dass der Roman trotz dieser Konformität kritisiert wurde, liegt vornehmlich an den folgenden Faktoren: Ritas Freund, ein unangepasster und komplizierter Charakter, der nach beruflichen Enttäuschungen in den Westen geht, wird mit Verständnis dargestellt; Ritas Entschluss, nach einer Begegnung mit ihm in Westberlin wenige Tage vor dem Bau der Mauer am 13. August 1961 auf ihre Liebe zu verzichten und in die DDR zurückzukehren, löst einen Selbstmordversuch aus – ein bis dahin in der DDR-Literatur tabuisiertes Thema; die Handlung wird nicht linear erzählt, sondern setzt sich mosaikhaft aus den Erinnerungen und Gedanken Ritas zusammen, ähnlich einem psychoanalytischen Prozess.

Noch radikaler bricht Christa Wolf in ihrem nächsten größeren Prosawerk, *Nachdenken über Christa T.* (1969), mit einer traditionellen realistischen Erzählweise. In diesem Bericht über das Scheitern einer «Ankunft im Sozialismus» lassen sich weder das erzählende Subjekt noch das Objekt des erzählerischen Nachdenkens festlegen. Die Erzählweise spiegelt das politisch-moralische Anliegen des Buches: Christa T. will sich nicht festlegen lassen, sie ist unangepasst, nicht beispielhaft, kompromisslos. Sie kann sich in einer Welt der «Tatsachenmenschen», der «Hopp-Hopp-Menschen» nicht zurechtfinden, obgleich sie laut der Erzählerin «genau die Art Phantasie» besitzt, die zum Erfassen «unsere[r] Welt» nötig wäre. Zum Schluss fragt die Erzählerin, ob es nicht an der Zeit wäre, Menschen wie Christa T. die Lebensmöglichkeiten zu geben, nach denen sie sich gesehnt haben, damit «an dieser Krankheit» nicht mehr gestorben würde – wobei sich das Wort «Krankheit» nicht nur auf die Leukämie bezieht, an der Christa T. stirbt, sondern auch und vor allem auf den gesellschaftlichen Anpassungszwang.

Nachdenken über Christa T. durfte in der DDR zunächst nur in einer relativ kleinen Auflage erscheinen und wurde wegen ihrer Subjektivität gerügt. In gleichzeitig entstandenen Essays und Interviews (*Lesen und Schreiben*, 1968/71) argumentierte Christa Wolf gegen die mechanische Widerspiegelungstheorie des Sozialistischen Realismus und für die Wahrheit der persönlichen Aussage. Sie prägte dafür den Begriff der «subjektiven Authentizität».

Subjektiv-authentisch ist die Schreibweise ihres Romans *Kindheitsmuster* (1976), in dem ein Erzähler-Ich den Prägungen und Mustern nachgeht, die eine Kindheit im nationalsozialistischen Deutschland in dem erwachsenen Menschen hinterlassen hat. Der Roman fängt mit Reflexionen über den Erzählvorgang und über das Verhältnis zwischen Subjekt und Objekt an. Die Erzählerin möchte es vermeiden, in einem Bericht über die Nachwirkung autoritärer Strukturen eine Erzählweise zu benutzen, die ein Unterordnungsverhältnis zwischen erzählendem und erzähltem Ich schafft. Deshalb wird das Ich in drei Personen aufgespalten und mit drei verschiedenen, ineinander verwobenen Zeitschichten verbunden: Das erinnerte Ich erscheint im Roman als «sie» und «Nelly», deren Geschichte die Jahre 1929–47 umfasst. Das erinnernde Ich, d. h. die erwachsene «Nelly», die mit «du» angeredet wird, unternimmt vom 10.–12. Juli 1971 eine Reise in die Geburtsstadt «L., heute G.» Das schreibende Ich erzählt die Geschichte «Nellys» und den Reisebericht des «Du» und reflektiert über den Schreibprozess, der sich vom Januar 1972 bis Mai 1975 erstreckt. Ganz zuletzt laufen alle drei Zeitschichten zusammen, und die Erzählerin drückt die Hoffnung aus, « – ob im Wachen, ob im Traum – den Umriss eines Menschen [zu] sehen, der sich in fließenden Übergängen unaufhörlich verwandelt, [...].» Durch den mit einem schmerzhaften psychoanalytischen Prozess vergleichbaren Schreibvorgang hat die Erzählerin Verdrängtes und Verschwiegenes an die Oberfläche des Bewusstseins gebracht – die erste Voraussetzung dafür, mit ähnlichen autoritären Mustern in der gegenwärtigen Lebenspraxis abrechnen zu können. Auch in ihrem jüngsten Buch, *Stadt der Engel* (2010), wird Autobiografisches mit Fiktion gemischt, und auch hier kreist Christa Wolf um wunde Punkte der eigenen wie der deutschen Vergangenheit.

Die für das Werk Christa Wolfs charakteristische nahe Verbindung zwischen Fiktion und Essayistik zeigt sich besonders deutlich in ihren Frankfurter Poetikvorlesungen *Voraussetzungen einer Erzählung: Kassandra* (1983), einem Reisebericht, zwei traditionellen Vorlesungen, Tagebuchnotizen und der Erzählung *Kassandra*. Unter dem Eindruck des atomaren Wettrüstens problematisiert sie eine zivilisatorische Entwicklung, die zu der Möglichkeit einer völligen Vernichtung der Menschheit geführt hat, und stellt die Frage nach dem Zusammenhang dieser Entwicklung mit männlichem, bzw. weiblichem Denken und Schreiben. Die Erzählung *Kassandra*, der innere Monolog der Seherin in den letzten Stunden vor ihrem Tod, will die Geschichte vom Fall Trojas anders erzählen als in den großen Heldenepen. *Kassandra* will die Logik eines instrumentellen, «männlichen» Denkens nachzeichnen, das in Tod und Unterdrückung mündet. Ein Gegenentwurf – in der Erzählung eine Frauengemeinschaft außerhalb von Trojas Mauern – wird zwar dargestellt, aber nur als flüchtige Utopie. Von der Unmöglichkeit eines radikal anderen Lebensentwurfs handeln auch die Beschreibung einer fiktiven Begegnung zwischen Karoline von Günderrode und Heinrich von Kleist, *Kein Ort. Nirgends* (1979), und der Günderrode-Essay *Der Schatten eines Traums* (1979). In *Medea. Stimmen* (1996) steht erneut eine mythische Frauengestalt im Zentrum eines Erzählens, das den Mechanismen der Macht nachgeht.

Als Christa Wolf, die im Herbst 1989 für den Aufbau einer anderen, demokratisch-sozialistischen DDR plädierte und am «Verfassungsentwurf für die DDR» mitarbeitete, im Frühjahr 1990 den Bericht einer Stasi-Überwachung Ende der 1970er Jahre, *Was bleibt*, veröffentlichte, löste sie eine Kontroverse aus (s. S. 436–437), deren Heftigkeit indirekt von dem Ansehen zeugt, das sie nicht zuletzt in der BRD genossen hatte. Als 1993 bekannt wurde, dass auch sie Ende der 1950er Jahre sogenannte inoffizielle Mitarbeiterin des Staatssicherheitsdienstes gewesen war, wurde ihr, die immer auch auf dem ethischen Anliegen ihres Schreibens insistiert hatte, Doppelmoral vorgeworfen.

«Mein siebenundzwanzigster September» ist das Vorwort zu *Ein Tag im Jahr* (2003) überschrieben. Von 1960 bis 2000 hat sie in einer Art Tagebuch festgehalten, was sie an diesem Tag gedacht und getan hat. Ursprünglich nicht zur Veröffentlichung bestimmt, sondern um das gelebte Leben allenfalls in der Form «mikroskopische[r] Zeit-Stücke» festzuhalten, bezeugt das Werk die Kontinuität der Themen und der Schreibweise von Christa Wolf. Wie in den *Kassandra*-Vorlesungen und in der Erzählung *Störfall* (1987) wird «der kostbare Alltag» als Widerstandspotenzial – oder Beschwörungsformel – gegen die Angst vor Krankheiten, vor dem Versagen der Schaffenskraft, vor dem Altwerden, vor Militarismus und Wettrüsten, vor der politischen Entwicklung der DDR mobilisiert.

Die vielen Auseinandersetzungen um ihre Person und ihr Werk zeugen davon, dass Christa Wolf wie kaum ein anderer DDR-Autor den literarischen Diskurs nicht nur ihres eigenen Staates maßgeblich geprägt hat.

Kapitel III: 1975–1990

A. Die Literatur im Westen

I. Grundzüge

Mit dem Begriff «Tendenzwende» konkurrierten um und nach 1975 andere Charakterisierungen wie «Neue Innerlichkeit», «Neue Sensibilität», «Neue Subjektivität» und «Neuer Konservatismus». Allen gemeinsam war eine Distanzierung von der euphorischen Theoriefreudigkeit der 60er Jahre und dem damit zusammenhängenden, vom Optimismus getragenen Glauben an die Verwirklichung als progressiv empfundener Ideen. Die großen Zukunftsperspektiven und Utopien wurden abgelöst durch die Beschränkung auf die Gegenwart und vor allem auf die private Welt. Eine «neue Bescheidenheit» bahnte sich an.

Dieter Wellershoffs Bewertung der gescheiterten Studentenrevolte schien zuzutreffen: «Das war wirklichkeitsfremdes Wunschdenken von Intellektuellen, die sich damit über ihre politische Ohnmacht hinwegredeten und die komplexen Vermittlungen von Theorie und Praxis, Phantasie und Erfahrung, Literatur und Leben schlicht verkannten» (1975). Oft übersah man aber, wie viele demokratische Errungenschaften die Bundesrepublik der hektischen Umbruchszeit im In- und Ausland verdankte: nicht nur die Bereitschaft zur Bürgerinitiative, die Entstehung der neuen Frauenbewegung und die Gründung von alternativen Verlagen, Buchhandlungen, Kinder- und Jugendtheatern, sondern vielleicht auch die Forderung nach einer Hinwendung zum Privaten. Es gehört heute noch zu den strittigen Fragen, in wie hohem Grade die neue Tendenz zu Innerlichkeit, Introspektion und «Privatismus» als eine Gegenreaktion auf die Politisierungsbestrebungen der Linken zu verstehen sei oder im Sinne des 68er Slogans «Alles Private ist politisch» noch politisch-gesellschaftlich und als Ausdehnung der emanzipatorischen Ansprüche auf den privaten Bereich ausgelegt werden könne und solle.

Die Tendenzwende, die sich vordergründig auf Krisensymptome wie die Ölkrise, die wirtschaftlichen Strukturprobleme und den bedrohlichen Anstieg der Arbeitslosigkeit zurückführen ließ, hing letztes Endes mit der allmählichen Ablösung der Industriegesellschaft durch die postindustrielle Informationsgesellschaft zusammen, die im Rahmen der dritten Industriellen Revolution entsteht und zu einer Polarisierung zwischen Spezialisten und Nicht-Spezialisten tendiert. In der ganzen westlichen Welt war die Wende politisch mit einer Rückkehr zu konservativen Werten verbunden. Die 1983–1998 amtierende liberalkonservative Regierung unter Helmut Kohl, der Adenauers Politik der 50er Jahre zum Vorbild erklärte, setzte sich für eine konsequente Marktwirtschaft ein. Über die Wertvorstellungen der Bundesdeutschen eruierte das Allensbacher Institut für Demoskopie 1985 den Rückzug aus dem Engagement und ein regressives Aufgehen in «Lebensgenuss» und einem Egoismus, für den die «solidarische Fürsorge im Umgang mit dem Mitmenschen» keine oder nur eine sehr geringe Rolle spiele. Auf diese Entwicklung reagierte die Jugend gegensätzlich: positiv die Yuppiegeneration mit dem Slogan «Anything goes» und negativ die Punkgeneration mit der Losung «No future!».

Die Hinwendung zum Subjekt, d.h. zu den Erfahrungen mit dem eigenen Körper, den persönlichen Problemen in privaten Beziehungen und zu Fantasien und Träumen, war das zentrale Kennzeichen der vorherrschenden neusubjektiven Literatur der 70er Jahre. Der Anspruch auf Authentizität, wie ihn die Dokumentarliteratur der 60er Jahre erhoben hatte, galt auch für die «Verständigungstexte» der Selbsterfahrungsliteratur, die ohne Kunstanspruch und Stilisierung zu Papier gebracht und in erster Linie für «Betroffene» geschrieben wurden. «Es war, als hätte sich unsere literarische Öffentlichkeit verwandelt in eine Selbsterfahrungsgruppe», schrieb der Kritiker und Schriftsteller Reinhard Baumgart.

Aus den genannten subjektivistischen Tendenzen ergab sich ein gesteigertes Interesse für Lebensgeschichten. Autobiografisches Erzählen wurde in den 70er Jahren fast zu einer neuen, von der amerikanischen «oral history» beeinflussten Disziplin der Geschichtsschreibung. In der autobiografischen Literatur wurde versucht, historische Ereignisse und Personen «von unten», aus dem Blickwinkel der betroffenen Einzelindividuen darzulegen. Die verbreitete Forderung nach Verständlichkeit, die mit dem erweiterten Politikbegriff (politisch = verständlich, unpolitisch = unzugänglich) zusammenhängen mag, galt auch für die Theorie und Praxis der Lyrik, die nach 1975 wieder mehr Leser fand.

Durch den französischen Poststrukturalismus (Jacques Lacan, Michel Foucault und Jacques Derrida) beeinflusst, wurde die moderne Idee des autonomen Subjekts zunehmend abgelöst durch ein intensives Interesse für die unbewussten und im «Prozess der Zivilisation» (Norbert Elias) disziplinierten Bestandteile der Persönlichkeit, für das «Andere der Vernunft» (Hartmut und Gernot Böhme). Gemäß dem Slogan «Wo Ich war, soll Es werden» (Rosei) wuchs die Psychoanalyse in der zweiten Hälfte der 70er Jahre zu einer auch für die Schriftsteller zentralen Hilfsdisziplin heran.

Den Übergang zu der veränderten literarischen Landschaft der 80er Jahre markierte die wachsende Kritik an der ästhetischen Anspruchslosigkeit und Authentizität, die statt Literatur «Ehrlichkeitskitsch» hervorbringe, so die Herausgeber der Zeitschrift *Tintenfisch* 1982. Als Reaktion auf das ästhetische Defizit entwickelten viele Schriftsteller ein neues Formbewusstsein. Die Distanzierung von der Vorliebe der Neuen Subjektivität für persönliche Krankheitsfälle vollzog am konsequentesten der Österreicher Peter Handke, der dem auch in den 80er Jahren vorherrschenden Katastrophenbewusstsein mit einer neoklassischen Wendung zum Guten, Wahren, Schönen und Gesunden entgegentrat (s. S. 422).

Um 1980 ging die «Neue Subjektivität» teilweise in einen «Neuen Irrationalismus» über, der sich gegen idealistische, positivistische und materialistische Denktraditionen wandte. Der Dichterphilosoph Peter Sloterdijk sprach in seiner *Kritik der zynischen Vernunft* (1983) von dem sich ausbreitenden «Zwielicht einer eigentümlichen existentiellen Desorientierung», in das der Geist der Zeit eingetaucht sei. «Wenn einst Aufklärung [...] der Angstminderung durch Mehrung von Wissen diente, so ist heute ein Punkt erreicht, wo Aufklärung in das einmündet, was zu verhindern sie angetreten war, Angstvermehrung». Friedrich Nietzsche und Martin Heidegger wurden gegen die in der Aufklärungstradition stehenden Philosophen ausgespielt, und der Mythos wurde rehabilitiert. In dem Buch *Die Wahrheit des Mythos* (1985) kann Kurt Hübner das «Zeitalter der wissenschaftlich-technischen Prägung» als überholt erklären und hinzufügen: «[...] es lässt sich für die Zukunft nur eine Kulturform vorstellen, in der Wissenschaft und Mythos [...] in eine durch das Leben und Denken vermittelte Beziehung zueinander treten.» Dem entsprach auch das zunehmende Interesse für ältere Epochen wie das Mittelalter, das Barock und die Romantik.

Die Rückkehr in «vormoderne» Epochen entsprang zu einem großen Teil einer Skepsis gegenüber zwei Grundgedanken der Moderne, der Forderung nach permanenter Innovation und dem Glauben an den irreversiblen Fortschritt.

Schon 1978 hatte Hans Magnus Enzensberger (s. S. 378–381) in dem Essay *Zwei Randbemerkungen zum Weltuntergang* Grundgedanken einer «Postmoderne» formuliert, als er, von den neueren naturwissenschaftlichen Chaos-Theorien beeinflusst, schrieb, «dass es keinen Weltgeist gibt; dass wir die Gesetze der Geschichte nicht kennen; dass auch der Klassenkampf ein ‹naturwüchsiger› Prozess ist, den keine Avantgarde bewusst planen und leiten kann; dass die gesellschaftliche wie die natürliche Evolution kein Subjekt kennt und dass sie deshalb unvorhersehbar ist; dass wir mithin, wenn wir politisch handeln, nie das erreichen, was wir uns vorgesetzt haben, sondern etwas ganz anderes, das wir uns nicht einmal vorzustellen vermögen; und dass die Krise aller positiven Utopien eben hierin ihren Grund hat.» Angesichts dieser Unsicherheit setzten Enzensberger wie auch Peter Sloterdijk auf das elementar Menschliche, auf die jede neue Lage bewältigenden Normalbürger.

Besonders um 1985/86 wurden die «Post»-Begriffe intensiv debattiert: Poststrukturalismus, Posthistoire, Postmoderne, Postindustrialismus. Im Zentrum der Debatte stand die Postmoderne. Die amerikanische *Postmodernism*-Diskussion hatte sich Ende der 70er Jahre nach Europa ausgebreitet, wo besonders französische Philosophen (Jean-François Lyotard, Jean Baudrillard) an der Grundsatzdebatte teilnahmen. In Deutschland warf der Philosoph Jürgen Habermas, der mit seinem Buch *Die Neue Unübersichtlichkeit* (1985) eines der dominierenden Stichworte der 80er Jahre lieferte, den französischen Vertretern der Postmoderne vor, aus dem «Diskurs der Moderne» herauszutreten und einem gefährlichen Antirationalismus das Wort zu reden. Generell kann festgestellt werden, dass die Vorbehalte dem «Postismus» gegenüber, wie Hans Robert Jauß die Begriffe parodierend zusammenfasste, in Deutschland stärker gewesen sind als in den meisten anderen westlichen Ländern.

Für die Postmoderne ist, ausgehend von der Informationsgesellschaft und der für sie typischen umfassenden Medienüberflutung, die Zeit der großen Sinn-Entwürfe, der «großen Erzählungen» (Lyotard) an ein Ende gekommen. Die «wirkliche» Geschichte als ein sich nach bestimmten Gesetzen entwickelnder Prozess löst sich als Fiktion auf. Es gibt nur eine Geschichte unserer Vorstellungen, Erzählungen und Stereotypen von der Vergangenheit, die gleichberechtigt nebeneinander treten. Geschichte lässt sich mit Friedrich Nietzsche als eine kreisförmige Bewegung und eine «ewige Wiederkehr» auffassen.

Das Ende der Geschichte bedeutet die Aufhebung traditioneller Bedeutungszusammenhänge, das Ende des Subjekts als vernunftbegabter bürgerlicher Monade und den Verzicht auf ein Denken von einem Zentrum aus. Die Folge für die künstlerische Darstellung ist die Liquidation der Vorstellung eines schöpferischen Ichs und des Originalitätsbegriffes überhaupt. Ein jüngerer Erzähler, Klaus Modick, formuliert es so: «Der Generationskonflikt der achtziger Jahre, der sich in den neunziger Jahren breit entfalten wird, ist kein stilistischer und erst recht kein ideologischer. Er besteht vielmehr aus einer panoramatischen Diversifizierung der Perspektiven. Im konkreten Einzelfall hat die Perspektive, der Blick des Autors auf die Welt, sein jeweils unverwechselbarer Blick, den geilen Drang aufs große Ganze verabschiedet und geht in Detailbohrungen, in die Tiefe der Erscheinungen.»

Kennzeichen des Kunstwerkes sind Fragmentierung und Diskontinuität, es wird «eine Wundertüte oder Rumpelkammer voller zerstückelter Subsysteme, zusammengewürfeltem Rohmaterial und Impulse aller Art» (Frederic Jameson). Alle bisherige Literatur macht gewissermaßen eine Art Museum aus, in dem sich die aus allen Zeiten stammenden, immer verfügbaren Museumsgegenstände (Texte) gleichzeitig befinden. Literatur – wie Texte im weitesten Sinne – ist durch Intertextualität charakterisiert und besteht somit immer aus Zeichen und Zitaten, die auf andere frühere Zeichen und Texte verweisen. Wenn der Autor sich dieses Rückbezugs auf andere Zeichen bewusst ist, wird sein Werk eine Mischung aus Imitation in Form von Pastiche und/oder ironischer Parodie, und durch die damit verbundene Mehrfachkodierung kann der Unterschied zwischen elitärer und populärer Kunst, zwischen Höhenkammliteratur und Trivialliteratur verwischt und der Text sowohl für die Elite als auch für die Masse interessant gemacht werden. Das auf Spannung bedachte Erzählen führt zu einer Vorliebe für Science fiction und verschiedene Formen der Kriminalliteratur.

Wie das von der Moderne als klischeehaft Verworfene (Adornos «Kanon des Verbotenen») gerettet werden kann, verdeutlicht der italienische Semiotiker und Schriftsteller Umberto Eco: Ein Mann, der zu einer Frau sagt: «Ich liebe dich inniglich», weiß – wie sie selber –, dass er ein abgenutztes Klischee benutzt. Wenn er es aber bewusst als Zitat einsetzt, vermeidet er die falsche Unschuld, bringt aber gleichwohl zum Ausdruck, dass er die Frau in einer Zeit der verlorenen Unschuld liebt. Auf diese Weise verhalten sich die Partner nicht naiv, sind aber doch vom Verlorenen, längst schon Gesagten – in welcher ironischen Brechung auch immer – affiziert.

Die postmoderne Einheit von Pastiche und Spieltrieb kommt in dem Wortspiel des amerikanischen Romanciers Donald

Barthelme «pla(y)giarism» präzise zum Ausdruck. Kritisch äußert sich dazu sein Landsmann Frederic Jameson: «Die im Pastiche-Begriff gefasste permanente Imitation bezeugt die historisch neuartige Konsumgier auf eine Welt, die aus nichts als Abbildern ihrer selbst besteht.» Zu Recht macht er darauf aufmerksam, dass der Kreislauf der postmodernen Literatur eine Welt widerspiegelt, in der die Grenzen zwischen der wirklichen Wirklichkeit und den von Menschen geschaffenen Medienwelten und künstlichen Welten aufgehoben sind.

Von besonderer Relevanz ist die Diskussion darüber, wie sich die Postmoderne zur Moderne verhält. Obgleich sich in der Grundsatzdebatte gegensätzliche Positionen feststellen lassen und das Freiheitsgefühl, das durch Schlagworte wie «Anything goes» und «Alles ist erlaubt» unterstrichen wird, auf eine Abwendung von der Moderne hindeuten könnte, sieht die Mehrheit der Forscher jedoch eher die Kontinuität. Die literarische Postmoderne scheint der Versuch einer jungen Generation zu sein, in einer sich schnell verändernden Gesellschaft, wo die Medien viele Funktionen der Literatur übernehmen, Ausdrucksformen zu finden, die den modernen Leser ansprechen und festhalten können. Dass sie dabei als Avantgardisten und Gegner der Moderne auftreten, hängt mit dem Reaktionsmuster zusammen, das Christa Bürger das Paradoxon der Postmoderne nennt: «Wo der Modernismus zur legitimen Kultur geworden ist, wird ‹Tradition› zur Avantgarde.»

Die Diskussion Moderne-Postmoderne hat zu gegensätzlichen Wertungsmaßstäben geführt. Welche Kriterien zurzeit der Vereinigung 1989/1990 einander gegenüberstanden, geht aus der Kontroverse zwischen zwei namhaften Literaturkritikern, Frank Schirrmacher und Volker Hage, hervor. Während Schirrmacher, der Dichtung als Quelle der Welterfahrung verstand und die Gruppe 47 als den positiven Pol auffasste, überall in der literarischen Landschaft Stillstand, Langeweile, Unproduktivität und fehlende Imagination sah, lobte Volker Hage die Vielstimmigkeit, die Qualität, die internationalen Beziehungen und den Einfallsreichtum der neueren Autoren. Schirrmachers Festhalten an den utopischen und metaphysischen Zielsetzungen der ernsten Literatur, wie sie während der ersten Jahrhunderthälfte immer wieder formuliert worden waren und in Form des Engagement-Konzepts auch noch von der 68er Generation vertreten wurden, macht eine positive Bewertung der neueren Literatur schwierig. Da für Volker Hage postmoderne Kriterien wie das Spielerische, das Collage- und Zitathafte, die Gattungsmetamorphose, die Mischung von Hoch- und Alltagskultur, die Entdeckerfreude und das weltanschaulich Nichtfestgelegte im Zentrum stehen, sieht er in der Literatur eine pluralistische Vielfalt der Stile, Tendenzen, Gattungen, Erkenntnisintentionen und Wirkungsabsichten.

II. Gattungen und Themen

Thematisch verschob sich gleichzeitig mit der Verbreitung der neusubjektiven Literatur die um 1970 verbreitete Kapitalismus- und Imperialismuskritik zu einer fortschrittsskeptischen Zivilisations- und Vernunftkritik. Die Themen, die jetzt ins Zentrum des kritischen Interesses rückten, waren die Gegensätze zwischen Zivilisation und Wildnis (im Einklang mit der erneut aufblühenden Ethnologie), zwischen Technik und Natur (im Einklang mit der wachsenden Ökologiebewegung), zwischen Kopf und Körper, zwischen Vernunft und Mythos, zwischen Mann und Frau und zwischen Psychiater und Patient (Antipsychiatrie), wobei eine Aufwertung des zweiten Teils der Gegensatzpaare stattfindet.

Die Themen der neusubjektiven Literatur fanden sich auch in der Selbsterfahrungsliteratur der Therapiegruppen: persönliche Leiderfahrungen, Krankheit und Tod, gestörte Beziehungen zwischen Frau und Mann, zwischen Kindern und Eltern, Erfahrungen der Angst, der Leere und Langeweile und des Sinnverlusts. Diese «Verständigungstexte» hatten vor allen Dingen eine psychotherapeutische und gemeinschaftsbildende Funktion und wurden durch die authentische Erfahrungsperspektive der Autoren legitimiert.

Im Zuge der neusubjektiven Literatur führte der von den USA und Frankreich ausgegangene Protest gegen die Unterdrückung der Frauen durch die Männer zu einer Fülle von Selbstfindungstexten und Orientierungsbüchern. Es ging teils um das Suchen nach einer weiblichen Identität in einer von männlich geprägten Seh- und Deutungsmustern dominierten Welt, teils um die Schaffung einer weiblichen Gegenkultur mit dem Ziel, die Vorherrschaft der Männer zu brechen, die durch Ausbeutung der Natur, Befriedung der Gesellschaft durch staatliche Gewalt und die kriegerische Lösung internationaler Konflikte gekennzeichnet sei. Dazu kam die Diskussion um die Herausarbeitung einer «weiblichen Ästhetik», die auf allen Ebenen von der Wahrnehmung der Welt bis zu Grammatik und Stil ihre Eigenart aufzuweisen hatte.

Karin Strucks erfolgreiches Buch *Klassenliebe* (1973), das die traditionellen Rollenbilder der Frau in Frage stellte, ist ein autobiografisches Bekenntnis- und Betroffenheitsbuch, das aus Tagebuchaufzeichnungen und Briefen montiert ist. Der zweite Markstein der feministischen Literatur ist der Erzählband *Häutungen* (1975) der in der Schweiz geborenen, von 1968 bis 1975 in Westberlin lebenden Verena Stefan. Ihr Buch, das zu einer Art Bibel für die westdeutsche Frauenbewegung avancierte, beschreibt autobiografisch die einzelnen Phasen einer weiblichen Identitätsbildung. Die männliche Dominanz, die sie überwinden muss, verrät sich bereits in der Sprache, weshalb sie den Versuch macht, neue sprachliche Ausdrucksformen zu finden, und somit einen – nicht unproblematischen – Beitrag zur weiblichen Ästhetik leistet.

Relativ spät gelang eine Verschmelzung von Privatem und Öffentlichem, von Lebens- und Zeitgeschichte wie etwa in der Prosa der Österreicherin Friederike Mayröcker (*Die Abschiede*, 1980) oder den Romanen von Brigitte Kronauer (*Rita Münster*, 1983). In der Frauenlyrik zeigte sich Anfang der 80er Jahre das deutliche Nachlassen der Dynamik der neuen Frauenbewegung. Die Tendenz, sich zu verschließen, war ein Selbstschutz als Reaktion auf härtere Zeiten, und die Bedeutung, die nun den Untergangsfantasien zukam, setzte eine Zäsur zwischen die Frauenliteratur der 70er und 80er Jahre.

Katastrophen und Gegenbilder

Nicht zu Unrecht hat man die Frage gestellt, ob Katastrophe der gemeinsame Nenner der Literatur der 80er Jahre genannt werden kann. Themen wie persönliche Katastrophen, Unfälle, Kriege, darunter Atomkriegsszenarien, bis hin zum Weltuntergang und zur Apokalypse waren in den 80er Jahren derart verbreitet, dass man auch von der Normalität der Katastrophe sprach. Die Beliebtheit von Büchern wie Frank Böckelmann/Dietrich Leube: *Das Katastrophenalbum* (1985) demonstriert das Interesse für das Thema, das auf jede denkbare Weise von possenhaft bis tiefernst abgehandelt wurde. Nur in wenigen Darstellungen wurde betont, dass Katastrophe «Umkehr, Wendung» und Apokalypse «Offenbarung, Enthüllung der Wahrheit» bedeutet.

Komplementär zur Katastrophenliteratur erschien eine Fülle von Büchern, deren Themen die Suche nach einem möglichen Sinnpotenzial waren: die Beschränkung auf den regionalen Bereich, auf einen Kleinstausschnitt von Welt (Thema: Heimat); die Rückkehr zur Religion und Orientierung an den ganzheitlichen Ursprüngen der menschlichen Existenz; die Fantasyliteratur, in deren Mythen und Sagenwelten Gut und Böse genau festgelegt sind, wie z.B. in Michael Endes außerordentlich populären Romanen *Momo* (1973) und *Die unendliche Geschichte* (1979). Ein Sammelsurium religiöser und okkulter Praktiken wurde unter das Stichwort «New Age»-Bewegung subsumiert, deren Vertreter das neue astrologische Zeitalter des Wassermanns ausriefen. Im Gegensatz zu dem jetzigen Zeitalter der Fische sei das Zeitalter des Wassermanns von einem neuen Bewusstsein, von Harmonie bestimmt.

Epik

Formal reichte das Spektrum der autobiografisch inspirierten bzw. dokumentierenden Werke vom autobiografischen Roman und Essay zu Tagebuch, Erinnerung und «Intimgeschichte». Die Grenze zu den «Verständigungstexten», die sich als eine Art Gebrauchsanweisung für Lebensbewältigung in den Dienst der Therapie stellen wollten, war fließend.

Als eines der radikalsten, künstlerisch wertvollsten Beispiele der Neuen Subjektivität galt Nicolas Borns Roman *Die erdabgewandte Seite der Geschichte* (1976). Der Ich-Erzähler versucht die Situation nach der scheiternden Studentenrevolte zu gestalten, erlebt aber eine Wirklichkeit, die aus allen rationalen Ordnungsmustern gestürzt zu sein scheint. Die Grauzonen im Untergrund oder – wie es in einem Pink-Floyd-Song von 1973 hieß – «The Dark Side of the Moon», die andere Seite des Mondes, die dem menschlichen Auge nie sichtbar, aber genauso vorhanden ist, gewinnen in der Isolation des Ich immer mehr an Bedeutung.

Großes Aufsehen erregte das autobiografische Fragment *Die Reise. Ein Romanessay* (1977) von dem Sohn des NS-Dichters Will Vesper, Bernward Vesper, der 1971 im Alter von 33 Jahren Selbstmord beging.

Drei Ebenen hat diese «Geisterreise ins Ich und in die Vergangenheit»: die Erste ist die «Rückerinnerung» an eine zerstörte, durch die autoritäre Vaterfigur dominierte Kindheit, im Roman «Einfacher Bericht» genannt. «Meine Geschichte zerfällt deutlich in zwei Teile. Der eine ist an meinen Vater gebunden, der andere beginnt mit seinem Tod». Die zweite Ebene berichtet aus der Zeit der Niederschrift 1969–1971 über seinen Sohn, seine Beziehungen zu Frauen und das Zerbrechen der APO. Die dritte Ebene beschreibt in einer assoziativen, manchmal schwer verständlichen Sprache die Rausch-Reisen Vespers in die künstlichen Paradiese der Drogen. Das Fragment gibt eine vor keinen Tabus zurückschreckende, tiefschürfende Selbstanalyse, aus der überzeugend und stellvertretend für andere Jugendliche hervorgeht, wie eng die studentische Protestbewegung mit der Absage an die Verbrechen der Vätergeneration zusammenhing.

Häufige Varianten der autobiografischen Literatur sind die Väterliteratur, die Auseinandersetzung mit den NS-Vätern, wie in Christoph Meckels *Suchbild. Über meinen Vater* (1980), und die Aufarbeitung der NS-Vergangenheit und ihrer Folgen wie in Romanen Gert Hofmanns (*Unsere Eroberung*, 1984, *Unsere Vergeßlichkeit*, 1987).

Eine andere Variante des gesteigerten Interesses an Lebensgeschichte war die Beschäftigung mit historischen Figuren und daraus folgender Gegenüberstellung von Vergangenheit und Gegenwart.

Genannt seien vor allem Peter Härtlings *Hölderlin* (1976), Sten Nadolnys *Die Entdeckung der Langsamkeit* (1983, über John Franklin), Elisabeth Plessens *Kohlhaas* (1979), Gerd Fuchs' *Schinderhannes* (1986) und *Gottfried Keller* (1979) von dem Schweizer Adolf Muschg. Die besondere, aus Biografie, Zeitbild, Kommentar und Übertragung gemischte Erzählform von Dieter Kühn erregte großes Aufsehen: *Ich Wolkenstein* (1977), *Der Parzival des Wolfram von Eschenbach* (1986).

Der Pluralismus in der Literatur der 80er Jahre entstand durch das Nebeneinander von postmodernen Tendenzen und dem Weiterwirken schon vorhandener Traditionen und Entwicklungen wie z.B. der regionalen Literatur, Literatur zur Frauenfrage, Gastarbeiterliteratur und sozialkritischer Literatur. Hierher gehört – wie bereits erwähnt – eine der meistgelesenen Neuerscheinungen des Jahrzehnts, Günter Wallraffs Sozialreportage *Ganz unten* (1985, s.S. 347f.). Von den Beiträgen älterer Autoren sind Peter Weiss' *Die Ästhetik des Widerstands* (s. S. 377f.) und Uwe Johnsons *Jahrestage* (s. S. 387f.) Marksteine der deutschen Literatur.

Der postmoderne Roman par excellence war Patrick Süskinds 1985 publizierter Bestseller *Das Parfum. Die Geschichte eines Mörders.*

Patrick Süskinds Roman, der sich wahrscheinlich den Ruhm des erfolgreichsten deutschen Romans des 20. Jahrhunderts mit Erich Maria Remarques *Im Westen nichts Neues* teilt, erzählt die Geschichte des autistischen Scheusals Jean-Baptiste Grenouille, der über einen genialen und übermenschlichen Geruchssinn verfügt, selbst aber keine körperliche Geruchsaura hat. Um diesen Mangel zu beseitigen, muss er Parfums kreieren, und das perfekte Parfum, mit dem er über die ganze Menschheit herrschen wird, gewinnt er aus jungfräulichen Mädchenkörpern. Nachdem er 25 Mädchen ermordet hat, wird er verhaftet, erlebt aber bei seiner Hinrichtung seinen größten Triumph. Seinen eigenen Tod inszeniert er unter den Clochards in Paris: durch das Parfum wird er zum Engelsmenschen, den die Bettler in ihrer Liebesraserei zerreißen und verschlingen.

Der Roman ist vielfach kodiert, sodass er auf verschiedenen Ebenen gelesen werden kann: als historischer Roman über das 18. Jahrhundert, als Kriminal- und Schauerrroman, als eine Variation eines romantischen oder symbolistischen Künstlerromans oder als eine Allegorie über politischen Totalitarismus. Der Darstellungsgestus des Pastiches (Imitation von Kleist, Nietzsche, Foucault, Grass, Camus, Canetti, Lovecraft u.v.a.) ist so konsequent durchgeführt, dass eine eigene stilistische Handschrift Süskinds fehlt.

Zu den bekanntesten postmodernen Romanen in der deutschen Literatur der 80er Jahre gehören außerdem Romane von Wolfgang Hildesheimer (*Marbot*, 1981), Klaus Modick (*Das Grau der Karolinen*, 1986), Ingomar von Kieseritzky (*Das Buch der Desaster*, 1988) und von den Österreichern Klaus Hoffer (*Halbwegs. Bei den Bieresch 1.* 1979; *Der große Potlasch. Bei den Bieresch 2.* 1983) und Christoph Ransmayr (*Die letzte Welt*, 1988).

Lyrik

Die Neue Subjektivität begünstigte die lyrische Gattung, die jedoch in den 70er Jahren großenteils auf die Alltagslyrik beschränkt blieb. Hier wurden individuelle Alltagserfahrungen, in denen politisch-soziale Kräfte allenfalls gebrochen erschienen, in einer einfachen Sprechsprache – in der Umgangssprache oder in der Mundart – beschrieben. Die hohe Bewertung des Spontanen und Unkomplizierten ließ vergessen, dass eine derartige Lyrik einer komplexen Wirklichkeit nicht gerecht wird und sehr leicht riskiert, in die Nähe des Verbrauchsgutes für die Wegwerfgesellschaft zu geraten.

Von der Vielfalt der lyrischen Gedichtbände seien erwähnt: Jürgen Becker: *Das Ende der Landschaftsmalerei* (1974), Karin Kiwus: *Von beiden Seiten*

der Gegenwart (1976), Jürgen Theobaldy: *Zweiter Klasse* (1976), Ludwig
Fels: *Alles geht weiter* (1977), Günter Herburger: *Ziele* (1977) und Peter
Rühmkorf: *Haltbar bis Ende 1999* (1980).

Um 1980 fiel eine Vorliebe für den Reim, für streng alternie-
rende Fünfzeiler, antike Odenstrophen, schlichte Lieder, Dis-
tichen und Ghaselen auf. Die preisgekrönte Lyrikerin Ulla
Hahn z.B. schrieb Liebesgedichte im Stil des Volkslieds und
des romantischen Kunstlieds, also lyrischer Formen, die nach
1945 als missbraucht und unzeitgemäß galten, und der ursprüngliche Befürworter der Alltagslyrik, Jürgen Theobaldy,
schrieb 1977 in Rom das Gedicht *Prima vista* in der Form der
alkäischen Ode (überarbeitete Fassung von 1984):

> Hier zittern die Zypressen im Abendglanz,
> die Wassertropfen treiben weg, glitzern auf
> dem Gras, dort flammt das Licht auf, warme
> Flecken, die über den Blättern stehen.
>
> [...]

Den Umschlag veranschaulicht eine für die 80er Jahre repräsentative Gedichtsammlung, *Punktzeit* (hrsg. von Michael
Braun und Hans Thill, 1987). Das Vorwort der Anthologie
enthält folgenden, an Stéphane Mallarmé und Gottfried Benn
erinnernden Kommentar: «Die Sprach-Wirklichkeiten treten
wieder in den Vordergrund. Denn es hat sich mittlerweile he-
rumgesprochen, dass ein Gedicht nicht aus Erlebnissen, Empfindungen, Gefühlen oder Meinungen besteht, sondern aus
Sprache.» Die These, dass uns Wirklichkeit weitgehend in
sprachlicher und medialer Form erreicht, fordert die Poesie zu
einer neuen Reflexion auf ihre Formen auf.

Dabei findet man in dieser Lyrik viele postmoderne Züge.
Grundmerkmale sind die Mehrfachkodierung und die Intertextualität, das «textuelle Zusammenspiel, das im Innern
eines einzigen Textes abläuft» (Julia Kristeva). Ohne Anspruch
auf Originalität werden alte und neue Formen, Zitate, Allusionen und Versatzstücke montiert, wird zwischen Subjekt-
und Dingperspektive gewechselt. Postmodern bedeutet eine
«dezentrierte» Denk- und Sehweise, ohne Glauben an ein

geschlossenes Sinnganzes. Das Bestehen auf dem Wort führt zur Entthronung der Metapher und zur Aufwertung metonymischer Bildformen, die auf einem Realzusammenhang der Bildbereiche bestehen. Auch die Aufwertung der Rhetorik ist ein typischer Zug. Der Leser rückt wieder ins Zentrum: nicht auf Autorprogramme oder Werkperspektiven, sondern auf die sinnstiftende Tätigkeit des Lesers kommt es an.

Obwohl «postmodern» auch bedeutet, dass «anything goes», dass mithin jede Stimmart und jede Tonlage erlaubt ist, sind dennoch zwei Tendenzen besonders auffällig: einerseits die Rückkehr zum kurzen Gedicht, das im Extremfall an die Konkrete Poesie erinnert, und andererseits die Vorliebe für Elegien, die im hohen – oft an Hölderlin oder Rilke geschulten – Ton die «großen» ewigen Themen: Kindheit, Glück, Trennungsschmerz, Natur, Sprache, Liebe und Poesie behandeln. Diese Gedichte kennzeichnet eine neue Hermetik, eine eigensinnige Sprache, die quer zu unserer vernünftigen Normalsprache steht.

Drama und Theater

Auch für das Drama und Theater machte sich die Tendenzwende um 1975 geltend: Entpolitisierung und Ästhetisierung, Rückzug in die Subjektivität, postrevolutionäre Resignation und Melancholie, Hoffnungslosigkeit und Utopieverlust. Die 70er und 80er Jahre sind anders als die meiste Zeit zwischen 1945 und 1970, wo das große Drama überwog, Perioden des Kleindramas, der Klein- und Randformen des Dramatischen. Einakter, Bilder, Szenen, Episoden, Stationenfolgen, filmische Collagen, Text-Libretti und Monologe werden zu den bevorzugten Formen.

Die Bühne veränderte ihre Funktion: Das Theater wurde als ein autonomes Zeichensystem wiederhergestellt, neue Spielräume wurden erkundet, Zirkus und Clownerie wiederentdeckt. Anti-naturalistische Tendenzen machten sich geltend, das Schocktheater löste das Aufklärungstheater ab. Schon 1970 konstatierte Botho Strauß, der meistgespielte Dramatiker der Zeit: «Zurzeit ist das Irresein, so scheint es, eine ganz gewöhnliche Metapher für das Befinden des Individuums überhaupt, für die internierten Kräfte seiner Fantasie, inmitten einer Gesellschaft, welche nur zur Raison zu bringen versteht, welche im Namen der Vernunft eine perverse Unterdrückungsherrschaft ausübt.»

Das dramatische – und erzählerische – Werk des Österreichers Thomas Bernhard (1931–1989), der zwischen 1970 (*Ein Fest für Boris*) und 1988 (*Heldenplatz*) fast jedes Jahr ein Stück herausbrachte und vom Theater verhätschelt wurde, ist beispielhaft für viele der angeführten Merkmale. Bernhard hat die Österreich-, Publikums- und Weltbeschimpfung totalisiert und ritualisiert. Hinter seinem Lebensekel: «Die Welt ist eine Kloake» steht jedoch eine Lebensneugier, die die alte Frage nach dem Sinn des Lebens in ein Ritual der Sinnzerstörung einzubringen versteht. Das traditionelle Konversationsstück wird bühnenwirksam ins Absurde umgebogen. Denn, so lautet die Konklusion des Autors: «Der Schriftsteller verändert nicht nur nicht die Welt, er interpretiert sie auch nicht weiter.»

Ein passendes Motto der 70er Jahre wäre das Wort, mit dem der Schriftsteller in Ernst Jandls «Sprechoper» *Aus der Fremde* (1979) sein eigenes Stück charakterisiert: «Chronik der laufenden Ereignislosigeit». In den Theaterstücken wurde nicht mehr gehandelt, sondern erlitten und gelitten; nicht das Leben, vielmehr Krankheit und Sterben interessierten. Wenn es noch Ereignisse gab, so entluden sie sich explosiv als verzweifelte Aggressionen und Auto-Aggressionen. Tankred Dorsts *Eiszeit* (1973) klingt schon im Titel programmatisch für die Statik der 70er Jahre. Das Stück behandelt am Beispiel des als Nazikollaborateur geächteten alten Knut Hamsun das Verhältnis des Künstlers zur Revolution und lässt sich als eine Fortsetzung seines *Toller*-Schauspiels verstehen. Anders als Toller aber wird Hamsun als eine rätselhafte, undurchdringliche Figur gestaltet, an der alle politischen Erklärungsversuche scheitern.

Ein metarealistisches, poetisches Verfahren kennzeichnet Gerlind Reinshagens (geb. 1926) *Deutsche Trilogie* mit den Stücken *Sonntagskinder* (1976), *Das Frühlingsfest* (1980) und *Tanz, Marie!* (1986), die eine Auseinandersetzung mit der NS-

Zeit mit einer Dramaturgie verbindet, die Vorstellung und Wirklichkeit, Innenwelt und Außenwelt durch Traumeinschübe oder das Ineinanderschieben verschiedener Sprachebenen gleichermaßen zum Ausdruck kommen lässt.

Ein Vertreter des «Frauenstücks», in dem das Leben einer Frau als Leidens- und Unterdrückungsgeschichte gezeigt wird, ist Herbert Achternbusch (geb. 1938), der wie ein radikalisierter Kroetz wirkt. Die weitgehend monologischen Stücke *Ella* (1978) und *Susn* (1979) leben von einem so rücksichtslosen Überbietungsdrang in Schockeffekten und Tabubrüchen, dass sie wie eine Karikatur der destruktiven Tendenzen im westlichen und östlichen Drama und Theater in den 70er und 80er Jahren anmuten.

Die 80er Jahre hat die Forschung am Beispiel einiger Stücke von Harald Mueller (geb. 1934, *Totenfloss*, 1984), Ludwig Fels (geb. 1946, *Lieblieb*, 1986) und Friedrike Roth (geb. 1948, *Die einzige Geschichte*, 1985), die stellvertretend für andere Dramen des Jahrzehnts stehen, mit folgenden Stichworten zu umreißen versucht: ein Geschichts- und Subjektverlust, der den Verlust der Meta-Sprachen und Meta-Erzählungen (im Sinne Lyotards) mit sich zieht; Endzeitstimmung und Untergangsbewusstsein; eine Simulation, die ein von Subjekten gesteuertes, interpretierbares Ergebnis nur noch vortäuscht; ein Realismus, der in den Surrealismus bloßer Zeichenspiele umschlägt; überall Bilder der Gewalt, des Blutes und des Schreckens.

Typisch und untypisch zugleich war das Mammut-Schauspiel von Tankred Dorst: *Merlin oder Das wüste Land* (1979, Urauff. 1981). Untypisch, weil Dorst in einer Zeit des Kleindramas ein spektakuläres, totales Welttheater auf die Bühne brachte; die Spieldauer würde in der ungekürzten Fassung ungefähr 15 Stunden betragen. Typisch, was Inhalt und Form betrifft: Wie *Merlin* handelt die Mehrheit der durch Formexperimente charakterisierten Dramen der Zeit vom Verschwinden, vom Untergang, von der Heimat- und Hoffnungslosigkeit, von der Verzweiflung oder der Gewalttätigkeit des Menschen.

Typisch auch durch die literarische Anverwandlung von Mythen, die in den 8oer Jahren Mode wurde. Die Mittelpunktsfigur Merlin will «mit der verdammten Weltgeschichte nichts mehr zu tun haben», und diese Abkehr von der Geschichte zeigt sich in der Zeitenvermischung (Golgatha ist als ein Bild des Grals auf den Schuttberg einer vollgeparkten Großstadt versetzt, Popsänger mischen in den Ritterkämpfen mit). Merlin, der sowohl die menschheitliche Retterfigur als auch ein großer Theaterzauberer ist, verzweifelt am Ende an allen Erlösungstheorien. Er endet als Liebessklave der Waldnymphe Viviane, als Opfer der Leidenschaften, die auch den Menschheitstraum vom Friedensreich des König Artus auf Erden zugrunde richteten. Der politische Mensch scheitert am privaten Menschen. In dem Nekrolog «Ein Nachruf an den Planeten Erde» heißt es von dem verschwundenen Menschengeschlecht: «Es ist nicht erwiesen, inwieweit sie das Ende des Planeten voraussahen oder sogar herbeiführten. Die wenigen Spuren ihrer Existenz bleiben rätselhaft.»

B. Literatur in der DDR

I. Grundzüge

Die Biermann-Ausbürgerung am 17. November 1976 sollte weitreichende Konsequenzen für das literarisch-kulturelle Leben der DDR haben. Sie stürzte viele Künstler in eine Art Identitätskrise, in der sie sich fragen mussten, ob der Sozialismus, an den sie glaubten, in diesem Staat, bei dessen Aufbau sie mitgeholfen hatten, und mit diesen Politikern überhaupt zu verwirklichen sei. Viele entschieden sich, der DDR den Rücken zu kehren und stellten einen Antrag auf Ausreisegenehmigung, die den unbequemen Künstlern meist schneller bewilligt wurde als anderen DDR-Bürgern. Insgesamt haben zwischen 1976 und 1989 mehr als 100 Künstler die DDR verlassen.

Da die in der BRD entstandenen Werke der ausgereisten, abgeschobenen oder ausgebürgerten Schriftsteller fast ausnahmslos auf ihren DDR-Erfahrungen aufbauen, ist die Formel von einer «dritten deutschen Literatur» (Fritz J. Raddatz) aufgekommen. Die weggegangenen Autoren bewerteten ihre Situation unterschiedlich. Einige erlebten sich als Exilierte

(Wolf Biermann, Jürgen Fuchs), andere sahen den Staatenwechsel als einen einfachen «Umzug aus Deutschland-Ost nach Deutschland-West» (Frank-Wolf Matthies). Von offizieller Seite wurde der Weggang der vielen Künstler zynisch als eine «schmerzlose Amputation erkrankter Glieder» bezeichnet. Auf diejenigen, die aus den unterschiedlichsten Gründen die Wahl trafen, in der DDR zu bleiben, fiel fast unvermeidlich das Odium der Folgsamkeit, wie viele bittere Auseinandersetzungen nach der Vereinigung der beiden deutschen Staaten zur Genüge gezeigt haben.

Konfrontationen zwischen dem Staat und seinen Künstlern hatte es seit der Gründung der DDR gegeben, und das Regime verfügte über viele Sanktionsmöglichkeiten, die jetzt verstärkt eingesetzt wurden: Ausschluss aus dem Schriftstellerverband, was die Veröffentlichungs- und damit Verdienstmöglichkeiten eines Autors sehr erschwerte bzw. unmöglich machte; Anwendung des «Gesetzes gegen Devisenvergehen» gegenüber Schriftstellern, die – wie bisher durchaus üblich – ihre Werke im Ausland veröffentlichten, ohne vorher vom Büro für Urheberrechte die Erlaubnis dazu bekommen zu haben. So wurden der Naturwissenschaftler und Systemkritiker Robert Havemann sowie der Schriftsteller Stefan Heym wegen «Devisenvergehens» zu Geldstrafen von jeweils 10000 und 9000 Mark verurteilt. Als die Schriftsteller Kurt Bartsch, Jurek Becker, Adolf Endler, Erich Loest, Klaus Poche, Klaus Schlesinger, Dieter Schubert und Martin Stade daraufhin einen Brief an Erich Honecker schrieben, in dem sie gegen die Versuche protestierten, «engagierte kritische Schriftsteller zu diffamieren, mundtot zu machen oder [...] strafrechtlich zu verfolgen», wurden auch sie von Sanktionen betroffen. Die Mehrzahl der Briefunterzeichner verließ daraufhin die DDR. Einige jüngere Autoren (Frank-Wolf Matthies, Lutz Rathenow, Thomas Erwin) wurden angeklagt, durch ihre Schriften den Interessen der DDR geschadet zu haben, und mussten ins Gefängnis.

Eine Dissidentenliteratur im eigentlichen Sinne des Wortes hat es in der DDR kaum gegeben, was u. a. mit der Existenz zweier deutscher Staaten zusammenhängt. Regimekritische Schriftsteller hatten die Möglichkeit, ihre in der DDR abgelehnten Bücher in der Bundesrepublik herauszugeben, was oft geduldet, manchmal aber auch, wie oben erwähnt, bestraft wurde; sie konnten in den anderen Teil Deutschlands übersiedeln bzw. dorthin abgeschoben werden. Seit den späten 70er Jahren gab es jedoch in der DDR eine junge Kunstszene, die sich sowohl gegen die offizielle Kultur als auch gegen kritisch-engagierte Künstler der älteren Generation wendete. Der 1957 geborene Uwe Kolbe hat es so ausgedrückt:

«Meine Generation hat die Hände im Schoß, was engagiertes Handeln betrifft. Kein früher Braun [i.e. Volker Braun] heute. [...] Ich kann noch weitergehen und sagen, dass diese Generation völlig verunsichert ist, weder richtiges Heimischsein hier noch das Vorhandensein von Alternativen anderswo empfindet.»

Die jungen Künstler stiegen aus der Gesellschaft aus oder lehnten es von vorn herein ab, in sie einzusteigen; sie hatten «Null Bock auf alles Offizielle» (D. Dahn). Sie wohnten in billigen, oft sanierungsreifen Altbauwohnungen am Prenzlauer Berg in Ost-Berlin oder in ähnlichen Vierteln der größeren Städte wie Dresden und Leipzig. Sie versuchten meist gar nicht, ihre Werke durch die offiziellen Verlage gedruckt zu bekommen, sondern bauten eine Gegenöffentlichkeit auf. Ihre aus Schreibmaschinendurchschlägen zusammengehefteten und daher aus nur wenigen Exemplaren bestehenden Zeitschriften trugen Titel wie *schaden, Anschlag, Und, u.s.w., chlochart.* Die Blätter gingen von Hand zu Hand und erreichten dadurch eine größere Verbreitung, als ihre kleine Auflage unmittelbar vermuten lässt. 1985 gründeten Rainer Schedlinski und Andreas Koziol die *ariadnefabrik* (damalige Auflage: ca. 100 Exemplare), die zur wichtigsten poetischen und theoretischen Plattform der «Prenzlauer-Berg-connection» (Adolf Endler) wurde.

Misstrauisch geworden gegenüber einer Botschaften und Ideologien befördernden Kunst setzten die jungen Schriftsteller auf Sprachexperimente und -reflexionen. Was dabei herauskam, war im DDR-Zusammenhang neu und radikal anders, wenn auch vieles in einer breiteren Perspektive weniger originell wirkt und an die Konkrete Poesie eines Heißenbüttel oder Jandl, an Dadaismus und Surrealismus erinnert. Theoretisch ist eine gewisse Nähe zum französischen Poststrukturalismus zu beobachten. Durch die von Elke Erb und Sascha Anderson herausgegebene, nur in der Bundesrepublik erschienene Anthologie *Berührung ist nur eine Randerscheinung* (1985) wurden die Werke der jungen Künstler einer breiteren Öffentlichkeit außerhalb der DDR bekannt.

Überhaupt entwickelte sich, vor allem in den größeren Städten, eine Gegenöffentlichkeit, die sich aus den vielen Alternativbewegungen zusammensetzte, die seit den späten 70er Jahren entstanden waren, wie die nicht-institutionalisierten Friedensgruppen, die Umweltbewegung, die Anti-Atomkraft-Bewegung sowie Minderheitengruppen verschiedener Art. Einen Raum, in dem man sich treffen und Gedanken austauschen, die eigenen Werke ausstellen oder vortragen konnte, fanden die Alternativgruppen in den Kirchen. Von hier gingen auch die Demonstrationen aus, die 1989 zum Fall der DDR beigetragen haben. Als es sich nach der Vereinigung der beiden deutschen Staaten zeigte, dass auch die Alternativszenen von der Staatssicherheit infiltriert waren und dass bekannte Vertreter der Prenzlauer Berg-Subkultur wie z.B. Sascha Anderson unter Verdacht standen, Stasi-Mitarbeiter gewesen zu sein, führten diese Enthüllungen natürlich zu Diskussionen und Selbstbefragungen.

Der offizielle kulturpolitische Kurs blieb bis zum Ende der DDR derselbe. So sollte der IX. Schriftstellerkongress (31. 5.– 2. 6. 1983), wie schon oft zuvor, über «den Beitrag der Literatur zur weiteren Gestaltung der entwickelten sozialistischen Gesellschaft in der DDR unter den Bedingungen der sich verschärfenden weltweiten Klassenauseinandersetzungen» beraten. Auf dem X. und letzten Schriftstellerkongress vor der «Wende», im Dezember 1987, forderten Günter de Bruyn und Christoph Hein die Abschaffung der Zensur, aber der Schriftstellerverband unter seinem Vorsitzenden Hermann Kant hielt an seiner restriktiven Politik fest. Dennoch zeichnete sich in den späten 80er Jahren eine größere Offenheit ab: Samuel Becketts *Warten auf Godot* (1952), ein Hauptwerk des absurden Theaters, konnte 1987 zum Erstenmal in der DDR gespielt und Günter Grass' *Die Blechtrommel* (1959) gedruckt werden.

II. Gattungen und Themen

Die offizielle literarische Landschaft wurde vorwiegend von Autoren der mittleren Generation, d.h. der noch vor Kriegsende geborenen, beherrscht. Einige traten erst jetzt an die

Öffentlichkeit bzw. wurden erst jetzt gedruckt, so z. B. die Erzählerin Helga Königsdorf (geb. 1938) und der Erzähler und Dramatiker Christoph Hein (geb. 1944). Von den «Alten» waren Stephan Hermlin und Stefan Heym immer noch schriftstellerisch und kulturpolitisch aktiv. Hermlin gab den autobiografisch gefärbten, lyrischen Prosaband *Abendlicht* (1979) sowie mehrere Essaysammlungen heraus; Heym erregte mit dem Roman *Collin* (1979), den er ohne Erlaubnis in der Bundesrepublik erscheinen ließ, den Ärger des Regimes und des Schriftstellerverbandes. Der Roman *Ahasver* (1981) und der Memoirenband *Nachruf* (1988) kamen vorerst nur in der BRD heraus.

Schon in der *Forum*-Debatte der 6oer Jahre hatte Günter Kunert das Thema angeschlagen, das auch die DDR-Literatur der 8oer Jahre dominieren sollte: die Zivilisationskritik. Die Umweltzerstörung als negative Folge der «wissenschaftlichtechnischen Revolution» konnte nicht mehr ignoriert werden, obgleich das Regime es nach wie vor tat und das Erscheinen eines Romans wie Monika Marons *Flugasche* (1981) in der DDR verbot. Die Bedrohung des Weltfriedens durch atomare Auf- und Nachrüstung und durch die vielen lokalen Kriege veranlasste im Dezember 1981 Stephan Hermlin dazu, Künstler und Wissenschaftler aus Ost und West zur ersten Berliner Begegnung zur Friedensförderung einzuladen. Heiner Müller spitzte in seiner Rede das Problem so zu: «Der Alptraum ist, dass die Alternative Sozialismus oder Barbarei abgelöst wird durch die Alternative Untergang oder Barbarei.» Eine beeindruckende Bilanz des sozialistischen Experiments DDR stellt Volker Brauns Prosatext *Bodenloser Satz*, «geschrieben im September 1988» (1990 erschienen) dar. Die Aufbauzeit, die er in vielen Jugendgedichten als Sieg des Neuen über das Alte feierte, wird jetzt im Zeichen der Zerstörung der Landschaft, der Lebenswelt der Menschen und der Geschichte gesehen. Wo Ingeborg Bachmann ihre Frankfurter Poetikvorlesungen (1959/60) noch mit dem hoffnungsvollen René Char-Zitat abschließen konnte: «Auf den Zusammenbruch aller Beweise antwortet der Dichter mit einer Salve Zukunft», da schien der Glaube an die utopische Widerstandskraft der Poesie in den 80er Jahren merkbar schwächer zu werden, zumal für die Autoren, die ihr Leben und Schaffen auf der «Alternative Sozialismus» aufgebaut hatten. Ein «geschichtsphilosophischer Paradigmenwechsel von enormem Ausmaß» (W. Emmerich) vollzog sich während der 80er Jahre in der DDR.

Epik

Es ist für diese Periode charakteristisch, dass verhältnismäßig wenig Romane geschrieben wurden, vielleicht weil «die große Erzählung» (François Lyotard) ein zusammenhängendes Weltbild erfordert und den Glauben daran, dass die Geschichte – auch des Einzelnen – einen Sinn und deshalb ein Ziel hat. Diese Gewissheit schien den meisten Autoren und Autorinnen abhanden gekommen zu sein. Entsprechend spielten das Arbeitsleben und überhaupt die politisch-öffentliche Sphäre eine weit geringere Rolle in der Erzählliteratur; dafür gab sie einen tieferen Einblick in den privaten DDR-Alltag als in den vorhergehenden Perioden. In Christa Wolfs Prosaskizzen *Störfall* (1987) und *Sommerstück* (1989) wird «der kostbare Alltag» als Gegengewicht der Katastrophen und Zerstörungen beschworen, indem alltägliche Handhabungen wie Brotbacken, Unkrautjäten und Pflaumenpflücken detailliert beschrieben werden.

Bislang tabuisierte Bereiche der DDR-Geschichte der 1950er und 1960 Jahre griff Christoph Hein in seinen Prosawerken *Horns Ende* (1985) und *Der Tangospieler* (1989) auf (s. S. 488 f.).

Die Frauenfrage im weitesten Sinne nahm nach wie vor einen zentralen Platz in der DDR-Literatur ein, wobei Autorinnen wie Christa Wolf in *Kassandra* (1983), Irmtraud Morgner in *Amanda* (1983) und Helga Königsdorf in *Respektloser Umgang* (1986) Patriarchats- und Zivilisationskritik miteinander verbanden. Helga Königsdorf wählte in *Respektloser Umgang* eine mythische Gestalt, um ihren wissenschaftsethischen Überlegungen eine bildhafte Tiefe zu geben, und zwar Prometheus, der den Menschen das Feuer gebracht hat. «Sein

Geschenk kann Wohltat oder Vernichtung bringen. Bisher hat der Mensch stets beides in Szene gesetzt. Warum sollte es diesmal anders sein?» fragt die Erzählerin, promovierte Mathematikerin wie die Autorin selber. Sie führt Traumgespräche über die Verantwortung der Wissenschaftler dafür, «wem sie das Feuer geben», mit ihrer verstorbenen Vorgängerin, der österreichisch-jüdischen Physikerin Lise Meitner (1878–1968), die plötzlich im Arbeitszimmer des erzählenden Ich sitzt. Zwischen der Erzählerin und Lise Meitner und zwischen Lise Meitner und der ebenfalls in Wien geborenen jüdischen Großmutter des Ich stellen sich während des tagebuchartigen Berichts Identitätszusammenhänge ein; die Einheit des erzählenden Subjekts wird gebrochen – ein häufig vorkommendes Phänomen in der jüngsten Erzählliteratur der DDR und, dem Anschein nach, vor allem bei Autorinnen.

Die Spannweite der DDR-Prosa dieser Periode ist groß; als gemeinsamer Nenner stehen Sprach- und Formexperimente, die als eine konsequente Weiterführung des Ende der 60er Jahre einsetzenden Aufruhrs gegen die präskriptive Ästhetik des Sozialistischen Realismus gesehen werden können.

Lyrik

Bei den Lyrikern der mittleren, in den 1960er Jahren hervorgetretenen Generation finden sich dieselben Themen wie in Prosa und Dramatik: Zivilisationskritik, Abschied vom «Prinzip Hoffnung» und von der «Sprache der schönen Natur» (Ursula Heukenkamp). Bei Volker Braun weicht der optimistische Glaube an die Entwicklungsmöglichkeiten des Menschen im Sozialismus, der in seinen ersten Gedichtsammlungen *Provokation für mich* (1965) und *Wir und nicht sie* (1970) in einer dynamisch-kühnen, aggressiven Sprache formuliert wurde, einer zunehmenden Skepsis und Resignation. Brecht, das Vorbild der oft dialektisch aufgebauten frühen Gedichte, wird durch Hölderlin komplettiert: Der Titel *Gegen die symmetrische Welt* (1974) zitiert ihn. Entfremdungsgefühle, sowohl im gesellschaftlichen als auch im persönlichen Leben, sind ein prominentes Thema. Wo beim jungen Volker Braun der trotzig-selbstbewusste Prometheus oder bei Karl Mickel der erfindungsreiche Odysseus die bevorzugten mythologischen Gestalten sind, kommen nun immer häufiger die ‹Verlierer› Sisyphos oder Ikaros vor.

Mit dem Titel seiner ersten Gedichtsammlung *Hineingeboren* (1980) hat Uwe Kolbe die seitdem immer wieder gebrauchte Formel zur Charakterisierung der eigenen Autorengeneration geliefert: Es handelt sich um diejenigen, die in der DDR geboren und aufgewachsen sind und nur diesen Staat kennen. Uwe Kolbe probiert die Möglichkeiten der überlieferten und damit auch der herrschenden Sprache aus, er will – laut eigener Aussage – «poetische Subversion» liefern. In seinem Gedichtband *Bornholm II* (1986) wird die Sprache zum dominierenden Thema; im Gegensatz zu anderen Autoren seiner Generation besteht Kolbe jedoch darauf, dass Sprache eine Aussage über etwas enthält und also über das reine Spiel mit den Wörtern hinausgeht. *Vaterlandkanal. Ein Fahrtenbuch* (1990) besteht sowohl aus Gedichten als auch aus Prosa. Uwe Kolbe, der seit 1985 ein sogenanntes Dauervisum für westliche Länder hatte, reflektiert über die «alte» und die «neue» Welt und formuliert, z. B. in dem Sonett *Für den Anfang*, die eigene politische Hoffnung:

> Ich will es hier zu Anfang gleich gestehen,
> wie das Gewissen mir noch immer schlägt,
> und sie, fernab, mir stets vor Augen steht,
> die Heimat, die zugleich ich lauthals schmähe.
>
> Lieb Freunde, halb im Wohl und ganz im Wehe,
> wenn mir der Westfraß oft den Darm aufbläht,
> liegts daran, was die Elbe mir herträgt.
> Da wird die zartste Taube letztlich zähe.
>
> Wähnt Mutter nicht mich im Schlaraffenlande?
> Spricht Vater nicht Treue als Tugend an
> und deutet seltsam heimlich auf die Reußen?
>
> Ich aber suche, endets dreist im Wahne,
> ein undeutsch (und drum ungeteiltes) Land,
> gleich weit entfernt von Daimlerland und Preußen.

Die Auseinandersetzung mit dem sprachlichen Material als Form der Auseinandersetzung mit den herrschenden starren Denkmustern und hierarchischen Ordnungssystemen nimmt in der experimentellen Lyrik der «Prenzlauer-Berg-Autoren» verschiedene Formen an. Ihren Texten gemeinsam ist, wie Rainer Schedlinski (geb. 1956) es formuliert hat, dass hier «textuale formen [entstehen], die den blick von der sache auf das zeichen wenden, die nicht ermitteln, sondern vermitteln. die keine wahrheiten nahelegen, sondern mit wahrheitsgefügen brechen [...], wo die kombination der eigentliche stil wird».

Das Aufbrechen der sprachlichen Konventionen zeigt sich in den Gedichten von Bert Papenfuß-Gorek (geb. 1956) als Eingriffe in Orthografie und Struktur der Sprache, wie schon Titel und Anfangszeilen seines langen Gedichts *harte zarte hertsn* (1979) veranschaulichen:

> hinweg:schnepfen hinfort:rinnsteinwaerts jetst:
> fleksheksen:hoeren:koerper sich ferkoerpern:
> hoernen hoerigkeit:aufmottsik:
> ferkoerpern koerper:ab:zu:heben

«arkdichtung» hat Papenfuß-Gorek sein poetisches Konzept genannt und es als «das ende der dichterei» definiert. Damit soll wahrscheinlich gesagt werden, dass er seine poetischen Texte nicht als geschlossene ästhetische Gebilde aufgefasst wissen will, sondern als Sprachbewegungen, als Arbeit an, mit und in der Sprache, die ihn zum/zur «militanz» auffordert. Bis Mitte der 80er Jahre hat Papenfuß-Gorek seine Texte vorwiegend als Sänger verschiedener Rock-Gruppen vorgetragen.

Auch der als Stasi-Informant verdächtigte Sascha Anderson (geb. 1953) ist als Sänger und Textschreiber (sowie als Herausgeber, Autor, Veranstalter von Ausstellungen und Happenings) hervorgetreten, was seinen Vorstellungen von einer künstlerischen «Entgrenzung», einem Zusammenwirken von Künstlern unterschiedlicher Metiers, entspricht. Für seine eigenen Texte ist die Zusammenarbeit mit Malern und Grafikern besonders charakteristisch, so z.B. in den mit Stefan Döring und Bert Papenfuß-Gorek gemeinsam herausgegebenen «fünfzehn deutsche[n] Sonette[n]» mit dem vielsagenden Titel *ich fühle mich in grenzen wohl* (1985), die mit Lithografien von Ouhi Cha illustriert sind. Als Schallplatte (zusammen mit dem Komponisten Anthony Coleman) und als Buch (mit dem Maler A.R.Penck) hat Sascha Anderson die Schwierigkeiten bei der Übersetzung vom Wort ins Bild oder vom Bild ins Wort in einem Essay und dreiundzwanzig Gedichten mit dem Titel *Jewish Jetset* (1989/91) thematisiert. Da das abstrakte Bild nicht ohne weiteres in Sprache übersetzt werden kann, muss versucht werden, den Sinn zu übertragen, eine «polyedrische», d.h. vielflächige Sprache zu schaffen:

jewish jetset

von da hinabgesehn, wo wir uns ohne schulden treffen.
ein pferd mit sattel, doch sein reiter nicht. und ich mich
nicht mit mir und du dich mit von deiner jugend unberührten
interpreten NUR DER PAARIG GESPALTENE BERG SCHULE.
NUR DAS
GEWALTIGE BABEL DER WEGE. NUR DIE HÖLLISCHE
FLÜGELTÜR.
EIN ELFEINHALBTAUSENDER das böse trägt von jetzt an keine stiefel
mehr. zwar wachsen die gebete mit, doch werden sie nicht
größer. so fand den weg der ort. wo ich vieh bin
war ich fleischtransport.

Auch für die sprachexperimentelle DDR-Lyrik der 8oer Jahre gilt das Gesetz, dass eine Avantgardebewegung ihrer Natur nach nur für eine begrenzte Zeit Avantgarde bleiben kann. Der Überraschungseffekt des innovativen Schreibens verbraucht sich.

Drama und Theater

Auch das Theater der DDR hat die Folgen der Biermann-Ausbürgerung gespürt. Regisseure und Schauspieler haben das Land verlassen; das kulturpolitisch kältere Klima sowie rückläufige Besucherzahlen ließen die Intendanten eher auf das Sichere und Bekannte setzen als auf Experimente.

Formen und Bedingungen des DDR-Alltags beleuchten kritisch-realistische Zeitstücke jüngerer Dramatiker wie Uwe Saeger (*Das Vorkommnis*, 1978; *Flugversuch*, 1983) und Jürgen Gross (*Geburtstagsgäste*, 1980). Das gilt auch für Ulrich Plenzdorfs Dramatisierungen von eigenen Prosatexten (*Die Legende vom Glück ohne Ende*, 1983; *kein runter, kein fern*, 1990) und von Werken Günter de Bruyns (*Buridans Esel*, 1975; *Freiheitsberaubung*, 1988).

Nach den frühen, von Brecht inspirierten «Produktionsstücken» wie z.B. *Der totale Mensch/Kipper Paul Bauch/Die Kipper* (1962–72; die lange Entstehungszeit sowie verschiedenen Titel zeugen von den Schwierigkeiten des Autors mit den Kulturfunktionären, aber auch von einer Gewichtsverlagerung vom Einzelnen auf das Kollektiv) wenden sich Volker Braun wie auch Heiner Müller (s. S. 428–431) der deutschen Geschichte zu. In *Simplex Deutsch* (1978/79) wird ohne chronologische Abfolge eine Collage der neueren deutschen Geschichte zusammengestellt, die das Thema «deutsche Misere» veranschaulichen soll, z.B. die Ermordung Rosa Luxemburgs 1919, der Zusammenbruch 1945, DDR-Alltag, die westdeutsche 68er-Generation. In *Siegfried Frauenprotokolle Deutscher Furor* (1986) stellt Volker Braun die deutsche Geschichte – und damit ja auch die Vorgeschichte des eigenen Staates – als eine Abfolge von Krieg und Terror dar. Den Verlust der Utopie, die «Vertagung einer großen Hoffnung», thematisiert das 1993 erschienene Drama *Böhmen am Meer*.

C. Autoren

Peter Handke

Am 6. 2. 1942 in Griffen (Kärnten) geb. Der Vater war deutscher Soldat, verheiratet, von Beruf Sparkassenangestellter. Die Mutter arbeitete als Abwaschhilfe, Stubenmädchen und Köchin und heiratete vor der Geburt des Sohnes einen anderen Soldaten, einen Berliner Straßenbahnfahrer. 1944 bis 1948 im Osten Berlins, 1948 Umzug in das Geburtshaus der Mutter in

Griffen. Dorfschule in Griffen, auf die Vorbereitung zum Priesterberuf ausgerichtetes Knabeninternat des katholisch-humanistischen Gymnasiums Tanzenberg, Wechsel der Schule, 1961 Abitur in Klagenfurt. 1961 bis 1965 Jurastudium in Graz, das er nach Annahme seines ersten Romanmanuskripts abbrach. Reisen nach Jugoslawien, Rumänien und in die USA. Wechselnde Wohnsitze, 1979–1988 in Salzburg, ausgedehnte Reisen in Europa, Alaska und Japan. Seit 1991 wohnhaft in Chaville bei Paris.

Der Drang, die Fesseln des eigenen Könnens zu sprengen und sich niemals mit dem Erreichten zufriedenzugeben, charakterisiert den sehr produktiven Schriftsteller, der als Erzähler, Dramatiker, Lyriker, Hörspiel- und Filmbuchautor, Essayist und Übersetzer hervorgetreten ist. Er schloss sich als Student dem Grazer «Forum Stadtpark» an, das Ideen und Konzepte der «Wiener Gruppe» (s. S. 284) weiterführte, und seine Anfänge sind dieser typisch österreichischen Tradition verpflichtet: Sprachexperimente und eine von dem Sprachphilosophen Ludwig Wittgenstein inspirierte Reflexion, die zu Erzählansätzen im Widerspruch gegen die normale epische Fiktion und die mimetische Widerspiegelung von Wirklichkeit führte.

Österreich hatte keine spektakuläre, politisierte Studentenbewegung, und weil Peter Handke von Anfang an konsequent bestritt, dass Kunst im Auftrag der Gesellschaft dem gesellschaftlichen Verändern der Realität dienen könne, und daher jedes politische Engagement verweigerte, setzte er sich polemisch von dem vorherrschenden Trend im Westen ab. Schon der Titel seiner programmatischen Aufsätze *Ich bin ein Bewohner des Elfenbeinturms* (1972) war damals in der Bundesrepublik eine Provokation. Er hielt an der im Grunde romantischen Überzeugung fest, dass in den Dingen der Wirklichkeit jene geheimnisvolle Poesie verborgen liege, die in der individuellen sprachlichen Formung zum Vorschein komme. Da er meint, dass «Literatur nur dann verbindlich wird, wenn sie in die äußerste Tiefe des ICH hineingeht», steht die Reflexion der eigenen Schreibhaltung und der eigenen Lebensgeschichte im Zentrum seines Schaffens.

Berühmt-berüchtigt wurde Peter Handke durch seine Attacke gegen die «Beschreibungsimpotenz» der *Gruppe 47* bei ihrem Treffen 1966 in Princeton (USA), und durch sein Sprechstück *Publikumsbeschimpfung* (1965, aufgeführt 1966), in dem die Schauspieler von Anfang bis Ende die Zuschauer beobachten, kommentieren und beschimpfen. «Die Methode bestand darin, daß kein Bild mehr von der Wirklichkeit gegeben wurde, [...] sondern daß mit Wörtern und Sätzen der Wirklichkeit gespielt wurde» (Handke). In dieser ersten kritisch-analytischen Phase konzentrierte er sich in Theaterstücken (*Kaspar*, 1968) und Erzählprosa (*Die Angst des Tormanns beim Elfmeter*, 1970) auf die Analyse von Mechanismen der Wahrnehmung und Kommunikation, die er als Unterdrückungssysteme erkannte.

In den 70er Jahren erweiterte Handke die thematisierten Probleme der Wahrnehmung um die der Existenz; er analysierte nicht nur Zeichensysteme des Bewusstseins, sondern auch die Wiederholungszwänge des Daseins. Seine Grundintention war die Umsetzung lebensgeschichtlicher Erfahrung in ein poetisches Programm. Die Erzählung *Wunschloses Unglück* (1972), die den kurz vor der Niederschrift erfolgten Selbstmord der Mutter und ihr Leben zum Vorwurf hatte, strebte reflektierend eine Balance zwischen bloßer Nacherzählung und poetischer Fiktionalität, zwischen authentischer Betroffenheit und einer distanzierten Analyse des Rollenmechanismus des Kleinbürgertums an. Ähnlich behandelte das Erzähler-Ich in dem Roman *Der kurze Brief zum langen Abschied* (1972) die Scheidung von seiner Frau, indem er dieses Thema mit einer anderen Ebene, der Lektüre des Bildungsromans *Der Grüne Heinrich* von Gottfried Keller verband, der seine Auffassungsfähigkeit aufschließt und erweitert. Der *Falschen Bewegung* (1975) waren Goethes *Wilhelm Meisters Lehrjahre* als Muster unterlegt. Durch diese Verzahnung von zwei Ebenen, die Ähnlichkeiten oder Kontraste zwischen Vergangenheit und Gegenwart hervorheben, entsteht eine Offenheit und Aufgeschlossenheit, die der Suche nach einem nicht zum System geronnenen Glück entgegenkommt. In *Die Stunde der wahren Empfindung* (1975) erlebt Gregor Keuschnig, dass er mit sich selbst identisch und zu authentischen Erfahrungen fähig ist.

«Zuerst die Geschichte von Sonne und Schnee, dann die Geschichte der Namen, dann die Geschichte des Kindes; jetzt das dramatische Gedicht: alles zusammen soll ‹Langsame Heimkehr› heißen.» Handke meinte damit die Erzählungen *Langsame Heimkehr* (1979), *Die Lehre der Sainte-Victoire* (1980) und *Kindergeschichte* (1981), die er zusammen mit dem «dramatischen Gedicht» *Über die Dörfer* als Tetralogie verstanden wissen wollte. Neu war hier der Stilwandel zum hohen Ton und zu mythisierender Darstellung. In dem abschließenden «Gedicht» entwickelt sich sein Aufruf zur Annahme der eigenen Lebensgeschichte in oratorienhafter Pathetik zum «Menschheitsgedicht», in dem Nova den «Geist des neuen Zeitalters» verkündet, wo die Beziehungen zwischen den Menschen und der Natur völlig andere sein sollen:

«Die Form ist das Gesetz, und das Gesetz ist groß, und es richtet euch auf. Der Himmel ist groß. Das Dorf ist groß. Der ewige Friede ist möglich. Hört die Karawanenmusik. Zieht dem allesdurchdringenden, allesumfassenden, alles würdigenden Schall nach. Richtet euch auf. Abmessendwissend, seid himmelwärts. Seht den Pulstanz der Sonne und traut euerm kochenden Herz. Das Zittern eurer Lider ist das Zittern der Wahrheit. Laßt die Farben erblühen. Haltet euch an dieses dramatische Gedicht. Geht ewig entgegen. Geht über die Dörfer.»

Hier wuchs auch das Bewusstsein, dass eine neue Wertsetzung, je unmöglicher sie angesichts moderner Bewusstheit wird, umso notwendiger ist und dass diese Welt, je mehr sie des Teufels ist, umso eher eines Gottes bedürfe.

Den in den späten 8oer Jahren entstandenen Arbeiten gelang es, die beiden Darstellungswege, den der autobiografischen Aufzeichnungsbücher und den der pathetischen Fiktionalisierung, miteinander zu verbinden. Das begann mit *Nachmittag eines Schriftstellers* (1987) und setzte sich im *Versuch über die Müdigkeit* (1989), *Versuch über die Jukebox* (1990) und *Versuch über den geglückten Tag* (1991) fort.

Eine Art Summe seines Lebens und Werkes enthielt das umfangreiche Buch *Mein Jahr in der Niemandsbucht. Ein Märchen aus den neuen Zeiten* (1994). Eher eine Erzählung als ein Bühnenspiel war das Stück *Zurüstungen für die Unsterblich-*

keit. Ein Königsdrama (1997), das den Wandel einer Enklave zu einem selbständigen Staat thematisiert. Wie der Raum sich allmählich zu einem Königreich weitet, so öffnet sich die Zeit für die Zukunft, die Utopie des idealen Zustands. Ob aber dieser idyllische Zustand der Harmonie hergestellt oder nur erstrebt wird, bleibt offen. Dass es auf den Versuch ankommt, aufzubrechen oder aus sich herauszutreten, deutet schon der Titel des im gleichen Jahr erschienenen Textes an: *In einer dunklen Nacht ging ich aus meinem stillen Haus* (1997). In den folgenden Texten taucht immer wieder die Tendenz auf, sich gegen die Macht des Bestimmens und dauerhaften Befestigens aufzulehnen: Die menschenwürdigere Ungenauigkeit der Poesie widersetzt sich der Herrschaft des Faktischen und räumt dem Möglichen einen höheren Rang vor der sogenannten Wirklichkeit ein.

Obwohl es allgemein akzeptiert ist, dass Peter Handkes Prosakunst außerordentlich hohe Qualitäten besitzt, steht die Rezeption seiner Werke im Zeichen des Pro und Kontra. Der selbstanalytische Ausgangspunkt wurde vielfach als Egomanie, seine Werke als «narzißtische Literaturrituale», die Wendung zur elitären Verkündigung als Flucht vor einer Auseinandersetzung mit der gesellschaftlichen Realität gebrandmarkt. So kommentierte Handke seine Verteidigung der Serben (*Eine winterliche Reise zu den Flüssen Donau, Save, Morawa und Drina oder Gerechtigkeit für Serbien,* 1996), die mangels Kenntnissen des jugoslawischen Bürgerkrieges einen Skandal erregte, mit den Worten: «Der ganze Text ist hauptsächlich ein Zwiegespräch, das ich mit mir selber führe.»

Jahrelang beharrte er auf seinem eigenen Bild, auf dem Traum vom großen Vielvölkerstaat, und verteidigte es gegen den Rest der Welt. In *Don Juan* (2004) und in *Kali. Eine Vorwintergeschichte* (2007) deutet er eine Lösung von dem Traum an, aber erst in der langen Erzählung *Die morawische Nacht* (2008) nimmt er anscheinend Abschied davon. Hier lädt ein Ex-Autor einige Freunde auf sein Hausboot auf der Morawa und nimmt sie mit auf eine Reise durch sein früheres Leben, inhaltlich mit vielen bereits aus Handkes Werk bekannten Motiven, stilistisch mit den Handke-Charakteristika: den unmittelbaren, originellen Beobachtungen, dem anderen Schauen auf die Welt, dem ewigen Suchen, dem Ahnen einer höheren Welt, den Wutanfällen und Selbstbeschimpfungen, dem plötzlichen Wechsel des Tons. Am Ende kehrt der Erzähler zum Ausgangspunkt zurück, aber da hat sich alles in nichts aufgelöst.

Botho Strauß

Geb. 2. 12. 1944 in Naumburg/Saale als Sohn eines Lebensmittelberaters. 5 Semester Studium der Germanistik, Theaterwissenschaft und Soziologie in Köln und München, danach von 1967 bis 1970 Redakteur und Kritiker der Zeitschrift *Theater heute*. 1970–75 dramaturgischer Mitarbeiter an der Berliner «Schaubühne am Halleschen Ufer» bei Peter Stein. Lebt als freier Schriftsteller in Berlin und der Uckermark.

Botho Strauß ist vor allem Dramatiker, daneben Erzähler, Essayist und Lyriker. Er ist einer der meistgespielten Theaterautoren des deutschsprachigen Raumes, dessen Stücke immer wieder durch bestimmte Charakteristika faszinieren oder abstoßen: durch das Rätselhafte der Fabel, den Hauch von Mysterium, der die Personen auf der Bühne umhüllt, das Vexierspiel mit der Zeit und der Logik des Handlungsverlaufs. In dem Essay *Der Geheime* erklärt er, warum der Avantgardist von heute diese Position einnehmen muss:

«Der Geheime ist heute schon der einzige Ketzer, der einzig wahrhaft Oppositionelle gegenüber der allesdurchdringenden allesmäßigenden Öffentlichkeit. Gegen den totalen Medienverbund, gegen die Übermacht des Gleich-Gültigen wird und muss sich eine Geheimkultur versprengter Zirkel, der sympathischen Logen und eingeweihten Minderheiten entwickeln.»

Es handelt sich dabei um eine Rettung der Kunst, auf deren exklusiver, sakraler und mythischer Funktion er immer mehr besteht, so wie er es in einem Essay aus dem Jahre 1990 formuliert hat: «Es geht um nicht mehr und nicht weniger als um die Befreiung des Kunstwerks von der Diktatur der sekundären Diskurse, es geht um die Wiederentdeckung nicht seiner Selbst- , sondern seiner theophanen Herrlichkeit, seiner transzendentalen Nachbarschaft.»

Der Dramatiker Strauß erkannte schon 1969, dass die Zeit des realistisch-dokumentarischen Theaters vorüber sei und dass die Selbstthematisierung des Theaters sich als die neue Tendenz entwickeln würde. Nach den ersten Theaterexperimenten wurde er neben Kroetz zum führenden westdeutschen Dramatiker mit den Stücken *Trilogie des Wiedersehens* (1976) und *Groß und klein. Szenen* (1978). Beide sind Bilder aus dem bürgerlichen Seelenleben, charakterisiert durch das ständige Kommen und Gehen der Personen, die nur belanglose und unverständliche Worte wechseln, durch das «Leonce-Prinzip», wie er es in seiner Büchner-Rede genannt hat: «vertieftes Leerempfinden bei allgemein erhöhter Irrealität». Durch die vielen Türen, Fenster und übergroße leere Zimmer wird die periphere Position des Menschen räumlich inszeniert. «Er muss wissen, dass er seinen Platz wie ein Zigeuner am Rande des Universums hat», heißt es in dem Roman *Rumor*.

Die ersten Erzählungen (*Marlenes Schwester*, 1975, *Die Widmung*, 1977) behandelten Fälle von Identitätsauslöschung in Krisensituationen. In seinem ersten Roman *Rumor* (1980) ist das Thema die Flucht aus der Mediengesellschaft in das totale und selbstmörderische Außenseitertum. Die Kurzprosa-Sammlung *Paare, Passanten* (1981) ist ein Panoptikum zeitgenössischer Reflexionen und Beobachtungen, in denen er nach einer Kunst fragt, «die sich das Entzücken an der vollendeten Normalität versagt und sich noch einmal den heiklen Forderungen des Symbolischen stellt».

Nach 1980 wurden die dramatischen Stücke spielerischer und komödiantischer. Er projizierte die tragikomische Gegenwart auf mythologisch-metaphysische Grundmuster in *Der Park* (1983; nach Shakespeares *Sommernachtstraum*), *Die Fremdenführerin* (1986), am frühesten in *Kalldewey. Farce* (1981):

Zwei Paare, ein Musikerehepaar und ein lesbisches Paar stehen im Mittelpunkt des Fünf-Personen-Stücks. Im ersten Akt fallen die drei Frauen wie Mänaden über den Mann her und stopfen seine Reste in die Waschmaschine. Im zweiten Akt ist der Mann wieder wohlbehalten auf der Bühne und feiert mit den Damen den Geburtstag seiner Frau. Außer ihnen ist ein zweiter Mann da, der sich als Kalldewey vorstellt und ansonsten nur Obszönitäten von sich gibt. Sie versuchen ihn loszuwerden, aber als er weg ist, vermissen sie ihn. Den dritten Akt bilden sich rasch ablösende Sketche: die Therapie, die alle vier Personen durchmachen, ist dann beendet, wenn sie in ihre alten Rollen, in die Leere ihrer leidenschaftslosen Gegenwart zurückgeführt worden sind. Dem Stück liegt der Mythos zugrunde, oder vielmehr die Sehnsucht nach dem Mythos, die den Alltag durchdringt. Sie zeigt sich im ersten Akt im kultischen Zerreißen des Mannes, im zweiten als Gotteshunger. Aus dem ungebetenen Gast wird ein Dionysos, der vielleicht den Hunger stillen könnte. Das Stück ruft die mythische Herkunft des Dramas wach und bietet eine Art Katharsis.

In dem «RomantischenReflexionsRoman» *Der junge Mann* (1984) versuchte Strauß eine neue Erzählstrategie, die im Roman so beschrieben wird: «Statt in gerader Fortsetzung zu erzählen, umschlossene Entwicklung anzustreben, wird er dem Diversen seine Zonen schaffen, statt Geschichte wird er den geschichteten Augenblick erfassen, die gleichzeitige Begebenheit. Er wird Schauplätze und Zeitwaben anlegen oder entstehen lassen anstelle von Epen und Novellen.»

Der junge Mann Leon Pracht, der Strindbergs *Fräulein Julie* inszenieren soll, durchläuft wie Goethes Wilhelm Meister in der *Theatralischen Sendung* einen Erkenntnisweg, aber anders als dieser auf dem Weg nach innen: Hier bestimmen Fantasie und Traum die Entdeckungsreise, logische Kategorien und Zeit- und Raumkategorien haben ihre Gültigkeit verloren. Erst gegen Ende des Romans mündet die Darstellung wieder in die Realität, und im Rückblick wird die versuchte epische Darstellungsweise reflektiert: «Mir geht es ja heute schon so, dass ich mich an einen scheinbar verworrenen Film, der jedoch eine tiefere und unbedingte Sicht der Dinge wiedergibt, weit schärfer und länger erinnern kann als an eine glatte, runde Geschichte, die ich oft schon nach zwei Stunden nicht mehr nacherzählen kann.» Ob Strauß in dem erzählerischen Puzzlespiel die Darstellungsmöglichkeiten der Gattung Roman vorangetrieben hat, ist umstritten.

Einen neuen Höhepunkt erreichte Strauß' Theaterarbeit in *Die Zeit und das Zimmer* (1989), das seine Grundkategorien Zeit und Raum veranschaulicht. Das Spiel für «Eingeweihte des verborgenen Wissens» löste zwei seiner ästhetischen Grundforderungen ein: zurück zum «Nichtverstehen» und zur «Undeutlichkeit».

Die zentrale Randfigur, Marie Steuber, sagt im ersten Teil des fantastischen, unverständlichen Stücks: «Besagtes Leben, um noch einmal darauf zurückzukommen, wir haben ja nur unsere Erinnerungen. Alles übrige: am Fenster stehen und hinausschauen, bis man vom Erdboden wieder verschwunden ist.» Aus ihren Erinnerungen spricht aber eine urromantische Sehnsucht, die Sehnsucht des auf die Erde verschlagenen Fremdlings, der sich auf der Suche nach seiner ursprünglichen Heimat befindet.

In dem Drama *Schlußchor* (1991), das als eine Art Beitrag zur Vereinigung der beiden deutschen Staaten angekündigt wurde, verwies Strauß die Mythen der Geschichte in die poetische Welt, in der auch die literarischen Mythen aufgehoben sind; in der Gegenwart gebe es nur «sinnlich Behinderte». In den Essays, u. a. in dem Prosatext *Beginnlosigkeit* (1992), argumentiert er auf der Basis der «Steady State»-Theorie über die Entstehung des Universums für das geschichtslose Denken. Ohne Anfang seien auch die Ursache, die Kausalität und letztlich jedes lineare Denken außer Kraft gesetzt. Nur die «Erinnerungskraft der Dichtung», die für Strauß eine eigene autonome gesellschaftliche Funktion besitzt, könne die «Totalherrschaft der Gegenwart» mit ihrem «Mangel an Passion» ausgleichen. Die poetische Erinnerung ermöglicht die Evokation einer Zeitebene, die zum Ort des Mythischen wird.

In *Ithaka. Schauspiel nach den Heimkehr-Gesängen der Odyssee* (1996) vertritt der heimkehrende Odysseus als «guter König» die Idee eines «guten Lebens». Die zugrunde liegende Utopie einer an Hierarchien und militärische Ideale gebundenen Ordnung erinnert an Gedankengänge in dem umstrittenen Essay «Anschwellender Bocksgesang» (s. S. 438 f.). Der Abscheu vor der Gegenwartszivilisation, vor Großstadt, Massenkultur und geistiger Verflachung ist ebenfalls ein Hauptthema in den Aufzeichnungen *Die Fehler des Kopisten* (1997). Hier zieht sich das Autor-Ich mit seinem Sohn in die Uckermark zurück und versucht, das verlorene Paradies des unschuldigen Blicks und der seinseingebundenen Weisheiten wiederzugewinnen. In dem erfolgreichen Stück *Der Narr und seine Frau heute Abend in Pancomedia* (2001) hält Botho Strauß wie schon in den 70er Jahren den Zeitgenossen den Spiegel vor.

Im Grunde lassen sich Botho Strauß' Schriften als eine Art Tagebuch lesen, in dem er über bestimmte Themen reflektiert, so auch seine erste Novelle *Die Unbeholfenen. Eine Bewußtseinsnovelle* (2007), wo er seine Grundthemen, die Gegenwartskritik, die Erwartung der Apokalypse und die Sehnsucht nach dem Elementaren und dem Mythisch-Religiösen, weiterentwickelt und vertieft. Das Nachdenken über Krisen ist eines der Hauptthemen in *Vom Aufenthalt. Wege der Männer; Stunden der Frau* (2009). Die kurzen Texte, aus denen *Herkunft* (2014) besteht, sind teils Erinnerungen an die Kindheit, vor allem an den Vater, teils Reflexionen über das Sich-Erinnern.

Botho Strauß ist eine Reizfigur, die heftige Diskussionen auslöst, so erneut wegen seiner wie «Anschwellender Bocksgesang» (s. S. 438 f.) im *Spiegel* veröffentlichten Glosse «Der letzte Deutsche» (Okt. 2015), in der ihm die sogenannte Flüchtlingskrise zum Anlass erneuter, jedoch recht bekannt klingender kulturpessimistischer Betrachtungen wird: Das deutsche Volk ist vom Aussterben bedroht, weniger aus demographischen Ursachen als wegen fehlender Geistigkeit. Von dem, was er als die «derzeitige Flutung des Landes mit Fremden» bezeichnet, erhofft er sich ein Sich-Besinnen auf die eigene Identität.

Irrationalismus, geistige Überheblichkeit, Gegenaufklärung und falsche Erhabenheit der Sprache sind einige der nicht völlig unberechtigten Vorwürfe, die gegen Botho Strauß erhoben worden sind. Seine zentrale Funktion als Kommentator, Seismograph und Mythologe der bundesrepublikanischen Zeitgeschichte und seine Bedeutung für das neuere deutsche Theater bleiben jedoch unbestritten, auch wenn er sich zusehends in eine selbstgewählte Außenseiterposition bewegt.

Heiner Müller

Geb. am 9. 1. 1929 in Eppendorf/Sachsen als Sohn eines Angestellten. Der Vater, 1933 als Sozialdemokrat zeitweilig verhaftet, wurde nach 1946 Mitglied der SED und arbeitete als Funktionär in der SBZ/DDR, die er 1951 mit seiner Frau und dem jüngeren Sohn aus Protest verließ. Heiner Müller, 1945 noch zum Volkssturm eingezogen, machte nach Kriegsende das Abitur nach, arbeitete als Journalist und Redakteur, ab 1959 als freier Schriftsteller sowie als Dramaturg. Die frühen Stücke entstanden in Zusammenarbeit mit seiner ersten Frau, Inge Müller (1925–66). Gestorben am 30. 12. 1995 in Berlin.

1979 listete Heiner Müller in einem Diskussionsbeitrag die Autoren auf, die für ihn von entscheidender Bedeutung gewesen waren: Rimbaud, Lautréamont, Kafka, Joyce, Majakowski, Artaud, Brecht und Beckett. Im Kontext der DDR-Kulturpolitik fallen die meisten dieser Namen auf, handelt es sich doch vorwiegend um Schriftsteller, die als Vertreter der Moderne, des Surrealismus, des Absurden keineswegs zum genehmigten vorbildlichen Erbe gehörten, und die in der DDR nicht gedruckt bzw. aufgeführt wurden. Trotz wiederkehrender Kritik von Seiten der Kulturfunktionäre der SED, trotz Aufführungsverboten oder -verzögerungen entschied sich Heiner Müller, in der DDR zu bleiben; dafür wurde er als angeblich oppositioneller Schriftsteller umso häufiger in der Bundesrepublik gespielt und interviewt. Das manchmal eher politisch als künstlerisch motivierte Interesse an seinem Werk ändert jedoch nichts daran, dass er zu den bedeutendsten deutschsprachigen Dramatikern nach Brecht gehört.

Die zwischen 1957 und 1965 entstandenen, vom Brecht'schen Lehrstück inspirierten «Produktionsstücke» gehören in den literaturgeschichtlichen Kontext des «Bitterfelder Weges» (s. S. 301 f.), insofern als sie sich mit der Frage nach der besonderen Qualität der Arbeit im Sozialismus und nach der Herausbildung eines neuen Bewusstseins beschäftigen. Sie stießen auf vehemente Kritik der Kulturpolitiker, weil sie statt sozialistischer Helden gebrochene, in ihren Handlungen eher von persönlichen Motiven bewegte Menschen zeigen, die ihre faschistische Vergangenheit (noch) nicht überwunden haben.

Die bekanntesten Produktionsstücke Heiner (und Inge) Müllers bauen auf tatsächlichen Ereignissen oder auf literarischen Vorlagen auf: *Der Lohndrücker* (1957) greift die auch von Ed. Claudius und Brecht behandelte Geschichte des Aktivisten Hans Garbe nochmals auf; *Die Bauern* (1956–61/1964) übernehmen Motive aus Anna Seghers' Erzählung *Die Umsiedlerin* (1950), problematisieren jedoch die Rolle der Partei; *Der Bau* (1963/64) hat Erik Neutschs Ankunftsroman *Spur der Steine* (s. S. 304 f.) zur Vorlage. Das Stück, das in der DDR nie gespielt worden ist, behandelt heikle Themen wie Entfremdung und politischen Opportunismus.

Nach Bearbeitungen antiker Stoffe (*Philoktet*, 1958–64, *Ödipus Tyrann*, 1967, *Prometheus*, 1968, *Der Horatier*, 1973), in denen er den unlösbaren und daher Opfer fordernden Konflikt zwischen Ideal und Macht zeigt, wobei die mythische Einkleidung des Konflikts durchaus Gegenwartsbezug hat, wandte sich Müller in den Stücken *Die Schlacht* (1951–74), *Germania Tod in Berlin* (1956–71/77) und *Leben Gundlings Friedrich von Preußen Lessings Schlaf Traum Schrei* (1975–77) dem Thema der deutschen Geschichte als der Geschichte von Triebunterdrückung, Gewalt und Tod zu. «Der Terror von dem ich schreibe kommt/Aus Deutschland», heißt es in *Germania …*

Wie die Daten zeigen, hatte sich Müller mit dieser Thematik sehr lange beschäftigt. In *Die Schlacht*, die die Jahre 1933–45 behandelt, stellte er eine Szenenreihe auf, in der Gemeinheit und Entmenschlichung die Handlungen der Menschen bestimmen. Als das Stück mit dem Einmarsch der Russen in Berlin im April 1945 endet, sind alle Überlebenden zugleich auch Mörder. *Germania Tod in Berlin* ist eine Montage aus 12 Szenen, die spiegelbildlich Aspekte der deutsch-preußischen Geschichte und der Geschichte der deutschen Arbeiterbewegung mit der DDR-Realität zusammenstellen. Müller zitierte und bearbeitete hier wie in anderen Stücken nicht nur eigene Werke, sondern montiert Texte und Gestalten anderer Autoren in den eigenen Text ein. So trägt in *Germania …* der ‹exemplarische›, weil immer parteigläubige Arbeiter den Namen Hilse, wie der alte Weber in Gerhart Hauptmanns Drama. Der 17. Juni 1953, der Tag des Arbeiteraufstandes in Ostberlin, wird bei Müller zum endgültigen Todesdatum der deutschen Arbeiterbewegung und zur Bestätigung der deutschen Teilung. Der Titel *Leben Gundlings Friedrich von Preußen Lessings Schlaf Traum Schrei* stellt eine Komprimierung der Szenenfolge dar. Gezeigt wird an den historischen Beispielen Gundling und Friedrich II., wie durch Terror und Unterdrückung der autoritäre, sadomasochistische Charakter hergestellt wird, und wie der Lessing'sche «Traum» – das Projekt der Aufklärung und Humanität – pervertiert und im «Schrei» erstickt wird. Im DDR-Rundfunk wurde *Leben Gundlings …* als «monströse Geschmacklosigkeit» kritisiert.

Immer mehr stellte Müller die historisch-zivilisatorische Entwicklung auch als die Geschichte der entfremdeten und entstellten Beziehung zwischen Mann und Frau dar. Wo Schlee, die einzige Frau im *Bau*, sich der Karriere des Mannes opfert und auf dessen Bitte dem Vater ihres ungeborenen Kindes, dem Parteisekretär, verspricht, dem Parteitribunal seinen Namen nicht zu nennen, da werden die Frauengestalten Müllers zunehmend zu Rächerinnen, so – erneut im Rückgriff auf mythisch-literarische Stoffe – Ophelia/Elektra in der *Hamletmaschine* (1977) und Medea in *Verkommenes Ufer Medeamaterial Landschaft mit Argonauten* (1983). In seinen letzten Stücken, *Der Auftrag* und *Wolokamsker Chaussee I-V* (1987) beschäftigte sich Müller wieder mit den Zusammenhängen zwischen revolutionärer sozialistischer Utopie und Schuld und Terror.

Heiner Müllers Stücke sind für das Theater geschrieben und erst im Prozess der Theaterarbeit werden sie als «Texte» oder «Materialien» realisiert. Er bewegte sich immer weiter weg von jedem Realismus, was durch den fast hermetischen Charakter z. B. von *Hamletmaschine* unterstrichen wird. Seine Sprache ist metaphernreich, kunstvoll und vieldeutig, an die Diktion Hölderlins erinnernd, nach dessen Sophokles-Übersetzung Müllers *Ödipus Tyrann* gestaltet ist. Der Zitat- und Montagecharakter seiner Stücke aus den 70er und 80er Jahren sowie die bewusste Sinndestruktion, die darin stattfindet, stellen ihn in die Nähe von Dekonstruktivismus und Postmodernismus.

Kapitel IV: 1990–2016

I. Grundzüge

Zwei überragende politische Ereignisse kennzeichnen die Periode: der Fall der Mauer am 9. November 1989 und die Terrorangriffe vom 11. September 2001. Das Ende des Kalten Krieges rief im Hinblick auf die Zukunft sowohl Hoffnung und Optimismus als auch Unsicherheit hervor. Die Terrorangriffe schienen die von Samuel P. Huntington formulierte These zu bestätigen, dass der Kalte Krieg durch einen «clash of civilizations» abgelöst werden würde, bei dem nicht politische Ideologien, sondern kulturelle und religiöse Gegensätze entscheidend seien. Während der Mauerfall, seine Ursachen und Folgen immer wieder thematisiert werden, sind die literarischen Reaktionen auf den Terrorangriff eher indirekt abzulesen.

Die 1990er Jahre waren das Jahrzehnt, in dem literarische Traditionen aus West und Ost nach der Vereinigung der beiden deutschen Staaten 1990 auf vielfältige und komplizierte Weise verschmolzen. Während in der ersten Hälfte die schon etablierten Schriftsteller dominierten, nicht zuletzt in den Literaturdebatten, trat in der zweiten Hälfte eine große Zahl von jungen Autoren auf den Plan. Einige sind einmalige Erscheinungen geblieben, viele haben ihren Platz in der Literaturlandschaft konsolidiert, neue sind nach der Jahrhundertwende dazugekommen. Mit Recht hat der Literaturwissenschaftler Karl Heinz Bohrer von einer «Entmischung» der neuesten deutschen Literatur gesprochen. Von einer dominierenden Tendenz kann nicht die Rede sein, eher von einer Polyphonie der Stimmen.

Eine Folge des Beitritts der DDR zum Geltungsbereich des Grundgesetzes der Bundesrepublik Deutschland gemäß Art. 23 GG war, dass die kurz vor dem Staatsbankrott stehende DDR zu existieren aufhörte und dass auch die DDR-Schriftsteller sich auf die westlichen Bedingungen der sozialen Marktwirtschaft einstellen mussten. Deshalb erlebten viele von ihnen die «Wende» als einen radikalen Wandel, der ihre Existenz als Schriftsteller zu vernichten drohte. Literatur hatte in der DDR, besonders nach 1976, einen sehr hohen Stellenwert besessen. Sie war Trägerin utopischer Hoffnungen auf Reformen und auf die Verwirklichung eines Sozialismus mit menschlichem Antlitz gewesen und hatte dem lesehungrigen Publikum praktische Lebenshilfe geboten. Die beiden deutschen Literaturen hatten sich nach der Ausbürgerung von Wolf Biermann 1976 (s. S. 409), insbesondere in den 1980er Jahren, aufeinander zubewegt. Am größten war diese thematische und ästhetische Annäherung natürlich bei den in den Westen gegangenen Dissidenten und bei der steigenden Anzahl der im Biermann-Protest einigen Individualisten, die in der DDR geblieben waren. Immer weniger Resonanz fanden die Anhänger des Sozialistischen Realismus, obgleich die Staatsführung bis zur «Wende» nach wie vor eine auf dieser Grundkonzeption basierende Literatur besonders förderte (s. S. 301–303).

Die schon vor 1990 vorhandene Tendenz zur Differenzierung und Autonomisierung gesellschaftlicher Klassen und Gruppen zu «Milieus» und Subkulturen, die durch einen eigenen Lebensstil charakterisiert sind, setzt sich bis heute fort. Zum Lebensstil gehören ein bestimmtes kulturelles Kapital, bestimmte Statussymbole, Werte und Gewohnheiten. Dieser Individualisierungsprozess ging mit einer wachsenden Pluralisierung der Literatur einher, zumal manche Lebensstile das Lesen und den Besitz einer für das Milieu repräsentativen Literatur (Kult-Werke, Kult-Autoren) vorschreiben bzw. nahelegen. Dies machte es zunehmend schwieriger, sich auf einen für alle gültigen Literaturbegriff zu einigen.

Aspekte der fortgesetzten Individualisierung sind die wachsende Anzahl von Singles und die Bildung von neuen Gruppen und Netzwerken, wobei die virtuelle, auf Webseiten vor sich gehende Kommunikation in der Bundesrepublik wie überall auf der Welt eine immer größere Rolle spielt. Das Grunderlebnis, nicht mehr an Normen, Rahmen und Ideologien gebunden zu sein, bedeutete eine neue Freiheit, aber auch Entwurzelung, Einsamkeit und ein Gespür für die Fragilität von Lebensentwürfen angesichts des Zerfalls der Werte.

Zu Beginn der 1990er Jahre wurde der Begriff «Postmoderne» einschließlich der anderen «Post»-Begriffe immer noch diskutiert. Die Ansicht, dass es sich um einen «Passepartoutbegriff» (Umberto Eco) handele, der sich für alles verwenden lasse, war verbreitet, obgleich das Wort immer wieder gebraucht wurde. Nikolaus Förster schlug vor, die «Wiederkehr des Erzählens» für das zu verwenden, was andere Kritiker postmodern nannten. «Die Rückkehr des Epischen», «Neue deutsche Erzähllust» waren andere Vorschläge zur Charakterisierung der bevorzugten Erzähltechniken. Die Begriffe machen ebenfalls deutlich, dass Erzählungen und Romane bei weitem die Mehrheit der auf dem Büchermarkt erschienenen Werke ausmachen.

Für die «Neue Unterhaltsamkeit» oder «Erzähllust» gilt das Bestreben, im Erzählen die Kluft zwischen ernster (sog. E-) und unterhaltender (sog. U-) Literatur zu überbrücken. Eine künstlerische Fortschrittsideologie wird abgelehnt, der Schriftsteller hat Form und Inhalt gegenüber eine spielerische Haltung: Er spielt mit Realität und Fiktion, eventuell auch mit dem Leser, um ihm Unterhaltung und Spannung zu bieten. Die Werke sind durch Suspendierung des Authentizitätspostulats und Zurschaustellung der Inszenierung und der Künstlichkeit des Textes gekennzeichnet. Der Autor verwendet Intertextualität und Doppel- oder Mehrfachkodierung, um somit den Leser dazu einzuladen, den Text auf *seine* Weise zu interpretieren. Als Beispiel für eine solche Haltung können die Romane des 1975 geborenen Daniel Kehlmann genannt werden: Nach dem Debüt, *Beerholms Vorstellung* (1997), erlangte der Autor internationalen Ruhm mit *Ich und Kaminski* (2003) und *Die Vermessung der Welt* (2006). In letzterem stellt Kehlmann den Mathematiker Carl Friedrich Gauss und den Forschungsreisenden Alexander von Humboldt nebeneinander, zwei extrem unterschiedliche Figuren, die von der Idee besessen sind, die Welt zu kartieren. Tatsächliches und Erfundenes werden in einer Weise vermischt, die die Souveränität des Autors bei der Bewertung von Vergangenheit und Gegenwart unterstreicht. Die obigen Charakteristika lassen sich ebenfalls in *F* (2013) beobachten, dessen Titel die Rezensenten – und gewiss auch den einzelnen Leser – fast zwingend dazu auffordert, nach F-Wörtern zu suchen, die Aspekte und Themen des Romans charakterisieren können: Fatum, Familie, Fälschung etc. Es geht um drei Brüder, die alle Betrüger sind: ein nicht-gläubiger Priester, ein korrupter Vermögensberater, ein Kunstfälscher und deren unzuverlässiger Schriftsteller-Vater. Der Roman endet recht misanthropisch damit, dass der ungläubige Priester bei der Totenmesse für seinen seit vier Jahren verschwundenen und jetzt totgesagten jüngeren Bruder und in Anwesenheit von dessen Zwillingsbruder, der durch die Erbschaft aus seinem finanziellen Morast gerettet worden ist, das Glaubensbekenntnis ankündigt.

Viel Platz haben die Diskussionen um den Generationenbegriff eingenommen. Die «68er Generation» wurde immer mehr zum Reizwort, je weniger man mit den damaligen Ereignissen vertraut war. Die ‹Kinder der 68er› melden sich immer häufiger zum Wort, um das Aufwachsen in den politisch engagierten Milieus darzustellen, wie z. B. in der Biographie des Journalisten und Schriftstellers Richard David Precht (geb. 1964), *Lenin kam nur bis Lüdenscheid* (2007), die den Untertitel «Meine kleine deutsche Revolution» trägt. Erinnerungen und Auskünfte über politische Ereignisse, Institutionen usw. stehen hier, wie in einer großen Zahl von Werken, die sich mit der nationalsozialistischen oder der DDR-Vergangenheit befassen (s. S. 454–461), neben Reflexionen über den Erinnerungsprozess. Matthias Politycki (geb. 1955) beschrieb in *Weiberroman. Historisch-kritische Gesamtausgabe* (1997) mit Fußnoten und Anmerkungsapparat die «78er Generation» als «Missing link zwischen 68ern und 89ern», eine Generation ohne Credo und

Eigenschaften, deren Identität nicht in der Zugehörigkeit zu einer sozialen Gruppe, sondern im Tragen der richtigen Jeansmarke gründete. Der Roman ist ein Panoptikum der Vorwendezeit mit imponierendem Detailreichtum. Die analytische Tauglichkeit des Begriffs «Generation 89» litt darunter, dass ihn junge Rechtskonservative in Beschlag nahmen, um ihre Sehnsucht nach nationaler Größe zum Ausdruck zu bringen. Der 1991 beschlossene Hauptstadtumzug nach Berlin schuf neue Generationenbegriffe: die «Generation Berlin» sowie die von Florian Illies (geb. 1971) im gleichnamigen Kultbuch beschriebene «Generation Golf» (2000) und die dem Dandy-Habitus der literarischen décadence huldigende «Tristesse Royal»-Generation (z.B. die Popliteraten Christian Kracht, Benjamin von Stuckrad-Barre u.a.). Entsprechend ihrem Selbstverständnis vertrat diese jüngere Generation, der Utopien, visionären Entwürfe und des hohen Pathos überdrüssig, eine pragmatische Herangehensweise, was durchaus dem Lebensgefühl weiter Teile der Gesellschaft entsprach. Als Florian Illies 2003 den Nachfolger *Generation Golf zwei* herausbrachte, stieß das Buch jedoch auf fast einhellige Kritik, was mit dem Stimmungswechsel zusammenhängen mag, der nach dem Schock des 11. Septembers 2001 eintrat. Schon zur Jahreswende 2001/02 hatte *Die Welt* mit der Überschrift «Ade, Generation Golf» den Umschwung angekündigt, der ebenfalls mit dem Schlagwort vom «Ende der Spaßgesellschaft» charakterisiert wird. Stattdessen war von einer «neuen Bürgerlichkeit» die Rede, die sich als eine Besinnung auf neu-alte Wertvorstellungen, z.B. im Hinblick auf Geschlechterrollen und Kindererziehung, äußerte, aber auch als ein erhöhtes Interesse für ethisch-moralische Fragen. Der Erfolg eines Romans wie Pascal Merciers *Nachtzug nach Lissabon* (2006) spiegelt dieses Interesse.

Die Kultur stand und steht im Zeichen des Marktes sowie der Medien- und der Massenkultur. Die Globalisierung und die Vernetzung der Welt wirken sich auf das literarische Leben aus. Verlagsfusionen und Konzernerweiterungen gefährden die kleinen Privatverlage, bedeuten aber auch, dass mehr Kapital zum Vertrieb für Literatur zur Verfügung steht. Buchrezensionen und Feuilletondebatten nehmen im Vergleich zu den 1980er Jahren einen breiten Raum ein. Die Grenzen zwischen Journalismus und Literatur werden immer durchlässiger, ebenso die zwischen traditioneller ‹Hochkultur› und populären Formen. Ein generelles Kennzeichen vor allem der letzten zehn bis fünfzehn Jahre ist der hohe Anteil von Büchern, die sich populärwissenschaftlich und unterhaltend mit «Lebensfragen» im weitesten Sinne beschäftigen. Nach dem Jahr 2000 gingen die Verkaufszahlen für schöne Literatur zwar etwas zurück, aber gelesen wird in Deutschland immer noch viel. Auch wenn von Zeit zu Zeit der Tod der «Gutenberg-Medien» prophezeit wird, scheint das gedruckte Buch zu überleben.

II. Der deutsch-deutsche Literaturstreit und andere Literaturdiskussionen

Ein besonderes Merkmal vor allem der ersten Jahre nach der Vereinigung waren die deutschlandweiten Literaturdebatten, die von älteren, etablierten Schriftstellern provoziert wurden. Debattiert wurden Probleme des «Zusammenwachsens» von Ost und West, die Funktion der Literatur und die zukünftige Rolle der neuen Republik.

Besonders heftig war der sogenannte deutsch-deutsche Literaturstreit, dessen erste Etappe durch die im Juni 1990 erschienene Erzählung *Was bleibt* von Christa Wolf ausgelöst wurde. Der 1979 geschriebene, im November 1989 überarbeitete Text erzählt in der Ich-Form von einem Tag im Leben einer Schriftstellerin, die unschwer mit der Autorin identifiziert werden kann und die von der Stasi überwacht wird. Ihre Reaktionen und Gedanken werden in der für Christa Wolf charakteristischen reflektierenden Erzählweise wiedergegeben. Die Rezensenten warfen ihr vor, dass sie, die privilegierte «Staatsdichterin» der DDR (Ulrich Greiner in *Die Zeit*, 1. 6. 1990) sich durch die Publikation zum Stasi-Opfer aufspiele. Ihr schriftstellerischer Rang wurde generell in Frage gestellt. Der scharfe, aggressive Ton rief Gegenstimmen auf den Plan, wie z.B. die von Günter Grass, der in einem *Spiegel*-Interview seine Angst vor einem Ton ausdrückte, «der vergiftend ist und inquisitorisch und pharisäerhaft, zumal vom sicheren westlichen Port aus geurteilt wird.» (16. 7. 1990)

Schon bald ging es nicht mehr um die Person Christa Wolfs. Am 3. Oktober 1990, am Tag der Deutschen Einheit, erschien in der *Frankfurter Allgemeinen Zeitung* der Artikel «Abschied von der Literatur der Bundesrepublik», in dem Kulturredakteur Frank Schirrmacher die Gruppe 47 (s. S. 281 f.) pauschal mit der Nachkriegsliteratur gleichsetzte und sie als «Produktionszentrale» der neuen westdeutschen, dem «Zivilisationstyp» nahestehenden Identität beschrieb. Die Gruppe 47 sei deshalb so dominant gewesen, weil sie von einer sich schuldig fühlenden Gesellschaft genötigt worden sei « zu bessern, zu belehren und zu erziehen und sich ständig aufgefordert gefühlt habe, ein demokratisches Bewusstsein zu beweisen». Der Feuilletonredakteur der *Zeit*, Ulrich Greiner, griff die Thematik auf und nannte eine «Gesinnungsästhetik» das «herrschende Merkmal des deutschen Literaturbetriebs, in der DDR sowieso, aber auch in der Bundesrepublik». Sie sei das «gemeinsame Dritte der glücklicherweise zu Ende gegangenen Literaturen von BRD und DDR. Glücklicherweise; denn allzu sehr waren Schriftsteller in beiden Hälften mit außerliterarischen Themen beauftragt, mit dem Kampf gegen Restauration, Faschismus, Klerikalismus, Stalinismus et cetera» (2. 11. 1990). Daher sei nach Ansicht der beiden Kritiker die deutsche Literatur nicht imstande gewesen, sich auf der Höhe der ästhetischen Entwicklung zu halten. Aus diesen Überlegungen ergab sich die Erwartung einer Blüte der neuen ‹gesamtdeutschen› Literatur, und diese Hoffnung bzw. die Enttäuschung über das Fehlen einer innovativen *jungen* Literatur zog sich wie ein roter Faden durch die literaturkritischen Reflexionen der 1990er Jahre.

Die zweite Phase des deutsch-deutschen Literaturstreits befasste sich mit der Rolle des Ministeriums für Staatssicherheit. Im Herbst 1990 erschien das Buch *Der Zorn des Schafs. Aus meinem Tagewerk*, für das der 1981 aus der DDR ausgereiste Erich Loest seine 9000 Seiten umfassenden Stasi-Akten ausgewertet hatte. Die schmerzhafte Erfahrung, dass auch Freunde und Verwandte Informanten der Stasi gewesen waren, musste nicht nur Erich Loest machen, und als Wolf Biermann im Oktober 1991 in seiner Büchner-Preisrede den Multikünstler Sascha Anderson als «Sascha Arschloch» beschuldigte, ein «Stasispitzel» gewesen zu sein und zusammenfassend behauptete, dass «alle Oppositionsgruppen (...) von Stasimetastasen zerfressen» gewesen seien, kam es zu heftigen öffentlichen Auseinandersetzungen. Die Tatsache, dass auch die Prenzlauer-Berg-Szene, die im Westen als die Avantgarde und das oppositionelle Zentrum der DDR galt (s. S. 411 f.), ebenfalls von der Stasi unterwandert war, löste neue Zweifel an der kritischen

Funktion der DDR-Literatur insgesamt aus. Dass die Verbindung mit der Stasi zu Identitätsschwierigkeiten und letzten Endes zum Persönlichkeitszerfall des «Ich» führen kann, zeigte eindrucksvoll der fiktive Roman «*Ich*» des seit 1985 im Westen lebenden Wolfgang Hilbig (1941–2007).

Die letzte Phase des deutsch-deutschen Literaturstreits wurde 1993 ausgelöst, als bekannt wurde, dass Christa Wolf und Heiner Müller nicht nur Opfer der Stasi gewesen waren, sondern auch zeitweise mit ihr kollaboriert hatten. Die Öffentlichkeit gewann neue Einsichten in die Komplexität der anscheinend austauschbaren Rollen von Opfer und Täter. Die Diskussionen führten zu der Erkenntnis, dass man nur durch eine eingehende Untersuchung des einzelnen Falles zu einem gerechten Urteil kommen konnte, und weder Müller noch Wolf hatten durch ihre Stasi-Mitarbeit jemandem geschadet. Aber die ungeklärten Stasi-Verbindungen waren ein wesentlicher Grund, weshalb die Vereinigung des PEN-Zentrums der Bundesrepublik und des Deutschen PEN-Zentrums Ost erst 1998 zustande kam. Die Schriftstellerin Herta Müller, die am eigenen Leibe Erfahrungen mit dem rumänischen Geheimdienst, der *Securitate*, gemacht hatte, sowie die ehemaligen DDR-Schriftsteller Günter Kunert und Sarah Kirsch (um nur einige wenige zu nennen) traten aus Protest aus dem PEN aus.

1993 löste ein im *Spiegel* publizierter Aufsatz von Botho Strauß mit dem Titel «Anschwellender Bocksgesang» einen neuen Literaturstreit aus. Sein schwerverständliches, «unerhörtes Dokument, das erste aus dem neuen Deutschland, undenkbar in der alten Bundesrepublik» – so die Bewertung der *Frankfurter Rundschau* – zeichnete ein teils ästhetisches, teils apokalyptisches Bild einer Gesellschaft, in der wenige Einzelgänger «durch den einfachen Begriff der Kloake, des TV-Kanals für immer» getrennt sind von der dumpfen, durch eine fehlgeschlagene Aufklärungspolitik ‹aufgeklärten› Masse. Angesichts des Wertezerfalls und der gewaltsamen Erscheinungsformen des Fremdenhasses seit Anfang der 1990er Jahre schloss sich der Autor der verbreiteten These von der Mitverantwortung der 68er Generation für diese Misere an. Der

Schriftsteller Bodo Kirchhoff (geb. 1948), der einen ähnlichen Lebenslauf wie Botho Strauß aufweisen kann und nach eigener Aussage wie dieser zu denjenigen gehört, die «von Marx zu Adorno und von Adorno zu Freud, von Freud zu Derrida und von Derrida oder Bataille, in einer Schleife, wieder zum Camus oder Hölderlin ihrer Jugend stolperten», sah den Kern des Aufsatzes ‹nur› in der Empfehlung eines Wechsels der Leitbilder: Marc Aurel statt Max Frisch, strenge Tugenden und Autorität statt subversiven Gemütskitsches. Andere sahen Botho Strauß als Vertreter der Neuen Rechten und machten auf die Nähe der Ideen des Essays zum Gedankengut der sog. Konservativen Revolution der 1920er Jahre aufmerksam. Zum rechtsorientierten Leitbild würden seine Rückkehr zum Mythos, zur Religion und zur Romantik, sein Ästhetizismus, das organisch-biologische Denken, der Antikapitalismus und der Dezisionismus seiner Kunsttheorie passen.

Auf diesem Hintergrund kann es nicht erstaunen, dass Botho Strauß Ernst Jünger (1895–1998; s.S. 229 f.) anlässlich dessen hundertsten Geburtstags als den überragenden Schriftsteller der Zeit nach 1945 lobte. In der alten Bundesrepublik war Jünger wegen seines ästhetischen Immoralismus und elitären Konservatismus sehr umstritten. Eine gewisse Aufwertung Ernst Jüngers – der in Frankreich seit Jahrzehnten wegen seiner eminenten Formkunst hochgeschätzt wird – als Vorläufer der Postmoderne war schon vor 1990 erfolgt. Eine umfassende Wiederbelebung alter konservativer philosophischer und ästhetischer Traditionen blieb aber aus.

Den nächsten Literaturstreit provozierte Günter Grass 1995 mit seinem fast 800 Seiten starken Roman über die Wiedervereinigung, *Ein weites Feld*. Die meisten Rezensenten beurteilten den Roman negativ. Die Argumente waren zwar auch ästhetisch (etwa das Konstruierte, den episodischen Aufbau, die vielen Wiederholungen betreffend), aber in erster Linie politisch: Grass verkläre die DDR zu «einer kleinbürgerlich-‹kommoden› Diktatur, während das neue demokratische Deutschland so unerträglich ist, daß man auswandern muß.» (*Die Zeit*, 1. 9. 1995) Grass, der den Roman durchaus politisch gemeint hatte, sagte in einem Interview, das Buch sei «die dringend notwendige Korrektur und Gegenstimme zu dem, was jetzt schon regierungsamtlich als Geschichte festgeschrieben wird.»

Der einflussreiche Kritiker Marcel Reich-Ranicki, der auf dem Titelbild des *Spiegel* (21. 8. 1995) den Roman buchstäblich zerriss, setzte sich zeittypisch für eine scharfe Trennung von Politik und Literatur ein. Hier lag die Kernfrage dieser und der vorhergehenden Debatten: Wie politisch darf Literatur sein? Wie ideologisch dürfen literarische und ästhetische Kategorien sein?

Nachdem Peter Handke 1996 durch seine – angeblich unpolitischen – proserbischen Bücher und Vorträge einen Monate dauernden Skandal ausgelöst hatte (s. S. 423), sorgte Grass 1997 für eine neue Debatte, als der kurdisch-türkische Autor Yasar Kemal den Friedenspreis des Deutschen Buchhandels erhielt. In seiner Laudatio auf den Schriftsteller sagte Grass u. a.: «Ich schäme mich meines zum bloßen Wirtschaftsstandort verkommenen Landes, dessen Regierung todbringenden Handel zulässt und zudem den verfolgten Kurden das Recht auf Asyl verweigert.» Es folgten heftige Debatten. Ein englischer Beobachter fragte, ob in Deutschland nicht gestritten werden kann, «ohne dass der Streit sich unversehens auf einen Schwarz-Weiß-Dualismus: die blutige Konstellation ‹Verfolger – Verfolgte› reduziere»?

Die Zuteilung von Literaturpreisen gab und gibt häufig Anlass zu Auseinandersetzungen literaturästhetischer sowie literaturpolitischer Art, so z. B. 2007, als der Georg-Büchner-Preis an Martin Mosebach (geb. 1951) verliehen wurde, dessen Dankrede vehemente Diskussionen auslöste.

Mosebach zitierte eine Passage aus *Dantons Tod*, wo der Revolutionär Saint-Just das Massensterben bei Naturkatastrophen und aus politischen Gründen analogisiert, und fügte hinzu: «Wenn wir diesen Worten nun noch das Halbsätzchen einfügten: ‹... dies erkannt zu haben, und dabei anständig geblieben zu sein ...›, dann wären wir unversehens einhundertfünfzig Jahre später, und nicht mehr in Paris, sondern in Posen.» Er spielte hier auf eine Rede Heinrich Himmlers vor SS-Soldaten an, was natürlich Anstoß erregte. Auch in der Beurteilung von Mosebachs Romanen (z. B. *Westend*, 1992; *Eine lange Nacht*, 2000; *Der Mond und das Mädchen*, 2007) scheiden sich die Geister: Während einige, wie die Jury des Büchner-Preises, seinen Stil und seine Erzählfreude loben, sprechen andere von «gewollter Schönschreiberei» (Sigrid Löffler) und nennen ihn einen Blender.

III. Themen und Gattungen

Die thematisch wichtigste Veränderung nach dem Wegfall der
Machtblöcke war der allmählich schwindende Glaube an Ideologien und Utopien. Das Gefühl, in einer Übergangszeit zwischen dem Alten und Bekannten und etwas Neuem und Unbe-
kanntem zu leben, zeigt sich schon zu Beginn der 1990er Jahre
u.a. in der Hinwendung zur «kleinen Welt»: die Privatsphäre,
wie z.B. die problematischen Beziehungen zwischen Geschlechtern und Generationen, wird häufig thematisiert. Häufig wird auch das verhandelt, was Michel Foucault «Heterotopie» nennt. Heterotopische Räume sind z.B. Friedhöfe, Parks,
Ruinen, Museen, vernachlässigte Wohn- und Industriegebiete,
Bahnhöfe und Bahnlinien – Räume, die gleichermaßen ein Teil
der Gesellschaft und von ihr abgesondert sind. Heterotopische
Landschaften finden sich auffallend häufig in der neuen deutschen Literatur, z.B. bei Ingo Schulze und Christoph Hein
(s. S. 487–491), bei Uwe Tellkamp (s. S. 459–461) und bei
Wolfgang Hilbig, der in «Ich» (1993) Berlins unterirdische
Landschaft von Bahnen, Labyrinthen und Gängen unter der
Stadtoberfläche beschreibt.

Utopie und «Heterotopie» schließen sich jedoch nicht unbedingt aus. Der
Garten, den der Bankier Albert Klein in Michael Kleemanns kontrafakti-
schem Roman *Ein Garten im Norden* (2001) mitten im Berlin der 1920er
Jahre schafft, um seinen Traum von einer Gemeinschaft quer durch nationale, soziale, politische und andere Gegensätze zu verwirklichen, ist gleichzeitig utopisch und heterotopisch: Er ist von der Öffentlichkeit abge-
schirmt durch eine Mauer, und nur eingeladene Gäste haben Zutritt. Als
der Erzähler den Raum zum ersten Mal sieht, ist er ein Brachfeld, der
ihn dazu anregt, den utopisch-heterotopischen Garten in Worten neu zu
schaffen.

Mit Ulrich Peltzer (geb. 1956) hält die Postmoderne ihren
Einzug in den deutschen Großstadtroman. Von Michel Foucault beeinflusst ist der Erzähler in Peltzers Romanuniversum
nur eine Stimme unter anderen. Es gibt keine großen Erzäh-

lungen mehr, und nur die Vielfalt der Stimmen lässt den Leser momentan einen Zusammenhang ahnen. Peltzer besteht darauf, dass er als Schriftsteller in einem Niemandsland zwischen Moderne und Postmoderne steht, und oft beruft er sich nicht nur auf Don DeLillo und Paul Auster, sondern gleichzeitig auf Peter Weiss und Alfred Döblin. Durch die Mehrstimmigkeit seiner Romane hört man immer wieder die Frage: Was ist aus den großen Erzählungen geworden, und wie ist im Zeitalter der Globalisierung und der undurchsichtigen Geldströme Kritik noch möglich?

In seinem ersten Roman, *Sünden der Faulheit* (1987), der im Berliner Stadtteil Kreuzberg spielt, schlägt sich der Held, Bernhard Lacan, als Musikjournalist durch. Er hat Schulden, wird von zwei Schlägern verfolgt und in Kauf und Verkauf von kostbaren Gemälden verstrickt. Völlig undurchsichtig für den Leser – und für den Romanhelden – spielt sich hinter der Bühne die wirkliche Handlung ab: Hier herrscht die Unterwelt des internationalen Kapitals, deren Vertreter sowohl russische Generäle als auch holländische Kunsthändler sind. Am Ende verlässt Bernhard Lacan Berlin «ohne Gepäck» und wird damit der erste heimatlose, sinnsuchende Peltzersche Romanheld, der sich ständig in Flughäfen und Luxushotels aufhält.

Angefangen wird mittendrin ist der Titel von Peltzers Frankfurter Poetikvorlesungen (2011). «Mittendrin» heißt, dass es in einer unübersichtlichen Welt keinen Anfang und kein Ende mehr gibt, sondern nur Konstellationen und Augenblicke, wo sich zwei Weltflaneure flüchtig treffen und einig werden über einen *Teil der Lösung* – so der Titel von Peltzers gleichnamigem Roman (2007).

Das bessere Leben (2015) fasst das Thema der Sinnsuche aus den früheren Romanen zusammen – außer *Sünden der Faulheit* und *Teil der Lösung* sind es *Stefan Martinez* (1995), *Alle oder keiner* (1995) und der New York-Roman *Bryant Park* (2002). In *Das bessere Leben* taucht «das Gepäck» aus dem ersten Roman wieder auf, denn jetzt tragen die Romanhelden und -heldinnen Gepäck: Geld und Geheimakte – Konterbande, die sie über die Grenze von Land zu Land schmuggeln: Die ehemals rebellischen Studenten der 1960er Jahre sind Vertreter des

Kapitals geworden. Sie sind Salesmanager und Risikoberater, Opfer und Vollstrecker des globalen Systems, aber gleichzeitig von einem Endzeitgefühl besessen, das ihre Reisen von einem Flughafen zum nächsten begleitet. Während die früheren Romane von der Mehrstimmigkeit als Möglichkeit einer momentanen Welterfahrung geprägt waren, ist *Das bessere Leben* ein Archiv, der Versuch einer Zusammenfassung der ganzen Welt, die von den Stimmen des Romans angedeutet und skizziert wird, als ein Vermächtnis an den Leser der Gegenwart und der Zukunft. «Warum nicht?» sind die letzten Worte dieses zugleich chaotischen und weltoffenen Romans.

Berlin

Berlin als Hauptstadt der neuen Bundesrepublik ist zu einem kulturellen Magnet für ganz Europa geworden – und sie ist «ein weites Feld». Mit diesem Titel zitiert Günter Grass nicht nur den alten Briest, sondern bezeichnet auch die vielen Schichten seines Romans (1995) sowie die Schwierigkeit, Berlin zu verstehen und zu beschreiben. Weil Berlin wegen seiner tumultuarischen Geschichte im 20. Jahrhundert ein Archiv von Mehrdeutigkeit und Leerstellen geworden ist, stellt sich den meisten Schriftstellern die Frage, wie diese Stadt überhaupt dargestellt werden kann, wenn nicht fragmentarisch und vielfältig. Bei Grass heißt es lakonisch: «Bruch ist besser als Ganzes». Ein Fragment ist jedoch nicht nur Bruchstück, sondern Teil eines Ganzen, und so wird in *Ein weites Feld* ein größerer Zusammenhang sowohl «annäherungsweise» festgehalten als auch skeptisch relativiert.

Vier deutsche Staaten sind im 20. Jahrhundert in Berlin gescheitert. Symbole dieser Geschichte sind u. a. das renovierte Reichstagsgebäude mit der von Norman Foster entworfenen durchsichtigen Kuppel und die wiederaufgebaute Neue Synagoge. Als die beiden Installationskünstler Christo und Jeanne-Claude 1995 den Reichstag verhüllten, betonten sie mit dem Ereignis gleichzeitig den Abschluss einer Vergangenheit und die offene Frage nach der Zukunft von Berlin als heterogen oder homogen, als Bruch oder Ganzes.

In ihrem Roman *Unter dem Namen Norma* (1994) beschreibt Birgit Burmeister die ersten Jahre nach der Wende von ihrem Kiez in Berlin-Mitte aus. Die Erzählerin arbeitet an der Übersetzung einer Biographie über den französischen Revolutionär Saint-Just, der die Hinrichtung von Ludwig XVI. und Marie-Antoinette forderte. Der Roman setzt am 17. Juni 1991 ein, am Jahrestag des gescheiterten Aufstands der DDR-Arbeiter 1953, und endet am 14. Juli 1992, dem Jahrestag der Französischen Revolution 1789. Die Erzählerin lebt in einem Schwebezustand zwischen dem Wunsch nach einer großen Veränderung nach der Wende und der Enttäuschung über das Ausbleiben dieser Revolution. Die Unerträglichkeit dieser Lage versucht sie durch Selbstinszenierungen und Lügen zu vertuschen.

Auf andere Weise reagiert Uwe Timm auf die Leerstellen in seinem Berlin-Roman *Johannisnacht* (1998), der während der Verhüllung des Reichstags spielt: Ein Journalist aus dem aus seiner Sicht weit eindeutigeren München fährt nach Berlin, um einen Artikel zum Thema Kartoffel für eine Zeitschrift zu schreiben. Schon an seinem ersten Abend fährt er zum Reichstag, der «massig, schwer, dunkel raschelnd. Wie in einem Traum, düster und fremd» dasteht und nicht erkennbar ist. Seine Recherchen bringen ihn in Kontakt mit verschiedenen Menschen, z.B. einem Designer, einem Waffenhändler und einer Kartoffelforscherin, die gleichzeitig Call-Girl ist, und mit der er sich in einem Schwimmbad treffen soll. Sie ist tatsächlich da, aber er erkennt sie nicht wieder, weil sie als Mann ge- oder verkleidet ist, verhüllt wie alles in dieser undurchschaubaren Stadt. Fluchtartig verlässt er Berlin. – Für Monika Maron wird der verhüllte Reichstag in ihrer Essaysammlung *Geburtsort Berlin* (2003) zum Symbol für eine neue gesamtdeutsche Identität.

Um das heterotopische Berlin nach der Wende überhaupt beschreiben zu können, benutzen viele Schriftsteller bestimmte wiederkehrende Griffe und Themen wie Vereinfachung, Doppelgänger, Labyrinthe, Bahnhöfe, Ruinenlandschaften. So ist in Thomas Brussigs Roman *Am kürzeren Ende der Sonnenallee* (1999) der Handlungsraum derjenige Teil der amputierten Straße, der 1945 zum Ostsektor kam. Durs Grünbeins Berlin-

Gedichte spielen häufig in der U-Bahn oder an der Mauer, typisch um den Potsdamer Platz während der Übergangsperiode, als der Platz noch nicht fertig ist und die Vergangenheit plötzlich gegenwärtig wird, wenn die Leiche eines verschütteten Wehrmachtsoldaten bei den Grabungen auftaucht (in *Nach den Satiren*, 1999).

Die in Berlin lebende Österreicherin Katrin Röggla (geb. 1971) gibt in *Irres Wetter* (2000) in kurzen szenischen Episoden Einblicke in verschiedene Intellektuellen-Milieus in Berlin. Eine Handlung im traditionellen Sinn gibt es nicht, aber durch die Repliken der Personen bekommt der Leser einen Eindruck von bestimmten Kiezen wie Kreuzberg oder dem Prenzlauer Berg. Das Hauptanliegen der ironisch-parodistisch dargestellten Personen ist es, ihren persönlichen Jargon oder Stil zu finden, und alle sind sie auf der Jagd nach den neuesten Formulierungen. Ab und zu tun sich Risse in der Sprachtapete auf, die Einsamkeit und Kontaktlosigkeit durchschimmern lassen. Dass Katrin Röggla ausgesprochen kunstvoll mit Sprache umgehen kann, zeigt sich auch in ihren eher journalistischen Büchern *really ground zero* (2002; Reflexionen über den 11. September 2001, den die Autorin in New York aus nächster Nähe erlebte) und *wir schlafen nicht* (2004; das Buch beruht auf Interviews mit Angestellten einer neuen Arbeitswelt, die dann zu einer Art Handlung zusammengesetzt wurden).

Heimat, Erinnerung, Identität

‹Heimat› steht wieder einmal auf der kulturellen Tagesordnung. Vor dem Hintergrund der vielen Migrationen, die im 20. Jahrhundert aus politischen und ökonomischen Gründen stattgefunden haben, in einer Zeit der Umwälzungen, der Globalisierung und der Multikulturalität wird ‹Heimat› als möglicher Gegenwert immer wieder diskutiert: «Heimat wabert», hieß es etwas herablassend 1995 in einem Artikel in der *Zeit*, wobei der Journalist vor allem die sogenannte Ostalgie aufs Korn nahm. Von April bis Juli 2000 wurde im Haus der Kulturen der Welt in Berlin eine Ausstellung mit dem Titel «Heimat

Kunst» gezeigt, die auch ein literarisches Programm bot, an dem unter anderem Herta Müller teilnahm.

Aber «[j]e mehr von Heimat die Rede ist, desto weniger gibt es sie», behauptet der Literaturwissenschaftler und Schriftsteller W. G. Sebald (1942–2001) in der Einleitung zu seinen Essays zur österreichischen Literatur, *Unheimliche Heimat* (1991), und unterstreicht so, dass ‹Heimat› aus seiner Sicht eine Figur des Verlustes ist. Sein schmales fiktives Werk wird von einem tief melancholischen Ton getragen, verursacht durch den Verlust der Heimat, die nur der Erinnerung – und auch das nicht immer – zugänglich ist. Seine Menschen sind Migranten, wie der gemeinsame Titel seiner «vier langen Erzählungen» anzeigt: *Die Ausgewanderten* (1992). Jede Erzählung trägt den Namen der Person, über deren Schicksal berichtet wird. Die Auswanderungen haben verschiedene Ursachen: Pogrome im zaristischen Russland, Berufsverbot und Verfolgung im nationalsozialistischen Deutschland, die Lust, etwas zu sehen und zu erleben. Allen Personen gemeinsam ist die Erfahrung einer inneren Spaltung, die u. a. als Sprachverlust oder Sprachmischung sichtbar wird. Die Titelperson der vierten Erzählung, Max Ferber, der 1938 mit einem Kindertransport nach England kommt, überlebt zwar im Gegensatz zu seinen jüdischen Eltern. Die eigene Sprache hat er jedoch verloren – er spricht von einer «Verschüttung der Sprache», und seine Erinnerungen bezeichnet er als lückenhaft. Onkel Kasimir aus der Erzählung «Ambros Adelwart», in den 1920er Jahren in die USA ausgewandert, begibt sich häufig ans Meer, wo er nach Osten schaut. Dem Erzähler gegenüber bemerkt er: «Das ist der Rand der Finsternis ... I often come out here, ... it makes me feel that I am a long way away, though I never quite know from where.»

Jacques Austerlitz aus Sebalds Hauptwerk, dem Roman *Austerlitz* (2001), teilt das Schicksal Max Ferbers: Als 4-Jähriger 1939 von liebenden Eltern von Prag nach London geschickt, wächst er als Davydd Elias in einer emotional kalten walisischen Pfarrersfamilie auf. Erst zehn Jahre später, nach dem Tod der Pflegemutter und dem psychischen Zusammenbruch des Pflegevaters, erfährt er seinen richtigen Namen. Austerlitz, Junggeselle mit nur wenigen Beziehungen zu anderen Menschen, reist durch ein heterotopisches Europa, zuerst um Materialien zu seinem architektur- und zivilisationshistorischen Werk über Monumentalbauten des Kapitalismus zu sammeln, nach dem Zusammenbruch dieses Projekts jedoch um seine Erinnerungslücken aufzufüllen und zu einer gefestigteren Identität zu kommen. Wie Hofmannsthals Lord Chandos (s. S. 146) erlebt Austerlitz eine Sprachkrise: «Das gesamte Gliederwerk der Sprache, die syntaktische Anordnung der einzelnen Teile, die Zeichensetzung, die Konjunktionen und zuletzt sogar die Namen der gewöhnlichen Dinge, alles war eingehüllt in einen undurchdringlichen Nebel.» Wie Lord Chandos hat er ein epiphanisches Déja-vu-Erlebnis, und zwar im Wartesaal des Liverpool-Street-Bahnhofs, wo er seinerzeit aus Prag ankam. Am Ende des Romans findet eine letzte Begegnung des Erzählers mit Austerlitz statt, wie zu Beginn auf einem Bahnhof. Austerlitz teilt mit, dass er, nachdem er in Prag das Schicksal der nach dem KZ Theresienstadt deportierten Mutter erfahren hat, den Spuren seines verschollenen Vaters folgen will. Er bleibt ein Reisender.

Charakteristisch für die Werke Sebalds sind die eingerückten, meist etwas unscharfen Schwarzweißfotografien, die verschiedene im jeweiligen Kontext zu untersuchende Funktionen haben. Sie können Landschaften, Menschen oder Gebäude zeigen, die im umgebenden Text erwähnt werden, aber auch z.B. Statistiken, Aufzeichnungen oder einen Reisepass. Manchmal erinnern sie an etwas, was die Personen vergessen haben, und tragen so zu deren schmerzhafter Spurensuche bei.

Die Erfahrung eines Menschen, heimatlos oder unbehaust zu sein, beschreibt Herta Müller (geb. 1953 in Nitzkydorf im Banat) durch ein originelles und anschauliches Bild: Irene, unschwer als Alter Ego der Autorin zu erkennen, ist aus Rumänien nach Westberlin ausgereist. Sie charakterisiert sich als eine «Reisende auf einem Bein und auf dem anderen Verlorene» – daher der Titel der 1989 erschienenen Erzählung *Reisende auf einem Bein*. Sie ist «angekommen wie nicht da», wie es in *Barfüßiger Februar* (1987) heißt. Was sie sieht, versteht sie nicht, ihren Erfahrungen traut sie nicht, und ihr «Minderheitendeutsch» (ibid.) reicht nicht aus. Irenes zerrissene Identität spiegelt sich in den Fotografien, die sie aus Zeitungen herausschneidet und zu neuen Bildern zusammenzusetzen versucht, was ihr jedoch nicht gelingt, weil sich die Bedeutungen der Fotos aufzuheben scheinen. Sie möchte weit wegreisen, weigert sich jedoch, «an Abschied zu denken»: in und mit diesem Dilemma muss sie leben.

Herta Müller lehnt eine Gleichsetzung von Leben und Text ab: «Das Dorf gibt es nur in den *Niederungen* und nicht im Banat», heißt es in ihren 1991 erschienenen poetologischen Vorlesungen *Der Teufel sitzt im Spiegel*. Sie spricht stattdessen in Anlehnung an den französisch-deutschen Schriftsteller Georges-Arthur Goldschmidt vom «autofiktionalen Schreiben». Dass ihre Kindheit in der schwabendeutschen Minderheit im rumänischen Banat und ihre Erfahrungen mit der rumänischen Geheimpolizei das Fundament ihres bisherigen Schreibens ausmachen, steht außer Frage. In den von ihr bevorzugten kurzen Prosastücken der *Niederungen* (1984) stellt sie aus der Perspektive des Kindes eine Welt dar, die, wie schon die grotesk-unheimliche Anfangserzählung «Die Grabrede» zeigt, von Gewalt, Unterdrückung, Schuldverdrängung und Betrug durchdrungen ist. Die Erzählung öffnet einen Blick in die nationalsozialistische Vergangenheit des verstorbenen Vaters, der wie die anderen Männer im Dorf Mitglied der SS war und an Kriegsverbrechen teilgenommen hat, und sie weist auf die strukturellen Ähnlichkeiten mit der vom Kind noch nicht erlebten Diktatur Ceauşescus hin. – Im Roman *Der Fuchs war damals schon der Jäger* (1992), der die letzten Tage des diktatorischen Regimes bis zur Erschießung des Diktators und seiner Frau beschreibt, ist die Rede von dem «schwarzen im Auge des Diktators», das «jeden Tag aus der Zeitung ins Land schaut.» Die Allgegenwart der Macht wird nicht nur in diesem Buch, sondern immer wieder bei Herta Müller auf Foucault'sche Weise durch den Blick symbolisiert. *Herztier* (1994), das ihr den europäischen Aristeion-Preis einbrachte, sowie *Heute wär ich mir lieber nicht begegnet* (1997) beschreiben ebenfalls die Mechanismen der Einschüchterungen und des Terrors und deren verheerende Einwirkung auf die eigene Psyche sowie auf alle zwischenmenschlichen Beziehungen.

Die Beharrlichkeit, mit der Herta Müller immer wieder «ihr Thema» aufgreift, wie sie es in einem Interview formuliert hat, hat ihr Kritik, aber auch Lob eingebracht. In *Atemschaukel* (2009) werden nicht die eigenen Erfahrungen thematisiert, sondern die des aus Siebenbürgen stammenden Schriftstellers Oskar Pastior (1927–2006), der (wie auch die Mutter von Herta Müller und insgesamt fast 80000 Rumäniendeutsche) 1945 deportiert wurde. Das Buch sollte von den beiden Autoren gemeinsam geschrieben werden, was Pastiors Tod dann verhinderte. Berichtet wird in 64 kurzen Kapiteln von dem Aufenthalt des Erzählers in einem sowjetischen Arbeitslager in den Jahren 1945–50. Ob *Atemschaukel* neben anderen Beschreibungen von KZ- und Arbeitslagern wie denjenigen von Primo Levi, Imre Kertész und Alexander Solschenizyn bestehen wird, lässt sich noch nicht entscheiden. Das Urteil der Rezensenten war gespalten, und wie es in der modernen Mediengesellschaft allmählich zur Regel geworden ist, haben sich nicht nur professionelle Kritiker in ihren jeweiligen Zeitschriften geäußert; auch auf diversen Websites entspannen sich lebhafte Diskussionen zwischen Lesern, die nicht zum kritischen Establishment gehören.

In der Begründung für die Nobelpreisverleihung 2009 an Herta Müller wurde ihre konzentrierte poetische Sprache hervorgehoben. Kennzeichnend für ihren Sprachstil, der, wie sie selber gesagt hat, aus drei Quellen schöpft, dem «Dorfdeutschen», dem Hochdeutschen und dem Rumänischen, sind ein parataktischer Satzbau und ein Reichtum an assoziationsträchtigen Bildern wie z.B. die Titelmetaphern «Barfüßiger Februar» und «Atemschaukel».

1995 kamen Josef Winklers (geb. 1953) Romane *Menschenkind, Der Ackermann* und *Muttersprache* (1979–82 erschienen) als Trilogie mit dem Titel *Das wilde Kärnten* heraus. In der Ich-Form wird hier eine Kindheit erinnert, die vom Druck eines autoritären Vaters, von einer depressiven Mutter und von der engen und dumpfen Atmosphäre eines katholischen Dorfes geprägt war. Besonders eindrucksvoll erscheint die Schilderung von dem Selbstmord zweier Jungen, die es wegen ihrer Homosexualität im Dorf nicht mehr aushalten, deren Tod aber zur Selbstfindung und Losreißung des Erzählers beiträgt. In den Büchern Winklers, die in Italien (*Natura Morta*, 2001), Indien (*Domra*, 1996) oder Japan (*Roppongi*, 2007) spielen, wird der Bezug zur Kärntner Kindheit immer wieder hergestellt; so lautet z.B. der Untertitel von *Roppongi*: «Requiem für einen Vater».

Auch die junge Generation begibt sich in Proust'scher Weise auf die Suche nach der verlorenen Zeit, oder wie es bei der 1976 geborenen, in Leipzig aufgewachsenen Jana Hensel heißt, «auf die Suche nach den verlorenen Erinnerungen und unerkannten Erfahrungen.» In ihrer Selbstbiographie *Zonenkinder* (2002) registriert sie die nach der Wende eingetretenen Veränderungen in ihrem Alltag und in der Sprache und macht, wie es scheint, die Erfahrung, die Ernst Bloch im *Prinzip Hoffnung* (1977) in Worte gefasst hat: dass Heimat etwas ist, «das allen in die Kindheit scheint und worin noch niemand war.» Anders aber als die Autoren, die um 1900 das Verschwinden der ländlichen Heimat bedauerten, anders als die kitschig-nostalgischen Heimatfilme der 1950er Jahre und anders auch als in den ‹ostalgischen› Beschreibungen, die in den ersten Jahren nach der Wende dominierten, findet Jana Hensel in dem Raum, den sie «die Zone» nennt, und in der Identität als «Zonenkind» ihr Zuhause. Im Schlussabschnitt des Buches befindet sie sich auf der Warschauer Brücke, dort, wo vor 1989 Ostberlin aufhörte und Westberlin begann – in einer heterotopischen Zwischenzone.

Jana Hensels Buch erregte lebhafte Diskussionen für und wider das Generationenporträt, das sie durch das häufig vorkommende «wir» für ihr Buch in Anspruch nahm (s. Tom Kraushaar (Hg.): *Die Zonenkinder und wir* von 2004). Das ein Jahr später erschienene Erinnerungsbuch von Claudia Rusch (geb. 1971), *Meine deutsche Jugend*, entwirft ein anderes Bild. Im Sommer 1990 hält sie, die in einem oppositionellen Milieu aufgewachsen ist, zusammen mit einem Freund eine Rede zum Abschluss der Oberschule und charakterisiert diese Geste mit den Worten: «Kurz vor Torschluss wurden Robert und ich Staatsbürger der DDR.» Sie nennt sich die letzte echte Ostdeutsche und die erste echte Westdeutsche – lehnt also die Hensel'sche ‹Zwischenidentität› für sich ab. Das Verbindende der beiden Erinnerungsbücher scheint darin zu bestehen, dass ‹Heimat› nicht nur als Figur des Verlusts, sondern auch als Möglichkeit dargestellt wird: Claudia Rusch beschreibt in ihren letzten Aufzeichnungen Frankreich als ihre neue Wahl-Heimat.

Als «Ortsumgehung» hat Andreas Maier (geb. 1967) sein auf elf Bände angelegtes Romanprojekt genannt, das von der Wetterau in Hessen, der Heimatgegend des Autors, bis in metaphysische Räume vorstoßen soll. Auf *Das Zimmer* (2010) folgten bis auf Weiteres *Das Haus* (2011), *Die Straße* (2013) und

Der Ort (2015). Erlebt und erzählt wird diese Welt von einem Ich, das den gleichen Vornamen trägt wie der Autor, so eine zentrale Aussage der 2006 gehaltenen Frankfurter Poetikvorlesungen Maiers mit dem Titel *Ich* bestätigend: «[...] und deshalb bin natürlich ich selbst und mein Leben und das, was ich erlebt habe, die alleinige Grundlage meines Schaffens [...]». In *Das Zimmer* steht der Onkel J. im Zentrum, der «anders» ist und vom Erzähler als eine «Figur am Ausgang aus dem Paradies, noch mit einem Bein darin» charakterisiert wird. Viele Elemente des Romanzyklus' finden sich bereits in Maiers Romandebüt *Wäldchestag* (2000) sowie in dem aus Kolumnen bestehenden Buch *Onkel J.: Heimatkunde* (2010). Die Räume, durch die sich der autofiktive Andreas bewegt, und die Menschen, mit denen er mehr oder weniger unwillig in Kontakt kommt, werden präzise und humorvoll bis ironisch beschrieben.

Andreas Maier, der über Thomas Bernhard promoviert hat und oft mit diesem verglichen wird, verweist selber neben Dostojewski, Wilhelm Raabe, Knut Hamsun und Thomas Mann auf den oberschwäbischen Autor Arnold Stadler (geb. 1954; Büchner-Preis 1999) als wichtiges Vorbild. Stadler, der auch von Martin Walser hervorgehoben wurde, errang seinen Durchbruch mit der autobiographisch gefärbten, die Veränderungen seiner Heimat beschreibenden Romantrilogie *Ich war einmal, Feuerland* und *Mein Hund, meine Sau, mein Leben* (1984, 1992, 1994).

Viele Autoren nichtdeutscher Herkunft, die in Deutschland leben und auf Deutsch schreiben, haben das Thema ‹Heimat› behandelt, so z.B. Renan Demirkan (geb. 1955), die als siebenjähriges Kind mit ihrer Familie von Ankara nach Deutschland emigrierte.

In ihrem ersten Roman, *Schwarzer Tee mit drei Stück Zucker* (1991) weist der Titel auf das Heimatland Anatolien hin: so wird dort der Tee serviert. Die Protagonistin, die als Kind nach Deutschland kam, fragt sich anlässlich ihrer bevorstehenden Niederkunft, wo sie eigentlich zu Hause ist. Für ihre Mutter ist und bleibt Deutschland die Fremde. Sie muss aber die tragische Erfahrung machen, dass sie, je länger sie in Deutschland lebt, auch ihrer ursprünglichen Heimat entfremdet wird. Die Tochter macht mit ihrem deutschen Freund eine Reise in die Türkei, kann und darf aber ihr Heimatdorf und die dort lebende Familie nicht besuchen, weil sie mit ihm zusammenlebt. Nachdem sie mit dem Freund gebrochen hat, findet sie ihre Identität und ihr Zuhause in dem «inbetween space» (Homi Bhabha), dem Zwischenraum zwischen den Kulturen und sieht dies als eine positive Möglichkeit für sich und ihr ungeborenes Kind. – Die ebenfalls aus der Türkei stammende Emine Özdamar (geb. 1946), die in den 1970er Jahren als junge angehende Schauspielerin nach Deutschland kam, stellt in ihrem ersten Roman, *Das Leben ist eine Karawanserei* (1992), die Entwicklung der Protagonistin von Kindheit und Jugend in Anatolien und Istanbul bis zur Auswanderung nach Deutschland dar. Sie greift auf die realistisch erzählten Migrationsromane der türkischen Literatur aus der Zeit nach dem Zweiten Weltkrieg zurück und versucht, auch in ihrer Sprache, die osmanische Tradition mit der europäischen Moderne zu verbinden. Der autobiografische Roman mit dem poetischen Titel *Seltsame Sterne starren zur Erde* (2003) beschreibt ihre Ankunft in Deutschland; er spielt, wie der Untertitel «Wedding-Pankow 1976/77» andeutet, im geteilten Berlin während des ‹deutschen Herbstes›.

Als «Immigrantin auf Identitätssuche» könnte auch die 1970 in Kiew geborene, als Journalistin arbeitende Katja Petrowskaja bezeichnet werden. In *Vielleicht Esther* (2014), das mit dem Ingeborg-Bachmann-Preis ausgezeichnet wurde, begibt sie sich auf die Suche nach den Spuren ihrer von Flucht, Vertreibung und Vernichtung, aber auch von Überlebenswillen und Überlebensmut gekennzeichneten eigenen Familie, und zwar im buchstäblichen Sinne, indem sie dahin reist, wohin das Schicksal Familienmitglieder verschlagen hat und wo sie in Archiven und durch Gespräche immer mehr Teile der Familienchronik einsammeln kann. Völlige Klarheit über die vergangenen Ereignisse erhält sie jedoch nicht, wie das ‹Vielleicht› des Titels auch andeutet. Katja Petrowskaja, die erst als Erwachsene Deutsch gelernt hat, weist eine sprachliche Sensibilität auf, die derjenigen von Herta Müller vergleichbar ist.

Epik

Nach wie vor kommen weit mehr Romane und Erzählungen als Dramen und Lyrikbände auf den Buchmarkt. Im Jahre 1993, als bemerkenswerte Novellen wie Uwe Timms ironisch-amüsante *Die Entdeckung der Currywurst*, Bodo Kirchhoffs

Gegen die Luftrichtung und *O₂* des Österreichers Norbert Gstrein erschienen, war viel von einer Renaissance der Novelle die Rede – und zwar nicht nur in Deutschland. Der amerikanische Schriftsteller Saul Bellow prophezeite, dass die Zukunft nicht dem Roman, sondern der Novelle gehöre, weil das Bewusstsein der Leser mit so viel Informationen gefüllt sei, dass ihnen für die langen epischen Werke keine Zeit bleibe. Diese Voraussage hat sich nur zum Teil bestätigt; neben vielen Kurzgeschichten und Erzählungen sind gerade auch in den letzten Jahren sogar sehr umfangreiche Romane erschienen wie z.B. *Nachtzug nach Lissabon* (etwa 500 Seiten; 2004) von Pascal Mercier (Pseudonym des 1944 in der Schweiz geborenen Philosophieprofessors Peter Bieri), Thomas Brussigs *Wie es leuchtet* (2004, etwa 600 Seiten; s.u.) oder Uwe Tellkamps *Der Turm* (2008; s.u.), der mehr als 800 Seiten umfasst.

Postmoderne Werke wurden seltener; erfolgreich und umstritten war *Schlafes Bruder* (1992) des Österreichers Robert Schneider (geb. 1961).

Der Anfang des Romans lautet: «Das ist die Geschichte des Musikers Johannes Elias Alder, der zweiundzwanzigjährig sein Leben zu Tode brachte, nachdem er beschlossen hatte, nicht mehr zu schlafen.» Johannes, ein musikalisches Genie, dessen absolutes Gehör ihn in den Stand versetzt, alle Geräusche und Klänge des Universums zu hören, erlebt schon als fünfjähriges Kind eine pubertäre Entwicklung, in der sein Körper übergroß und seine Stimme zum dröhnenden Bass wird. In seinem entlegenen Heimatdorf im Vorarlberg des 19. Jahrhunderts wird er ein Außenseiter, der nur durch seine Liebe zu dem Mädchen Elsbeth und zur Musik überlebt. Da seine Liebe zu Elsbeth unerfüllt bleibt, bringt er sich schließlich in der – ihm von einem Schauprediger beigebrachten – Überzeugung um, dass nur derjenige wirklich liebt, der nicht schläft: «Wer schläft, liebt nicht!» Für den Roman, der als Liebes-, Heimat-, Künstler-, Heiligen- und Biedermeierroman gelesen werden kann, ist Maßlosigkeit das Schlüsselwort, in der Emotionalität der Sprache wie im Inhalt. Die Geschlossenheit wird durch einen auktorialen Erzähler gewährleistet, dessen Stilmischung die Mehrfachcodierung des Textes unterstützt. Der spannende Roman ist ein bewusst inszeniertes Kunstprodukt, das streng genommen keinen zentralen Gehalt hat, sondern nur unterschiedliche Interpretations- und Diskussionsmöglichkeiten anbietet.

Das Unterhaltsame und das Spielerische, in der Form von Ironie, Witz, Komik und Satire, wurden oft als postmoderne Charakteristika aufgefasst. In diesem Zusammenhang entstanden betont witzige, persönlich getönte Alltagssatiren, die sich vor allem durch scharfe Beobachtungen auszeichnen. Der frühere Kolumnist der Satirezeitschrift *Titanic*, Max Goldt, wurde zum Stichwortgeber der Popgeneration in der jüngeren Literatur (z.B. *Die Kugeln in unseren Köpfen*, 1995). Ein weiterer Vertreter ist Thomas Kapielski mit *Davor kommt noch: Gottesbeweise IX–XIII*, 1998.

Die Bücher des 1967 in Moskau geborenen Wladimir Kaminer, der kurz vor der Wende nach Deutschland kam und auf Deutsch schreibt, können ebenfalls in diesem Zusammenhang erwähnt werden. Nach dem Erfolg von *Russendisko* (2000; 2012 verfilmt) ist fast jedes Jahr ein neues Buch von ihm erschienen, in dem er sich selbst und seine Umgebung humorvoll aufs Korn nimmt, z.B. *Ich mache mir Sorgen, Mama* (2004), *Ich bin kein Berliner* (2007) und *Coole Eltern leben länger* (2014).

Die Wiederkehr der Geschichte im Roman

In der zweiten Hälfte der 1990er Jahre setzt eine erneute Beschäftigung mit der Geschichte ein, wobei nach wie vor die Auseinandersetzung mit der Zeit des Nationalsozialismus eine sehr große Rolle spielt; aber auch die Zeitspanne, in der zwei deutsche Staaten nebeneinander existierten, wird aufgearbeitet, wobei Bücher über das Leben in der DDR bis jetzt überwiegen.

Kennzeichnend für die Mehrheit der Romane, die sich der NS-Zeit zuwenden, ist, dass die Autoren zu jung sind, um diese Jahre selber erlebt zu haben, und dass sie deshalb aus einer anderen Perspektive andere Fragen stellen. Zur sogenannten zweiten Generation gehören z.B. Monika Maron und Uwe Timm sowie Bernhard Schlink (geb. 1944), dessen Roman *Der Vorleser* (1995) weltweites Echo fand und 2008 verfilmt wurde.

Der Ich-Erzähler Michael Berg erlebt als 15-jähriger Gymnasiast seine erste Liebe mit der mehr als 20 Jahre älteren Straßenbahnschaffnerin Hanna

Schmitz, die nach wenigen Monaten ohne Abschied aus der Stadt verschwindet. Als Jurastudent sieht er sie Jahre später in einem Prozess gegen KZ-Aufseherinnen wieder. Sie ist angeklagt, für den Tod mehrerer hundert Frauen verantwortlich zu sein, und wird zu lebenslanger Haft verurteilt. Michael kommt während des Prozesses ihrem Geheimnis auf die Spur: sie ist Analphabetin, was ihr oft rätselhaftes Betragen erklärt und auf das Ritual ihres Beisammenseins: «vorlesen, duschen, lieben und noch ein bisschen beieinanderliegen» ein neues Licht wirft. Von seinen Erinnerungen verfolgt, nimmt er acht Jahre nach dem Urteilsspruch den Kontakt mit Hanna auf; er bespricht Kassetten mit Homer, Fontane, Keller u.a. und schickt sie kommentarlos in die Zelle. Hanna bringt sich selbst das Schreiben und Lesen bei. Zehn Jahre später wird sie begnadigt, und Michael bereitet ihre Rückkehr vor und verschafft ihr eine Wohnung. Aber am Morgen ihrer Entlassung erhängt sich Hanna in der Zelle. Der reduktionistische Stil, die präzisen, einfachen Sätze verstärken das Erschütternde dieser lebenslangen Vergangenheitsbewältigung, die um die Frage kreist, wie man einen Menschen wie Hanna – und die Elterngeneration – zugleich verurteilen und verstehen kann. «Ich bin damit nicht fertig geworden», lautet Michaels Kommentar. Von der Auseinandersetzung der Kinder mit der nationalsozialistischen Vergangenheit ihrer Eltern, deren Schweigen und Lügen, handelt auch Schlinks *Die Heimkehr* (2006).

Ebenfalls 1995 erschien *Morbus Kitahara* des Österreichers Christoph Ransmayr (geb. 1954), ein Roman, in dem Wirklichkeit und Fiktion miteinander verwoben werden. In seiner Anlage ist er kontrafaktisch: Der sog. Morgenthauplan, 1944 von dem Ratgeber des amerikanischen Präsidenten Roosevelt ausgearbeitet mit dem Zweck, Deutschland durch eine Demontage seiner Industrie und seine Umgestaltung in ein vorindustrielles Agrarland endgültig zu pazifizieren, wird zu Beginn der Romanhandlung verwirklicht.

Der Titel des Romans, der zum größten Teil in einem Alpendorf mit dem sprechenden Namen «Moor» spielt, weist auf eine Augenkrankheit hin, an der die eine Hauptperson, Bering, zu leiden fürchtet und die zur Erblindung führen kann. Von Blindheit gegenüber den Grausamkeiten des Nationalsozialismus sind aber auch viele der Dorfbewohner geschlagen, obgleich sie – wie es nach Abschluss des Zweiten Weltkrieges auch tatsächlich geschah – von den Besatzungsmächten damit konfrontiert werden. Drei Personen stehen im Zentrum des Erzählvorgangs: der ehemalige KZ-Häftling Ambras, der als Aufseher im Steinbruch des Dorfes vom Opfer zum Machthaber gemacht worden ist, sein Fahrer Bering, der in den letzten Tagen des Kriegs geboren wird und als Kleinkind aus Protest gegen die Welt nur Vogellaute ausgestoßen hat, weshalb er «der Vogelmensch» genannt wird, und die «Brasilianerin» Lily, die als Flüchtlingskind ins Dorf gekommen ist. Ihnen gelingt zuletzt, als im Land der Krieg aller gegen alle herrscht, die Flucht nach Brasilien, ihrem gelobten Land. Hier gehen sie auf der so genannten Hundeinsel zugrunde. – Das erste und das letzte Kapitel trägt fast dieselbe Überschrift: «Ein Feuer im Ozean», bzw. «Das Feuer im Ozean». Mit der Darstellung dieses Ereignisses schließt der Roman, wodurch eine Ordnung hergestellt wird, die allenfalls die Fiktion schaffen kann.

Poststrukturalistische Sprach- und Medientheorien sowie genaue historische Recherchen liegen dem originellen Roman *Flughunde* (1995) des 1965 geborenen Marcel Beyer zugrunde. Zwei Stimmen und damit zwei Perspektiven werden hier zusammengeflochten: Die eine gehört dem Akustiker und Beschallungsspezialisten Karnau, der sich durch seine Leidenschaft, Stimmen aller Art zu sammeln, aus einem Leisetreter in einen rücksichtslosen Handlanger des NS-Regimes verwandelt und an Experimenten mit KZ-Häftlingen mitwirkt. Das Ziel der Experimente ist eine Gleichschaltung der menschlichen Psyche durch die Stimme, also das Organ, das das Innere und das Äußere verbindet. Die zweite Stimme gehört Helga Goebbels, der Tochter des Propagandaministers, die in den letzten Tagen des Krieges mit ihren Geschwistern von den eigenen Eltern getötet wurde. Sie vertritt das unschuldige Kind, das durch die Erwachsenen abgerichtet und gleichgeschaltet wird. Schon in Marcel Beyers Debütroman *Menschenfleisch* (1991) steht das Verhältnis zwischen Sprache und Körper im Zentrum.

Stimmen ziehen sich ebenfalls durch Marcel Beyers *Kaltenburg* (2008): die Stimmen von Krähen und Dohlen. Der Titel bezieht sich auf den Namen der Hauptperson, den Ornithologen Ludwig Kaltenburg, dessen Initialen sowie Geburts- und Todesjahr mit denjenigen des berühmten österreichischen Biologen und Verhaltensforschers Konrad Lorenz übereinstimmen, weshalb einige Rezensenten von einem Schlüsselroman sprechen. Die Handlung des Romans erstreckt sich von den 1930er Jahren bis zur Gegenwart und besteht aus den Erinnerungen des Ziehkindes und Schülers von Kaltenburg, Hermann Funk, an seinen Pflegevater.

Um Erinnerung und Identität geht es in Uwe Timms *Am Beispiel meines Bruders* (2003). Anhand der wenigen Briefe und des Tagebuchs seines 1943 in einem Lazarett in der Ukraine gestorbenen Bruders geht er der Frage nach, warum dieser sich freiwillig zur Waffen-SS gemeldet hat und wie sein Tod nachhaltig das Selbstbild des viel jüngeren Bruders und das Leben der Familie überhaupt beeinflusst hat. Wie in Monika Marons ebenfalls auf dokumentarischem Material fußendem Essay *Pawels Briefe* (1999), der die Geschichte ihrer Großeltern rekonstruiert, wird auch bei Timm der Erinnerungsprozess reflektiert. In die Vergangenheit führt ebenfalls Hans-Ulrich Treichels *Der Verlorene* (1998), die Erzählung von einer Familie, deren ältester Sohn 1945 auf der Flucht aus dem Osten von den Eltern getrennt wurde und nie wieder aufgetaucht ist. Das Selbstbild des zweiten Sohns leidet immer mehr darunter, dass die Eltern alle Liebe auf den vermissten Sohn projizieren, sodass er, der Erzähler, am Ende der Verlorene ist. Die Erzählung, die in der Zeit des Wirtschaftswunders spielt, ist von subtiler Ironie durchzogen und changiert öfter zwischen Komik und Ernsthaftigkeit. Familiengeschichten, in denen die Vergangenheit durch Vertreter der ‹dritten Generation› aufgearbeitet wird, um sich ihrer eigenen Identität zu versichern, sind z. B. Romane wie *Himmelskörper* (2003) von Tanja Dückers (geb. 1968) sowie *Die schöne Frau* (1994) und *Lenas Liebe* (2003) der 1959 geborenen Judith Kuckart.

Aus der Perspektive eines 16-jährigen Mädchens, das sich mit ihrer Zwillingsschwester vor den deutschen Besatzungssoldaten und den eigenen Nachbarn sechs Tage und fünf Nächte in ihrem Baumhaus versteckt, erzählt Kevin Vennemann (geb. 1977) in *Nahe Jedenew* (2005) die ergreifende und grausame Geschichte vom Ende einer Familie, einer Kindheit und eines nachbarlichen Zusammenlebens in einem litauischen Dorf. Mit dem Satz «wir atmen nicht» setzt der Bewusstseinsstrom ein; mit den Worten «ich atme nicht» ist der Bericht zu Ende.

Nach dem Mauerfall wurde immer wieder der Wunsch nach *dem* großen «Wenderoman» geäußert, und ebenso oft wurde das eine oder andere Buch dazu ernannt, so neben Günter Grass' *Ein weites Feld* auch Christoph Heins *Landnahme*, Ingo Schulzes *Simple Storys* und Gert Neumanns *Anschlag*

(1999), der, inhaltlich von Kafka beeinflusst, die Ost-West-Probleme in einer stilistisch und syntaktisch anspruchsvollen Form behandelt. Zutreffender wäre es deshalb, nicht von nur einem, sondern von vielen «Wenderomanen» zu sprechen.

Von der Nacht, in der die Mauer fiel, handelt Thomas Hettches (geb. 1964) Roman *Nox* (1995), der von der Kritik sehr unterschiedlich – als «Gesinnungskitsch» und als «ein ausgesprochen scharfsinniges Buch» – bewertet wurde. Die Erzählung konzentriert sich auf zwei modische Themen, Sexualität und Körperfixierung, die aber gleichzeitig symbolisch aufgeladen werden: So vollzieht sich die «Vereinigung» sehr konkret als Kopulation zwischen einem verstümmelten Mann und einer den Westen symbolisierenden Frau auf einem Kneipentisch in Berlin. – Ebenso unterschiedlich wurde Hettches Roman *Woraus wir gemacht sind* (2006) aufgenommen. Recherchen der Hauptperson über ein jüdisches Emigrantenleben in den USA und der Terroranschlag vom 11. September 2001 bilden den Hintergrund dieses Thrillers.

Nox geht jede ironische Distanz ab, im Gegensatz zu Thomas Brussigs Schelmenroman *Helden wie wir* (1996), dessen Protagonist, ein Antiheld mit dem unförmigen Nachnamen Uhltzscht, in Rückblenden einem amerikanischen Journalisten erzählt, wie es zum Fall der Mauer kam:

Der Ausdruck «Helden wir wir» stammt von der putzwütigen Mutter Klaus Uhltzschts, die so das ostdeutsche Volk charakterisiert. Nicht nur unter der Mutter leidet er als Kind, sondern auch unter seinem zu klein geratenen «Pimmel». Als Erwachsener wird er von der Stasi angeworben, deren Sprache und Methoden auf grotesk-perfide Weise parodiert werden. Bei einem Treppensturz vom Stasigebäude herab verletzt er sich über eine zwischen die Beine geratene Stange die Geschlechtsteile. Im Krankenhaus fängt sein Penis an, über alle Maßen zu wachsen, wogegen die Ärzte nichts anderes tun können, als ihm den Rat zu geben, aus seiner Situation das Bestmögliche zu machen. Am 9. November 1989, als seine Mitbürger am Grenzübergang Bornholmer Straße noch abwartend mit den Grenzpolizisten diskutieren und alle zögern, stürmt Uhltzscht zum Tor, öffnet demonstrativ seinen Hosenschlitz, woraufhin die Polizisten ihn wie hypnotisiert durchlassen. Hinter ihm stürmt ein ganzes, seine spießige Verklemmtheit überwindendes Volk in die Freiheit.

Der Roman machte auch durch den satirischen Kommentar zu Christa Wolfs Rede bei der großen Demonstration vom 4. November 1989 auf dem Alexanderplatz, die in extenso wiedergegeben und zusammen mit ihrem Roman *Der geteilte*

Himmel von Klaus Uhltzscht dekonstruiert wird, von sich reden und kann in diesem Punkt als Brussigs Beitrag zum bereits erwähnten Literaturstreit gelesen werden. Sein 2004 erschienener Roman *Wie es leuchtet* beschreibt «das deutsche Jahr» vom Sommer 1989 bis zum Sommer 1990 in sieben Büchern; im Stil einer filmischen Schnitttechnik werden hier zahlreiche Personen einander gegenübergestellt. Das Ende ist eher desillusionierend: eine der sympathischsten Personen stirbt an Leukämie, die er sich durch Uran-Bestrahlung im Stasi-Gefängnis zugezogen hat, weit weg auf einem Strand in Thailand. In seinem neuesten Roman *Das gibt's in keinem Russenfilm* (2015) mischt Thomas Brussig satirisch und witzig Autobiographie, Fiktion und historische Tatsachen. Kontrafaktisch lässt er die DDR als erfolgreiche «Elektrokratie» weiterleben, stellt sich selber als Dissident wider Willen dar und lässt sein real-fiktives Ich fragen, was aus ihm wohl geworden wäre, wenn er keine Kontroversen mit der SED gehabt hätte. Bei allem Humor deutet er hier eine ernstzunehmende Frage an: Waren Reibungen mit dem System eine notwendige Voraussetzung für künstlerisches Schaffen in der DDR?

In Uwe Tellkamps *Der Turm* (2008), der 1982 beginnt und am 9. November 1989 endet, geben zwei «unzeitgemäße» Wohnviertel in der alten Kulturstadt Dresden den primären Handlungsraum ab. In dem einen hat ein bildungsbürgerliches und daher in einem DDR-Zusammenhang «ungleichzeitiges» und suspektes Intellektuellenmilieu seinen «Turm», wo es sich absondern und seine bildungsbürgerlichen Interessen pflegen kann. Im anderen, «Ostrom» genannten und ebenfalls abgesonderten Viertel wohnt die Nomenklatura. Die Figur des Verlagslektors Meno Rohde stellt die Verbindung zwischen den beiden Milieus her. Der Titel spielt auf die Turmgesellschaft in Goethes *Wilhelm Meister* an, aber auch auf die imaginären Wachtürme, die «Ostrom» schützen sollen. Der Untertitel, «Geschichte aus einem versunkenen Land», verweist auf den Mythos von Atlantis. Dadurch werden einige der Intentionen des Romans signalisiert: er will Bildungs- und Verfallsroman sein. Aber auch wer sich absondert, muss sich auf verschiedene

Weise mit dem System arrangieren. Der junge Mann des Romans, Christian Hoffmann, meldet sich nach dem Abitur zur Nationalen Volksarmee (wie der Autor selbst), wo er drangsaliert und schikaniert wird, bis er zuletzt aufbegehrt und im Militärgefängnis landet. Dort zieht er Bilanz: «Er war in der DDR, die hatte befestigte Grenzen und eine Mauer. Er war bei der Nationalen Volksarmee, die hatte Kasernenmauern und Kontrolldurchlässe. Er war Insasse der Militärvollzugsanstalt Schwedt, hinter einer Mauer und Stacheldraht. Und in der Militärvollzugsanstalt Schwedt hockte er im U-Boot, hinter Mauern ohne Fenster. Jetzt, dachte Christian, bin ich wirklich Nemo. Niemand.» Ob er als «Niemand» einen Neuanfang machen kann, lässt der Roman offen; er endet mit einem Doppelpunkt: «...aber dann auf einmal ... schlugen die Uhren, schlugen den 9. November, ‹Deutschland einig Vaterland›, schlugen ans Brandenburger Tor:»

Für den *Turm* bekam Uwe Tellkamp (geb. 1968) den Deutschen Buchpreis 2008. Vier Jahre zuvor war der als Arzt ausgebildete Autor beim Literaturwettbewerb in Klagenfurt durch seinen Debütroman *Eisvogel* aufgefallen, der ebenfalls in einem heterotopischen Raum spielt: der Berliner S-Bahn. Der Roman beschreibt im Rückblick von einem Krankenbett in der Charité aus das zwielichtige Verhältnis zwischen zwei jungen Männern, die beide der extremen rechten Szene angehören. – Wenn auch Tellkamps Romane zeitlich und räumlich konkrete gesellschaftliche Prozesse beschreiben, besitzen sie eine Allgemeingültigkeit und können auf jede spätmoderne Gesellschaft bezogen werden; daher erklärt sich wohl zum Teil auch der Erfolg von *Der Turm* im Ausland.

Jahreszahlen strukturieren Eugen Ruges (1954 geb.) Debütroman *In Zeiten des abnehmenden Lichts* (2011), der im Untertitel als «Roman einer Familie» bezeichnet wird. Multiperspektivisch wird eine Familienchronik erzählt, die bis zum Beginn des 20. Jahrhunderts zurückreicht und die vor allem eng mit der politischen Geschichte der DDR seit den 1950er Jahren verbunden ist. Herausgehoben ist der 1. Oktober 1989, der 90. – und letzte – Geburtstag von Wilhelm Pokuleit, dem Vertreter der ältesten Generation. In sechs Kapiteln wird aus unterschiedlichen Perspektiven erzählt, was sich an diesem Tag, kurz vor dem 40. und ebenfalls letzten Geburtstag der DDR ereignet. Herausgehoben ist auch das Jahr 2001, in dem Wilhelms Enkelkind Alexander, der am Geburtstag des Großvaters die DDR verlässt, zum letzten Mal seinen Vater besucht und mit dessen Spargeld und Aufzeichnungen nach Mexico fährt, dem Land, in dem die Großeltern von 1941-52 im Exil lebten. – Dem Roman, der von einigen Kritikern mit Thomas Manns *Die Buddenbrooks* verglichen wurde und seinem Autor mehrere Preise einbrachte, folgte 2013 *Cabo de Gata*: Ein Ich erinnert sich (ein strukturierendes Schlüsselwort des Romans) daran, wie er sein bisheriges Leben aufgab, wegfuhr und mehr oder weniger zufällig in ein Fischerdorf an der spanischen Mittelmeerküste landete, in dem er eine besondere Beziehung zu einer kleinen, scheuen Katze bekam, «nach der ich, wenn er nicht schon einen Namen hätte, den Ort benennen würde, an dem ich einhundertdreiundzwanzig Tage lang vergeblich versuchte, einen Roman zu schreiben.»

Romane von Frauen

Im März 1999 rief *Der Spiegel* ein «literarisches Fräuleinwunder» aus und machte damit auf die vielen jungen Autorinnen aufmerksam, die ungehemmt, «ohne Angst vor Kitsch und großem Gefühl» von Liebesfreud und Liebesleid erzählten. Von einer literarischen Gruppe im traditionellen Sinne kann jedoch nicht die Rede sein, wie aus dem Interviewbuch *Keine Angst vor großen Gefühlen* (2001; Hg. Wiebke Eden) hervorgeht. Wenn auch meist Mädchen oder junge Frauen im Zentrum der ‹neuen Frauenliteratur› stehen, ist die Thematik dieselbe wie bei männlichen Autoren wie z.B. Identitätsunsicherheit und Entfremdungsgefühle in einer veräußerlichten Gesellschaft, Beziehungsschwierigkeiten mit den Eltern aber auch mit dem Partner/der Partnerin oder Kritik an der Konsumgesellschaft.

In einer eher traditionellen Weise entzaubern zwei auch als Dramatikerinnen bekannte Österreicherinnen triviale Liebesmythen: die Nobelpreisträgerin von 2004, Elfriede Jelinek, in satirischer Übersteigerung in *Lust* (1989) und Marlene

Streeruwitz in den Romanen *Verführungen. 3. Folge. Frauenjahre* (1996) und *Lisa's Liebe. 1.-3. Folge* (1997). Im Untertitel und in der Sprache an Groschenheft-Geschichten anknüpfend, erzählen die Romane von Marlene Streeruwitz von Frauen, die unter Doppel- und Dreifachbelastungen leiden. In dem kurzen Prosatext *Der Abend nach dem Begräbnis der besten Freundin* (2007) wird in einer Weise erzählt, die von Vorstellungen einer weiblichen Sprache geprägt ist und damit an Ansätze der Frauenliteratur der 1970er Jahre anknüpft (s. S. 400).

Vom «Sound einer neuen Generation» sprach der Kritiker Hellmuth Karasek, als Judith Hermanns Debüt-Band *Sommerhaus, später* 1998 erschien. Auf den Ton, der die neun Novellen durchzieht, weist die Autorin selbst in dem vorangestellten Tom-Waits-Zitat hin: «The doctor says, I'll be alright, but I'm feeling blue.» Die Erzählungen porträtieren moderne Großstadtexistenzen, die keine echten Beziehungen eingehen können oder wollen, deren Welt durch Gleichgültigkeit und Leere gekennzeichnet ist. 2003 erschien ihr zweiter Erzählband *Nichts als Gespenster*, der von der Kritik als «enttäuschend» bewertet wurde, beim Publikum jedoch Anklang fand. Ein elegischer Ton dominiert auch in diesen Novellen, die fast alle außerhalb Deutschlands spielen – Venedig, Karlsbad, Austin (Texas), Island: Wegfahren scheint ein Mittel zu sein, um persönliche Konflikte zu lösen, aber die zwischenmenschlichen Probleme bleiben in weitaus den meisten Erzählungen auch in der Fremde bestehen. *Aller Liebe Anfang* (2014) wurde als Judith Hermanns erster Roman präsentiert. Romanhaft ist jedoch auch *Alice* (2009), insofern die fünf Kapitel des Buchs dieselbe Protagonistin haben, die durch ihre Beziehungen zu fünf, inzwischen verstorbenen Männern porträtiert wird.

In einem Interview vor dem Erscheinen von *Aller Liebe Anfang*, sagt die Autorin, dass ihre Erzählungen fast immer durch einen Satz ausgelöst werden, «den jemand zu jemand anderem sagt, und der mir wichtig erscheint, doppelbödig, abgründig». Bei dem neuen Roman (und bei *Alice* könnte dasselbe der Fall sein) ist es aber eine Figur gewesen, die den komischen Namen «Mister Pfister» trägt. Komisch ist die Figur jedoch keineswegs: Der Roman handelt von einem Stalker, Mister Pfister, der in das recht eintönige Leben einer Frau und einer Familie einbricht. Durch die Nachstellung dieses Mannes wird die Frau, Stella, zum Überdenken – und vielleicht auch zur Veränderung – ihres bisherigen Lebens gezwungen. Wie fast immer bei Judith Hermann bleibt der Schluss offen.

Ihr jüngstes Werk, *Lettipark* (2016), sind Erzählungen, die inhaltlich und stilistisch an *Sommerhaus, später* erinnern: In 17 kurzen Geschichten, in denen sich Menschen ansehen, begegnen, vielleicht kurz berühren, werden existenzielle Themen wie Einsamkeit, Liebe, Freundschaft und Tod angeschlagenen.

Provoziert durch Aussagen von bekannten (männlichen) Feuilletonredakteuren, die sich traditionell-herablassend über Kolleginnen in der Medienwelt geäußert hatten, forderte die Schriftstellerin Karen Duve (geb. 1961) in der *Zeit* «intelligente Frauen» dazu auf, «sich wieder dem Feminismus zuzuwenden» (2008). In ihrem Erstling, *Regenroman* (1999), treten zwei tatkräftige Frauen auf, die Schwestern Isidora und Kay, die auf keine Weise den traditionellen Vorstellungen von dem entsprechen, was Frauen können oder dürfen oder wie sie aussehen sollten: die eine ist übergewichtig, die andere hat Gardemaß, und beide bedienen sie mühelos Werkzeug jeder Art sowie Flammenwerfer und Waffen.

Der Raum, in dem *Regenroman* spielt, ist ein namentlich genanntes Dorf in der ödesten Provinz der ehemaligen DDR und gleichzeitig eine groteske Heterotopie, wo der unablässig strömende Regen alle Konturen und Anhaltspunkte in der umgebenden Natur sowie den Unterschied zwischen den Geschlechtern verwischt, während es überall von «giftigen Nattern und Ottern, lauernden Lurchen und schlapfenden Molchen» nur so wimmelt. So jedenfalls erlebt es der Protagonist Leon, der zuletzt selber «Moder unter Moder» wird. – Das bilderreiche Fabulieren, die grotesk gezeichneten Personen, die vitale Energie und der sprachliche Überschuss machten das Buch sofort zu einem Erfolg, den die beiden folgenden Romane von Karen Duve nicht mehr ganz erreicht haben. In dem eher tragikomischen *Dies ist kein Liebeslied* (2002) erzählt die anorektische, 117 Kilo schwere Anne galgenhumoristisch von ihrem verkorksten Leben mit Beziehungsschwierigkeiten und erfolglosen Therapien. *Taxi* (2008) ist eine moderne Odyssee, in dem die Taxifahrerin «Zwodoppelvier», die ebenfalls ein recht problematisches Verhältnis zu ihrer Familie, zu den Männern und zu sich selbst hat, amüsant-groteske und traurige Episoden von ihren Fahrten erzählt. Durch das Taxifahren hofft sie, am «Leben der Anderen» zu partizipieren, um den Titel eines der erfolgreichsten deutschen Filme des Jahrzehnts zu zitieren (2006, Regie: Florian Henckel von Donnersmarck).

Zu den gelobten und viel gelesenen jungen Autorinnen gehört ebenfalls die 1970 geborene Julia Franck, die 1978 mit ihrer Mutter und ihren Schwestern von Ostberlin in den Westen übersiedelte. Der Aufenthalt im Sammellager Marienfelde bildet den Rahmen ihres 2003 erschienenen Romans *Lagerfeuer*. Julia Franck debütierte 1997 mit dem Roman *Der neue Koch*, der zeittypisch eine schwierige Mann-Frau-Beziehung thematisiert. Mit dem erfolgreichen *Liebediener* (1999) schrieb sie einen raffiniert gebauten erotischen Thriller.

Lagerfeuer stellt durch vier Erzählerstimmen das trostlose Interimsleben im Sammellager dar: Nelly ist mit ihren beiden Kindern von Ostberlin herübergekommen, nachdem der russische Vater der Kinder verschwunden ist. Für ihn interessiert sich der Träger der zweiten Stimme, ein amerikanischer Nachrichtenoffizier. Ein ostdeutscher Schauspieler, der fälschlich der Stasi-Zusammenarbeit angeklagt wird, und eine junge polnische Frau sind die beiden weiteren Erzähler. Die Ängste und Hoffnungen dieser und der übrigen Lagerbewohner werden überzeugend und unsentimental dargestellt. Die Handlung kulminiert am Heiligen Abend, als der Weihnachtsbaum in Brand gerät und das Lagerfeuer des Titels auslöst. Die traditionelle Bedeutung des Feuers als reinigendes Element legt die Deutung nahe, dass dadurch die Hoffnung auf das Ende eines solchen kalten, im Grunde unmenschlichen Lebens symbolisiert werden soll. – Julia Francks bisher letzter Roman, *Die Mittagsfrau*, für den sie den Deutschen Buchpreis 2007 erhielt, nimmt seinen Titel von einer sorbischen Sage, die auch Carl Spitteler in einem Gedicht desselben Titels behandelt hat. Das Kernthema des Romans sind gestörte Mutter-Kind-Beziehungen: Im Sommer 1945 lässt die Krankenschwester Helene ihren siebenjährigen Sohn Peter, der die Mutter unter dem Namen Alice kennt, auf dem Bahnhof Pasewalk allein zurück, als die beiden aus dem nun polnischen Stettin vertrieben werden. Im letzten Kapitel, das etwa zehn Jahre später spielt, sucht sie ihn auf dem Bauernhof auf, wo er bei entfernten Verwandten in Pflege ist; er will sie jedoch nicht sprechen. Diese beiden Kapitel, Prolog und Epilog, werden von dem Jungen erzählt. Der übrige, weitaus größere Teil berichtet chronologisch von Helenes Kindheit in Bautzen, ihren Jugendjahren im Berlin der 1920er Jahre und ihrer nicht gerade glücklichen Ehe. Helene selbst ist ohne gefühlsmäßigen Kontakt zur Mutter aufgewachsen, die von der älteren Schwester Martha «blind am Herzen» genannt wird. Neben eindrucksvollen Darstellungen, z.B. des Elternhauses sowie der Reaktionen und

Gedanken Peters, enthält der Roman viel Klischeehaftes, besonders in der Beschreibung des depravierten Berliner Milieus.

Eine unverwechselbare Stimme hat die 1980 in Greifswald geborene Judith Schalansky. Sie debütierte 2008 mit dem «Matrosenroman» *Blau steht dir nicht* und trat voll ins Blickfeld der Kritiker und Leser durch ihre nachfolgenden Bücher *Atlas der abgelegenen Inseln* (2009) und *Der Hals der Giraffe* (2011).

Der *Atlas der abgelegenen Inseln* trägt den Untertitel «Fünfzig Inseln, auf denen ich nie war und niemals sein werde» und stellt eine eigenartige Mischung aus Kartographie, Fakten und Fiktion dar. Jede Insel wird zuerst durch eine sehr schön abgebildete Karte, durch Auskünfte über Staatszugehörigkeit, Größe, Einwohnerzahl und Abstand zu anderen Destinationen sowie durch wichtige historische Daten präsentiert. Darauf folgt auf jeweils zwei Seiten eine «Erzählung» über die betreffende Insel, in der tatsächliche Vorkommnisse in einer literarischen, oft sehr poetischen Formsprache dargelegt werden. Die Autorin schreibt im Vorwort, dass sie für ihre «Entdeckungsreise» «nichts erfunden», aber «alles gefunden» hat. Sie plädiert dafür, die Kartografie «endlich zu den poetischen Gattungen und den Atlas selbst zur schönen Literatur» zu zählen.

Der Hals der Giraffe wurde vom Verlag als ein «Bildungsroman» präsentiert. Anders jedoch als im traditionellen Bildungsroman wird bei Judith Schalansky nicht ein junger Mensch, sondern eine Frau mittleren Alters gebildet – oder eher umgebildet: Durch verschiedene Erlebnisse und Erfahrungen gerät das rationalistisch-biologistische Weltbild der Hauptperson ins Wanken.

Die Bücher von Judith Schalansky, die 2015 den Droste-Preis erhielt, werden mit Recht wegen ihres von der Autorin selbst gestalteten Layouts gelobt. Sie bereiten dem Leser ein gleichzeitig intellektuelles und sinnliches Erlebnis. Der Anklang, den die Bücher dieser und anderer Autorinnen finden, mag neben der unbestreitbaren Qualität vieler Werke auch damit zusammenhängen, dass Frauen nach wie vor den größeren Teil des Lesepublikums ausmachen.

Kriminalromane

Nicht nur im deutschen Sprachraum besetzen Kriminalromane häufig den ersten Platz der Bestsellerlisten, wobei neben Übersetzungen aus dem Englisch/Amerikanischen und den skandinavischen Sprachen in den letzten Jahrzehnten immer mehr deutsche Kriminalautoren auf den Plan getreten sind, deren Bücher auch ins Ausland verkauft werden. Ihre Themen sind oft dieselben wie die der «Hochliteratur». Bei Bernhard Schlink z. B. greift auch in den Kriminalromanen *Selbs Justiz, Selbs Betrug, Selbs Mord* (1987, 1992, 2001) die nationalsozialistische Vergangenheit nicht nur des Juristen und Privatdetektivs Selb in die Gegenwartshandlung ein, auch die aufzuklärenden Verbrechen haben oft hier ihre Wurzeln. Auch die Geschlechterfrage wird im Kriminalroman aufgegriffen, wobei eine Umkehrung der Blickrichtung stattfindet. Wo der männliche Part die Gleichheit der Geschlechter nicht anerkennt und respektiert, wird er handfest bestraft: Die Frau entledigt sich des Ex-Liebhabers, meist ohne Spuren zu hinterlassen. Wie raffiniert dies vor sich gehen kann, wird in vielen «Femikrimis» gezeigt, u. a. in *Stich für Stich. Fünf schlimme Geschichten* (1997) von Ingrid Noll.

Romane, die sich nicht nur durch einen spannenden Plot, sondern auch durch historischen oder Lokalkolorit auszeichnen, sind z. B. Volker Kutschers im Berlin der 1920er und 30er Jahre spielende Krimis, von denen es bis jetzt fünf Bände gibt, Oliver Bottinis sechs Romane und die Kommissarin Louise Boni, die in Freiburg im Breisgau arbeitet, sowie die in der bayerischen Provinz und im München der 1930er Jahre spielenden, auf tatsächlichen Kriminalfällen aufbauenden Romane von Andrea Maria Schenkel, *Tannöd* (2006) und *Kalteis* (2007). Andrea Maria Schenkels Bücher bestechen durch ihre raffinierte Erzählweise und – vor allem in *Tannöd* – durch die präzise Darstellung eines dumpfen bäuerlichen Milieus.

Dass Frauen auch Thriller – eine traditionell als männlich bezeichnete Gattung – schreiben, bezeugen die Romane von Juli Zeh. Nach Veröffentlichungen von Kurzgeschichten wurde

die 1974 geborene Autorin durch den bald in mehr als 20 Sprachen übersetzten Roman *Adler und Engel* (2001) bekannt.
Seitdem sind von ihr fünf weitere Romane (von denen zwei
ebenfalls als Drama geschrieben bzw. fürs Theater bearbeitet
worden sind), ein Kinderbuch (*Das Land der Menschen*, 2008),
ein weiteres Drama und mehrere Essaybände erschienen. Auch
als Herausgeberin einer Anthologie junger bosnischer Autoren
ist sie hervorgetreten. Juli Zehs Hintergrund als Juristin (mit
dem Schwerpunkt Völkerrecht) wird sowohl im Milieu als
auch in den Fragestellungen ihrer Bücher deutlich.

Der Protagonist und Ich-Erzähler in *Adler und Engel* ist ein Karrierejurist,
der sich nach dem mutmaßlichen Selbstmord seiner Freundin mit Drogen
betäubt. Mit einer populären Rundfunkmoderatorin, in deren Sendung er
angerufen hat und die ihn aufsucht, weil sie, die auch Psychologie studiert,
ihre Diplomarbeit über seinen «Fall» schreiben möchte, fährt er von Leipzig nach Wien zurück und konfrontiert sich mit seiner Vergangenheit. Der
Roman endet nach einer effektvollen Beschreibung des Gangs des Erzählers durch einen strömenden, fast sintflutartigen Regen mit einem Deal,
dessen Ausgang offenbleibt. *Spieltrieb* (2004) greift rechtsphilosophische
Fragestellungen auf und kritisiert zeittypisch die Flüchtigkeit und den fehlenden Ernst des modernen Lebens als Ausdruck der Abwesenheit von
Werten. In *Schilf* (2004; im selben Jahr dramatisiert und uraufgeführt)
werden philosophisch-naturwissenschaftliche Problemstellungen mit einer
kriminalistischen Handlung verbunden. Der charismatische Kriminal-
kommissar Schilf ist ein Verwandter der von ethischen Zweifeln beschwer-
ten Kriminalbeamten bei den Schweizern Fr. Glauser und Fr. Dürrenmatt
sowie bei Bernhard Schlink, mit denen Juli Zeh denn auch verglichen worden ist. Ihr neuester Roman ist die 2009 herausgekommene Dystopie *Cor-
pus Delicti*, die zwei Jahre früher als Theaterstück erschien. Die Handlung
spielt 2057 in einer Gesellschaft, deren System, «die Methode» genannt,
darin besteht, die Menschen mit Gesundheitsregeln aller Art zu gängeln.
Die Hauptperson, eine junge Frau, kämpft dagegen an und beruft sich auf
ihr Widerstandsrecht. Ebenfalls 2009 gab Juli Zeh mit Ilija Trojanow zusammen die Streitschrift *Angriff auf die Freiheit* heraus, in der – kurz vor
den Bundestagswahlen – die Warnung ausgesprochen wurde, die Bundesrepublik befinde sich aufgrund der Furcht vor Terroranschlägen auf dem
Weg, ein Überwachungsstaat zu werden. In Übereinstimmung mit dieser
kritischen Haltung legte die Autorin 2008 beim Bundesverfassungsgericht
Beschwerde gegen den biometrischen Reisepass ein.

Nach dem «Psychothriller» – so die Autorin selber – *Nullzeit*
(2012), der auf der Ferieninsel Lanzarote spielt, hat Juli Zeh in

ihrem jüngsten Roman die Handlung nach Brandenburg verlegt. Es geht in *Unterleuten* (2016), einem fiktiven Dorf, um
Konflikte, die dem geplanten Bau eines Windparks entsprin-
gen, jedoch auch alte Gegensätze aus der «Wende»-Zeit wach-
rufen. Wie in ihren früheren Romanen stellt Juli Zeh ihre Personen vor Dilemmas, die ethische Überlegungen erfordern.

Drama und Theater

Auf dem Gebiet des Theaters war der West-Ost-Zusammen-
hang besonders eng, und die Vereinigung verlief wegen der
strukturell ähnlichen Theatersysteme nahezu reibungslos.
DDR-Regisseure, nicht nur die seit 1976 ausgereisten oder
exilierten, inszenierten oft im Westen: «Wer nicht im Westen
inszeniert, gilt zuhause nichts, der ist out», war Regisseur
Thomas Langhoff zufolge eine verbreitete Ansicht.

Wie in anderen Ländern auch spürte das deutsche Theater
die Konkurrenz von Oper, Film und Fernsehen. Die Zuschau-
erzahlen gingen zurück, und da auch die öffentlichen Subven-
tionen vielerorts gekürzt wurden, war und ist viel von einer
Krise des Theaters die Rede.

Im modernen Theaterbetrieb spielen Intendanten und Regisseure oft eine
ebenso prominente Rolle wie die Schauspieler. Das gilt sowohl für die
etablierte Generation eines Peter Stein und Claus Peymann als auch für die
sogenannte Popgeneration eines Leander Haußmann. Statt Uraufführun-
gen neuer Texte stehen häufig Neuinszenierungen von Klassikern in mehr
oder weniger einfallsreicher Verfremdung auf dem Programm. Die Texte
werden als «Material» für die Intentionen des Regisseurs betrachtet, wie es
bei dem von Heiner Müller inspirierten Frank Castorf, seit 1992 Leiter der
Berliner Volksbühne, der Fall ist. Dies sowie die Auflösung des Theaters in
reine Performance und Eventkultur, wie etwa bei dem Theateranarchisten
Christoph Schlingensief (1960–2010) haben zum teilweise dramatischen
Zuschauerverlust geführt.

Die Probleme des Regietheaters zeigten sich in aller Deutlichkeit bei der Uraufführung von Rolf Hochhuths *Wessis in Weimar* (1993) am Brecht-Theater in Berlin. Regisseur war der in
der DDR geborene Einar Schleef (1944–2001): Wie frei darf
der Regisseur über das ihm anvertraute Stück verfügen? Inwieweit ist er zur Texttreue verpflichtet?

Das Stück, dem wie auch sonst bei Hochhuth gründliche Recherchen zugrunde lagen, ist den Westdeutschen gegenüber kritisch – vgl. den Untertitel *Szenen aus einem besetzten Land*. Schleef verhielt sich in zeittypischer Regiemanier dem Text gegenüber sehr frei: Er kürzte und stellte um, griff auf Schillers *Die Räuber* zurück und ließ die nackten Brüder Franz und Karl auf der Bühne ringen und sich bis zum Umfallen lieben! Aus Verärgerung über den in seinen Augen verstümmelten Text blieb Hochhuth der Uraufführung fern, versprach aber dem Publikum Exemplare des Originaltextes.

Sämtliche Stücke des Dramatikers Heiner Müller (s. S. 428–431) wurden unmittelbar nach der Wende von ost- und westdeutschen Bühnen aufgeführt. Sein Verdienst war es, dass er Brechts Projekt übernahm und im DDR-Regime bis zum Ende verfolgte, indem er die Mechanismen aufzuzeigen versuchte, die aus einer sozialistischen Freiheitsutopie eine Unterdrückungsideologie gemacht hatten. 1996, ein Jahr nach Müllers Tod, wurde sein letztes Stück mit dem für ihn charakteristischen Titel *Germania 3 Gespenster am toten Mann*, hauptsächlich eine Zitatcollage fremder und eigener Texte, publiziert. Thematisiert werden auch hier die Deformierungen des Bewusstseins durch die verschiedenen Systeme und ihre Vertreter, der historische Zusammenhang aber, in den sie eingebunden werden, erweist sich als ein Konnex von Absurditäten.

Den Jahrbüchern der Zeitschrift *Theater heute* zufolge war die österreichische Nobelpreisträgerin Elfriede Jelinek (geb. 1946), die dreimal zur «Autorin des Jahres» gewählt wurde, die unangefochtene Dramatikerin der 1990er Jahre. Zu ihren Veröffentlichungen in diesem Jahrzehnt gehören u.a. *Totenauberg* (1991), *Raststätte* (1994), *Stecken, Stab und Stangl* (1996) und *Ein Sportstück* (1998). Die für ihre eigene Theaterarbeit ausgegebene Devise: «Allergrößte Wirklichkeit und allergrößte Künstlichkeit» kann auch für andere dramatische Texte der Zeit gelten, die sich auszeichnen durch den Wechsel zwischen konkreten Bezügen zur gesellschaftlichen Faktizität und der Verwendung radikaler ästhetischer Mittel einschließlich eingebauten Skandalisierungspotentials. Verallgemeinern könnte man ebenfalls ihre Äußerung zum didaktischen Zweck des Theaters, den sie nicht mehr sieht, weil «ich resigniert habe, dass politische Ziele, dass überhaupt Ziele außerhalb von einem selbst zu haben noch einen Sinn macht». Dennoch scheinen ihre jüngsten Stücke wie z. B. *Bambiland* (UA 2003 am Wiener Burgtheater; Regie Christoph Schlingensief) und *Ulrike Maria Stuart* (UA am Hamburger Thalia-Theater 2006) durchaus einen politisch-didaktischen Zweck zu haben: Im ersteren geht es um den Irakkrieg und dessen Darstellung in den Medien, wobei Aischylos' *Die Perser* den Subtext bilden. In *Ulrike Maria Stuart* wird auf Schillers *Maria Stuart* zurückgegriffen, um in der Gegenüberstellung von Ulrike Meinhof und Gudrun Ensslin das Verhältnis von Frauen und Macht zu problematisieren.

Das gesellschaftspolitische Engagement von Elfriede Jelinek kommt in dem Text *Die Schutzbefohlenen* (2013) deutlich zum Ausdruck. Hier wird, mit Aischylos' Drama *Die Schutzflehenden* als Subtext, die europäische Flüchtlingspolitik an den Pranger gestellt. Konkreter Anlass sind zwei fast gleichzeitige Ereignisse: die Besetzung einer Wiener Kirche durch abgewiesene Asylanten und das Ertrinken von fast hundert Flüchtlingen in der Nähe der italienischen Insel Lampedusa. Bei der ersten Vorführung in einer Hamburger Kirche wurde der Text teils von Schauspielern, teils von Flüchtlingen gelesen. Dass direkt Betroffene neben Professionellen auf der Bühne stehen, ist eine Tendenz des gegenwärtigen Theaters, die darauf abzielt, die Authentizität und die Aktualität des dramatischen Textes zu unterstreichen und – vielleicht – auch, um die Anteilnahme des Zuschauers zu erhöhen.

Dokumentarisches Theater in seiner experimentellsten Form vertritt das mit vielen Preisen ausgezeichnete Autoren-Regie-Team Helgard Haug, Stefan Kaegi und Daniel Wetzel, das seit 2000 besteht und sich *Rimini Protokolle* nennt. So hat die Gruppe z. B. Karl Marx' *Das Kapital* inszeniert (2006) und in *100% Stadt* ab 2006 in den jeweiligen Städten (z. B. Berlin, Wien, Köln, Dresden, Tokio, Vancouver, Kopenhagen, Amsterdam, Paris) hundert Menschen auf die Bühne geladen, wobei die «Darsteller» so ausgewählt werden, dass sie ein statistisch repräsentatives Bild der Stadt ausmachen. 2015 gingen die Theatermacher aus aktuellem Anlass (Aufhebung des seit 1945 bestehenden Verbots einer Neuauflage) in *Adolf Hitler: Mein Kampf* dem Mythos des Buches nach.

Laut der Homepage des Teams zielt ihre Arbeit darauf, durch «eine Weiterentwicklung der Mittel des Theaters [...] ungewöhnliche Sichtweisen auf unsere Wirklichkeit zu ermöglichen.» Auch Elfriede Jelinek hat eine Homepage, wo der Leser ihre Theater- und Prosatexte, ihre ästhetischen Überlegungen sowie Kommentare zu aktuellen politischen und kulturellen Ereignissen u. a. m. einsehen kann. – Die beiden hier erwähnten Homepages können stellvertretend für viele die neuen medialen Formen der Kommunikation zwischen Autor und Leser illustrieren.

Andere markante Dramatiker aus Österreich sind der jung verstorbene Werner Schwab (1958–1994), der Anfang der 1990er Jahre mit seinen «Fäkaliendramen» und «Königskomödien» für Skandale sorgte und darin einen Thomas Bernhard verwandten Existenzekel zum Ausdruck brachte, und Marlene Streeruwitz (geb. 1950; s. S. 461 f.), die an das sog. «wilde Theater» Wolfgang Bauers anknüpfte. Durch Stilmischung und kalkulierte Stilbrüche realisiert sie ein Gegenkonzept zu den konventionellen «Lebensbilderbögen» und attackiert auf feministischer Basis eine egoistische und hedonistische Gesellschaft.

Auch die Schweiz hat wesentliche Beiträge zur deutschsprachigen Dramatik der Periode geliefert. Am bekanntesten sind neben dem 1997 zum Autor des Jahres gewählten Urs Widmer (geb. 1938) Thomas Hürlimann (geb. 1950) und der auch als Filmemacher hervorgetretene Matthias Zschokke (geb. 1954). Ihnen gemeinsam ist, dass sie neben Theaterstücken auch ein großes episches Werk veröffentlicht haben. Urs Widmers *Topdogs* (1997) handelt von entlassenen Spitzenkräften internationaler Konzerne und zeigt, wie das Denken der freien Marktwirtschaft diese Männer geprägt hat und wie schnell die vermeintliche Rationalität des ökonomischen Denkens in vormoderne Irrationalität umschlagen kann. Hürlimann schrieb sich mit seinem *Einsiedler Welttheater* (2007) in eine lange dramatische Tradition ein (vgl. S. 146 f.).

Die bedeutenden, zur älteren Generation gehörenden und in der Öffentlichkeit oft umstrittenen Dramatiker Botho Strauß (s. S. 424–428) und Peter Handke (s. S. 4119–424) versuchten auf verschiedene Weise die oft beschworene Sinnkrise zu lösen, Botho Strauß in *Ithaka* (1996) durch eine konservative, Peter Handke in *Zurüstungen für die Unsterblichkeit* (1997) durch eine ästhetische Ideologie. Beiden geht es darum, der Orientierungslosigkeit einer prosaischen Welt positive Gegenbilder auf der Bühne vorzuführen. Der älteste unter den aktiven und häufig gespielten Dramatikern ist Tankred Dorst, geb. 1925 (s. S. 350 und 407f.). Sein 2005 uraufgeführtes Stück *Die Wüste* bringt wie viele seiner Dramen eine authentische Figur auf die Bühne: den einer adligen Familie entstammenden französischen Mönch Charles de Foucauld (1858–1916), der 2005 vom Papst seliggesprochen wurde. Dorst geht es darum, die Wandlung Foucaulds vom Dandy und Offizier zum Trappistenmönch und – zuletzt – Einsiedler darzustellen und zu problematisieren: Handelt es sich um eine echte Bekehrung oder um ein Spiel mit Rollen und Identitäten? Zeittypisch ist ebenfalls die Diskussion religiöser Extreme.

In einer Bilanz der Zeitschrift *Theater heute* im Oktober 2001, die die Überschrift «Arbeit! Liebe! Verzweiflung!» trägt, schreibt Frauke Meyer-Gosau: «Selten wurden so viel neue Stücke geschrieben.» Sie charakterisiert zehn junge Autorinnen und Autoren, die ihrer Meinung nach keine «Eintagsfliegen» sind: Oliver Bukowski, Moritz Rinke, Sibylle Berg, Igor Bauersima, Dea Loher, Marius von Mayenburg, Theresia Walser, Roland Schimmelpfennig, Gesine Danckwart und René Pollesch.

Als gemeinsamen Nenner ihrer Stücke sieht Meyer-Gosau – bei aller Verschiedenheit – den Versuch, «das Ästhetische und das Politische auf der Höhe der Zeit zusammenzudenken.» Dem kann hinzugefügt werden, dass ein ausgeprägtes Sprachbewusstsein den genannten Autoren ebenfalls gemeinsam ist.

Der 1961 in Cottbus geborene Oliver Bukowski steht mit seinen durch einen beißenden Humor gekennzeichneten Stücken in der Tradition des kritischen Volksstücks (z.B. *Londn – LÄ – Lübbenau*, 1992, *Bis Denver*, 1996, *Gäste*, 1999). Seine Personen sprechen Lausitzer Mundart, sie verkörpern das

Scheitern sowohl der DDR als auch des Zusammenwachsens der beiden deutschen Staaten. Sie befinden sich, wie auch in *Kritische Masse* (2009), am Rande der Gesellschaft. In *Ich habe Bryan Adams geschreddert* (UA 2013) findet eine Demaskierung der Mittelschicht statt, wobei das Setting bühnenwirksam, aber durchaus traditionell eine Mittsommernachtsparty beim Chef ist. Die Tragikomödie *Letzte Menschen* (2015; vorgesehene UA 2016 bei den Ruhrfestspielen) diskutiert die Frage nach dem Preis einer Revolution, die eine Gesellschaft «ohne Oben und Unten, ohne Führer und Geführte» herbeiführen soll.

Am Rande der Gesellschaft befinden sich ebenfalls die Personen in Theresia Walsers (geb. 1967) Stück *So wild ist es in unseren Wäldern schon lange nicht mehr* (2000), das konträr zu dem, was der Titel verspricht, nicht im Wald, sondern auf einer Bank im Bahnhof spielt. Die Menschen, die sich hier treffen und ablösen, ähneln sich in ihrem Hunger nach Anerkennung und Zuwendung, die sie jedoch nicht bekommen. Wie in der Altenheim-Farce *King Kongs Töchter* (1999) werden der Alltag grotesk verfremdet und die gesellschaftlichen Machtmechanismen sprachlich entlarvt. Monströs sind die Frauen in den Stücken *Ich bin wie ihr, ich liebe Äpfel* (UA 2013) und *Die Herrinnen* (UA 2014). Im ersten treffen sich die Gattinnen von drei ehemaligen Diktatoren, Margot, Imelda und Leila, bei einer Pressekonferenz, im zweiten warten fünf erfolgreiche Karrierefrauen darauf, einen «Staatspreis für weibliche Lebensleistungen» überreicht zu bekommen. Es heißt zwar, dass Übertreibung das Verständnis fördert; ob aber Theresia Walser durch diese grotesken Gestalten zu einer wohl beabsichtigten Diskussion über Geschlechterrollen und –erwartungen beiträgt, kann bezweifelt werden.

Auch Sibylle Berg (geb. 1962) arbeitet mit grotesken Übertreibungen und Verfremdungen, etwa in *Hund, Frau, Mann* (2001) oder *Die letzten goldenen Jahre* (2009), das eine «Moritat über vier Verlierer» genannt worden ist: Die Rahmensituation ist ein Klassentreffen nach vielen Jahren, bei dem der ehemalige Klassenlehrer – mit Hilfe eines Bären! – die Ausgrenzung und Misshandlung von vier Schülern vorführt. Der Titel erweist sich als tragisch-ironisch; auch der letzte Hoffnungsfunke wird gelöscht.

Der wie die übrigen Jung-Dramatiker sehr produktive Moritz Rinke (geb. 1967) wendet sich mit seinem ersten Drama *Der graue Engel* (1995) einer deutschen Legende zu: Marlene Dietrich. Das tut er ebenfalls in dem für die Wormser Festspiele 2002 geschriebenen und seitdem mehrmals aufgeführten Stück *Die Nibelungen*. Auf mythische Vorstellungen spielt auch der Titel *Republik Vineta* (2000) an:

Fünf Männer befinden sich in einer baufälligen Villa in einem der neuen Bundesländer, um das Projekt Vineta herauszuarbeiten: eine neue Stadt und ein «Themenpark der untergegangenen Träume» sollen auf einer Insel im Bottnischen Meerbusen entstehen. Zu den Vorschlägen gehört die Aufstellung einer Lenin-Statue neben einer russischen Rakete aus Kuba sowie – zur Erinnerung an die Französische Revolution – einer Guillotine. Ein Teilnehmer möchte lieber Bauten aufgeführt sehen, die ‹die guten alten Zeiten› beschwören. Am Ende entpuppt sich das Ganze als sozialtherapeutisches Experiment: Die Teilnehmer, die alle vom sog. «Outsourcing» betroffen sind, sollen durch das Scheitern des Vineta-Projekts auf die harten Realitäten des Lebens vorbereitet werden. – *Die Optimisten* (2003) sind eine Gruppe von deutschen Bildungsurlaubern, die in Nepal gestrandet sind und dort erleben müssen, wie all ihre «richtigen» Meinungen an der rauen politischen Wirklichkeit zerbröckeln und wie fremd sie sich selber eigentlich sind. – 2010 debütierte Moritz Rinke als Romanautor mit dem autobiographisch gefärbten *Es riecht nach Torf*, einer Reise des Protagonisten zurück in die Heimatstadt Worpswede – auch Rinkes eigene Geburtsstadt. In die oft recht skurrile Familienchronik werden auch Gestalten aus der Künstlerkolonie Worpswede (s. S. 141) eingebracht.

Zu den meistgespielten und produktivsten jüngeren Dramatikern gehört Roland Schimmelpfennig (geb. 1967), dessen Stücke sich auch im Ausland großer Popularität erfreuen. Schimmelpfennig, der mehrere Preise erhalten hat (u.a. 2010 den Else-Lasker-Schüler-Dramatikerpreis sowie den Mühlheimer Dramatikerpreis) arbeitet wie viele seiner Dramatikerkollegen ebenfalls als Regisseur und Dramaturg. 2012–13 hatte er die Poetikdozentur für Dramatik an der Universität Saarbrücken inne. *Die arabische Nacht* (UA 2001), dessen epischmonologische Form die Einsamkeit der Personen spiegelt, spielt in einer Hochhaussiedlung. Wie der Titel andeutet, hat *Tausend und eine Nacht* Bausteine zu diesem «Zauberstückchen» (*Theater heute*) geliefert, und auch das Grimm'sche Märchen «Dornröschen» wird zitiert: Drei Männer versuchen, eine junge Frau wachzuküssen, zwei scheitern daran. *Push up 1–3*, ebenfalls 2001 uraufgeführt, hat den Konkurrenzkampf in einem modernen internationalen Unternehmen zum Thema. Sein erfolgreichstes Stück, *Der goldene Drache* (UA 2009; ebenfalls als Hörspiel 2012 und Opernlibretto 2014, mit Musik von Péter Eötvös) spielt in einem China-Vietnam-Thai-Restaurant und erzählt in kurzen Episoden von einer Parallelwelt unserer heutigen Gesellschaft, wo illegale Einwanderung und daraus folgende Rechtlosigkeit, Gier und sexueller Missbrauch das tragische Ende zwei junger Chinesen verursachen. Die Szenen in der Imbissküche mit den wie ein Refrain aufgerufenen Nummern der Gerichte werden mit Auftritten von anderen Hausbewohnern und Kunden zusammengestellt. Als Parabel der dargestellten Welt wird die alte Fabel von der Grille und der Ameise (Äsop, Lafontaine) erzählt. Diese Montage sowie die verfremdende Aufführungsweise, wo Frauen Männer und Männer Frauen spielen, zeugen vom fortdauernden Einfluss der Brechtschen Theaterpraxis.

Eine filmische Technik verwendet Schimmelpfennig in dem aus 51 kurzen Szenen bestehenden Stück *Vorher/Nachher* (UA 2002), wobei die letzte Szene die erste wiederholt, und so das Zersplitterte und Fragmentarische des modernen Lebens doch irgendwie in einen Zusammenhang bringt. Einige Figuren tauchen nur einmal auf, die Wege anderer Personen kreuzen sich, auch grotesk-surreale Elemente kommen vor wie z.B. ein Mann, der in einem Gemälde verschwindet. Der Zuschauer sieht das «Vorher» und das «Nachher» und ist für das Dazwischenliegende auf die eigene Imaginationskraft verwiesen. – Der Titel des 2008 uraufgeführten Dramas *Hier und Jetzt*, das von einer Hochzeitsgesellschaft erzählt, betont den Augenblick, aber dennoch bleibt der Zuschauer im Unklaren, ob das, was sich auf der Bühne abspielt oder worüber gesprochen wird, jetzt geschieht, in der Vergangenheit geschehen ist oder vielleicht erst in der Zukunft geschehen wird. Es finden sich Anklänge an romantisches sowie barockes Gedankengut. Die Schlussreplik «Danke. Gehen wir. Lichter aus. Ende.» kann sowohl konkret als auch im übertragenen Sinne gedeutet werden, die

Hochzeitsgäste mag man als ein Panorama unserer spätzeitlichen Gesellschaft auffassen.

Hervorgehoben werden immer wieder der poetische und melancholische Ton sowie das Spielerische, das Roland Schimmelpfennigs Stücke auszeichnet. Eine Tendenz des heutigen Theaters ist die Dramatisierung von Romanen – älteren wie ganz neuen: Theodor Fontanes *Effi Briest*, Leo Tolstois *Anna Karenina*, Thomas Manns *Der Zauberberg*, Uwe Tellkamps *Der Turm*, Clemens Meyers *Als wir träumten* (um nur einige wenige Beispiele zu erwähnen) sind alle in jüngster Zeit für die Bühne bearbeitet worden, wobei man vielleicht sagen kann, dass das Theater hier den Film und das Fernsehen nachahmt. Roland Schimmelpfennig hat dieser Tendenz in *Körperzeit* (UA 2007), einer Dramatisierung von Don DeLillos Roman *The Body Artist*, seinen Tribut gezollt.

Lyrik

In der für das Jahrzehnt repräsentativen Gedichtsammlung *Das verlorene Alphabet. Deutschsprachige Lyrik der neunziger Jahre* (hg. von Michael Braun und Hans Thill, 1998) heißt es: «Die neunziger Jahre in der Lyrik sind ein Jahrzehnt der Kontinuitäten und Ausdifferenzierungen, nicht der Brüche und Nullansagen.» Beispiele für die Ausdifferenzierung sind Slam Poetry und «social beat» in der «Szene»-Lyrik, also eine Art «performance poetry», sowie die Versuche der Verlage, durch Verschenkgedichte u. a. m. eine breitere Lyrikrezeption zu fördern. Für Kontinuität spricht die Tatsache, dass Gottfried Benn zum Spitzenreiter einer Hitliste avancierte, mit der die Zeitschrift *Das Gedicht* 1999 die Tendenzen der Lyrik popularisierte.

Der Herausgeber der Reclam-Anthologie *Lyrik der neunziger Jahre* (2000), Theo Elm, stellt für die Lyrik des Jahrzehnts eine Tendenz zur Zweiteilung fest. Die eine Fraktion vertritt eine stark experimentierende Dichtung. Durs Grünbein (s. S. 491–494) ist der Theoretiker dieser Poetik, zu deren Vertretern ebenso Peter Waterhouse (geb. 1956) und Thomas Kling (1957–2005) gehören. Performance ist ein Schlüsselwort dieser Lyriker. Lesungen vor einem großen Publikum nicht nur in Literaturhäusern, sondern auch bei Lyrikfestivals, in Cafés, Clubs, Kinos, Bibliotheken und Diskotheken spielen für sie eine zentrale Rolle. Thomas Kling stellt sich in den Essays seines Buches *Itinerar* (1997) als Forschungsreisender in den Angelegenheiten des Gedichts vor und charakterisiert nicht nur die eigenen, sondern Gedichte überhaupt als «hochkomplexe … Sprachsysteme». Es handelt sich um eine sprach-, form- und medienbewusste Lyrik, wie z.B. in dem ideologiekritischen Gedicht über Goebbels, «mann aus reit» (i.e. aus Rheydt/Rheinland) aus Thomas Klings Gedichtband *brennstabm* (1991):

> 1
> goebbelz zeigefinger («… wird
> ihnen das freche judenmaul gestopft
> werdn»), sein danach cool auspen-
> delnder unterarm; erneut schwingt der
> hoch, der arm: aus dem handgelenk ge-
> schüttelte hand, dem publikum gewiesener
> handrückn GREIFHAND NACHERGREIFUNG,
> SEINE AUSSCHWITZ-GRAZIE: EIN PROPAGANDA-
> INSTRUMENT
> GOEBBELZ hoch- und nieder-
> sausende finger … draht, gas, und
> 2
> gebisse.

Thomas Klings Gedichte sind gesprochene, aber stilisierte Sprache, mit Wortspielen, Zeilenbrüchen, Slang, Fachausdrücken und orthografischen Experimenten, die zu neuen assoziationsreichen Gebilden zusammengefügt werden. Die von ihm zusammengestellte Anthologie von «200 Gedichte[n] auf Deutsch vom achten bis zum zwanzigsten Jahrhundert» hat den charakteristischen Titel *Sprachspeicher* (2001). Mit Peter

Waterhouse teilt er das Interesse für das Übersetzen zwischen Kulturen und Epochen. Waterhouse, der deutsch-englische Wurzeln hat und aus dem Englischen und dem Italienischen ins Deutsche übersetzt, thematisiert in seinen Gedichten und seiner Poetik die Übergänge: Der Lyriker trägt einen «Übergangsmantel», verwendet «Übergangswörter» oder «Gangwörter», und seine Gedichte sind «Übergangsgedichte», die meistens in Wien als der «parataktischen Landschaft», «der Hauptstadt der Sprache» geschrieben sind. Waterhouse ist sowohl vom englischen Dichter Gerard M. Hopkins, dessen Journal er ins Deutsche übersetzt hat, als auch von der österreichischen Tradition beeinflusst, besonders von Adalbert Stifter und dessen Vorstellung von der auratischen Landschaft der Dinge und Namen, durch die man spazieren geht. Seine Utopie ist eine «Immer-Sprache», ein Mosaik von Sprachen, die gleichzeitig im selben Raum, dem Gedicht, existiert, oder wie es in «An die ferne Geliebte (3)» aus dem Gedichtband *Passim* (1986) heißt:

> Wir sind in jeder Weise bestimmt. Wir sind
> In jeder Reise bestimmt. Wohin reisen wir? Wir reisen
> Durch das Meer der Bestimmungen
> In Penelopes Gestalt.

Andere Vertreter dieser sprachexperimentellen Tendenz sind Barbara Köhler (geb. 1959), Brigitte Oleschinski (geb. 1955), Marcel Beyer (geb. 1965; s.S. 451) und Bert Papenfuß-Gorek (geb. 1956).

Den Gegenpol zu den experimentierenden «Transitpoeten», die oft in der Tradition der konkreten und visuellen Poesie stehen (s. S. 289–291), bildet die Mehrheit der Lyriker, deren bekannteste Repräsentantin Ulla Hahn (geb.1946) ist. Sie bekennt sich im Gedicht «Ars poetica» (in *Epikus Garten*, 1995) zur «Erlebnisdichtung», zur «Bewusstseinspoesie der alten Art». Hier geht es um die «Existentialien», die ewigen Fragen des Seins und die Grunderfahrungen im Leben. Ihre Themen sind das Verschwinden der Utopien und der Zweifel an Natur und Geschichte; besonders häufig treten Themen wie Arkadien (als Ort der Kindheit, des nicht entfremdeten Lebens, des Beginns der aufklärerischen Moderne, an deren Ende man sich glaubt) und der Vorausblick auf Alter und Tod auf.

Die Grenzen zwischen den erwähnten Tendenzen sind fließend, nicht zuletzt weil beide Gruppen dazu neigen, aus einer postmodern spielerischen, ironischen oder witzigen Haltung heraus zu schreiben. Die zeittypische Vorliebe für Ironie und Witz und die Ablehnung von Pathos haben dazu beigetragen, dass ein Multitalent, das früher als subversiver Komiker und Humorist galt, zum Klassiker avancierte. Der Maler, Zeichner und Cartoonist, der Humorist und Satiriker Robert Gernhardt (1937–2006), der außer Lyrik auch Schauspiele, Romane (*Ich Ich Ich*, 1983) und Erzählungen geschrieben hat und Mitglied und Mitbegründer der sog. «Neuen Frankfurter Schule» war, wurde nun auch als ernster Autor erkannt. Gernhardt veröffentlichte 1997 den Gedichtband *Lichte Gedichte*, der einen Zyklus von 100 Gedichten «Herz in Not» enthält. Hier wird der Prozess einer Bypass-Operation in der Gernhardt'schen Mischung von Ernst und Scherz geschildert.

In der Ablehnung von Ernst und Pathos und der Vorliebe für das ironisch-witzige Spiel zeigt sich die neue Generation von Lyrikern, die nach der Jahrhundertwende vorgetreten sind, mit Gernhardt verwandt. Obwohl Jan Wagner (geb. 1971) in seinen zusammen mit Björn Kuhligk herausgegebenen Anthologien *Lyrik von jetzt – 74 Stimmen* (2003) und *Lyrik von jetzt zwei – 50 Stimmen* (2008) von einer disparaten Szene der Gegenwartslyrik spricht, heißt es gleichzeitig in dem von Gerhard Falkner geschriebenen Vorwort zu *Lyrik von jetzt zwei*, dass es sich um Texte handelt, «die im Ton oft einen sehr trockenen Ausklang der Postmoderne erkennen lassen, immer wieder auch ein lakonisches Parlando einschlagend, am Schluss häufig mit dem Pathos eines poetischen Abwinkens.» Diese Charakteristik trifft auf Jan Wagners Gedichte in *Probebohrung im Himmel* (2001), *Guerickes Sperling* (2004) und *Achtzehn Pasteten* (2007) zu. Es sind Gedichte, die an die experimentierende Lyrik der 1990er Jahre erinnern, aber gleichzeitig das Pathos der älteren Generation kritisiert. Es sind oft Alltagsgedichte mit einer poetischen Überraschung, erkennbar

z. B. in der Wendung «Probebohrung im Himmel». Die gleiche Tendenz findet sich bei Ron Winkler, Uljana Wolf, Björn Kuhligk, Nico Bleutge und anderen.

Das Verhältnis zwischen der alten und der neuen Generation erinnert an die Entwicklung der deutschen Romantik vor und nach 1800 von Revolution zur Revision. Nach der Jahrhundertwende 2000 gibt es nicht dieselbe Umwertung der Formkategorien oder des Inhalts wie früher, und vor allem hat sich die Bedeutung des Wortes Tradition geändert. Bei Waterhouse, Kling und Grünbein gab es neben den ernsten Gedichten noch sinnliche, gewagte, frivole Gedichte in der Tradition der europäischen Renaissance oder des Barock. Grünbein konnte noch ein Gedicht über Geschlechtsverkehr in einer alten Badewanne schreiben. Das Europa nach der Jahrhundertwende ist sittlicher, moralischer, ethischer geworden, eher dem 19. und frühen 20. als dem 16. und 17. Jahrhundert des Ancien Régime ähnelnd. In Ron Winklers Gedicht für Jan Wagner, «Souvenirgedicht», überwiegt das ironisch-vertrauliche Verhältnis zu den Klischeebildern des massenkulturellen Reisens:

Um uns herum so genannte Glenn-Gould-Vögel. seltsame Fenster.
Auch sie basieren auf einer Chartersprache. und überbrückten
etwas, das fehlte. beim Abschied blicktest du ihnen
Merkwürdig viktorianisch nach.

IV. Autoren

Martin Walser

Am 24. März 1927 in Wasserburg am Bodensee geboren. Die Eltern betrieben dort die Bahnhofsrestauration und eine Kohlenhandlung. 1938–1943 Oberschule in Lindau, 1943–1945 Flakhelfer, Soldat der Wehrmacht. Nach Kriegsende Abitur am Bodensee-Gymnasium in Lindau; studierte Literaturwissenschaft, Geschichte und Philosophie in Regensburg und in Tübingen, wo er 1951 mit einer Dissertation über Kafka promovierte. Während des Studiums Reporter für den Süddeutschen Rundfunk. Wurde 1953 zur Tagung der Gruppe 47 eingeladen, bekam 1955 den Preis der

Gruppe 47. Zahlreiche Gastprofessuren in den USA und England. Seit 1950 mit Katharina «Käthe» Neuner-Jehle verheiratet; 1956–1968 in Friedrichshafen, seit 1968 wohnhaft in Nussdorf am Bodensee.

Das Zentralthema im Werk und im Leben Martin Walsers ist Ohnmacht kontra Macht, Abhängigkeit und Anpassung kontra Unabhängigkeit und Freiheit des Einzelmenschen. «Gierig macht mich nur die einzelne, zerlegte Person» (Brief an Max Frisch). Ungefähr 20 Romane und außerdem Novellen, Kurzprosa, Theaterstücke und Essays bilden zusammen eine Alltagschronik des Bewusstseins in der Bundesrepublik von 1957 bis ins 21. Jahrhundert aus der Perspektive eines Mittelschichtsindividuums, das bei Walser «Kleinbürger» heißt.

Der für die Nachkriegsgeneration maßgebende Existenzialismus (s. S. 295) hat Martin Walser nachhaltig geprägt. Die Leitfiguren in seinem Leben sind Hölderlin, Kierkegaard, Nietzsche und Heidegger, von dessen *Sein und Zeit* (1927) er in einem Interview 1998 sagte, es sei «der einzige philosophische Text in diesem Jahrhundert, den ich immer wieder lesen kann». In der Büchnerpreisrede 1981 hebt er die «Leereerfahrung», «dass Gott fehlt», als das Grunderlebnis seiner Generation hervor, und er bezeichnet öfters seine Muse als den «Mangel». Der ungläubige, in der Kirche verbleibende Katholik sieht im Schreiben und im Glauben eine gemeinsame Wurzel, nämlich das Bedürfnis, die Realität erträglicher zu machen.

Nach ersten Kurzgeschichten, die deutliche Spuren der Kafka-Lektüre zeigen, erschien 1957 der Debütroman *Ehen in Philippsburg.*

Der aus ärmlichen Verhältnissen in der Provinz stammende Journalist Hans Beumann will in der Großstadt Karriere machen. Der Aufstieg gelingt ihm, und dabei exponiert Martin Walser sarkastisch die Doppelmoral und die Hohlheit der Phrasen in der gehobenen Gesellschaft, der es in der neuen Wirtschaftswunderwelt nur auf leistungsorientiertes und politisch unauffälliges Verhalten ankommt, während alle Wünsche nach Selbstverwirklichung vereitelt werden.

In der Anselm-Kristlein-Trilogie (*Halbzeit* 1960, *Das Einhorn* 1966, *Der Sturz* 1973) beschreibt der Handelsvertreter

Anselm Kristlein, der späterhin Werbetexter, Schriftsteller und am Ende Leiter eines Erholungsheims am Bodensee wird, weitschweifig und detailversessen in der Ich-Form mit vielen inneren Monologen und Reflexionen seine ständigen Anpassungsversuche und misslungene Individuation. Im dritten Band *Der Sturz* kommt die Hauptperson zu der Überzeugung, dass das bürgerliche Leben die Voraussetzungen für eine erfolgreiche Identitätsfindung zerstört hat. Martin Walser erweist sich sowohl in der Trilogie als auch in seinen späteren Texten als Sprachvirtuose, Sprachschöpfer und Meister der überraschenden Einfälle, der originellen Metaphern und der rhythmisch pointierten Formulierungen, wobei diese Virtuosität manchmal dem epischen Erzählen in die Quere kommt.

Die Jahre 1972 bis 1976 bezeichnet Walser, der der SPD nahestand, als eine Phase, in der er politischer Sympathisant, aber nie Mitglied der KPD war und in der er u.a. mit Theaterstücken literarisch experimentierte. Im Roman *Die Gallistl'sche Krankheit* (1972) findet Gallistl einen kommunistischen Freundeskreis, in dem er lernt, seine konkurrenzbetonten Verhaltensweisen abzulegen und mit einer sozialistischen Utopie umzugehen. Dass die geplanten weiteren Bände nie geschrieben wurden, ist auf einen Wandel seiner politischen und literarischen Ansichten zurückzuführen.

Dieser Wandel erfolgte um 1976: politisch ein Abrücken von linksintellektuellen Positionen und literarisch eine Konzentration auf ‹Einsilbigkeit› als Programm: kürzere Sätze, formbewussterer Stil, Ökonomie des Erzählens, Wechsel von der Ich-Form zur Er-Form (wobei die Erzählsituation streng personal bleibt und die charakteristische Nähe Walsers zur Hauptperson unverändert ist), die Personen heißen Zürn, Horn oder Halm, sind häufig miteinander verwandt und bilden eine große Familie in der Bodenseeregion. Die Themen der Romane sind Abhängigkeitsverhältnisse aller Art und die Versuche, sich durch Anpassung das Leben erträglich zu machen.

Ein fliehendes Pferd (1978), in der Form einer klassischen Novelle, ist ein eindrucksvolles Beispiel für diese neuen Tendenzen.

Zwei Ehepaare mittleren Alters treffen sich im Urlaub am Bodensee, Helmut Halm, der Gymnasiallehrer, mit seiner Frau Sabine und der Journalist Klaus Buch mit seiner jüngeren Frau Hell (Helene). Der kontemplative Kierkegaard-Leser Halm, der in seine eigene Welt flieht, trifft den scheinbar viel jüngeren, sportlichen und dynamischen Buch, der den spießigen Kleinbürger zum zeitgemäßen Leistungsdenken überreden will. Die «unerhörte Begebenheit», ein dramatischer Segeltörn auf dem Bodensee, bewirkt den Umschlag, der die Verlogenheit der beiden auf den äußeren Schein bedachten Männer enthüllt. Die Ereignisse werden aus der Sicht Helmuts geschildert, der die typische Nähe zu Martin Walser und seiner Gedankenwelt aufweist: «Was man sieht, gibt so gut wie nichts wieder von dem, was ist, dachte er.»

Die Novelle, die im Sommer 1977 als Nebenprodukt entstand, während Walser an dem Roman *Seelenarbeit* (1979) arbeitete, wurde sein bis dato größter Erfolg. Gottlieb Zürn, der Vermieter der Ferienwohnung an die Halms, ist die Hauptperson in den Romanen *Das Schwanenhaus* (1980), *Jagd* (1988) und *Der Augenblick der Liebe* (2004). Im Roman *Brandung* (1985) nimmt Halm eine Lehrprofessur an einem amerikanischen College an, verliebt sich in eine Schülerin und kehrt nach persönlichen Niederlagen und dem Entschluss zur Entsagung in die Heimat zurück. Die Romane zeichnen sich durch genaue Psychogramme der Protagonisten aus, wogegen die Gesellschaftsanalyse in den Hintergrund rückt.

Dafür tritt in Essays und Reden das Nationale in den Vordergrund. Walser wurzelt in der Bodenseeregion und dem schwäbisch-alemannischen Dialekt und zugleich in einer wegen der Nähe zu nazistischen Gedankengängen nach 1945 mehr oder weniger tabuisierten nationalromantischen Tradition, in der das deutsche Volk ein historisches Kollektiv bildet, eine Schicksalsgemeinschaft, die lange vor der Entstehung des deutschen Nationalstaates existierte. Selbstbewusstsein ist Walser zufolge «das wichtigste Erlebnis» bei der Bildung einer Nation; da sich kein Deutscher dem Kollektiv entziehen kann, muss er eine historische Kollektivschuld akzeptieren. In dem Essay «Händedruck mit Gespenstern» (1979) distanzierte sich Walser von den international orientierten, geschichtsabweisenden Intellektuellen, die angeblich im Bund mit den Kapitalisten für den Ersten Weltkrieg verantwortlich waren. Das «Versailles-Diktat» war Walser zufolge die Hauptursache für das Aufkommen Hitlers und das leidende Subjekt war das deutsche Volk, zu dem sich Walser im Gegensatz zu den Intellektuellen als Kleinbürger zählt.

Auch an seinem Verhältnis zu Goethe lässt sich diese Wandlung ablesen. 1964 nannte er Goethe asozial und zynisch, 20 Jahre später interpretiert er Goethes Ästhetik als eine «Schönheitsschutzwehr» gegen die «Unerträglichkeit der bloßen menschlichen Existenz» und bewundert sein unerschütterliches Selbstbewusstsein. In den folgenden Jahren geht die Aufwertung Goethes mit dem neuen ‹Geschichtsgefühl› einher: In der deutschen Seelengeschichte Walsers nimmt Goethe den Platz als *der* Nationaldichter ein. ‹Heimat› hatte immer einen großen Stellenwert bei Walser, vgl. *Heimatkunde (1968)*, *Heimatlob (1998)*. Das neu erwachte ‹Deutschlandgefühl› kam in Essays, Reden und Prosawerken *(Dorle und Wolf 1987)* zum Ausdruck. Martin Walser war in den 1980er Jahren einer der wenigen – oft verspotteten – Befürworter der deutschen Einheit. Nach der Einigung 1989 trat er für ein ‹normales› Deutschland ein, das weder besser noch schlechter ist als andere Staaten. Er nahm in den 1990er Jahren die neuen Rechtsradikalen, die «Skinheadbuben», wie er sie nannte, verständnisvoll in Schutz und polemisiert öfters gegen den «Tugendterror der Political Correctness». 2002 befürwortete Walser in einem Vortrag eine europäisch verankerte deutsche Nation.

Der Roman *Die Verteidigung der Kindheit* (1991) leitet einen neuen Werkabschnitt ein, in dem Walser seine Romane meist auf vorliegendem Material aufbaut, was eine größere Distanz zur Hauptperson mit sich führt. Das Muttersöhnchen Alfred Dorn, dessen Weg von der Kindheit in Dresden zum Regierungsdirektor in Hessen erzählt wird, ist auch ein neuer Typ: Ein Einzelkämpfer, der sich durch nichts von seinen Eigenarten abbringen lässt und dadurch zum Außenseiter wird. Er ähnelt der Hauptperson in dem Roman *Finks Krieg* (1996), einem Beamten, der wie ein zweiter Michael Kohlhaas sein Recht erkämpfen will.

Der Roman *Ein springender Brunnen* (1998) ist die Beschreibung einer Kindheit in Wasserburg am Bodensee.

Obgleich die biografischen Daten mit denen Walsers übereinstimmen, will er das Buch aus der Erkenntnis heraus, dass jede Erzählung von der Vergangenheit ein «Traumhochhaus» ist, nicht als Autobiografie verstanden wissen. Der Roman, der in drei Teilen in den Jahren 1932/33 (Der Eintritt der Mutter in die Partei), 1938 (Das Wunder von Wasserburg) und 1945 (Ernte) spielt, beschreibt anschaulich-präzise die Dorfwelt zur Zeit des Nationalsozialismus und gibt einen aufschlussreichen Einblick in eine Kindheit und Jugend zwischen kleinbürgerlichen Untergangsängsten und dem Aufstieg ins Künstlertum, der in drei Stufen erfolgt, deren dritte, die «Erlösung», durch den ersten Beischlaf ausgelöst wird.

In mehreren Romanen variiert Walser sein Altersthema: die Liebe eines alten Mannes zu sehr jungen Frauen. In *Angstblüte* (2006) verliebt sich der einer neuen, gehobenen Schicht angehörende Karl von Kahn, ein finanziell unabhängiger Vermögensverwalter, in eine junge Schauspielerin und wird durch die sexuelle Abhängigkeit ein willenloses Opfer, das am Ende von allen verlassen wird. *Ein liebender Mann* (2008) thematisiert die Liebe des 74-jährigen Goethe zu der 19-jährigen Ulrike von Levetzow.

Neben den mehr als 25 Romanen spielt die Messmer-Trilogie eine große Rolle. Hier wird entfaltet, was sich nachträglich auch in den Romanen findet: Essays, Parabeln, Gedichte, Aphorismen und ferne Erinnerungen an große Ideologien. In *Messmers Gedanken* (1985) entwickelt Walser eine «Entblößungverbergungssprache»: blitzkurze Sätze, die gleichzeitig Romane sind, die nie anfangen und nie zu Ende gehen, weil das Verrat an den Zeitgeist wäre. In *Messmers Reisen* (2003) reist Messmer durch die gescheiterte Geschichte als seinen «Schmerzstoff»: Einmal durch die DDR nach der Wende, einmal durch Amerika, das für Walser das Land des Scheiterns für viele seiner Romanhelden war. Er betont aber, dass die Geschichte als «Schmerzstoff» nicht zur Routine werden darf, denn man «badet nicht zweimal im selben Schmerz.» In *Messmers Momente* (2013) stehen Utopieansätze, die mehr sind als «ein Ja zum Nein der Welt», Gedankengänge, die in Walsers neuem Roman *Ein sterbender Mann* (2015) entfaltet werden. Hier nennt sich der Protagonist einen «Nebenherschreiber», und gerade in dieser Rolle kann er am Ende sagen, dass das Wort «nichts» im Zeitgeist-Satz «Mehr als schön ist nichts» für einen, der aufgehört hat, an diese harmonische Schönheit zu glauben, alles ist.

Martin Walsers Romane sind selbstironisch in dem Sinne, dass der Held Nein sagt zum Zeitgeist und zur großen Erzählung. Das Scheitern des Helden ist aber keineswegs eine Niederlage, denn durch sein Scheitern bahnt sich eine neue Erkenntnis an, eine neue Hoffnung jenseits des Zeitgeistes. In *Über Rechtfertigung, eine Versuchung* (2012) heißt es, dass diese Hoffnung «ein Ja zum Nein der Welt ist». Hinter dieser Auffassung stehen nicht nur Friedrich Nietzsche, Franz Kafka und Robert Walser, sondern auch Karl Barth, dessen Lehre vom unbekannten Gott, «an den man nur ohne Hoffnung auf Hoffnung hin glauben kann», oft von Walser zitiert und als Grundlage seines Spätwerks entfaltet wird.

Ein Kapitel für sich ist der lebenslange Kampf des kritikempfindlichen Walser mit den Kritikern; den größten Skandal rief er 2002 mit dem Roman *Tod eines Kritikers* hervor, in dem er satirisch mit dem damaligen ‹Literaturpapst› Marcel Reich-Ranicki abrechnete. Die Auseinandersetzung mit der Öffentlichkeit und den Medien lässt sich ebenfalls bis in seine Jugend zurückverfolgen und hängt mit der existenzialistischen Position zusammen. Der unüberbrückbare Gegensatz zwischen der Meinungstyrannei der Öffentlichkeit sowie des Zeitgeistes und der authentischen inneren Wahrheit des Einzelindividuums führt zur Akzentuierung eines Dichterideals, das sich von den Intellektuellen und dem Dialog mit ihnen abgrenzt. Der Dichter/Schriftsteller legitimiert sich durch das Persönliche und das Subjektive, die innere Wahrheit, und ist durch sein innovatives, sprachschöpferisches Verhältnis zur Sprache mit dem kollektiven nationalen Kulturerbe verbunden. Er spricht die Sprache des Volkes und ist somit der ideale Vertreter seiner Nation.

Christoph Hein

Am 8. 4. 1944 in Heinzendorf in Schlesien geboren, in Bad Düben bei Leipzig in einem Pfarrhaus aufgewachsen. Abitur in Westberlin, da ihm als Pfarrerssohn der Zugang zum Gymnasium in der DDR verwehrt wurde. 1960 Rückkehr in die DDR, Arbeit in verschiedenen Berufen (Buchhändler, Journalist, Kellner, Schauspieler), ehe er von 1967–1971 in Leipzig und Berlin studieren durfte (Philosophie und Logik). Dramaturg bei der

Volksbühne in Berlin (Ost). Seit 1979 freiberuflicher Schriftsteller. 1998 zum Präsidenten des vereinigten PEN Deutschlands gewählt. Heinrich-Mann-Preis der Akademie der Künste der DDR 1982; seitdem zahlreiche Ehrungen.

Christoph Hein ist zuerst als Dramatiker hervorgetreten (*Vom hungrigen Hennecke* und *Schlötel oder Was solls*, beide 1974 uraufgeführt, *Cromwell* 1978, *Lassalle* 1980, *Die wahre Geschichte des Ah Q* 1983, *Die Ritter der Tafelrunde* 1989). Im Zentrum seiner ersten Stücke steht das Verhältnis des Intellektuellen zur politisch-revolutionären Praxis. In *Cromwell* und *Lassalle* hat er als Hauptfiguren umstrittene historische Gestalten gewählt und in den *Anmerkungen zu Cromwell* unterstrichen, dass «[u]nser Interesse an der englischen Revolution [...] das Interesse an uns [ist]. Geschichtsbewusstsein ist egozentrisch: Man will seine Väter kennen, um sich zu erfahren.» Um den Gegenwartsbezug herzustellen, arbeitet Hein bewusst mit Anachronismen und Zitaten. *Die wahre Geschichte des Ah Q* beruht auf einer chinesischen Novelle und ruft sowohl dadurch als auch durch Problematik und Form Bertolt Brechts *Turandot* und seinen *Tui*-Roman in Erinnerung.

Das Erscheinungsjahr 1989 legt eine allegorische Lesung der «Komödie» *Die Ritter der Tafelrunde* nahe: Der Artushof wäre dann ein versteinertes Politbüro, dessen Mitglieder ohne Kontakt mit der Außenwelt nur in der ruhmreichen Vergangenheit leben und ihre Zeit damit verbringen, über die rechte Lehre zu streiten. Denn was ist der Gral? Gibt es ihn überhaupt? Was würde passieren, wenn die Suche danach aufgegeben würde? Zuletzt übergibt Artus den Thron an seinen Sohn Mordret, der jedoch auch nicht weiß, wie es weitergehen soll. Eins unternimmt er jedoch: Er schafft den wackeligen runden Tisch, der immer wieder zusammenbricht, weil er seit Jahren nicht repariert wurde, ins Museum. – Hein selbst hat zwar eine solche allegorische Lesung abgelehnt und auf die Allgemeingültigkeit des Stückes hingewiesen, das auch eine geschlechts- sowie eine generationspolitische Problematik zur Diskussion stellt.

Seinen eigentlichen Durchbruch erlebte Hein mit *Der fremde Freund/Drachenblut* (1982/1983; die Titel beziehen sich auf die DDR- bzw. die BRD-Ausgabe). Die Protagonistin und Erzählerin ist eine 40-jährige, laut eigener Aussage erfolgreiche

Ärztin, Claudia, deren Hobby das Fotografieren von Ruinen und toten, menschenleeren Landschaften ist. Am Ende der Novelle häufen sich ihre Beteuerungen, wie gut ihr Leben ist, derart, dass gerade dadurch die Aussage Lügen gestraft wird. Wie ein Schrei klingt ihr verzweifelter Ausruf: «In meiner unverletzbaren Hülle werde ich krepieren an Sehnsucht nach Katharina» – einer Schulfreundin, deren plötzliches Verschwinden immer noch ungeklärt ist.

Bislang tabuisierte Bereiche der DDR-Geschichte griff Hein in seinen beiden nächsten Prosawerken auf:

In den acht Kapiteln, aus denen *Horns Ende* (1985) besteht, versuchen fünf Menschen aus einer zeitlichen Distanz von etwa 20 Jahren sich an einige Sommermonate Mitte der 1950er Jahre zu erinnern: Am 1. September wurde der infolge eines wahrscheinlich unberechtigten Parteiverfahrens strafversetzte Museumsdirektor Horn tot aufgefunden. Er hat Selbstmord begangen, aber warum? Die Berichte der fünf Erzähler liefern keine vollständige Antwort auf die Frage nach Horns Ende, dafür aber Mosaiksteinchen zu einem mentalen Bild der DDR-Provinz in der Periode, in der der «Betonkommunismus» Stalin'scher Prägung sich festigen konnte, weil bestimmte psychosoziale Strukturen Krieg und politische Umwälzung überlebt hatten: Autoritätstreue, Obrigkeitsdenken, Selbstgenügsamkeit und Fremdenhass. – Der Historiker Hans-Peter Dallow in *Der Tangospieler* (1989) springt bei einem Studentenkabarett als Klavierbegleiter ein und spielt einen Tango, ohne auf den – wie sich herausstellt – regimekritischen Text zu achten. Er wird deswegen von seiner Assistentenstellung an der Universität Leipzig entfernt und zu 21 Monaten Haft verurteilt. Von seinem Leben nach der Haftentlassung und seiner ebenso grotesk-zufälligen Rehabilitierung, bei der der Einmarsch von Warschauer-Pakt-Truppen in die ČSSR im August 1968 eine wichtige Rolle spielt, berichtet die Erzählung. Die grotesk-satirische Beschreibung der beiden Stasi-Agenten, die die Allerweltsnamen Müller und Schulze tragen und Dallow als Spitzel zu werben suchen, war in ihrer Direktheit recht einmalig in der Literatur der DDR. Dass der Roman dennoch erscheinen konnte, zeugt von der Schwäche des Regimes.

Wie schon erwähnt (S. 411) hatte Christoph Hein neben Günter de Bruyn auf dem X. Schriftstellerkongress 1987 die Abschaffung der Zensur gefordert. Auch nach der «Wende» nahm Hein an den politischen Debatten teil, zunächst – auf der großen Kundgebung am 4. November 1989 in Berlin – als Befürworter eines «Sozialismus, der dieses Wort nicht zur Karikatur macht», bald jedoch als Anhänger einer Vereinigung der beiden deutschen Staaten. Er nahm sachlich und um Nuancierungen bemüht an den Literaturdebatten der frühen 1990er Jahre teil und gab wie andere DDR-Autoren auch Erinnerungsrückblicke heraus wie z.B. den Band *Als Kind habe ich Stalin gesehen* (1990).

Während Heins erster Roman nach der «Wende», *Das Napoleon-Spiel* (1993), dessen Protagonist ein spielbesessener Raskolnikov-Typ ist, der mit Hilfe eines Billardstocks einen seiner Meinung nach bedeutungslosen Menschen ermordet, Verwirrung und Kritik hervorrief, wurden seine folgenden Romane mit Recht sehr positiv aufgenommen. Kontinuität und Entwicklung im Werk Christoph Heins zeigen sich hier sowohl in der Erzählweise als auch in der Thematik:

Willenbrock (2002) erzählt von einem anscheinend gelungenen und erfolgreichen Wechsel von der DDR in die neue Bundesrepublik. Die etwa 40-jährige Titelperson ist Ingenieur, arbeitet jedoch nach der Wende als Autoverkäufer. Alles, mehrere außereheliche Verhältnisse einbegriffen, läuft wie geschmiert, bis ein ehemaliger Kollege ihm erzählt, wer ihn zu DDR-Zeiten denunziert hat. Damit beginnen sein Leben und seine Psyche zu zerfallen, was durch verschiedene Vorkommnisse wie Einbrüche in sein Geschäft und seine Häuser verstärkt wird. Bitterkeit und Zorn, auch dem aus der DDR geflohenen Bruder gegenüber, drohen Willenbrock aufzufressen. Zuletzt greift er zur Selbsthilfe und erschießt einen der Einbrecher. Ob dieser nur verwundet wird oder ob er stirbt, erfährt der Leser nicht; auch das Schicksal der Titelperson bleibt offen. – In *Landnahme* (2004) kehrt Hein in das fiktive Städtchen Guldenberg zurück, in dem auch *Horns Ende* spielte. In Thematik und Erzählweise ähneln sich die beiden Romane ebenfalls: Die Hauptperson in *Landnahme*, der Tischler Bernhard Haber, wird prismatisch durch die Berichte von fünf Erzählern dargestellt. Voll und ganz lernt der Leser ihn jedoch nicht kennen – sich andere Menschen drei Schritte vom Leibe zu halten scheint den Kern von Habers Persönlichkeit auszumachen. Er ist als Kind als Vertriebener aus Schlesien nach Guldenberg gekommen, wo er und seine Familie den Fremdenhass der Eingesessenen zu spüren bekommen haben, der im lange ungeklärten und bis zuletzt unbestraften Mord an seinem Vater gipfelte. Trotzdem – oder deshalb – gelingt es Bernhard durch mehr oder weniger dubiose Geschäfte, eine führende Position in Guldenberg zu erobern. Darauf mag sich der Titel beziehen.

In *Frau Paula Trousseau* (2007), steht wie in *Der fremde Freund/Drachenblut* ein Frauenschicksal im Zentrum. Die Titelperson ist eine in der DDR aufgewachsene Malerin, wobei die Malerei vor allem einen Fluchtversuch – weniger vor den politischen Verhältnissen als vor dem Leben im Allgemeinen – darstellt. Wie die Ärztin Claudia fehlt Paula Trousseau die Fähigkeit zu lieben, anders als Claudia zieht sie die Konsequenzen und begeht Selbstmord.

Mit einer traumhaften Kindheitserinnerung des erzählenden Ich wird Heins neuer Roman *Glückskind mit Vater* (2016) eingeleitet, und mit einer kurzen, jetzt in der dritten Person erzählten Passage, in der von Traum und Erinnerung die Rede ist, schließt er. Dazwischen wird chronologisch die Lebensgeschichte von Konstantin Boggosch von ihm selbst erinnert und erzählt, obgleich er behauptet, dass es in seinem Leben nichts gibt, «was sich zu erzählen lohnt.» Dabei hat er allerhand erlebt, DDR-Typisches und Außergewöhnliches, was den Roman zu einer breit gefächerten Deutschlandchronik macht.

Die bereits (S. 476) zitierte Aussage Heins: «Man will seine Väter kennen, um sich zu erfahren», kann mit der Thematik des Romans verbunden werden: Was der Protagonist und Erzähler hier über den schon vor seiner Geburt gestorbenen Vater erfährt, reicht ihm, um nichts mit diesem Vater zu tun haben zu wollen. Er wird jedoch ständig mit ihm konfrontiert: «Aber seit meiner Schulzeit wird mir dieser Mann vorgehalten. Aber ich bin ein anderer, ich bin Konstantin Boggosch. Warum soll ich immerzu der Sohn von diesem Gerhard Müller sein? Ich bin es nicht. Dieser Mann ist hingerichtet worden, er wurde gehenkt, zu Recht, aber ich heiße Boggosch.»

«Mein Glückskind» nennt ihn die Mutter, weil sie Anfang Mai 1945, wo sie mit ihm hochschwanger war, deswegen nicht sofort von dem sowjetischen Militär aus der großen Villa der Familie herausgeworfen und verhaftet wurde. Und trotz aller persönlichen und berufsmäßigen Rückschläge wegen des langen Schattens des Kriegsverbrechervaters bleibt Konstantin Boggosch ein Glückskind, das immer wieder auf Menschen trifft, die ihm helfen, und zwar in einem Umfang, der manchmal fast unwahrscheinlich wirkt. In diesem Licht soll vielleicht die Vorbemerkung gelesen werden, in welcher der Autor behauptet, dass «authentische Vorkommnisse» der Geschichte zugrundeliegen und dass «die Personen der Handlung nicht frei erfunden» sind. Wegen der bewusst begrenzten Erzählperspektive treten die Personen als recht eindimensional hervor: Konstantin Boggosch stellt natürlich diejenigen, die ihm geholfen haben, in einem guten Licht dar – und umgekehrt.

Das Werk Christoph Heins zeichnet sich durch ethisch-existenzialistische Fragestellungen und eine distanzierte Erzählweise aus, die der Ironie und des Humors nicht entbehrt.

Durs Grünbein

Geboren am 9. 10. 1962 in Dresden; Abitur in Dresden. Lebt seit 1984 in Berlin; Studium der Theatergeschichte an der Humboldt-Universität bis 1987, nach dem Abbruch des Studiums freier Schriftsteller. Beschäftigung mit Gebieten der Naturwissenschaft (Quantenphysik, Neurologie) und der Philosophie. Mitarbeiter an verschiedenen Zeitschriften und Ausstellungsprojekten; Kooperation mit Aktionskünstlern, Schauspielern und Malern, Aufsätze in Ausstellungskatalogen, Performances in Galerien. Seit 1989 Aufenthalte unter anderem in Amsterdam, Paris, London, Toronto, New York und Wien. Neben zahlreichen anderen Auszeichnungen erhielt Grünbein 1995 den Georg-Büchner-Preis.

Das zugrundeliegende Konzept in Durs Grünbeins Gedichten ist ohne Zweifel, wie Sonja Klein hervorgehoben hat, das Fragment. Schon früh spricht er von einer Poetik des Fragments, wobei das Fragmentarische bei ihm zugleich die Erfahrung des Spätgeborenseins ist. Er wuchs in der ehemaligen Kultur- und Ruinenstadt Dresden auf, seine ersten Gedichte sind noch in der DDR entstanden, und sein Interesse gilt schon früh der Erinnerung an die Bruchstücke, nicht nur der Gegenwart, sondern ebenfalls früherer Perioden wie der Antike oder des Barocks. Alles, was untergegangen ist, hat bei ihm ein Nachleben. Das betrifft auch seine eigene Entwicklung, denn Ende der 1990er Jahre findet in seiner Poetik, seiner Dichtung und seiner Weltauffassung einen Wandel statt: in einem seiner Gedichte spricht er von einem Zustand «[n]ach den Fragmenten».

Grünbein ist von Anfang an sowohl Theoretiker als auch Dichter gewesen. Die Thematik der Gedichtbände *Grauzone morgens* (1988), *Schädelbasislektion* (1991), *Falten und Fallen* (1994) und *Den teuren Toten. 33 Epitaphe* (1994) findet sich auch im Essayband *Galilei vermisst Dantes Hölle* (1996). Baudelaire sprach vom «Babylonischen Herzen», Grünbein ersetzt ein Wort und spricht vom «Babylonischen Gehirn». Oft charakterisiert er seine Dichtung als zerebral, physiologisch oder biologisch: «Der Körper bestimmt, was die Methode ist.» Das bedeutet einerseits, dass Grünbein in seiner Dichtung die Genauigkeit der modernen Naturwissenschaften mit poetischen Bildern verbindet; es bedeutet andererseits, dass diese Bilder, weil sie auf dem Körper als Gedächtnismedium fußen, impulsiv und zerbrechlich sind, dass sie mit der Zeit schnell wechseln. Das kommt z. b. im «Portrait des Künstlers als junger Grenzhund» in *Schädelbasislektion* zum Ausdruck. Das Gedicht ist dem «Andenken an I. P. Pawlow» gewidmet, und Hund-sein heißt Kampf «mit dem stärkeren Gegner Zeit». Wechselhaftigkeit und Zerbrechlichkeit bestimmen auch das Thema ‹Erinnerung› und ‹Angedenken› in *Den teuren Toten*. Das Vorbild dieser Gedichte, Berichte vom Untergang unbedeutender Menschen der Gegenwart, sind die Grabinschriften und Epitaphe der Antike, die oft nur als unleserliche Fragmente überliefert sind.

Der Titel *Falten und Fallen* kann als eine Aufforderung oder Warnung gelesen werden, die Bildmontagen der frühen Gedichte als «Fallen» aufzufassen. In diesem Sinne optiert Grünbein in seinen späteren Gedichten und theoretischen Schriften für einen oft klassisch anmutenden Form- und Werkbegriff. Mit *Nach den Satiren* fängt dies an (1999), und die langen, zyklischen, gereimten Gedichte finden sich dann in allen folgenden Gedichtsammlungen (*Una Storia Vera* (2002), *Erklärte Nacht* (2002), *Vom Schnee* (2003), *Porzellan – Poem vom Untergang meiner Stadt* (2005), *Der Misanthrop auf Capri* (2005) und *Strophen für übermorgen* (2007)). Gleichzeitig betonen auch die neuen theoretischen Schriften *Das erste Jahr – Berliner Aufzeichnungen* (2001) und *Antike Dispositionen. Aufsätze* (2005) diese Umwertung der ästhetischen Grundlage. Die «antike Disposition» bedeutet, dass es jetzt eine Wechselwirkung zwischen Fragment und Totalität gibt, dass das Fragment der Moderne sich der verlorenen Vergangenheit erinnert und sich als Teil eines Nicht-mehr-Ganzen nach einem Noch-nicht-Ganzen sehnt. Das Wesen des neuen Fragments ist die Sehnsucht und das Verlangen, etwas Neues zu erschaffen, das aber immer imaginär bleiben muss.

Als Sinnbild dieses Neuen stehen in der Sammlung *Nach den Satiren* die Gedichte über den spätrömischen Satiriker Juvenal, den ewigen Flaneur, der an Schlaflosigkeit leidet, weil er schon den Untergang Roms ahnt, der aber gleichzeitig von Berlin aus der unerfüllten Utopie der Antike nachtrauert, «dem Schneesturm der Bilder, der aus Atlantis weht». Das Gedicht «Vom Schnee», das während des Dreißigjährigen Krieges in Deutschland spielt, stellt die perfekte Welt Descartes' dar, der als Verfasser des Satzes «Cogito, ergo sum» nur die schneeweiße Reinheit der Rationalität sieht, bis er 30 Jahre später in Stockholm in dem Bewusstsein stirbt, dass er sich nur nach dem Schnee sehnen kann, wenn er seine Vergänglichkeit und seine eigene Verlorenheit erkannt hat.

Was bei Grünbein überlebt, ist immer das Nachleben, wenn Kulturen wie die griechische oder Großstädte wie Rom, Berlin oder Dresden von ihrer historisch-musealen Bedeutung losgelöst worden sind. «Vom Untergang meiner Stadt» ist der Untertitel von Grünbeins Gedichtsammlung *Porzellan*, in der das erinnernde spät geborene Ich selber zerbrechlich ist wie die Stadt und das Porzellan, das nur als Splitter und Reste existiert: «Warn sie nicht früh verloren,/diese heiklen Formen» fragt und sagt Durs Grünbein, denn alles tendiert bei ihm zum Fragment – als Form und als Werk.

Ein Kaleidoskop nennt Durs Grünbein sein autobiographisches Buch *Die Jahre im Zoo* (2015), das Prosa, Gedichte und Fotografien mischt. Den Ausgangspunkt bilden wieder Erinnerungen an Dresden, aber diesmal nicht an die barocke Altstadt, sondern an die Vorstadt Hellerau, wo Grünbein in den 1960er und 70er Jahren im Gehege der DDR aufwuchs. Im frühen 20. Jahrhundert war Hellerau eine Gartenstadt, eine Lebensreformsiedlung, überall in Europa bekannt. Hier verkehrten Vertreter der frühen Moderne wie Else Lasker-Schüler, Gottfried Benn und vor allen der junge Franz Kafka, Grünbeins alter Ego und sein Begleiter durch die deutsche Geschichte von der Gründerzeit und den beiden Weltkriegen bis zur Wende. Kaleidoskopisch sind nicht nur die autobiographischen Fragmente, sondern auch das leitmotivische Gedicht «Spielzeuge 3: Kaleidoskop», das die Ästhetik des frühen Expressionismus zwischen Angst und Utopie festhält: «Dort im Scherbenhaufen sind Universum und Gehirn seit jeher eins.»

Die Jahre im Zoo erinnert nicht nur an das bildungsbürgerliche Dresden in Uwe Tellkamps *Der Turm* (s. S. 459f.), sondern auch an Walter Benjamins *Berliner Kindheit um neun-zehnhundert* (in den 1930er Jahren entstanden, posthume Erstausgabe 1950). Der Erwachsene erwacht aus seinen Kind-heitsträumen: «Dann war der Traum zu Ende», heißt es auf der letzten Seite von *Die Jahre im Zoo*; aber nach der Wende kehrt Grünbein immer wieder nach Dresden zurück, um ein Spiel-zeug aus dem Scherbenhaufen zu retten.

Ingo Schulze

Geboren am 15. 12. 1962 in Dresden, wo er 1981 das Abitur machte. Stu-dium der klassischen Philologie und Germanistik 1983–1988, Examensar-beit über Euripides. Von September 1988 bis Februar 1990 Schauspieldrama-turg am Landestheater Altenburg. 1989/90 engagiert er sich im *Neuen Forum*. Schulze ist 1990 Mitherausgeber des neu begründeten *Altenburger Wochenblattes* und des *Anzeigers*. 1993 Aufenthalt in St. Petersburg, wo er im Auftrag eines deutschen Unternehmers das erste kostenlose Anzeigen-blatt *Privet Petersburg* lanciert. Seit seiner Rückkehr lebt er als freier Schriftsteller in Berlin.

Ingo Schulzes erstes Buch, *33 Augenblicke des Glücks – Aus den abenteuerlichen Aufzeichnungen der Deutschen in Piter* (1995) ist eine klassische Rahmenerzählung, die Themen und Techniken enthält, die auch in späteren Werken vorkommen: die Darstellung einer Gesellschaft im Umbruch, das Nebenein-ander verschiedener Erzählstile, Satire und Groteske in E.T.A. Hoffmanns Manier und die Herausgeberfiktion: Eine Frau teilt im Zug nach St. Petersburg das Abteil mit einem Deutschen namens Hoffmann und findet später eine Mappe mit Aufzeichnungen, die sie an den Schriftsteller I.S. weiterlei-tet, der sie mit der Begründung veröffentlicht, dass er «die an-haltende Diskussion um den Stellenwert des Glücks» beleben möchte. «Das Glück» in diesem panoramischen Porträt von St. Petersburg in den frühen 1990er Jahren sind besonders die Epiphanien, die plötzlichen und momentanen Einsichten der Personen in einer Gesellschaft, in der die Verehrung des west-lichen Kapitalismus und der russischen Ikone und Heiligen nebeneinander stehen.

Mit *Simple Storys – Ein Roman aus der ostdeutschen Provinz* (1998) gelang Ingo Schulze der Durchbruch zu einem großen, auch internationalen Publikum. Thema des Romans – und das Hauptthema Schulzes überhaupt – ist die Darstellung der «Wende» in Deutschland als exemplarisch für eine Gesellschaft im Umbruch.

In 29 Kapiteln wird der Zeitraum von 1989 bis Mitte der 1990er Jahre multiperspektivisch durch etwa 40 Personen dargestellt, wobei sowohl in der Ich-Form als auch in der 3. Person erzählt wird. Obwohl der Roman komplex und unüberschaubar wirken kann, u. a. wegen der verschiedenen Erzählerstimmen, deren Einstellung zur Wende von Hoffnung bis Skepsis reicht, ist der Roman, verglichen mit den übrigen Werken von Ingo Schulze, stilistisch und architektonisch erstaunlich homogen. Die einzelnen Kapitel sind Short Stories nach dem Vorbild von Ernest Hemingway und Raymond Carver. Durchgehende Personen wie die Familien Meurer und Schubert stehen sich antagonistisch gegenüber, die Wege vieler Personen kreuzen sich auf unerwartete Weise, Rührendes und Tragisches, Komisches und Groteskes wechselt sich ab.

Sowohl *Simple Storys* als auch die beiden nächsten Romane Ingo Schulzes, *Neue Leben* (2005) und *Adam und Evelyn* (2007), spielen in der Provinzstadt Altenburg in Thüringen, einem heterotopischen Raum mit verfallenen Häusern, Baustellen und Gebrauchtwarenmärkten. In diesem Raum laufen Biografie und Fiktion zusammen, besonders in dem Riesenroman *Neue Leben*, dessen Held denselben Vornamen trägt wie der Schriftsteller aus *Simple Storys*, Enrico bzw. Heinrich.

Neue Leben ist ein Briefroman mit dem Untertitel «Die Jugend Enrico Türmers in Briefen und Prosa. Herausgegeben, kommentiert und mit einem Vorwort versehen von Ingo Schulze». Und weil Türmers und Schulzes Leben sich ähneln, kann in der Tat von einem autobiografischen Dialogroman gesprochen werden, in dem Ingo Schulze seinen Doppelgänger kommentiert und redigiert. Von den fast 800 Seiten sind die letzten etwa 150 Enrico Türmers Erzählungen, als Beilage zu seinen Briefen. – Es gibt drei Vorbilder für *Neue Leben*: *Die Lebensansichten des Katers Murr* von E. T. A. Hoffmann, Goethes *Faust* und *Die Bacchantinnen* von Euripides, die in Türmers Nachlass eine große Rolle als Ausdruck eines dionysischen Lebensgefühls nach der Wende spielen. Am wichtigsten ist jedoch *Faust.* Enrico Türmer, ein fiktiver Schulkamerad von Ingo Schulze aus Dresden, möchte in der DDR Romanschriftsteller werden, aber der große Roman ist «Türmers weitverzweigtes Unternehmen» als Geschäftsmann und Zeitungsherausgeber in Altenburg. Schließlich ‹türmt› Türmer und lässt die «Gläubiger und Steuerfahnder 1997/98 vor offenen Türen und leeren Kassen» stehen. Türmers Mephisto ist der Geschäftsmann Barrista, dessen Name gleichlautend ist mit dem italienischen Wort für Barmixer, der ihm «des Lebens goldenen Baum» zeigt und den Türmer «einen literarischen Helden der Gegenwart» nennt.

Den Hintergrund des Romans *Adam und Evelyn* bildet der biblische Mythos vom Sündenfall. Der neue Adam ist ein junger Modeschneider, den die Damen gern aufsuchen, besonders Evelyn, die ihn jedoch im Spätsommer 1989 verlässt und zusammen mit einer Freundin an den Balatonsee in Ungarn reist. Adam fährt ihr nach und dann, wie viele DDR-Bürger zu diesem Zeitpunkt, weiter nach Westdeutschland, wo angeblich jeder, der arbeiten will, etwas finden wird. Ehe er die österreichische Grenze überschreitet, wandelt er den symbolischen Biss seines biblischen Vorgängers in den Apfel ab, indem er in eine Leberwurst beißt. Diese Variation des Mythos wirft ein satirisches Licht auf die Reise: Verlassen Adam und Evelyn ein «realsozialistisches» Paradies, oder sind sie auf dem Weg in ein neues?

Feridun Zaimoglu

1964 im anatolischen Bolu in der Türkei geboren, kam Zaimoglu als Kind mit seinen Eltern nach Deutschland. Nach seinem Studium der Kunst und Humanmedizin lebt und arbeitet er heute als Schriftsteller, Drehbuchautor, Maler und Journalist in Kiel. Er war Kolumnist für das *Zeit-Magazin* und für die Zeitschrift *Spex* (Magazin für Popkultur) und schreibt für verschiedene Tages- und Wochenzeitungen, unter anderem für die *Süddeutsche Zeitung, Die Zeit*, die *Frankfurter Rundschau* und die *taz*. Er ist Mitherausgeber der türkischen Literaturzeitschrift *ARGOS* und Mitbegründer der Initiative «Kanak Attak», die in verschiedenen Städten künstlerische Performances und Diskussionsrunden organisiert.

Feridun Zaimoglu sagt von sich, er sei kein «Herkunftskulturprolet». Obwohl er in der Türkei geboren ist, fühle er sich als Deutscher, und obwohl er sich als Deutscher fühle, erlebe er das Fremdsein im eigenen Land. Diese Chance der «doppelten kulturellen Auswahl» nutzt er offensiv, indem er sich von seinen Vorgängern, den Migrationsautoren der 1970er und 80er

Jahre, distanziert. Er polemisiert insbesondere gegen den Begriff der Multikulturalität, gegen das Bild vom armen, ausgegrenzten türkischen Gastarbeiter als Exotikum der deutschen Gesellschaft, so, wie es unter anderem in *Leben im gelobten Land* (1975) von Max von der Grün gezeichnet wurde.

Zaimoglu ist ein Vertreter der zweiten oder dritten Schriftstellergeneration nichtdeutscher Herkunft, und er gilt seit den 1990er Jahren als Kultautor, weil er sich in seinen Texten so provokant und polemisch gegen Diskriminierung und Marginalisierung wendet, aber gleichzeitig Identitätsauffassungen, die sich auf ethnische Zugehörigkeit beziehen, ablehnt. Diese Doppelstellung ist besonders deutlich in seinen frühen Büchern zu finden, so z.B. in *Kanak Sprak* (1995), dem Buch, das seinen Kultstatus begründete, in *Koppstoff* (1998) und in *Abschaum. Die wahre Geschichte des Ertan Ongun* (1997), das als Vorlage für den Kinofilm *Kanak Attack* (1999) diente.

Kanak Sprak – 24 Misstöne vom Rande der Gesellschaft muss als Zaimoglus Hauptwerk bezeichnet werden. Das Wort «Kanake» enthält 30 Jahre Immigrationsgeschichte der Gastarbeiter und ist gleichzeitig ein Schimpfwort, ein Name voller Leiden, der von der neuen Generation mit Stolz verwendet wird, gerade wegen seines pejorativen Inhalts. «Wie lebt es sich hier in deiner Haut?», lautet die Frage, die Zaimoglu 24 jungen Männern stellte. Die Antworten sind einerseits authentisch, d.h. den Interviews entnommen, andererseits «Nachdichtungen», wie es im Vorwort heißt. Die Interviewten stellen ein breites Spektrum dar: einige sind Dichter und Sänger aus der Rapper-Szene, andere Zuhälter, Strichjungen, Gigolos, Transsexuelle, Breaker, Packer, Arbeitslose, Müllkutscher, Soziologen. Es finden sich Revolutionäre unter ihnen, und es treten Islamisten auf. «Kanak Sprak» ist, wie Sonja Eichele hervorgehoben hat, eine hybride Kunstsprache, und die «Nachdichtung» besteht vor allem darin, dass Zaimoglu, der selber einer von «ihnen» ist, die oft blumigen und orientalischen Wendungen der Interviewten in die deutsche Alltagssprache übersetzt. Er übersetzt jedoch nicht nur das Gesprochene, sondern auch «Mimik und Gebärden». Der Rapper sagt und singt: «Pop ist eine fatale orgie, ein ding ohne höhre weihe, und es macht aus jeder göre aus'm vorort 'n verdammten zappler und aus jedem zappler ne runde null.» Ein entsprechendes Interview-Buch mit 26 jungen Mädchen, *Kanaka Sprak* (1998), zeigt eine Sprache, die nicht die theatralische und barocke Pose der jungen Männer aufweist; Zaimoglu lässt sie in sprachlich korrekter Syntax und Grammatik zu Worte kommen. Bei den jungen Frauen gibt es weder Fäkalsprache noch visionäre Bilder voller Hoffnung, sondern nüchterne und realistische Äußerungen. Das heißt aber keinesfalls, dass die Frauen systemkongruent oder gar gefügig sind, im Gegenteil, auch bei ihnen gibt es «hate speech» und Unversöhnlichkeit. Manchmal drücken sie sich sogar eindeutiger aus als die Männer: «Meine Kritik kommt von den Männern, und sie sollen wissen, sie, die Deutschen, dass Friedensschluss nicht möglich ist mit ihren fettigen Türkenfeindideen, ich werfe ihnen den Teller Pennersuppe ins Gesicht.»

Als Dramatiker hat Zaimoglu sich oft mit Gestalten und Themen der europäischen Literatur beschäftigt, u.a. mit Othello und Romeo und Julia, und mit dem Verhältnis zwischen Christentum und Islam. Dabei handelt es sich nicht um einen Bruch mit der «Kanak Sprak», sondern Zaimoglu möchte sich an eine möglichst breite Öffentlichkeit wenden, mit Nachdichtungen einer hybriden, sprachlichen Wirklichkeit, wie er sie sich selbst angeeignet hat: «Man bewegt sich in Großstädten, hat aber noch den archaischen Sprachschatz von Legenden, Spruchweisheiten, Merksprüchen usw. im Kopf [...] All das knete ich zu meiner Kunstsprache zusammen.» In den Erzählungen *Zwölf Gramm Glück* (2004) verbindet er die Diesseitigkeit der modernen Wirklichkeit mit den jenseitigen Ichverwandlungen der islamischen Sufi-Mystik. Der Briefroman *Leibesmale, scharlachrot* (2002) ist eine Aktualisierung von Goethes *Werther* und dessen Weltschmerz. Der in Deutschland lebende Serdar (der Kommandant) schreibt von der türkischen Südküste Briefe an den Freund Hakan (den Sultan) in Kiel und an die vielen fernen Geliebten, aber diese romantische und heimatlose Liebe existiert nur als Performance und leere Transzendenz in den Briefen, die zwischen der Türkei und Deutschland hin- und hergeschickt werden.

In vielerlei Hinsicht erinnert Zaimoglu an Orhan Pamuk. Beide Schriftsteller versuchen, die Vielfalt der Moderne durch die religiöse Sprache der Vergangenheit zu interpretieren und umgekehrt. Das wird besonders deutlich in Zaimoglus Roman *Liebesbrand* (2008), in dem ein Busunfall und die Jagd nach der Liebe an Pamuks Roman *Das neue Leben* (1994) erinnert. Die Ähnlichkeit findet sich auch in Zaimoglus Roman *Leyla* (2006):

Leyla erzählt die Geschichte einer Familie in der anatolischen Provinz in den 1950er Jahren. Es handelt sich um einen typisch türkischen Migrationsroman, der den Umzug vom Lande nach Istanbul und von Istanbul nach Deutschland darstellt. Thesenhaft fängt der Roman an: «Dies ist eine Geschichte aus der alten Zeit. Es ist aber keine alte Geschichte», denn sie wiederholt sich ständig. In diesem Roman will Zaimoglu den Hintergrund der «Kanak Sprak» verdeutlichen: die Auflösung des türkischen Hintergrunds, die Ankunft in Deutschland und die neuen Möglichkeiten für das Mädchen Leyla. Alles verwandelt sich in diesem Buch: die hierarchische Gesellschaft, die Geschlechterrollen und die Sprache. Das Buch ist auf Deutsch geschrieben, enthält aber viele Hinweise auf türkische Wendungen, die jedoch in der deutschen Sprache verwandelt aufgehoben sind. Es ist nicht möglich, das Buch aus dem Deutschen direkt ins Türkische zurückzuübersetzen, nur eine Nachdichtung würde ihm gerecht werden.

Typisch für Zaimoglu ist seine konsequente Kritik der Multikulturalität und dementsprechend die Auffassung seiner Werke als Teil der zeitgenössischen deutschen Literatur. Das schließt aber nicht aus, dass er trotzdem Romane schreiben kann, die als nostalgisch und exotisch gelesen werden können.

Abschließende Reflexion

In historischer Perspektive hat Hans Magnus Enzensberger in *Mittelmaß und Wahn* (1988) dargelegt, wie die Literatur mit der Entstehung der bürgerlichen Gesellschaft Ende des 18. Jahrhunderts eine Funktion als soziales Leitmedium übernahm, die im 20. Jahrhundert allmählich verschwunden ist. Dichter sind nicht mehr Vordenker und Repräsentanten, deren Erzeugnisse den Rang öffentlicher Ereignisse haben. Die Literatur hat «ihre übergreifende Bedeutung eingebüßt» und muss mit einer Vielzahl anderer Medien konkurrieren. Ihr Privileg hat sich Enzensberger zufolge aufgelöst wie eine spröde weiße Tablette Alka-Seltzer in einem Glas Wasser. Wenn man diesen Vergleich ernst nimmt, heißt das für die Literatur: «Sie ist nicht am Ende, sie ist überall.» Außerdem befindet sich im Glas noch ein weißlicher Bodensatz, der Rückstand des ursprünglichen Konzentrats: «Sie können es ignorieren, dieses bloße Überbleibsel, das im Vergleich zum großen Alka-Seltzer-Hauptstrom keine Rolle zu spielen scheint. Aber wer weiß …»

Namenregister

Achleitner, Friedrich 284
Achternbusch, Herbert 408
Adenauer, Konrad 280f., 337, 393
Adorno, Theodor W. 283, 291, 340, 379, 397, 439
Aichinger, Ilse 282, 293, 295
Aischylos 470
Altenberg, Peter 132
Anakreon 34
Andersch, Alfred 279, 295, 327
Anderson, Sascha 411f., 417f., 437
Andreas-Salomé, Lou 140
Andrian-Werburg, Leopold Ferdinand von 132, 139
Anouilh, Jean 275, 298
Apitz, Bruno 254, 306
Aragon, Louis 187
Arendt, Erich 303, 310, 312, 360
Arp, Hans (Jean) 185
Artaud, Antonin 429
Äsop 475
Artmann, H(ans) C(arl) 284
Auerbach, Berthold 75
Ausländer, Ninon 165
Ausländer, Rose 289
Auster, Paul 442

Baader, Johannes 187
Bachmann, Ingeborg 282, 289, 317–319, 331, 413
Bacon, Francis 146
Bahr, Hermann 103, 117, 123–125, 129f., 139, 144, 148
Bahro, Rudolf 374
Baierl, Helmut 375
Balcke, Ernst 199
Ball, Hugo 185
Balzac, Honoré de 46, 70, 257
Bang, Herman 120, 138, 142, 184
Barlach, Ernst 250, 386

Barrès, Maurice 130
Barth, Karl 486
Barthelme, Donald 397f.
Bartsch, Kurt 410
Bataille, Georges 173, 439
Baudelaire, Charles 116f., 120, 125, 142f., 181, 201, 203, 205, 283, 492
Baudrillard, Jean 396
Bauer, Wolfgang 284, 471
Bauersima, Igor 472
Baumgart, Reinhard 394
Bayer, Konrad 284
Beardsley, Aubrey Vincent 119, 127
Bebel, August 63
Becher, Johannes R. 177, 179, 181–183, 189, 191f., 222, 259, 274, 300, 309f., 314, 369
Becker, Jurek 360, 410
Becker, Jürgen 404
Becker, Nikolaus 22f.
Becket, Thomas 98
Beckett, Samuel 299, 412, 429
Beer-Hofmann, Richard 130, 136–139, 144, 148
Bellow, Saul 453
Bender, Hans 286, 295
Benjamin, Walter 211, 220, 225, 252, 340, 494
Benn, Gottfried 77, 168, 179, 182, 184, 198f., 206–210, 222, 236, 257, 266, 281, 288f., 294, 356, 379, 405, 476, 493
Béranger, Pierre Jean de 39, 46
Berens-Totenohls, Johanna 251
Berg, Alban 46, 154, 268
Berg, Sibylle 472–474
Bergengruen, Werner 255, 278
Berlau, Ruth 266
Bernhard, Thomas 61, 284, 407, 451, 471